Schriftenreihe
der Juristischen Schulung

Band 70/1

Fälle zum Handels- und Gesellschaftsrecht

Band I

von

Dr. Wolfram Timm
o. Professor an der Universität Münster

und

Dr. Torsten Schöne
o. Professor an der Universität Siegen

8., überarbeitete und aktualisierte Auflage

Verlag C. H. Beck München 2010

Verlag C. H. Beck im Internet:
beck.de

ISBN 978 3 406 60465 2

Vorwort

Der Fall und seine Lösung stehen zwar nicht im Mittelpunkt der juristischen Ausbildung, wohl aber bestimmen sie das Ausbildungsziel des angehenden Juristen wesentlich mit: Der Student oder Referendar muss im ersten oder zweiten Staatsexamen zeigen, dass er den konkreten Fall gutachterlich aufbereiten und eine eigenständige Lösung zielstrebig und überzeugend präsentieren kann. Gleiches gilt für Studierende in Bachelor-Studiengängen mit überwiegend juristischer Schwerpunktsetzung.

Bei diesem Ausbildungsziel will die vorliegende Fallsammlung den fortgeschrittenen Studierenden oder den Referendaren Hilfe leisten: Einerseits können die Kenntnisse im Bereich des Handels- und Gesellschaftsrechts aufgefrischt und vertieft werden, andererseits und vor allem aber kann das juristische Rüstzeug, die Methodik, geübt werden. Der Leser ist insoweit aufgerufen, jeden Fall zunächst selbst zu erarbeiten und erst im Anschluss seinen Entwurf mit der „Musterlösung" zu vergleichen, vielleicht auch seine Kenntnisse zu Einzelfragen anhand der beigegebenen Literatur- und Rechtsprechungshinweise zu vertiefen. Nur bei entsprechender Eigenarbeit kann eine Fallsammlung mit „Musterlösungen" ihren Zweck erfüllen. Dabei sollte sich der Leser des durchaus beschränkten Wertes der „Musterlösungen" bewusst sein. Sie repräsentieren nicht das, was der Bearbeiter im Examen tatsächlich als Befähigungsnachweis für eine zum Bestehen erforderliche Leistung erbringen muss. Sie zeigen (zum Teil deutlich vertiefend) die wesentlichen Probleme des jeweiligen Falles auf und erheben andererseits keinen Anspruch auf flächendeckende Vollständigkeit, weisen vielmehr – lediglich – einen methodisch sicheren Weg zu der „richtigen" (oder zumindest gut vertretbaren) Lösung auf. Über die „richtige" Lösung vieler Detailfragen mag demgegenüber mit guten Gründen gestritten werden können.

In dieser Auflage sind alle Fälle und Lösungen wieder überarbeitet und aktualisiert worden. Die Ausweitung der Fallsammlung von 23 Fällen der Vorauflage auf nunmehr 25 Fälle folgt aus der Teilung des ursprünglichen Falles 23 in die jetzigen Fälle 23 und 24, wobei der Fall 24 zusätzlich eine neue Abwandlung erhalten hat. Der Fall 25 ist vollständig neu konzipiert worden. Die Reform des GmbH-Rechts durch das Gesetz zur Modernisierung des GmbH-Rechts und zur Bekämpfung von Missbräuchen (MoMiG) wurde in Teilaspekten in den Fällen 24 und 25 berücksichtigt.

Fast alle Fälle sind in den „Übungen im Handels- und Gesellschaftsrecht" an den Universitäten Münster und Siegen mehrfach erprobt worden. Teilweise lehnen sie sich eng an Originalexamens- oder Diplomprüfungssachverhalte an. Im Regelfall sind sie als Klausuren auf eine Bearbeitungszeit zwischen drei und fünf Stunden angelegt; in leicht veränderter Form sind einige Aufgaben auch als Examenshausarbeiten vom Justizprüfungsamt in Hamm ausgegeben worden. Soweit der Leser dieses Buches (das heißt vor allem: der künftige Bearbeiter der Fälle!) in der Methodik der Fallbearbeitung handels- und gesellschaftsrechtlicher Fälle noch nicht sicher sein sollte, sei ihm an dieser Stelle eine gründliche Durcharbeitung der Anleitung zur Anfertigung handels- und gesellschaftsrechtlicher Gutachten (S. 1 bis 16) dringend empfohlen.

Die Fallsammlung will nicht in Konkurrenz treten zur herkömmlichen Lehrbuchliteratur. Es ist insbesondere – anders als bei einem „Studien-" oder „Vertiefungskurs" – nicht das Ziel, auf induktivem Weg in die Rechtsmaterie einführen zu wollen. Letzteres wäre nur mit viel ausführlicheren (und ausufernden) Lösungen möglich gewesen, bei denen ergänzende systematische Erläuterungen die Fallbesprechung gesprengt hätten. Der „klassische" Klausurenstil sollte in den „Musterlösungen" jedoch durchgängig erhalten bleiben, wobei allerdings gelegentlich ähnlich wie in einer Hausarbeits-Lösung die einzelnen in der Rechtsprechung und Literatur vertretenen Ansichten ausnahmsweise ausführlicher als in einer Klausur dargestellt und diskutiert worden sind, um dem Leser auch insoweit eine Lernhilfe zu bieten. Der gezielten Heranführung an die Methodik dient es auch, dass Streitfragen immer dann offen gelassen worden sind, wenn es für die konkrete Falllösung auf eine Stellungnahme nicht ankam. Im Übrigen sind aus der Stofffülle eher praxis- oder examensrelevante Bereiche ausgewählt worden; Vollständigkeit der Stoffdarstellung konnte und sollte nicht erreicht werden.

Danken möchten wir unseren Mitarbeiterinnen und Mitarbeitern, die uns bei der vorliegenden Neuauflage engagiert und tatkräftig unterstützt haben, vor allem Frau Florence Heide und Herrn Volker Messing (jeweils Universität Münster) und Frau Katrin Flaig, Frau Sabine Zirwes und Herrn Tobias Arens (jeweils Universität Siegen).

Münster/Siegen, im Sommersemester 2010

Wolfram Timm
Torsten Schöne

Inhaltsverzeichnis

Abkürzungsverzeichnis

a. A.	anderer Ansicht
a. a. O.	am angegebenen Ort
ABl. EG	Amtsblatt der Europäischen Gemeinschaften
Abs.	Absatz
AcP	Archiv für die civilistische Praxis
a. E.	am Ende
a. F.	alte Fassung
AG	Die Aktiengesellschaft/Aktiengesellschaft/Ausführungsgesetz
AGB	Allgemeine Geschäftsbedingungen
AktG	Aktiengesetz
allg.	allgemein
Alt.	Alternative
Anh.	Anhang
Anm.	Anmerkung
AnwKom	Anwaltkommentar
Art.	Artikel
AT	Allgemeiner Teil
Aufl.	Auflage
BAG	Bundesarbeitsgericht
BayObLG	Bayerisches Oberstes Landesgericht
BB	Der Betriebs-Berater
Bd.	Band
BegrRegE	Begründung Regierungsentwurf
bes.	besonders
BFH	Bundesfinanzhof
BGB	Bürgerliches Gesetzbuch
BGBl.	Bundesgesetzblatt
BGH	Bundesgerichtshof
BGHZ	Entscheidungen des Bundesgerichtshofs in Zivilsachen
BRAO	Bundesrechtsanwaltsordnung
BSG	Bundessozialgericht
BT	Besonderer Teil
BT-Drs.	Bundestagsdrucksache
BVerfG	Bundesverfassungsgericht
bzgl.	bezüglich
bzw.	beziehungsweise
c. i. c.	culpa in contrahendo
DB	Der Betrieb
ders.	derselbe
d. h.	das heißt
dies.	dieselbe
DNotZ	Deutsche Notar-Zeitschrift
DR	Deutsches Recht
DStR	Deutsches Steuerrecht
DZWiR	Deutsche Zeitschrift für Wirtschafts- und Insolvenzrecht
eG	eingetragene Genossenschaft
EGHGB	Einführungsgesetz zum Handelsgesetzbuch
EHUG	Gesetz über elektronische Handelsregister und Genossenschaftsregister sowie das Unternehmensregister
e. Kfm.	eingetragener Kaufmann

EWiR	Entscheidungen zum Wirtschaftsrecht
EWIV	Europäische Wirtschaftliche Interessenvereinigung
f.	folgende Seite/für
FamRZ	Zeitschrift für das gesamte Familienrecht
ff.	folgende Seiten
FGPrax	Praxis der Freiwilligen Gerichtsbarkeit
Fn.	Fußnote
FS	Festschrift/Festgabe
GbR	Gesellschaft bürgerlichen Rechts
gem.	gemäß
ggf.	gegebenenfalls
GK	Gemeinschaftskommentar
GmbH	Gesellschaft mit beschränkter Haftung
GmbH & Co.	Gesellschaft mit beschränkter Haftung in Compagnie
GmbHG	Gesetz betreffend die Gesellschaften mit beschränkter Haftung
GmbHR	GmbH-Rundschau
grdl.	grundlegend
grds.	grundsätzlich
GS	Gedächtnisschrift
GVG	Gerichtsverfassungsgesetz
h. A.	herrschende Auffassung
Halbs.	Halbsatz
Hdb.	Handbuch
HGB	Handelsgesetzbuch
HK	Heidelberger Kommentar
h. L.	herrschende Lehre
h. M.	herrschende Meinung
HRefG	Handelsrechtsreformgesetz
HRR	Höchstrichterliche Rechtsprechung
HRV	Handelsregisterverordnung
i. d. R.	in der Regel
i. Gr.	in Gründung
i. H. v.	in Höhe von
insb.	insbesondere
InsO	Insolvenzordnung
IPrax	Praxis des internationalen Privat- und Verfahrensrechts
i. S. d.	im Sinne des/der
i. S. v.	im Sinne von
i. V. m.	in Verbindung mit
JA	Juristische Arbeitsblätter
Jb	Jahrbuch
JR	Juristische Rundschau
JuS	Juristische Schulung
JW	Juristische Wochenschrift
JZ	Juristenzeitung
KG	Kommanditgesellschaft/Kammergericht
KostO	Kostenordnung
LG	Landgericht
Lit.	Literatur
LM	Lindenmaier-Möhring, Nachschlagewerk des Bundesgerichtshofs
lt.	laut
m.	mit
MDR	Monatsschrift für Deutsches Recht
Mio.	Millionen
MoMiG	Gesetz zur Modernisierung des GmbH-Rechts und zur Bekämpfung von Missbräuchen
m. w. N.	mit weiteren Nachweisen
NachhBG	Nachhaftungsbegrenzungsgesetz

NaStraG	Namensaktiengesetz
n. F.	neue Fassung
NJW	Neue Juristische Wochenschrift
NJW-RR	NJW Rechtsprechungsreport
Nr.	Nummer
NZG	Neue Zeitschrift für Gesellschaftsrecht
o. a.	oben angegeben
o. ä.	oder ähnliches
OHG	offene Handelsgesellschaft
OLG	Oberlandesgericht
PartG	Partnerschaftsgesellschaft
PartGG	Partnerschaftsgesellschaftsgesetz
RG	Reichsgericht
RGZ	Entscheidungen des Reichsgerichts in Zivilsachen
Rn.	Randnummer
ROHGE	Entscheidungen des Reichsoberhandelsgerichts
Rpfleger	Der Deutsche Rechtspfleger
Rspr.	Rechtsprechung
S.	Seite
s.	siehe
s. o.	siehe oben
sog.	so genannt(e)
str.	streitig
u.	und
u. a.	unter anderem
UmwG	Umwandlungsgesetz
unstr.	unstreitig
u. U.	unter Umständen
v.	von/vom
VersR	Versicherungsrecht
vgl.	vergleiche
VO	Verordnung
WM	Wertpapier-Mitteilungen
ZAP	Zeitschrift für die Anwaltspraxis
z. B.	zum Beispiel
ZGR	Zeitschrift für Unternehmens- und Gesellschaftsrecht
ZHR	Zeitschrift für das gesamte Handels- und Wirtschaftsrecht
ZIP	Zeitschrift für Wirtschafsrecht
zit.	zitiert
ZivWiss.	Zivilrechtswissenschaftler
ZPO	Zivilprozessordnung
zust .	zustimmend
zutr.	zutreffend

Literaturverzeichnis

Bamberger/Roth .... Kommentar zum Bürgerlichen Gesetzbuch, Band 3 (§§ 1297–2385, EGBGB, CISG), München 2003 – Band 1 (§§ 1–610, CISG), Band 2 (§§ 611–1296, AGG, ErbbauVO, WEG), 2. Aufl., München ab 2007.

Bamberger/Roth (Hrsg.) .... Beck'scher Online-Kommentar, Stand 1. 11. 2009 (zit.: BeckOK/ *Bearbeiter*).

Baumbach/Hopt .... Handelsgesetzbuch, 29. Aufl., München 1995 (zit.: Baumbach/Hopt/ *Bearbeiter*, 29. Aufl.).

Baumbach/Hopt .... Handelsgesetzbuch, 34. Aufl., München 2010 (zit.: Baumbach/Hopt/ *Bearbeiter*).

Baumbach/Hueck .... GmbH-Gesetz, 19. Aufl., München 2010.

Bork .... Allgemeiner Teil des Bürgerlichen Gesetzbuchs, 2. Aufl., Tübingen 2006.

Brox .... Erbrecht, 21. Aufl., Köln, Berlin, München 2004 (zit.: *Brox,* ErbR, 21. Aufl.).

Brox/Henssler .... Handelsrecht, 20. Aufl., München 2009.

Brox/Walker .... Allgemeiner Teil des BGB, 33. Aufl., Köln, München 2009 (zit.: *Brox/Walker,* BGB AT).

Brox/Walker .... Erbrecht, 23. Aufl., Köln, Berlin, München 2009 (zit.: *Brox/Walker,* ErbR).

Brückner .... Die Kontrolle von Abfindungsklauseln in Personengesellschafts- und GmbH-Verträgen, Berlin 1995.

Bülow .... Handelsrecht, 6. Aufl., Heidelberg 2009.

Canaris .... Die Vertrauenshaftung im deutschen Privatrecht, München 1971 (zit.: *Canaris,* Vertrauenshaftung).

Canaris .... Handelsrecht, 24. Aufl., München 2006 (zit.: *Canaris,* HandelsR).

Dauner-Lieb/Heidel/ Ring .... Anwaltkommentar BGB, Band 2, Schuldrecht, Teilband 1 (§§ 241 bis 610), Teilband 2 (§§ 611–853), Bonn 2005 (zit.: AnwKom-BGB/ *Bearbeiter*).

Diederichsen/Wagner .... Die BGB-Klausur, 9. Aufl., München 1997.

Dörr .... Die fehlerhafte GmbH, Frankfurt/Main, Bern, New York, Paris 1989.

Düringer/Hachenburg .. Das Handelsgesetzbuch, Band I (Allgemeine Einleitung, §§ 1–104), Band II (Allgemeine Einleitung, §§ 105–177, §§ 335–342), 3. Aufl., Mannheim, Berlin, Leipzig ab 1930.

Ebenroth/Boujong/ Joost/Strohn .... Kommentar zum Handelsgesetzbuch, Band 1 (§§ 1–342 e), 2. Aufl., München 2008; Band 2 (§§ 343–475 h, Transportrecht, Bank- und Börsenrecht), 2. Aufl., München 2009 (zit.: E/B/J/*Bearbeiter*).

Ensthaler .... Gemeinschaftskommentar zum Handelsgesetzbuch mit UN-Kaufrecht, 7. Aufl., Neuwied 2007 (zit.: GK-HGB/*Bearbeiter*).

Ensthaler/Füller/ Schmidt .... GmbHG, Kommentar, 2. Aufl., Köln 2010.

Erman .... Bürgerliches Gesetzbuch, Band I (§§ 1–811, UKlaG), Band II (§§ 812–2385, EGBGB, ErbbauVO, HausratsVO, LPartG, ProdHaftG, VAHRG, WEG), 12. Aufl., Köln 2008.

Flume .... Allgemeiner Teil des Bürgerlichen Rechts, Band I/1 (Die Personengesellschaft), Berlin, Heidelberg, New York 1977 (zit.: *Flume,* BGB AT I/1).

Flume .... Allgemeiner Teil des Bürgerlichen Rechts, Band I/2 (Die juristische Person), Berlin, Heidelberg, New York, Tokyo 1983 (zit.: *Flume, BGB AT I/2*).

Flume .... Allgemeiner Teil des Bürgerlichen Rechts, Band II (Das Rechtsgeschäft), 4. Aufl., Berlin, Heidelberg, New York u. a. 1992 (zit.: *Flume, BGB AT II*).

v. Gierke/Sandrock .... Handels- und Wirtschaftsrecht, Band 1, 9. Aufl., Berlin, New York 1975.

Glanegger u. a. .... Heidelberger Kommentar zum Handelsgesetzbuch, 7. Aufl., Heidelberg 2007 (zit.: HK-HGB/*Bearbeiter*).

Grunewald .... Der Ausschluss aus Gesellschaft und Verein, Köln, Berlin, Bonn, München 1987 (zit.: *Grunewald*, Ausschluss).

Grunewald .... Gesellschaftsrecht, 3. Aufl., Tübingen 1999 (zit.: *Grunewald*, GesellR, 3. Aufl.).

Grunewald .... Gesellschaftsrecht, 7. Aufl., Tübingen 2008 (zit.: *Grunewald*, GesellR).

Hachenburg .... Gesetz betreffend die Gesellschaften mit beschränkter Haftung, Band 1 (Allgemeine Einleitung, §§ 1–34), Band 2 (§§ 35–52), Band 3 (§§ 53–85; Register), 8. Aufl., Berlin, New York ab 1992.

Hadding/Hennrichs .... Die HGB-Klausur, 3. Aufl., München 2003.

Henssler/Prütting .... Bundesrechtsanwaltsordnung, 3. Aufl., München 2010.

Henze .... Handbuch zum GmbH-Recht, 2. Aufl., Köln 1997.

Heymann .... Handelsgesetzbuch, Band 2 (§§ 105–237), Band 4 (§§ 343–460), Berlin, New York ab 1989 (zit.: Heymann/*Bearbeiter*, 1. Aufl.).

Heymann .... Handelsgesetzbuch, Band 1 (Einleitung; §§ 1–104), Band 2 (§§ 105–237), Band 4 (§§ 343–475 h), 2. Aufl., Berlin, New York ab 1995 (zit.: Heymann/*Bearbeiter*).

Hirte .... Kapitalgesellschaftsrecht, 6. Aufl., Köln 2009.

Hofmann .... Handelsrecht, 11. Aufl., Neuwied, Kriftel 2002.

Hopt/Hehl .... Handels- und Gesellschaftsrecht, Band II (Gesellschaftsrecht), 4. Aufl., München 1996.

Hopt/Mössle .... Handels- und Gesellschaftsrecht, Band I (Handelsrecht), 2. Aufl., München 1999.

Huber, U. .... Vermögensanteil, Kapitalanteil und Gesellschaftsanteil an Personalgesellschaften des Handelsrechts, Heidelberg 1970.

Hübner .... Handelsrecht, 5. Aufl., Heidelberg 2004.

Hueck, A. .... Das Recht der offenen Handelsgesellschaft, 4. Aufl., Berlin, New York 1971.

Immenga .... Die personalistische Kapitalgesellschaft, Bad Homburg 1970.

Jauernig .... Bürgerliches Gesetzbuch, 13. Aufl., München 2009.

Jung .... Handelsrecht, 7. Aufl., München 2009.

Kallmeyer .... Umwandlungsgesetz, 4. Aufl., Köln 2010.

Klunzinger .... Grundzüge des Handelsrechts, 13. Aufl., München 2006.

Köbler .... Erbrecht und Gesellschaft, Göttingen 1974.

Koller/Roth/Morck .... Handelsgesetzbuch, 6. Aufl., München 2007.

Kornblum .... Die Haftung der Gesellschafter für Verbindlichkeiten von Personengesellschaften, Frankfurt/Main 1972.

Kroppen .... Die Haftung des Kommanditisten bei fehlender Eintragung, Köln 1987.

Kubis .... Der Regress des Personenhandelsgesellschafters aus materiell-rechtlicher und verfahrensrechtlicher Sicht, Hamburg 1988.

Kübler .... Gesellschaftsrecht, 5. Aufl., Heidelberg 1999.

Kübler/Assmann .... Gesellschaftsrecht, 6. Aufl., Heidelberg, 2006.

Larenz .... Lehrbuch des Schuldrechts, Band II/1 (Besonderer Teil), 13. Aufl., München 1986 (zit.: *Larenz*, SchuldR II/1).

Larenz .... Lehrbuch des Schuldrechts, Band I (Allgemeiner Teil), 14. Aufl., München 1987 (zit.: *Larenz*, SchuldR I).

Larenz/Wolf .... Allgemeiner Teil des Bürgerlichen Rechts, 9. Aufl., München 2004.

Lettl .... Handelsrecht, München 2007.

Lutter .... Umwandlungsgesetz, Band II (§§ 138–325, SpruchG), 3. Aufl., Köln 2004 (zit.: Lutter/*Bearbeiter*, UmwG).

Lutter/Hommelhoff .... GmbH-Gesetz, 17. Aufl., Köln 2009 (zit.: Lutter/Hommelhoff/ *Bearbeiter*, GmbH).

Martinek/Bergmann ...... Fälle zum Handels-, Gesellschafts- und Wertpapierrecht, 4. Aufl., Heidelberg 2008.

Medicus .... Allgemeiner Teil des BGB, 9. Aufl., Heidelberg, München 2006 (zit.: *Medicus*, BGB AT).

Medicus .... Bürgerliches Recht, 21. Aufl., Köln, Berlin, München 2007 (zit.: *Medicus*, Bürgerliches Recht).

Michalski .... Kommentar zum Gesetz betreffend die Gesellschaften mit beschränkter Haftung (GmbH-Gesetz), Band 1 (§§ 1–34), Band 2 (§§ 35–86), München 2002 (zit.: Michalski/*Bearbeiter*, GmbHG).

Michalski/Römermann .. PartGG, 3. Aufl., Köln 2005 (zit.: *Michalski/Römermann*, PartGG).

Münchener Handbuch .. des Gesellschaftsrechts, Band 1 (BGB-Gesellschaft, Offene Handels-gesellschaft, Partnerschaftsgesellschaft, Partenreederei, EWIV), 3. Aufl., München 2009 (zit.: MünchHdb.GesR I/*Bearbeiter*).

Münchener Handbuch .. des Gesellschaftsrechts, Band 2 (Kommanditgesellschaft, GmbH & Co. KG, Publikums-KG, Stille Gesellschaft), 3. Aufl., München 2009 (zit.: MünchHdb.GesR II/*Bearbeiter*).

Münchener Kommentar zum Bürgerlichen Gesetzbuch, Band 3 (Schuldrecht Besonderer Teil I, §§ 433–606), 3. Aufl., München 1995 (zit.: MünchKomm-BGB/*Bearbeiter*, 3. Aufl.).

Münchener Kommentar zum Bürgerlichen Gesetzbuch, Band 8 (Familienrecht II, §§ 1589–1921, SGB VIII), 4. Aufl., München ab 2002.

Münchener Kommentar zum Bürgerlichen Gesetzbuch, Band 1/1 (Einleitung und Allgemei-ner Teil, §§ 1–240, ProstG), Band 2 (Schuldrecht Allgemeiner Teil, §§ 241–432), Band 3 (Schuldrecht Besonderer Teil I, §§ 433–610), Band 5 (Schuldrecht Besonderer Teil III, §§ 705–853, PartGG, Prod-HaftG), 5. Aufl., München ab 2006 (zit.: MünchKomm-BGB/*Bear-beiter*).

Münchener Kommentar zum Handelsgesetzbuch, Band 1 (§§ 1–104), München 1996 (zit.: MünchKomm-HGB/*Bearbeiter*, 1. Aufl.).

Münchener Kommentar zum Handelsgesetzbuch, Band 1 (§§ 1–104), Band 2 (§§ 105–160), Band 3 (§§ 161–237, Konzernrecht der Personengesellschaften), Band 4 (§§ 373–406, CISG), Band 5 (§§ 343–372, ZahlungsV, Effek-ten- und Depotgeschäft, FactÜ), 2. Aufl., München ab 2005 (zit.: MünchKomm-HGB/*Bearbeiter*).

Niemeier .... Rechtstatsachen und Rechtsfragen der Einziehung von GmbH-Anteilen, Heidelberg 1982.

Oetker .... Handelsrecht, 5. Aufl., Berlin, Heidelberg, New York 2007.

Oetker .... Kommentar zum Handelsgesetzbuch (HGB), München 2009.

Palandt .... Bürgerliches Gesetzbuch, 69. Aufl., München 2010.

Pawlowski .... Allgemeiner Teil des BGB, 7. Aufl., Heidelberg 2003.

Raiser/Veil .... Recht der Kapitalgesellschaften, 5. Aufl., München 2009.

Reinhardt/Schultz .... Gesellschaftsrecht, 2. Aufl., Tübingen 1981.

RGRK .... Kommentar zum Handelsgesetzbuch, 2. Aufl., Berlin ab 1951 (zit.: RGRK-HGB/*Bearbeiter*).

Röhricht/Graf
v. Westphalen .... Handelsgesetzbuch, 3. Aufl., Köln 2008.

Roth/Altmeppen .... Gesetz betreffend die Gesellschaften mit beschränkter Haftung – GmbHG –, 6. Aufl., München 2009.

Röttger .... Die Kernbereichslehre im Recht der Personenhandelsgesellschaften, Heidelberg 1989.

Rowedder/Schmidt-
Leithoff .... Gesetz betreffend die Gesellschaften mit beschränkter Haftung, (GmbHG), 5. Aufl., München 2009.

Schlegelberger .... Handelsgesetzbuch, Band III/1 (§§ 105–160), Band V (§§ 373–382), Band VI (§§ 383–460), 5. Aufl., München ab 1977.

Schlüter .... Erbrecht, 16. Aufl., München 2007.

Schmidt, K. .... Einlage und Haftung des Kommanditisten, Köln 1977 (zit.: *K. Schmidt*, Einlage und Haftung).

Schmidt, K. .... Gesellschaftsrecht, 2. Aufl., Köln, Berlin, Bonn, München 1991 (zit.: *K. Schmidt*, GesellR, 2. Aufl.).

Schmidt, K. .... Gesellschaftsrecht, 4. Aufl., Köln, Berlin, Bonn, München 2002 (zit.: *K. Schmidt*, GesellR).

Schmidt, K. .... Handelsrecht, 5. Aufl., Köln, Berlin, Bonn, München 1999 (zit.: *K. Schmidt*, HandelsR).

Schmitt/Hörtnagl/Stratz Umwandlungsgesetz, Umwandlungssteuergesetz, 5. Aufl., München 2009.

Scholz .... GmbH-Gesetz, Band II (§§ 45–87), 9. Aufl., Köln ab 2000 – Band I (§§ 1–34, Anh. § 13 Konzernrecht, Anh. § 34 Austritt und Ausschließung eines Gesellschafters), Band II (§§ 35–52), 10. Aufl., Köln 2006.

Schöne .... Gesellschafterausschluss bei Personengesellschaften, Köln 1993.

Schulze u. a. .... Bürgerliches Gesetzbuch, 6. Aufl., Baden-Baden 2007 (zit.: Hk-BGB/*Bearbeiter*).

Schulze-Osterloh .... Das Prinzip der gesamthänderischen Bindung, München 1972.

Semler/Stengel .... Umwandlungsgesetz, 2. Aufl., München 2007.

Soergel .... Bürgerliches Gesetzbuch, Band 2 (Schuldrecht I, §§ 241–432), Band 5/1 (Schuldrecht VI/1, §§ 705–822), 12. Aufl., Stuttgart, Berlin, Köln ab 1990 – Band 2 (Allgemeiner Teil, §§ 104–240), Band 20 (Familienrecht 4, §§ 1741–1921), 13. Aufl., Stuttgart, Berlin, Köln ab 1999.

Spies .... Die über die Haftsumme des § 171 HGB hinausgehende Kommanditistenhaftung, Frankfurt/Main, Bern, New York 1983.

Staub .... Handelsgesetzbuch, Band I (Einleitung, §§ 1–104), Band II/1 (§§ 105–144), Band II/2 (§§ 145–177, §§ 335–342), 3. Aufl., Berlin, New York ab 1967 (zit.: GroßKomm-HGB/*Bearbeiter*, 3. Aufl.).

Staub .... Handelsgesetzbuch, Band 1 (Einleitung, §§ 1–104), Band 4 (§§ 343–382), Band 6 (§§ 383–424), 4. Aufl., Berlin ab 1995 (zit.: GroßKomm-HGB/*Bearbeiter*, 4. Aufl.).

Staub .... Handelsgesetzbuch, Band 1 (Einleitung, §§ 1–47b), Band 2 (§§ 48–104), Band 3 (§§ 105–160), 5. Aufl., Berlin ab 2008 (zit.: GroßKomm-HGB/*Bearbeiter*).

Staudinger .... Kommentar zum Bürgerlichen Gesetzbuch, 12. Aufl., Berlin ab 1978 (zit.: Staudinger/*Bearbeiter*, 12. Aufl.).

Staudinger .... Kommentar zum Bürgerlichen Gesetzbuch, 13. Aufl., Berlin ab 1993 (zit.: Staudinger/*Bearbeiter*).

Steinbeck .... Handelsrecht, Baden-Baden 2005.

Ulmer/Habersack/
Winter (Hrsg.) .... GmbHG, Großkommentar, Band I (Einleitung, §§ 1–28) 2005, Band II (§§ 29–52), Tübingen 2006.

Westermann, H. P., ... Handbuch der Personengesellschaften, Band I, Loseblatt, Köln, Stand: Mai 2009.

Wiedemann .... Die Übertragung und Vererbung von Mitgliedschaftsrechten bei Handelsgesellschaften, München, Berlin 1965 (zit.: *Wiedemann*, Übertragung und Vererbung).

Wiedemann .... Gesellschaftsrecht, Band I (Grundlagen), München 1980 (zit.: *Wiedemann*, GesellR I).

Wiedemann .... Gesellschaftsrecht, Band II (Recht der Personengesellschaften), München 2004 (zit.: *Wiedemann*, GesellR II).

Wilhelm .... Kapitalgesellschaftsrecht, 3. Aufl., Berlin 2009.

Windbichler .... Gesellschaftsrecht, 22. Aufl., München 2010.

Zöller .... Zivilprozessordnung, 27. Aufl., Köln 2009.

Zöllner .... Die Schranken mitgliedschaftlicher Stimmrechtsmacht bei den privatrechtlichen Personenverbänden, München, Berlin 1963.

Anleitung zur Anfertigung handels- und gesellschaftsrechtlicher Gutachten[1]

A. Einführung in die handels- und gesellschaftsrechtliche Fallbearbeitung

Das im Handelsgesetzbuch (HGB) geregelte Sonderprivatrecht der Kaufleute bildet kein in sich abgeschlossenes Rechtsgebiet. Handelsrechtliche Vorschriften bauen regelmäßig auf Vorschriften des allgemeinen bürgerlichen Rechts auf, ergänzen diese oder ändern sie ab. Das Handelsrecht ist daher mit dem bürgerlichen Recht eng verknüpft. Diese enge Verzahnung führt dazu, dass bei der Lösung handelsrechtlicher Fälle in aller Regel sowohl handelsrechtliche als auch bürgerlich-rechtliche Normen zu berücksichtigen sind.[2] Es gibt zwar Fälle, bei deren Lösung allein handelsrechtliche Vorschriften einschlägig sind; sie sind jedoch eher selten. Der Aufbau handelsrechtlicher Falllösungen gestaltet sich vielmehr in aller Regel ganz ähnlich wie die Lösung bürgerlich-rechtlicher Fälle.[3]

Aufgrund des engen sachlichen Zusammenhangs zwischen Handels- und Gesellschaftsrecht gilt Entsprechendes auch für die Lösung gesellschaftsrechtlicher Fälle. In Forschung und Lehre hat sich das Gesellschaftsrecht zwar neben dem (klassischen) Handelsrecht zu einem eigenständigen Rechtsgebiet entwickelt. Dieser Umstand darf jedoch nicht darüber hinwegtäuschen, dass beide Rechtsgebiete miteinander verwandt sind. Diese Verwandtschaft kommt zum einen in der räumlichen Nähe wesentlicher gesetzlicher Bestimmungen zum Ausdruck. Gegenwärtig sind das Recht der OHG (§§ 105 ff. HGB), der KG (§§ 161 ff. HGB) und der stillen

---

[1] Als Grundlage für die nachfolgenden Ausführungen dient der Beitrag von *Timm* in JuS 1994, 309 ff. Viele Hinweise für die Fallbearbeitung sind sehr stark verdichtet worden, um auf engstem Raum eine dennoch möglichst vollständige Übersicht geben zu können. Eine umfangreiche Einführung in die handels- und gesellschaftsrechtliche Fallbearbeitung findet sich bei *Hadding/Hennrichs*, (ursprünglich begründet auf 16 Beiträge von *Hadding* zum Thema „Die Handelsrechtsklausur" in der Zeitschrift „Juristische Schulung" = JuS 1976, 237 ff., 374 ff., 581 ff., 726 ff.; 1977, 27 ff., 172 ff., 314 ff., 452 ff., 587 ff., 738 ff.; 1978, 23 ff., 175 ff., 319 ff., 462 ff., 602 ff., 755 ff.).

[2] Vgl. hierzu auch die Beispielsfälle in *Brox/Henssler*, Rn. 497 ff.

[3] Sinnvoll ist der Besuch einer handels- und gesellschaftsrechtlichen Übung deshalb erst, wenn solide zivilrechtliche Kenntnisse vorhanden sind und auch methodisch fundiert argumentiert werden kann. Die entsprechenden Grundkenntnisse werden in diesem Beitrag vorausgesetzt. Dringend anzuraten ist die gründliche Durcharbeitung des Standardwerkes von *Medicus*, Bürgerliches Recht (insb. §§ 1 und 2 zum Anspruchsaufbau, in diesem Zusammenhang aber auch die Rn. 56 ff., 103 ff., 193 ff., 210 ff., 402, 793 ff. mit den entsprechenden handels- und gesellschaftsrechtlichen Bezügen). Die Aufsätze zum Aufbau einer zivilrechtlichen Klausur von *Deckert/Middelschulte*, JuS 1997, L 65; *Körber*, JuS 1998, L 65, 73 und *Dühn*, JA 2000, 765 ff., sowie die vorzüglichen Anleitungen zur Methodik der Fallbearbeitung von *Diederichsen/Wagner*, sowie die Beitragsreihe von *Früh* in JuS 1993, 825 ff.; 1994, 36 ff., 212 ff., 486 ff., 759 ff., 937 ff.; 1995, 36 ff., 125 ff., 221 ff., 418 ff., 601 ff., 701 ff. und die Beiträge von *Zuck*, JuS 1990, 905 ff.; *Wimmer*, JuS 1991, 496 ff. und *Schwabe*, Jura 1996, 533 ff. sollten durchgearbeitet worden sein. Zu den Kriterien für die Bewertung juristischer Prüfungsleistungen wird auf den Aufsatz von *Schroeder*, JuS 1980, 310 ff., hingewiesen.

Gesellschaft (§§ 230 ff. HGB) im zweiten Buch des HGB geregelt. Bis zum Jahr 1937 war auch die Aktiengesellschaft im HGB (§§ 178 ff. HGB a. F.) kodifiziert. Im PartGG wird vielfach auf die Regelungen des Handelsrechts (vgl. §§ 2 Abs. 2, 5 Abs. 2 PartGG) und zur OHG verwiesen (z. B. in §§ 4 Abs. 1 S. 1, 6 Abs. 3 S. 2, 7 Abs. 2, 3, 8 Abs. 1 S. 2 PartGG). Zum anderen sind auch sachliche Verbindungslinien erkennbar. So bestimmt § 6 Abs. 1 HGB, dass die Vorschriften über Kaufleute auch auf die Handelsgesellschaften (also z. B. GmbH und AG, vgl. § 13 Abs. 3 GmbHG bzw. § 3 Abs. 1 AktG) Anwendung finden. Vor allem aber lassen sich vielfach gesellschaftsrechtliche Fälle (etwa zum Recht der OHG oder KG) nur mit Hilfe spezifisch handelsrechtlicher Normen (etwa § 15 HGB) zutreffend beurteilen.[4]

Folglich bestehen hinsichtlich der Lösung handels- und gesellschaftsrechtlicher Fälle große Ähnlichkeiten. Das nachfolgend Gesagte gilt daher regelmäßig gleichermaßen für die Bearbeitung von Aufgabenstellungen aus beiden Rechtsgebieten.

B. Allgemeine Überlegungen zu Beginn der Falllösung

I. Fragestellungen

Neben einer gründlichen und vollständigen Aufbereitung des zu bearbeitenden Sachverhalts – insbesondere durch Anfertigung eines die Rechtsverhältnisse der Beteiligten darstellenden Schaubildes und ggf. einer Zeittabelle – ist auch der gestellten Fallfrage besondere Aufmerksamkeit zu schenken. Immer wieder zeigt sich, dass nicht nur bei der Erfassung des Falltextes bereits erste Fehler gemacht werden, sondern auch die Fallfrage missverstanden wird. Nicht selten werden Fragen beantwortet, die gar nicht gestellt sind. Ein Erfolg versprechender Einstieg in die Falllösung ist aber nur dann gegeben, wenn die konkrete Fallfrage betreffende Obersätze gebildet werden.

Die Fragestellungen zur Bearbeitung handels- und gesellschaftsrechtlicher Fälle entsprechen in aller Regel denjenigen, die aus den allgemein zivilrechtlichen Aufgabenstellungen bekannt sind. Nur gelegentlich finden sich insoweit atypische Fragestellungen, auf die noch im Einzelnen näher eingegangen wird.

1. Ansprüche

Häufig bezieht sich die Fallfrage auf die zwischen den Beteiligten eines Sachverhalts bestehenden *Ansprüche*; gefragt ist also nach dem Recht, von einem anderen ein Tun oder Unterlassen zu verlangen (§ 194 Abs. 1 BGB). In diesen Fällen ist der sog. Anspruchsgrundlagenaufbau geboten. Die Prüfung beginnt daher mit einem Obersatz, der die bekannten vier „W's" enthält und damit Antwort auf die Frage gibt: *„Wer* will *was* von *wem woraus?"*

Die Bildung des Obersatzes wird dabei oftmals durch eine konkret gefasste Fragestellung vorgegeben, so z. B. bei der Frage „Kann *V* (= wer?) von der K-OHG (= von wem?) Zahlung des Kaufpreises von 50.000 € (was? woraus?) verlangen?". Lediglich in den Fällen, in denen die Fallfrage allgemeiner gehalten ist, wie z. B. „Wie ist die Rechtslage?" oder „Welche Ansprüche hat *B?"*, kann der Obersatz erst

---

[4] Vgl. Fall 14 zum „Zusammenspiel" von § 143 HGB mit § 15 Abs. 1 HGB.

gebildet werden, wenn die beteiligten Personen und ihre Beziehungen zueinander geklärt sind. Hierzu sind zunächst Zweipersonenverhältnisse herauszuarbeiten, in deren Rahmen dann die jeweils in Betracht kommenden Ansprüche getrennt voneinander zu prüfen sind.

Im Anschluss an die Bildung des Obersatzes sind sodann die einzelnen Tatbestandsmerkmale der jeweiligen Anspruchsgrundlage gutachterlich zu erörtern.[5]

2. Gestaltungs(klage)rechte

Gelegentlich kommen Fallgestaltungen vor, in denen die Berechtigung eines Beteiligten zur Ausübung eines Gestaltungsrechtes, also seine Befugnis zur einseitigen Änderung der Rechtslage, den Schwerpunkt der Prüfung bildet. Aus dem allgemeinen bürgerlichen Recht sind als die wichtigsten Fälle von Gestaltungsrechten die Anfechtung einer Willenserklärung (gem. §§ 119 ff. BGB), vereinbarte oder gesetzliche Rücktrittsrechte (z. B. §§ 323 ff., 346 ff. BGB), die Aufrechnung (§§ 387 ff. BGB), die Kündigung (z. B. §§ 314, 489 f., 542 f., 569, 573 ff., 580, 594 c, 595 a, 605, 608, 620 ff., 643, 649, 651 e und j, 671 BGB) und Widerrufsrechte (z. B. §§ 312 Abs. 1 S. 1, 312 d Abs. 1 S. 1, 485 Abs. 1, 495 Abs. 1 BGB) zu nennen. Alle diese Gestaltungsrechte können auch in handels- und gesellschaftsrechtlichen Fällen zu prüfen sein.[6] Insoweit ist stets zu beachten, dass die Abgabe einer Gestaltungserklärung gelegentlich auch in der Äußerung einer bestimmten Rechtsansicht erblickt werden kann. So ist in der Erklärung von *K* gegenüber *V*, „er zahle den Kaufpreis nicht, da der zwischen ihnen geschlossene Vertrag wegen der Täuschung von *V* nicht wirksam sei", eine Anfechtungserklärung von *K* wegen Täuschung (§ 123 Abs. 1, 1. Alt. BGB) zu sehen.

Im Gesellschaftsrecht besteht oftmals die Besonderheit, dass Gestaltungsrechte nur gerichtlich ausgeübt werden können. Die Ausformung der Gestaltungsrechte als Gestaltungs*klage*rechte ist vom Gesetzgeber vielfach gewählt worden, um Unsicherheiten über die bestehende Rechtslage zu vermeiden. Als wichtigste Gestaltungsklagerechte sind die Auflösungsklage gem. § 133 HGB, die Ausschlussklage gem. § 140 HGB und die Anfechtungsklage gem. §§ 243 ff. AktG zu nennen.[7]

Häufig ist die Befugnis eines Beteiligten zur Ausübung eines Gestaltungs(klage-)rechts in die Prüfung eines von ihm geltend gemachten Anspruchs eingebunden. Die Fragestellungen sind dann dieselben wie die unter *1.* zum Anspruchsaufbau genannten.

Beispiel Nr. 1: Dem Gesellschafter *G* einer GbR kann ein Anspruch auf Zahlung einer Abfindung gem. § 738 Abs. 1 S. 2 BGB[8] zustehen. Dann muss er zunächst aus der Gesell-

---

[5] Der möglichst frühzeitigen Einübung der Gutachtentechnik und ihrer fortlaufenden Verbesserung sollte hoher Stellenwert beigemessen werden! Nur wer die Gutachtentechnik beherrscht, wird die meisten Probleme einer Aufgabenstellung erkennen und sie entsprechend der gesetzlichen Systematik einordnen können; materiell-rechtliches Wissen allein befähigt noch nicht dazu, einen juristischen Fall methodisch sauber zu lösen. Besonders empfehlenswert ist die gründliche Lektüre der Bemerkungen zum Gutachtenstil von *Wolf*, JuS 1996, 30 ff. Zur Methodik der Fallbearbeitung siehe auch die in Fußnote 2 genannten Nachweise. Andererseits: Ohne das entsprechende materiell-rechtliche Wissen hilft auch die Gutachtentechnik zumeist nicht weiter!

[6] Vgl. z. B. zu den Besonderheiten einer Aufrechnung im Handelsrecht Fall 9.

[7] Vgl. hierzu Fall 5 (zur analogen Anwendung der §§ 241 ff. AktG im GmbH-Recht) und Fall 13 sowie den Fall von *Hadding*, JuS 1976, 106 ff.

[8] Vgl. hierzu Fall 21 sowie den Fall von *Mand*, JuS 2006, 330, 336 f.

schaft ausgeschieden sein. Sein Ausscheiden kann z. B. die Folge eines wirksam erklärten Austrittes sein. Wird in der Fallfrage nach Abfindungsansprüchen gefragt („*G* verlangt als Abfindung einen Betrag von 150.000 €. Zu Recht?"), so orientiert sich der Prüfungsaufbau an der Vorschrift des § 738 Abs. 1 S. 2 BGB. Der Obersatz kann dann lauten: „*G* kann gegen die GbR einen Anspruch auf Zahlung einer Abfindung i. H. v. 150.000 € gem. § 738 Abs. 1 S. 2 BGB haben. Voraussetzung hierfür ist zunächst, dass *G* aus der Gesellschaft wirksam ausgeschieden ist . . .". Die Ausübung des Gestaltungsrechts „Austritt" ist dann inzidenter, im Rahmen der Subsumtion des Sachverhalts, unter dem Tatbestandsmerkmal „Ausscheiden aus der Gesellschaft" zu prüfen.

Die Ausübung des Gestaltungsrechts kann aber auch primär Gegenstand der Fallfrage bilden. Dann wird z. B. nach der Wirksamkeit eines bereits ausgeübten Gestaltungsrechts gefragt oder danach, ob ein in Betracht kommendes Gestaltungsrecht wirksam ausgeübt werden kann. In letzterem Fall wird vielfach auch allgemein danach gefragt, wie die betreffende Person das von ihr angestrebte Ziel erreichen kann („Was kann *X* unternehmen?").

Beispiele Nr. 2 bis 4: (2) Der Gesellschafter einer für eine bestimmte Zeit eingegangenen GbR kann bei Bestehen eines wichtigen Grundes die Gesellschaft auch vorzeitig kündigen (vgl. § 723 Abs. 1 S. 2 BGB). Hat der Gesellschafter *A* die Kündigung ausgesprochen, so kann die Frage wie folgt lauten: „Ist die GbR durch die Kündigung von *A* wirksam aufgelöst worden?". Der entsprechende Obersatz würde dann sein: „Die GbR kann durch die von *A* ausgesprochene Kündigung nach § 723 Abs. 1 S. 2 BGB mit sofortiger Wirkung aufgelöst worden sein. Voraussetzung ist, dass ein wichtiger Grund i. S. dieser Vorschrift gegeben ist, aufgrund dessen *A* ein außerordentliches Kündigungsrecht zusteht . . .".
(3) Hat *A* hingegen die Kündigung noch nicht ausgesprochen, verfolgt er aber die Auflösung der Gesellschaft, weil in der Person des Gesellschafters *B* ein wichtiger Kündigungsgrund gegeben ist, kommt folgende Fragestellung in Betracht: „Wie kann *A* die Auflösung der Gesellschaft erreichen?" Der Obersatz hieße dann: „*A* kann die Auflösung der Gesellschaft durch Kündigung aus wichtigem Grund erreichen. Voraussetzung hierfür ist gem. § 723 Abs. 1 S. 2 BGB . . .".
(4) Entsprechendes gilt, wenn ein Gestaltungs*klage*recht gegeben ist. Bei der Bildung des Obersatzes ist dann zusätzlich noch das Erfordernis der Klageerhebung zu berücksichtigen, so z. B. „*A* kann die Auflösung der Gesellschaft durch Erhebung einer Auflösungsklage nach § 133 Abs. 1 HGB erreichen. Eine erfolgreiche Auflösungsklage setzt voraus . . .".

Oder: „*A* kann die Nichtigerklärung des Hauptversammlungsbeschlusses der X-AG vom 10. 2. 2005 durch Erhebung einer Anfechtungsklage gem. §§ 243, 241 Nr. 5 AktG erreichen.".

3. Atypische Fragestellungen

Gelegentlich kommen schließlich Aufgabenstellungen vor, in denen danach gefragt ist, ob zwischen den Beteiligten ein bestimmtes Rechtsverhältnis besteht („Ist der Beschluss wirksam?", „Ist *X* noch Gesellschafter der OHG?") bzw. das Gericht oder ein im Sachverhalt genannten Beteiligter[9] infolge vorgegebener Tatsachen eine bestimmte Handlung vorzunehmen hat. In diesen Fällen ist ein vom Anspruchs-grundlagenaufbau geringfügig abweichender Gang der Falllösung erforderlich, etwa ein historischer Aufbau in der Reihenfolge der für die Fallfrage rechtserheblichen Tatsachen (ähnlich wie bei der Prüfung der Eigentumsfrage bei einem Anspruch aus § 985 BGB). Weitreichende Änderungen der Gedankenführung sind damit jedoch nicht verbunden. Nachdem die Norm ausfindig gemacht worden ist, die etwa die

---

[9] Vgl. hierzu Fall 14 zur Frage, ob der GmbH-Geschäftsführer einen Konzernabschluss auf-zustellen oder einen Verlustausgleichsanspruch zu bilanzieren verpflichtet ist.

begehrte Verhaltenspflicht des Gerichts anordnet, sind die einzelnen Tatbestandsvoraussetzungen der Bestimmung zu erörtern.

Beispiele Nr. 5 und 6: (5) Auf die Frage „Wird das Registergericht die beantragte Eintragung der Firma vornehmen?" ist zu prüfen, ob die zur Eintragung in das Handelsregister angemeldete Firma den firmenrechtlichen Vorschriften der §§ 18 ff. HGB (ggf. i. V. m. § 4 GmbHG, § 4 AktG) entspricht.[10] Im Falle eines positiven Ergebnisses wird das Registergericht die Eintragung vornehmen.
(6) Lautet die Frage etwa „Ist der Beschluss der Gesellschafterversammlung (bzw. der Hauptversammlung oder des Aufsichtsrats) wirksam?", sind (ähnlich der Prüfung der Erfolgsaussichten einer Klage) zunächst die formellen Voraussetzungen (wie z. B. wirksame Einberufung der Versammlung, Stimmabgabe/Stimmrecht) und daran anschließend die materielle Wirksamkeit des Beschlusses (z. B. ein Verstoß gegen § 243 Abs. 2 AktG oder gegen die Treuepflicht) zu untersuchen.[11]

Besonderheiten gelten schließlich für kautelarjuristische Fragestellungen, etwa wenn der Entwurf eines Gesellschaftsvertrages auf mögliche Fehler zu untersuchen ist oder eigenständige Entwürfe für bestimmte Problemsituationen zu erstellen sind.[12] Solche Fragestellungen sind jedoch äußerst selten und in ihrer Lösung so unterschiedlich, dass – unter Hinweis auf die angegebene Literatur – auf eine detaillierte Darstellung verzichtet wird.

II. Anspruchsgrundlagen

Nicht anders als bei „gewöhnlichen" bürgerlich-rechtlichen Aufgabenstellungen lassen sich die Anspruchsgrundlagen handels- und gesellschaftsrechtlicher Fälle häufig unmittelbar dem Gesetz entnehmen („der Blick in das Gesetz erleichtert die Rechtsfindung"); andererseits ist gerade im Gesellschaftsrecht die Anspruchsgrundlage teilweise erst im Wege einer Analogiebildung zu gewinnen. Insoweit existieren insbesondere im Gesellschaftsrecht vielfach kraft richterlicher Rechtsfortbildung entwickelte ungeschriebene Anspruchsgrundlagen. Schließlich lassen sich in manchen Fällen Ansprüche erst unter Berücksichtigung allgemeiner Rechtsscheingrundsätze herleiten.

1. Gesetzlich geregelte Anspruchsgrundlagen

Handels- und gesellschaftsrechtliche Anspruchsgrundlagen gehen den bürgerlich-rechtlichen Anspruchsgrundlagen als Sonderregelungen vor (so ausdrücklich Art. 2 Abs. 1 EGHGB). Der Bearbeiter hat sie daher im Rahmen einer Falllösung vorrangig zu prüfen. Darüber hinaus ist in handels- und gesellschaftsrechtlichen Anspruchsgrundlagen vielfach die Einbeziehung bürgerlich-rechtlicher Normen erforderlich. Zu den wichtigsten gesetzlich geregelten Anspruchsgrundlagen zählen (ohne Anspruch auf Vollständigkeit):

[10] Vgl. hierzu Fall 5, Ausgangsfall Frage 2.
[11] Vgl. hierzu Fall 22 Frage 1 und Fälle 4 und 5.
[12] Vgl. insoweit Fall 23 sowie den den kautelarjuristischen Fall von *Priester*, JuS 1984, 541 ff. (jeweils zur GmbH), die Fälle von *H. Weber*, JuS 1986, 296 ff. (Bestellung eines GmbH-Geschäftsführers) und JuS 1987, 559 ff. (Anstellungsvertrag eines GmbH-Geschäftsführers) sowie von *Immenga*, JuS 1979, 120 ff. (zur Kommanditgesellschaft); ein weiteres Beispiel findet sich in Fall 22 Frage 2 (zur Publikums-GbR).

a) aus dem Handelsrecht im engeren Sinne:
   aa) Haftung (bzw. Berechtigung) des Erwerbers eines Handelsgeschäfts bei Firmenfortführung gem. § 25 Abs. 1 S. 1 HGB (bzw. § 25 Abs. 1 S. 2 HGB);[13]
   Haftung des Erwerbers eines Handelsgeschäfts ohne Firmenfortführung gem.
   bb) § 25 Abs. 3 HGB;
   cc) Haftung des Erben eines Handelsgeschäfts bei Fortführung gem. § 27 HGB;[14]
   Haftung der Gesellschaft im Falle des Eintritts eines Gesellschafters in das
   dd) Geschäft eines Einzelkaufmanns gem. § 28 Abs. 1 S. 1 HGB;[15]
   ee) Unterlassungsanspruch bei unbefugtem Firmengebrauch gem. § 37 Abs. 2 S. 1 HGB;[16]
b) aus dem Gesellschaftsrecht:
   aa) Abfindungsanspruch des ausscheidenden Gesellschafters gem. § 738 Abs. 1 S. 2 BGB;[17]
   Haftung des persönlich haftenden Gesellschafters einer OHG/KG für die
   bb) Gesellschaftsverbindlichkeiten gem. §§ 128, 124 HGB ggf. i. V. m. § 161 Abs. 2 HGB;[18]
   cc) Haftung des in eine OHG/KG eintretenden persönlich haftenden Gesellschafters (bzw. Kommanditisten) für die vor seinem Eintritt begründeten Verbindlichkeiten der Gesellschaft gem. § 130 HGB ggf. i. V. m. § 161 Abs. 2 HGB[19] (bzw. § 173 HGB[20]);
   Aufwendungsersatzanspruch eines Gesellschafters gegen die Gesellschaft gem.
   dd) § 110 HGB;[21]
   ee) Haftung des Gesellschafters gegenüber der Gesellschaft bei Verletzung eines Wettbewerbsverbotes gem. §§ 113 Abs. 1, 112 HGB;[22]
   ff) Haftung des Kommanditisten für Gesellschaftsverbindlichkeiten gem. §§ 171, 172 HGB;[23]
   gg) Haftung des Kommanditisten vor Eintragung seiner Haftungsbeschränkung im Handelsregister gem. § 176 Abs. 1 S. 1, Abs. 2 HGB;[24]
   Haftung des für die Vor-GmbH (bzw. für die Vor-AG) Handelnden gem.
   hh) § 11 Abs. 2 GmbHG[25] (bzw. § 41 Abs. 1 S. 2 AktG);

---

[13] Vgl. Fall 4 und Fall 5 Frage 2; *Hopt*, Rn. 227 ff. sowie die Fälle von *Hadding*, JuS 1995, 611 ff.; *Habersack*, JuS 1989, 738 ff.; *Renkl*, JuS 1986, 628 ff. und *Simitis/Dorndorf*, JuS 1965, 400 ff.

[14] Vgl. Fall 6 sowie *Hadding*, JuS 1995, 611 ff.

[15] Vgl. die Fälle von *Renkl*, JuS 1986, 628 ff.; *Scharrelmann*, JuS 1977, 673 ff. und *Hadding*, JuS 1968, 173 ff.

[16] Vgl. *Martinek/Bergmann*, Fall 8.

[17] Vgl. *Hopt/Hehl*, Rn. 589 ff.

[18] Vgl. hierzu *Hopt/Hehl*, Rn. 515 ff. (zur OHG) und die Fälle von *Bülow/Schumann*, JuS 1988, 796 ff.; *Hadding*, JuS 1968, 173 ff. sowie *Raisch*, JuS 1965, 195 ff.

[19] Vgl. *Hopt/Hehl*, Rn. 551 ff. und JuS 1979, 272 ff.

[20] Vgl. Fall 17 sowie den Fall von *Mand*, JuS 2006, 330, 332.

[21] Vgl. Fall 12 Frage 2 sowie die Fälle von *U. Schultz*, JuS 1983, 620 ff.; *Kornblum*, JuS 1971, 363 ff.; *Kühn*, JuS 1966, 70 ff. und *Mand*, JuS 2006, 330, 334.

[22] Vgl. zur Wirksamkeit einer nachträglich in den Gesellschaftsvertrag aufgenommenen Wettbewerbsklausel den Fall von *Heinemann/Hirte/Schütz*, JuS 1994, 224 ff.

[23] Vgl. *Hopt/Hehl*, Rn. 711 ff., Rn. 736 ff. sowie den Fall von *Klunzinger*, JuS 1973, 370 ff. und *Klöhn*, JuS 2003, 360 ff.

[24] Vgl. Fall 18 sowie die Fälle von *Müller-Graff/Blank*, JuS 1992, 493 ff., *Weismann*, JuS 1985, 390 ff. und *Mand*, JuS 2006, 330, 333 f.

[25] Vgl. Fall 11 und die Fälle von *Müller-Graff/Blank*, JuS 1992, 493 ff., *Schwarz*, JuS 2001, 155 ff., *Oetker*, JuS 2002, 459, 463 f., *Langenbucher*, JuS 2004, 387 ff. und *Lettl*, JuS 2006, 912, 920.

ii) Haftung des GmbH-Geschäftsführers (bzw. der Vorstands- und Aufsichtsratsmitglieder einer AG) für Sorgfaltspflichtverletzungen gem. § 43 Abs. 2 GmbHG[26] (bzw. §§ 93 Abs. 2, 116 AktG[27]);

jj) Insolvenzverschleppungshaftung des GmbH-Geschäftsführers (bzw. Vorstandsmitglieds einer AG) gem. § 823 Abs. 2 BGB i. V. m. § 64 Abs. 1 GmbHG[28] (bzw. gem. § 823 Abs. 2 BGB i. V. m. § 92 Abs. 2 AktG);[29]

kk) Erstattungspflicht des GmbH-Gesellschafters (bzw. Aktionärs) wegen der gegen das Verbot der Einlagenrückgewähr empfangenen Leistungen gem. §§ 31, 30 GmbHG[30] (bzw. § 62 Abs. 1 AktG);

ll) Schadensersatzpflicht des Einflussnehmers gem. § 117 Abs. 1 AktG;[31]

mm) Anspruch der Aktionäre auf Geltendmachung von Schadensersatzansprüchen gegen Vorstands- bzw. Aufsichtsratsmitglieder gem. § 148 Abs. 1 i. V. m. § 147 Abs. 1 S. 1 AktG.[32]

Daneben gibt es eine Vielzahl weiterer normierter Anspruchsgrundlagen. Insbesondere bei Aufgabenstellungen, deren rechtliche Problematik in gesetzlich speziell geregelten Bereichen angesiedelt ist (z. B. im Recht der Handelsvertreter gem. §§ 84 ff. HGB[33] oder des Kommissionsgeschäftes gem. §§ 383 ff. HGB[34]), müssen die insoweit einschlägigen Gesetzesabschnitte auf passende Anspruchsgrundlagen hin durchgesehen werden. Gelegentlich kommt auch eine rein zivilrechtliche Anspruchsgrundlage in Betracht.[35] Für das Erkennen einer Norm als Anspruchsgrundlage ist dabei stets die Legaldefinition des Anspruchs in § 194 Abs. 1 BGB maßgeblich.

2. Anspruchsgrundlagen durch Analogie

Während das AktG auf eine im Grundsatz abschließende und verbindliche Normierung des Rechts der Aktiengesellschaft angelegt ist (vgl. § 23 Abs. 5 AktG), stellen die weitgehend dispositiven gesetzlichen Bestimmungen für die Personengesellschaften und die GmbH in weiten Teilbereichen nur lückenhafte Regelungen dar; den Gesetzesbestimmungen kommt insoweit lediglich eine (unvollständige) Leitbildfunktion zu. Enthält das für eine Gesellschaftsform vorgesehene Gesetz keine „passende" Regelung, ist es deshalb oftmals geboten, auf vergleichbare Normen anderer Gesellschaftsformen zurückzugreifen. Dabei ist aber jeweils zu prüfen, ob die nach den allgemeinen methodischen Grundsätzen für eine Rechtsanalogie erforderlichen Voraussetzungen (planwidrige Regelungslücke und vergleichbare Interessenlage) vorliegen.

---

[26] Vgl. *Hopt/Hehl*, Rn. 875 ff.
[27] Vgl. Fälle 8 und 9.
[28] Vgl. Fall 7 aus Bd. II.
[29] Vgl. *Hopt/Hehl*, Rn. 875 ff.; *Martinek/Bergmann*, Fall 39.
[30] Vgl. Fall 10.
[31] Vgl. *Hopt/Hehl*, Rn. 893.
[32] Vgl. die Abwandlung von Fall 8.
[33] Vgl. Fall 13 sowie den Fall von *Holderbaum*, JuS 1965, 150 ff.
[34] Vgl. *Hopt*, Rn. 745 ff.
[35] So folgt die Haftung des (GmbH-)Gesellschafters wegen existenzvernichtenden Eingriffs aus § 826 BGB (vgl. *BGH* ZIP 2007, 1552 ff. – „Trihotel"); zur früheren Herleitung dieser Haftung aus § 128 S. 1 HGB analog vgl. Fall 12 aus der Vorauflage von Bd. II.

Beispiele Nr. 7 bis 10: (7) Haftung des Gesellschafters einer (Außen-)GbR analog §§ 128 ff. HGB;[36]

(8) Informationsanspruch des Kommanditisten einer GmbH & Co. KG gegen die Komplementär-GmbH analog § 51 a GmbHG (str.);[37]

(9) analoge Anwendung der § 112 HGB, § 88 AktG bei Verletzung des (ungeschriebenen) Wettbewerbsverbots des GmbH-Geschäftsführers;[38]

(10) Schadensersatzpflicht der Geschäftsleiter und Aufsichtsrats- bzw. Beiratsmitglieder von Publikumspersonengesellschaften analog §§ 93, 116 AktG.[39]

Aber auch bei „gewöhnlichen" bürgerlich-rechtlichen Fällen, bei denen primär BGB-Vorschriften zu prüfen sind, kommt die analoge Anwendung handelsrechtlicher Vorschriften in Betracht, sofern der Sachverhalt dem einer bestimmten „handelsrechtlichen" Situation ähnlich gelagert ist.

Beispiele Nr. 11 und 12: (11) Haftung des Erwerbers eines nicht kaufmännischen Unternehmens analog § 25 Abs. 1 S. 1 HGB;[40]

(12) Ausgleichsanspruch des Vertragshändlers oder Franchisenehmers analog § 89 b HGB.[41]

Keine Analogie liegt hingegen vor, wenn die Vorschriften einer Gesellschaftsform kraft ausdrücklicher Verweisung auch für eine andere Gesellschaftsform gelten, soweit dort keine abweichenden Regelungen getroffen sind.[42] So gelten gem. § 105 Abs. 3 HGB die Vorschriften für die GbR in Ermangelung abweichender Bestimmungen in den §§ 105 ff. HGB auch für die OHG. § 161 Abs. 2 HGB enthält für die Kommanditgesellschaft eine entsprechende Bezugnahme auf die Regelungen der OHG; damit gelangen auch die Vorschriften zur GbR für die KG subsidiär zur Anwendung.

Das Partnerschaftsgesellschaftsgesetz (PartGG) enthält für die Partnerschaft neben einem generellen Verweis auf die subsidiäre Geltung der Vorschriften zur GbR (§ 1 Abs. 4 PartGG) auch konkrete Verweise auf einzelne OHG-Vorschriften (vgl. insb. §§ 7 Abs. 3, 8 Abs. 1 S. 2 PartGG bezüglich der Vertretung der Partnerschaft und der Haftung der Partner für die Verbindlichkeiten der Partnerschaft[43]).

Beispiele Nr. 13 bis 15: (13) Abfindungsanspruch des ausscheidenden OHG-Gesellschafters gem. § 738 Abs. 1 S. 2 BGB i. V. m. § 105 Abs. 3 HGB;

(14) Aufwendungsersatzanspruch eines Partners gegen die Partnerschaft gem. § 110 HGB i. V. m. § 6 Abs. 3 S. 2 PartGG;

(15) Rechte und Pflichten des GmbH-Aufsichtsrats entsprechend den in § 52 Abs. 1 GmbHG explizit genannten Vorschriften des AktG.

In diesen Fällen muss im Obersatz des Gutachtens stets eine Paragrafenkette erscheinen, etwa nach dem Muster „A kann gegen die B-KG einen Anspruch gem. § 433 Abs. 2 BGB i. V. m. §§ 161 Abs. 2, 124 Abs. 1 HGB haben." bzw. „A kann gegen

---

[36] BGHZ 146, 341 ff.; 150, 1 ff.; 154, 88 ff.; 154, 370 ff.; vgl. auch Fall 10 sowie *Saenger,* JuS 2003, 577 ff., *Oetker,* JuS 2005, 141 ff. (zur analogen Anwendung des § 130 HGB) und *Lettl,* JuS 2006, 912 ff.

[37] Ausführlich hierzu Scholz/*K. Schmidt,* § 51 a Rn. 55 ff.

[38] *BGH* ZIP 1985, 1484; 1989, 1390.

[39] BGHZ 64, 238; 69, 207 = JuS 1978, 198.

[40] Vgl. Fall 5 Frage 2; siehe dort auch zur analogen Anwendung des § 28 Abs. 1 HGB.

[41] *BGH* BB 1967, 94; NJW 1962, 1107; BB 1959, 540 sowie *Hopt,* 420 ff.; *K. Schmidt,* HandelsR, § 28 III (S. 769 ff.).

[42] Vgl. auch Fall 6 von Bd. II zur Geltung der aktienrechtlichen Regelungen für die Bestellung und Anstellung eines Geschäftsführers einer mitbestimmten GmbH.

[43] Vgl. Fall 3.

die B-KG einen Abfindungsanspruch gem. § 738 Abs. 1 S. 2 BGB i. V. m. §§ 161 Abs. 2, 105 Abs. 3 HGB haben."

3. Anspruchsgrundlagen unter Berücksichtigung der allgemeinen Rechtsscheingrundsätze

Für die Lösung handels- und gesellschaftsrechtlicher Fälle sind stärker als in zivilrechtlichen Klausuren (etwa aus dem Bereich der Stellvertretung; Stichwort: Anscheins- bzw. Duldungsvollmacht) allgemeine Rechtsscheingrundsätze von erheblicher Bedeutung. Im Interesse eines gesteigerten Verkehrs- und Vertrauensschutzes kommen sie den Bedürfnissen des Handels nach Klarheit und Schnelligkeit entgegen und können Ansprüche begründen, die in vergleichbaren Situationen unter Nichtkaufleuten nicht bestehen würden. Dabei spielen Rechtsscheingrundsätze nicht nur innerhalb der (Inzident-)Prüfung zu einzelnen Anspruchskomplexen eine Rolle (so z. B. bei der Stellvertretung die Anscheins- bzw. Duldungsvollmacht); der Rechtsschein kann auch anspruchsbegründend wirken.

> **Beispiele Nr. 16 und 17:** (16) Haftung des Scheinunternehmers wie ein Einzelkaufmann, wenn er im Rechtsverkehr als solcher auftritt;[44]
> (17) Haftung eines Scheingesellschafters für Verbindlichkeiten einer bestehenden OHG nach §§ 128 S. 1, 124 Abs. 1 HGB, wenn er sich als Gesellschafter dieser OHG geriert und der Dritte auf diesen Rechtsschein in zulässiger Weise vertraut hat.[45]

4. Ungeschriebene Anspruchsgrundlagen

Gelegentlich muss sich der Bearbeiter zur Lösung der Fallfrage auf einzelne von der Rechtsprechung im Wege richterlicher Rechtsfortbildung entwickelte, ungeschriebene Anspruchsgrundlagen stützen.

> **Beispiele Nr. 18 und 19:** (18) Die *Treuepflicht* der Gesellschafter, die nicht nur rechtsbegrenzend, sondern auch rechtsbegründend wirkt: Ein Gesellschafter kann deshalb beispielsweise aufgrund der ihn treffenden gesellschaftsrechtlichen Treuepflicht verpflichtet sein, einer Änderung des Gesellschaftsvertrages zuzustimmen, wenn die Vertragsänderung dringend erforderlich und ihm unter Berücksichtigung eigener Belange zumutbar ist.[46]
> (19) Die Gründungsgesellschafter der Vor-GmbH trifft gegenüber der GmbH eine unbeschränkte *Verlustdeckungshaftung* für die Verbindlichkeiten der Vor-GmbH.[47]

Bei ungeschriebenen Anspruchsgrundlagen bereitet die Formulierung des einleitenden Obersatzes regelmäßig Schwierigkeiten. Zur Bildung des Obersatzes sollte sich der Bearbeiter stets die in § 194 Abs. 1 BGB enthaltene Legaldefinition des Anspruchs vergegenwärtigen und danach die Fallprüfung aufbauen. Außerdem bietet die Fragestellung häufig Hilfestellung.

> **Beispiel Nr. 20:** So kann der Obersatz zu der Frage, ob ein Gesellschafter zur Zustimmung zur Gesellschaftsvertragsänderung verpflichtet ist, wie folgt lauten: „Der Gesellschafter *X* kann aufgrund der ihn treffenden gesellschaftsrechtlichen Treuepflicht ausnahmsweise zur Einwilligung in die Änderung des Gesellschaftsvertrages verpflichtet sein, wenn ..."

---

[44] Vgl. *Hopt*, Rn. 160 ff.
[45] BGHZ 17, 13; Fall 19, Abwandlung.
[46] BGHZ 44, 40; *BGH*, NJW 1987, 952; sowie Fall 12 der 5. Auflage.
[47] BGHZ 134, 333, 339 ff. sowie den Fall von *Oetker*, JuS 2002, 459, 462 ff.

III. Gestaltungs(klage)rechte

Für die Gestaltungs(klage)rechte gilt im Wesentlichen das vorstehend zu den Anspruchsgrundlagen Gesagte sinngemäß.

Als gesetzlich geregelte Gestaltungsrechte sind zu nennen:

1. das ordentliche Kündigungsrecht:
   GbR (§ 723 Abs. 1 S. 1 BGB), OHG (§ 132 HGB), KG (§ 132 HGB i. V. m. § 161 Abs. 2 HGB);
2. das Kündigungsrecht aus wichtigem Grund:
   GbR (§ 723 Abs. 1 S. 2, 3 BGB), OHG (§ 133 HGB), KG (§ 133 HGB i. V. m. § 161 Abs. 2 HGB);
3. Ausschluss eines Gesellschafters:
   GbR (§§ 737, 723 Abs. 1 S. 2 BGB), OHG (§§ 140, 133 Abs. 3 HGB), KG (§§ 140, 133 HGB i. V. m. § 161 Abs. 2 HGB);
4. Entzug der Geschäftsführungsbefugnis:
   GbR (§ 712 Abs. 1 BGB), OHG (§ 117 HGB), KG (§ 117 HGB i. V. m. § 161 Abs. 2 HGB);
5. Entzug der Vertretungsmacht:
   GbR (§ 715 BGB), OHG (§ 127 HGB), KG (§ 127 HGB i. V. m. § 161 Abs. 2 HGB);
6. das (Privat-)Gläubigerkündigungsrecht:
   GbR (§ 725 BGB), OHG (§ 135 HGB), KG (§ 135 HGB i. V. m. § 161 Abs. 2 HGB).

Eine *analoge* Anwendung von Gestaltungs(klage-)rechten wird im Bereich der GmbH nur für die Anfechtung von Gesellschafterbeschlüssen (analog §§ 243 ff. AktG) befürwortet.[48]

Als *ungeschriebene* Gestaltungsrechte aufgrund richterlicher Rechtsfortbildung kommen vor allem in Betracht:

1. Ausschluss des GmbH-Gesellschafters;[49]
2. Austritt eines GmbH-Gesellschafters aus wichtigem Grund.[50]

C. Besonderheiten innerhalb der Fallbearbeitung

I. Verknüpfung von Normen

1. Insbesondere beim Prüfungsgegenstand „Handelsgeschäfte"

Die engen Verflechtungen des Handels- und Gesellschaftsrechts mit dem allgemeinen bürgerlichen Recht machen es regelmäßig erforderlich, innerhalb der Fallprüfung die Normen aus den verschiedenen Rechtsgebieten miteinander zu verknüpfen („Paragrafenketten"). Besonders deutlich werden die zwischen den Rechtsgebieten bestehenden Sachzusammenhänge im Rahmen einer Falllösung, bei der die Vorschriften

---

[48] Vgl. Lutter/Hommelhoff/*Lutter/Hommelhoff*, GmbHG, Anh. § 47 Rn. 42 ff. m. w. N.
[49] BGHZ 9, 157; 16, 317; 32, 31.
[50] H. M., BGHZ 9, 157, 162 f. sowie Lutter/Hommelhoff/*Lutter/Hommelhoff*, GmbHG, § 34 Rn. 44 ff. und Scholz/*H. Winter*, § 15 Rn. 114 ff., jeweils m. w. N.

über Handelsgeschäfte (§§ 343 ff. HGB) einschlägig sind.[51] Der Großteil der Bestimmungen in diesem Gesetzesabschnitt enthält (lediglich) ergänzende Spezialregelungen zu den bürgerlich-rechtlichen Vorschriften. Eine Prüfung dieser Vorschriften macht deshalb zunächst den „Einstieg" über die entsprechenden bürgerlich-rechtlichen Normen erforderlich; die Anwendung der handelsrechtlichen Normen erfolgt dann im Verlaufe der einzelnen aus dem allgemeinen zivilrechtlichen Prüfungsaufbau bekannten Abschnitte (Entstehen des Anspruchs, Untergang des Anspruchs, Einwendungen und Einreden). Eine vorherige, aus dem Anspruchsaufbau „ausgegliederte" Erörterung handels- oder gesellschaftsrechtlicher „Vorfragen" (etwa Prüfung der Kaufmannseigenschaft eines der Beteiligten) wäre schlicht *falsch!* Die Skizze des wesentlichen Gedankenganges zweier Beispielsfälle mag dies verdeutlichen:

Beispiel Nr. 21: Der mit seiner Firma „Stefan Schnell Spedition e. K." im Handelsregister eingetragene Speditionsunternehmer S wird aus einer von ihm mündlich abgegebenen Bürgschaftserklärung für die Darlehensrückzahlungsverpflichtung von D i. H. v. € 5.000 von dessen Gläubiger G in Anspruch genommen; D hat gegenüber G einen Gegenanspruch i. H. v. € 2.000, mit dem er aufrechnen kann.
Anspruchsgrundlage sind §§ 765, 767 BGB i. V. m. § 488 Abs. 1 BGB. Eine wirksame Hauptschuld von D gem. § 767 Abs. 1 S. 1 BGB besteht. Weiterhin muss die Bürgschaftsverpflichtung von S wirksam entstanden sein. Grundsätzlich muss das Bürgschaftsversprechen gem. § 766 S. 1 BGB schriftlich erklärt werden. Gem. § 350 HGB ist die Einhaltung der Schriftform jedoch entbehrlich, wenn es sich bei der Bürgschaftserklärung auf Seiten des Bürgen um ein Handelsgeschäft handelt. Gem. § 343 Abs. 1 HGB sind Handelsgeschäfte alle Geschäfte eines Kaufmanns, die zum Betriebe seines Handelsgewerbes gehören. S gilt bereits aufgrund der Handelsregistereintragung nach § 5 HGB als Kaufmann. Gem. § 344 Abs. 1 HGB gelten alle Rechtsgeschäfte eines Kaufmanns im Zweifel als zu seinem Handelsbetriebe gehörig. Damit gilt die Bürgschaftserklärung von S mangels entgegenstehender Anhaltspunkte als Handelsgeschäft. Für den wirksamen Abschluss des Bürgschaftsvertrages genügt daher die mündliche Erklärung von S.

Die Bürgschaftsschuld ist nicht durch Erfüllung der Hauptschuld untergegangen. Gem. § 349 HGB kann S sich auch nicht auf die Einrede der Vorausklage nach § 771 BGB berufen. S steht aber gem. § 770 Abs. 2 BGB ein Leistungsverweigerungsrecht zu, soweit G gegenüber D aufrechnen kann. Der Anspruch von G gegen S ist also lediglich i. H. v. € 3.000 begründet.

Beispiel Nr. 22: Der im Handelsregister eingetragene Speditionsunternehmer S kauft von dem ebenfalls im Handelsregister eingetragenen Gerätemaschinenhändler V einen neuen Handgabelstapler, der am 2. 4. angeliefert wird. S lässt ihn zunächst in verpacktem Zustand in die Lagerhalle bringen. Als S den Gabelstapler am 10. 4. erstmals in Betrieb nimmt, stellt er fest, dass die Hebevorrichtung defekt ist. Er begehrt von V die Rückzahlung des Kaufpreises wegen Lieferung mangelhafter Ware.
Ein Anspruch von S gegen V auf Rückzahlung des Kaufpreises gem. §§ 346 Abs. 1, 437 Nr. 2, 323 BGB kann bestehen, wenn sich der Kaufvertrag in ein Rückgewährschuldverhältnis umgewandelt hat. Das setzt einen wirksamen Rücktritt von S vom Kaufvertrag voraus. Eine Rücktrittserklärung von S liegt vor. Ferner ist erforderlich, dass S auch ein Rücktrittsgrund zusteht. Das Recht von S zum Rücktritt kann sich aus §§ 437 Nr. 2, 323 Abs. 1 BGB ergeben. Ein wirksamer Kaufvertrag liegt vor. Die gelieferte Ware muss ferner mangelhaft i. S. v. § 434 Abs. 1 S. 2 Nr. 2 BGB sein; das ist hier fraglos zu bejahen. Die Ware kann aber gem. § 377 Abs. 2 HGB als vertragsgemäß gelten. Das setzt voraus, dass S die ihm nach § 377 Abs. 1 HGB obliegende Untersuchungs- und Rügepflicht verletzt hat.[52] § 377 HGB ist anwendbar;

---

[51] Zur Sachmängelgewährleistung beim Handelskauf vgl. Fälle 7 und 8 und Fall 1 sowie die Überlegungen zur Hinterlegung gem. § 373 HGB im Fall von *Scherner/Hauke/Scheck*, JuS 1978, 402 ff.; zum Annahmeverzug nach § 373 HGB sowie zum Selbsthilfeverkauf gem. § 373 Abs. 2 i. V. m. Abs. 1 HGB vgl. Fall 9.

[52] Zur Prüfung der Rügeobliegenheitsverletzung gem. § 377 HGB vgl. Fälle 7 und 8 und Fall 1 sowie die Fälle von *Schwarz/Ernst*, JuS 1991, 571 ff.; *Loewenheim/Dalichau*, JuS 1974, 657 ff. und *Hopt*, Rn. 648 ff.

beide Kaufvertragsparteien sind Kaufleute gem. §§ 1, 5 HGB, und der Kauf ist für beide Teile gem. § 343 Abs. 1 HGB ein Handelsgeschäft. S hat den Gabelstapler nicht unmittelbar nach seiner Anlieferung auf Mängel hin untersucht und den Mangel daher erst am 10.4. entdeckt. Er hat damit seine Untersuchungspflicht verletzt. Der Defekt der Hebevorrichtung ist ein offenkundiger Mangel, der bei einer Untersuchung erkennbar gewesen wäre. Folglich hat S den Mangel auch nicht „unverzüglich" i. S. d. § 377 Abs. 1 HGB gegenüber V gerügt. Der von V gelieferte Gabelstapler gilt gem. § 377 Abs. 2 HGB als genehmigt. Ein Recht von S auf Rücktritt vom Kaufvertrag mit V besteht daher nicht. S kann demnach von V nicht die Rückzahlung des Kaufpreises gem. §§ 346 Abs. 1, 437 Nr. 2, 323 BGB verlangen.

2. Insbesondere beim Prüfungsgegenstand „Vertretung"

Bei Ansprüchen gegen einen Kaufmann wird dieser oftmals nicht selbst gehandelt haben, sondern es wird – wie in einer arbeitsteiligen Unternehmensorganisation häufig vorkommend – eine rechtsgeschäftliche Stellvertretung vorliegen. Eine Stellvertretung ist des Weiteren für Gesellschaften typisch; Gesellschaften können nur durch organschaftliche oder rechtsgeschäftliche Vertreter handeln.[53] In den Fällen rechtsgeschäftlicher Stellvertretung sind insbesondere die Vorschriften über die Prokura (§§ 48 ff. HGB), die Handlungsvollmacht (§§ 54, 55 HGB) und über die Vertretung durch Ladenangestellte (§ 56 HGB) zu beachten. Für das organschaftliche Handeln der Gesellschafter einer OHG bzw. der Komplementäre einer KG sind die §§ 125 ff. HGB (i. V. m. § 161 Abs. 2 HGB), für das Handeln der Geschäftsführer einer GmbH die §§ 35 ff. GmbHG und für das Handeln der Vorstandsmitglieder einer AG die §§ 78 ff. AktG zu prüfen.

Ferner kann die Zurechnung reiner Tathandlungen über §§ 31, 278 BGB (im rechtsgeschäftlichen Bereich) und über §§ 31, 831 BGB (im deliktischen Bereich) in Betracht kommen. Dabei ist bei der Zurechnung deliktischen Verhaltens zu bedenken, dass § 31 BGB sowohl im Bereich der Personenhandelsgesellschaften (OHG/KG)[54] – für die GbR ist die analoge Anwendung mittlerweile ebenfalls anerkannt[55] – als auch im Bereich der juristischen Personen (GmbH/AG) entsprechend anzuwenden ist. Dies gilt nicht nur für das Fehlverhalten eines geschäftsführungsbefugten Gesellschafters einer OHG/KG oder für das Fehlverhalten des Organs einer GmbH oder AG, sondern auch für die Zurechnung deliktischen Verhaltens leitender Angestellter.[56]

In all diesen Fällen folgt die Prüfung dem gleichen Gedankenschema wie bei den bekannten bürgerlich-rechtlichen Aufgabenstellungen, in denen das Verhalten einer Person einem Dritten zuzurechnen ist: Die Zurechnung wird im Rahmen der Anspruchsprüfung gegen den Vertretenen (also den Vertragspartner) bzw. den Verantwortlichen (d. h. den Schadensersatzpflichtigen) erörtert.

Beispiel Nr. 23: Der Gesellschafter A der A & B-OHG hat im Namen der OHG von K ein Auto zum Preis von 50.000 € gekauft. Die Prüfung des Kaufpreisanspruches von K gegen die OHG sieht dann so aus: Anspruchsgrundlage ist § 433 Abs. 2 BGB i. V. m. § 124 Abs. 1 HGB. Dieser Anspruch besteht, wenn zwischen K und der OHG ein Kaufvertrag abgeschlossen worden ist. Voraussetzung für die Verpflichtung der A & B-OHG ist zunächst, dass die OHG bereits im Zeitpunkt des Vertragsschlusses bestanden hat ... Ferner muss die OHG durch die zwischen A und K erzielte Einigung Vertragspartner von K geworden sein. Dies ist der Fall, wenn A die OHG wirksam vertreten hat. Eine wirksame Stellvertretung

---

[53] Vgl. hierzu insbesondere Fall 6.
[54] Zur Anwendbarkeit des § 31 BGB bei der OHG vgl. Fall 13.
[55] BGHZ 154, 88 ff.; a. A. noch BGHZ 45, 311.
[56] BGHZ 49, 19.

nach § 164 Abs. 1 S. 1 BGB setzt voraus, dass *A* eine eigene Willenserklärung im Namen der OHG abgegeben und dabei mit Vertretungsmacht für die OHG gehandelt hat. Ein Handeln im Namen der OHG ist gegeben. Die erforderliche Vertretungsmacht von *A* kann nach § 125 Abs. 1 HGB gegeben sein.

II. Unterscheidung zwischen Innen- und Außenverhältnis

Bei der Lösung aller handels- und gesellschaftsrechtlichen Fälle, deren Problematik im Vertretungsrecht liegt, ist die strikte Unterscheidung zwischen Innen- und Außenverhältnis zu beachten. In den „pathologischen" Fällen divergieren regelmäßig die Befugnisse im Innen- und Außenverhältnis: Das rechtliche Können des Vertreters im Außenverhältnis geht über das rechtliche Dürfen im Innenverhältnis hinaus.

Beispiel Nr. 24: In einer aus drei Gesellschaftern *(X, Y, Z)* bestehenden OHG besitzt *X* Alleinvertretungs- und Alleingeschäftsführungsbefugnis gem. §§ 125, 115 HGB. Für den Abschluss von Kaufverträgen i. H. v. mehr als 50.000 € soll er jedoch die vorherige Zustimmung der anderen Gesellschafter einholen. *X* kauft von *V* ohne Einwilligung von *Y* und *Z* für die OHG eine Maschine zum Kaufpreis von 100.000 €. Wie ist die Rechtslage?

Um dem Bedürfnis des Handels nach gesteigertem Verkehrs- und Vertrauensschutz Rechnung zu tragen, ist der Umfang der Prokura sowie der Umfang der organschaftlichen Vertretungsmacht nach außen gesetzlich festgelegt und damit Dispositionen der Gesellschafter weitgehend entzogen. Eine Beschränkung der Prokura (vgl. §§ 49, 50 HGB) sowie der organschaftlichen Vertretungsmacht (vgl. §§ 125, 126 HGB, §§ 35, 37 Abs. 2 GmbHG, §§ 78, 82 Abs. 1 AktG) ist Dritten gegenüber unwirksam.[57] Die im Innenverhältnis auferlegten Beschränkungen sind für die Wirksamkeit des Handelns der genannten Vertreter (gilt also nicht für den Handlungsbevollmächtigten gem. § 54 HGB, vgl. § 54 Abs. 3 HGB) im Verhältnis zu Dritten daher grundsätzlich unbeachtlich; eine Ausnahme gilt nur in den Fällen des Missbrauchs der Vertretungsmacht.[58]

Der **Beispielsfall Nr. 24** bietet für eine Prüfung in zweifacher Hinsicht Anlass:

Als erstes ist nach einem Anspruch von *V* gegen die OHG auf Zahlung des Kaufpreises aus § 433 Abs. 2 BGB i. V. m. § 124 Abs. 1 HGB zu fragen. Für die Begründung der Gesellschaftsschuld durch *X* ist allein dessen Vertretungsmacht (d. h. das Außenverhältnis) entscheidend, da die interne Beschränkung der Geschäftsführungsbefugnis für den Umfang der Vertretungsmacht von *X* wegen § 126 Abs. 2 HGB unbeachtlich ist. Bezüglich des von *V* gegen die OHG geltend gemachten Erfüllungsanspruchs ist die von *X* im Innenverhältnis zu den übrigen Gesellschaftern erfolgte Kompetenzüberschreitung also ohne Bedeutung.

Darüber hinaus ist danach zu fragen, ob die OHG Schadensersatz von *X* begehren kann. Der „Rückgriffsanspruch" der OHG gegen *X* aus § 280 Abs. 1 BGB ist wegen Überschreitens der Geschäftsführungsbefugnis beim Abschluss von Geschäften von mehr als 50.000 € begründet. Die im Außenverhältnis wirksam erfolgte Vertretung der OHG ist allein für die Feststellung des Schadens der OHG von Bedeutung.

Ein weiteres Beispiel reiner Innenhaftung ist auch die Haftung des Geschäftsführers einer GmbH nach § 43 Abs. 2 GmbHG. Der Geschäftsführer haftet in diesen Fällen nur der GmbH, nicht auch ihren Gläubigern. Eine Außenhaftung des GmbH-Geschäftsführers den Gesellschaftsgläubigern gegenüber kann sich allenfalls in Ausnahmesituationen ergeben, etwa aus § 823 Abs. 2 BGB i. V. m. § 64 Abs. 1 GmbHG.[59]

---

[57] Zur Prokura vgl. Fälle 1 und 3 sowie die Fälle von *Hackbarth,* JuS 1994, 496 ff. und *Oetker,* JuS 2001, 251, 257 f.
[58] BGHZ 50, 112; vgl. hierzu auch Fälle 1 und 3.
[59] BGHZ 126, 181 (zur Aufgabe des Quotenschadens für die Neugläubiger); vgl. auch Fall 7.

III. Handelsrechtliche Rechtsscheinregelungen

Der Gedanke des Verkehrs- und Vertrauensschutzes spielt im Handelsrecht eine herausragende Rolle. Das Handelsrecht enthält daher eine Reihe von Regelungen, die diesen Schutzgedanken sehr viel stärker als die „für Jedermann geltenden" Regeln des BGB verwirklichen.

Beispiele Nr. 25 bis 29:[60] (25) Kaufmann kraft Eintragung (§ 5 HGB);[61] (26) negative Publizität des Handelsregisters (§ 15 Abs. 1 HGB);[62]

(27) positive Publizität des Handelsregisters (§ 15 Abs. 3 HGB);[63]

(28) Schweigen eines Kaufmanns als Annahme eines Vertragsangebots (§ 362 Abs. 1 HGB);[64]

(29) Schutz des guten Glaubens an die Verfügungsmacht des Kaufmanns bei Veräußerungen von beweglichen Sachen im Betriebe seines Handelsgewerbes (§ 366 HGB).[65]

Daneben existieren aber auch ungeschriebene Grundsätze, die dem Verkehrsschutz dienen. So können z. B. die allgemeinen Rechtsscheingrundsätze[66] in den Fällen eingreifen, in denen der erforderliche Verkehrsschutz über § 15 Abs. 3 HGB wegen des beschränkten Anwendungsbereiches der Norm nicht erreicht wird.[67]

Zu denken ist in diesem Zusammenhang insbesondere auch an die gewohnheitsrechtlich anerkannten Regeln zum kaufmännischen Bestätigungsschreiben.[68] Ferner gelten für beiderseitige Handelsgeschäfte die „im Handelsverkehr geltenden Gewohnheiten und Gebräuche" (vgl. § 346 HGB) mit normativer Wirkung, also auch dann, wenn der Kaufmann von ihnen keine Kenntnis besitzt.[69]

Die Einbeziehung der handelsrechtlichen Rechtsscheinregelungen in eine Fallprüfung macht es erforderlich, von einem Sachverhalt auszugehen, der sich zwar tatsächlich so nicht zugetragen hat, den der Anspruchsteller aber von Rechts wegen als gegeben annehmen darf. Die dabei zu beachtende gedankliche Abfolge verdeutlicht der folgende Fall:

Beispiel Nr. 30: Im obigen Beispiel Nr. 24 war *X* vor Abschluss des Kaufvertrages mit *V* aus der Gesellschaft ausgetreten. Sein Ausscheiden war jedoch nicht ins Handelsregister eingetragen und bekannt gemacht worden, dem *V* der Austritt von *X* zudem nicht positiv bekannt. Grundlage für einen Anspruch von *V* gegen die OHG auf Kaufpreiszahlung ist § 433 Abs. 2 BGB i. V. m. § 124 Abs. 1 HGB. Eine Gesellschaftsverbindlichkeit setzt eine wirksame Vertretung der OHG durch *X* voraus. Zum Zeitpunkt des Vertragsschlusses war *X* bereits aus der OHG ausgeschieden, so dass eine Vertretungsmacht nach § 125 HGB ausscheidet. *V*

---

[60] Zu beachten ist allerdings, dass die hier genannten Vorschriften für sich allein *keine* Anspruchsgrundlagen darstellen. Sie sind wiederum nur inzidenter zu prüfen.

[61] Vgl. Fall 9.

[62] Zur Vertiefung vgl. die Fälle 1, 2, 3 und 9 sowie die Fälle von *Korte*, JuS 1997, 421 ff.; *Simitis/Dorndorf*, JuS 1965, 400 ff., *Ballerstedt*, JuS 1965, 272 ff. und *Mand*, JuS 2006, 330, 333.

[63] Vgl. den Fall von *Hopt/Mössle*, JuS 1984, 957 ff. und von *Richter*, JuS 2007, 647, 648.

[64] *Hopt*, Rn. 531 ff.

[65] Vgl. Fall 9 sowie *Hopt*, Rn. 607 ff.

[66] Merken: „Wer im Rechtsverkehr als Kaufmann auftritt, muss sich auch entsprechend behandeln lassen". Vgl. in diesem Zusammenhang auch die Entscheidungen BGHZ 59, 179 = NJW 1972, 1660 einerseits und BGHZ 61, 59 = NJW 1973, 1691 andererseits. Aus der Lit. ausführlicher zu den allgemeinen Rechtsscheingrundsätzen *Hopt*, Rn. 160 ff.; *Hopt/Hehl*, Rn. 253 ff.; *Canaris*, Vertrauenshaftung, S. 157 ff., 167 ff., 180 ff.; *Canaris*, HandelsR, § 6 Rn. 1 ff.

[67] Vgl. *Hopt/Mössle*, Rn. 202 (z. B. in den Fällen, in denen nur die nach h. M. von § 15 Abs. 3 HGB nicht erfasste Eintragung unrichtig ist).

[68] Vgl. Fälle 7 und 8 sowie Fall 1 von Bd. II; *Hopt/Mössle*, Rn. 496 ff. sowie den Fall von *H.-G. Mertens*, JuS 1972, 201 ff.

[69] *BGH* BB 1973, 635.

kann jedoch gem. § 15 Abs. 1 HGB so zu stellen sein, als wenn *X* im Zeitpunkt des Vertragsabschlusses noch Gesellschafter war und damit auch nach § 125 HGB zur Vertretung der OHG berechtigt gewesen wäre. Die Voraussetzungen des § 15 Abs. 1 HGB (fehlende Eintragung und Bekanntmachung des Ausscheidens, keine Kenntnis des *V* vom Ausscheiden von *X*) sind hier erfüllt. *V* ist daher so zu stellen, als wenn *X* im Zeitpunkt des Vertragsabschlusses noch Gesellschafter war und daher Vertretungsmacht besaß. Er hat deshalb einen Anspruch gegen die OHG auf Zahlung des Kaufpreises.

Der Anspruchsteller, zu dessen Gunsten § 15 Abs. 1 HGB eingreift, kann sich zur Begründung seines Anspruchs auch teils auf die wirkliche Sachlage, teils auf den Rechtsschein berufen (sog. *Rosinentheorie*[70]).

IV. Berücksichtigung des § 242 BGB

Insbesondere bei der Bearbeitung von Fällen aus dem Bereich des Gesellschaftsrechts ist die ansonsten in aller Regel angebrachte Zurückhaltung bei der Anwendung des § 242 BGB nicht unbedingt zu empfehlen bzw. durchzuhalten. Die Grundsätze von Treu und Glauben besitzen für die gesellschaftsrechtliche Falllösung eine weitaus größere Bedeutung als für Fälle aus dem allgemeinen bürgerlichen Recht. Dies darf allerdings nicht zu quasi „freischöpferischen" Lösungsversuchen ohne Gesetzesbezug führen.[71] Soweit jedoch das Gesetz schweigt und auch eine Analogie nicht in Betracht kommt, eröffnet oftmals die aus § 242 BGB hergeleitete Treuepflicht der Gesellschafter – untereinander bzw. gegenüber der Gesellschaft – als die dominierende Kraft des Gesellschaftsrechts den Weg zu einer sachgemäßen Lösung. Die Bedeutung des § 242 BGB lässt sich daran ermessen, dass das gesamte Sonderrecht der Publikumspersonengesellschaften ursprünglich am Leitbild des § 242 BGB entwickelt wurde; heute werden viele Rechtsfragen durch die analoge Anwendung aktienrechtlicher bzw. GmbH-rechtlicher Normen entschieden.[72] Maßstab dieser Rechtsanwendung ist aber nach wie vor der Grundsatz von Treu und Glauben.

Die Prüfung des § 242 BGB bzw. der gesellschaftsrechtlichen Treuepflicht darf aber keineswegs konturenlos erfolgen, sondern erfordert in aller Regel eine zweistufige Prüfung:

3. objektive Erforderlichkeit einer Maßnahme im Gesellschaftsinteresse (die Treuepflicht ist primär gesellschaftsbezogen; erster Prüfungsmaßstab muss deshalb immer das objektive Gesellschaftsinteresse sein);
4. subjektive Zumutbarkeit für den oder die Gesellschafter (liegt eine Maßnahme im objektiven Gesellschaftsinteresse, so reicht dies allein zur Bejahung zusätzlicher Pflichten der Gesellschafter oder einer Rechtsbegrenzung von Ansprüchen einzelner Gesellschafter nicht aus; die in Frage kommende Maßnahme muss darüber hinaus mit den Interessen des oder der betroffenen Gesellschafter abgewogen werden).

---

[70] BGHZ 65, 309; zur Vertiefung siehe Fall 1.
[71] D. h., es darf nicht zu einer Falllösung ausschließlich anhand der sog. „Schweinehund"-Theorie (nach der sich bekanntlich die Lösung eines Falles aus der Beantwortung der Frage „Wer ist im konkreten Sachverhalt der ‚Schweinehund'?" ergibt) kommen.
[72] Grundlegend *Kellermann*, FS Stimpel (1985), 295 ff.; zur Vertiefung vgl. Fall 22.

V. Gewöhnliche BGB-Klausuren mit handelsrechtlicher Fallfrage

Eine Besonderheit ganz „anderer Art" ist gegeben, wenn sich hinter einer (nur scheinbar) handels- oder gesellschaftsrechtlichen Fallgestaltung oder Einkleidung ein fast „gewöhnlicher" BGB-Fall verbirgt. Gelegentlich ist eine reine BGB-Klausur nur in eine handels- oder gesellschaftsrechtliche Fallgestaltung gekleidet.

Beispiel Nr. 31: Student *A* kauft Anfang Januar 2008 bei der „Zweirad R-GmbH" ein Fahrrad. Nach zwei Monaten muss er feststellen, dass der Rahmen leicht verzogen ist und auch die ihm angepriesene 10-Gangschaltung hakt, so dass er lediglich 3 Gänge nutzen kann. Gleichwohl wendet er sich nicht sofort an die „Zweirad R-GmbH", sondern nutzt das Fahrrad noch während des ganzen Frühjahrs hindurch. Erst Ende Juni wendet sich *A* an die „Zweirad R-GmbH", erklärt den Rücktritt vom Kaufvertrag und begehrt die Rückzahlung des Kaufpreises gegen Bereitstellung des defekten Fahrrades.

Zu prüfen ist hier ein Anspruch von *A* gegen die „Zweirad R-GmbH" auf Rückzahlung des Kaufpreises gem. §§ 346 Abs. 1, 437 Nr. 2, 323 BGB. Da nach dem Sachverhalt keine Zweifel am wirksamen Zustandekommen des Kaufvertrages oder möglicherweise sogar an dem Bestehen der „Zweirad R-GmbH" aufkommen, richtet sich die Prüfung des Anspruches allein nach bürgerlich-rechtlichen Vorschriften. Der Umstand, dass Vertragspartner von *A* eine GmbH ist, ist für die Lösung unbeachtlich; Ausführungen zum GmbH-Recht wären verfehlt.

Der Bearbeiter sollte sich somit nicht verwirren lassen, wenn der Schwerpunkt des Falles nicht im Handels- oder Gesellschaftsrecht, sondern vielmehr im Schuld- oder Sachenrecht liegt. Gerade auch sachenrechtliche Kenntnisse lassen sich hervorragend im Rahmen von § 366 HGB (gutgläubiger Erwerb von beweglichen Sachen[73]) oder im Rahmen des Eigentumserwerbs des Kommittenten am Kommissionsgut abfragen.[74]

---

[73] Vgl. Fall 9 und den Fall von *Richter,* JuS 2007, 647, 650.
[74] Vgl. *Wüst,* JuS 1990, 390 ff.; zur Einbettung schuldrechtlicher Überlegungen im Rahmen eines Kommissionsfalls vgl. *Dressler,* JuS 1969, 170 ff.

Fall 1. Das exklusive Autohaus

Schwerpunkt im Handelsrecht:

§ 15 Abs. 1 und 2 HGB – Prokura – Missbrauch der Vertretungsmacht – „Rosinentheorie"

Sachverhalt

Die Freunde *Adalbert (A)*, *Bodo (B)* und *Paul (P)* sind allesamt Autonarren. Aus gemeinsamer Autoleidenschaft beschließen sie im Frühjahr 2008, ein exklusives Autohaus zu eröffnen. A und B sind von den drei Freunden die beiden Vermögenden; sie werden daher die Gesellschafter der im Handelsregister eingetragenen „A & B-OHG, exklusive Importwagen", während P, der den meisten geschäftlichen Sachverstand besitzt, angestellt wird und Prokura erhält. Die Erteilung der Prokura wird nicht ins Handelsregister eingetragen. Aufgrund einer Regelung im Anstellungsvertrag mit der A & B-OHG ist es P untersagt, einzelne Geschäfte über mehr als 150.000 € abzuschließen.

Nach Abschluss des ersten Geschäftsjahres, welches nicht so gut wie erhofft verlaufen ist, kommt es zwischen A und B einerseits und P andererseits zum Zerwürfnis. Darauf wird ihm in den ersten Tagen des Monats Mai 2009 die Prokura entzogen. Das wird auch in das Handelsregister eingetragen und am 13. 5. 2009 ordnungsgemäß bekannt gemacht. Am 26. 5. 2009 erwirbt P dennoch im Namen der Gesellschaft „A & B-OHG, exklusive Importwagen" von seinem alten Bekannten *Ludwig (L)* einen feuerroten italienischen Sportwagen zu einem Kaufpreis von 250.000 €. L weiß zwar von der Absprache, nach der P zum Abschluss von Geschäften über 150.000 € hinaus nicht befugt ist; P hatte ihn jedoch mit der Bemerkung beruhigt, das werde „trotzdem schon in Ordnung gehen". Das Erlöschen der Prokura ist L nicht bekannt. A und B fürchten, dass das teure Stück ungeachtet seiner schönen Farbe zum Ladenhüter wird. Sie fühlen sich im Hinblick auf die dem L bekannte Beschränkung der Befugnisse des P, vor allem aber im Hinblick auf den Widerruf der Prokura, nicht an den Vertrag gebunden.

Nach der Trennung von P nehmen A und B Ende Mai 2009 ihren Bekannten *Neureich (N)* als weiteren Gesellschafter in die Gesellschaft auf. Um für die Zukunft unliebsame Überraschungen zu vermeiden, vereinbaren sie, dass sämtliche Geschäfte nur von A, B und N gemeinsam abgeschlossen werden dürfen; das wird so auch im Handelsregister eingetragen und bekannt gemacht. Bereits im Sommer 2009 kommt es zwischen N und B wegen unterschiedlicher Geschäftsauffassungen zum Streit; N will auch japanische Sportwagen in das Programm aufnehmen. Daraufhin tritt B im Hinblick auf die mangelnde Unterstützung durch A entsprechend den Bestimmungen des Gesellschaftsvertrages zum 31. 12. 2009 aus der Gesellschaft aus; eine Eintragung seines Ausscheidens ins Handelsregister unterbleibt jedoch aus Unachtsamkeit. A und N geben Ende Januar 2010 die übliche Ersatzteilbestellung bei ihrem Lieferanten *Dreher (D)* auf, zu dem das „exklusive Autohaus" bereits seit seiner Gründung in ständiger Geschäftsbeziehung steht, der aber von dem Ausscheiden des B aus der Gesellschaft keine Kenntnis hat. Als die Gesellschaft bei Fälligkeit nicht zahlt, verlangt D die Zahlung des Rechnungsbetrages von 20.000 € von B. B weigert sich entrüstet; er sei schließlich nicht mehr Gesellschafter.

1. Kann *L* von der „A & B-OHG, exklusive Importwagen" Zahlung i. H. v. 250.000 €
   verlangen?
2. Kann *D* von *B* Zahlung i. H. v. 20.000 € verlangen?

Lösung

A. Zahlungsanspruch von L gegen die A & B-OHG

L kann gegen die A & B-OHG einen Anspruch auf Zahlung von 250.000 € aus § 433
Abs. 2 BGB i. V. m. § 124 Abs. 1 HGB haben. Das setzt das Zustandekommen eines
Kaufvertrages zwischen *L* und der A & B-OHG voraus.

I. Bestehen der OHG

Die OHG als verpflichtungsfähiger Rechtsträger gem. § 124 Abs. 1 HGB setzt gem.
§ 105 Abs. 1 HGB grundsätzlich den Betrieb eines Handelsgewerbes voraus. Der von
der A & B-OHG betriebene Autohandel ist ein Gewerbe i. S. v. § 1 I HGB.[1] Der
Autohandel muss ferner einen nach Art und Umfang in kaufmännischer Weise eingerichteten Geschäftsbetrieb erfordern (§ 1 Abs. 2 HGB). Dafür spricht, dass *P* aufgrund der ihm eingeräumten Prokura Geschäfte in einem finanziell nicht unerheblichen Rahmen tätigen durfte, die Gesellschaft also wahrscheinlich nicht gerade geringe
Umsätze tätigt. Dagegen kann aber der „schwache" Start der Gesellschaft im ersten
Geschäftsjahr nach Aufnahme der Geschäfte durch die A & B-OHG sprechen. Letztendlich kommt es auf diese Umstände aber nicht an. Die A & B-OHG ist im Handelsregister eingetragen und daher zumindest gem. § 105 Abs. 2 S. 1 HGB eine OHG
kraft Eintragung. Die A & B-OHG kann somit Vertragspartner eines Kaufvertrages
mit *L* geworden sein.

II. Wirksamer Kaufvertrag zwischen L und A & B-OHG

Die zwischen *L* und der A & B-OHG erforderliche Einigung über den Kauf des italienischen Sportwagens setzt voraus, dass *P* die Gesellschaft gemäß § 164 Abs. 1 S. 1
BGB wirksam vertreten hat.

1. Vertretung der A & B-OHG durch P

P hat beim Kauf des Sportwagens von *L* eine eigene Willenserklärung abgegeben. Er
hat dabei auch namens der A & B-OHG gehandelt. Eine wirksame Vertretung gem.
§ 164 Abs. 1 S. 1 BGB liegt jedoch nur vor, wenn *P* bei diesem Vertragsschluss auch
mit Vertretungsmacht für die A & B-OHG gehandelt hat. Die Vertretungsmacht des
P für die A & B-OHG kann aufgrund einer ihm von der Gesellschaft wirksam erteilten Prokura bestehen.

a) Erteilung der Prokura

P kann wirksam Prokura gem. § 48 Abs. 1 HGB erteilt worden sein. Die Vorschriften der §§ 48 ff. HGB über die Prokura sind anwendbar. Die Vorschriften für den

---

[1] Zu den Voraussetzungen des handelsrechtlichen Gewerbebegriffs vgl. ausführlich Baum-
bach/Hopt/*Hopt*, § 1 Rn. 13 ff.; E/B/J/S/*Kindler*, § 1 Rn. 20 ff.; *Koller/Roth/Morck*, § 1 Rn. 3 ff.;
MünchKomm-HGB/*K. Schmidt*, § 1 Rn. 27 ff.; Oetker/*Körber*, § 1 Rn. 10 ff.; Röhricht/Graf
v. Westphalen/*Röhricht*, § 1 Rn. 17 ff.; *Canaris*, HandelsR, § 2 Rn. 2 ff.; *Lettl*, § 2 Rn. 5 ff.; *Oetker*,
§ 2 Rn. 7 ff.; *K. Schmidt*, HandelsR, § 9 IV (S. 279 ff.); *Steinbeck*, § 8 Rn. 2 ff.

Kaufmann gelten auch für die OHG (§ 6 Abs. 1 HGB).[2] Die Erteilung der Prokura erfolgt bei der OHG durch ihre organschaftlichen Vertreter, also den nicht von der Vertretung ausgeschlossenen Gesellschaftern (vgl. § 125 HGB).[3] Mangels entgegenstehender Angaben liegt eine wirksame, insbesondere auch ausdrückliche, Erteilung der Prokura an *P* gem. § 48 Abs. 1 HGB vor. Die fehlende Eintragung der Prokura des *P* in das Handelsregister steht ihrer Wirksamkeit nicht entgegen. Zwar ordnet § 53 Abs. 1 S. 1 HGB die Anmeldung der Prokuraerteilung ins Handelsregister an. Doch hat die Eintragung der Prokura ins Handelsregister lediglich deklaratorischen, nicht aber konstitutiven Charakter.[4] *P* wurde demnach ursprünglich wirksam Prokura erteilt.

b) Entziehung der Prokura

P hat aber bei Abschluss des Kaufvertrages mit *L* die erforderliche Vertretungsmacht gefehlt, wenn ihm die Prokura bereits vorher wieder wirksam entzogen worden ist. Gemäß § 52 Abs. 1 HGB ist die Prokura jederzeit frei widerruflich. Von dieser Möglichkeit haben *A* und *B* aufgrund des Zerwürfnisses mit *P* Anfang Mai 2009 Gebrauch gemacht.[5] Der Widerruf der Prokura wird wirksam mit Zugang der Widerrufserklärung beim Prokuristen (§ 130 Abs. 1 BGB); die erfolgte Eintragung des Widerrufs im Handelsregister gem. § 53 Abs. 2 HGB hat – ebenso wie dessen Erteilung – nur deklaratorischen Charakter. Von dem Zugang der Widerrufserklärung bei *P* ist auszugehen.

Demzufolge hatte *P* bei Abschluss des Geschäfts mit *L* am 26. 5. 2009 keine Prokura und damit keine rechtsgeschäftliche Vertretungsmacht für die A & B-OHG mehr.

c) Vertretungsmacht kraft Rechtsscheins

Möglicherweise kann *L* aber über die Vorschriften zur Handelsregisterpublizität gem. § 15 HGB so zu stellen sein, als habe *P* im Zeitpunkt des Kaufvertragsabschlusses noch Prokura und damit Vertretungsmacht gehabt.

aa) Negative Publizität nach § 15 Abs. 1 HGB

Gemäß § 15 Abs. 1 HGB kann sich die A & B-OHG gegenüber *L* nicht auf den Widerruf der Prokura des *P* berufen, solange diese Tatsache nicht im Handelsregister eingetragen und bekannt gemacht worden ist. Der Widerruf der Prokura des *P* wurde ordnungsgemäß eingetragen und bekannt gemacht. Die Anwendung des § 15 Abs. 1 HGB setzt jedoch allein voraus, dass die fragliche einzutragende Tatsache nicht eingetragen und bekannt gemacht worden ist. Dass die A & B-OHG es ursprünglich versäumt hat, die nach § 53 Abs. 1 S. 1 HGB eintragungspflichtige Tatsache der Erteilung der Prokura einzutragen und bekannt zu machen, ist vorliegend

---

[2] Dem Anwendungsbereich des § 6 Abs. 1 HGB unterfallen alle Gesellschaften, die als solche in das Handelsregister eingetragen werden; vgl. Baumbach/Hopt/*Hopt*, § 6 Rn. 1; *Koller/Roth/Morck*, § 6 Rn. 2.

[3] Im Innenverhältnis bedarf es zur Erteilung der Prokura gem. § 116 Abs. 3 S. 1 HGB grundsätzlich der Zustimmung aller geschäftsführenden Gesellschafter; vgl. Baumbach/Hopt/*Hopt*, § 116 Rn. 8; Röhricht/Graf v. Westphalen/*v. Gerkan/Haas*, § 116 Rn. 7; *K. Schmidt*, HandelsR, § 16 III 2 d (S. 463).

[4] Baumbach/Hopt/*Hopt*, § 53 Rn. 1; *Oetker*/Schubert, § 53 Rn. 1; *Brox/Henssler*, Rn. 197; *Jung*, § 25 Rn. 8; zur Unterscheidung zwischen deklaratorisch und/oder konstitutiv wirkenden Handelsregistereintragungen siehe nur *K. Schmidt*, HandelsR, § 13 II 1 (S. 380).

[5] Zur Berechtigung zum Widerruf der Prokura im Innenverhältnis siehe § 116 Abs. 3 S. 2 HGB.

somit irrelevant.[6] Die A & B-OHG kann somit gem. § 15 Abs. 2 S. 1 HGB das Erlöschen der Prokura des *P* grundsätzlich jedem Dritten entgegenhalten.

bb) § 15 Abs. 2 HGB

Möglicherweise kann sich aber etwas anderes aus der in § 15 Abs. 2 S. 2 HGB normierten sog. „Schonfristregelung"[7] ergeben. Danach werden gutgläubige Dritte bei solchen Rechtshandlungen geschützt, die innerhalb von fünfzehn Tagen nach der Bekanntmachung der eintragungspflichtigen Tatsache vorgenommen worden sind.

Die Rechtshandlung – der Kaufvertragsabschluss – wurde am 26. 5. 2009 vorgenommen. Zwischen der Bekanntmachung des Erlöschens der Prokura des *P* am 13. 5. 2009 und dem Abschluss des Kaufvertrags sind damit dreizehn Tage verstrichen. Die fünfzehntägige „Schonfrist" des § 15 Abs. 2 S. 2 HGB war somit bei Abschluss des Kaufvertrages noch nicht verstrichen. *L* war zu diesem Zeitpunkt der Widerruf der Prokura weder bekannt noch hätte er ihn – z. B. aufgrund einer entsprechenden Mitteilung durch die A & B-OHG – kennen müssen. Somit war *L* gutgläubig im Sinne der Vorschrift.

L muss das Erlöschen der Prokura des *P* nicht gegen sich gelten lassen. Die A & B-OHG muss sich vielmehr gegenüber *L* so behandeln lassen, als habe *P* bei Abschluss des Kaufvertrages noch Prokura gehabt.

d) Umfang der Vertretungsmacht

Ein wirksamer Vertragsschluss des Vertreters mit Wirkung für den Vertretenen setzt weiterhin voraus, dass der Vertreter bei Abschluss des Rechtsgeschäfts seine Vertretungsmacht nicht überschritten hat. *P* kann seine Vertretungsmacht aber dadurch überschritten haben, dass der Kaufpreis für den Sportwagen i. H. v. 250.000 € über der Summe liegt, über die er aufgrund der dienstvertraglichen Regelung mit der A & B-OHG abschlussbefugt sein sollte.

Eine Vereinbarung des Geschäftsherrn mit dem Vertreter des Inhalts, dass dieser von der Vollmacht nur in einem bestimmten Umfang Gebrauch machen darf, kann zwar nach den allgemeinen Regeln des Stellvertretungsrechtes grundsätzlich als Begrenzung der Vollmacht selbst aufzufassen sein, so dass der hiergegen verstoßende Vertreter im Außenverhältnis als vollmachtloser Vertreter tätig wird.[8] Für die Prokura als gesetzlich typisierte Vertretungsmacht findet dieser allgemeine Grundsatz jedoch keine Anwendung. Die Prokura gewährt gem. § 49 HGB im Interesse des Vertrauensschutzes und der Rechtssicherheit einen gesetzlich zwingend festgelegten Umfang der Vertretungsmacht.[9] Folgerichtig ist eine Beschränkung des Umfanges der Prokura im Innenverhältnis zwischen dem Geschäftsherrn und dem Prokuristen

---

[6] Demzufolge liegt auch der für § 15 Abs. 1 HGB vielfach diskutierte Fall der sog. fehlenden Voreintragung oder „sekundären Unrichtigkeit" gerade nicht vor, dazu allgemein Baumbach/Hopt/*Hopt*, § 15 Rn. 11; E/B/J/S/*Gehrlein*, § 15 Rn. 8; GroßKomm-HGB/*Koch*, § 15 Rn. 43 ff.; *Koller/Roth/Morck*, § 15 Rn. 9; MünchKomm-HGB/*Krebs*, § 15 Rn. 35 ff.; Oetker/*Preuß*, § 15 Rn. 20 f.; Röhricht/Graf v. Westphalen/*Ammon/Ries*, § 15 Rn. 13 f.; *Bülow*, Rn. 133; *Canaris*, HandelsR, § 5 Rn. 12; *Lettl*, § 3 Rn. 40; Oetker, § 3 Rn. 40 ff.; *K. Schmidt*, HandelsR, § 14 II 2 b (S. 391 ff.); *Steinbeck*, § 11 Rn. 7 ff.; ebenso Fall 2 unter I. 2. b), bb)).

[7] Vgl. hierzu Baumbach/Hopt/*Hopt*, § 15 Rn. 14; E/B/J/S/*Gehrlein*, § 15 Rn. 19 ff.; GroßKomm-HGB/*Koch*, § 15 Rn. 85; MünchKomm-HGB/*Krebs*, § 15 Rn. 70 ff.; Oetker/*Preuß*, § 15 Rn. 39 ff.; Röhricht/Graf v. Westphalen/*Ammon/Ries*, § 15 Rn. 26 f.; *Canaris*, HandelsR, § 5 Rn. 30 ff.

[8] Vgl. allgemein Soergel/*Leptien*, § 167 Rn. 38 f.

[9] *Jung*, § 25 Rn. 10; *Lettl*, § 6 Rn. 26; *Oetker*, § 5 Rn. 7.

gem. § 50 Abs. 1 HGB Dritten gegenüber unwirksam. Demzufolge wirkt sich die zwischen der A & B-OHG und *P* getroffene dienstvertragliche Vereinbarung über die summenmäßige Beschränkung auf 150.000 € pro Geschäft nur im Innenverhältnis zwischen der A & B-OHG und *P* aus.[10] Für das „rechtliche Können" des *P* im Außenverhältnis zu Dritten – also gegenüber *L* – ist sie dagegen unerheblich. *P* hat die A & B-OHG somit gegenüber *L* gem. § 164 Abs. 1 S. 1 BGB wirksam vertreten.

2. Wirksamkeit des Kaufvertrages

Der Kaufvertrag zwischen der A & B-OHG und *L* ist aber aufgrund der Überschreitung der summenmäßigen Beschränkung der Prokura des *P* nach § 138 Abs. 1 BGB nichtig, wenn *P* und *L* kollusiv zusammengewirkt haben. Sittenwidriges kollusives Zusammenwirken zwischen Vertreter und Vertragspartner liegt vor, wenn beide bewusst zur Schädigung des Vertretenen agieren.[11] Für eine entsprechende Schädigungsabsicht bei *L* und *P* zum Nachteil der A & B-OHG sind jedoch keine Anhaltspunkte ersichtlich. Der Kaufvertrag ist somit nicht nach § 138 BGB nichtig. Der Kaufpreisanspruch von *L* gegen die A & B-OHG besteht daher.

III. Einrede der unzulässigen Rechtsausübung

L ist indes infolge der Überschreitung der im Innenverhältnis zwischen *P* und der A & B-OHG gesetzten Vollmachtsbeschränkung an der Durchsetzung seines Kaufpreisanspruchs gegen die A & B-OHG gehindert, wenn der A & B-OHG die auf § 242 BGB gestützte Einrede der unzulässigen Rechtsausübung wegen Missbrauchs der Vertretungsmacht gegenüber dem Kaufpreisanspruch des *L* zusteht.[12] Ein Missbrauch der Vertretungsmacht liegt zumindest dann vor, wenn der Vertreter vorsätzlich die Grenzen seines „rechtlichen Dürfens" überschreitet und der Vertragspartner weiß, dass der Vertreter seine im Innenverhältnis beschränkten Befugnisse beim Abschluss des konkreten Rechtsgeschäfts verletzt.[13]

P hat vorsätzlich die Grenzen seines rechtlichen Dürfens überschritten. Er hat nicht nur gegen seine ihm bekannte (frühere) Pflicht verstoßen, keine Einzelgeschäfte über

---

[10] Die Missachtung der intern wirkenden Beschränkung der Vertretungsmacht durch den Vertreter stellt eine Vertragsverletzung dar, aus der sich der Vertreter gegenüber dem Geschäftsherrn gem. § 280 Abs. 1 BGB schadensersatzpflichtig machen kann.

[11] RGZ 130, 131, 142; Palandt/*Ellenberger*, § 164 Rn. 13; *Bork*, Rn. 1575; *Larenz/Wolf*, § 46 Rn. 143; *Pawlowski*, Rn. 685; Baumbach/Hopt/*Hopt*, § 50 Rn. 5; E/B/J/S/*Weber*, § 50 Rn. 11; GroßKomm-HGB/*Joost*, § 50 Rn. 41; *Canaris*, HandelsR, § 12 Rn. 35.

[12] BGHZ 50, 112, 114; *BGH* NJW 1988, 3012, 3013; siehe auch *BGH* NJW 1991, 1812, 1813 m. w. N.; Erman/*Palm*, § 167 Rn. 46 ff.; Staudinger/*Schilken*, § 167 Rn. 94 ff.; *Canaris*, HandelsR, § 12 Rn. 40. Nach anderer Ansicht soll beim Missbrauch der Prokura § 177 BGB analog angewendet werden, so dass bereits im Außenverhältnis die Vertretungsmacht entfällt, der Vertretene aber die Möglichkeit hat, das Geschäft durch Genehmigung an sich zu ziehen; vgl. *K. Schmidt*, HandelsR, § 16 III 4 b (S. 472 ff., insb. 473 ff.); MünchKomm-BGB/*Schramm*, § 164 Rn. 108 ff.; Palandt/*Ellenberger*, § 164 Rn. 14 b. Wieder andere stellen auf die Grundsätze zur c. i. c. ab; vgl. *Hoffmann*, JuS 1970, 286, 288.

[13] Teilweise wird als Voraussetzung für den Missbrauch der Vertretungsmacht verlangt, dass sich der Vertreter bewusst über die interne Bindung hinwegsetzt; vgl. BGHZ 50, 114 – für Prokura; Staudinger/*Schilken*, § 167 Rn. 95; Soergel/*Leptien*, § 177 Rn. 17. Dem ist mit der Rspr. (*BGH* NJW 1984, 1461, 1462; 1988, 3012) und h. L. (Erman/*Palm*, § 167 Rn. 48; MünchKomm-BGB/*Schramm*, § 164 Rn. 109, 113; *Brox/Walker*, BGB AT, Rn. 583; *Flume*, BGB AT II, § 45 II 3 [S. 788 ff.]; *Medicus*, BGB AT, Rn. 968) zu widersprechen. Beim Missbrauch der Vertretungsmacht geht es nur um den Schutz des Dritten. Daher kann es auch nur darauf ankommen, ob dieser die Pflichtwidrigkeit des Vertreters erkannt oder erkennen musste.

eine Summe von 150.000 € hinaus abzuschließen. Außerdem wusste er, dass ihm die Prokura entzogen war.[14] Auf der anderen Seite war *L* zwar nicht das Erlöschen, wohl aber die Beschränkung der Prokura des *P* auf 150.000 € bekannt, so dass er im Hinblick auf dieses Wissen nicht schutzwürdig ist. Somit kann die A & B-OHG gegenüber dem Kaufpreisanspruch des *L* aus § 433 Abs. 2 BGB i. V. m. § 124 Abs. 1 HGB die Einrede der unzulässigen Rechtsausübung gem. § 242 BGB erheben.

Der Anspruch von *L* gegen die A & B-OHG ist somit gem. § 242 BGB nicht durchsetzbar.

IV. Ergebnis

L hat zwar gegenüber der A & B-OHG einen Anspruch auf Zahlung von 250.000 € gemäß § 433 Abs. 2 BGB i. V. m. § 124 Abs. 1 HGB. Er kann diesen Anspruch aber nicht durchsetzen, wenn die A & B-OHG die Einrede der unzulässigen Rechtsausübung nach § 242 BGB erhebt.

B. Zahlungsanspruch von D gegen B

D kann von *B* gem. § 433 Abs. 2 BGB i. V. m. §§ 128 S. 1, 124 Abs. 1 HGB Zahlung von 20.000 € verlangen, wenn zwischen ihm und der A & B-OHG ein entsprechender Kaufvertrag zustande gekommen ist und *B* für die aus diesem Vertrag resultierende Verbindlichkeit der Gesellschaft haftet.

I. Kaufvertrag mit der A & B-OHG

Ein Kaufvertrag zwischen *D* und der A & B-OHG über die Ersatzteile setzt voraus, dass die Gesellschaft bei der Bestellung von *A* und *N* gem. § 164 Abs. 1 S. 1 BGB wirksam vertreten worden ist.

Problematisch ist allein, ob *A* und *N* mit der erforderlichen Vertretungsmacht gehandelt haben. Ihre Vertretungsmacht kann sich aus § 125 Abs. 1 HGB ergeben, wonach jeder Gesellschafter allein zur Vertretung der Gesellschaft ermächtigt ist. Diese Regelung ist jedoch dispositiv.[15] Die im Gesellschaftsvertrag der A & B-OHG getroffene Regelung der Gesamtvertretung (vgl. § 125 Abs. 2 S. 1 HGB) durch *A*, *B* und *N* geht mithin dem gesetzlichen Normalstatut vor. Demnach wäre – folgt man dem Wortlaut der ursprünglichen Abrede – die Vertretung der A & B-OHG auch durch *B* erforderlich.

Andererseits war *B* im Zeitpunkt des Geschäftes der A & B-OHG mit *D* bereits aus der Gesellschaft ausgeschieden; eine Gesamtvertretung der A & B-OHG durch *A*, *B* und *N* kam somit nicht mehr in Betracht. Um dennoch dem Sinn der Gesamtvertretungsvereinbarung in solchen Fällen gerecht zu werden, zugleich aber auch eine Vertretung der Gesellschaft zu ermöglichen, bleibt eine solche Vereinbarung – mangels anderweitiger gesellschaftsvertraglicher Bestimmungen – nach dem Ausscheiden eines zur Mitwirkung berufenen Gesellschafters mit der Maßgabe wirksam, dass bei Wegfall eines Gesamtvertreters die Gesamtvertretungsmacht im beschränkten Umfang – nämlich dem der verbleibenden Mitvertreter – fortbesteht.[16] Dies gilt unabhängig davon, ob aus dem Handelsregister mangels Eintragung des Ausscheidens von *B* der Rechtsschein besteht, als ob nur *A*, *B* und *N* gemeinsam gesamtvertretungsbe-

---

[14] Diese Argumentation ist auf der Grundlage der Mindermeinung erforderlich, nicht nach der h. A. (vgl. Nachweise Fn. 13).
[15] Vgl. nur Baumbach/Hopt/*Hopt*, § 125 Rn. 13 f.
[16] BGHZ 33, 105, 108; Baumbach/Hopt/*Hopt*, § 125 Rn. 16; E/B/J/S/*Hillmann*, § 125 Rn. 26; *Koller/Roth/Morck*, § 125 Rn. 4; GroßKomm-HGB/*Habersack*, § 125 Rn. 10 f. und 43.

rechtigt seien. Denn der Dritte kann, wenn ihm dies günstiger erscheint, auf den Schutz des Handelsregisters verzichten und sich auf die wahre materielle Rechtslage berufen.[17] *A* und *N* waren deshalb zur gemeinsamen Vertretung der A & B-OHG befugt. Ein Kaufvertrag zwischen *D* und der A & B-OHG über die Ersatzteile ist demnach zustande gekommen.

II. Haftung des B für die Gesellschaftsverbindlichkeit

B kann für diese Gesellschaftsverbindlichkeit haften.

1. Haftung nach § 128 S. 1 HGB

Für die aus dem Kaufvertrag resultierende Verbindlichkeit der Gesellschaft nach § 433 Abs. 2 BGB i. V. m. § 124 Abs. 1 HGB kann *B* gem. § 128 S. 1 HGB haften. Die Haftung eines OHG-Gesellschafters gem. § 128 S. 1 HGB setzt voraus, dass der in Anspruch Genommene im Zeitpunkt der Begründung der Gesellschaftsverbindlichkeit Gesellschafter der OHG war. *B* war im Zeitpunkt des Vertragsschlusses aber bereits als Gesellschafter der OHG ausgeschieden. Dabei kommt es für die Wirksamkeit des Ausscheidens nicht auf die nach § 143 Abs. 2 HGB geforderte Anmeldung zur Eintragung ins Handelsregister an; dieser Eintragung kommt nur deklaratorische Bedeutung zu.[18] Wegen seines Ausscheidens aus der Gesellschaft vor Forderungsbegründung haftet *B* demnach nicht gem. § 128 S. 1 HGB für die Kaufpreisforderung des *D* gegenüber der OHG.

2. Haftung nach §§ 128 S. 1, 124 Abs. 1, 15 Abs. 1 HGB

Allerdings kommt eine Haftung von B für die Gesellschaftsverbindlichkeit gem. §§ 128 S. 1, 124 Abs. 1, 15 Abs. 1 HGB in Betracht. Dies ist der Fall, wenn es *B* wegen der fehlenden Eintragung seines nach § 143 Abs. 2 HGB eintragungspflichtigen Ausscheidens aus der Gesellschaft im Handelsregister gem. § 15 Abs. 1 HGB verwehrt ist, sich auf das Fehlen seiner Gesellschafterstellung im Zeitpunkt der Begründung der Gesellschaftsverbindlichkeit zu berufen. Das Ausscheiden von *B* aus der A & B-OHG war eine in seinen Angelegenheiten einzutragende Tatsache; er konnte durch diese entlastet bzw. von der Haftung befreit werden.[19] *D* hatte auch keine Kenntnis vom Ausscheiden des *B*. Somit liegen die Voraussetzungen des § 15 Abs. 1 HGB dem Wortlaut der Norm nach sämtlich vor.

Möglicherweise verhält sich *D* aber widersprüchlich, wenn er sich einerseits in Bezug auf die Vertretungsmacht von *A* und *N* auf die wahre Rechtslage (statt auf § 15 Abs. 1 HGB) und andererseits in Bezug auf das Ausscheiden von *B* auf § 15 Abs. 1 HGB (statt auf die wahre Rechtslage) beruft.[20] Denn vertraute *D* auf den Inhalt des

---

[17] BGHZ 55, 267, 273 m. w. N.; MünchKomm-HGB/*Krebs*, § 15 Rn. 54; Oetker/*Preuß*, § 15 Rn. 29 ff.; *K. Schmidt*, HandelsR, § 14 II 4 c (S. 408 ff.).

[18] Vgl. nur Baumbach/Hopt/*Hopt*, § 143 Rn. 5; Oetker/*Kamanabrou*, § 143 Rn. 9; Röhricht/ Graf v. Westphalen/*v. Gerkan/Haas*, § 143 Rn. 7.

[19] Zu diesem Merkmal des § 15 Abs. 1 HGB vgl. Baumbach/Hopt/*Hopt*, § 15 Rn. 6; E/B/J/ S/*Gehrlein*, § 15 Rn. 31 ff.; GroßKomm-HGB/*Koch*, § 15 Rn. 50; *Koller/Roth/Morck*, § 15 Rn. 8; MünchKomm-HGB/*Krebs*, § 15 Rn. 24 ff.; Oetker/*Preuß*, § 15 Rn. 22 f.; Röhricht/Graf v. Westphalen/*Ammon/Ries*, § 15 Rn. 10 f.

[20] Auch als sog. Rosinentheorie bezeichnet, vgl. *John*, ZHR 140 (1976), 236, 254; *Hager*, Jura 1992, 57, 62; Baumbach/Hopt/*Hopt*, § 15 Rn. 6; E/B/J/S/*Gehrlein*, § 15 Rn. 15; Münch-Komm-HGB/*Krebs*, § 15 Rn. 54; Röhricht/Graf v. Westphalen/*Ammon/Ries*, § 15 Rn. 21; *Bülow*, Rn. 139 ff.; *Lettl*, § 3 Rn. 41 ff.; *K. Schmidt*, HandelsR, § 14 II 4 (S. 397 ff.); *Steinbeck*, § 11 Rn. 16; zur Charakterisierung als widersprüchliches Verhalten vgl. *Brox/Henssler*, Rn. 86 m. w. N.

Handelsregisters, konnte er zwar weiterhin von der Gesellschafterstellung des *B* ausgehen, musste aber gleichzeitig annehmen, die OHG habe nur durch *A, N* und *B*
gemeinschaftlich vertreten werden können. Eine Kaufpreisschuld der OHG wäre
dann nicht entstanden. Zum gleichen Ergebnis würde man gelangen, wenn umgekehrt insgesamt auf die wahre materielle Rechtslage abzustellen wäre. Dann wäre
zwar die Vertretungsbefugnis von *A* und *N* anzunehmen, die Gesellschafterstellung
von *B* und damit seine Haftung aber abzulehnen.

Entscheidend ist somit, ob dem gutgläubigen Dritten das Recht zusteht, sich teilweise auf § 15 Abs. 1 HGB und teilweise auf die wahre Rechtslage zu berufen. Ließe
man dies jedoch nicht zu,[21] würde verkannt, dass der Schutz des § 15 Abs. 1 HGB
nicht voraussetzt, dass der Dritte das Handelsregister tatsächlich eingesehen oder
auf bestimmte Tatsachen positiv vertraut hat.[22] Vielmehr handelt es sich bereits nach
dem Wortlaut des § 15 Abs. 1 HGB um eine einseitig zugunsten des Dritten wirkende Schutzvorschrift, die dem „Prinzip der Meistbegünstigung" folgt, es dem Dritten erlaubt wird, die ihm günstige Rechtsfolge zu wählen.[23] Daher kann sich der
Dritte jederzeit auf die wirkliche Sachlage berufen, selbst wenn er sich gleichzeitig
in anderer Hinsicht auf den von der wahren Rechtslage abweichenden Registerinhalt
beruft.

D kann sich demzufolge gem. § 15 Abs. 1 HGB darauf berufen, dass das Ausscheiden des *B* nicht eingetragen und bekannt gemacht worden ist. *B* haftet folglich
gegenüber *D* für die Verbindlichkeit der A & B-OHG gem. §§ 128 S. 1, 124 Abs. 1,
15 Abs. 1 HGB.

III. Ergebnis

D hat gegen *B* einen Anspruch auf Zahlung von 20.000 € gemäß § 433 Abs. 2 BGB
i. V. m. §§ 128 S. 1, 124 Abs. 1, 15 Abs. 1 HGB.

---

[21] So Teile der Literatur, vgl. *John,* ZHR 140 (1976), 236, 254 f.; *Tiedtke,* DB 1979, 245, 247;
Bokelmann, NJW 1983, 2690; siehe auch *Reinicke,* JZ 1985, 272, 276 f.; *Schilken,* AcP 187
(1987), 1, 10; *v. Olshausen,* AcP 189 (1989), 223 ff. m. w. N.; *Canaris,* HandelsR, § 5 Rn. 26 f.
[22] Baumbach/Hopt/*Hopt,* § 15 Rn. 9; *Oetker,* § 3 Rn. 34.
[23] So BGHZ 65, 309, 310; *BGH* NJW-RR 1990, 737, 738 m. w. N.; Baumbach/Hopt/*Hopt,*
§ 15 Rn. 6; GroßKomm-HGB/*Koch,* § 15 Rn. 64, 66; Oetker/*Preuß,* § 15 Rn. 29 ff.; Röhricht/
Graf v. Westphalen/*Ammon/Ries,* § 15 Rn. 21; *K. Schmidt,* HandelsR, § 14 II 4 b c (S. 397 ff.);
Steinbeck, § 11 Rn. 15; *Hager,* Jura 1992, 57, 63; vgl. auch ausführlich *Oetker,* § 3 Rn. 46 ff.

Fall 2. Der reiselustige Holzhändler

Schwerpunkt im Handelsrecht:

Tatbestand und Normzweck des § 15 Abs. 1 HGB – fehlende Voreintragung

Sachverhalt

Alfonso (A) und *Bruno (B)* sind alleinige Gesellschafter der im Handelsregister eingetragenen traditionsreichen A & B-OHG, die einen Großhandel mit edlen Hölzern betreibt. Im Jahre 1995 tritt *Kuno (K)*, ein Freund der beiden, in die Gesellschaft ein. Er wird nicht ins Handelsregister eingetragen. Nach vielen Jahren harten Arbeitens und guten Geschäften meint *K*, er habe nun einen unbefristeten Urlaub verdient, den er für eine Weltreise nutzen will. Im Einvernehmen mit *A* und *B* scheidet *K* zum 30.03.2009 aus der Gesellschaft aus. Da seine bisherige Gesellschafterstellung ohnehin nicht im Handelsregister eingetragen war, ersparen sich die drei auch die Mühe, sein Ausscheiden eintragen zu lassen.

Bevor *K* im Juli 2009 zu der Reise aufbricht, beschließt er seine Reisekasse noch etwas aufzufrischen. Er bittet daher im Juni 2009 den in Finanzgeschäften versierten *Dago (D)*, der seit Jahren Geschäftspartner der A & B-OHG ist, um einen in sechs Monaten rückzahlbaren persönlichen Kredit i. H. v. 25.000 €. *D* will diesen Kredit jedoch nur gegen entsprechende Sicherheiten gewähren. *K* gibt daraufhin gegenüber *D* eine formlose Bürgschaftserklärung im Namen der A & B-OHG ab. *D* ist hiermit einverstanden, weil er vom Ausscheiden des *K* aus der A & B-OHG nichts weiß. Das Geld wird sofort an *K* ausgezahlt.

Als *K* acht Monate später noch immer die Sonne auf den Malediven genießt anstatt vereinbarungsgemäß den Kredit zurückzuzahlen, verlangt *D* von *A* Zahlung der 25.000 € nebst Zinsen. *A* ist davon nicht begeistert und verweigert die Zahlung.

Abwandlung: Im Herbst 2009 kehrt *K* von seiner Reise zurück und findet zu seinem Erstaunen ein Schreiben von *Paula (P)* vor, die von ihm die Zahlung von 8.750 € Krankenhauskosten verlangt. *P* war im Juli 2009 als Passantin auf dem Gehweg von einer großen Holzplatte getroffen und verletzt worden, als auf dem Betriebsgelände der A & B-OHG ein unzureichend abgesicherter Holzstapel umgestürzt und zum Teil auf den angrenzenden Bürgersteig gefallen war. Der *P* war nach diesem Unfall von einem Bekannten, dem Tischlermeister *Theo*, geraten worden, sich an *K* zu halten, da die OHG angeblich nicht zahlungsfähig sei. *K* verweist darauf, dass er schon lange aus der Gesellschaft ausgeschieden sei und deshalb mit der Angelegenheit nichts zu tun habe.

Lösung

I. Ausgangsfall: Anspruch von D gegen A

D hat gegen *A* einen Anspruch auf Zahlung von 25.000 € nebst Zinsen gem. §§ 765 Abs. 1, 488 Abs. 1 S. 2 BGB i. V. m. §§ 128 S. 1, 124 Abs. 1 HGB, wenn eine entsprechende Bürgschaftsschuld der A & B-OHG gem. § 765 Abs. 1 BGB i. V. m. § 124 Abs. 1 HGB besteht, für die *A* gem. § 128 S. 1 HGB als Gesellschafter haftet.

1. Fällige Hauptverbindlichkeit

Die durch eine Bürgschaft der A & B-OHG möglicherweise gesicherte Hauptverbindlichkeit besteht in der Verpflichtung von *K* zur Rückzahlung des ihm von *D* gewährten Darlehens i. H. v. 25.000 € nebst Zinsen gem. § 488 Abs. 1 S. 2 BGB. Der Rückzahlungsanspruch ist auch fällig. Der Kredit sollte vereinbarungsgemäß sechs Monaten nach Auszahlung zurückgezahlt werden.

2. Bürgschaft der A & B-OHG

Durch die von *K* gegenüber *D* abgegebene Bürgschaftserklärung kann eine wirksame Verpflichtung der A & B-OHG i. S. d. § 765 Abs. 1 BGB begründet worden sein, für die Erfüllung der Verbindlichkeit des *K* einzustehen.

a) Verpflichtungsfähigkeit der A & B-OHG

Die A & B-OHG kann gem. § 124 Abs. 1 BGB Schuldner einer Bürgschaftsverpflichtung gem. § 765 Abs. 1 BGB sein. Die Gesellschaft ist im Handelsregister eingetragen und damit spätestens mit diesem Zeitpunkt Dritten gegenüber wirksam entstanden (§ 123 Abs. 1 HGB).

b) Vertretung der OHG durch K

Voraussetzung für die Begründung der Bürgschaftsverpflichtung der A & B-OHG ist zunächst, dass *K* die Gesellschaft wirksam vertreten hat (§ 164 Abs. 1 S. 1 BGB). Eine eigene Erklärung des *K* im fremden Namen lag vor. *K* muss bei der Abgabe der Bürgschaftserklärung auch Vertretungsmacht für die A & B-OHG gehabt haben.

aa) Vertretungsmacht gem. § 125 Abs. 1 HGB

Eine dem *K* durch die A & B-OHG rechtsgeschäftlich erteilte Vertretungsmacht zur Begründung der Bürgschaftsverpflichtung bestand nicht. Die Vertretungsmacht von *K* kann sich jedoch aus § 125 Abs. 1 HGB ergeben. Dazu muss *K* aber im Zeitpunkt der Vornahme des Rechtsgeschäfts Gesellschafter der A & B-OHG gewesen sein. Zum Zeitpunkt der Abgabe der Bürgschaftserklärung war *K* jedoch bereits aus der A & B-OHG ausgeschieden und hatte daher keine Vertretungsmacht gem. § 125 Abs. 1 HGB mehr für diese Gesellschaft.

bb) Vertretungsmacht gem. §§ 125 Abs. 1, 15 Abs. 1 HGB

Der A & B-OHG kann es jedoch gem. § 15 Abs. 1 HGB verwehrt sein, sich gegenüber *D* auf das Ausscheiden von *K* aus der Gesellschaft und damit auf dessen fehlende Vertretungsmacht zu berufen, weil sein Ausscheiden nicht ins Handelsregister eingetragen und bekannt gemacht worden ist.

Gem. § 15 Abs. 1 HGB muss das Ausscheiden von *K* aus der A & B-OHG zunächst eine eintragungspflichtige Tatsache sein. Die Eintragungspflicht des Ausscheidens eines Gesellschafters aus der Gesellschaft ins Handelsregister ergibt sich aus § 143

Abs. 2 HGB. Außerdem muss das Ausscheiden des *K* aus der A & B-OHG in deren Angelegenheiten einzutragen gewesen sein (§ 15 Abs. 1 HGB). Die Eintragung erfolgt jeweils in den Angelegenheiten desjenigen, der durch sie irgendwie entlastet oder von der Bindung an die Vertretungsmacht eines anderen gelöst wird.[1] Mit dem Ausscheiden eines Gesellschafters erlischt dessen Berechtigung, die Gesellschaft gem. § 125 Abs. 1 HGB zu vertreten, so dass die Eintragung des Ausscheidens von *K* zu den Angelegenheiten der A & B-OHG gehört. Ferner muss *D* gutgläubig gewesen sein. *D* hatte keine positive Kenntnis vom Ausscheiden von *K* aus der Gesellschaft. Er war somit in Bezug auf die Gesellschafterstellung von *K* gutgläubig. Die tatbestandlichen Voraussetzungen des § 15 Abs. 1 HGB liegen damit vor.

Die Anwendung des § 15 Abs. 1 HGB kann jedoch deshalb ausscheiden, weil bereits die voreintragungspflichtige Tatsache, also der Eintritt des *K* in die Gesellschaft, nicht eingetragen worden war. Für eine solche Auslegung des § 15 Abs. 1 HGB kann sprechen, dass bei Fehlen einer Voreintragung durch das Unterbleiben der zweiten Eintragung kein Rechtsschein erzeugt wird,[2] das Handelsregister also gewissermaßen wieder der wahren Rechtslage entspricht. Der Wortlaut des § 15 Abs. 1 HGB bietet aber keinerlei Anhaltspunkte dafür, dass die Vorschrift bei Nichteintragung der voreintragungspflichtigen Tatsache unanwendbar ist.[3] § 15 Abs. 1 HGB ist vielmehr nach dem Grundsatz der negativen Publizität ausgestaltet und schützt das Vertrauen in das Schweigen des Handelsregisters bezüglich der jeweils einzutragenden Tatsache, wobei nur positive Kenntnis von der Tatsache schadet. Auf ein tatsächliches, für das Handeln des Dritten kausales Vertrauen kommt es dagegen nicht an.[4] Der Dritte muss insbesondere nicht das Register oder die Veröffentlichungsblätter eingesehen haben, um den Schutz des § 15 Abs. 1 HGB zu genießen.[5] Die Vorschrift greift daher auch bei fehlender Voreintragung ein.[6]

Ob § 15 Abs. 1 HGB in besonderen Ausnahmefällen teleologisch einzuschränken ist, wenn etwa die voreintragungspflichtige Tatsache völlig intern geblieben ist,[7] bedarf keiner Entscheidung. *K* war für mehrere Jahre Gesellschafter der A & B-OHG, und diese Tatsache war zumindest auch dem *D* als einer außerhalb der Gesellschaft stehenden Person bekannt. § 15 Abs. 1 HGB findet somit Anwendung. Die A & B-OHG kann sich daher nicht auf das Ausscheiden von *K* berufen. *K* hat die Gesellschaft somit wirksam nach § 164 Abs. 1 S. 1 BGB vertreten.

---

[1] Baumbach/Hopt/*Hopt*, § 15 Rn. 6; E/B/J/S/*Gehrlein*, § 15 Rn. 9; MünchKomm-HGB/*Krebs*, § 15 Rn. 38 ff.; Röhricht/Graf v. Westphalen/*Ammon/Ries*, § 15 Rn. 10 f.

[2] So *John*, ZHR 140 (1976), 236, 237 ff.; *Canaris*, HandelsR, § 5 Rn. 12.

[3] GroßKomm-HGB/*Koch*, § 15 Rn. 44; *Oetker*, § 3 Rn. 41; *Lettl*, § 3 Rn. 40.

[4] MünchKomm-HGB/*Krebs*, § 15 Rn. 36; *Oetker/Preuß*, § 15 Rn. 26; *Oetker*, § 3 Rn. 41 ff., insb. Rn. 44; *K. Schmidt*, HandelsR, § 14 II 2 b (S. 391 ff., insbesondere S. 393), m. w. N.

[5] MünchKomm-HGB/*Krebs*, § 15 Rn. 36; *Bülow*, Rn. 138; *K. Schmidt*, HandelsR, § 14 II 2 d (S. 395 f.).

[6] St. Rspr., vgl. *BGH* BB 1965, 968; BGHZ 55, 267, 272; 116, 37, 44; *BGH* NJW 1983, 2258, 2259 und h. L., vgl. Baumbach/Hopt/*Hopt*, § 15 Rn. 11; E/B/J/S/*Gehrlein*, § 15 Rn. 8; Heymann/Sonnenschein/*Weitemeyer*, § 15 Rn. 9; Koller/Roth/*Morck*, § 15 Rn. 9; MünchKomm-HGB/*Krebs*, § 15 Rn. 35 ff.; *Oetker/Preuß*, § 15 Rn. 20 f.; Röhricht/Graf v. Westphalen/*Ammon/Ries*, § 15 Rn. 13 f.; *K. Schmidt*, HandelsR, § 14 II 2 b (S. 391 ff.).

[7] So etwa Baumbach/Hopt/*Hopt*, § 15 Rn. 11; Röhricht/Graf v. Westphalen/*Ammon/Ries*, § 15 Rn. 14; *Oetker/Preuß*, § 15 Rn. 21; *Canaris*, HandelsR, § 5 Rn. 12; *Oetker*, § 3 Rn. 45; *K. Schmidt*, HandelsR, § 14 II 2 b (S. 394); grundlegend *A. Hueck*, AcP 118 (1920), 350 ff.

c) Form der Bürgschaftserklärung

Die von *K* gegenüber *D* nur mündlich abgegebene Bürgschaftserklärung kann aber gem. § 125 S. 1 BGB wegen Verstoßes gegen die gesetzlich vorgeschriebene Schriftform des § 766 S. 1 BGB nichtig sein. Die Anwendbarkeit des § 766 S. 1 BGB ist aber gem. § 350 HGB ausgeschlossen, wenn die Bürgschaft auf der Seite des Bürgen ein Handelsgeschäft i. S. d. § 343 HGB darstellt.[8]

Die A & B-OHG betreibt einen Großhandel für edle Hölzer. Aufgrund ihrer Eintragung im Handelsregister ist sie unabhängig vom Vorliegen der Voraussetzungen des § 1 Abs. 2 HGB[9] zumindest Kaufmann kraft Eintragung (vgl. § 105 Abs. 2 HGB). Die A & B-OHG kann als Handelsgesellschaft nicht privat handeln. Alle ihre Geschäfte sind im Betrieb ihres Handelsgewerbes vorgenommen und stellen damit Handelsgeschäfte i. S. d. § 343 HGB dar.[10]

Der Annahme eines Handelsgeschäftes kann aber entgegenstehen, dass der Bürgschaft eine persönliche Darlehensschuld des *K* zugrunde lag. Dagegen spricht jedoch, dass § 350 HGB ausdrücklich nur auf die Bürgschaft, nicht aber auf die zu sichernde Hauptverbindlichkeit abstellt. Es kommt daher nicht darauf an, ob auch die gesicherte Hauptschuld aus einem Handelsgeschäft stammt.[11] Die Voraussetzungen des § 350 HGB liegen somit vor. Die Formvorschrift des § 766 S. 1 BGB findet somit auf die von *K* namens der A & B-OHG erklärte Bürgschaft keine Anwendung. Der Bürgschaftsvertrag zwischen *D* und der A & B-OHG ist deshalb trotz fehlender Schriftform wirksam.

Durch die Erklärung des *K* wurde die A & B-OHG wirksam verpflichtet, gem. § 765 Abs. 1 BGB für die Darlehensverbindlichkeit des *K* einzustehen.

3. Einrede der Vorausklage

Der A & B-OHG steht gem. § 349 S. 1 HGB die Einrede der Vorausklage nach § 771 BGB nicht zu. Die Bürgschaft stellt für sie ein Handelsgeschäft dar. Der Bürgschaftsanspruch ist damit auch durchsetzbar.

---

[8] Für den umgekehrten Fall, dass sich ein OHG-Gesellschafter formlos für eine Verbindlichkeit der OHG verbürgt, stellt sich zunächst die Frage, ob der OHG-Gesellschafter Kaufmann ist (befürwortend: BGHZ 34, 293, 296; 45, 282, 284; Heymann/*Emmerich*, § 1 Rn. 15; *Canaris*, HandelsR, § 2 Rn. 20; im Ergebnis ebenso Röhricht/Graf v. Westphalen/*Wagner*, § 350 Rn. 9; ablehnend *K. Schmidt*, HandelsR, § 5 I b [S. 90 ff.]; *ders.*, ZIP 1986, 1511, 1512; GroßKomm-HGB/*Ulmer*, § 105 Rn. 77 ff.). Befürwortet man die Kaufmannseigenschaft des OHG-Gesellschafters, ist konsequenterweise § 350 HGB anzuwenden. Lehnt man diese Auffassung – mit guten Gründen – ab, dürfte es zutreffend sein, § 350 HGB analog anzuwenden (vgl. *K. Schmidt*, HandelsR, § 18 I 1 d aa [S. 518 f.]; *Canaris*, HandelsR, § 24 Rn. 12; Baumbach/*Hopt*/*Hopt*, § 105 Rn. 22; a. A. Heymann/*Horn*, 1. Aufl., § 350 Rn. 5). Auch die Anwendbarkeit des § 350 HGB auf die Bürgschaftserklärung eines GmbH-Geschäftsführers ist höchst streitig. Der BGH (BGHZ 121, 224, 228) lehnt sie ab, und zwar auch im Falle des geschäftsführenden Alleingesellschafters; zustimmend Röhricht/Graf v. Westphalen/*Wagner*, § 350 Rn. 10. Dagegen will *Canaris* (HandelsR, § 24 Rn. 13) in diesem Fall eine analoge Anwendung des § 350 HGB befürworten. Noch weitergehend befürwortet *K. Schmidt*, ZIP 1986, 1511, 1515 die analoge Anwendung des § 350 HGB auf jeden GmbH-Geschäftsführer.

[9] Für das Vorliegen eines auch kaufmännischen Gewerbebetriebes i. S. d. § 1 Abs. 2 HGB spricht der Hinweis auf den von der A & B-OHG verfolgten *Groß*handel.

[10] Für Handelsgesellschaften aller Art ist § 344 HGB daher gegenstandslos, vgl. Baumbach/Hopt/*Hopt*, § 344 Rn. 1 mit Hinweis auf *BGH NJW* 1960, 1852; Koller/Roth/*Morck*, § 344 Rn. 2; E/B/J/S/*Joost*, § 344 Rn. 2.

[11] Baumbach/Hopt/*Hopt*, § 350 Rn. 7; Oetker/*Pamp*, § 350 Rn. 14; Röhricht/Graf v. Westphalen/*Wagner*, § 350 Rn. 7.

4. Haftung des A als Gesellschafter der OHG

Als Gesellschafter der A & B-OHG haftet *A* gem. § 128 S. 1 HGB für diese Gesellschaftsverbindlichkeit.

5. Ergebnis

D hat gegen *A* einen Anspruch auf Zahlung von 25.000 € gem. §§ 765 Abs. 1, 488 Abs. 1 S. 2 BGB i. V. m. §§ 128 S. 1, 124 Abs. 1 HGB.

II. Abwandlung: Anspruch von P gegen K

P kann gegen *K* einen Anspruch auf Zahlung von Schadensersatz i. H. v. 8.750 € gem. § 823 Abs. 1, 2. Fall BGB i. V. m. §§ 128 S. 1, 124 Abs. 1, 15 Abs. 1 HGB haben. Voraussetzung hierfür ist, dass ein entsprechender Schadensersatzanspruch von *P* gegen die A & B-OHG besteht und *K* für diesen haftet.

1. Schadensersatzanspruch von P gegen die A & B-OHG

a) Deliktsfähigkeit der A & B-OHG

Die A & B-OHG muss zunächst deliktsfähig sein. Aus § 124 Abs. 1 HGB ergibt sich, dass die Gesellschaft unter ihrer Firma Verbindlichkeiten eingehen kann. Dazu zählen auch gesetzliche Verbindlichkeiten, so dass eine OHG in entsprechender Anwendung des § 31 BGB[12] für das Verhalten ihrer Gesellschafter deliktisch haftet.[13]

b) Fahrlässige Körperverletzung

Der Schadensersatzanspruch von *P* ergibt sich aus einer fahrlässigen Körperverletzung gem. § 823 Abs. 1, 2. Fall BGB. Für das Fehlverhalten der Gesellschafter, die nicht für eine ausreichende Sicherung des fraglichen Holzstapels sorgten und es insoweit an der im Verkehr zu beobachtenden Sorgfalt (§ 276 Abs. 2 BGB) fehlen ließen, muss die A & B-OHG in entsprechender Anwendung des § 31 BGB einstehen und die Krankenhauskosten der *P* i. H. v. 8.750 € ersetzen.

2. Haftung des K

Für die Schadensersatzpflicht der A & B-OHG kann *K* als Gesellschafter nach § 128 S. 1 HGB haften.

a) Haftung gem. § 128 S. 1 HGB

Einer Haftung des *K* gem. § 128 S. 1 HGB steht jedoch an sich entgegen, dass sie grundsätzlich nur solche Verbindlichkeiten erfasst, die entweder während der Zugehörigkeit des Gesellschafters zur Gesellschaft entstanden sind oder für die während dieser Zeit der Rechtsgrund gelegt worden ist.[14] Zum Zeitpunkt der Verletzung von *P* im Juli 2009 war *K* jedoch nicht mehr Gesellschafter der A & B-OHG, so dass seine Haftung gem. § 128 S. 1 HGB ausscheidet.

b) Haftung gem. § 128 S. 1 i. V. m. § 15 Abs. 1 HGB

Eine Haftung des *K* kann sich jedoch aus § 128 S. 1 i. V. m. § 15 Abs. 1 HGB ergeben, weil das Ausscheiden des *K* aus der Gesellschaft zum Zeitpunkt des Unfalls

---

[12] *BGH* NJW 1952, 537, 538; BGHZ 45, 311, 312; vgl. auch statt aller Palandt/*Ellenberger*, § 31 Rn. 3.
[13] Baumbach/Hopt/*Hopt*, § 124 Rn. 25; E/B/J/S/*Hillmann*, § 124 Rn. 5; GroßKomm-HGB/*Habersack*, § 124 Rn. 14; *Koller/Roth/Morck*, § 124 Rn. 6.
[14] Vgl. statt aller Baumbach/Hopt/*Hopt*, § 128 Rn. 29.

nicht im Handelsregister eingetragen war. Es kann *K* deshalb verwehrt sein, sich auf die wahre Rechtslage zu berufen.

Das Ausscheiden eines Gesellschafters aus der Gesellschaft stellt gem. § 143 Abs. 2 HGB eine eintragungspflichtige Tatsache dar. Ferner muss das Ausscheiden des *K* aus der A & B-OHG auch in seinen Angelegenheiten in das Handelsregister einzutragen sein (§ 15 Abs. 1 HGB). Dann muss *K* durch das Ausscheiden aus der A & B-OHG „irgendwie entlastet oder von Haftung befreit"[15] werden. Eine solche Haftungsbefreiung ergibt sich für *K* im Hinblick auf künftige Neuschulden der Gesellschaft: Der Verlust der Gesellschafterstellung schließt die Haftung des ausgeschiedenen Gesellschafters für neu entstehende Verbindlichkeiten der Gesellschaft aus. Schließlich war *P* im Juli 2009 in Bezug auf die Gesellschafterstellung des *K* gutgläubig. Die tatbestandlichen Voraussetzungen des § 15 Abs. 1 HGB sind damit erfüllt.

Möglicherweise ist aber der Schadensersatzanspruch von *P* gegen *K* nicht vom Schutzzweck des § 15 Abs. 1 HGB erfasst. Die Vorschrift will nur das abstrakt mögliche Vertrauen von mit der Gesellschaft rechtsgeschäftlich in Kontakt tretenden Dritten auf den Inhalt (genauer: das Schweigen) des Handelsregisters schützen.[16] Für die Verletzung einer mit der Gesellschaft nicht in Geschäftsverbindung stehenden Person kann dieses Vertrauen auf das Handelsregister jedoch niemals kausal werden.[17] Etwas anderes kann nur dann gelten, wenn der geltend gemachte Anspruch aus unerlaubter Handlung mit dem Rechtsgeschäftsverkehr in einem engen Zusammenhang steht, etwa im Bereich der culpa in contrahendo gem. § 311 Abs. 2 BGB.[18] Vom Zweck des § 15 Abs. 1 HGB sind demnach nur solche Ansprüche erfasst, die im Geschäftsverkehr entstehen. Isolierte Ansprüche aus unerlaubter Handlung, bei denen die „Gesellschafter"-Eigenschaft des Schädigers eher zufällig hinzutritt, fallen dagegen nicht unter den Vertrauensschutz des § 15 Abs. 1 HGB.[19]

P wurde als Passantin verletzt und stand mit der Gesellschaft weder allgemein noch konkret in diesem Augenblick in geschäftlicher Beziehung. Nach dem Normzweck des § 15 Abs. 1 HGB greift die Vorschrift somit nicht ein. *K* kann sich deshalb *P* gegenüber auf sein Ausscheiden aus der Gesellschaft berufen und haftet nicht für die Schadensersatzverpflichtung der OHG gegenüber *P.*

3. Ergebnis

P hat gegen *K* keinen Anspruch auf Zahlung von Schadensersatz i. H. v. 8.750 € gem. § 823 Abs. 1 BGB i. V. m. §§ 128 S. 1, 124 Abs. 1, 15 Abs. 1 HGB.

---

[15] Baumbach/Hopt/*Hopt*, § 15 Rn. 6; vgl. Fall 1 Fn. 19.

[16] *Lettl*, § 3 Rn. 35 f.; *Jung*, § 10 Rn. 14.

[17] Baumbach/Hopt/*Hopt*, § 15 Rn. 8; E/B/J/S/*Gehrlein*, § 15 Rn. 3; *Koller/Roth/Morck*, § 15 Rn. 4; *Hofmann*, C V 4 a (S. 86 ff.); *Jung*, § 10 Rn. 16; *Lettl*, § 3 Rn. 36.

[18] Baumbach/Hopt/*Hopt*, § 15 Rn. 8; E/B/J/S/*Gehrlein*, § 15 Rn. 3; GroßKomm-HGB/ *Koch*, § 15 Rn. 27 f.; *Koller/Roth/Morck*, § 15 Rn. 4; MünchKomm-HGB/*Krebs*, § 15 Rn. 45; Röhricht/Graf v. Westphalen/*Ammon/Ries*, § 15 Rn. 3; *Canaris*, HandelsR, § 5 Rn. 15; *Hofmann*, C V 4 a (S. 87).

[19] Baumbach/Hopt/*Hopt*, § 15 Rn. 8; E/B/J/S/*Gehrlein*, § 15 Rn. 3; GroßKomm-HGB/ *Koch*, § 15 Rn. 26, 28; Oetker/*Preuß*, § 15 Rn. 7; *Hofmann*, C V 4 a (S. 87 Fn. 15) m. w. N.; *K. Schmidt*, HandelsR, § 14 II 3 (S. 396 f.); *Steinbeck*, § 11 Rn. 12 f.; teilweise a. A. und differenzierend MünchKomm-HGB/*Krebs*, § 15 Rn. 23.

Fall 3. Der profilierungssüchtige Prokurist

Schwerpunkt im Handelsrecht:
Prokura – Handlungsvollmacht – § 15 Abs. 1 HGB – Wirksamkeit der Abtretung gem. § 354a HGB – Missbrauch der Vertretungsmacht

Sachverhalt

Arne Apfel (A) und *Berta Birne (B)* sind Komplementäre der Apfel & Birne KG (A & B-KG), die als Großhändler Fahrräder vertreibt. Die KG ist seit einigen Jahren im Handelsregister eingetragen. Die KG, vertreten durch A und B, stellt zum 1. 6. 2008 *Peter Pampelmuse (P)* ein. In dessen Arbeitsvertrag ist auch die Ermächtigung zur Zeichnung „ppa" enthalten. Dies wird in einem Rundschreiben allen Geschäftspartnern, mit denen die A & B-KG in ständiger Geschäftsbeziehung steht, bekannt gemacht. Eine Eintragung ins Handelsregister erfolgt nicht. Es wird zudem vereinbart, dass P Geschäfte über 10.000 € nur mit Zustimmung von A und B abschließen darf.

Während des Jahres 2009 kommt es zu einigen Unregelmäßigkeiten bei P, der deswegen schließlich wegen Untreue (§ 266 Abs. 1 StGB) verurteilt wird. Daraufhin kündigen A und B – arbeitsrechtlich gerechtfertigt – zum 1. 9. 2009 den Dienstvertrag. Auch diese Kündigung wird in einem Rundschreiben allen Geschäftspartnern mitgeteilt. Ein Eintrag ins Handelsregister unterbleibt. Als Ersatz für P stellt die A & B-KG zum 1. 10. 2009 *Victor Vogel (V)* als Verkaufsleiter ein, der aber aufgrund der schlechten Erfahrungen mit P nicht zur Zeichnung „ppa" ermächtigt wird. Die A & B-KG informiert wiederum ihre ständigen Geschäftspartner per Rundschreiben über die Neueinstellung von V als Verkaufsleiter.

V bestellt an seinem ersten Arbeitstag voller Übereifer beim Fahrradhersteller Pantani AG (P-AG) – mit dem die A & B-KG in ständiger Geschäftsbeziehung steht – im Namen der A & B-KG 20 Fahrräder, Modell Bergziege, für insgesamt 20.000 €. Die Räder werden am 5. 10. 2009 geliefert.

P hat aufgrund eines Gesprächs mit V erfahren, dass die 20 Pantani-Fahrräder im Lager der A & B-KG stehen. Der profilierungssüchtige P, der seine Kündigung nicht wahrhaben will, bietet daher dem Fahrradhändler *Ferdinand Fähre (F)* am 6. 10. 2009 im Namen der A & B-KG telefonisch an, 20 Fahrräder der Marke Pantani, Modell Bergziege, zum marktüblichen Verkaufspreis von insgesamt 20.000 € zu liefern. F steht mit der A & B-KG nicht in ständiger Geschäftsbeziehung, weiß aber von anderen Geschäftspartnern, dass P Mitte 2008 zur Zeichnung „ppa" ermächtigt wurde. Er nimmt das Angebot an und bestellt die 20 Fahrräder zum Gesamtpreis von 20.000 € bei P. F vereinbart mit P, dass eine Abtretung der Kaufpreisforderung ausgeschlossen sein soll. Da P sich zum Nachteil seines früheren Arbeitgebers nicht an diese Vereinbarung halten will, tritt er die Geldforderung i. H. v. 20.000 € an seinen Gläubiger *Dirk Dattel (D)* ab. D ist kein ständiger Geschäftspartner der A & B-KG, hatte aber zuvor schon über P Geschäfte mit der KG Geschäfte abgeschlossen. Von der Kündigung des P hat er keine Kenntnis. F wird von D über die Abtretung benachrichtigt. Da es sich bei D aber um einen seiner ärgsten Konkurrenten handelt, beruft sich F auf die Abmachung mit P und weigert sich, an D zu zahlen. A und B wiederum sind weder mit dem Einkauf der Fahrräder durch V noch mit dem von

P getätigten Verkauf einverstanden und verweigern namens der A & B-KG die Erfüllung der jeweiligen Geschäfte.

1. Kann die P-AG von der A & B-KG Zahlung von 20.000 € verlangen?
2. Kann F von der A & B-KG Lieferung der 20 Fahrräder verlangen?
3. Unterstellt, F hat von der A & B-KG die Fahrräder geliefert bekommen und an diese den Kaufpreis gezahlt, kann D von F Zahlung der 20.000 € verlangen?

Abwandlung: Da F den P aus dem Radsportverein kennt, weiß er, dass P wegen Untreue verurteilt wurde, von der Kündigung aber noch nichts. Aus Verärgerung über seine Kündigung und um sich an A und B zu rächen, bietet P den F am 6. 10. 2009 beim Radfahrtraining namens der A & B-KG an, die 20 Fahrräder zu einem Preis von insgesamt 10.000 € zu liefern. Dieser Preis ist um die Hälfte günstiger als allgemein üblich. F hat zwar Bedenken, ob mit dem Geschäft auch alles in Ordnung ist, nimmt das günstige Angebot aber gleichwohl an.

Kann F von der A & B-KG Lieferung der 20 Fahrräder gegen Zahlung von 10.000 € verlangen?

Lösung

A. Frage 1: Anspruch der P-AG gegen die A & B-KG auf Zahlung von 20.000 €

Die P-AG kann gegen die A & B-KG einen Anspruch auf Zahlung von 20.000 € aus § 433 Abs. 2 BGB i. V. m. §§ 161 Abs. 2, 124 Abs. 1 HGB haben. Ein solcher Anspruch setzt das Bestehen eines wirksamen Kaufvertrags über die Lieferung von 20 Fahrrädern für 20.000 € zwischen der P-AG und der A & B-KG voraus. Ein Kaufvertrag erfordert eine Einigung, bestehend aus Angebot und Annahme (§§ 145 ff. BGB). Mit der Bestellung des V vom 1. 10. 2009 kann ein wirksames Angebot der A & B-KG vorliegen.

I. Bestehen einer KG

Die A & B-KG muss rechtsgeschäftlich verpflichtet werden können. Eine KG kann gem. §§ 161 Abs. 2, 124 Abs. 1 HGB unter ihrer Firma Verbindlichkeiten eingehen. Die A & B-KG ist damit rechtsfähig und kann aus einem Kaufvertrag berechtigt und verpflichtet werden.

II. Wirksame Stellvertretung

V muss bei seiner Bestellung die A & B-KG wirksam gem. § 164 Abs. 1 S. 1 BGB vertreten haben. Er hat mit der Bestellung der Fahrräder eine eigene Willenserklärung im Namen der A & B-KG abgegeben (§ 164 Abs. 1 BGB). Darüber hinaus muss er auch mit Vertretungsmacht gehandelt haben.

V kann aufgrund einer Vollmacht gem. § 167 Abs. 1 BGB zur Vertretung der A & B-KG befugt gewesen sein. Durch die Vollmacht erteilt der Vollmachtgeber dem Bevollmächtigten die rechtliche Befugnis, ihn durch den Abschluss von Rechtsgeschäften zu berechtigen und zu verpflichten.[1] Eine spezielle Bevollmächtigung des V durch die A & B-KG gem. § 167 Abs. 1 BGB für den Einkauf der Fahrräder liegt nicht vor. Möglicherweise kann er aber eine handelsrechtliche Vollmacht erhalten haben.

---

[1] *Medicus*, BGB AT, Rn. 882.

1. Prokura

V kann von der A & B-KG Prokura gem. § 48 HGB erhalten haben. Die Prokura muss gem. § 48 Abs. 1 HGB mittels ausdrücklicher Erklärung erteilt werden. In Betracht kommt insoweit die Ermächtigung zur Zeichnung „ppa".

V wurde von der A & B-KG nicht zur Zeichnung „ppa" ermächtigt. Andere Anhaltspunkte für eine Prokuraerteilung an *V* bestehen nicht. *V* hat daher keine Vertretungsmacht für die A & B-KG gem. § 48 HGB.

2. Handlungsvollmacht

V kann aber von der A & B-KG eine Handlungsvollmacht gem. § 54 Abs. 1 HGB erteilt bekommen haben.

Gem. § 54 HGB können nur Kaufleute eine Handlungsvollmacht erteilen.[2] Die im Handelsregister eingetragene A & B-KG ist jedenfalls Kaufmann gem. §§ 161 Abs. 2, 105 Abs. 2 S. 1 HGB. Die Erteilung der Handlungsvollmacht muss – anders als die Prokura – nicht ausdrücklich und nicht durch den Inhaber des Handelsgeschäfts erfolgen.[3] Die Einstellung von *V* durch die A & B-KG „als Verkaufsleiter" kann somit zugleich als konkludente Erteilung einer Handlungsvollmacht gewertet werden. Es ist auch davon auszugehen, dass die A & B-KG bei dieser Erteilung ordnungsgemäß vertreten war. Daher hat *V* von der A & B-KG Handlungsvollmacht erhalten.

Der Einkauf der Fahrräder durch *V* für die A & B-KG muss auch von dessen Handlungsvollmacht umfasst sein. Mit der Einstellung von *V* „als Verkaufsleiter" ist diesem eine Arthandlungsvollmacht[4] gem. § 54 Abs. 1, 2. Fall HGB erteilt worden. Die Handlungsvollmacht von *V* erstreckt sich somit auf die Vornahme einer bestimmten zu einem Handelsgewerbe gehörigen Art von Geschäften, nämlich allen Rechtsgeschäften, die mit dem <u>Verkauf</u> von Waren für die A & B-KG zusammenhängen. Im Umkehrschluss folgt daraus, dass sich die dem *V* eingeräumte Arthandlungsvollmacht nicht auf den <u>Einkauf der</u> Fahrräder für die A & B-KG erstreckte.

Ein Gutglaubensschutz der P-AG gem. § 54 Abs. 3 HGB scheidet aus.[5] Zum einen weiß sie aufgrund des Rundschreibens der A & B-KG davon, dass *V* nicht eine Generalhandlungsvollmacht, sondern „nur" eine Arthandlungsvollmacht für den Verkauf und nicht auch für den Einkauf besitzt. Des Weiteren sind keine Anhaltspunkte für eine Beschränkung der dem *V* erteilten Handlungsvollmacht hinter den vom

---

[2] Vgl. statt aller Baumbach/Hopt/*Hopt*, § 54 Rn. 6; *Koller/Roth/Morck*, § 54 Rn. 3 f.; Oetker/*Schubert*, § 54 Rn. 4. Die analoge Anwendbarkeit von § 54 HGB auf Kleingewerbetreibende ist str., vgl. befürwortend Baumbach/Hopt/*Hopt*, § 54 Rn. 6; *Koller/Roth/Morck*, § 54 Rn. 4; MünchKomm-HGB/*Krebs*, § 54 Rn. 8; *K. Schmidt*, HandelsR, § 16 IV 2 a, aa (S. 482); *Steinbeck*, § 23 Rn. 3; ablehnend Heymann/*Sonnenschein/Weitemeyer*, § 54 Rn. 12; Oetker/*Schubert*, § 54 Rn. 6; Röhricht/Graf v. Westphalen/*Wagner*, § 54 Rn. 3.

[3] Es reicht aus, wenn sie durch einen Prokuristen oder einen Handlungsbevollmächtigten erteilt wird, sofern letzterer hierzu befugt ist; vgl. Baumbach/Hopt/*Hopt*, § 54 Rn. 6; E/B/J/S/*Weber*, § 54 Rn. 3; Heymann/*Sonnenschein/Weitemeyer*, § 54 Rn. 12; GroßKomm-HGB/*Joost*, § 54 Rn. 20; MünchKomm-HGB/*Krebs*, § 54 Rn. 47; *K. Schmidt*, HandelsR, § 16 IV 2 a, bb (S. 483); *Steinbeck*, § 23 Rn. 3.

[4] Vgl. hierzu näher E/B/J/S/*Weber*, § 54 Rn. 18 ff.; *Koller/Roth/Morck*, § 54 Rn. 9; Oetker/*Schubert*, § 54 Rn. 25; *Steinbeck*, § 23 Rn. 9.

[5] Zum Gutglaubensschutz gem. § 54 Abs. 3 HGB vgl. E/B/J/S/*Weber*, § 54 Rn. 23 ff.; Heymann/*Sonnenschein/Weitemeyer*, § 54 Rn. 36 ff.; MünchKomm-HGB/*Krebs*, § 54 Rn. 41 ff; Oetker/*Schubert*, § 54 Rn. 38 ff.; Röhricht/Graf v. Westphalen/*Wagner*, § 54 Rn. 36 ff.

Gesetz in § 54 Abs. 1, 2. Fall HGB geregelten Umfang der Arthandlungsvollmacht erkennbar.

V hat somit bei der Vornahme des Rechtsgeschäfts gegenüber der P-AG nicht im Rahmen der ihm eingeräumten Handlungsvollmacht gehandelt.

3. Rechtsscheinvollmacht

Das Vertreterhandeln von V kann aber von dem Rechtsschein einer Vollmacht gedeckt sein. Eine Rechtsscheinvollmacht des V setzt aber voraus, dass der andere Teil – die P-AG – den Mangel der Vollmacht weder kannte noch infolge von Fahrlässigkeit nicht kannte (= kennen musste, vgl. § 122 Abs. 2 BGB).[6] Aufgrund der Bekanntmachung der Arthandlungsvollmacht von V als Verkaufsleiter durch die A & B-KG per Rundschreiben wusste die P-AG aber als ständiger Geschäftspartner der A & B-KG davon, dass das von V getätigte Einkaufsgeschäft nicht in den seiner Vollmacht unterliegenden Geschäftsbereich fällt. Eine Rechtsscheinvollmacht von V scheidet daher aus.

4. Genehmigung

Ein ohne Vertretungsmacht vorgenommenes Rechtsgeschäft kann aber durch Genehmigung gem. § 177 Abs. 1 BGB nachträglich wirksam werden. Die A & B-KG, vertreten durch A und B, war jedoch mit dem Einkauf der Fahrräder nicht einverstanden. Das ohne Vertretungsmacht vorgenommene Rechtsgeschäft von V für die A & B-KG ist von dieser mithin nicht genehmigt worden.

III. Ergebnis zu Frage 1

Die A & B-KG ist nicht von V wirksam vertreten worden, so dass ein Kaufvertrag zwischen der A & B-KG und der P-AG nicht besteht. Die P-AG kann daher von der A & B-KG keine Kaufpreiszahlung i. H. v. 20.000 € gem. § 433 Abs. 2 BGB i. V. m. §§ 161 Abs. 2, 124 Abs. 1 HGB verlangen.

B. Frage 2: Anspruch von F gegen die A & B-KG auf Lieferung von 20 Fahrrädern

F kann gegen die A & B-KG einen Anspruch auf Lieferung von 20 Fahrrädern aus § 433 Abs. 1 S. 1 BGB i. V. m. §§ 161 Abs. 2, 124 Abs. 1 HGB haben, wenn zwischen ihm als Käufer und der A & B-KG als Verkäuferin ein wirksamer Kaufvertrag über diesen Kaufgegenstand besteht. Voraussetzung hierfür ist, dass P die A & B-KG gem. § 164 Abs. 1 S. 1 BGB wirksam vertreten hat. In dem Telefonat mit F hat P eine eigene Willenserklärung im Namen der A & B-KG abgegeben. Diese muss aber auch von einer entsprechenden Vertretungsmacht gedeckt sein.

I. Vertretungsmacht gem. § 48 HGB

P kann als Prokurist der A & B-KG zum Verkauf der Fahrräder berechtigt gewesen sein. Dann muss ihm von der A & B-KG wirksam Prokura erteilt worden sein, die im Zeitpunkt der Vornahme des Rechtsgeschäfts auch noch nicht erloschen ist.

1. Erteilung der Prokura

P muss Prokura erteilt worden sein. Dies kann mit der Ermächtigung zur Zeichnung „ppa" im Arbeitsvertrag mit der A & B-KG geschehen sein.

Nach dem Wortlaut von § 48 Abs. 1 HGB („Inhaber eines Handelsgeschäfts") können nur Kaufleute (§§ 1 Abs. 2, 2, 3 Abs. 2, 5 HGB), Handelsgesellschaften (§ 6

---

[6] *BGH* NJW 1958, 2062; 1982, 1513; 1991, 2126; *Canaris*, HandelsR, § 6 Rn. 71.

Abs. 1 HGB) und ein Handelsgewerbe betreibende juristische Personen i. S. v. § 33 HGB Prokura erteilen.[7] Die im Handelsregister eingetragene A & B-KG ist jedenfalls Kaufmann gem. §§ 161 Abs. 2, 105 Abs. 2 S. 1 HGB und daher zur Prokuraerteilung berechtigt.

Zuständig für die Prokuraerteilung ist gem. § 48 Abs. 1 HGB allein der Inhaber des Handelsgeschäfts oder dessen gesetzlicher Vertreter. Die A & B-KG als Inhaber des Handelsgeschäfts selbst kann keine Rechtsgeschäfte vornehmen. Bei Abschluss des Arbeitsvertrages mit *P* wurde die A & B-KG aber durch ihre organschaftlichen Vertreter gem. §§ 161 Abs. 2, 125 HGB, nämlich die Komplementäre *A* und *B*, vertreten. Daher haben die gem. § 48 Abs. 1 HGB zur Prokuraerteilung Berechtigten gehandelt.

Die Erteilung von Prokura ist gem. § 48 Abs. 1 HGB nur mittels ausdrücklicher Erklärung gegenüber dem zu Bevollmächtigenden oder gegenüber einem Dritten (vgl. § 167 Abs. 1 BGB) möglich. Dem Wortlaut von § 48 Abs. 1 HGB kann jedoch nicht entnommen werden, dass bei der Erteilung der Prokura die Bezeichnung „Prokura" oder „Prokurist" verwandt werden muss. Es reicht vielmehr aus, wenn sich aus den Umständen zweifelsfrei ergibt, dass der Vertreter Prokura erhalten soll.[8] Das ist bei der Ermächtigung zur Zeichnung mit „ppa" (per procura) der Fall.[9] Die Ermächtigung von *P* im Arbeitsvertrag mit der A & B-KG zur Zeichnung „ppa" genügt somit den Anforderungen an eine ausdrückliche Erklärung i. S. v. § 48 Abs. 1 HGB.

Die Prokuraerteilung darf nicht mangels Eintragung im Handelsregister unwirksam sein. Gem. § 53 Abs. 1 S. 1 HGB besteht zwar eine Eintragungspflicht der Prokuraerteilung. Allerdings wird die Prokura durch ausdrückliche Erklärung gem. § 167 Abs. 1 BGB begründet. Dem Wortlaut von § 53 Abs. 1 S. 1 HGB, wonach die Erteilung der Prokura zur Eintragung ins Handelsregister anzumelden ist, ist daher zu entnehmen, dass der Eintragung der Prokura ins Handelsregister keine konstitutive, sondern lediglich deklaratorische Bedeutung zukommt.[10] Die fehlende Eintragung der Prokura von *P* ins Handelsregister ändert somit nichts an ihrer wirksamen Erteilung durch die A & B-KG gem. § 167 Abs. 1, 1. Fall BGB gegenüber *P*.

P ist demzufolge von der A & B-KG wirksam Prokura erteilt worden.

2. Erlöschen der Prokura

Die Prokura von *P* kann im Zeitpunkt der Vornahme des Rechtsgeschäfts mit *F* aber bereits erloschen sein mit der Folge, dass sein Handeln nicht mehr durch eine Vertretungsmacht für die A & B-KG gedeckt war.

Ein Widerruf der Prokura gem. § 52 Abs. 1 HGB ist von der A & B-KG nicht erklärt worden. Sie kann aber gem. § 168 S. 1 BGB erloschen sein.[11] Der Dienstvertrag von

---

[7] Baumbach/Hopt/*Hopt*, § 48 Rn. 1; E/B/J/S/*Weber*, § 48 Rn. 4ff.; *Koller/Roth/Morck*, § 48 Rn. 2; MünchKomm-HGB/*Krebs*, § 48 Rn. 5f.

[8] *BGH* WM 1956, 727, 728; Baumbach/Hopt/*Hopt*, § 48 Rn. 3; GroßKomm-HGB/*Joost*, § 48 Rn. 58; MünchKomm-HGB/*Krebs*, § 48 Rn. 46; Oetker/*Schubert*, § 48 Rn. 31; Röhricht/ Graf v. Westphalen/*Wagner*, § 48 Rn. 31; *Canaris*, HandelsR, § 12 Rn. 4; *Oetker*, § 5 Rn. 18; *K. Schmidt*, HandelsR, § 16 III 2 e (S. 464).

[9] Vgl. statt aller Baumbach/Hopt/*Hopt*, § 48 Rn. 3; *Koller/Roth/Morck*, § 48 Rn. 7.

[10] *BGH* WM 1956, 727, 728; Heymann/*Sonnenschein/Weitemeyer*, § 53 Rn. 1; Münch-Komm-HGB/*Krebs*, § 53 Rn. 1; *Bülow*, Rn. 296; *Canaris*, HandelsR, § 12 Rn. 12; *K. Schmidt*, HandelsR, § 16 III 2 f (S. 464).

[11] Zur Beendigung des zugrunde liegenden Rechtsverhältnisses als Erlöschensgrund für die Prokura vgl. E/B/J/S/*Weber*, § 52 Rn. 15; MünchKomm-HGB/*Krebs*, § 52 Rn. 37; Oetker/

P mit der A & B-KG bildet das seiner Vollmacht zugrunde liegende Rechtsverhältnis. Mit dessen Beendigung durch Kündigung seitens der A & B-KG zum 1. 9. 2009 ist daher auch die Prokura von *P* erloschen.

Im Zeitpunkt der Vornahme des Rechtsgeschäfts mit *F* am 6. 10. 2009 hatte *P* somit keine Prokura mehr für die A & B-KG.

II. Vertretungsmacht kraft Rechtsscheins

Ein wirksamer Kaufvertrag zwischen der A & B-KG und *F* kann aber gleichwohl zustande gekommen sein, wenn eine Vertretungsmacht von *P* für die A & B-KG aus Rechtsscheingesichtpunkten besteht. Eine Rechtsscheinvollmacht des *P* für die A & B-KG kann sich wegen der Nichteintragung des Erlöschens seiner Prokura im Handelsregister aus § 15 Abs. 1 HGB ergeben.

1. Voraussetzungen von § 15 Abs. 1 HGB

a) Eintragungspflichtige Tatsache

§ 15 Abs. 1 HGB gilt nur für Tatsachen, die in das Handelsregister einzutragen sind.[12] Dies ist gem. § 53 Abs. 3 HGB für das Erlöschen der Prokura angeordnet. Die fehlende Voreintragung der Prokuraerteilung an *P* lässt nach dem Wortlaut von § 15 Abs. 1 HGB auch nicht die Verpflichtung zur Eintragung des Erlöschens seiner Prokura entfallen.[13] Das Erlöschen der Prokura von *P* ist somit eine eintragungspflichtige Tatsache.

b) Anmeldepflichtiger

§ 15 Abs. 1 HGB regelt die Rechtsfolgen der Nichteintragung für den Anmeldepflichtigen. Daher muss die A & B-KG Anmeldepflichtiger für das Erlöschen der Prokura von *P* sein.

Anmeldepflichtig ist derjenige, in dessen Angelegenheiten die Tatsache einzutragen ist, wer also durch die Eintragung entlastet, von einer Haftung befreit oder von der Bindung an die Vertretungsmacht eines anderen gelöst wird.[14] Durch die Eintragung des Erlöschens der Prokura von *P* wird dokumentiert, dass die A & B-KG nicht mehr an die von *P* in ihrem Namen vorgenommenen Rechtshandlungen gebunden sein will.

Die A & B-KG ist daher Anmeldepflichtiger.

c) Gutgläubigkeit von F

§ 15 Abs. 1 HGB setzt ferner voraus, dass die eintragungspflichtige aber nicht eingetragene Tatsache dem Dritten nicht bekannt war. *F* muss folglich gutgläubig hinsichtlich des Erlöschens der Prokura von *P* gewesen sein. Die A & B-KG hat die Kündigung des Dienstvertrages mit *P* nur ihren ständigen Geschäftspartnern per Rundschreiben bekannt gemacht. *F* gehörte nicht zu den ständigen Geschäftspartnern der A & B-KG und wurde somit von der A & B-KG über das Erlöschen der Prokura

---

Schubert, § 48 Rn. 27; Röhricht/Graf v. Westphalen/*Wagner*, vor § 48 Rn. 23; Heymann/*Sonnenschein/Weitemeyer*, § 52 Rn. 35; *Oetker*, § 5 Rn. 20; a. A. *Bülow*, Rn. 309.

[12] Vgl. statt aller *Koller/Roth/Morck*, § 15 Rn. 6; MünchKomm-HGB/*Krebs*, § 15 Rn. 24 ff.; *Lettl*, § 3 Rn. 26 ff.; *Oetker*, § 3 Rn. 35 ff.; *K. Schmidt*, HandelsR, § 14 II (S. 389 ff.).

[13] Vgl. hierzu ausführlich Fall 2 unter I. 2. b), bb) mit zahlreichen w. N.

[14] Vgl. statt aller Baumbach/Hopt/*Hopt*, § 15 Rn. 6; Heymann/*Sonnenschein/Weitemeyer*, § 15 Rn. 7.

des *P* nicht informiert. Anhaltspunkte dafür, dass er von einem Dritten hiervon erfahren hat, liegen nicht vor. *F* war somit gutgläubig i. S. v. § 15 Abs. 1 HGB.

2. Rechtsfolge von § 15 Abs. 1 HGB

Wegen § 15 Abs. 1 HGB kann sich die A & B-KG gegenüber *F* nicht auf das Erlöschen der Prokura von *P* berufen. Die A & B-KG muss sich vielmehr zugunsten von *F* so behandeln lassen, als habe *P* mit Prokura für sie gehandelt. *P* hat mithin bei Abschluss des Kaufvertrages im Namen der A & B-KG gegenüber *F* mit Vertretungsmacht kraft Rechtsscheins gem. § 15 Abs. 1 HGB gehandelt.

3. Umfang der Vertretungsmacht

P kann die A & B-KG aber nur dann wirksam gegenüber *F* berechtigt und verpflichtet haben, wenn der Kaufvertrag über die 20 Fahrräder von seiner Vertretungsmacht umfasst gewesen ist.

Grundsätzlich ermächtigt die Prokura gem. § 49 Abs. 1 HGB zu allen Arten von Handelsgeschäften, die der Betrieb eines Handelsgewerbes mit sich bringt.[15] Der Abschluss von Kaufverträgen ist somit von der gesetzlich typisierten Vertretungsmacht eines Prokuristen erfasst.

Bedenken an der Vertretungsmacht von *P* können jedoch insoweit bestehen, als er aufgrund der Vereinbarung mit der A & B-KG nur Geschäfte im Umfang bis zu 10.000 € ohne Zustimmung von *A* und *B* abschließen durfte, während sich der Kaufvertrag mit *F* auf die Kaufsumme von 20.000 € beläuft. Eine interne Beschränkung des Umfangs der Prokura ist gem. § 50 Abs. 1 HGB aber gegenüber Dritten unwirksam. Die Nichtbeachtung der im Innenverhältnis zwischen *P* und der A & B-KG getroffenen Beschränkung der Vertretungsmacht von *P* wirkt somit nicht gegenüber *F*.

P hat somit bei Abschluss des Kaufvertrages zwischen der A & B-KG und *F* mit Vertretungsmacht für die A & B-KG gehandelt.

III. Ergebnis zu Frage 2

F kann von der A & B-KG Lieferung von 20 Fahrrädern gem. § 433 Abs. 1 S. 1 BGB verlangen.

C. Frage 3: Anspruch von D gegen F auf Zahlung von 20.000 €

D kann gegen *F* einen Anspruch auf Zahlung von 20.000 € gem. §§ 433 Abs. 2, 398 BGB haben.

Der Kaufpreiszahlungsanspruch i. H. v. 20.000 € der A & B-KG gegen *F* ist aufgrund eines wirksamen Kaufvertrages zwischen beiden Parteien entstanden. Dieser Anspruch kann aufgrund einer Abtretung wirksam auf *D* übergegangen und darf zwischenzeitlich nicht untergegangen sein.

I. Wirksamkeit der Abtretung

Der Anspruch der A & B-KG gegen *F* gem. § 433 Abs. 2 BGB kann durch Abtretung gem. § 398 BGB auf *D* übergegangen sein.

1. Einigung über die Forderungsabtretung

Die A & B-KG und *D* können sich über die Forderungsabtretung geeinigt haben, wenn *P* die A & B-KG wirksam gem. § 164 Abs. 1 S. 1 BGB vertreten hat.

---

[15] Zum gesetzlichen Umfang der Prokura vgl. ausführlich MünchKomm-HGB/*Krebs*, § 49 Rn. 11 ff.; Oetker/*Schubert*, § 49 Rn. 2 ff.; Röhricht/Graf v. Westphalen/*Wagner*, § 49 Rn. 3 ff.; *Jung*, § 25 Rn. 10 ff.; *Lettl*, § 6 Rn. 42 f.

P hat im Namen der A & B-KG eine eigene Willenserklärung gegenüber *D* mit dem Inhalt der Abtretung der Kaufpreisforderung abgegeben. Die Vertretungsmacht von *P* kann sich gegenüber *D* kraft Rechtsscheins gem. § 15 Abs. 1 HGB ergeben.[16] *D* wurde als nicht ständiger Geschäftspartner der A & B-KG nicht von dieser über das Erlöschen der Prokura von *P* informiert, und ihm war diese Tatsache aufgrund sonstiger Umstände auch nicht bekannt; *D* ist somit gutgläubig i. S. v. § 15 Abs. 1 HGB. Die Vereinbarung einer Abtretung ist auch von der Reichweite der Prokura gem. § 49 Abs. 1 HGB gedeckt.

P hat die A & B-KG somit bei der Einigung über die Forderungsabtretung wirksam gegenüber *D* vertreten.

2. Abtretungsverbot

Der Wirksamkeit der Abtretung kann aber der vertraglich zwischen der A & B-KG, wiederum vertreten durch *P* kraft Rechtsscheins, und *F* vereinbarte Abtretungsausschluss gem. § 399, 2. Alt. BGB entgegenstehen. Rechtsfolge eines vertraglichen Abtretungsausschlusses ist die grundsätzliche Unwirksamkeit der Abtretung nicht nur im Verhältnis der Vertragsparteien, sondern für und gegen jeden.[17]

Allerdings kann die Abtretung der Kaufpreisforderung von der A & B-KG an *D* trotz des zwischen der A & B-KG und *F* vereinbarten Abtretungsausschlusses gem. § 354 a S. 1 HGB[18] wirksam sein. Durch diese gem. § 354 a S. 3 HGB zwingende Vorschrift soll die Verkehrsfähigkeit der Forderungen gegen dinglich wirkende Abtretungsverbote schützen.[19]

Dann müssen die Voraussetzungen von § 354 a S. 1 HGB erfüllt sein. § 354 a HGB findet nur auf Geldforderungen Anwendung. Bei der Kaufpreisforderung der A & B-KG handelt es sich um eine Geldforderung. Weiterhin muss das diese Geldforderung begründende Rechtsgeschäft für beide Seiten ein Handelsgeschäft sein. Handelsgeschäfte sind gem. § 343 Abs. 1 HGB alle Geschäfte eines Kaufmanns, die zum Betrieb seines Handelsgewerbes gehören. Die A & B-KG ist Kaufmann gem. §§ 161 Abs. 2, 105 Abs. 2 S. 1 HGB. *F* ist als Fahrradhändler mangels entgegenstehender Anhaltspunkte Kaufmann gem. § 1 Abs. 2 HGB. Der Kaufvertrag über die Fahrräder gehörte für beide Seiten zum Betrieb ihres jeweiligen Gewerbes (vgl. auch die Vermutung gem. § 344 Abs. 1 HGB). Die Voraussetzungen von § 354 a S. 1 HGB sind damit erfüllt.

Der zwischen der A & B-KG und *F* vereinbarte Abtretungsausschluss gem. § 399, 2. Alt. BGB steht somit gem. § 354 a S. 1 HGB der Abtretung der Kaufpreisforderung von der A & B-KG auf *D* nicht entgegen. *D* ist durch die Abtretung Inhaber der Kaufpreisforderung gegen *F* geworden.

II. Erlöschen des Kaufpreiszahlungsanspruchs

Der Anspruch von *D* gegen *F* kann aber gem. § 362 Abs. 1 BGB erloschen sein, wenn *F* die Zahlung i. H. v. 20.000 € mit befreiender Wirkung an die A & B-KG geleistet hat.

---

[16] S. o. B. II.

[17] Bamberger/Roth/*Rohe*, § 399 Rn. 20; Erman/*H. P. Westermann*, § 399 Rn. 3; Hk-BGB/ *Schulze*, § 399 Rn. 7.

[18] Vgl. zu dieser Vorschrift grundlegend *Saar*, ZIP 1999, 988 ff., *K. Schmidt*, NJW 1999, 400 ff.; *Wagner*, WM 1994, 2093 ff.

[19] MünchKomm-HGB/*K. Schmidt*, § 354 a Rn. 2; *Lettl*, § 11 Rn. 7.

Gem. § 407 Abs. 1 BGB muss sich *D* als neuer Gläubiger die nach der Abtretung erfolgte Kaufpreiszahlung des Schuldners *F* an den bisherigen Gläubiger A & B-KG nur gegen sich gelten lassen, wenn *F* bei der Leistung keine Kenntnis von der Abtretung gehabt hat. Infolge der Benachrichtigung des *F* durch *D* von der Abtretung konnte *F* somit nicht gem. § 407 Abs. 1 BGB mit schuldbefreiender Wirkung an die A & B-KG leisten.

Allerdings ergibt sich das Recht von *F* zur schuldbefreienden Leistung an die A & B-KG aus der gegenüber § 407 Abs. 1 BGB spezielleren Vorschrift des § 354 a S. 2 HGB. § 354 a S. 2 HGB setzt nicht voraus, dass der Schuldner in Unkenntnis der Abtretung an den bisherigen Gläubiger leistet.[20]

Der Anspruch von *D* gegen *F* aus §§ 433 Abs. 2, 398 BGB ist mithin durch die Zahlung von *F* an die A & B-KG gem. § 362 Abs. 1 BGB erloschen.[21]

III. Ergebnis zu Frage 3

D kann von *F* nicht die Zahlung von 20.000 € gem. §§ 433 Abs. 2, 398 BGB verlangen.

B. Abwandlung

I. Anspruch von F gegen die A & B-KG auf Lieferung von 20 Fahrrädern

F kann gegen die A & B-KG einen Anspruch auf Lieferung von 20 Fahrrädern zum Kaufpreis von 10.000 € aus § 433 Abs. 1 S. 1 BGB i. V. m. §§ 161 Abs. 2, 124 Abs. 1 HGB haben, wenn zwischen beiden Parteien ein wirksamer Kaufvertrag mit diesem Inhalt zustande gekommen ist.

1. Vertretungsmacht von P

Entscheidend für den Vertragsschluss ist allein, ob *P* mit der erforderlichen Vertretungsmacht für die A & B-KG gehandelt hat. Dagegen bestehen insoweit Bedenken, als er seine sich aus Rechtsscheingesichtspunkten gem. § 15 Abs. 1 HGB ergebende Vertretungsmacht als Prokurist[22] missbraucht haben kann.

a) Missbrauch der Vertretungsmacht

Ein Missbrauch der Vertretungsmacht kann vorliegen, wenn der Vertretene zwar innerhalb seines rechtlichen Könnens aber außerhalb seines rechtlichen Dürfens handelt. Während grundsätzlich der Vertretene das Risiko des Missbrauchs der Vertretungsmacht trägt,[23] gelten aber für zwei Fallgruppen (Kollusion und offensichtlicher Missbrauch) Ausnahmen.[24]

---

[20] MünchKomm-HGB/*K. Schmidt*, § 354 a Rn. 2; Oetker/*Maultzsch*, § 354a Rn. 16; *Brox/ Henssler*, Rn. 377; *Lettl*, § 11 Rn. 12.

[21] Anm.: *D* verbleiben gegen die A & B-KG lediglich Ansprüche aus § 816 Abs. 2 BGB.

[22] S. o. B. II.

[23] *BGH* NJW 1999, 2883; Bamberger/Roth/*Habermeier*, § 167 Rn. 46; Erman/*Palm*, § 167 Rn. 46; Jauernig/*Jauernig*, § 164 Rn. 8; Palandt/*Ellenberger*, § 164 Rn. 13; Oetker/*Schubert*, § 48 Rn. 38; Röhricht/Graf v. Westphalen/*Wagner*, vor § 48 Rn. 49; *Larenz/Wolf*, BGB AT, § 46 Rn. 142.

[24] Vgl. statt aller *Brox/Walker*, BGB AT, Rn. 579 ff.

aa) Kollusion

Bei einer Kollusion wirken Vertreter und Vertragsgegner bewusst zum Nachteil des Vertretenen zusammen.[25] Ein derartiges Verhalten verstößt gegen § 138 BGB und bewirkt keine Bindung des Vertretenen an das Verhalten seines Vertreters.[26]

P und F haben sich aber nicht kollusiv zusammengetan, um die A & B-KG zu schädigen.

bb) Offensichtlicher Missbrauch

Die A & B-KG muss sich das Verhalten des P aber auch dann nicht zurechnen lassen, wenn dieser seine Vertretungsmacht für F erkennbar offensichtlich missbraucht hat.

(1) Positive Kenntnis vom Missbrauch

Ein offensichtlicher Missbrauch der Vertretungsmacht liegt zunächst stets vor, wenn der Geschäftsgegner bei Vertragsschluss den Missbrauch der Vertretungsmacht positiv kannte.[27] Schließt er trotzdem mit dem Vertreter den Vertrag, verhält er sich rechtsmissbräuchlich.[28]

F hatte keine positive Kenntnis davon, dass P seine Vertretungsmacht missbraucht.

(2) Objektive Evidenz

Trotz fehlender positiver Kenntnis des F vom Missbrauch der Vertretungsmacht durch P kann dieses Rechtsinstitut gleichwohl zur Anwendung kommen, wenn objektiv evidente Verdachtsmomente auf den Missbrauch hinweisen.[29] Die insoweit an die Person des Stellvertreters und des Vertragsgegners zu stellenden Anforderungen sind aber umstritten.

(aa) Anforderungen an den Vertragsgegner

Von dem Grundsatz, dass den Vertragsgegner keine konkrete Prüfungspflicht trifft, ob sich der Vertreter im Rahmen seiner Vertretungsmacht hält, ist eine Ausnahme zu machen, wenn der Vertreter seine Vertretungsmacht in so ersichtlich verdächtiger Weise gebraucht, dass beim Vertragsgegner begründete Zweifel an der Ordnungsgemäßheit der Vertretungsmacht entstehen müssen.[30]

Die Bedenken von F, ob mit dem Geschäft alles in Ordnung ist, lassen sich nicht nur mit dem auffallend niedrigen Preis begründen. Auch aus den Umständen des Geschäfts, nämlich dem Vertragsschluss bei einer Freizeitveranstaltung und der dem F bekannten Verurteilung von P wegen Untreue, hätte F auf eine unseriöse Motiva-

---

[25] Erman/*Palm*, § 167 Rn. 47; MünchKomm-BGB/*Schramm*, § 164 Rn. 107; Palandt/*Ellenberger*, § 164 Rn. 13; Brox/*Walker*, BGB AT, Rn. 580; *Flume*, BGB AT II, § 45 II 3 (S. 788).

[26] Vgl. die in Fn. 25 Genannten.

[27] Ganz h. A., vgl. nur Erman/*Palm*, § 167 Rn. 48; *Larenz/Wolf*, § 46 Rn. 148; *Canaris*, HandelsR, § 12 Rn. 35.

[28] BGHZ 94, 132, 138; Erman/*Palm*, § 167 Rn. 48; Bamberger/Roth/*Habermeier*, § 167 Rn. 48.

[29] BGHZ 127, 239, 241; *BGH* NJW 1999, 2883; Erman/*Palm*, § 167 Rn. 49; MünchKomm-BGB/*Schramm*, § 164 Rn. 113; Palandt/*Ellenberger*, § 164 Rn. 14; Staudinger/*Schilken*, § 167 Rn. 97; Baumbach/Hopt/*Hopt*, § 126 Rn. 11; Oetker/*Schubert*, § 48 Rn. 42; Röhricht/Graf v. Westphalen/*Wagner*, vor § 48 Rn. 51; a. A. hingegen Heymann/*Sonnenschein/Weitemeyer*, § 50 Rn. 27 – nur positive Kenntnis schadet.

[30] BGHZ 50, 112, 114; 113, 315, 320; 127, 239, 241; *BGH* NJW 1984, 1461, 1462; 1988, 2241, 2243; 1988, 3012, 3013; Erman/*Palm*, § 167 Rn. 49; Palandt/*Ellenberger*, § 164 Rn. 14; Röhricht/Graf v. Westphalen/*Wagner*, vor § 48 Rn. 54; Oetker, § 5 Rn. 42.

tion von *P* schlussfolgern müssen. Durch diese Umstände lagen die Verdachtsgründe für einen Missbrauch der Vertretungsmacht durch *P* für *F* auf der Hand; der Missbrauch war somit für *F* objektiv evident.

(bb) Anforderungen an den Vertreter

Für die Annahme des objektiven Missbrauchs der Vertretungsmacht kann bei einer gesetzlich grds. unbeschränkten Vertretungsmacht wie der Prokura (vgl. §§ 49 Abs. 1, Abs. 2, 50 Abs. 1 HGB) weiterhin zu verlangen sein, dass der Vertreter seine ihm im Innenverhältnis eingeräumten Befugnis bewusst überschritten und damit zum Nachteil des Vertretenen gehandelt hat.[31] Dagegen ist indes einzuwenden, dass es bei dem Missbrauch der Vertretungsmacht nicht um den Schutz des Vertretenen, sondern nur des Geschäftsgegners ankommt. Ob der Vertreter bewusst, fahrlässig oder gar ohne Verschulden von seiner internen Bindung abweicht, ist für den Schutz des Geschäftsgegners indessen ohne Belang.[32] Daher kann es für den objektiven Missbrauch der Vertretungsmacht nur darauf ankommen, ob der Vertreter objektiv pflichtwidrig gehandelt hat und der Geschäftsgegner dies erkennt oder erkennen musste.[33]

Ein objektiv pflichtwidriges Handeln von *P* liegt vor. Er hat *F* die Fahrräder namens der A & B-KG zum Kauf angeboten, obwohl ihm bekannt war oder zumindest bekannt sein musste, dass seine Vertretungsmacht für die Gesellschaft mit der Beendigung des Anstellungsvertrages erloschen war. Außerdem entspricht es nicht den gängigen geschäftlichen Gepflogenheiten, Ware für die Hälfte des üblichen Preises anzubieten. Darüber hinaus handelte *P* auch aus Rachsucht mit der Absicht, die A & B-KG durch den Abschluss eines für sie wirtschaftlich nachteiligen Geschäfts zu schädigen.

Nach beiden Ansichten liegen daher die Anforderungen auf Seiten des Vertreters für einen Missbrauch der Vertretungsmacht vor, so dass eine Entscheidung entbehrlich ist.[34]

b) Zwischenergebnis

P hat seine Vertretungsmacht bei Abschluss des Kaufvertrages zwischen der A & B-KG und *F* objektiv missbräuchlich ausgeübt.

2. Rechtsfolgen

Die an den objektiven Missbrauch der Vertretungsmacht geknüpften Rechtsfolgen werden unterschiedlich beurteilt.

---

[31] So die ältere Rspr., vgl. BGHZ 50, 112, 114; *BGH* NJW 1966, 1911; 1990, 384, 385; zustimmend Soergel/*Leptien*, § 177 Rn. 17; Staudinger/*Schilken*, § 167 Rn. 95; MünchKomm-HGB/*Krebs*, vor § 48 Rn. 72; E/B/J/S/*Weber*, § 50 Rn. 10; *Canaris*, HandelsR, § 12 Rn. 37.

[32] *BGH* NJW 1988, 3012, 3013; Bamberger/Roth/*Habermeier*, § 167 Rn. 50; Erman/*Palm*, § 167 Rn. 48; MünchKomm-BGB/*Schramm*, § 164, Rn. 109 ff.; *Flume*, BGB AT II, § 45 II 3 (S. 791); *Medicus*, BGB AT, Rn. 968; *Brox/Walker*, BGB AT, Rn. 583; *Larenz/Wolf*, § 46 Rn. 148 Fn. 151; *Oetker*, § 5 Rn. 41.

[33] Vgl. die in Fn. 32 Genannten.

[34] *Habermeier* (in: Bamberger/Roth, § 167 Rn. 50) weist zutreffend darauf hin, dass dem Streit wenig Bedeutung zukomme, weil eine Situation nur schwer vorstellbar sei, in der sich dem Geschäftsgegner der Missbrauch der Vertretungsmacht aufdrängen muss, dies aber nicht dem Vertreter bewusst sei.

a) Einwand der unzulässigen Rechtsausübung

Bei objektiv missbräuchlicher Ausübung der Vertretungsmacht kann der Vertretene berechtigt sein, dem Erfüllungsanspruch des Vertragsgegners den Einwand der unzulässigen Rechtsausübung gem. § 242 BGB entgegenzuhalten.[35]

Der gegen die Durchsetzbarkeit des Anspruchs wirkende Einwand der unzulässigen Rechtsausübung gem. § 242 BGB setzt voraus, dass der Anspruch entstanden und nicht untergegangen ist. Davon ausgehend läge ein wirksames Angebot der A & B-KG, vertreten durch *P*, vor, welches *F* angenommen hat. Ein Kaufvertrag über die 20 Fahrräder zum Preis von 10.000 € wäre daher zustande gekommen. Gründe, die zu einem Erlöschen des Lieferanspruchs gem. § 433 Abs. 1 S. 1 BGB geführt haben, sind nicht ersichtlich. Gegen diesen Anspruch von *F* kann die A & B-KG somit den Einwand der unzulässigen Rechtsausübung erheben. Diesen Einwand hat sie, vertreten durch *A* und *B* gem. §§ 161 Abs. 2, 125 Abs. 1 HGB, konkludent mit der Weigerung zur Erfüllung des Vertrages erhoben.

Der Lieferanspruch von *F* gegen die A & B-KG gem. § 433 Abs. 1 S. 1 BGB ist somit nicht durchsetzbar.

b) Anwendung der §§ 177 ff. BGB analog

Andererseits kann die Rechtsfolge des objektiv missbräuchlichen Vertreterhandelns darin erkannt werden, dass die Vertretungsmacht des Vertreters im Außenverhältnis entfällt und die §§ 177 ff. BGB analog anzuwenden sind.[36]

Der vom missbräuchlich handelnden Vertreter geschlossene Vertrag sei dann schwebend unwirksam, und dem Vertretenen stünde das Wahlrecht zu, ob er den Vertrag durch seine Genehmigung doch noch wirksam werden lassen will oder nicht (§ 177 Abs. 1 BGB analog). Versagt der Vertretene dem mit missbräuchlicher Ausübung von Vertretungsmacht vorgenommen Rechtsgeschäft die Genehmigung, läge folglich keine wirksame Stellvertretung vor, und es fehlte am Zustandekommen des Vertrages. Der Anspruch auf die Lieferung der Fahrräder gem. § 433 Abs. 1 S. 1 BGB wäre somit nicht entstanden.

Die durch *A* und *B* ordnungsgemäß vertretene A & B-KG hat erklärt, sie sei mit dem von *P* vorgenommenen Geschäft nicht einverstanden. Damit hat sie diesem Geschäft die Genehmigung verweigert. Eine Verpflichtung der A & B-KG zur Lieferung der Fahrräder an *F* gem. § 433 Abs. 1 S. 1 BGB ist danach nicht begründet worden.

c) Streitentscheidung

Beide Lösungen führen zum gleichen Ergebnis, so dass eine Streitentscheidung entbehrlich ist.

II. Ergebnis zur Abwandlung

F kann von der A & B-KG nicht gem. § 433 Abs. 1 S. 1 BGB die Lieferung von 20 Fahrrädern verlangen.

---

[35] BGHZ 50, 112, 114; *64*, 79, 85; *BGH* NJW 1990, 384, 385; Soergel/*Leptien*, § 177 Rn. 15; GroßKomm-HGB/*Joost*, § 50 Rn. 45, 50; *Larenz/Wolf*, § 46 Rn. 141.

[36] *BGH* NJW 1990, 384, 385; 1991, 1812, 1813; 1999, 2666, 2268; Bamberger/Roth/*Habermeier,* § 167 Rn. 51; Erman/*Palm,* § 167 Rn. 50; Jauernig/*Jauernig,* § 164 Rn. 8; MünchKomm-BGB/*Schramm,* § 164 Rn. 111; Palandt/*Ellenberger,* § 164 Rn. 14 b; Staudinger/*Schilken,* § 167 Rn. 103; Baumbach/Hopt/*Hopt,* § 50 Rn. 6; MünchKomm-HGB/*Krebs,* vor § 48 Rn. 73; Oetker/*Schubert,* § 48 Rn. 40; *Flume,* BGB AT II § 45 II 3 (S. 789); *Medicus,* Bürgerliches Recht, Rn. 116; *ders.,* BGB AT, Rn. 967; *Canaris,* HandelsR, § 12 Rn. 41; *K. Schmidt,* HandelsR, § 16 III 4 b (S. 472 ff.); für unmittelbare Anwendung der §§ 177 ff. BGB aber E/B/J/S/*Weber,* § 50 Rn. 12.

Fall 4. Der missglückte Unternehmenskauf

Schwerpunkte im Handels- und Personengesellschaftsrecht:
Haftung bei Firmenfortführung gem. § 25 HGB – Grundsätze zur fehlerhaften Gesellschaft

Sachverhalt

Willi Durstig (D) betreibt seit 1990 in Münster ein zunächst gut gehendes einzelkaufmännisches Unternehmen in der Getränkebranche, das unter der Firma „Willi Durstig Getränkehandlung e. K." im Handelsregister eingetragen ist. Aus Kummer über den seit Anfang 2009 festzustellenden beträchtlichen Geschäftsrückgang, der ihn nach und nach zur Entlassung seiner drei Angestellten und zur Verringerung seines Fuhrparks gezwungen hat, konsumiert D einen beträchtlichen Teil seiner Spirituosen selbst. Da sich die finanzielle Lage des Unternehmens fortwährend verschlechtert, veräußert er in einem formgültigen Vertrag im März 2009 sein Geschäft für 40.000 € an die Korn & Co. OHG, die in Osnabrück ebenfalls eine Getränkehandlung betreibt. Den Gesellschaftern von Korn & Co., *Korn (K)* und *Flasche (F)*, täuscht D mit Hilfe gefälschter Unterlagen ein viel zu günstiges Bild seiner Getränkehandlung vor und behauptet wahrheitswidrig, er wolle sich von seinem Unternehmen nur deshalb trennen, weil er seine geschäftliche Tätigkeit auf einen Brauereibetrieb verlegen wolle, den er vor kurzem geerbt habe. Da K und F ihre geschäftliche Tätigkeit dauerhaft nach Münster verlagern wollen, erwirken sie mit Zustimmung des D im Handelsregister des Amtsgerichts Münster eine Änderung der Firma auf „Willi Durstig Getränkehandlung, Inh. Korn & Co. OHG".

Im Anschluss daran gewinnen K und F den Kaufmann *Peter Protz (P)* als Kommanditisten, um das Eigenkapital der Gesellschaft zu verstärken. Sein Eintritt in die Gesellschaft zum 1. 5. 2009 mit einer Einlage von 100.000 € wird zusammen mit dem Austausch des Rechtsformzusatzes „OHG" durch „KG" in das Handelsregister eingetragen und bekannt gemacht. Er leistet im Juni 2009 60.000 € auf seine Einlage. Am 2. 7. 2009 ficht er seine Beitrittserklärung mit der zutreffenden Begründung an, er sei von K und F über die finanzielle Lage der Gesellschaft getäuscht worden. K und F willigen in sein Ausscheiden aus der Gesellschaft ein. Das Ausscheiden des P wird am 20. 7. 2009 im Handelsregister eingetragen und bekannt gemacht; außerdem erhält die Gesellschaft wieder ihre alte Firma. Am 2. 9. 2009 stellen K und F anhand alter Geschäftsbücher des D fest, dass sie ihrerseits von D getäuscht worden sind, und erklären daraufhin noch am selben Tag diesem gegenüber die Anfechtung des Übernahmevertrages in jeder Hinsicht.

Am 1. 9. 2009 machte der Großlieferant *Oberberg (O)* eine Kaufpreisforderung i. H. v. 75.000 € gegen die Gesellschaft aus Getränkelieferungen an D im Januar 2009 geltend. O möchte wissen, ob er sich wegen seines Zahlungsanspruchs an P halten kann.

Lösung

A. Haftung von P für die Kaufpreisforderung von O

O kann gem. § 433 Abs. 2 BGB i. V. m. §§ 173 Abs. 1, 171 Abs. 1, 25 Abs. 1 S. 1 HGB einen Anspruch gegen P auf Zahlung von 75.000 € haben. Dann muss es sich bei der Kaufpreisforderung von O um eine Verbindlichkeit der „Willi Durstig, Getränkehandlung, Inh. Korn & Co. OHG" handeln, für die P als später in diese Gesellschaft eingetretener Kommanditist haftet.

I. Verbindlichkeit der Gesellschaft gem. § 25 Abs. 1 S. 1 HGB

Die Kaufpreisforderung von O muss gegenüber der „Willi Durstig Getränkehandlung, Inh. Korn & Co. OHG" bestehen. Die Fähigkeit einer OHG, selbständig Träger von Rechten und Pflichten zu sein, folgt aus § 124 Abs. 1 HGB.

Zunächst war jedoch der Einzelkaufmann D Schuldner der Kaufpreisforderung von O. O hatte die Getränke im Januar 2009 an D verkauft und ausgeliefert. Die Kaufpreisforderung von O ist jedoch dann eine Verbindlichkeit der „Willi Durstig Getränkehandlung, Inh. Korn & Co. OHG" geworden, wenn die Gesellschaft aufgrund der Übernahme des einzelkaufmännischen Unternehmens von D für dessen Verbindlichkeiten gem. § 25 Abs. 1 S. 1 HGB einzustehen hat.

Die Übernahme der Haftung der OHG für die Verbindlichkeiten von D gem. § 25 Abs. 1 S. 1 HGB kommt in Betracht, wenn diese Vorschrift anwendbar ist.

1. Erwerb eines Handelsgewerbes unter Lebenden

Mit der Geschäftsübernahme der Getränkehandlung von D im März 2009 mittels formgültigen Vertrages durch die OHG liegt ein Erwerb unter Lebenden[1] vor.

Weitere Voraussetzung ist aber auch, dass die OHG ein Handelsgewerbe i. S. d. § 1 Abs. 2 HGB erworben hat.[2] Daran können Zweifel bestehen, wenn das Unternehmen des D aufgrund des beträchtlichen Geschäftsrückgangs zum Zeitpunkt der Veräußerung keinen in kaufmännischer Weise eingerichteten Betrieb mehr erforderte und damit kein Handelsgewerbe mehr gewesen wäre.[3] Das kann jedoch dahinstehen. D war mit seinem Unternehmen unter der Firma „Willi Durstig Getränkehandlung e. K." im Handelsregister eingetragen und somit entweder gem. § 2 S. 1 HGB oder

---

[1] Damit ist jede Unternehmensübertragung in anderer Weise als durch Erbfolge gemeint, mithin nicht nur die Unternehmensübertragung durch Kauf oder Schenkung sondern auch die Unternehmensüberlassung durch Pacht; vgl. Baumbach/Hopt/*Hopt,* § 25 Rn. 4; E/B/J/S/ *Zimmer,* § 25 Rn. 26; *Koller/Roth/Morck,* § 25 Rn. 4; *Oetker/Vossler,* § 25 Rn. 14 f.; Röhricht/ Graf v. Westphalen/*Ammon/Ries,* § 25 Rn. 6.. Allerdings ist § 25 Abs. 1 HGB unanwendbar im Falle des Erwerbs des Unternehmens aus der Insolvenzmasse, vgl. BGHZ 104, 151, 154 f.; Baumbach/Hopt/*Hopt,* § 25 Rn. 4; MünchKomm-HGB/*Lieb,* § 25 Rn. 32; *Oetker/Vossler,* § 25 Rn. 21; *Bülow,* Rn. 221; *Canaris,* HandelsR, § 7 Rn. 25 ff.; *Lettl,* § 5 Rn. 20; *K. Schmidt,* HandelsR, § 8 II 3 b (S. 254 f.).

[2] H. A.; vgl. Baumbach/Hopt/*Hopt,* § 25 Rn. 2; E/B/J/S/*Zimmer,* § 25 Rn. 22 ff.; Groß-Komm-HGB/*Burgard,* § 25 Rn. 47; *Koller/Roth/Morck,* § 25 Rn. 3; *Oetker/Vossler,* § 25 Rn. 17; Röhricht/Graf v. Westphalen/*Ammon/Ries,* § 25 Rn. 2 f.; *Canaris,* HandelsR, § 7 Rn. 20 f.; *K. Schmidt,* HandelsR, § 8 II 1 a (S. 239 f.); siehe auch Fall 5 unter A.

[3] Zur Anwendbarkeit des § 25 HGB vgl. *K. Schmidt,* HandelsR, § 8 II 1 a (S. 239); *Jung,* § 5 Rn. 14 f.

gem. § 5 HGB Kaufmann kraft Eintragung.[4] Im Handelsregister eingetragene Gewerbetreibende gelten unwiderlegbar als Kaufleute.[5] Es kann somit weder von *D* noch von der OHG eingewandt werden, der Gewerbebetrieb des *D* habe eine kaufmännische Organisation nicht erfordert.[6] Selbst bei einer zu Unrecht erfolgten Eintragung der „Willi Durstig Getränkehandlung" im Handelsregister kommt eine Haftung der OHG als Erwerberin gem. § 25 HGB für deren Verbindlichkeiten in Betracht.[7]

2. Fortführung gem. § 25 Abs. 1 S. 1 HGB

Nach § 25 Abs. 1 S. 1 HGB setzt die Haftungsübernahme ferner die Fortführung des Handelsgeschäfts unter Beibehaltung der bisherigen Firma des übernommenen Gewerbebetriebes voraus.

Die OHG hat den Gewerbebetrieb des *D* nach ihrem Erwerb unverändert[8] fortgeführt.[9]

Weiterhin muss die Firma grundsätzlich unverändert weitergeführt werden, um die Haftung nach § 25 Abs. 1 S. 1 HGB auszulösen. Dabei muss sich allerdings nur der Kern[10] der alten und neuen Firma gleichen. Entscheidend ist die Firmenidentität nach der Verkehrsanschauung.[11] Dabei schadet nach dem Wortlaut des § 25 HGB die Bei-

---

[4] Das Verhältnis zwischen § 2 S. 1 HGB und § 5 HGB ist höchst streitig. Sinkt ein Unternehmen nach seiner Eintragung ins Handelsregister auf einen kleingewerblichen Umfang herab, wird dies von der h. A. als ein Fall des § 5 HGB gewertet (vgl. Baumbach/Hopt/*Hopt*, § 2 Rn. 6; *Koller/Roth/Morck*, § 5 Rn. 1; *Canaris*, HandelsR, § 3 Rn. 49; *Hübner*, Rn. 45; *Oetker*, § 2 Rn. 33; *Hüttemann/Meinert*, BB 2009, 1436 ff.). Nach a. A. rechtfertigt sich die fortdauernde Behandlung des im Handelsregister eingetragenen kleingewerblichen Unternehmers als Kaufmann aus § 2 S. 1 HGB (vgl. E/BJ/S/*Kindler*, § 5 Rn. 12 ff.; MünchKomm-HGB/ *K. Schmidt*, § 5 Rn. 14; *Treber*, AcP 199 [1999], 525, 584). Maßgeblich für die Entscheidung ist, ob der Antrag nach § 2 S. 2 HGB als Wahlrecht mit materiell-rechtlicher Bedeutung (dann § 5 HGB) oder als reiner Verfahrensantrag ohne Wahlrechtsausübung (dann § 2 S. 1 HGB) gewertet wird. Zum Streitstand vgl. ausführlich *Schulze-Osterloh*, ZIP 2009, 2390 ff. und zusammenfassend Oetker/*Körber*, § 5 Rn. 4 f.
[5] Baumbach/Hopt/*Hopt*, § 5 Rn. 1; GroßKomm-HGB/*Oetker*, § 5 Rn. 16; *Koller/Roth/ Morck*, § 5 Rn. 7. Nach *Canaris*, HandelsR, § 3 Rn. 52 handelt es sich um eine gesetzliche Fiktion; E/B/J/S/*Kindler*, § 5 Rn. 27 präzisiert dies dahingehend, dass nicht die Kaufmannseigenschaft, sondern das die Kaufmannseigenschaft konstituierende Merkmal der Handelsgewerblichkeit fingiert werde; *K. Schmidt* hingegen hält die Fiktion für überflüssig, vgl. MünchKommHGB/*K. Schmidt*, § 5 Rn. 10.
[6] Vgl. zur Problematik vertiefend Baumbach/Hopt/*Hopt*, § 5 Rn. 4; E/B/J/S/*Kindler*, § 5 Rn. 27 ff.; MünchKomm-HGB/*K. Schmidt*, § 5 Rn. 21 ff.
[7] Vgl. zu diesem Problem BGHZ 22, 234, 239.
[8] Für die Unternehmenskontinuität reicht die Fortführung des Geschäftsbetriebes in seinem Kern, also mit seinen wesentlichen Unternehmensteilen aus, vgl. BGHZ 18, 250; 92, 911; *BGH* NJW 1992, 911; Baumbach/Hopt/*Hopt*, § 25 Rn. 6; *Koller/Roth/Morck*, § 25 Rn. 5; *Heymann/ Emmerich*, § 25 Rn. 20; Röhricht/Graf v. Westphalen/*Ammon/Ries*, § 25 Rn. 7.
[9] Auch eine nur kurzfristige Fortführung genügt; die nur vorübergehende Stilllegung des Geschäftsbetriebs, z. B. für Renovierungsarbeiten, beeinträchtigt die Kontinuität des Unternehmens nicht; vgl. *OLG Düsseldorf* NJW-RR 1999, 333; Baumbach/Hopt/*Hopt*, § 25 Rn. 6; Oetker/*Vossler*, § 25 Rn. 24; *Jung*, § 19 Rn. 9.
[10] Zur Unterscheidung von Firmenkern und Firmenzusätzen vgl. Baumbach/Hopt/*Hopt*, § 18 Rn. 8; Oetker/*Schlingloff*, § 17 Rn. 3; Röhricht/Graf v. Westphalen/*Ammon/Ries*, § 18 Rn. 5 ff.; *Steinbeck*, § 17 Rn. 13.
[11] Vgl. *BGH* NJW 1986, 581, 582; Baumbach/Hopt/*Hopt*, § 25 Rn. 7; E/B/J/S/*Zimmer*, § 25 Rn. 51 f.; GroßKomm-HGB/*Burgard*, § 25 Rn. 71 f.; *Koller/Roth/Morck*, § 25 Rn. 6; Röhricht/ Graf v. Westphalen/*Ammon/Ries*, § 25 Rn. 18 ff.; jeweils m. w. N. zur Rechtsprechung; *Canaris*, HandelsR, § 7 Rn. 29.

fügung eines Nachfolgezusatzes der Firmenfortführung nicht. Der Hinweis in der Firma auf den Inhaber des Gewerbebetriebes stellt einen solchen Nachfolgezusatz dar.[12] *K* und *F* haben somit die Firma von *D* unter Beifügung eines das Nachfolgeverhältnis andeutenden Zusatzes fortgeführt. Die Voraussetzungen des § 25 Abs. 1 S. 1 HGB sind damit an sich erfüllt.

3. Anfechtung des Übernahmevertrages

Die Haftungsübernahme der OHG kann allerdings durch die von ihren Gesellschaftern *K* und *F* am 2. 9. 2009 erklärte Anfechtung des Übernahmevertrages wieder entfallen sein. Die Anfechtung kann zur Folge haben, dass der Übernahmevertrag gem. §§ 123 Abs. 1, 142 Abs. 1 BGB von Anfang an nichtig war.

Die gegenüber *D* erfolgte gemeinsame Erklärung von *K* und *F*, die Anfechtung des Übernahmevertrages erfolge in jeder Hinsicht, ist so auszulegen, dass sowohl der schuldrechtliche als auch der dingliche Vertrag vernichtet werden sollen. Wird ein dinglicher Übertragungsakt unwirksam, kann es an einem Erwerb gem. § 25 Abs. 1 S. 1 HGB fehlen.[13]

Gegen die Anwendung des Instituts der Anfechtung mit den Rechtsfolgen nach dem Bürgerlichen Gesetzbuch spricht jedoch, dass dies mit der Ratio des § 25 HGB nicht vereinbar ist.[14] § 25 HGB stellt einen typisierten Rechtsscheintatbestand dar.[15] Daher kommt es vielmehr allein auf die tatsächliche Geschäftsübernahme an.[16] Mit der Firmenfortführung erweckt der Erwerber den Anschein der Haftungskontinuität. Das hierauf gerichtete Vertrauen des Rechtsverkehrs soll geschützt werden. Die Öffentlichkeit darf sich darauf verlassen, dass die für das Unternehmen begründeten Forderungen und Verbindlichkeiten den wahren Unternehmensinhaber berechtigen und verpflichten. Bei einem Inhaberwechsel geht deshalb die Haftung auf den neuen Inhaber über.[17] Die tatsächliche Geschäftsübernahme lässt sich durch die Anfechtung des Übernahmevertrages nicht mehr rückgängig machen. Für das Außenverhältnis ist es daher unerheblich, ob das interne Rechtsverhältnis zwischen Veräußerer und Erwerber rechtswirksam ist.[18] Danach haftet die OHG trotz der

---

[12] *OLG Celle* BB 1962, 388; *Heymann/Emmerich*, § 22 Rn. 23; *Koller/Roth/Morck*, § 22 Rn. 17; *MünchKomm-HGB/Heidinger*, § 22 Rn. 57.

[13] So *Canaris*, HandelsR, § 7 Rn. 24; *Lettl*, § 5 Rn. 19; in diesem Sinne offenbar auch MünchKomm-HGB/*Lieb*, § 25 Rn. 50; Röhricht/Graf v. Westphalen/*Ammon/Ries*, § 25 Rn. 10.

[14] Nach h. M. ist es unerheblich, ob sich der Wirksamkeitsmangel auf das Verpflichtungs- oder auf das Erfüllungsgeschäft oder auf beide bezieht; vgl. Baumbach/Hopt/*Hopt*, § 25 Rn. 5; GroßKomm-HGB/*Burgard*, § 25 Rn. 55; *Koller/Roth/Morck*, § 25 Rn. 4; Oetker/*Vossler*, § 25 Rn. 16; *Brox/Henssler*, Rn. 137; *Bülow*, Rn. 220; *Jung*, § 19 Rn. 9; *Oetker*, § 4 Rn. 87; *K. Schmidt*, HandelsR, § 8 II 1 b (S. 241); unentschieden *Steinbeck*, § 17 Rn. 12.

[15] BGHZ 18, 248, 250; 22, 234, 239. In späteren Entscheidungen nähert sich die Rechtsprechung dem Gedanken der unternehmensrechtlichen Haftungskontinuität an, vgl. *BGH* NJW 1984, 1186; *BGH* WM 1985, 1475; grundlegend hierzu *K. Schmidt*, HandelsR, § 8 I 3 (S. 220 ff.). Zum Diskussionsstand hinsichtlich des Normzwecks und der dogmatischen Grundlagen des § 25 HGB vgl. den Überblick in GroßKomm-HGB/*Burgard*, § 25 Rn. 1 bis 46; MünchKomm-HGB/*Lieb*, § 25 Rn. 8 ff.; Röhricht/Graf v. Westphalen/*Ammon/Ries*, Vor § 25 Rn. 4 f.; *Steinbeck*, § 17 Rn. 1 ff.

[16] Vgl. BGHZ 18, 248, 252; 22, 234, 239; *BGH* NJW 1992, 911, 912; Baumbach/Hopt/*Hopt*, § 25 Rn. 5; *Koller/Roth/Morck*, § 25 Rn. 4; Oetker/*Vossler*, § 25 Rn. 17; *K. Schmidt*, HandelsR, § 8 II. 1. b) (S. 240 f.); kritisch hierzu E/B/J/S/*Zimmer*, § 25 Rn. 33; MünchKomm-HGB/*Lieb*, § 25 Rn. 49 ff.; *Canaris*, HandelsR, § 7 Rn. 24.

[17] Vgl. auch *K. Schmidt*, HandelsR, § 8 I 2 (S. 215 ff.) mit ausführlicher Stellung-nahme zu den Problemen der Haftungskontinuität. Siehe dazu auch Fall 5 unter A. II. 1.

[18] Baumbach/Hopt/*Hopt*, § 25 Rn. 5 sowie die Nachweise in Fn. 13.

Anfechtung des Übernahmevertrages für die Verbindlichkeiten von *D* gem. § 25 Abs. 1 S. 1 HGB.

Die Haftungsübernahme des Erwerbers kann jedoch nur bei Gutgläubigkeit des jeweiligen Gläubigers hinsichtlich der Wirksamkeit des Übernahmevertrages zu befürworten sein.[19] Ob dem trotz fehlender Grundlage im Gesetzeswortlaut des § 25 Abs. 1 HGB zu folgen ist, kann jedoch offen bleiben. Es liegen keine Anhaltspunkte dafür vor, dass *O* die Täuschung von *K* und *F* durch *D* kannte oder kennen musste. *O* hat seine Forderung gegenüber der OHG am 1. 9. 2009, also jedenfalls nicht nach der von *K* und *F* am 2. 9. 2009 gegenüber *D* erklärten Anfechtung des Übernahmevertrages geltend gemacht. Es ist daher von der Gutgläubigkeit des *O* auszugehen, so dass auch nach dieser Ansicht eine Haftungsübernahme gem. § 25 Abs. 1 S. 1 HGB zu bejahen ist.

4. Summenmäßige Beschränkung der Haftungsübernahme?

Die Haftung der Gesellschaft kann auf das übernommene Geschäftsvermögen begrenzt sein.[20] Die Höhe des übernommenen Geschäftsvermögens dürfte dem Kaufpreis von 40.000 € entsprechen.

Für eine solche Haftungsbegrenzung kann angeführt werden, dass der Gläubiger keinen weitergehenden Schutz verdient. Seine Vermögensdispositionen bezogen sich nur auf die finanziellen Verhältnisses des ursprünglichen Geschäftsinhabers.

Gegen diese Argumentation spricht jedoch, dass die Haftung gem. § 25 Abs. 1 S. 1 HGB nach ihrem Wortlaut summenmäßig unbeschränkt ist. Veräußerer und Erwerber haften für die erfassten Verbindlichkeiten als Gesamtschuldner[21] mit ihrem gesamten Vermögen.[22]

Die OHG haftet dem *O* daher gem. § 25 Abs. 1 S. 1 HGB für dessen Kaufpreisforderung in voller Höhe.

II. Eintritt von P als Kommanditist

Die Haftung von *P* für die Kaufpreisverbindlichkeit der „Willi Durstig Getränkehandlung, Inh. Korn & Co. OHG" gem. §§ 173 Abs. 1, 171 Abs. 1 HGB setzt voraus, dass er in diese bestehende Handelsgesellschaft als Kommanditist eingetreten ist. *P* ist am 1. 5. 2009 neuer Gesellschafter der „Willi Durstig Getränkehandlung, Inh. Korn & Co. OHG" geworden. Diese Gesellschaft war bis zu seinem Eintritt eine OHG gem. §§ 105 ff. HGB. Mit dem Eintritt von *P* als Kommanditist wandelte sich die Rechtsform der Gesellschaft kraft Gesetzes von einer OHG in eine KG um.

Der Kommanditist haftet gem. § 173 Abs. 1 HGB auch für die vor seinem Eintritt begründeten Gesellschaftsschulden nach Maßgabe der §§ 171, 172 HGB.

---

[19] So noch GroßKomm-HGB/*Würdinger,* 3. Aufl., § 25 Rn. 10 a.
[20] *Heckelmann,* FS Bartholomeyczik (1973), 129, 145 ff.; ebenso offenbar MünchKomm-HGB/*Lieb,* § 25 Rn. 90: „Haftungsumfang beschränkt sich auf die im Betrieb des Geschäfts begründeten Verbindlichkeiten".
[21] BGHZ 42, 381, 384. Die Haftung des Erwerbers gem. § 25 Abs. 1 HGB ist dogmatisch als gesetzlicher Schuldbeitritt zu werten, vgl. Röhricht/Graf v. Westphalen/*Ammon/Ries,* § 25 Rn. 28 f.; *Canaris,* HandelsR § 7 Rn. 39; *Lettl,* § 5 Rn. 34; *Oetker,* § 4 Rn. 93; *Steinbeck,* § 17 Rn. 20.
[22] Baumbach/Hopt/*Hopt,* § 25 Rn. 10; E/B/J/S/*Zimmer,* § 25 Rn. 63 ff.; Großkomm-HGB/*Burgard,* § 25 Rn. 83; Heymann/*Emmerich,* § 25 Rn. 30 f.; *Koller/Roth/Morck,* § 25 Rn. 7; Oetker/*Vossler,* § 25 Rn. 32; *Canaris,* HandelsR § 7 Rn. 37; *Jung,* § 19 Rn. 10.

1. Lehre von der fehlerhaften Gesellschaft

Der Haftung von P gem. §§ 173 Abs. 1, 171 Abs. 1 HGB kann aber entgegenstehen, dass P seine Beitrittserklärung gem. § 123 Abs. 1 BGB angefochten hat. Seine Beitrittserklärung kann somit gem. § 142 Abs. 1 BGB von Anfang an nichtig sein. P wäre dann niemals Kommanditist der Gesellschaft geworden.

a) Anwendbarkeit der Lehre von der fehlerhaften Gesellschaft

Die Nichtigkeits- und Anfechtungsfolgen des bürgerlichen Rechts mit ihrer Rückwirkung auf den Abschluss des Rechtsgeschäfts passen jedoch für Gesellschaftsverhältnisse nicht.[23] Es würde zu unerträglichen Ergebnissen führen, wenn Personengesellschaften als auf Dauer angelegte und tatsächlich vollzogene Leistungsgemeinschaften mit rückwirkender Kraft so behandelt würden, als hätten sie niemals bestanden; schließlich haben die Gesellschafter Beiträge erbracht, Gewinnchancen genutzt und vor allem Risiko getragen.[24] Die sich auf den Abschluss des Gesellschaftsvertrages bzw. auf den Beitritt eines Gesellschafters beziehenden Nichtigkeits- und Anfechtungsfolgen sind deshalb mit der Lehre von der fehlerhaften Gesellschaft zu lösen.[25]

b) Voraussetzungen der Lehre von der fehlerhaften Gesellschaft

Die Lehre von der fehlerhaften Gesellschaft[26] setzt erstens voraus, dass ein Vertrag geschlossen wurde, der nach allgemeinen Grundsätzen anfänglich unwirksam oder anfechtbar ist. Der Aufnahmevertrag zwischen P einerseits und K und F andererseits in die OHG war wegen Täuschung des P durch die Gesellschafter der OHG über die finanzielle Lage der Gesellschaft gem. § 123 Abs. 1, 1. Fall BGB anfechtbar.

Zweitens muss die Gesellschaft in Vollzug gesetzt worden sein. Von der Fortführung der Gesellschaft nach dem Eintritt des P ist mangels entgegenstehender Anhaltspunkte auszugehen.

Drittens darf die Durchführung des fehlerhaften Rechtsverhältnisses weder mit vorrangigen Interessen der Allgemeinheit noch den Belangen schutzwürdiger Personen unvereinbar sein.[27] Auch dafür sind keine Anhaltspunkte ersichtlich. Die Voraussetzungen einer fehlerhaften Gesellschaft liegen somit vor.

c) Rechtsfolgen der Lehre von der fehlerhaften Gesellschaft

Rechtsfolge der fehlerhaften Gesellschaft ist, dass diese zwar wirksam begründet ist, das Rechtsverhältnis aber jederzeit ex nunc durch Auflösung der Gesellschaft oder durch Austritt des Gesellschafters aus wichtigem Grund beendet werden kann. P hat von seinem Recht, aus der Gesellschaft auszutreten, Gebrauch gemacht, wodurch sich die KG kraft Gesetzes wieder in eine OHG „zurück umgewandelt" hat. An sei-

---

[23] Vgl. *H. P. Westermann,* Band I Rn. 172, 173.

[24] *K. Schmidt,* GesellR, § 6 I 1 a (S. 143 f.).

[25] Vgl. hierzu BGHZ 55, 5 ff.; *K. Schmidt,* GesellR, § 6 I (S. 143 ff.); *Windbichler,* § 13 Rn. 11.

[26] Allgemein zum Tatbestand und den Rechtsfolgen einer fehlerhaften Gesellschaft vgl. Bamberger/Roth/*Timm/Schöne,* § 705 Rn. 82 ff.; Baumbach/Hopt/*Hopt,* § 105 Rn. 75 ff.; E/B/J/S/*Wertenbruch,* § 105 Rn. 174 ff.; Röhricht/Graf v. Westphalen/*v. Gerkan/Haas,* § 105 Rn. 38 ff.; Oetker/*Weitemeyer,* § 105 Rn. 67 ff.; *K. Schmidt,* GesellR, § 6 III (S. 147 ff.).

[27] Zu nennen sind hier Gesetzwidrigkeit i. S. v. § 134 BGB, Sittenwidrigkeit i. S. v. § 138 Abs. 1 BGB sowie der Minderjährigenschutz; vgl. Bamberger/Roth/*Timm/Schöne,* § 705 Rn. 86 ff. Ferner werden Gesellschafter geschützt, die durch Täuschung oder Drohung in ein Beteiligungsverhältnis gebracht worden sind, dessen bloße Auflösung dem anderen Gesellschafter unverdiente Vorteile brächte; vgl. *K. Schmidt,* GesellR, § 6 III 3 a (S. 149 ff.) mit Hinweisen auf die jeweilige Rechtsprechung.

ner Haftung für die bis zu seinem Austritt entstandenen Verbindlichkeiten der Gesellschaft – nunmehr in der Rechtsform der OHG – ändert sich jedoch nichts. *P* haftet also für die Gesellschaftsverbindlichkeiten gem. § 173 Abs. 1 HGB nach Maßgabe der §§ 171, 172 HGB.

2. Haftungsbegrenzung zugunsten von P

Die Haftung von *P* für die Gesellschaftsverbindlichkeiten kann gem. § 171 Abs. 1, 2. Halbs. HGB indes ausgeschlossen sein, wenn und soweit er seine Einlage geleistet hat. *P* hat bereits im Juni 2009 60.000 € als Einlage geleistet. *O* kann ihn daher nur noch in Höhe seiner nicht erbrachten Einlageleistung von 40.000 € in Anspruch nehmen.

Durch das Ausscheiden von *P* aus der Gesellschaft im Juli 2009 entfällt seine Haftung gegenüber den Gesellschaftsgläubigern für die bis zu seinem Ausscheiden entstandenen Gesellschaftsverbindlichkeiten nicht.[28]

Die Forderung des *O* ist gem. §§ 195, 199 Abs. 1 BGB auch noch nicht verjährt.

B. Ergebnis

O kann *P* für seine Kaufpreisforderung gegenüber der Willi Durstig Getränkehandlung, Inh. Korn & Co. OHG" gem. § 433 Abs. 2 BGB i. V. m. §§ 173 Abs. 1, 171 Abs. 1, 25 Abs. 1 S. 1 HGB bis zur Höhe von 40.000 € in Anspruch nehmen.

---

[28] Vgl. Baumbach/Hopt/*Hopt*, § 171 Rn. 2. Hier liegt, da die Verbindlichkeit noch vor dem Ausscheiden des *P* fällig geworden ist, auch kein Fall des § 160 HGB vor. Speziell zur Nachhaftung vgl. Fall 15.

Fall 5. Die risikobehaftete Geschäftsübernahme

Schwerpunkte im Handels- und Personengesellschaftsrecht:
Firmenfortführung – Firmenneubildung – Haftung nach § 25 HGB bei Erwerb eines nichtkaufmännischen Unternehmens – Anwendung des § 28 HGB auf eine durch Beitritt entstandene GbR – Gesellschafterhaftung beim Beitritt nach § 28 HGB

Sachverhalt

Anton Abt (A) war Inhaber eines Dachdecker- und Blitzableiterbetriebs. Angestellte hatte er nicht. Der Jahresumsatz lag in den letzten drei Jahren bei ca. 100.000 €, wovon der größte Anteil auf Arbeitsleistungen des *A* entfiel. Material und Werkzeuge benötigte *A* nur in geringem Umfang. Daher führte er lediglich eine einfache Einnahmen-Überschuss-Rechnung. *A* betrieb sein Unternehmen unter der Bezeichnung „Anton Abt Dachdecker- und Blitzableitergeschäft", ließ jedoch keine Firma in das Handelsregister eintragen. Nach seinem Tod im Juni 2009 veräußerten die Erben des *A* das Unternehmen an *Benno Beiz (B)* und gestatteten ihm zugleich, die bisherige „Firma" fortzuführen. Kurz vor seinem Tode hatte *A* noch ein Darlehen für seinen Geschäftsbetrieb bei der Sparkasse *S* aufgenommen.

B meldete sodann im Juli 2009 die „Firma Anton Abt, Inhaber Benno Beiz e. K., Dachdecker- und Blitzableitergeschäft" zur Eintragung ins Handelsregister an. Gleichzeitig mit der Registeranmeldung gab *B* eine Anzeige in den Tageszeitungen auf, dass er, *B*, das Unternehmen des *A* unter der Firma „Anton Abt, Inhaber Benno Beiz e. K., Dachdecker- und Blitzableitergeschäft" fortführe. Daraufhin verlangt nunmehr die Sparkasse *S* auch von *B* die Rückzahlung des zwischenzeitlich fällig gewordenen Darlehens i. H. v. 10.000 €.

Frage 1: Ist *B* gegenüber *S* zur Rückzahlung des Darlehens verpflichtet?

Frage 2: Das Registergericht weigert sich, die von *B* beantragte Firmeneintragung vorzunehmen. Hat *B* einen Anspruch auf Eintragung?

Abwandlung: *B* führt das Dachdeckergeschäft zunächst alleine fort und kauft im ersten Monat seiner Geschäftstätigkeit bei *G* einen gebrauchten LKW für 45.000 €.

Am 1. 10. 2009 nimmt *B* den langjährigen Dachdeckermeister *Carsten Cober (C)* gegen Zahlung einer „Einlage" von 150.000 € als „Teilhaber" in das Unternehmen auf. Dabei wird vereinbart, dass *C* künftig „zur Hälfte" am Geschäftsergebnis beteiligt sein wird und die für die Zukunft vorgesehene Dachdeckerkolonne leiten soll, während *B* sich um die Büroarbeit kümmern will. Sie beschließen, künftig als „B und C, Dachdecker- und Blitzableitergeschäft OHG" zu firmieren und stellen am 11. 10. 2009 einen Antrag auf Eintragung der Firma in das Handelsregister. Den früher gestellten Antrag auf Eintragung der Firma „A, Inhaber B e. K., Dachdecker- und Blitzableitergeschäft" hat *B* zuvor am 8. 10. 2009 zurückgenommen. Am 25. 10. 2009 erfolgt die Eintragung der von *B* und *C* angemeldeten Firma.

Weil sich *B* nunmehr weigert, den fälligen Kaufpreis für den LKW zu zahlen, verlangt *G* von *C* die Zahlung von 45.000 €. Zu Recht?

Lösung

A. Ausgangsfall Frage 1: Zahlungsanspruch von S gegen B

I. Anspruch gem. § 488 Abs. 1 S. 2 BGB i. V. m. § 25 Abs. 1 S. 1 HGB

S kann *B* gem. § 488 Abs. 1 S. 2 BGB auf Zahlung von 10.000 € in Anspruch nehmen, wenn *B* gem. § 25 Abs. 1 S. 1 HGB für die Rückerstattung des an *A* gewährten Darlehens einstehen muss.

1. Verkehrsgeschäft

B hat das Unternehmen des *A* von den Erben des *A* aufgrund eines Verkehrsgeschäfts und damit „unter Lebenden"[1] erworben.

2. Erwerb eines Handelsgeschäfts

Bei dem von *B* übernommenen Unternehmen muss es sich weiterhin um ein Handelsgeschäft handeln. Der Stellung der Vorschrift im Abschnitt über die Handelsfirma[2] entsprechend geht § 25 Abs. 1 S. 1 HGB von firmenfähigen Unternehmen aus. Das Recht zur Firmenführung kommt nur Kaufleuten zu. § 25 HGB ist somit unmittelbar nur anzuwenden, wenn der bisherige Unternehmer ein kaufmännisches Handelsgewerbe betrieben hat.[3] Mangels Eintragung der von *A* verwandten Geschäftsbezeichnung ist der Erwerb eines Handelsgeschäfts durch *B* nur gegeben, wenn der übernommene Betrieb die Voraussetzungen des § 1 HGB erfüllt.

a) Handelsgewerbe gem. § 1 Abs. 1 HGB

Der Dachdecker- und Blitzableiterbetrieb muss ein Gewerbe darstellen. Gewerbe i. S. d. Handelsrechts ist jede selbständige, entgeltliche,[4] planmäßige und auf Dauer angelegte, nach außen in Erscheinung tretende Tätigkeit mit Ausnahme derjenigen Berufe, bei denen die Leistungserbringung höchstpersönlichen Charakter[5] hat.[6] Der Dachdecker- und Blitzableiterbetrieb des *A* erfüllt alle diese Voraussetzungen und ist daher ein Gewerbe im Sinne des Handelsrechts.

Darüber hinaus muss es sich bei dem Dachdecker- und Blitzableiterbetrieb des *A* um ein Handelsgewerbe handeln. Nach § 1 Abs. 2 HGB gilt für jeden Gewerbebetrieb die widerlegliche Vermutung, dass es sich um ein Handelsgewerbe handelt.[7] Dies gilt

---

[1] Vgl. hierzu Fall 4 Fn. 1.

[2] Vgl. hierzu die Überschrift im Gesetz vor §§ 17 ff. HGB.

[3] Vgl. die Nachweise in Fall 4 Fn. 2.

[4] Soweit die Gewinnerzielungsabsicht als Voraussetzung des handelsrechtlichen Gewerbebegriffs befürwortet wird (vgl. BGHZ 36, 273, 276; 95, 155, 157 ff.; *Brox/Henssler*, Rn. 28), vermag dies nicht zu überzeugen; vgl. zutreffend Oetker/*Körber*, § 1 Rn. 28; *Canaris*, HandelsR, § 2 Rn. 14; *Jung*, § 5 Rn. 10; *Lettl*, § 2 Rn. 21; *K. Schmidt*, HandelsR, § 9 IV 2 d (S. 288 ff.). Vereinzelt wird auch die Legalität der Tätigkeit für erforderlich gehalten (vgl. GroßKomm-HGB/*Oetker*, § 1 Rn. 42; *Brox/Henssler*, Rn. 27); dagegen jedoch mit überzeugenden Gründen Baumbach/Hopt/*Hopt*, § 1 Rn. 21; MünchKomm-HGB/*K. Schmidt*, § 1 Rn. 29; Oetker/*Körber*, § 1 Rn. 27; *Bülow*, Rn. 31; *Canaris*, HandelsR, § 2 Rn. 13; *Lettl*, § 2 Rn. 19; *Oetker*, § 2 Rn. 17; *K. Schmidt*, HandelsR, § 9 IV 2 b dd (S. 287 f.); *Steinbeck*, § 8 Rn. 9.

[5] Vgl. hierzu die in § 1 Abs. 2 PartGG beispielhaft aufgezählten Berufe.

[6] Zu den Voraussetzungen des handelsrechtlichen Gewerbebegriffs vgl. die Nachweise in Fall 1 Fn. 1.

[7] Vgl. statt aller Baumbach/Hopt/*Hopt*, § 1 Rn. 25; E/B/J/S/*Kindler*, § 1 Rn. 42; *Jung*, § 5 Rn. 17.

ebenso für alle Handwerksbetriebe.[8] Das Unternehmen des *A* ist also als Handelsgewerbe anzusehen, wenn nicht ausnahmsweise feststeht, dass es seiner Art oder seinem Umfang nach einen in kaufmännischer Weise eingerichteten Geschäftsbetrieb nicht erfordert. Ob ein Betrieb eine kaufmännische Einrichtung erfordert, setzt eine Gesamtwürdigung der Verhältnisse des einzelnen Betriebes voraus.[9] Dabei ist insbesondere die Zahl der Beschäftigten und die Art ihrer Tätigkeit, der Umsatz, das Anlage- und Betriebskapital, die Vielfalt der in dem Betrieb erbrachten Leistungen und der Geschäftsbeziehungen und die Inanspruchnahme von Kredit zu berücksichtigen.[10]

Bei dem durch *B* übernommenen Betrieb handelt es sich um einen handwerklichen Betrieb. In diesem Bereich sind die Unternehmer regelmäßig vorleistungspflichtig; Zug-um-Zug-Geschäfte bilden die Ausnahme. Demnach kann der Dachdecker- und Blitzableiterbetrieb grundsätzlich auch eine kaufmännische Buchführung erfordern, was als Indiz für das Vorliegen eines Handelsgewerbes i. S. d. § 1 Abs. 2 HGB gilt.[11]

b) Widerlegung der Vermutung des Handelsgewerbes

B kann aber möglicherweise zur Vermeidung seiner Haftung aus § 25 Abs. 1 HGB die Vermutung des § 1 Abs. 2 HGB widerlegen, dass es sich bei dem übernommenen Geschäftsbetrieb des *A* um ein Handelsgewerbe gehandelt hat. Dazu muss er darlegen und beweisen, dass das Geschäft des *A* entweder nach Art oder nach Umfang einen in kaufmännischer Weise eingerichteten Gewerbebetrieb nicht erforderte.

A führte nur eine einfache Einnahmen-Überschuss-Rechnung. Außerdem beschäftigte er keine Angestellten und der Jahresumsatz der letzten drei Jahre lag jeweils bei nur ca. 100.000 €. Das Fehlen von abhängig Beschäftigten und der im Dachdeckerbereich – unter Berücksichtigung des Durchschnittsvolumens der einzelnen Aufträge – recht geringe Umsatz sprechen gegen einen kaufmännischen Geschäftsumfang. Auch lassen sich hieraus wiederum Rückschlüsse auf die erforderliche Buchführung ziehen: Ausgehend von einer eher geringen Auftragszahl beschränkt sich auch insoweit die Buchführung auf eine bloße Erfassung der Ein- und Ausgänge. Außerdem spricht dies für eine nur kleine Zahl geschäftlicher Kontakte. Vor diesem Hintergrund ist infolge des geringen Geschäftsumfangs von einem nichtkaufmännischen Geschäftsbetrieb auszugehen und die Vermutung des § 1 Abs. 2 HGB widerlegt.

Damit scheidet ein gesetzlicher Schuldbeitritt von *B* in unmittelbarer Anwendung des § 25 HGB aus.

II. Anspruch gem. § 488 Abs. 1 S. 2 BGB i. V. m. § 25 Abs. 1 S. 1 HGB analog

Eine Einstandspflicht von *B* für die Darlehensrückzahlungsverpflichtung gem. § 488 Abs. 1 S. 2 BGB an *S* kann sich jedoch aus einer analogen Anwendung des § 25 Abs. 1 S. 1 HGB ergeben.

---

[8] Baumbach/Hopt/*Hopt*, § 1 Rn. 26.

[9] *BGH* BB 1960, 917; vgl. auch BGHZ 10, 91, 96; *OLG Frankfurt* DB 1983, 169; Baumbach/Hopt/*Hopt*, § 1 Rn. 23; E/B/J/S/*Kindler*, § 1 Rn. 51; Röhricht/Graf v. Westphalen/*Röhricht*, § 1 Rn. 106 ff.; zur Rechtslage vor Inkrafttreten des HRefG vgl. GroßKomm-HGB/*Brüggemann*, 4. Aufl., § 1 Rn. 7.

[10] Vgl. Baumbach/Hopt/*Hopt*, § 1 Rn. 23; E/B/J/S/*Kindler*, § 1 Rn. 49 ff. Die insoweit zum Kaufmannsbegriff nach §§ 1 ff. HGB a. F. für die Abgrenzung des Vollkaufmanns zum Minderkaufmann (vgl. § 4 Abs. 1 HGB a. F.) entwickelten Kriterien (vgl. GroßKomm-HGB/*Brüggemann*, 4. Aufl., § 4 Rn. 6 ff.) gelten nach Inkrafttreten des HRefG zum 1. 7. 1998 nunmehr in gleicher Weise für die Abgrenzung des Kaufmanns zum Nichtkaufmann.

[11] Zum Erfordernis einer doppelten Buchführung als Indiz für das Vorliegen eines in kaufmännischer Weise eingerichteten Geschäftsbetriebs vgl. *Kögel*, DB 1998, 1802, 1803.

1. Planwidrige Regelungslücke – Normzweck des § 25 HGB

Die entsprechende Anwendung einer Norm setzt zunächst voraus, dass die in tatsächlicher Hinsicht festgestellte Regelungslücke planwidrig ist. Dies lässt sich vorliegend bejahen, wenn § 25 HGB nach seinem Sinn und Zweck nicht auf die Fortführung kaufmännischer Betriebe begrenzt, sondern über seinen unmittelbaren Wortlaut hinaus auf weitere Fälle der Unternehmensfortführung anwendbar ist.[12]

a) 1. Ansatz: Erklärung des Haftungsbeitritts

Dem in § 25 Abs. 1 HGB für die Haftung des Erwerbers konstituierenden Tatbestandsmerkmal der Firmenfortführung kann die Bedeutung zukommen, dass der Erwerber eines Unternehmens deshalb für die bisher im Betrieb des Geschäftes begründeten Verbindlichkeiten einstehen soll, weil er mit der Firmenübernahme zugleich auch eine Haftungsübernahme erklärt hat.[13]

Dies würde allerdings gegen die Anwendung Odes § 25 HGB auf die Fortführung eines nichtkaufmännischen Unternehmens sprechen, weil es in diesem Fall gerade an einer Firma im handelsrechtlichen Sinne und damit auch an einem entsprechenden Erklärungsträger fehlt. Zudem läuft die Annahme einer an den Verkehr gerichteten Kundgabe des Haftungsbeitritts auf eine unzulässige Willensfiktion hinaus.[14] Der Erwerber hat in aller Regel kein Interesse, die Haftungsmasse der Gläubiger des früheren Geschäftsinhabers durch seinen Haftungsbeitritt zu vergrößern.[15] Auch stellt sich die Firmenfortführung als ein tatsächliches und nicht als ein rechtsgeschäftliches Verhalten dar. Wäre mit der Firmenfortführung eine rechtsgeschäftliche „Haftungserklärung" verbunden, bedürfte es zur Haftungsbegründung des Erwerbers auch nicht des gesetzlichen Schuldbeitritts nach § 25 Abs. 1 HGB, da sich die Haftung dann bereits aus der Erklärung selbst ergeben würde. Schließlich wäre auch § 25 Abs. 3 HGB unverständlich und überflüssig, wenn die Haftung nach § 25 Abs. 1 S. 1 HGB auf einer einseitigen Erklärung beruhen würde.[16]

b) 2. Ansatz: Gedanke der Rechtsscheinhaftung

§ 25 HGB kann aber eine gesetzliche Ausformung des Rechtsscheinprinzips beinhalten. Die Fortführung des Unternehmens unter der bisherigen Firma kann bei den Gläubigern des bisherigen Inhabers den Anschein erwecken, dass ein Wechsel des Unternehmensträgers nicht stattgefunden habe; § 25 HGB schützt dann die im Vertrauen auf diesen Anschein vorgenommenen Dispositionen durch die Möglichkeit des Zugriffs auf das Vermögen des Erwerbers und damit auch auf das fortgeführte

---

[12] Generell verneinend zwar *BGH* BB 1966, 876; WM 1991, 1915, 1917, allerdings in beiden Fällen ohne nähere Begründung, so dass diese Entscheidungen die Frage der analogen Anwendbarkeit nicht präjudizieren; ebenfalls generell ablehnend Oetker/*Vossler*, § 25 Rn. 12; Röhricht/*Graf v. Westphalen/Ammon/Ries*, § 25 Rn. 2. Vgl. zu den verschiedenen Ansichten zum Normzweck des § 25 HGB insgesamt nur Baumbach/Hopt/*Hopt*, § 25 Rn. 1; E/B/J/S/*Zimmer*, § 25 Rn. 2 ff.; *Koller/Roth/Morck*, § 25 Rn. 2; GroßKomm-HGB/*Burgard*, § 25 Rn. 9 ff.; *K. Schmidt*, HandelsR, § 8 I 2 a (S. 215 ff.); *Hopt/Mössle*, Rn. 282 ff.; *Canaris*, HandelsR, § 7 Rn. 6 ff.

[13] So die überwiegend in der älteren Rspr. Anklang gefundene Erklärungstheorie, vgl. RGZ 60, 296, 300; BGHZ 38, 44, 47; *BGH* NJW 1982, 577 f.; WM 1990, 1573, 1576; *Säcker*, ZGR 1973, 261, 272 ff.; vgl. aber auch Fall Nr. 4 Fn. 14.

[14] *K. Schmidt*, HandelsR, § 8 I 2 a aa (S. 215 f.); *Canaris*, HandelsR, § 7 Rn. 7; kritisch ebenfalls E/B/J/S/*Zimmer*, § 25 Rn. 15.

[15] *Canaris*, HandelsR, § 7 Rn. 7.

[16] *Heckelmann*, FS Bartholomeyczik (1973), 129, 133.

Unternehmen.[17] Bei diesem Ansatz steht die in § 25 Abs. 1 HGB erfolgende Anknüpfung an den Begriff der Firma einer entsprechenden Anwendung auf nichtkaufmännische Unternehmen nicht entgegen, soweit bei diesem die verwendete Geschäftsbezeichnung durch den Erwerber fortgeführt wird.

Jedoch sieht sich die Annahme einer Rechtsscheinhaftung durchgreifenden Bedenken ausgesetzt. So vermag sie nicht zu erklären, warum § 25 HGB eine Einstandspflicht auch dann begründet, wenn das Unternehmen mit einem Nachfolgevermerk fortgesetzt wird. Für ein Vertrauen darauf, dass ein Inhaberwechsel nicht stattgefunden habe, ist in diesem Fall ersichtlich kein Raum.[18] Ebenso wenig schützt § 25 HGB das Vertrauen auf die Vereinbarung einer Schuldmitübernahme: Zum einen fehlt es an einem Scheintatbestand, denn die Annahme eines Haftungsbeitritts würde wiederum eine unzulässige Fiktion eines Haftungswillens des Erwerbers bedingen (vgl. oben). Zum anderen greift § 25 HGB auch ein, wenn die Gläubiger des früheren Geschäftsinhabers die Übernahme des Unternehmens durch einen neuen Inhaber nicht bemerkt haben; ein besonderes Verhalten des Erwerbers, welches die Zurechnung eines Rechtsscheins zu seinen Lasten rechtfertigt, ist nicht erforderlich. Wenn demnach § 25 HGB weder das Vertrauen auf das Verbleiben des Inhabers noch auf die Vereinbarung eines Schuldbeitritts schützen kann, würde er unter Rechtsscheingesichtspunkten nur noch dem Schutz des Vertrauens auf eine falsche Rechtsansicht dienen, nämlich darauf, dass die Firma selbst Träger von Rechten und Pflichten ist.[19]

c) 3. Ansatz: Unternehmenskontinuität gleich Haftungskontinuität

Das alleinige Abstellen auf den Firmenbegriff bietet daher keinen gangbaren Weg, um den Zweck des § 25 HGB zu erschließen. Dies lässt es geboten erscheinen, sich bei der Erfassung des Normzwecks an anderen Kriterien zu orientieren.[20] Insoweit kommt als Anknüpfungspunkt die Unternehmensfortführung selbst in Betracht.[21]

Dafür spricht insbesondere ein Blick auf § 28 HGB. Nach Abs. 1 S. 1 dieser Vorschrift führt der Eintritt eines persönlich haftenden Gesellschafters oder eines Kommanditisten in das Geschäft eines Einzelkaufmanns dazu, dass die neu entstandene Gesellschaft, auch wenn sie die frühere Firma nicht fortführt, für alle im Betriebe des Geschäfts entstandenen Verbindlichkeiten des vormaligen Geschäftsinhabers haftet. Hier wird die Haftung der Gesellschaft unabhängig von der Firmenübernahme statuiert. Dem kann der Gedanke zugrunde liegen, dass ein fortbestehendes Unternehmen unabhängig von der Person des Inhabers weiterhin Haftungsgrundlage für die in seinem Betrieb begründeten Verbindlichkeiten sein soll.[22] Auf diese Weise kann die fehlende Rechtsfähigkeit des Unternehmens ausgeglichen werden.[23] Was im Falle der übertragenden Umwandlung durch das Umwandlungsgesetz (vgl. z. B. §§ 20 Abs. 1 Nr. 1, 131 Abs. 1 Nr. 1 UmwG) sichergestellt ist, kann beim Eintritt eines Gesellschafters in ein einzel-

---

[17] So BGHZ 18, 248, 250; 22, 234, 238; 29, 1, 3; *OLG Frankfurt* NJW 1980, 1397, 1398; *Nickel*, NJW 1981, 102 f.; vgl. auch *Hopt/Mössle*, HandelsR, Rn. 286.

[18] *K. Schmidt*, HandelsR, § 8 I 2 a bb (S. 216); *Canaris*, HandelsR, § 7 Rn. 11; E/B/J/S/*Zimmer*, § 25 Rn. 16.

[19] *Canaris*, Vertrauenshaftung, S. 185.

[20] Zur Kritik an den bisherigen Definitionsversuchen eingehend GroßKomm-HGB/*Hüffer*, 4. Aufl., § 25 Rn. 13 ff.

[21] *K. Schmidt*, HandelsR, § 8 I 3 (S. 220 ff.). Das Prinzip der Haftungskontinuität ablehnend *Canaris*, HandelsR, § 7 Rn. 13 ff.; *Lettl*, § 5 Rn. 13; vgl. auch *Lieb*, FS Börner (1992), 747 ff.

[22] So *K. Schmidt*, HandelsR, § 8 I 2, 3 (S. 215 ff.); *ders.*, ZHR 145 (1981), 2 ff. mit eingehender Begründung.

[23] *K. Schmidt*, HandelsR, § 8 I 3 (S. 221).

kaufmännisches Unternehmen § 28 HGB übernehmen. Ergänzend kann argumentiert werden: Das in diesen Vorschriften verkörperte Prinzip „Unternehmenskontinuität gleich Haftungskontinuität" liege auch dem § 25 Abs. 1 S. 1 HGB zugrunde. Auch hier wolle der Gesetzgeber dafür Sorge tragen, dass im Falle des Inhaberwechsels Verbindlichkeiten und Rechtsverhältnisse, die dem Unternehmen zugeordnet sind, dem jeweiligen Unternehmensträger zugewiesen bleiben. Dass § 25 HGB im Gegensatz zu § 28 HGB zusätzlich die Fortführung der bisherigen Firma verlange, ändere nichts daran, dass beiden Vorschriften derselbe Zweck zugrunde liege.[24] Vielmehr solle das Merkmal der Firmenfortführung unterstreichen, dass die Haftung nach § 25 HGB die Identität des Unternehmens vor und nach dem Inhaberwechsel voraussetzt.[25] Diese sei bei § 25 HGB, wo ein vollständiger Wechsel des Unternehmensträgers erfolgt, keine Selbstverständlichkeit und bedürfe daher einer besonderen Klarstellung. Wenn aber die Firmenfortführung lediglich die Notwendigkeit der Unternehmenskontinuität betonen solle, so entspreche es dem Gebot effektiven Verkehrsschutzes, über den Wortlaut des § 25 Abs. 1 S. 1 HGB hinaus die Fortführung eines Unternehmens unabhängig von Art und Umfang seines Geschäftsbetriebs dem Anwendungsbereich dieser Bestimmung zuzuordnen, wenn die Fortführung den Gegenstand und die organisatorische Zusammensetzung (= die wirtschaftliche Einheit) des Unternehmens nicht berühre. Von dieser Einheitsbetrachtung der §§ 25, 28 HGB ausgehend komme demnach eine analoge Anwendung des § 25 HGB auch auf Nichtkaufleute in Betracht.

Gegen diese Normzweckauslegung des § 25 Abs. 1 HGB ist allerdings anzuführen, dass der Gesetzgeber trotz Kenntnis dieser Ansicht einer „Haftungskontinuität kraft Unternehmenskontinuität" gleichwohl von einer Änderung bzw. Klarstellung des § 25 HGB im Rahmen des Handelsrechtsreformgesetzes (HRefG) 1998[26] abgesehen hat. Dem insbesondere von *K. Schmidt*[27] verfolgten Vorschlag der Neubegründung eines „Außenprivatrechts der Unternehmen" statt des Festhaltens an einem „Recht der Kaufleute" ist der Gesetzgeber vielmehr nicht gefolgt. Anwendungsvoraussetzung des HGB ist weiterhin die Kaufmannseigenschaft.[28] Die Anwendbarkeit der handelsrechtlichen Vorschriften auch auf nicht eingetragene Kleingewerbetreibende (vgl. §§ 2, 105 Abs. 2 HGB) ist nur für einzelne Bereiche kraft einer ausdrücklichen gesetzlichen Regelung vorgesehen (vgl. z. B. §§ 84 Abs. 4, 93 Abs. 3, 383 Abs. 2, 407 Abs. 3 S. 2, 453 Abs. 3 S. 2, 467 Abs. 3 S. 2 HGB). Eine entsprechende Norm für § 25 HGB fehlt. Mit Aufgabe der Rechtsfigur des Minderkaufmanns gem. §§ 1, 4 Abs. 1 HGB a. F. hat der Gesetzgeber zudem insgesamt die Anwendbarkeit der Vorschriften des HGB auf Geschäftsinhaber beschränkt, deren Gewerbebetrieb einen nach Art und Umfang in kaufmännischer Weise eingerichteten Geschäftsbetrieb erfordert. Eine – auch „nur" analoge – Anwendung der handelsrechtlichen Vorschriften auf alle Unternehmen, unabhängig von Art und Umfang der Geschäftstätigkeit, steht demnach in Widerspruch zu den gesetzlichen Vorgaben.[29]

---

[24] Vgl. auch MünchKomm-HGB/*Lieb*, § 25 Rn. 18 f.; a. A. *Lieb*, FS Börner (1992), 747 ff., der für die Fälle der §§ 25 und 28 HGB ein unterschiedliches Schutzbedürfnis der jeweiligen Gläubiger aufzeigt und daher auch eine Unterscheidbarkeit der Vorschriften befürwortet.
[25] *K. Schmidt*, HandelsR, § 8 I 3 c (S. 225).
[26] BGBl. I Nr. 38 vom 26. 6. 1998, S. 1474.
[27] *K. Schmidt*, HandelsR, § 3 (S. 47 ff.); MünchKomm-HGB/*K. Schmidt*, vor § 1 Rn. 5 ff.
[28] Eine Ausdehnung des Anwendungsbereichs auf alle Formen eines Unternehmens ist nicht erfolgt; vgl. auch BegrRegE HRefG, BT-Drs. 13/8444, S. 31.
[29] So auch *K. Schmidt*, HandelsR, § 3 II 3 c (S. 56).

Andererseits ist aber auch von Bedeutung, dass mit Inkrafttreten des Kaufmannsbegriffs nach dem HRefG zum 1. 7. 1998 nunmehr allen Kleingewerbetreibenden die Möglichkeit eröffnet ist, durch Handelsregistereintragung die Kaufmannseigenschaft zu erlangen (vgl. §§ 2, 105 Abs. 2 HGB). Besondere Anforderungen an Art oder Umfang des Geschäftsbetriebs werden dabei nicht gestellt. Die Begründung der Kaufmannseigenschaft liegt allein in der Entscheidung des Gewerbetreibenden. Dieser Umstand spricht zumindest dann für eine analoge Anwendung des § 25 HGB, wenn sich der Erwerber mit der fortgeführten Firma ins Handelsregister hat eintragen lassen.[30] Denn mit Handelsregistereintragung wird der Erwerber Kaufmann; er selbst hat sich dann für die Unterwerfung unter die handelsrechtlichen Vorschriften entschieden. Zudem ist ihm damit gleichzeitig auch die Möglichkeit eröffnet, einen Haftungsausschluss nach § 25 Abs. 2 HGB eintragen zu lassen, wodurch seine Haftung aus § 25 Abs. 1 S. 1 HGB zuverlässig ausgeschlossen wird.[31] Hingegen erscheint es nicht vertretbar, eine Analogie allein aufgrund der allgemein bestehenden Möglichkeit, die Kaufmannseigenschaft kraft Registereintragung zu erlangen, zu bejahen. Dann würde nämlich § 25 HGB uneingeschränkt auf alle Kleingewerbetreibenden Anwendung finden (vgl. § 2 HGB), was dem gesetzgeberischen Willen widerspricht.

Eine Eintragung des von *B* angemeldeten Handelsnamens in das Handelsregister ist bislang nicht erfolgt, so dass eine analoge Anwendung des § 25 Abs. 1 S. 1 HGB (noch) nicht in Betracht kommt.

2. Ergebnis

Es besteht (noch) kein Anspruch von *S* gegen *B* auf Zahlung von 10.000 € gem. § 488 Abs. 1 S. 2 BGB i. V. m. § 25 Abs. 1 S. 1 HGB analog.

III. Anspruch gem. § 488 Abs. 1 S. 2 BGB i. V. m. Grundsätzen der Rechtsscheinhaftung

Möglicherweise steht *S* gegen *B* aber ein Anspruch auf Zahlung von 10.000 € aus § 488 Abs. 1 S. 2 BGB i. V. m. den Grundsätzen der allgemeinen Rechtsscheinhaftung zu.

1. Rechtsscheintatbestand

Voraussetzung hierfür ist zunächst, dass ein Rechtsscheintatbestand[32] vorliegt, aufgrund dessen *B* für die Altverbindlichkeiten des *A* haftet. Anknüpfend an § 25 HGB besteht der Rechtsschein eines Haftungsbeitritts von *B*, wenn der Rechtsverkehr vom Vorliegen der Voraussetzungen des § 25 Abs. 1 S. 1 HGB ausgehen durfte.

Eine Haftung von *B* kommt demnach in Betracht, wenn der Rechtsschein des Erwerbs eines Handelsgewerbes i. S. d. § 1 HGB gegeben ist. Hierfür ist entscheidend, ob der Rechtsverkehr aufgrund der benutzten Firmierung auf die Kaufmannseigenschaft des Veräußerers schließen durfte.[33] Allein der Umstand, dass die fortgeführte Geschäftsbezeichnung[34] des *A* dessen Vor- und Nachnamen enthält, mag unter Berücksichtigung des § 18 Abs. 1 HGB a. F., wonach ein Einzelkaufmann sei-

---

[30] A. A. *Canaris*, HandelsR, § 7 Rn. 21; ebenso offenbar E/B/J/*Zimmer*, § 25 Rn. 24.
[31] Vgl. zum Aspekt der Eintragung eines Haftungsausschlusses nach § 25 Abs. 2 HGB: *Hopt/Mössle*, Rn. 288; MünchKomm-HGB/*Lieb*, § 25 Rn. 115.
[32] Vgl. hierzu Baumbach/Hopt/*Hopt*, § 5 Rn. 10; Röhricht/Graf v. Westphalen/*Röhricht*, Anh. § 5 Rn. 3 ff.; *Canaris*, HandelsR, § 6 Rn. 68; *K. Schmidt*, HandelsR, § 10 VIII 3 a (S. 327 f.).
[33] Vgl. MünchKomm-HGB/*Lieb*, § 25 Rn. 73.
[34] Zur Geschäftsbezeichnung kleingewerblicher Unternehmer vgl. Baumbach/Hopt/*Hopt*, § 17 Rn. 10 ff.; *Koller/Roth/Morck*, § 17 Rn. 8; Röhricht/Graf v. Westphalen/*Ammon/Ries*, § 17 Rn. 9 f.; *Canaris*, HandelsR, § 11 Rn. 47 ff.

nen Familiennamen mit mindestens einem ausgeschriebenen Vornamen als Firma zu führen hatte, bereits den Rechtsschein eines (voll)kaufmännischen Gewerbes begründen können. Andererseits ist dieses Firmenerfordernis aber mit Inkrafttreten des HRefG zum 1. 7. 1998 und der Neufassung des § 18 HGB aufgegeben worden. Ferner ist zu berücksichtigen, dass auch einem Nichtkaufmann zugestanden werden muss, sein Gewerbe ausreichend zu individualisieren, wozu auch der Hinweis auf die Person des Geschäftsinhabers durch Namensnennung zu zählen ist.[35] Allein die Weiterführung des Namens von *A* vermag somit noch nicht den Rechtsschein eines kaufmännischen Handelsgewerbes begründen.

Von Bedeutung ist hier aber der von *B* verwandte Zusatz „e. K.". Zwar lässt das Auftreten von *B* als Kaufmann nicht zwingend darauf schließen, dass es sich auch bei dem von *A* betriebenen Gewerbe bereits um ein kaufmännisches i. S. d. § 1 Abs. 2 HGB gehandelt hat.[36] Andererseits legt der Zusatz diesen Rückschluss aber durchaus nahe. Zudem zeigt sich *B*, indem er im Rechtsverkehr als Kaufmann auftritt, damit einverstanden, dass die handelsrechtlichen Vorschriften ihm angewendet werden. Folglich begründet der von *B* gebrauchte Zusatz „e. K." den Rechtsschein des Erwerbs eines Handelsgewerbes.

2. Zurechenbarkeit des Rechtsscheins gegenüber B

Der Rechtsschein des Erwerbs eines Handelsgeschäfts muss *B* zuzurechnen sein.[37] Weil *B* selbst unter der fortgeführten Geschäftsbezeichnung mit dem Zusatz „e. K." im Rechtsverkehr auftritt, hat er einen entsprechenden Rechtsschein selbst gesetzt.

3. Gutgläubigkeit von S

Eine Rechtsscheinhaftung von *B* rechtfertigt sich nur im Fall der Schutzwürdigkeit von *S*. Schutzwürdig ist *S*, wenn sie hinsichtlich des gesetzten Rechtsscheins gutgläubig gewesen ist, d. h. sie weder Kenntnis der den Rechtsschein abgebenden wahren Umstände gehabt hat oder diese ihr grob fahrlässig unbekannt geblieben sind.[38]

Der Annahme einer Gutgläubigkeit von *S* hinsichtlich des Geschäftsumfangs des übernommenen Betriebs kann jedoch ihre Stellung als Darlehensgeberin entgegenstehen, denn als Darlehensgeberin wird sie sich bei Gewährung des Darlehens an *A* (wohl) über dessen Geschäftsverhältnisse Kenntnis verschafft haben. Allerdings fehlt es insoweit an konkreten Anhaltspunkten für eine grob fahrlässige Unkenntnis von *S*. Einerseits besteht grundsätzlich keine Nachforschungsobliegenheit für den Dritten, es sei denn, es liegen Umstände vor, die Anlass zum Misstrauen oder gesteigerter Vorsicht gebieten.[39] Zudem ist es aus Sicht von *S* nicht ausgeschlossen, dass sich das Geschäft des *A* in der Folgezeit durchaus vergrößert haben kann, so dass die bei der Darlehensgewährung möglicherweise vorhandene Kenntnis vom Geschäftsumfang

---

[35] Vgl. hierzu auch *K. Schmidt*, HandelsR, § 12 I 2 b bb (S. 345); *Koller/Roth/Morck*, § 17 Rn. 8.

[36] E/B/J/S/*Kindler*, § 5 Rn. 57.

[37] Zur Zurechenbarkeit des Rechtsscheins vgl. Baumbach/Hopt/*Hopt*, § 5 Rn. 11; Röhricht/ Graf v. Westphalen/*Röhricht*, Anh. § 5 Rn. 27 ff.; *Canaris*, HandelsR, § 6 Rn. 69 f.; *K. Schmidt*, HandelsR, § 10 VIII 3 a bb (S. 329).

[38] Vgl. E/B/J/S/*Kindler*, § 5 Rn. 70 ff.; *Koller/Roth/Morck*, § 15 Rn. 55; *K. Schmidt*, HandelsR, § 10 VIII b (S. 329). Nach Baumbach/Hopt/*Hopt*, § 5 Rn. 12 und *Canaris*, HandelsR, § 6 Rn. 71 reicht bereits einfache Fahrlässigkeit aus, den guten Glauben zu zerstören; differenzierend Röhricht/Graf v. Westphalen/*Röhricht*, Anh. § 5 Rn. 31.

[39] Baumbach/Hopt/*Hopt*, § 5 Rn. 12; E/B/J/S/*Kindler*, § 5 Rn. 72; *Koller/Roth/Morck*, § 15 Rn. 55; *Canaris*, HandelsR, § 6 Rn. 71.

ihrer Gutgläubigkeit hinsichtlich des Übergangs eines Handelsgeschäfts von *A* auf *B* nicht notwendig entgegensteht. Schließlich liegt die Beweislast bei demjenigen, der den guten Glauben bestreitet,[40] also bei *B*.

S ist somit gutgläubig.

4. Kausalität zwischen Rechtsschein und Verhalten der S

Des Weiteren muss sich *S* bei ihrem geschäftlichen Verhalten auf den gesetzten Rechtsschein verlassen haben.[41] Dies setzt voraus, dass das in Betracht kommende geschäftliche Handeln von *S* erst nach der Begründung des Rechtsscheins durch *B* erfolgte. Das ist jedoch nicht der Fall. Das Darlehen wurde von *A* aufgenommen. Nach Fortführung des Geschäftsbetriebs durch *B* ist kein weiteres geschäftliches Handeln von *S* gegenüber *B* erfolgt, bei dem der von *B* gesetzte Rechtsschein rechtlich beachtlich geworden ist. Ebenso wenig ist erkennbar, dass *S* aufgrund des gegebenen Rechtsscheins ein erfolgreiches Vorgehen gegen die Erben von *A* unterlassen hat.

Damit entfällt aber die Möglichkeit, eine Haftung von *B* aus Rechtsscheingesichtspunkten anzunehmen.

5. Ergebnis

S hat auch keinen Anspruch gegen *B* auf Rückzahlung des an *A* ausgezahlten Darlehensbetrages aus § 488 Abs. 1 S. 2 BGB i. V. m. Rechtsscheingesichtspunkten.

B. Ausgangsfall Frage 2: Eintragungsantrag des B

B hat einen Anspruch auf Eintragung der beantragten Firma „Anton Abt, Inhaber Benno Beiz e. K., Dachdecker- und Blitzableitergeschäft", wenn diese Geschäftsbezeichnung firmenrechtlich unbedenklich ist.

I. Firmenfortführung nach § 22 Abs. 1 HGB

Es kann sich um eine nach § 22 Abs. 1 HGB zulässige Firmenfortführung handeln. Voraussetzung hierfür ist, dass *B* ein bestehendes Handelsgeschäft unter Lebenden oder von Todes wegen erworben hat und der bisherige Geschäftsinhaber bzw. dessen Erben in die Fortführung der Firma ausdrücklich eingewilligt haben.

B hat den Dachdeckerbetrieb des *A* von dessen Erben aufgrund eines Verkehrsgeschäfts und damit „unter Lebenden" erworben. Die Firmenfortführung gem. § 22 Abs. 1 HGB setzt aber weiterhin voraus, dass *B* ein „Handelsgeschäft" erworben hat. Handelsgeschäfte i. S. d. § 22 HGB sind – wie bei § 25 HGB – allein Unternehmen, die ein kaufmännisches Handelsgewerbe nach § 1 Abs. 2 HGB betreiben oder diese Eigenschaft kraft Eintragung erworben haben (§§ 2, 3 HGB).[42] Voraussetzung ist somit, dass bereits der Veräußerer oder Erblasser Kaufmann gewesen ist und in seiner Person die Firma zu Recht geführt hat. Von einem Nichtkaufmann kann unter keinen Umständen ein Recht zur Firmenfortführung hergeleitet werden.[43]

---

[40] Baumbach/Hopt/*Hopt*, § 5 Rn. 12.

[41] Zur Kausalität zwischen Rechtsschein und geschäftlichem Verhalten des Dritten vgl. Baumbach/Hopt/*Hopt*, § 5 Rn. 13; E/B/J/S/*Kindler*, § 5 Rn. 76 f.; *Koller/Roth/Morck*, § 15 Rn. 57; Röhricht/Graf v. Westphalen/*Röhricht*, Anh. § 5 Rn. 33; *Canaris*, HandelsR, § 6 Rn. 77.

[42] Baumbach/Hopt/*Hopt*, § 22 Rn. 7; E/B/J/S/*Zimmer*, § 22 Rn. 21; *Koller/Roth/Morck*, § 22 Rn. 2; Röhricht/Graf v. Westphalen/*Ammon/Ries*, § 22 Rn. 5 ff.; kritisch *Canaris*, HandelsR, § 11 Rn. 47 ff.

[43] *OLG Hamm* BB 1959, 463; *OLG Zweibrücken* NJW-RR 1988, 998; Baumbach/Hopt/*Hopt*, § 22 Rn. 7; GroßKomm-HGB/*Burgard*, § 22 Rn. 13; *Hopt/Mössle*, Rn. 275; *Lettl*, § 4 Rn. 49; *Steinbeck*, § 17 Rn. 8.

Der Betrieb des *A* war nichtkaufmännischer Art. Ebenso fehlte es an einer die Kaufmannseigenschaft gem. § 2 S. 1 HGB begründenden Handelsregistereintragung der von *A* verwandten Unternehmensbezeichnung. *B* kann daher die Eintragung der von ihm angemeldeten Firma nicht auf § 22 Abs. 1 HGB stützen.

II. Firmenneubildung gem. §§ 18 Abs. 1, 19 Abs. 1 Nr. 1 HGB

Jedoch kann *B* einen Anspruch darauf haben, dass der angemeldete Handelsname als originäre Firma in das Handelsregister eingetragen wird, womit er zugleich die Stellung eines Kaufmanns kraft Eintragung erhalten würde (§ 2 S. 1 HGB). Dann muss die von *B* zum Handelsregister angemeldete Firma den firmenordnungsrechtlichen Vorschriften der §§ 18 ff. HGB entsprechen.

1. Kennzeichnungseignung und Unterscheidungskraft

Nach § 18 Abs. 1 HGB muss die Firma eines Kaufmanns zu dessen Kennzeichnung geeignet sein und Unterscheidungskraft besitzen.[44] Die von *B* angemeldete Firma „Anton Abt, Inhaber Benno Beiz e. K., Dachdecker- und Blitzableitergeschäft" eignet sich aufgrund der Namensnennung des *B* zunächst zur Kennzeichnung des Betriebsinhabers. Da es sich bei dem Namen des *B* auch nicht um einen Allerweltsnamen handelt, kommt der Firma darüber hinaus auch Unterscheidungskraft zu. Diese wird durch den Hinweis „Dachdecker- und Blitzableitergeschäft" noch verstärkt. Die Voraussetzungen des § 18 Abs. 1 HGB sind somit erfüllt.

Nach § 19 Abs. 1 Nr. 1 HGB ist beim Einzelkaufmann zudem ein auf den einzelkaufmännischen Betrieb hinweisender Zusatz erforderlich. Der von *B* beantragte Handelsname enthält mit „e. K." den erforderlichen Zusatz.

2. Verstoß gegen das Täuschungsverbot

Allerdings kann die Eintragung der so gebildeten Firma gegen den in § 18 Abs. 2 HGB konkretisierten Grundsatz der Firmenwahrheit[45] verstoßen. Danach darf eine Firma keine Angaben enthalten, die geeignet sind, über geschäftliche Verhältnisse, die für die angesprochenen Verkehrskreise wesentlich sind, irrezuführen. Entscheidend ist somit, ob die Angaben unter Berücksichtigung der Verkehrsanschauung zu einer Täuschung führen können; tatsächlich braucht eine Täuschung nicht eingetreten zu sein.[46] Der von *B* verwandte Name des *A* kann zur Täuschung über seine Verhältnisse als Inhaber des Dachdecker- und Blitzableitergeschäfts führen. Unbedenklich ist zunächst die Verwendung des Inhaberzusatzes, denn auch ein Einzelkaufmann kann Inhaber einer von seinem bürgerlichen Namen abweichenden Firma sein.[47] Indes erweckt *B* durch den dem Inhaberzusatz vorangestellten Vor- und Familiennamen des *A* zugleich den Eindruck, er führe die Firma des *A* fort.[48] Eine Firmenfortführung setzt jedoch

---

[44] Vgl. hierzu Baumbach/Hopt/*Hopt*, § 18 Rn. 4 ff.; *Koller/Roth/Morck*, § 18 Rn. 2 ff.; Oetker/*Schlinghoff*, § 18 Rn. 10 ff.; Röhricht/Graf v. Westphalen/*Ammon/Ries*, § 18 Rn. 10 ff.; *Lettl*, § 4 Rn. 28 ff.; *Oetker*, § 4 Rn. 11.

[45] Zum sog. Irreführungsverbot vgl. Baumbach/Hopt/*Hopt*, § 18 Rn. 9 ff.; E/B/J/S/*Zimmer*, § 18 Rn. 35 ff.; *Koller/Roth/Morck*, § 18 Rn. 5 ff.; Oetker/*Schlinghoff*, § 18 Rn. 16 ff.; Röhricht/Graf v. Westphalen/*Ammon/Ries*, § 18 Rn. 26 ff.; *Bülow*, Rn. 167 ff.; *Canaris*, HandelsR, § 11 Rn. 2 ff.; *Jung*, § 15 Rn. 19.

[46] *Koller/Roth/Morck*, § 18 Rn. 7; *Lettl*, § 4 Rn. 42.

[47] Vgl. *OLG Köln* NJW 1963, 541, 542; vgl. auch MünchKomm-HGB/*Heidinger*, § 18 Rn. 60 ff.

[48] Nach § 18 Abs. 1 HGB a. F. musste die Firma eines Einzelkaufmanns seinen Familiennamen und mindestens einen ausgeschriebenen Vornamen enthalten. Vor diesem Hintergrund erweckte die von *A* verwandte Bezeichnung insbesondere nach der alten Rechtslage den

voraus, dass schon der frühere Unternehmensinhaber ein Kaufmann war (siehe oben), und dies gilt auch, wenn der Nachfolgevermerk Gegenstand einer neu gebildeten Firma ist.[49] Die Möglichkeit einer Täuschung liegt bei dieser Sachlage zum einen darin, dass der frühere Inhaber zu Unrecht als Kaufmann eingestuft wird. Bedeutsamer ist aber, dass der Nachfolgevermerk den Rechtsverkehr zu der Annahme veranlassen kann, dass mit der Fortführung ohne weiteres auch die Haftungsfolgen des § 25 HGB eingetreten sind.[50] Beschränkt man die Anwendbarkeit des § 25 HGB auf den Übergang von Handelsgewerben i. S. d. §§ 1 ff. HGB,[51] liegt mit der von *B* angemeldeten Firma eine Täuschungsgefahr und damit ein Verstoß gegen den Grundsatz der Firmenwahrheit gem. § 18 Abs. 2 HGB vor. Etwas anderes gilt jedoch, wenn – wie hier (vgl. unter A II 1 c) – eine Haftung des Erwerbers eines nichtkaufmännischen Geschäftsbetriebs analog § 25 Abs. 1 S. 1 HGB für den Fall bejaht wird, dass sich dieser mit der fortgeführten Firma ins Handelsregister eintragen lässt. Vor diesem Hintergrund verstößt die von B angemeldete Firma nicht gegen § 18 Abs. 2 S. 1 HGB.

Die firmenordnungsrechtlichen Vorschriften gem. §§ 18, 19 HGB sind bei der Bildung der Firma „Anton Abt, Inhaber Benno Beiz e. K., Dachdecker- und Blitzableitergeschäft" beachtet worden.

III. Ergebnis

B hat einen Anspruch auf Eintragung der von ihm angemeldeten Firma in das Handelsregister.

C. Abwandlung: Zahlungsanspruch von G gegen C

I. Anspruch gem. § 433 Abs. 2 BGB i. V. m. § 25 Abs. 1 S. 1 HGB

§ 433 Abs. 2 BGB i. V. m. § 25 Abs. 1 S. 1 HGB scheiden als Anspruchsgrundlage aus; *C* hat den von *B* geführten Betrieb nicht – wie erforderlich – allein weitergeführt, sondern sich lediglich an dem Unternehmen beteiligt.

II. Anspruch gem. § 433 Abs. 2 BGB i. V. m. §§ 124 Abs. 1, 128 HGB

Jedoch kann *G* gegen *C* einen Anspruch auf Zahlung des Kaufpreises gem. § 433 Abs. 2 BGB i. V. m. §§ 124 Abs. 1, 128 HGB haben. Dies setzt voraus, dass Inhaber des Dachdeckerbetriebs eine OHG ist, diese zur Kaufpreiszahlung verpflichtet ist und *C* für diese Verbindlichkeit als persönlich haftender Gesellschafter einstehen muss.

1. OHG als neuer Unternehmensträger

Mit der am 25. 10. 2009 erfolgten Eintragung kann eine aus *B* und *C* bestehende OHG neue Inhaberin des Dachdeckerbetriebs geworden sein. Das ist der Fall,

---

Rechtsschein einer Firma. Aber auch nach § 18 HGB n. F. bildet der Name des Geschäftsinhabers einen regelmäßigen Firmenbestandteil, welcher insb. zur Kennzeichnung des Inhabers geeignet ist.

[49] GroßKomm-HGB/*Burgard*, § 18 Rn. 58; kritisch hierzu MünchKomm-HGB/*Heidinger*, § 18 Rn. 62 ff.

[50] Dazu auch *BayObLG* DB 1988, 2559 f. Richtig ist, dass dies der zu Frage 2 vertretenen Auffassung widerspricht, wonach eine Haftung des Erwerbers eines nichtkaufmännischen Unternehmens nach § 25 Abs. 1 S. 1 HGB im Fall der Eintragung einer Firmenfortführung gegeben ist. Denn dann kann auch der Eintragungsantrag des *B* nicht gegen den Grundsatz der Firmenwahrheit gem. § 18 Abs. 2 HGB verstoßen. Die zu § 25 HGB vertretene Ansicht ist allerdings nicht unumstritten.

[51] So die noch h. M., vgl. *BGH* NJW 1982, 112, 113; MünchKomm-HGB/*Lieb*, § 25 Rn. 36; Baumbach/Hopt/*Hopt*, § 25 Rn. 2; Röhricht/Graf v. Westphalen/*Ammon/Ries*, § 25 Rn. 2 m. w. N.; *Steinbeck*, § 17 Rn. 8.

wenn der Betrieb zunächst zum Vermögen einer durch *B* und *C* gegründeten GbR gehörte, diese sich in eine OHG umgewandelt und damit zugleich das Vermögen der vormaligen GbR erworben hat.

a) Entstehung einer GbR als vorläufiger Unternehmensträger

Eine GbR entsteht durch die Vereinbarung, einen gemeinsamen Zweck zu fördern, insbesondere die vereinbarten Beiträge zu leisten (vgl. § 705 BGB). *C* hat sich mit *B* darauf geeinigt, dass er gegen Zahlung einer Einlage von 150.000 € künftig zur Hälfte am Unternehmen des *B* und am zukünftig gemeinsam erwirtschafteten Geschäftsergebnis, d. h. am Gewinn und Verlust (vgl. § 721 BGB) beteiligt sein soll. Gleichzeitig übernahm *C* die Leitung der Dachdeckerkolonne, während *B* für die Verwaltung verantwortlich sein soll. Eine Vergrößerung des Geschäftsumfangs ist (zumindest) nicht ersichtlich. Damit haben *B* und *C* einen gemeinsamen Zweck i. S. d. § 705 BGB vereinbart, nämlich die gemeinsame Führung des nichtkaufmännischen Unternehmens. Aus der vereinbarten Teilhaberschaft von *B* und *C* am Dachdeckerbetrieb folgt weiter, dass das Unternehmen zum gesamthänderisch gebundenen Vermögen der Gesellschaft gehört.

B und *C* haben somit am 1. 10. 2009 die Gründung einer GbR vereinbart.

b) OHG als neuer Inhaber des Dachdeckerbetriebes

Wandelt sich eine GbR in eine OHG um, geht ihr gesamtes Vermögen mit allen Rechten und Pflichten ohne Liquidation und besondere Übertragungsakte auf die neu entstandene Handelsgesellschaft über.[52] Ist also aus der zwischen *B* und *C* bestehenden GbR eine OHG geworden, ist sie seit ihrem Entstehenszeitpunkt neue Inhaberin des Betriebes.

Eine OHG setzt den gemeinschaftlichen Betrieb eines kaufmännischen Handelsgewerbes unter gemeinsamer Firma voraus (§§ 105 Abs. 1, Abs. 2 HGB). Soll hingegen ein nichtkaufmännisches Gewerbe betrieben werden, begründet erst die Eintragung der Firma in das Handelsregister die Rechtsform der OHG (§ 105 Abs. 2 HGB). Der von B und C betriebene Dachdeckerbetrieb erfordert keinen in kaufmännischer Weise eingerichteten Geschäftsbetrieb und ist daher nichtkaufmännischer Art (siehe unter A I 2). Es handelt sich dabei mithin um ein Unternehmen i. S. d. § 105 Abs. 2 HGB, so dass die Entstehung einer OHG von der Handelsregistereintragung abhängig war. Die zunächst bestehende GbR hat sich daher erst mit Eintragung der Firma am 25. 10. 2009 in eine OHG verwandelt. Damit ist das Vermögen der GbR ohne weiteres zum Vermögen der OHG geworden.

Die OHG ist daher seit dem 25. 10. 2009 Inhaberin des Dachdeckerbetriebs.

2. Verpflichtung der OHG zur Kaufpreiszahlung

Die OHG kann zur Zahlung der Kaufpreisforderung des *G* gegen *B* i. H. v. 45.000 € verpflichtet sein. Weil die Rechte und Pflichten der GbR mit der Umwandlung in eine OHG ohne weiteres zu solchen der OHG werden, ist die OHG dem *G* gem. § 433 Abs. 2 BGB i. V. m. § 124 Abs. 1 HGB zur Zahlung des Kaufpreises von 45.000 € verpflichtet, wenn schon die zwischen *B* und *C* bestehende GbR für die Verbindlichkeit des *B* einzustehen hatte.

Grundlage für die Haftung der GbR kann § 28 Abs. 1 S. 1 HGB sein. Diese Vorschrift bestimmt, dass im Falle des Eintritts eines persönlich haftenden Gesellschaf-

---

[52] *BGH* BB 1967, 143; Baumbach/Hopt/*Hopt*, vor § 105 Rn. 21.

ters oder eines Kommanditisten in das Geschäft eines Einzelkaufmannes die Gesellschaft für alle im Betrieb des Geschäftes entstandenen Verbindlichkeiten des früheren Geschäftsinhabers haftet, und zwar auch dann, wenn die frühere Firma nicht fortgeführt wird. Aus der Gegenüberstellung der verwendeten Begriffe „persönlich haftender Gesellschafter" und „Kommanditist" folgt, dass mit Gesellschaft allein eine OHG bzw. KG gemeint sein kann. Das Unternehmen muss demnach zumindest nach dem Beitritt ein kaufmännisches Gewerbe i. S. d. § 1 Abs. 2 HGB sein.[53] § 28 HGB ist daher seinem Wortlaut nach nicht auf die mit dem Beitritt des C zunächst entstandene GbR anwendbar.

Jedoch ist nicht zu bestreiten, dass auch die GbR persönlich haftende Gesellschafter hat.[54] Daher kann § 28 HGB auf die Fortführung des Unternehmens durch eine GbR zumindest entsprechend anwendbar sein. Nach zutreffender Ansicht will § 28 HGB der Verkehrserwartung Rechnung tragen, dass mit dem Fortbestand des Unternehmens die Erhaltung der Haftungsgrundlage notwendig einhergeht.[55] Gegenüber den Fällen des § 25 HGB wird dieses Vertrauen zusätzlich dadurch genährt, dass die Identität des Unternehmens durch den bloßen Beitritt – anders als bei einem Inhaberwechsel – keinesfalls berührt wird. Das zeigt sich auch daran, dass der Gesetzgeber bei § 28 HGB auf den Kontinuitätsindikator der Firmenfortführung verzichtete.[56] Entgegen seinem Standort ist § 28 HGB keine firmenrechtliche Vorschrift.[57] Mit der Formulierung „auch wenn sie die Firma nicht fortführt" soll nur klargestellt werden, dass die Haftung nach § 28 HGB – im Gegensatz zur Haftung nach § 25 HGB – nicht an die Firmenfortführung, sondern nur an den Eintritt anknüpft. Eine analoge Anwendung des § 28 HGB auf das Entstehen einer GbR würde danach durchaus dem Normzweck des § 28 HGB entsprechen.[58]

Allerdings ist auch insoweit wiederum der im HRefG 1998 zum Ausdruck gekommene Wille des Gesetzgebers zu berücksichtigen, der einen stärkeren Ausschluss der Kleingewerbetreibenden von der Anwendbarkeit der handelsrechtlichen Normen verfolgt hat (siehe unter A. II. 1. c). Eine analoge Anwendung des § 28 HGB auf das Entstehen einer kleingewerbetreibenden GbR steht diesem gesetzgeberischen Willen aber nur dann entgegen, wenn in § 28 HGB eine handelsrechtliche Besonderheit bestimmt ist. Dies ist aber nicht der Fall. § 28 HGB regelt vielmehr ein Problem, das sich bei jeder Personengesellschaftsform allein schon deswegen stellt, weil dort überall bisher haftendes Vermögen in Gesamthandsvermögen überführt wird, dessen Weiterhaftung im Gläubigerinteresse unabhängig davon gewährleistet sein muss, ob es sich um eine GbR oder Personenhandelsgesellschaft handelt.[59] Insbesondere erhält

---

[53] Baumbach/Hopt/*Hopt*, § 28 Rn. 2; GroßKomm-HGB/*Burgard*, § 28 Rn. 21; *Koller/Roth/Morck*, § 28 Rn. 5; E/B/J/S/*Zimmer*, § 28 Rn. 16.

[54] Zur Haftung der GbR-Gesellschafter vgl. Bamberger/Roth/*Timm/Schöne*, § 714 Rn. 16 ff., 23 ff. und § 718 Rn. 15 ff.; MünchKomm-BGB/*Ulmer/Schäfer*, § 714 Rn. 31 ff.; Erman/*H. P. Westermann*, § 714 Rn. 11 ff.

[55] Baumbach/Hopt/*Hopt*, § 28 Rn. 1; E/B/J/S/*Zimmer*, § 28 Rn. 2; *Canaris*, HandelsR, § 7 Rn. 82; siehe auch unter A II 1 c; a. A. *Jung*, § 19 Rn. 22; *Lettl*, § 5 Rn. 76; *Steinbeck*, § 18 Rn. 7.

[56] *K. Schmidt*, HandelsR, § 8 I 3 c (S. 225); *Steinbeck*, § 18 Rn. 11; *Jung*, § 19 Rn. 22.

[57] *BGH* NJW 1966, 1917; Baumbach/Hopt/*Hopt*, § 28 Rn. 4; *K. Schmidt*, HandelsR, § 8 III 1 a bb (S. 257).

[58] So auch *Lieb*, FS Börner (1992), 747, 752, der zwar die Einheitstheorie von *K. Schmidt* (HandelsR, § 8 I 3 [S. 220 ff.]) ablehnt, die Anwendbarkeit des § 28 HGB aber mit einer ausweitenden Analogie dieser Vorschrift begründet; vgl. auch MünchKomm-HGB/*Lieb*, § 28 Rn. 8 ff.; a. A. *Bülow*, Rn. 252; *Canaris*, HandelsR, § 7 Rn. 88.

der frühere Geschäftsinhaber in den Fällen des § 28 HGB keine Gegenleistung – wie regelmäßig in § 25 HGB –, auf die seine Gläubiger zurückgreifen können. Allein die mit dem HRefG einhergehende Betonung des Kaufmannsbegriffs kann demnach einer analogen Anwendung des § 28 HGB im Falle der Begründung einer GbR nicht entgegenstehen.[60] Die zunächst zwischen B und C entstandene GbR haftet somit in Analogie zu § 28 HGB für die Altschulden des B.

Die Haftungsübernahme durch die spätere OHG lässt sich zudem aufgrund eines weiteren Umstandes bejahen. Zu berücksichtigen ist, dass zwischen dem Beitritt des C bzw. der Gründung der GbR am 1. 10. 2009, der Stellung des Eintragungsantrages am 11. 10. 2009 und der Eintragung der Gesellschaft am 25. 10. 2009 nur ein knapper Monat verstrichen ist. Steht der Eintragungsantrag aber in einem engen zeitlichen Zusammenhang mit der Gesellschaftsgründung, wird die Anwendung des § 28 HGB ebenfalls zutreffend befürwortet.[61]

Die zwischen B und C entstandene OHG haftet somit für alle im Betrieb des B entstandenen Verbindlichkeiten. Zu diesen Verbindlichkeiten zählen alle Verpflichtungen, die sich nicht aus den privaten Beziehungen des bisherigen Inhabers ergeben, sondern mit dem Betrieb des Geschäfts derart in einem inneren Zusammenhang stehen, dass sie als seine natürliche Folge erscheinen.[62] Zu den Geschäftsverbindlichkeiten, in die die GbR gem. § 28 HGB eintrat, gehörte somit auch die von B begründete Kaufpreisschuld gegenüber G. Diese Haftung der GbR ist mit der Firmeneintragung am 25. 10. 2009 zu einer Haftung der OHG geworden.

3. Einstandspflicht von C

Für die so entstandene Pflicht der OHG hat C als persönlich haftender Gesellschafter an sich gem. § 128 HGB einzustehen. Etwas anderes kann sich jedoch aus § 28 Abs. 1 S. 1 HGB selbst ergeben. Danach haftet für die Verbindlichkeiten „die Gesellschaft". Daraus kann zu folgern sein, dass eine Haftung der Gesellschafter gerade ausgeschlossen werden sollte.[63] Hinzu kommt, dass die §§ 130, 173 HGB eine Haftung des neu eintretenden Gesellschafters nur für die *vor* seinem Eintritt begründeten Verbindlichkeiten der Gesellschaft anordnen, die als solche vor dem Beitritt nach § 28 HGB aber nicht bestand. Ein derartiger Haftungsausschluss müsste, zumal § 28 HGB für Personenhandelsgesellschaften unmittelbar gilt, konsequenterweise auch dann gelten, wenn die Haftung zunächst eine GbR traf und sich erst später in eine Haftung der OHG verwandelte.

Dieser Argumentation ist jedoch entgegenzuhalten, dass sie zur Entstehung einer OHG/KG ohne haftende Gesellschafter führen würde. Selbst der bisherige alleinige Inhaber des Unternehmens wäre von einer Haftung befreit, da auch für ihn eine Einstandspflicht allein über § 128 HGB bzw. § 171 HGB herleitbar ist.[64] Eine solche Rechtsfolge eröffnete also dem bisherigen Geschäftsinhaber die Gelegenheit, seine

---

[59] Baumbach/Hopt/*Hopt*, § 28 Rn. 1; *Lieb*, FS Börner (1992), 747, 752. Für die analoge Anwendung des § 28 HGB aufgrund einer Einheitsbetrachtung der §§ 25, 28 HGB: *K. Schmidt*, HandelsR, § 8 I 3 (S. 220 f.); *ders.*, ZHR 145 (1981), 2 ff.

[60] Vgl. zur Problematik der Anwendbarkeit des § 28 HGB bei Eintritt in das Geschäft eines Kleingewerbetreibenden Fall 19 unter A. I. 1. c).

[61] *Koller/Roth/Morck*, § 28 Rn. 5; Heymann/*Emmerich*, § 28 Rn. 14; E/B/J/S/*Zimmer*, § 28 Rn. 17; Röhricht/Graf v. Westphalen/*Ammon/Ries*, § 28 Rn. 10; a. A. BGHZ 31, 397, 400 f.

[62] GroßKomm-HGB/*Burgard*, § 28 Rn. 39, *Oetker*, § 5 Rn. 84; *Steinbeck*, § 18 Rn. 12.

[63] *Canaris*, HandelsR, § 7 Rn. 92; a. A. *Steinbeck*, § 18 Rn. 13; *Jung*, § 19 Rn. 23.

[64] GroßKomm-HGB/*Burgard*, § 28 Rn. 41; so auch *Steinbeck*, § 18 Rn. 13; *Jung*, § 19 Rn. 23.

Haftung durch den Beitritt eines Dritten auf das entstehende Gesellschaftsvermögen zu beschränken. Das widerspricht nicht nur dem Willen des Gesetzgebers, sondern würde zugleich Missbrauchsmöglichkeiten eröffnen, die den durch die §§ 25, 28 HGB bezweckten Verkehrs- und Gläubigerschutz aushöhlen. § 28 HGB lässt daher die Gesellschafterhaftung nach anderen Vorschriften unberührt.[65] C hat somit für die Pflicht der OHG zur Zahlung des Kaufpreises an G gem. § 128 HGB einzustehen.

III. Ergebnis

G kann von C die Zahlung von 45.000 € gem. § 433 Abs. 2 BGB i. V. m. §§ 124 Abs. 1, 128 HGB verlangen.

---

[65] H. M., vgl. *BGH* LM § 28 HGB Nr. 6; GroßKomm-HGB/*Burgard,* § 28 Rn. 41; *K. Schmidt,* HandelsR, § 8 III 2 a (S. 262).

Fall 6. Autohaus mit Folgen

Schwerpunkt im Handelsrecht:

Haftung des Erben für Geschäftsschulden bei Firmenfortführung und Übergang des Handelsgeschäfts nach § 27 HGB

Sachverhalt

Volker Vogel (V) ist Inhaber des seit 1970 im Handelsregister eingetragenen „Autohaus Flitzer e. Kfm." Im Zeitpunkt seines Todes am 1. 2. 2010 hinterlässt er nicht nur das Autohaus, sondern auch sonstige Vermögensgegenstände und Barvermögen i. H. v. insgesamt 50.000 €. Seinen Sohn *Emil Erpel (E)* hat V testamentarisch zum Alleinerben bestimmt.

E führt die Geschäfte des Autohauses unter der Firma „Autohaus Flitzer Nachfolger e. Kfm." weiter. Als E der Aufforderung des Nachlassgerichts, ein Inventar über den Nachlass zu erstellen (vgl. § 1994 Abs. 1 S. 1 BGB), nachkommt, wird ihm im Juni 2010 klar, dass V sehr „undurchsichtig" gewirtschaftet hat und die Verbindlichkeiten des „Autohauses Flitzer" dessen Aktiva um 30.000 € übersteigen. Auf Anraten seines Rechtsanwalts stellt E daraufhin Mitte Juni 2010 den Antrag, einen Haftungsausschluss im Handelsregister einzutragen. Dessen Eintragung und Bekanntmachung erfolgt Anfang Juli 2010.

Ende Juli 2010 tritt *Rudi Reifen (R)* an E heran und fordert die Zahlung von 30.000 € für die Lieferung von 80 Sätzen Winterreifen. Den Vertrag über die Reifen hatte R noch mit V im Januar 2010 abgeschlossen.

Kann R von E Zahlung der Reifen i. H. v. 30.000 € verlangen?

Abwandlung: E erbt das Autohaus seines Vaters am 1. 2. 2010 und führt es zunächst unter der bisherigen Firma fort. Am 1. 3. 2010 entschließt sich E zu einer Änderung der Firma in „Emils Autos e. Kfm.". Eine Eintragung eines Haftungsausschlusses ins Handelsregister beantragt E nicht. Allerdings wird E sehr schnell der vielen Arbeit im Autohaus überdrüssig. Schon am 14. 3. 2010 veräußert er daher das Autohaus an *Willi Wiesel (W)*, und zwar, weil das Autohaus nur unter dem Namen „Autohaus Flitzer e. Kfm." bekannt ist, unter dieser Firma. Unter dieser Firma wird das Autohaus sodann von W fortgeführt.

Wie haftet E bei Inanspruchnahme durch R für die noch von V eingegangene Kaufpreisverbindlichkeit nach handelsrechtlichen Vorschriften?

Lösung

A. Ausgangsfall

I. Erbrechtliche Haftung von E

R kann gegen E einen Anspruch auf Zahlung des Kaufpreises i. H. v. 30.000 € aus § 433 Abs. 2 BGB i. V. m. §§ 1922 Abs. 1, 1967 Abs. 1 BGB haben. Dann muss E als Erbe des V für die von letzterem begründeten Verbindlichkeiten haften.

E ist testamentarisch bestimmter Alleinerbe des *V.* Mit dem Tod von *V* am 1. 2. 2010 ist daher dessen Vermögen als Ganzes – wozu auch das „Autohaus Flitzer e. Kfm." gehört – gem. § 1922 Abs. 1 BGB im Wege der Gesamtrechtsnachfolge (Universalsukzession) auf *E* übergegangen. Aus dem Umstand, dass *E* das Autohaus auch im Juli 2010 noch fortführt, folgt im Umkehrschluss, dass *E* die Erbschaft nicht innerhalb der Ausschlagungsfrist gem. § 1944 Abs. 1 BGB ausgeschlagen hat.

Bei der von *V* im Januar 2010 gegenüber *R* begründeten Kaufpreiszahlungsverpflichtung i. H. v. 30.000 € handelt es sich um eine Nachlassverbindlichkeit, die ebenfalls im Wege der Gesamtrechtsnachfolge gem. § 1922 Abs. 1 BGB auf *E* übergegangen ist. Für diese Nachlassverbindlichkeit haftet *E* als Erbe gem. § 1967 Abs. 1 BGB grundsätzlich[1] unbeschränkt, d. h. auch mit seinem Privatvermögen.

E ist demnach gegenüber *R* zur Zahlung von 30.000 € gem. § 433 Abs. 2 BGB i. V. m. §§ 1922 Abs. 1, 1967 Abs. 1 BGB verpflichtet.

II. Handelsrechtliche Erbenhaftung von E

R kann einen Anspruch auf Zahlung des Kaufpreises i. H. v. 30.000 € gegen *E* aus § 433 Abs. 2 BGB i. V. m. §§ 27 Abs. 1, 25 Abs. 1 HGB haben.

Eine unbeschränkte Erbenhaftung kann sich aus den §§ 27 Abs. 1, 25 Abs. 1 HGB ergeben. § 27 HGB dient dazu, die erbrechtlichen Möglichkeiten der Haftungsbeschränkung zu begrenzen.[2] Im Interesse der Sicherheit des Handelsverkehrs und des Vertrauensschutzes soll für die Haftung für Geschäftsschulden an den äußeren Tatbestand der Geschäfts- und Firmenfortführung abgestellt werden, um so der Kontinuität des Unternehmens sowie der wirtschaftlichen Zugehörigkeit der Geschäftsschulden zum Geschäftsvermögen Rechnung zu tragen.[3]

1. Haftungsbegründende Tatbestandsvoraussetzungen

a) Handelsgeschäft

Zunächst muss es sich bei dem von *E* im Erbwege erworbenen Unternehmen um ein einzelkaufmännisches[4] Handelsgeschäft handeln.

---

[1] Sofern *E* das Inventar über die Nachlassgegenstände fristgerecht (vgl. § 1995 Abs. 1 BGB) und vollständig erstellt, kann er auch anschließend jederzeit gem. § 1981 Abs. 1 BGB die Anordnung der Nachlassverwaltung beantragen (Umkehrschluss aus § 2013 Abs. 1 S. 2 BGB; vgl. Bamberger/Roth/*Lohmann*, § 1981 Rn. 2 f.). In diesem Falle würde sich seine Haftung für Nachlassverbindlichkeiten gem. § 1975 BGB auf den Nachlass beschränken. Gem. § 1984 Abs. 1 S. 3 BGB müsste *R* seinen Anspruch dann gegen den Nachlassverwalter geltend machen. Eine vor Anordnung der Nachlassverwaltung von *R* gegen *E* erhobene Zahlungsklage wird gem. §§ 241 Abs. 3, 246 ZPO unterbrochen. Anhaltspunkte für einen Antrag von *E* auf Anordnung der Nachlassverwaltung sind nicht ersichtlich, so dass davon auszugehen ist, dass *E* einen solchen Antrag (derzeit noch) nicht gestellt hat.

[2] Zum umstrittenen Normzweck von § 27 HGB vgl. E/B/J/S/*Zimmer*, § 27 Rn. 2 ff.; *Koller/ Roth/Morck*, § 27 Rn. 1; *Canaris*, HandelsR, § 7 Rn. 101 ff.; *Hübner*, Rn. 264; *K. Schmidt*, HandelsR, § 8 IV 1 c (S. 266 f.).

[3] BGHZ 32, 60, 62; so auch *Lettl*, § 5 Rn. 62.

[4] § 27 HGB findet auf die Beteiligung des Erblassers an einer Personengesellschaft oder an einer Kapitalgesellschaft keine Anwendung; vgl. E/B/J/S/*Zimmer*, § 27 Rn. 1; GroßKomm-HGB/*Burgard*, § 27 Rn. 21, 30; *Koller/Roth/Morck*, § 27 Rn. 3; Röhricht/Graf v. Westphalen/ *Ammon/Ries*, § 27 Rn. 7; *K. Schmidt*, HandelsR, § 8 IV 2 a (S. 267).

V hatte seinen Autohandel als Einzelunternehmer betrieben. Der auch seit mehreren Jahren im Handelsregister eingetragene Autohandel gilt damit zudem als Handelsgewerbe entweder gem. § 2 S. 1 HGB oder gem. § 5 HGB.[5]

Das Tatbestandsmerkmal des Handelsgeschäfts i. S. v. § 27 ist damit erfüllt.

b) Erwerb von Todes wegen

E muss des Weiteren das Handelsgeschäft im Erbwege erworben haben.

Das Handelsgeschäft gehört zum Nachlass des *V* und stellt somit einen Teil des Erbes dar. *E* hat den Betrieb daher gem. § 1922 Abs. 1 BGB von Todes wegen erworben.

c) Frühere Geschäftsverbindlichkeit des Erblassers

Bei dem geltend gemachten Anspruch muss es sich um eine frühere Geschäftsverbindlichkeit (sog. Altverbindlichkeit)[6] des Erblassers handeln. *V* hat zu seinen Lebzeiten mit *R* einen wirksamen Kaufvertrag i. S. d. § 433 BGB über die Reifen zu einem Preis von 30.000 € geschlossen. Die Verbindlichkeit ist demnach noch vor dem Erbfall entstanden. Es handelt sich deshalb um eine frühere Geschäftsverbindlichkeit des Erblassers *V.*

d) Geschäftsfortführung

E muss das Handelsgeschäft fortgeführt haben. Er hat den Betrieb des Unternehmens weiter aufrechterhalten. Darin ist unproblematisch die Fortführung des Handelsgeschäfts zu sehen.

e) Firmenfortführung

Aufgrund des Wortlautes von § 27 Abs. 1 HGB, der für die Haftung des Erben auf die Vorschriften des § 25 HGB verweist, kann erforderlich sein, dass *E* auch die Firma des von Todes wegen erworbenen Handelsgeschäfts fortgeführt hat.

Bei § 27 Abs. 1 HGB kann es sich um eine Rechtsgrundverweisung auf § 25 HGB handeln.[7] Das haftungsbegründende Tatbestandsmerkmal der Firmenfortführung gem. § 25 Abs. 1 HGB würde somit auch im Falle des Erwerbs des Handelsgeschäfts von Todes wegen eingreifen. Allerdings kann § 27 Abs. 1 HGB auch als Rechtsfolgenverweisung verstanden werden[8] mit der Folge, dass es auf die Firmenfortführung für die Haftungsbegründung nicht ankommt Der Wortlaut der Norm steht einer solchen Auslegung nicht entgegen.

Eine Entscheidung zwischen beiden Auffassungen ist entbehrlich, wenn sie im konkreten Fall zu demselben Ergebnis gelangen. Auf der Grundlage der Wertung von § 27 Abs. 1 HGB als Rechtsfolgenverweisung liegen die drei haftungsbegründenden Tatbestandsmerkmale „einzelkaufmännisches Handelsgeschäft", „Erwerb dieses Han-

---

[5] Zum Verhältnis zwischen § 2 S. 1 HGB einerseits und § 5 HGB andererseits vgl. eingehend Fall 4 Fn. 4.

[6] E/B/J/*Zimmer*, § 27 Rn. 18 ff.; *Koller/Roth/Morck*, § 27 Rn. 6; Oetker/*Vossler*, § 27 Rn. 28 f.; *K. Schmidt*, HandelsR, § 8 IV 1 a (S. 265).

[7] H. M., vgl. BGHZ 113, 132, 135 f.; Baumbach/Hopt/*Hopt*, § 27 Rn. 3; E/B/J/S/*Zimmer*, § 27 Rn. 13; GroßKomm-HGB/*Burgard*, § 27 Rn. 37; Heymann/*Emmerich*, § 27 Rn. 9; *Koller/ Roth/Morck*, § 27 Rn. 5; Oetker/*Vossler*, § 27 Rn. 5; *Canaris*, HandelsR, § 7 Rn. 109; *Bülow*, S. 75; *Jung*, § 19 Rn. 20; *Lettl*, § 5 Rn. 69.

[8] MünchKomm-HGB/*Lieb*, § 27 Rn. 32; Röhricht/Graf v. Westphalen/*Ammon/Ries*, § 27 Rn. 18; *K. Schmidt*, HandelsR, § 8 IV 2 b (S. 268); *ders.*, ZHR 157 (1993), 600, 611 f., 615; *Lieb*, FS Börner (1992), 747, 760 f.

delsgeschäfts von Todes wegen" und „Fortführung des Handelsgeschäfts durch den Erben" vor, und die Firmenfortführung ist für die Haftung des Erben für die Altverbindlichkeiten des früheren Inhabers des Handelsgeschäfts unerheblich. Auf der Grundlage des Verständnisses von § 27 Abs. 1 HGB als Rechtsgrundverweisung hängt die Haftung von *E* hingegen zusätzlich davon ab, ob er die Firma des Handelsgeschäfts fortgeführt hat. Eine Fortführung der Firma liegt vor, wenn der Erbe sie unverändert lässt oder die von ihm vorgenommenen Änderungen nur unwesentlich sind.[9] Die Firmenkontinuität bleibt bestehen, wenn die Firma durch Angabe eines Nachfolgeverhältnisses erweitert wird.[10] *E* hat die Firma des Unternehmens – auch über die dreimonatige Überlegungsfrist des § 27 Abs. 2 HGB hinaus[11] – fortgeführt und lediglich den Zusatz „Nachfolger" angefügt. Dies bricht die Firmenkontinuität nicht. *E* hat danach die Firma des Unternehmens fortgeführt.

Unabhängig davon, ob § 27 Abs. 1 HGB als Rechtsgrund- oder Rechtsfolgenverweisung begriffen wird, liegen sämtliche Tatbestandsvoraussetzungen für die Haftung von *E* für die Verbindlichkeit gegenüber *R* gem. § 27 Abs. 1 i. V. m. § 25 Abs. 1 HGB vor.

2. Haftungsausschlusstatbestände

a) Durch Eintragung eines Haftungsausschlusses im Handelsregister

Einer Haftung von *E* für die (Alt-)Verbindlichkeit gegenüber *R* kann gem. § 27 Abs. 1 i. V. m. § 25 Abs. 2 HGB aber die Eintragung eines Haftungsausschlusses im Handelsregister entgegenstehen. Dies setzt voraus, dass § 25 Abs. 2 HGB im Rahmen der Erbenhaftung i. S. v. § 27 Abs. 1 HGB anwendbar ist. Die Anwendbarkeit des § 25 Abs. 2 HGB bei Fortführung des von Todes wegen erworbenen Handelsgeschäfts durch den Erben wird unterschiedlich beurteilt, je nachdem, wie die Verweisung in § 27 Abs. 1 HGB verstanden wird.

Die Möglichkeit eines Haftungsausschlusses gem. § 25 Abs. 2 HGB auch im Falle der Fortführung des geerbten Handelsgeschäfts durch den Erben kann damit begründet werden, dass in § 27 Abs. 1 HGB auf den ganzen § 25 HGB verwiesen wird und folglich § 25 Abs. 2 HGB auch entsprechend anwendbar sei.[12] Erforderlich sei aber, dass der Erbe zur Wirksamkeit des Haftungsausschlusses dieselben Voraussetzungen erfülle wie derjenige, der das Unternehmen durch Rechtsgeschäft unter Lebenden erworben hat.[13] Das bedeute, dass seine Erklärung eingetragen und bekannt gemacht oder dem Gläubiger mitgeteilt werden müsse.[14] Die Anmeldung zur Eintragung des Haftungsausschlusses in das Handelsregister müsse zudem in zeitlicher Hinsicht

---

[9] E/B/J/S/*Zimmer*, § 27 Rn. 14 i. V. m. § 25 Rn. 54; GroßKomm-HGB/*Burgard*, § 27 Rn. 71 ff. mit Einzelfallbeispielen.

[10] Baumbach/Hopt/*Hopt*, § 22 Rn. 15; GroßKomm-HGB/*Burgard*, § 27 Rn. 71 ff. mit Einzelfallbeispielen.

[11] Es kommt somit vorliegend nicht auf den unter Zugrundelegung der h. M., die von einer Rechtsgrundverweisung des § 27 Abs. 1 HGB ausgeht (vgl. Nachweise Fn. 6), bestehenden Streites an, ob der Erbe die neue Firma unverzüglich wählen muss oder ob ihm auch insoweit die dreimonatige Überlegungsfrist zusteht; vgl. hierzu mit zahlreichen Nachweisen E/B/J/S/ *Zimmer*, § 27 Rn. 15.

[12] H. A., vgl. Baumbach/Hopt/*Hopt*, § 27 Rn. 8; GroßKomm-HGB/*Burgard*, § 27 Rn. 49, 52 ff.; Oetker/*Vossler*, § 27 Rn. 25; *Brox/Henssler*, Rn. 162; *Bülow*, Rn. 243; *Hübner*, Rn. 266; *Jung*, § 19 Rn. 20; *Oetker*, § 4 Rn. 103; Staudinger/*Marotzke*, § 1967 Rn. 58; a. A. E/B/J/S/*Zimmer*, § 27 Rn. 35; Röhricht/Graf v. Westphalen/*Ammon/Ries*, § 27 Rn. 42.

[13] GroßKomm-HGB/*Burgard*, § 27 Rn. 54.

[14] GroßKomm-HGB/*Burgard*, § 27 Rn. 56; *Hübner*, Rn. 266.

unverzüglich nach Aufnahme der geschäftlichen Tätigkeit erfolgen, so dass Eintragung und Bekanntmachung in angemessenem Zeitabstand folgen.[15]

Andererseits kann argumentiert werden, aus der methodischen Einordnung von § 27 Abs. 1 HGB als Rechtsfolgenverweisung auf § 25 Abs. 1 HGB folge zugleich, dass der Haftungsausschlusstatbestand gem. § 27 Abs. 2 HGB als Spezialvorschrift den Haftungsausschlusstatbestand gem. § 25 Abs. 2 HGB verdränge, so dass der Erbe seine Haftung für die Altverbindlichkeiten des von ihm fortgeführten Handelsgeschäfts nicht nach der letztgenannten Vorschrift ausschließen könne.[16]

Eine Entscheidung zwischen beiden Ansichten[17] kann dahinstehen, wenn beide im konkreten Fall zu demselben Ergebnis gelangen. Wird die Anwendbarkeit von § 25 Abs. 2 HGB bei Fortführung des Handelsgeschäfts durch den Erben abgelehnt, kann die von E veranlasste Eintragung des Haftungsausschlusses im Handelsregister und deren Bekanntmachung zwangsläufig nicht zu einem Ausschluss der Haftung von E für die Verbindlichkeit gegenüber R führen. Aber auch im Falle der Anwendbarkeit dieser Vorschrift scheidet ein Haftungsausschluss von E aus, wenn die Voraussetzungen des § 25 Abs. 2 HGB nicht erfüllt sind. Während E schon Anfang Februar 2010 die Geschäftstätigkeit in dem von Todes wegen erworbenen Handelsgeschäft aufgenommen hat, hat er den Antrag auf Eintragung des Haftungsausschlusses erst Mitte Juni 2010, mithin knapp fünfeinhalb Monate später, gestellt. Eine i. S. v. § 121 Abs. 1 S. 1 BGB unverzügliche Beantragung der Eintragung des Haftungsausschlusses in das Handelsregister liegt somit nicht vor. Danach kann die Eintragung und Bekanntmachung des Haftungsausschlusses gegenüber den Gläubigern des verstorbenen V keine Rechtswirkung zugunsten des E als dessen Rechtsnachfolger entfalten.

Somit kommen beide Ansichten zu dem Ergebnis, dass E die Haftung nicht wirksam ausgeschlossen hat. E haftet also trotz Eintragung des Haftungsausschlusses ins Handelsregister persönlich für die Altverbindlichkeit seines Vaters gegenüber R.

b) Geschäftseinstellung i. S. d. § 27 Abs. 2 HGB

Die Haftung von E für die Altverbindlichkeit gegenüber R ist jedoch gem. § 27 Abs. 2 S. 1 HGB ausgeschlossen, wenn er den Geschäftsbetrieb des Autohauses innerhalb von drei Monaten nach Kenntnis von der Erbschaft eingestellt hat.

Seit der Übernahme des Handelsgeschäfts durch E im Februar 2010 bis zur Antragstellung auf Eintragung des Haftungsausschlusses im Handelsregister sind mehr als fünfeinhalb Monate verstrichen, ohne dass E den Geschäftsbetrieb eingestellt hat. Damit ist die Frist von drei Monaten i. S. v. § 27 Abs. 2 S. 1 HGB verstrichen. Selbst

---

[15] BGHZ 29, 1; *Lettl*, § 5 Rn. 71; *Jung*, § 19 Rn. 11; a. A. GroßKomm-HGB/*Burgard*, § 27 Rn. 57 ff.

[16] *K. Schmidt*, HandelsR, § 8 IV 3 (S. 271 f.); Röhricht/Graf v. Westphalen/*Ammon/Ries*, § 27 Rn. 42; E/B/J/S/*Zimmer*, § 27 Rn. 35.

[17] Ausgehend von der Annahme eines Rechtsgrundverweises in § 27 Abs. 1 HGB kann ein Haftungsausschluss auch von der Voraussetzung abhängig gemacht werden, dass der Erblasser den Erben testamentarisch oder in einem Erbvertrag dazu ermächtigt hat; durch diese Voraussetzung soll dem Erfordernis einer „Vereinbarung" nach dem Wortlaut des § 25 Abs. 2 HGB Rechnung getragen werden; vgl. Düringer/Hachenburg/*Hoeniger*, § 27 Anm. 6; *A. Hueck*, ZHR 108 (1941), 1, 7. Diese Ansicht wird indes nicht mehr vertreten; vgl. hierzu E/B/J/S/*Zimmer*, § 27 Rn. 33. Sollte man ihr gleichwohl folgen, würde sie dennoch nicht zu einem Haftungsausschluss zugunsten von E führen, denn es ist nicht ersichtlich, dass V den E zu dem Haftungsausschluss testamentarisch oder durch Erbvertrag ermächtigt hat.

wenn *E* danach den Geschäftsbetrieb noch einstellen sollte, würde dies nichts an seiner Haftung für die Altverbindlichkeiten ändern. Der Haftungsausschlusstatbestand des § 27 Abs. 2 HGB liegt somit nicht vor.

3. Ergebnis

E haftet *R* unbeschränkt gem. § 433 Abs. 2 BGB i. V. m. §§ 27 Abs. 1, 25 Abs. 1 HGB für den Kaufpreis i. H. v. 30.000 €.

B. Abwandlung

I. Anspruch aus § 433 Abs. 2 BGB i. V. m. §§ 27 Abs. 1, 25 Abs. 1 HGB

R kann gegen *E* einen Anspruch i. H. v. 30.000 € aus § 433 Abs. 2 BGB i. V. m. §§ 27 Abs. 1, 25 Abs. 1 HGB haben. *E* hat ein Handelsgeschäft von Todes wegen erworben.[18] Bei dem geltend gemachten Anspruch handelt es sich um eine frühere Geschäftsverbindlichkeit des *V*.[19]

E muss das Geschäft i. S. d. § 27 Abs. 1 HGB fortgeführt haben. *E* hat die Geschäftstätigkeit unmittelbar nach dem Erbfall am 1. 2. 2010 von *V* aufgenommen, wobei er zunächst Firmierung „Autohaus Flitzer e. K." beibehalten hat.

E hat demzufolge das Geschäft grundsätzlich fortgeführt.

1. Einstellung gem. § 27 Abs. 2 S. 1 HGB

Eine Geschäftsfortführung liegt aber gem. § 27 Abs. 2 S. 1 HGB aber ausnahmsweise dann nicht vor, wenn der Erbe die Fortführung des Geschäfts innerhalb von drei Monaten nach Kenntnis von der Erbschaft einstellt.

a) Einstellung durch Firmenänderung

In der Änderung der Firma einen Monat nach Aufnahme der Geschäftstätigkeit von „Autohaus Flitzer e. Kfm." in „Emils Autos e. Kfm." kann die Einstellung des Geschäftsbetriebes i. S. d. § 27 Abs. 2 S. 1 HGB zu sehen sein.

Dafür kann sprechen, dass durch die Änderung der Firma nach außen erkennbar wird, dass die Firma, unter der die Verbindlichkeiten eingegangen worden sind, nicht mehr besteht.[20] Mit der Umfirmierung des Handelsgeschäfts im März 2010 – einen Monat nach Übernahme der Geschäftstätigkeit – hat *E* demnach das von Todes wegen erworbene Handelsgeschäft nicht i. S. d. § 27 Abs. 2 S. 1 HGB fortgeführt sondern eingestellt.

Demgegenüber ist indes entscheidend darauf abzustellen, dass für eine Einstellung i. S. v. § 27 Abs. 2 S. 1 HGB nach Wortlaut und Zweck dieser Norm eine Aufgabe der unternehmerischen Tätigkeit selbst erforderlich ist.[21] Hierfür reicht aber allein die Firmenänderung nicht aus, wenn der Geschäftsbetrieb des von Todes wegen erworbenen Handelsgeschäfts tatsächlich fortgeführt wird. Auch der Normzweck des § 27 Abs. 2 S. 1 HGB spricht dafür, dass allein eine Firmenänderung den Tatbestand des Haftungsausschlusses nicht erfüllt. Die Privilegierung des Erben gem. § 27 Abs. 2 HGB setzt voraus, dass sich dieser vollständig von dem gesetzten Rechtsschein trennt und nicht unter einem anderen Namen weiter als Unternehmensträger tätig bleibt. Sofern also nur die Firma nach Aufnahme der geschäftlichen Tätigkeit

---

[18] S. o.: A. I., II. 1 a).
[19] S. o.: A. I., II. 1 c).
[20] RGZ 56, 196, 199.
[21] GroßKomm-HGB/*Burgard*, § 27 Rn. 62.

nachträglich aufgegeben und durch eine andere ersetzt wird, ist eine Einstellung i. S. d. § 27 Abs. 2 S. 1 HGB abzulehnen.[22]

E hat somit allein dadurch, dass er die Firma geändert hat, das Geschäft nicht i. S. d. § 27 Abs. 2 S. 1 HGB eingestellt.

b) Einstellung durch Veräußerung des Handelsgeschäfts

Eine Einstellung des Geschäfts i. S. d. § 27 Abs. 2 S. 1 HGB kann aber in der Veräußerung des Autohauses unter der Firma „Autohaus Flitzer e. Kfm." an *W* zu sehen sein. Ob die Veräußerung des Handelsgeschäfts einschließlich der Firma eine Geschäftseinstellung i. S. v. § 27 Abs. 2 S. 1 HGB darstellt, wird angesichts des nicht eindeutigen Wortlauts der Norm unterschiedlich beurteilt.

Einstellung des Geschäftsbetriebs i. S. v. § 27 Abs. 2 S. 1 HGB bedeutet die Beendigung der werbenden Tätigkeit. Darunter fällt sicher die Auflösung des zunächst vom Erben fortgeführten Handelsgeschäfts, denn in diesem Falle trennt sich der Erbe endgültig von dem Unternehmen und dem in ihm verkörperten wirtschaftlichen Wert.[23]

Es kann daher geboten sein, die Veräußerung des Unternehmens nicht als Einstellung i. S. d. § 27 Abs. 2 S. 1 HGB zu werten.[24] Zur Begründung hierfür kann angeführt werden, mit der Veräußerung des Handelsgeschäfts trenne sich der Erbe gerade nicht von dem in dem Unternehmen verkörperten Wert.[25] Zudem sei die Übertragung des Geschäfts mit Firma auf einen Dritten nur geeignet, der Annahme der Kontinuität der alten Geschäftsbeziehungen Vorschub zu leisten.[26] Mit diesem Vorgang seien keine hinreichend deutlichen Außenwirkungen verbunden, die die Annahme einer unbeschränkbaren Haftung betreffen könnten.[27]

Folgt man dieser Argumentation, so gilt Folgendes: Die Veräußerung des Geschäfts durch *E* an *W* im April 2010 – also innerhalb der Dreimonatsfrist – stellt keine Einstellung i. S. v. § 27 Abs. 2 S. 1 HGB dar. Dabei ist es unerheblich, dass *E* das Handelsgeschäft unter der alten Firma „Autohaus Flitzer e. Kfm." veräußert hat. Er hat die neue Firma „Emils Autos e. Kfm." lediglich zwei Wochen geführt, so dass nicht zu erwarten ist, dass Gläubiger und Kunden davon in dieser Weise bereits Kenntnis genommen haben. Eine Außenwirkung, die an der unbeschränkten Haftung Zweifel entstehen ließe, ist hier durch die Änderung von „Emils Autos e. Kfm." zurück zu „Autohaus Flitzer e. Kfm." nicht anzuerkennen.

Diese Argumentation vermag aber letztlich nicht zu überzeugen. Sie wird insbesondere dem Wortlaut des § 27 Abs. 2 S. 1 HGB nicht gerecht. Mit der „Fortführung des Geschäfts" meint diese Vorschrift die Fortführung durch den Erben, welche bei der Veräußerung gerade nicht vorliegt.[28] Zudem verlangt die Einstellung i. S. v. § 27 Abs. 2 S. 1 HGB nur die Aufgabe der erbrechtlich erworbenen Unternehmensträgerschaft. Dass sich der Erbe auch von den im Unternehmen verkörperten wirtschaftli-

---

[22] Baumbach/Hopt/*Hopt*, § 27 Rn. 5; GroßKomm-HGB/*Hüffer*, 4. Aufl., § 27 Rn. 26; *Bülow*, Rn. 244; *Hofmann*, S. 131 Fn. 93; *Jung*, § 19 Rn. 19; a. A. MünchKomm-HGB/*Lieb*, § 27 Rn. 35; *Oetker*, § 4 Rn. 101; *Steinbeck*, § 19 Rn. 11.

[23] Vgl. E/B/J/S/*Zimmer*, § 27 Rn. 27; *Steinbeck*, § 19 Rn. 14.

[24] So die wohl noch h. M.; vgl. *RGZ* 56, 196, 199; GroßKomm-HGB/*Hüffer*, 4. Aufl., § 27 Rn. 29; Heymann/*Emmerich*, § 27 Rn. 20 a; *Jung*, § 19 Rn. 19; *A. Hueck*, ZHR 108 (1941), 1, 20.

[25] Heymann/*Emmerich*, § 27 Rn. 20 a.

[26] *RGZ* 56, 196, 199.

[27] GroßKomm-HGB/*Hüffer*, 4. Aufl., § 27 Rn. 28.

[28] E/B/J/S/*Zimmer*, § 27 Rn. 29; MünchKommHGB/*Lieb*, § 27 Rn. 52; *Canaris*, HandelsR, § 7 Rn. 108; *K. Schmidt*, HandelsR, § 8 IV 3 b (S. 274).

chen Werten vollständig trennen müsse, lässt sich dem Wortlaut der Norm hingegen nicht entnehmen. Auch der Normzweck von § 27 Abs. 2 S. 1 HGB spricht dafür, in der Veräußerung des Handelsgeschäfts durch den Erben eine Geschäftseinstellung zu sehen. Erst nach Ablauf der Bedenkzeit von drei Monaten ist die Gleichbehandlung des Erben mit dem Erwerber gem. § 25 Abs. 1 HGB gerechtfertigt. Dann muss es dem Erben aber auch innerhalb dieser Bedenkzeit ermöglicht werden, sich auch durch Veräußerung vollständig von dem Handelsgeschäft zu lösen.[29] Schließlich wird diese Auslegung des § 27 Abs. 2 S. 1 HGB auch den Interessen der Gläubiger gerecht. Veräußert der Erbe das Handelsgeschäft, kann er regelmäßig einen höheren Gegenwert für das „lebende Unternehmen" als Kaufpreis erzielen, als wenn er das Unternehmen zu Zerschlagungswerten auflöst.[30] Der Erlös für das Unternehmen fällt in beiden Fällen in den Nachlass. Des Weiteren kann der Erbe seine Haftung aus § 27 Abs. 1 i. V. m. § 25 Abs. 2 HGB dadurch ausschließen, dass er unmittelbar nach der Übernahme der Geschäftstätigkeit einen Haftungsausschluss in das Handelsregister eintragen lässt. Es stellt für die Gläubiger somit keine unbillige Härte dar, wenn die Veräußerung des Handelsgeschäfts als Einstellung i. S. v. § 27 Abs. 2 S. 1 HGB gewertet wird. Andererseits kann es dem Erben nicht zugemutet werden, innerhalb der ihm eingeräumten dreimonatigen Bedenkzeit für eine vorübergehende Fortführung des Handelsgeschäfts das Risiko einer unbeschränkten Haftung zu tragen.[31]

Demzufolge ist die Veräußerung des Unternehmens mit der Firma als Einstellung i. S. v. § 27 Abs. 2 S. 1 HGB zu werten.[32] Daher hat *E* das Geschäft durch die Veräußerung an *W* eingestellt.

2. Ergebnis

R hat keinen Anspruch gegen *E* aus § 433 Abs. 2 BGB i. V. m. §§ 27 Abs. 1, 25 Abs. 1 HGB auf den Kaufpreis i. H. v. 30.000 €.

II. Anspruch aus einem besonderen Verpflichtungsgrund

R kann gegen *E* bei Nichtfortführung i. S. v § 25 Abs. 1 HGB einen Anspruch aus einem besonderen Verpflichtungsgrund gem. § 433 Abs. 2 BGB i. V. m. §§ 27 Abs. 1, 25 Abs. 3 HGB auf Kaufpreiszahlung i. H. v. 30.000 € haben.

Dazu nennt § 25 Abs. 3 HGB die Kundmachung der Haftung in handelsüblicher Form als besonderen Verpflichtungsgrund. Hierfür ist es erforderlich, dass der Erbe öffentlich – z. B. durch Rundschreiben an die Gläubiger oder durch Zeitungsanzeigen – erklärt, er hafte für die bisherigen Verbindlichkeiten des erworbenen Handelsgeschäfts.[33] Eine solche öffentliche Erklärung hat *E* nicht abgegeben.

R hat danach keinen Anspruch gegen *E* aus einem besonderen Verpflichtungsgrund gem. §§ 27 Abs. 1, 25 Abs. 3 HGB auf Zahlung des Kaufpreises i. H. v. 30.000 €.

---

[29] E/B/J/S/*Zimmer*, § 27 Rn. 30.
[30] *Canaris*, HandelsR, § 7 Rn. 108.
[31] *Bolte*, ZHR 51 (1902), 413, 448 f.
[32] E/B/J/S/*Zimmer*, § 27 Rn. 30; GroßKomm-HGB/*Burgard*, § 27 Rn. 65; *Koller/Roth/ Morck*, § 27 Rn. 9; *Oetker/Vossler*, § 27 Rn. 21; Röhricht/Graf v. Westphalen/*Ammon/Ries*, § 27 Rn. 32; *Bülow*, Rn. 244; *Canaris*, HandelsR, § 7 Rn. 108; *Lettl*, § 5 Rn. 67; *Oetker*, § 4 Rn. 100; *K. Schmidt*, HandelsR, § 8 IV 3 b (S. 273 f.); *Steinbeck*, § 19 Rn. 14; ebenso Baumbach/Hopt/*Hopt*, § 27 Rn. 5, allerdings mit der einschränkenden Bemerkung, die Veräußerung müsse ohne die Firma erfolgen.
[33] Vgl. Baumbach/Hopt/*Hopt*, § 25 Rn. 17; E/B/J/S/*Zimmer*, § 25 Rn. 90; Oetker/*Vossler*, § 25 Rn. 41; Röhricht/Graf v. Westphalen/*Ammon/Ries*, § 25 Rn. 45.

Fall 7. Die salmonellenbelasteten Hühner

Schwerpunkt im Handelsrecht:

Kaufmannsbegriff – Nacherfüllungsanspruch aus §§ 437 Nr. 1, 434, 439 Abs. 1 BGB – Einbeziehung Allgemeiner Geschäftsbedingungen durch kaufmännisches Bestätigungsschreiben – Sachmängelhaftung – kaufmännische Rügeobliegenheit im Streckengeschäft – Verlängerung der Rügefrist durch Allgemeine Geschäftsbedingungen – Rüge durch eine nicht vertretungsberechtigte Person

Sachverhalt

Gustav Gockel (G) hat den elterlichen Bauernhof nach dessen Übernahme neben dem Anbau von Obst für die hauseigene Schnapsbrennerei auch auf die Zucht von freilaufenden Hühnern erweitert. Der Verkauf von Eiern und Hühnern verläuft so erfolgreich, dass G im Laufe der Zeit fünf Personen zur ständigen Mithilfe auf dem Hof und eine Person für Sekretariatsarbeiten anstellt. Für seine ökologische Viehhaltung hat G drei weitere Mitarbeiter fest eingestellt. Zeitweise beschäftigt er daneben auch noch bis zu zehn „Saisonarbeiter", die auf Stundenbasis entlohnt werden. Das Getreide für die Hühner sowie das Viehfutter kauft G insbesondere bei mehreren Bauern aus der Umgebung. Mit seinem Betrieb erzielt G einen Jahresumsatz von ca. 800.000 €.

Hühner und Eier veräußert G unter anderem an die Biofrust Einkaufsgesellschaft mbH & Co. KG (B-KG). Die B-KG führt den Wareneinkauf für die Supermarktkette Biofrust durch. Auf Anforderung der Supermärkte, die jeweils in der Rechtsform einer GmbH betrieben werden, kauft die B-KG Lebensmittel ein und veräußert sie an den jeweiligen Betrieb weiter. Die Lieferung erfolgt regelmäßig direkt an den Supermarkt.

Einer der Supermärkte, die Biofrust Münster GmbH (M-GmbH), hatte im Januar 2010 bei der B-KG 500 frisch geschlachtete Hühner bestellt. Der Einkaufsleiter Hans Hansen (H) der B-KG fragte daraufhin telefonisch bei G an, ob dieser die 500 Hühner zu einem Stückpreis von 2,50 € im Auftrage der B-KG direkt nach Münster liefern könne. G erklärte sich damit einverstanden.

Wie üblich bestätigte H mit Schreiben vom darauf folgenden Tage den Abschluss des Kaufvertrages zwischen der B-KG und G. Dabei wies H wie sonst auch auf die beigefügten Allgemeinen Einkaufsbedingungen der B-KG hin. Diese enthalten unter Anderem folgende Klausel:

„III. Zur Wahrung der kaufmännischen Rügepflicht genügt es, wenn die Mängelanzeige innerhalb von sechs Monaten nach Entdeckung des Mangels abgesandt wird."

G lieferte am 31. 1. 2010 500 Hühner an die M-GmbH. Eine Untersuchung der Tiere am gleichen Tag ergab, dass das Hühnerfleisch mit Salmonellen belastet war. Der Marktleiter Mark Leiter (L) wies ebenfalls noch am gleichen Tag in einem Telefonat mit H auf die Verseuchung der Hühner hin.

Am 3. 2. 2010 fuhr G wieder zum Supermarkt der M-GmbH, wo er regelmäßig Lebensmittel bezieht, die er nach Überschreitung der Mindesthaltbarkeitsdauer an sein Vieh verfüttert. Jurastudent *Jörg (J)*, der aushilfsweise für die Leergutannahme eingestellt ist und dem die Aufregung um das verseuchte Hühnerfleisch nicht verborgen geblieben war, meinte, er müsse die Rechte der M-GmbH wahren, und teilte deshalb *G* mit, dass die gelieferten Hühner mangelhaft gewesen seien. *G* entgegnete, dass er derartige Rügen seitens eines „Grünschnabels" nicht annehme.

Am 24. 2. 2010 entdeckte *H*, dass eine Benachrichtigung des *G* bislang versehentlich unterblieben war. Mit Schreiben vom 24. 2. 2010 wies er *G* darauf hin, dass die Hühner aufgrund der Belastung mit Salmonellen unverkäuflich waren und verlangte Lieferung von mangelfreiem Hühnerfleisch.

Im März 2010 erhebt *G* Klage beim zuständigen Gericht. Er verlangt von der B-KG Bezahlung der am 31. 1. 2010 gelieferten Hühner. Die B-KG verweist darauf, dass *G* mangelhafte Ware geliefert habe.

Ist die Klage des *G* begründet?

Lösung

Die Klage von *G* ist begründet, wenn er gegen die beklagte B-KG einen durchsetzbaren Kaufpreiszahlungsanspruch in Höhe von 1.250 € für die 500 Hühner aus § 433 Abs. 2 BGB hat.

A. Entstehen des Kaufpreiszahlungsanspruchs

Der Kaufpreiszahlungsanspruch von *G* ist entstanden, wenn *G* als Verkäufer und die B-KG als Käufer einen wirksamen Kaufvertrag geschlossen haben. *G* und *H*, der im Namen der B-KG gehandelt hat, haben sich über den Kauf von 500 Hühnern zu einem Stückpreis von 2,50 € geeinigt. Die Erklärung von *H* wirkt nach § 164 Abs. 1 S. 1 BGB für und gegen die B-KG, wenn er Vertretungsmacht für diese Gesellschaft hat. Die Vertretungsmacht des *H* kann sich aus § 54 HGB ergeben. *H* ist Einkaufsleiter bei der B-KG. Als Einkaufsleiter einer Einkaufsgesellschaft, welche den Wareneinkauf für eine Supermarktkette durchführt, ist er gem. § 54 Abs. 1, 2. Fall HGB berechtigt, Lebensmittel namens der B-KG zu bestellen. Der Einkauf von 500 Hühnern gehört auch zum gewöhnlichen Geschäftsbetrieb der B-KG.[1] *H* war daher nach § 54 Abs. 1, 2. Fall HGB zum Abschluss des Kaufvertrages mit *G* bevollmächtigt. Die Erklärung von *H* wirkte damit für und gegen die B-KG, so dass zwischen ihr und *G* ein wirksamer Kaufvertrag vorliegt.

Der Zahlungsanspruch von *G* gegen die B-KG ist daher gem. § 433 Abs. 2 BGB entstanden.

B. Einrede des nicht erfüllten Vertrages

Der Kaufpreisanspruch von *G* muss weiterhin durchsetzbar sein. Dem kann entgegenstehen, dass die B-KG wegen der Lieferung salmonellenbelasteter Hühner die Einrede des nicht erfüllten Vertrages nach § 320 Abs. 1 S. 1 BGB zu erheben berechtigt sein kann.

---

[1] Zur Abgrenzung von gewöhnlichen und außergewöhnlichen Geschäften vgl. Baumbach/ Hopt/*Hopt*, § 54 Rn. 10 f.; E/B/J/S/*Weber*, § 54 Rn. 16 f.; GroßKomm-HGB/*Joost*, § 54 Rn. 46 ff.; *Koller/Roth/Morck*, § 54 Rn. 11; Röhricht/Graf v. Westphalen/*Wagner*, § 54 Rn. 27 f.; *Canaris*, HandelsR, § 13 Rn. 20 ff.

I. Anwendbarkeit der §§ 320 ff. BGB

Die B-KG kann sich auf die Einrede des nicht erfüllten Vertrages gem. §§ 320 ff. BGB nur berufen, wenn diese Vorschriften auf den mit *G* geschlossenen Vertrag anwendbar sind. Voraussetzung hierfür ist das Vorliegen eines gegenseitigen Vertrages und die Nichterfüllung einer im Synallagma stehenden Leistungspflicht.

Der Kaufvertrag als entgeltlicher Austauschvertrag ist ein gegenseitiger Vertrag; bei ihm stehen die Leistungen in einer wechselseitigen Zweckverbindung.[2] Allerdings sind auch bei einem gegenseitigen Vertrag die §§ 320 ff. BGB nur auf diejenigen Leistungspflichten anwendbar, die im Gegenseitigkeitsverhältnis zueinander stehen. Dies gilt grundsätzlich für die Hauptleistungspflichten.[3] Zu den Hauptleistungspflichten des Verkäufers gehört beim Sachkauf neben der Verpflichtung zur Übergabe und Übereignung der Sache (§ 433 Abs. 1 S. 1 BGB) auch die Pflicht des Verkäufers, dem Käufer die Sache frei von Sach- und Rechtsmängeln zu verschaffen (§ 433 Abs. 1 S. 2 BGB).[4] Der Käufer ist im Gegenzug zur Zahlung des Kaufpreises nach § 433 Abs. 2 BGB verpflichtet.[5] Die Einbeziehung der Sachmängelfreiheit in die Hauptpflichten des Verkäufers hat zur Folge, dass der Verkäufer mit Ablieferung einer mangelhaften Sache seine Hauptpflicht noch nicht erfüllt hat. Modifiziert wird dieser Erfüllungsanspruch allerdings nach Ablieferung durch den Nacherfüllungsanspruch gemäß §§ 437 Nr. 1, 439 Abs. 1 BGB.[6] Solange dieser Nacherfüllungsanspruch nicht erfüllt ist, steht dem Käufer die Einrede gemäß § 320 Abs. 1 S. 1 BGB zu.[7] Demzufolge ist ein Zurückbehaltungsrecht der B-KG gem. § 320 Abs. 1 S. 1 BGB gegeben, wenn ihr nach §§ 437 Nr. 1, 439 Abs. 1 BGB ein Nacherfüllungsanspruch zusteht.

II. Bestehen eines Nacherfüllungsanspruchs

Die B-KG kann gegen *G* einen Nacherfüllungsanspruch auf erneute Lieferung von 500 Hühnern gem. §§ 437 Nr. 1, 439 Abs. 1 BGB haben.

1. Voraussetzungen der §§ 437 Nr. 1, 439 Abs. 1 BGB

Die in § 437 BGB normierten Rechte des Käufers setzen voraus, dass die Kaufsache mangelhaft i. S. d. § 434 BGB ist.[8] Der Begriff des Sachmangels wird in § 434 BGB näher konkretisiert. Danach sind vorwiegend die vertraglichen Vereinbarungen (§ 434 Abs. 1 S. 1 BGB) oder der vertraglich vorausgesetzte Gebrauch der Kaufsache (§ 434 Abs. 1 S. 2 Nr. 1 BGB) maßgeblich. Insoweit wird entscheidend auf die Abweichung der Ist- von der Sollbeschaffenheit abgestellt.[9] Bei Fehlen einer solchen Vereinbarung und wenn im Vertrag keine spezielle Verwendung vorausgesetzt wird,

---

[2] Vgl. RGZ 147, 340, 342; BGHZ 15, 102, 105.

[3] Palandt/*Grüneberg*, Einf. v. § 320 Rn. 16, 17.

[4] Palandt/*Weidenkaff*, § 433 Rn. 21.

[5] Die Abnahmepflicht des Käufers nach § 433 Abs. 2 BGB stellt dagegen grundsätzlich eine Nebenpflicht dar, wenn sie nicht ausnahmsweise durch Parteivereinbarung zur Hauptpflicht erhoben worden ist, vgl. RGZ 53, 161, 164; 57, 105, 112; *BGH* NJW 1972, 99; Erman/*Grunewald*, § 433 Rn. 52 ff.; *Larenz*, SchuldR II/1, § 42 I b (S. 94).

[6] *Lorenz*, NJW 2002, 2497; *Büdenbender*, DStR 2002, 312, 315.

[7] Palandt/*Weidenkaff*, § 437 Rn. 14.

[8] Zum Begriff des Sachmangels gem. § 434 BGB vgl. AnwK-BGB/*Büdenbender*, § 434 Rn. 6 ff.; Bamberger/Roth/*Faust*, § 434 Rn. 12 ff.; Jauernig/*Chr. Berger*, § 434 Rn. 8 ff.; Hk-BGB/*Saenger*, § 434 Rn. 3 ff.

[9] Das entspricht dem von der ganz überwiegenden Auffassung zu § 459 Abs. 1 S. 1 BGB a. F. vertretenen subjektiven Fehlerbegriff, vgl. *Däubler*, NJW 2001, 3729, 3732; *Büdenbender*, DStR 2002, 361.

kann ausnahmsweise gem. § 434 Abs. 1 S. 2 Nr. 2 BGB auf objektive Kriterien abgestellt werden.

Die von *G* an die B-KG verkauften Hühner können mangelhaft i. S. v. § 434 Abs. 1 BGB sein. Zwischen *G* und der B-KG wurde weder ausdrücklich noch konkludent eine Vereinbarung über die konkrete Beschaffenheit der geschlachteten Hühner getroffen. § 434 Abs. 1 S. 1 BGB kommt somit nicht in Betracht. Allerdings kann es an einer Eignung der Hühner für die vertraglich vorausgesetzte Verwendung fehlen (§ 434 Abs. 1 S. 2 Nr. 1 BGB). Die Verwendung der Kaufsache wird im Vertrag vorausgesetzt, wenn der Käufer bei Vertragsschluss den Zweck des Kaufs der Sache dem Verkäufer zur Kenntnis bringt und der Verkäufer dem ausdrücklich oder stillschweigend zustimmt.[10] *G* und die B-KG stehen in ständiger Geschäftsverbindung. Der Einkaufsleiter der B-KG hatte *G* auch mitgeteilt, dass das Hühnerfleisch für einen der Supermärkte der M-GmbH bestimmt sein soll und *G* das Fleisch an eine Niederlassung in Münster liefern solle. *G* hat dem nicht widersprochen. Damit haben die Parteien vorausgesetzt, dass das Hühnerfleisch in einem Supermarkt als zum Verzehr geeignetes Lebensmittel verkauft werden kann. Dies war aufgrund der Salmonellenverseuchung der Hühner aber nicht der Fall. Die von *G* gelieferten Hühner waren daher mangelhaft i. S. v. § 434 Abs. 1 S. 2 Nr. 1 BGB.

Der Mangel muss im Zeitpunkt des Gefahrübergangs vorgelegen haben. Maßgeblich hierfür ist gem. § 446 Abs. 1 BGB der Zeitpunkt der Übergabe der Kaufsache. Zum Zeitpunkt der Lieferung der Hühner an die M-GmbH lag deren Salmonellenverseuchung bereits vor. Die B-KG kann somit grundsätzlich von *G* gem. §§ 437 Nr. 1, 439 Abs. 1 BGB Nacherfüllung in Form der Nachlieferung von 500 zum Verzehr geeigneten Hühnern verlangen.[11]

2. Ausschluss des Nacherfüllungsanspruchs

Der Nachlieferungsanspruch der B-KG kann allerdings nach § 377 Abs. 2 HGB ausgeschlossen sein, wenn der Mangel nicht rechtzeitig gem. § 377 Abs. 1 HGB durch die B-KG gerügt worden ist und die Ware damit als genehmigt gilt. Nach § 377 Abs. 1 HGB obliegt es beim Handelskauf dem Käufer, die Ware nach Ablieferung zu untersuchen und dem Verkäufer etwaige Mängel unverzüglich anzuzeigen.[12]

a) Beiderseitiges Handelsgeschäft

§ 377 HGB setzt zunächst das Vorliegen eines beiderseitigen Handelsgeschäfts (§ 343 HGB) voraus. Somit müssen *G* und die B-KG Kaufleute sein.

G kann nach § 1 HGB Kaufmann sein. Dann muss *G* Inhaber eines Gewerbebetriebes sein, der nach Art und Umfang einen in kaufmännischer Weise eingerichteten Geschäftsbetrieb erfordert (§ 1 Abs. 2 HGB).

Unter einem Gewerbe wird jede selbständige, entgeltliche, planmäßige, auf Dauer angelegte und nach außen erkennbare Tätigkeit, bei der es sich nicht um die Aus-

---

[10] Palandt/*Weidenkaff*, § 434 Rn. 22.

[11] Der Käufer kann gem. § 439 Abs. 1 BGB grundsätzlich wahlweise entweder Nachlieferung einer mangelfreien Sache oder die Beseitigung des Mangels vom Verkäufer verlangen. Eine Beseitigung des Mangels durch *G* scheidet gem. § 275 Abs. 1 BGB indes wegen der Art des vorliegenden Mangels – der Salmonellenverseuchung der gelieferten Hühner – aus.

[12] Die Regelung des § 377 Abs. 1 HGB stellt eine echte Obliegenheit des Käufers dar, da ein Unterlassen nach § 377 Abs. 2 HGB nur zur Folge hat, dass der Käufer seine Rechte wegen der mangelhaften Lieferung verliert, vgl. statt aller Baumbach/Hopt/*Hopt*, § 377 Rn. 21; Groß-Komm-HGB/*Brüggemann*, 4. Aufl., § 377 Rn. 60.

übung eines freien Berufes handelt, verstanden.[13] G betreibt auf seinem Bauernhof Hühner- und Viehzucht und baut Obst an, den er zu Schnaps verarbeitet. Hiermit verdient er seinen Lebensunterhalt. Damit liegt ein Gewerbebetrieb des G vor.

Der Gewerbebetrieb des G muss ferner einen in kaufmännischer Weise eingerichteten Geschäftsbetrieb erfordern (vgl. § 1 Abs. 2 HGB). Dies setzt eine Gesamtwürdigung der Verhältnisse voraus. Dabei ist insbesondere auf die Anzahl der Beschäftigten, die Art der Tätigkeit, den Umsatz, die Vielfalt der erbrachten Leistungen und der Geschäftsbeziehungen abzustellen. Nicht erforderlich ist, dass sämtliche Merkmale erfüllt sind; entscheidend ist die Gesamtwürdigung der im konkreten Fall vorliegenden Umstände.[14] G beschränkt seinen Betrieb nicht auf den Anbau von Obst, sondern produziert nebenbei noch Schnaps und züchtet Hühner und Vieh. Er wickelt somit verschiedene Arten von Geschäften ab. Dafür hat er insgesamt neun Personen fest eingestellt und beschäftigt zusätzlich noch zeitweise Saisonarbeiter, die auf Stundenbasis entlohnt werden. Dies macht eine Lohnbuchhaltung erforderlich. Des Weiteren unterhält G Geschäftsbeziehungen zu mehreren Bauern, bei denen er das Hühner- und Viehfutter erwirbt. Auch der Jahresumsatz von ca. 800.000 € ist ein Indiz für einen hinreichend großen Umfang. Somit ist davon auszugehen, dass der Gewerbebetrieb des G einen in kaufmännischer Weise eingerichteten Geschäftsbetrieb erfordert. Die Voraussetzungen von § 1 Abs. 2 HGB liegen damit vor.

Die Kaufmannseigenschaft des G kann indes abzulehnen sein, wenn es sich bei seinem Betrieb nicht um ein Handelsgewerbe,[15] sondern um einen landwirtschaftlichen Betrieb i. S. v. § 3 Abs. 1 HGB handelt. Landwirtschaft setzt Bodenbewirtschaftung voraus. Eine solche ist bei Geflügel- und Viehbetrieben nur gegeben, wenn das Futter schwerpunktmäßig selbst angebaut wird.[16] Zwar baut G das Obst für seine Schnapsproduktion selbst an. Das Futter für die Hühner und das Vieh kauft er aber bei anderen Bauern ein. Zudem bezieht er regelmäßig Lebensmittel von der M-GmbH, die er an sein Vieh weiterverfüttert. G betreibt daher keine Landwirtschaft i. S. v. § 3 Abs. 1 HGB, sondern ein Handelsgewerbe.

Die B-KG ist mangels entgegenstehender Angaben Kaufmann nach §§ 161 Abs. 1, 1 Abs. 2 HGB.

Der Verkauf bzw. Kauf der Hühner gehört sowohl für G wie für die B-KG jeweils zum Betrieb ihres Handelsgewerbes, so dass nach § 343 HGB ein beiderseitiges Handelsgeschäft vorliegt.

b) Ablieferung

Darüber hinaus ist die Ablieferung der Hühner erforderlich. Die Ablieferung i. S. d. § 377 Abs. 1 HGB ist eine tatsächliche Handlung, durch die der Käufer instand gesetzt wird, die Ware an sich zu nehmen und zu prüfen.[17]

---

[13] Vgl. die Nachweise in Fall 5 Fn. 3–6.

[14] Baumbach/Hopt/*Hopt*, § 1 Rn. 23; E/B/J/S/*Kindler*, § 1 Rn. 50; *Oetker*, § 2 Rn. 27 f.; *Steinbeck*, § 9 Rn. 4; *Kögel*, DB 1998, 1802 ff.

[15] Auch Land- und Forstwirtschaft stellen nach h. A. ein Gewerbe i. S. v. § 1 HGB dar, vgl. BGHZ 33, 321; Baumbach/Hopt/*Hopt*, § 3 Rn. 3; E/B/J/S/*Kindler*, § 3 Rn. 3; MünchKomm-HGB/*K. Schmidt*, § 3 Rn. 6; *Oetker*/*Körber*, § 3 Rn. 3; *Canaris*, HandelsR, § 3 Rn. 30; *K. Schmidt*, HandelsR, § 10 VI 1 b (S. 313 f.).

[16] Baumbach/Hopt/*Hopt*, § 3 Rn. 4; *Koller/Roth/Morck*, § 3 Rn. 2; E/B/J/S/*Kindler*, § 3 Rn. 7 ff.; *Oetker*/*Körber*, § 3 Rn. 9; Röhricht/Graf v. Westphalen/*Röhricht*, § 3 Rn. 5; *K. Schmidt*, HandelsR, § 10 VI 2 a aa (S. 316).

G hat die Hühner aber vereinbarungsgemäß nicht an die B-KG, sondern direkt an einen Supermarkt, die M-GmbH, geliefert. Die Ware ist damit nie in den Machtbereich der B-KG gelangt. Beim sog. Streckengeschäft, bei dem der Verkäufer auf Anweisung des Käufers direkt an dessen Abkäufer liefert, ist daher auf die Ablieferung beim Abkäufer des Käufers abzustellen.[18] Eine solche Ablieferung von *G* an die M-GmbH ist erfolgt.

c) Mangelhafte Ware

Die von *G* an die B-KG verkauften Hühner waren wegen ihrer Salmonellenbelastung mangelhaft; der Begriff des Mangels in § 377 Abs. 1 HGB entspricht dem des § 434 BGB.[19]

d) Beachtung der Rügeobliegenheit

Nach § 377 Abs. 1 HGB muss schließlich der Käufer den Mangel unverzüglich rügen.[20]

aa) Rüge durch J

Der bei der M-GmbH als Aushilfe eingestellte *J* kann am 3. 2. 2010 gegenüber *G* eine Rüge für die B-KG ausgesprochen haben. Der Abkäufer des Käufers ist im Zweifel zur Rüge legitimiert, soweit die Ware vereinbarungsgemäß unmittelbar an ihn geliefert wurde.[21]

J kann jedoch ohne Vertretungsmacht gehandelt haben. Das setzt die Anwendbarkeit der §§ 164 ff. BGB auf die Mängelrüge voraus. Grundsätzlich gelten diese Vorschriften für Willenserklärungen. Willenserklärungen sind auf den Eintritt von Rechtsfolgen gerichtet.[22] Die Mängelrüge ist hingegen nicht auf die Herbeiführung einer Rechtsfolge gerichtet, sondern dient dem Erhalt der Mängelansprüche. Sie bezieht sich aber unmittelbar auf Rechte aus dem Kaufvertrag und stellt somit eine geschäftsähnliche Handlung dar, auf welche die Regeln über die Vertretungsmacht analog anwendbar sind.[23] Aus dem Verhalten des *J* ergibt sich zwar, dass dieser im Namen der M-GmbH handeln wollte, aber weder die B-KG noch die M-GmbH hatten der Aushilfskraft *J* Vertretungsmacht erteilt. Eine Heilung der mangelnden Vertretungsmacht wäre, da die Rüge einer einseitigen Willenserklärung gleichzustellen ist, nur im

---

[17] BGHZ 60, 5, 6; 93, 338, 340; *BGH* NJW 2000, 1415, 1417; Baumbach/Hopt/*Hopt*, § 377 Rn. 6; E/B/J/S/*Müller*, § 377 Rn. 14 ff.; GroßKomm-HGB/*Brüggemann*, 4. Aufl., § 377 Rn. 25; Heymann/*Emmerich*, 1. Aufl., § 377 Rn. 11; *Koller/Roth/Morck*, § 377 Rn. 6 a; Oetker/*Koch*, § 377 Rn. 7; *Brox/Henssler*, Rn. 400; *K. Schmidt*, HandelsR, § 29 III 2 c (S. 798 ff.).

[18] *BGH* NJW 1978, 2394; Baumbach/Hopt/*Hopt*, § 377 Rn. 23; E/B/J/S/*Müller*, § 377 Rn. 20, 29; GroßKomm-HGB/*Brüggemann*, 4. Aufl., § 377 Rn. 25; *Koller/Roth/Morck*, § 377 Rn. 6 b; Röhricht/Graf v. Westphalen/*Wagner*, § 377 Rn. 19; zu den allgemeinen Problemen beim Streckengeschäft vgl. *Lettl*, § 12 Rn. 62; *K. Schmidt*, HandelsR, § 29 III 4 b (S. 815 ff.).

[19] Vgl. Baumbach/Hopt/*Hopt*, § 377 Rn. 12; *Koller/Roth/Morck*, § 377 Rn. 5; *Oetker*, § 8 Rn. 32 ff.

[20] Die Untersuchungsobliegenheit (vgl. hierzu ausführlich Baumbach/Hopt/*Hopt*, § 377 Rn. 20 ff.; E/B/J/S/*Müller*, § 377 Rn. 39 ff.; Röhricht/Graf v. Westphalen/*Wagner*, § 377 Rn. 34 ff.) ist für die Falllösung unwesentlich, da Rechtsfolgen ausschließlich an die Rüge geknüpft werden.

[21] GroßKomm-HGB/*Brüggemann*, 4. Aufl., § 377 Rn. 138; MünchKomm-HGB/*Grunewald* § 377 Rn. 61; ebenso *Jung*, § 37 Rn. 13; *Lettl*, § 12 Rn. 79.

[22] Erman/*Palm*, vor § 116 Rn. 1; Palandt/*Ellenberger*, Einf. v. § 116 Rn. 1; *Larenz/Wolf*, BGB AT, § 24 Rn. 1.

[23] Baumbach/Hopt/*Hopt*, § 377 Rn. 32; E/B/J/S/*Müller*, § 377 Rn. 123; MünchKomm-HGB/ *Grunewald*, § 377 Rn. 61; Oetker/*Koch*, § 377 Rn. 75; *Hopt/Mössle*, Rn. 737; *Lettl*, § 12 Rn. 75; *Oetker*, § 8 Rn. 50.

Rahmen der §§ 180 S. 2, 177 BGB analog möglich.[24] Die dafür erforderliche Genehmigung ist allerdings nicht ersichtlich.

Eine rechtswirksame Rüge i. S. v. § 377 Abs. 1 HGB ist somit durch *J* nicht ausgesprochen worden.

bb) Rüge der B-KG, vertreten durch H

Mit Schreiben vom 24. 2. 2010 hat *H* dem *G* die mangelhafte Lieferung angezeigt. Dabei handelte *H* namens der B-KG und im Rahmen seiner Vertretungsmacht nach § 54 Abs. 1, 2. Fall HGB.

(1) Unverzüglichkeit der Rüge

Die Mängelrüge der B-KG kann aber verspätet sein. Die Rüge muss nach § 377 Abs. 1 HGB unverzüglich, d. h. gem. § 121 Abs. 1 S. 1 BGB ohne schuldhaftes Zögern, erfolgen. § 377 HGB bezweckt nach ihrer ratio legis die rasche Abwicklung von Handelsgeschäften im Interesse des Handelsverkehrs. Daher gilt für die Rechtzeitigkeit der Mängelrüge grundsätzlich ein strenger Maßstab.[25] Mängel[26] müssen regelmäßig noch am selben oder am darauf folgenden Tag ihrer Entdeckung angezeigt werden.[27] Danach wäre die Anzeige der B-KG, vertreten durch *H*, vom 24. 2. 2010 verspätet.

Hier besteht aber die Besonderheit, dass die Ware von *G* unmittelbar an die M-GmbH ausgeliefert wurde. Zwar muss der Käufer auch bei der Durchlieferung auftretende Mängel rügen.[28] Es kommt aber eine Verlängerung der Rügefrist in Betracht. Der Verkäufer, der sich mit der Direktlieferung der Ware an einen Abkäufer seines Käufers einverstanden erklärt, kann nicht damit rechnen, dass der Käufer die Ware selbst untersucht, weil dieser dann bei der Ablieferung zugegen sein müsste. Er muss sich vielmehr darauf einstellen, dass der Abkäufer zunächst dem Käufer Mängelanzeige erstattet, bevor dieser ihm gegenüber den Mangel anzeigt. Erfolgen beide Anzeigen unverzüglich, gilt die Anzeige des Erstkäufers gegenüber dem Verkäufer trotz der dadurch möglicherweise eintretenden Verzögerung noch als rechtzeitig.[29] Die B-KG, vertreten durch *H*, wurde hier allerdings schon am 31. 1. 2010 durch den Marktleiter *L* der M-GmbH auf die Verseuchung der Hühner hingewiesen. *H* selbst hat als Vertreter der B-KG dem *G* den Mangel der Ware durch Unachtsamkeit aber erst am 24. 2. 2010 angezeigt. Eine derartige Verzögerung bedeutet auch im Streckengeschäft eine Verspätung der Mängelrüge. Das Verhalten des *H* ist der B-KG nach §§ 278, 166 Abs. 1 BGB zuzurechnen.

Die Rügefrist kann daher von der B-KG versäumt worden sein.

---

[24] Vgl. Baumbach/Hopt/*Hopt*, § 377 Rn. 33; *Lettl*, § 12 Rn. 75.

[25] RGZ 106, 359, 360; *BGH* NJW 1954, 1841; Baumbach/Hopt/*Hopt*, § 377 Rn. 23; E/B/J/S/*Müller*, § 377 Rn. 110; *Koller/Roth/Morck*, § 377 Rn. 16; Röhricht/Graf v. Westphalen/*Wagner*, § 377 Rn. 38.

[26] Zur Unterscheidung der Rechtzeitigkeit der Rüge bei offenen und bei verdeckten Mängeln vgl. *Koller/Roth/Morck*, § 377 Rn. 15 ff.; *Brox/Henssler*, Rn. 410 ff.

[27] *BGH* NJW 1954, 1841.

[28] RGZ 96, 13, 15; 102, 91, 92; BGHZ 110, 130, 138 f.

[29] RGZ 96, 13, 15; Baumbach/Hopt/*Hopt*, § 377 Rn. 37; GroßKomm-HGB/*Brüggemann*, 4. Aufl., § 377 Rn. 38; *Koller/Roth/Morck*, § 377 Rn. 16; Schlegelberger/*Hefermehl*, § 377 Rn. 75; *Hopt/Mössle*, Rn. 746; *K. Schmidt*, HandelsR, § 29 III 4 b (S. 817). Zur besonderen Problematik, wenn im Verhältnis des Erstkäufers zum Zweitkäufer kein Handelsgeschäft und daher keine Rügelast des Zweitkäufers besteht, vgl. *K. Schmidt*, HandelsR, § 29 III 4 b (S. 817 f.).

(2) Verlängerung der Rügefrist durch die Allgemeinen Einkaufsbedingungen der B-KG

Eine Verspätung der Mängelrüge durch die B-KG scheidet aber aus, wenn die dispositive[30] Rügefrist gem. § 377 Abs. 1 HGB durch die Regelung nach Ziff. III ihrer Allgemeinen Einkaufsbedingungen auf sechs Monate nach der Entdeckung des Mangels verlängert worden ist. Bei den Allgemeinen Einkaufsbedingungen der B-KG handelt es sich um AGB i. S. v. § 305 Abs. 1 BGB. Diese AGB – und damit auch deren Ziff. III – müssen in den Kaufvertrag zwischen der B-KG und *G* wirksam einbezogen worden sein.

(a) Einbeziehung von Ziff. III der Einkaufsbedingungen in den Vertrag

(aa) Einbeziehung gem. § 305 Abs. 2 Nr. 1 BGB

Grundsätzlich ist für die Einbeziehung von AGB erforderlich, dass der Verwender die andere Vertragspartei bei Vertragsschluss auf seine AGB hinweist (§ 305 Abs. 2 Nr. 1 BGB) und ihr in zumutbarer Weise die Möglichkeit verschafft, von dem Inhalt der AGB Kenntnis zu nehmen (§ 305 Abs. 2 Nr. 2 BGB) und der andere Vertragsteil mit ihrer Geltung einverstanden ist (§ 305 Abs. 2 a. E. BGB). *G* und die B-KG haben sich weder bei Vertragsschluss ausdrücklich auf die Einbeziehung der Allgemeinen Einkaufsbedingungen der B-KG geeinigt, noch hat die B-KG den *G* zu diesem Zeitpunkt auf ihre Allgemeinen Einkaufsbedingungen hingewiesen und ihm die Möglichkeit ihrer Kenntnisnahme verschafft. Die B-KG, vertreten durch *H*, hat vielmehr erst einen Tag nach Abschluss des Kaufvertrages ihre Allgemeinen Einkaufsbedingungen dem den Vertragsschluss bestätigenden Schreiben beigefügt.

(bb) Einbeziehung gegenüber einem Unternehmer

Gleichwohl können die Allgemeinen Einkaufsbedingungen der B-KG wirksam in den Kaufvertrag zwischen *G* und der B-KG einbezogen worden sein, wenn gem. § 310 Abs. 1 S. 1 BGB hierfür die Erfordernisse des § 305 Abs. 2 BGB nicht beachtet werden müssen. Dann muss die B-KG ihre Einkaufsbedingungen gegenüber einem Unternehmer i. S. v. § 14 BGB verwandt haben. Unternehmer ist gem. § 14 Abs. 1 BGB u. a. jede natürliche Person, die bei Abschluss eines Rechtsgeschäfts in Ausübung ihrer gewerblichen Tätigkeit handelt.[31] *G* hat den Kaufvertrag mit der B-KG im Rahmen seiner gewerblichen Tätigkeit abgeschlossen. Er wurde hierbei mithin in seiner Eigenschaft als Unternehmer i. S. v. § 14 Abs. 1 BGB tätig. Daher müssen die Erfordernisse des § 305 Abs. 2 BGB für die Einbeziehung der Einkaufsbedingungen ihm gegenüber nicht erfüllt sein. Es reicht vielmehr jede Einigung zwischen der B-KG und *G* über die Einbeziehung der Einkaufsbedingungen gem. §§ 145 ff. BGB aus.

(cc) Einbeziehung durch kaufmännisches Bestätigungsschreiben

Die Allgemeinen Einkaufsbedingungen der B-KG können durch Schweigen des *G* auf das Bestätigungsschreiben der B-KG zum Vertragsinhalt geworden sein. Dann

---

[30] Zur Abdingbarkeit des § 377 HGB vgl. ausführlich E/B/J/S/*Müller*, § 346 Rn. 221 ff. und MünchKomm-HGB/*Grunewald*, § 377 Rn. 108 ff. sowie Baumbach/Hopt/*Hopt*, § 377 Rn. 57; *Koller/Roth/Morck*, § 377 Rn. 31 ff; Röhricht/Graf v. Westphalen/*Wagner*, § 377 Rn. 53.

[31] Zum Begriff des Unternehmers gem. § 14 BGB vgl. Palandt/*Ellenberger*, § 14 Rn. 2 ff.; Bamberger/Roth/*Schmidt-Räntsch*, § 14 Rn. 1 ff.; kritisch zur Reichweite des Unternehmerbegriffs *Flume*, ZIP 2000, 1427, 1428; zur sachlichen Abgrenzung der Begriffe Unternehmer, Kaufmann, Verbraucher und Zivilperson vgl. eingehend *Krebs*, DB 2002, 517 ff. und *Dauner-Lieb/Dötsch*, DB 2003, 1666 ff.

müssen die Voraussetzungen der gewohnheitsrechtlich aus § 346 HGB entwickelten Grundsätze über das kaufmännische Bestätigungsschreiben[32] vorliegen.

(aaa) Persönlicher Anwendungsbereich

Die Grundsätze über das kaufmännische Bestätigungsschreiben können zunächst in persönlicher Hinsicht auf *G* und die B-KG anwendbar sein. Die Grundsätze vom kaufmännischen Bestätigungsschreiben haben sich aus Handelsbräuchen entwickelt.[33] Im Handelsverkehr hat sich die vielfach anzutreffende Übung herausgebildet, mündliche, fernmündliche, telegrafische oder fernschriftliche Vertragsabschlüsse noch einmal schriftlich zu bestätigen, um den Inhalt des zuvor zustande gekommenen Vertrages zu Beweiszwecken festzulegen und Irrtümer bzw. Missverständnisse auszuschließen.[34] Daher sind die Grundsätze vom kaufmännischen Bestätigungsschreiben zumindest dann anwendbar, wenn sowohl der Absender als auch der Empfänger des Bestätigungsschreibens Kaufleute sind.[35] Sowohl *G* als auch die B-KG sind Kaufleute, so dass der persönliche Anwendungsbereich für die Grundsätze des kaufmännischen Bestätigungsschreibens eröffnet ist.

(bbb) Sachliche Voraussetzungen

Auch die weiteren Voraussetzungen des kaufmännischen Bestätigungsschreibens müssen erfüllt sein.

Zunächst müssen im Vorfeld zwischen den Parteien Vertragsverhandlungen stattgefunden haben und (zumindest) der Bestätigende muss davon ausgehen können, dass ein Vertrag bereits geschlossen worden ist.[36] Hier haben telefonische Verhandlungen stattgefunden, die bereits zu einem Vertragsschluss zwischen *G* und der B-KG geführt haben. Es liegt mit dem Schreiben der B-KG daher ein echtes Bestätigungsschreiben vor und nicht nur eine Auftragsbestätigung, die als (gegebenenfalls modifizierende) Annahmeerklärung einzuordnen wäre.

Ferner muss das Schreiben der B-KG, um als Bestätigungsschreiben zu gelten, nach seinem äußeren Erscheinungsbild zur Wiedergabe der Verhandlungen ihrem wesentlichen Inhalt nach bestimmt sein.[37] Das setzt voraus, dass *H* mit der Billigung der durch die Klausel Ziff. III eingeführten Verlängerung der Rügefrist rechnen konnte. Dabei kann zweifelhaft sein, ob die nachträgliche Einführung von Allgemeinen Geschäftsbedingungen in einen Vertrag mittels eines kaufmännischen Bestätigungsschreibens überhaupt möglich ist. Weil es sich bei den Grundsätzen des Bestätigungs-

---

[32] Zur Streitfrage nach Geltungsgrund und dogmatischer Herleitung vgl. *E/B/J/S/Joost,* § 346 Rn. 63 f.; *Koller/Roth/Morck,* § 346 Rn. 23; *Canaris,* HandelsR, § 23 Rn. 9 ff.; *K. Schmidt,* HandelsR, § 19 III 1 d (S. 566 f.); *Flume,* BGB AT II, § 36, 5 (S. 664 f.); *Larenz/Wolf,* § 30 Rn. 29; Palandt/*Ellenberger,* § 147 Rn. 8; *Diederichsen,* JuS 1966, 128, 130.

[33] *Brox/Henssler,* Rn. 295; *K. Schmidt,* HandelsR, § 19 III 1 b (S. 564 f.); Palandt/*Ellenberger,* § 147 Rn. 8.

[34] Vgl. *BGH* NJW 1965, 965; *Diederichsen,* JuS 1966, 128, 130.

[35] Vgl. Baumbach/Hopt/*Hopt,* § 346 Rn. 18; *K. Schmidt,* HandelsR, § 19 III 2 (S. 567 f.). Darüber hinaus sind die Grundsätze über das kaufmännische Bestätigungsschreiben nach h. M. auch auf Nichtkaufleute anwendbar, sofern sie durch Führen eines größeren Geschäftsbetriebs wie Kaufleute am Rechtsverkehr teilnehmen, vgl. dazu Baumbach/Hopt/*Hopt,* § 346 Rn. 18; *E/B/J/S/Joost,* § 346 Rn. 76; *Koller/Roth/Morck,* § 346 Rn. 24; *Oetker/Pamp,* § 346 Rn. 51; *Canaris,* HandelsR, § 23 Rn. 45 f.; Palandt/*Ellenberger,* § 147 Rn. 9 und 10 mit zahlreichen Beispielen aus der Rspr.; a. A. *Schmidt-Salzer,* BB 1971, 591, 594.

[36] *BGH* NJW 1965, 965; NJW 1974, 991, 992; 1990, 386; Baumbach/Hopt/*Hopt,* § 346 Rn. 20; *Oetker/Pamp,* § 346 Rn. 41; *Brox/Henssler,* Rn. 297.

[37] *BGH* BB 1961, 271; NJW 1965, 965; *Oetker/Pamp,* § 346 Rn. 44.

schreibens um Ausprägungen des Grundsatzes von Treu und Glauben handelt, kann zu verlangen sein, dass der Absender annimmt, der Inhalt seines Schreibens decke sich vollständig mit den getroffenen Abmachungen. Das ist bei einer nachträglichen Einführung von Allgemeinen Geschäftsbedingungen gerade nicht der Fall. Daher kann zu verlangen sein, dass Allgemeine Geschäftsbedingungen grundsätzlich bereits bei den Vertragsverhandlungen zu erwähnen sind. Ansonsten bestünde die Gefahr, dass die Grundsätze vom kaufmännischen Bestätigungsschreiben zu einem „Einfallstor nachträglich in den Vertrag geschmuggelter Allgemeiner Geschäftsbedingungen" würden.[38] Zulässig seien Regelungen nur insoweit, als sie lediglich eine sinnvolle Ergänzung der mündlich getroffenen Vereinbarungen bildeten.[39] Hier haben die Parteien bei dem Telefonat über den Kauf der Hühner nicht über die Rügelast gesprochen. Die Verlängerung der Rügefrist stellt somit keine Ergänzung der mündlichen Vereinbarungen dar, sondern eine neue Regelung. Eine solche in AGB enthaltene Klausel kann nach dieser Meinung daher nicht durch ein kaufmännisches Bestätigungsschreiben in den Vertrag eingeführt werden.

Diese Argumentation vermag jedoch nicht zu überzeugen. In AGB enthaltene Regelungen können auch aufgrund eines kaufmännischen Bestätigungsschreibens Vertragsinhalt werden, es sei denn, dass der Empfänger mit einer entsprechenden Regelung nicht zu rechnen braucht.[40] Das gilt selbst dann, wenn diese Regelungen in AGB enthalten sind, auf die der Verwender Bezug nimmt, ohne die AGB aber dem Schreiben beizufügen.[41] Nach allgemeinen Grundsätzen bestimmt das widerspruchslos hingenommene Bestätigungsschreiben den Vertragsinhalt nämlich auch dann, wenn es gegenüber dem tatsächlich Vereinbarten abändernde oder ergänzende Regelungen enthält. Nichts anderes gilt bei der Einbeziehung von AGB. Nach den Gepflogenheiten des Handelsverkehrs obliegt es in diesem Fall dem Empfänger, diesen Regelungen unverzüglich zu widersprechen. Andernfalls kann der Absender annehmen, der Empfänger unterwerfe sich ihrer Geltung.[42] Der Absender darf dagegen nicht mit der Billigung seiner AGB rechnen, wenn beide Seiten bei den Verhandlungen vergeblich versucht haben, ihre jeweiligen AGB dem Vertrag zugrunde zu legen oder sich der Empfänger bereits ausdrücklich gegen die Einbeziehung der AGB des anderen Vertragsteils verwahrt hat.[43]

Die Beifügung der AGB in der Vertragsbestätigung entsprach den Geschäftsgepflogenheiten zwischen *G* und der B-KG. Auch haben weder *G* noch die B-KG versucht, bei den Verhandlungen ihre Allgemeinen Geschäftsbedingungen zur Geltung zu bringen. Außerdem sind Regelungen über die Rügeobliegenheiten im Handelsverkehr nicht unüblich. *G* kann sich daher nicht darauf berufen, er habe mit einer solchen Klausel nicht zu rechnen brauchen. Nach den allgemeinen Grundsätzen über die konstitutive Wirkung des Bestätigungsschreibens oblag es ihm, der Klausel in Ziff. III der Allgemeinen Einkaufsbedingungen der B-KG zu widersprechen, wenn er mit ihrer Geltung nicht einverstanden war. Die B-KG durfte deshalb davon aus-

---

[38] *Lieb,* Anm. zu *BGH,* Urt. v. 9. 7. 1970 – VII ZR 70/68, JZ 1971, 137; *Hopt/Mössle,* Rn. 576; *Walchshöfer,* BB 1975, 722 f.

[39] *Walchshöfer,* BB 1975, 719, 723.

[40] BGHZ 7, 187, 190 ff.; *BGH* WM 1969, 1452, 1453; DB 1970, 1777; *Canaris,* HandelsR, § 23 Rn. 27 f.; *K. Schmidt,* HandelsR, § 19 III 3 b (S. 573 ff.); *Schmidt-Salzer,* BB 1971, 591, 597.

[41] BGHZ 7, 187, 190.

[42] BGHZ 7, 187, 191; *BGH* WM 1969, 1452, 1453.

[43] E/B/J/S/*Joost,* § 346 Rn. 89; *Canaris,* HandelsR, § 23 Rn. 27; *K. Schmidt,* HandelsR, § 19 III 5 c (S. 583).

gehen, dass die Einbeziehung ihrer Allgemeinen Einkaufsbedingungen inklusive der Verlängerung der Rügefrist durch die Klausel Ziff. III von *G* gebilligt werde.

Das Bestätigungsschreiben hat aber nur dann konstitutive Wirkung, wenn es in einem engen zeitlichen Zusammenhang mit den Vertragsverhandlungen abgesandt wurde.[44] Hier hat *H* für die B-KG den Vertragsschluss am darauf folgenden Tag bestätigt, so dass dieser zeitliche Zusammenhang gegeben ist.

Schließlich darf *G* der Regelung nicht unverzüglich widersprochen haben.[45] Ein Widerspruch liegt nicht vor.

Sämtliche Voraussetzungen eines kaufmännischen Bestätigungsschreibens sind folglich gegeben. Die Allgemeinen Einkaufsbedingungen der B-KG sind somit Inhalt des Kaufvertrages zwischen der B-KG und *G* geworden.

(b) Wirksamkeit der einbezogenen Klausel

Die einbezogene Klausel über die Verlängerung der Rügefrist zugunsten der B-KG auf sechs Monate muss schließlich wirksam sein. Dazu muss sie einer Inhaltskontrolle nach den §§ 307 ff. BGB standhalten. Gem. § 310 Abs. 1 S. 1 BGB sind die §§ 308, 309 BGB vorliegend nicht anwendbar. Die Klausel Ziff. III der Einkaufsbedingungen der B-KG kann aber nach § 307 Abs. 1, 2 Nr. 1 BGB unwirksam sein. Das setzt voraus, dass diese Klausel mit dem wesentlichen Grundgedanken des § 377 HGB nicht zu vereinbaren ist. Eine Modifizierung der Rügefristen ist zwar in gewissem Umfang zulässig.[46] Ob dies auch für die Verlängerung der Rügefrist auf sechs Monate ab Entdeckung des Mangels gilt, erscheint jedoch sehr zweifelhaft. Die Rechte des Käufers wegen eines Sachmangels verjähren gem. § 438 Abs. 1 Nr. 3 BGB bei beweglichen Sachen grundsätzlich nach zwei Jahren. Der Genehmigungsfiktion des § 377 HGB käme daher zwar auch bei einer so langen Rügefrist noch eine eigenständige Bedeutung zu. Zu beachten ist aber, dass die Rügeobliegenheit des Käufers die Interessen des Verkäufers an einer raschen Abwicklung der Geschäfte im Handelsverkehr schützen soll. Dieser Zweck wird durch eine Verlängerung der Rügefrist auf sechs Monate ausgehebelt.[47]

Die Klausel Ziff. III der Einkaufsbedingungen der B-KG ist deshalb nach § 307 Abs. 1, 2 Nr. 1 BGB unwirksam. Gem. § 306 Abs. 2 BGB richtet sich die Rügefrist somit nach den gesetzlichen Vorschriften. Im Übrigen wirkt sich die unwirksame Klausel gem. § 306 Abs. 1 BGB nicht auf den Restvertrag aus.

Demzufolge ist die von der B-KG, vertreten durch *H*, am 24. 2. 2010 ausgesprochene Mängelanzeige nach § 377 Abs. 1 HGB verspätet. Infolge der Genehmigungsfunktion des § 377 Abs. 2 HGB sind daher Gewährleistungsrechte der B-KG und insoweit auch ihr Nacherfüllungsanspruch aus §§ 437 Nr. 1, 439 Abs. 1 BGB ausgeschlossen. *G* hat folglich seine Hauptleistung bewirkt. Die B-KG kann dem Zahlungsanspruch

---

[44] *BGH* NJW 1964, 1224; Baumbach/Hopt/*Hopt*, § 346 Rn. 21; *Koller/Roth/Morck*, § 346 Rn. 29; Oetker/*Pamp*, § 346 Rn. 46; Röhricht/Graf v. Westphalen/*Wagner*, § 346 Rn. 38; *Brox/Henssler*, Rn. 299.

[45] Zu den Rechtsfolgen eines teilweisen Widerspruchs gegen einzelne Vertragsbedingungen vgl. *BGH* WM 1984, 640; *OLG Köln* NJW-RR 1992, 762; *Koller/Roth/Morck*, § 346 Rn. 31.

[46] GroßKomm-HGB/*Brüggemann*, 4. Aufl., § 377 Rn. 113; Oetker/*Koch*, § 377 Rn. 151.

[47] Vgl. *BGH* DB 1991, 2332 f.; *BGH* NJW 1977, 1150; *Hopt/Mössle*, Rn. 723, jeweils allerdings zur Rechtslage vor der Schuldrechtsreform. Zu dieser Zeit verjährten die Gewährleistungsrechte gem. § 477 Abs. 1 BGB a. F. bereits nach sechs Monaten ab Ablieferung der Ware, so dass nach alter Rechtslage der Rügeobliegenheit keine selbständige Bedeutung mehr zukam.

des *G* aus § 433 Abs. 2 BGB nicht die Einrede des nicht erfüllten Vertrages gem. § 320 Abs. 1 S. 1 BGB entgegenhalten.

C. Ergebnis

Ein durchsetzbarer Zahlungsanspruch des *G* besteht. Das Gericht wird der Klage stattgeben.[48]

---

[48] Sollte die B-KG im Prozess die von *J* zunächst als Vertreter ohne Vertretungsmacht erklärte Mängelrüge (vgl. B. II. 2) d), aa) genehmigen, ändert dies nichts am Ergebnis. Auf die Mängelrüge als einseitige empfangsbedürftige geschäftsähnliche Handlung ist § 180 BGB analog anzuwenden. Die Vorschriften über Verträge, insbesondere § 177 Abs. 1 BGB finden somit nur dann analoge Anwendung, wenn derjenige, dem die Mängelrüge gegenüber erklärt wird, entweder die vom Vertreter behauptete Vertretungsmacht nicht beanstandet hat oder er damit einverstanden gewesen ist, dass der Vertreter ohne Vertretungsmacht gehandelt hat (§ 180 S. 2 BGB analog). Die Entgegnung von *G*, er nehme derartige Rügen seitens eines „Grünschnabels" nicht an, ist zugleich als Beanstandung der Vertretungsmacht von *J* bei der Erklärung der Mängelrüge zu werten (§ 133 BGB). Damit ginge eine Genehmigung der ohne Vertretungsmacht erklärten Mängelrüge durch *J* „ins Leere", würde somit keine Rückwirkung auf den Zeitpunkt der Vornahme der Mängelrüge gem. § 184 Abs. 1 BGB analog bewirken.

Fall 8. Die mangelhafte Drehbank

Schwerpunkt im Handelsrecht:
Kaufmännisches Bestätigungsschreiben

Sachverhalt

Altig (A) ist Produzent von Rennradteilen und als solcher im Handelsregister eingetragen. Anfang 2010 will er die Produktion von Schaltungen der gehobenen Preisklasse aufnehmen. Dafür benötigt er eine hochpräzise Drehbank. *Bartali (B)* ist ein im Handelsregister eingetragener Hersteller solcher Maschinen und für die Qualität seiner Drehbänke in Fachkreisen bekannt. Daher ruft A den B Mitte Februar 2010 an. Am Telefon werden eingehende Vertragsverhandlungen geführt, in denen A und B Übereinstimmung über Ausstattung, Entgelt und Liefertermin einer eigens für den Verwendungszweck des A gefertigten Drehbank erzielen können.

Am nächsten Tag schickt B dem A eine „Auftragsbestätigung", in der er die telefonischen Vertragsverhandlungen vom Vortag zutreffend zusammenfasst. In dieser „Auftragsbestätigung" legt B dem Vertrag seine Allgemeinen Geschäftsbedingungen zugrunde. In ihnen weist B auf die „Bedingungen für die Lieferung von Werkzeugmaschinen für Inlandsgeschäfte" gemäß Blatt 502 des Vereins Deutscher Werkzeugmaschinenfabrikanten e. V. (VDW) hin. Für den Fall von Mängeln an einer Maschine schließt die Klausel Nr. III 3 der Bedingungen des VDW ein Zurückbehaltungsrecht des Bestellers wegen der zu zahlenden Vergütung aus.

Die Maschine wird am 4. 3. 2010 vereinbarungsgemäß geliefert, von B im Betrieb des A aufgestellt und justiert. Noch am selben Tag zahlt A die Hälfte des Kaufpreises. Schon nach kurzer Betriebszeit stellt sich am 7. 3. 2010 heraus, dass die Maschine mit einem schwerwiegenden, wenn auch behebbaren Mangel behaftet ist. A verlangt von B am 8. 3. 2010 unter Hinweis auf den Mangel Mangelbeseitigung und verweigert die Zahlung des noch nicht überwiesenen restlichen Entgeltes i. H. v. 100.000 €. B, der das Geld dringend benötigt, verlangt hingegen sofortige Zahlung.

Hat B einen durchsetzbaren Zahlungsanspruch gegen A?

Abwandlung 1: Wie ist der Fall zu beurteilen, wenn sich das Schreiben des B mit einem ebenfalls am Tage nach dem Telefongespräch abgeschickten Bestätigungsschreiben des A kreuzt, in dem A seinerseits auf die von ihm verwendeten und dem Brief beigefügten Allgemeinen Geschäftsbedingungen verweist, die keinen Ausschluss von Zurückbehaltungsrechten vorsehen?

Abwandlung 2: Schon während der telefonischen Verhandlungen kommt das Gespräch auf die AGB des B. A erklärt sich nicht damit einverstanden, dass B nur zu den Konditionen seiner AGB und damit zu den Bedingungen des VDW liefert. Das Telefongespräch wird beendet, ohne dass eine Vereinbarung getroffen worden ist. Wie im Ausgangsfall schickt (nur) B dem A eine „Auftragsbestätigung" mit seinen AGB zu. A schweigt, B liefert die Maschine am 4. 3. 2010. A nimmt die Maschine noch am selben Tag in Betrieb. Der gleiche Mangel tritt am 7. 3. 2010 auf, den A wiederum am 8. 3.

2010 rügt. A weigert sich, dem Verlangen des B auf Zahlung des Kaufpreises nachzukommen.

Lösung

I. Ausgangsfall

B kann gegen A einen Anspruch auf Zahlung von 100.000 € aus §§ 433 Abs. 2, 651 Abs. 1 S. 1 BGB haben.

1. Vertragsschluss

Zunächst muss zwischen A und B ein Lieferungskauf über eine herzustellende oder zu erzeugende bewegliche Sache i. S. d. § 651 Abs. 1 S. 1 BGB vereinbart worden sein.

Die von A bestellte Drehbank wurde von B speziell für die Anforderungen im Betrieb des A hergestellt. Über die Lieferung dieser Maschine mit einer bestimmten Ausstattung, über das Entgelt sowie über den Liefertermin, also über alle für einen Vertragsschluss wesentlichen Punkte einigten sich A und B bei dem Telefongespräch. Dadurch kam ein entsprechender Lieferungskaufvertrag zustande. Gemäß § 651 Abs. 1 S. 1 BGB finden daher auf den zwischen A und B vereinbarten Vertrag die kaufrechtlichen Vorschriften der §§ 433 ff. BGB Anwendung.[1]

2. Fälligkeit des Vergütungsanspruchs

Der gem. § 433 Abs. 2 BGB aus dem Lieferungskaufvertrag folgende Anspruch von B auf Zahlung der Vergütung muss fällig sein. Der Fälligkeitszeitpunkt bemisst sich mangels spezieller Absprache von A und B nach § 271 Abs. 1 BGB. Danach wird ein Anspruch im Zweifel sofort fällig. Demnach war nach Abschluss des Vertrages der Vergütungsanspruch von B fällig, denn eine Vorleistungspflicht des B wurde nicht vereinbart.

3. Einrede des nicht erfüllten Vertrages

Dem Anspruch von B kann jedoch die Einrede des nicht erfüllten Vertrages gem. § 320 Abs. 1 S. 1 BGB mit der Wirkung entgegenstehen, dass A die Zahlung bis zur Bewirkung der von B zu erbringenden Gegenleistung verweigern kann.

a) Gegenleistungspflicht des B

Dann muss B die von ihm aufgrund des Lieferungskaufvertrages zu erbringende Leistung noch nicht bewirkt haben. B hat die Drehbank an A geliefert, sie aufgestellt und justiert. A hat die Maschine in Betrieb genommen und sie damit gem. § 362 BGB als Erfüllung angenommen. Der primäre Erfüllungsanspruch von A auf Lieferung der Drehbank besteht damit nicht mehr.

Der ursprüngliche Lieferungsanspruch kann sich jedoch mit Ablieferung der Maschine aufgrund ihres Mangels in einen modifizierten Erfüllungsanspruch umgewandelt haben, der auf Beseitigung des Mangels gerichtet ist. Ein solcher Nacherfüllungsanspruch kann sich aus §§ 437 Nr. 1, 439 Abs. 1 BGB ergeben. Das setzt

---

[1] Vgl. zu § 651 BGB AnwK-BGB/*Raab*, § 651 Rn. 6 ff.; Bamberger/Roth/*Voit*, § 651 Rn. 1 ff.; Hk-BGB/*Ebert*, § 651 Rn. 1 ff.; Jauernig/*Mansel*, § 651 Rn. 1 ff.; Palandt/*Sprau*, § 651 Rn. 1 ff.

voraus, dass die zu liefernde Sache mit einem Sachmangel i. S. d. § 434 Abs. 1 BGB behaftet ist und die Beseitigung des Mangels keinen unverhältnismäßigen Aufwand erfordert (§ 439 Abs. 3 S. 1 BGB). Die von *B* an *A* gelieferte Drehbank wies einen schwerwiegenden Mangel auf, so dass von einer Einschränkung ihrer Gebrauchsfähigkeit ausgegangen werden muss; ein Mangel i. S. d. § 434 Abs. 1 S. 2 Nr. 1 BGB liegt damit jedenfalls vor. Anhaltspunkte dafür, dass die Beseitigung des „behebbaren" Mangels für *B* mit einem unverhältnismäßigen Aufwand verbunden wäre, der *B* zur Verweigerung der Mangelbeseitigung gem. § 439 Abs. 3 BGB berechtigen würde, sind nicht ersichtlich. *A* steht deshalb der Mangelbeseitigungsanspruch gegen *B* zu (§§ 437 Nr. 1, 439 Abs. 1 BGB).

Diesen Anspruch muss *A* dem *B* im Rahmen des § 320 Abs. 1 S. 1 BGB entgegenhalten können. Das ist der Fall, wenn die allgemeinen Regeln über die Leistungsstörungen, zu denen § 320 BGB zählt, nicht durch die speziellen Regeln über die Gewährleistungsrechte verdrängt werden. Entscheidend ist somit, ob der Nacherfüllungsanspruch nach §§ 437 Nr. 1, 439 Abs. 1 BGB als Gewährleistungsrecht oder (modifizierter) Erfüllungsanspruch zu werten ist, weil nur der Erfüllungsanspruch in dem nach § 320 BGB erforderlichen synallagmatischen Verhältnis zum Kaufpreisanspruch steht.

Der Anspruch des Käufers auf Nacherfüllung ist logische Folge der Pflicht des Verkäufers zur mangelfreien Lieferung aus § 433 Abs. 1 S. 2 BGB und den eigentlichen Gewährleistungsansprüchen auf Minderung, Rücktritt und Schadensersatz vorangestellt.[2] Somit stellt sich der Nacherfüllungsanspruch nicht als Gewährleistungsrecht, sondern als modifizierter Erfüllungsanspruch dar.[3] Die Einrede des nicht erfüllten Vertrages gem. § 320 Abs. 1 S. 1 BGB kann vom Besteller daher jedenfalls insoweit erhoben werden, als er damit die Behebung des Mangels durch Mangelbeseitigung oder Nachlieferung einer mangelfreien Sache anstrebt.[4] *A* verlangt von *B* die Beseitigung des schwerwiegenden Mangels der gelieferten Drehbank und begehrt damit Nacherfüllung. Die Voraussetzungen des § 320 Abs. 1 S. 1 BGB liegen somit vor.

b) Beachtung der Rügeobliegenheit gem. § 377 Abs. 1 HGB

A kann die Geltendmachung der Einrede des nicht erfüllten Vertrages gem. § 320 BGB indes verwehrt sein, wenn er seine kaufmännische Rügeobliegenheit gem. § 377 Abs. 1 HGB verletzt hat.

aa) Anwendbarkeit des § 377 Abs. 1 HGB

Dann muss die kaufmännische Rügeobliegenheit gem. § 377 HGB in sachlicher und persönlicher Hinsicht auf den zwischen *A* und *B* vereinbarten Lieferungskauf anwendbar sein.

§ 377 HGB ist gem. § 381 Abs. 2 HGB auf den Lieferungskauf gem. § 651 S. 1 BGB anwendbar. Des Weiteren liegt ein beiderseitiger Handelskauf vor. *A* und *B* sind jeweils Kaufleute kraft Eintragung gem. § 2 S. 1 HGB oder gem. § 5 HGB.[5] Der Lie-

---

[2] AnwK-BGB/*Büdenbender*, § 437 Rn. 12; Bamberger/Roth/*Faust*, § 439 Rn. 6; Erman/*Grunewald*, § 437 Rn. 1; Palandt/*Weidenkaff*, § 437 Rn. 4.

[3] AnwK-BGB/*Büdenbender*, § 437 Rn. 12; Bamberger/Roth/*Faust*, § 439 Rn. 6; Palandt/*Weidenkaff*, § 439 Rn. 1.

[4] Erman/*H. P. Westermann*, § 320 Rn. 14; Jauernig/*Chr. Berger*, § 439 Rn. 6 f.; Palandt/*Grüneberg*, Einf v § 320 Rn. 17.

[5] Zum Verhältnis zwischen § 2 S. 1 HGB einerseits und § 5 HGB andererseits vgl. eingehend Fall 4 Fn. 4.

ferungskauf über die Drehbank stellt auch für beide Seiten ein Handelsgeschäft i. S. v. § 343 BGB dar.

§ 377 Abs. 1 HGB ist somit auf den zwischen *A* und *B* vereinbarten Vertrag anwendbar.

bb) Voraussetzungen des § 377 Abs. 1 HGB

A kann das Recht zur Erhebung der Einrede des nicht erfüllten Vertrages gem. § 320 BGB nur dann geltend machen, wenn er den Mangel rechtzeitig gerügt hat und damit die Genehmigungsfiktion gem. § 377 Abs. 2 HGB nicht eingreift.[6] *A* hat indes seine Rügeobliegenheit nicht verletzt. Er hat *B* den Mangel unverzüglich (§ 121 Abs. 1 S. 1 BGB) nach seiner Entdeckung angezeigt. Infolge der Beachtung der kaufmännischen Rügeobliegenheit ist es *A* somit nicht verwehrt, die Einrede des nicht erfüllten Vertrages gem. § 320 BGB geltend zu machen.

c) Ausschluss der Einrede des nicht erfüllten Vertrages

A kann es jedoch nach Klausel Nr. III 3 der Bedingungen des VDW für die Lieferung von Werkzeugmaschinen für Inlandsgeschäfte verwehrt sein, sich auf die Einrede des nicht erfüllten Vertrages zu berufen, weil diese Klausel die Zurückbehaltung der vom Besteller zu zahlenden Vergütung ausschließt und die Allgemeinen Geschäftsbedingungen des *B* auf die Bedingungen des VDW verweisen. Voraussetzung für diesen Zurückbehaltungsausschluss ist, dass die Bedingungen des VDW wirksam in den zwischen *A* und *B* geschlossenen Lieferungskaufvertrag einbezogen worden sind.

aa) Einbeziehung gem. § 305 Abs. 2 BGB

Eine Einbeziehung der AGB in den Vertrag nach § 305 Abs. 2 BGB[7] ist nicht erforderlich, wenn *A* bei Vertragsabschluss als Unternehmer handelte (vgl. § 310 Abs. 1 BGB). Unternehmer ist gemäß § 14 Abs. 1 BGB jede Person, die bei Abschluss des Vertrages in Ausübung ihrer gewerblichen oder selbständigen beruflichen Tätigkeit handelt. *A* ist Produzent von Rennradteilen. Die Drehbank erwirbt er für die Herstellung dieser Rennradteile, so dass er den Vertrag als Unternehmer abschließt und § 305 Abs. 2 BGB somit nicht anwendbar ist. Es gelten vielmehr die allgemeinen Regeln, wonach es darauf ankommt, ob die Einbeziehung vereinbart worden ist.[8] Anlässlich des von *A* und *B* geführten Telefongespräches kam eine Vereinbarung über die Einbeziehung von AGB indes nicht zustande.

bb) Einbeziehung durch kaufmännisches Bestätigungsschreiben

Die AGB können jedoch nach den Grundsätzen über das kaufmännische Bestätigungsschreiben durch eine Änderung der mündlich bereits getroffenen Vereinbarung Vertragsbestandteil geworden sein, weil *B* in der von ihm übersandten „Auftragsbestätigung" von der Geltung seiner Allgemeinen Geschäftsbedingungen ausgegangen ist und *A* nicht widersprochen hat.

---

[6] Die Genehmigungsfiktion des § 377 Abs. 2 HGB erfasst auch die Rechte des Käufers gem. §§ 320 ff. BGB; vgl. *BGH* NJW 1979, 811; Baumbach/Hopt/*Hopt*, § 377 Rn. 48; E/B/J/S/*Müller*, § 377 Rn. 158; MünchKomm-HGB/*Grunewald*, § 377 Rn. 89.

[7] Zu den allgemeinen Voraussetzungen für die Einbeziehung von AGB gem. § 305 Abs. 2 BGB vgl. Fall 6 unter B II 2 d bb (2) (a).

[8] Vgl. AnwK-BGB/*Kollmann*, § 305 Rn. 69; Bamberger/Roth/*Becker*, § 305 Rn. 66; Hk-BGB/*Schulte-Nölke*, § 305 Rn. 19; Jauernig/*Stadler*, § 305 Rn. 18 ff.; Palandt/*Grüneberg*, § 305 Rn. 25 ff.

(1) Persönlicher Anwendungsbereich

Voraussetzung für eine derartige Einbeziehung der AGB in den Vertrag ist zunächst, dass die Regeln über das kaufmännische Bestätigungsschreiben auf *A* und *B* anwendbar sind. Hierfür muss der Empfänger des Schreibens – hier *A* – entweder Kaufmann sein oder ähnlich einem Kaufmann am Geschäftsleben teilnehmen.[9] *A* vertreibt Rennradteile und will seine Produktion noch erweitern. Zudem ist er ins Handelsregister eingetragen, so dass er zumindest Kaufmann kraft Eintragung ist (§ 2 S. 1 HGB oder § 5 HGB[10]). Ob auch der Absender des Schreibens Kaufmann sein muss[11] oder ob es ausreicht, wenn dieser reiner Privatmann ist,[12] kann dahinstehen, wenn auch *B* als Absender den strengeren Anforderungen genügt. *B* ist ein im Handelsregister eingetragener Hersteller von Drehbänken, und damit ebenfalls zumindest Kaufmann kraft Eintragung entweder gem. § 2 S. 1 HGB oder gem. § 5 HGB.[13] Die Grundsätze über das kaufmännische Bestätigungsschreiben sind demnach anwendbar.

(2) Sachliche Voraussetzungen

Ein kaufmännisches Bestätigungsschreiben liegt vor, wenn dem Schreiben Vertragsverhandlungen vorausgegangen sind[14] und das Schreiben den Inhalt eines – zumindest nach der Vorstellung der Parteien – bereits formlos geschlossenen Vertrages wiedergibt.[15] Enthält es Abweichungen von der mündlichen Vereinbarung, muss der Empfänger den Inhalt des Schreibens nur gegen sich gelten lassen, wenn er dieses widerspruchslos hinnimmt. Zwischen *A* und *B* wurde telefonisch ein Vertrag über die fragliche Drehbank geschlossen. In dem von *B* übersandten Schreiben wurden die wesentlichen Punkte dieser Vereinbarung unmittelbar nach Abschluss des Vertrages zusammengefasst. Die Merkmale des kaufmännischen Bestätigungsschreibens (Vertragsbestätigung, zeitliche Nähe zwischen den Vertragverhandlungen und der Bestätigung)[16] liegen damit vor.

Gegen die Annahme eines solchen Bestätigungsschreibens kann indes sprechen, dass *B* das Schreiben als „Auftragsbestätigung" bezeichnete. Bei einer Auftragsbestätigung (im technischen Sinne) handelt es sich um die Annahme eines Vertragsangebotes. Enthält sie Abweichungen vom Angebot, ist die Annahme nach § 150 Abs. 2 BGB als Ablehnung des Antrages verbunden mit einem neuen Angebot zu werten.[17] Der Inhalt des Schreibens wird also, anders als beim kaufmännischen Bestätigungsschreiben, nur durch die ausdrückliche oder konkludente Annahme des neuen Angebots,

---

[9] Baumbach/Hopt/*Hopt*, § 346 Rn. 18; *Canaris*, HandelsR, § 23 Rn. 45 f.; *K. Schmidt*, HandelsR, § 19 III 2 a (S. 568 f.); vgl. auch die Nachweise in Fall 7 Fn. 35.

[10] Zum Verhältnis zwischen § 2 S. 1 HGB einerseits und § 5 HGB andererseits vgl. eingehend Fall 4 Fn. 4.

[11] So *BGH* WM 1962, 301 für ein Vorstandsmitglied gegenüber seiner AG.

[12] So Baumbach/Hopt/*Hopt*, § 346 Rn. 19; a. A. *Lettl*, § 10 Rn. 53; *Oetker*, § 7 Rn. 35; *K. Schmidt*, HandelsR, § 19 III 2 b (S. 570).

[13] Vgl. oben Fn. 10.

[14] Vgl. *BGH* NJW 1990, 386 sowie statt aller *Oetker*, § 7 Rn. 37.

[15] Vgl. allg. Erman/*Armbrüster*, § 147 Rn. 5 ff.; Palandt/*Ellenberger*, § 147 Rn. 11 ff.; sowie die Nachweise in Fall 7 Fn. 37.

[16] Vgl. ausführlich zu den Voraussetzungen eines kaufmännischen Bestätigungsschreibens Fall 7 unter B II 2 d bb (2) (a).

[17] Sog. „modifizierte Auftragsbestätigung", vgl. Bamberger/Roth/*H.-W. Eckert*, § 146 Rn. 17; Erman/*Armbrüster*, § 147 Rn. 15; Hk-BGB/*Dörner*, § 147 Rn. 11; Jauernig/*Jauernig*, § 147 Rn. 7.

nicht aber durch bloßes Schweigen Vertragsbestandteil.[18] *A* und *B* hatten jedoch, wie festgestellt, bereits anlässlich des Telefongesprächs einen Vertrag über die fragliche Drehbank geschlossen. Für die Annahme eines von *A* mündlich gemachten Angebotes und einer Annahmeerklärung des *B* durch das Schreiben ist deshalb kein Raum. Der Sache nach handelte es sich daher um ein kaufmännisches Bestätigungsschreiben; die von *B* gewählte Bezeichnung „Auftragsbestätigung" ist demgegenüber ohne eigenständige Bedeutung und damit für die rechtliche Qualifizierung unerheblich.[19]

Der Inhalt des Bestätigungsschreibens hat sich auch nicht so weit vom Verhandlungsergebnis entfernt, dass der Bestätigende – hier *B* – verständigerweise nicht mit dem Einverständnis des Empfängers – hier also des *A* – rechnen konnte.[20] Anhaltspunkte für ein Hinzufügen der Allgemeinen Geschäftsbedingungen in böser Absicht sind ebenfalls nicht ersichtlich.

A hat dem Schreiben auch nicht widersprochen, so dass der Vertrag mit dem im Bestätigungsschreiben festgelegten Inhalt, also unter Einbeziehung der Klausel Nr. III 3 der Bedingungen des VDW, zustande gekommen ist.

cc) Wirksamkeit der AGB-Regelung

Bedenken gegen die Wirksamkeit der Klausel Nr. III 3 der Bedingungen des VDW bestehen nicht, weil § 309 Nr. 2 a BGB wegen § 310 Abs. 1 BGB ebenfalls nicht anwendbar ist und für das Vorliegen der Voraussetzungen des § 307 BGB keine Anhaltspunkte ersichtlich sind. Der Ausschluss des Zurückbehaltungsrechts nach Klausel Nr. III 3 der Bedingungen des VDW ist damit wirksam. *A* kann sich damit nicht auf § 320 Abs. 1 S. 1 BGB berufen.

4. Ergebnis

B hat einen durchsetzbaren Anspruch gegen *A* auf Zahlung der Restvergütung von 100.000 € gem. §§ 433 Abs. 2, 651 Abs. 1 S. 1 BGB.

II. Abwandlung 1

Ein Anspruch von *B* gegen *A* auf Zahlung von 100.000 € kann sich wiederum aus §§ 433 Abs. 2, 651 Abs. 1 S. 1 BGB ergeben.

1. Entstehung des Vergütungsanspruchs

Zwischen *A* und *B* wurde (wie im Ausgangsfall) fernmündlich ein Lieferungskaufvertrag über die Drehbank geschlossen. Der Anspruch auf Zahlung der Vergütung für die gelieferte Maschine wurde mit Abschluss des Lieferungskaufvertrags sofort fällig (§ 271 Abs. 1 BGB).

2. Einrede des nicht erfüllten Vertrages

A kann jedoch gem. § 320 Abs. 1 S. 1 BGB das Recht zustehen, die Zahlung der noch ausstehenden 100.000 € zu verweigern.[21]

---

[18] BGHZ 61, 282, 285. Zur Abgrenzung zwischen der Auftragsbestätigung und dem kaufmännischen Bestätigungsschreiben vgl. allgemein *Koller/Roth/Morck*, § 346 Rn. 28; *Oetker/Pamp*, § 346 Rn. 40; *K. Schmidt*, HandelsR, § 19 III 3 d (S. 576 f.).
[19] Palandt/*Ellenberger*, § 147 Rn. 12; *K. Schmidt*, HandelsR, § 19 III 3 d (S. 576).
[20] Zu diesem Merkmal des kaufmännischen Bestätigungsschreibens vgl. nur *BGH* NJW 1985, 1333 m. w. N.; *Oetker/Pamp*, § 346 Rn. 60; *Canaris*, HandelsR, § 23 Rn. 25.
[21] Siehe oben I. 3. a).

A hat sein Recht zur Geltendmachung der Einrede des nicht erfüllten Vertrages gem. § 377 Abs. 2 HGB nicht wegen Verletzung der Rügeobliegenheit gem. § 377 Abs. 1 HGB verloren (s. o.).

Die Anwendung des § 320 BGB kann allerdings nach Klausel Nr. III 3 der Bedingungen des VDW ausgeschlossen sein. Voraussetzung für den Ausschluss ist, dass die Allgemeinen Geschäftsbedingungen des *B*, die auf die Bedingungen des VDW verweisen, Vertragsbestandteil geworden sind. Weil der Vertragsschluss zwischen *A* und *B* bereits formlos am Telefon erfolgte, ohne dass von der Geltung Allgemeiner Geschäftsbedingungen die Rede gewesen war, kommt eine Einbeziehung der AGB durch Änderung des mündlich geschlossenen Vertrages auch hier allenfalls nach den Grundsätzen über das kaufmännische Bestätigungsschreiben in Betracht. Die von *B* übersandte „Auftragsbestätigung" erfüllte die Voraussetzungen für ein kaufmännisches Bestätigungsschreiben.[22] Anders als im Ausgangsfall schickte jedoch auch *A* ein Bestätigungsschreiben an *B*, das von dem Bestätigungsschreiben des *B* insoweit abwich, als *A* auf seine AGB Bezug nahm.

a) Dissens nach § 154 Abs. 1 S. 1 BGB?

Die sich *kreuzenden* Bestätigungsschreiben können als einander widersprechende Erklärungen der Parteien gem. § 154 Abs. 1 S. 1 BGB der Wirksamkeit des gesamten Vertrages entgegenstehen. Danach ist ein Vertrag im Zweifel nicht geschlossen, solange sich die Parteien nicht über alle Punkte geeinigt haben, über die eine Vereinbarung getroffen werden sollte. § 154 BGB ist jedoch nicht anwendbar, wenn die Parteien sich trotz der noch offenen Punkte erkennbar vertraglich binden wollten.[23] Eine bindende vertragliche Vereinbarung zwischen *A* und *B* war bereits mündlich am Telefon zustande gekommen. Anhaltspunkte dafür, dass eine der beteiligten Parteien wegen der widersprüchlichen Erklärungen hinsichtlich der AGB nicht an dem geschlossenen Vertrag festhalten wollte, sind auch im Nachhinein nicht ersichtlich geworden. Der Vertrag wurde vielmehr tatsächlich durchgeführt, so dass für eine Anwendung des § 154 Abs. 1 S. 1 BGB kein Raum ist.

b) Einbeziehung der AGB des *B* durch Schweigen des *A*?

Liegt kein Dissens vor, können die Allgemeinen Geschäftsbedingungen des *B* durch das Schweigen von *A* auf das Bestätigungsschreiben des *B* in den Vertrag einbezogen worden sein. *B* wusste aber aufgrund des Schreibens von *A*, das dieser seine eigenen Bedingungen zugrunde legen wollte und folglich mit der Geltung abweichender Regelungen des *B* nicht einverstanden war. Damit kann hier nur gelten, dass das Schweigen auf ein Bestätigungsschreiben dann, wenn beide Seiten verschieden bestätigen, nicht zur Folge hat, dass der Inhalt des Bestätigungsschreibens einer der Vertragsparteien Vertragsbestandteil wird.[24] Eine Ausnahme von diesem Grundsatz kommt allenfalls in Betracht, wenn die Verwendung der abweichenden Klausel sich geradezu aufdrängt und der Empfänger von ihr daher nicht überrascht sein kann.[25] Ein Ausschluss der Einrede des nicht erfüllten Vertrages ist jedoch keineswegs so selbstverständlich, dass *A* ohne weiteres mit einer entsprechenden Klausel rechnen

---

[22] Siehe oben I. 3. b).

[23] Bamberger/Roth/*H.-W. Eckert*, § 154 Rn. 9; Erman/*Armbrüster*, § 154 Rn. 7; Hk-BGB/ *Dörner*, § 154 Rn. 4; Jauernig/*Jauernig*, § 154 Rn. 3; Palandt/*Ellenberger*, § 154 Rn. 2.

[24] Vgl. zu diesem Grundsatz *BGH* NJW 1966, 1070, 1071 m. w. N.

[25] Der *BGH* hielt den Gewährleistungsausschluss in dem von ihm zu entscheidenden Fall (NJW 1966, 1070 f.) „geradezu (für) ein Gebot der wirtschaftlichen Vernunft".

musste. Es bleibt deshalb dabei, dass das Schweigen des *A* auf das Bestätigungsschreiben von *B* nicht zur Einbeziehung der AGB des *B* führte.

c) AGB-Einbeziehung mit partiellem Dissens

Die von *A* und *B* wechselseitig übersandten Bestätigungsschreiben können jedoch als
Angebote zur Änderung des bereits geschlossenen Vertrages durch Einbeziehung der
jeweils genannten Allgemeinen Geschäftsbedingungen zu werten sein. Da die Erklärungen nicht übereinstimmten, kam eine schriftliche Einigung über die Einbeziehung
von AGB nicht zustande. Das zuletzt zugegangene Schreiben kann deshalb nach der
Regel des § 150 Abs. 2 BGB nur als Ablehnung des zuvor zugegangenen Angebots
der Gegenseite, verbunden mit einem neuen Angebot, gewertet werden. Eine
Annahme dieses zuletzt zugegangenen Angebots wäre dann in der Erbringung bzw.
Entgegennahme der vertraglichen Leistung zu sehen.[26]

Gegen diese *„Theorie des letzten Wortes"* spricht jedoch, dass es bei Fällen sich
kreuzender, nicht aufeinander Bezug nehmender Bestätigungsschreiben vom Zufall
abhängt, welches Schreiben zuerst und welches zuletzt zugeht. Eine der Parteien
würde also ohne sachlichen Grund benachteiligt, wollte man ihr einseitig die Pflicht
zum Widerspruch auferlegen. Wegen der auf beiden Seiten zugegangenen Bestätigungsschreiben kann sich vielmehr keine der Parteien darauf berufen, sie habe darauf
vertrauen können, dass ihre AGB bei Ausführung des Vertrages zugrunde gelegt
würden. Interessengerecht ist es daher, die AGB beider Seiten nur insoweit Vertragsbestandteil werden zu lassen, als sie sich nicht widersprechen (Prinzip der sog. Kon-
gruenzgeltung).[27]

Die AGB von *A* und *B* decken sich im Hinblick auf den Ausschluss von Zurückbehaltungsrechten nicht, so dass diese Ausschlussregelung in den AGB des *B* folglich
nicht Vertragsbestandteil geworden ist.

Demzufolge liegen die Voraussetzungen des § 320 Abs. 1 S. 1 BGB vor, und *A* steht
die Einrede des nicht erfüllten Vertrages zu.

3. Ergebnis

B hat gegen *A* keinen durchsetzbaren Anspruch auf Zahlung der restlichen 100.000 €
gem. §§ 433 Abs. 2, 651 Abs. 1 S. 1 BGB.

III. Abwandlung 2

Ein Anspruch von *B* gegen *A* auf Zahlung des Kaufpreises kann sich wiederum aus
§§ 433 Abs. 2, 651 Abs. 1 S. 1 BGB ergeben. Allerdings konnten die Parteien bei
ihrem Telefongespräch keine Einigung erzielen. Ein mündlicher Vertrag ist somit
nicht geschlossen worden.

1. Vertragsschluss durch Schweigen auf kaufmännisches Bestätigungsschreiben

Ein Vertrag kann jedoch durch das Schweigen des *A* auf das von *B* übersandte
Schreiben geschlossen worden sein. Dann müssen die Voraussetzungen für ein kauf-
männisches Bestätigungsschreiben mit rechtserzeugender Wirkung (sog. konstitutives
Bestätigungsschreiben) vorliegen.

---

[26] Vgl. *BGH* LM § 150 Nr. 3 und 6; *OLG Köln* MDR 71, 762. In den genannten Fällen war
jedoch bis zur Erbringung der Leistungen noch keine vertragliche Vereinbarung zustande
gekommen.
[27] H. L. und st. Rspr., vgl. nur BGHZ 61, 282, 289; Bamberger/Roth/*Becker*, § 305 Rn. 82;
Hk-BGB/*Schulte-Nölke*, § 305 Rn. 20; Jauernig/*Stadler*, § 305 Rn. 23; Palandt/*Grüneberg*, § 305
Rn. 55; *Medicus*, Bürgerliches Recht, Rn. 66 und 75.

Es müssen also zumindest Vertragsverhandlungen stattgefunden haben, in deren Verlauf die Vertragsparteien jedenfalls aus der Sicht des Bestätigenden eine Vereinbarung getroffen haben.[28] Hier haben *A* und *B* zwar miteinander telefoniert und dabei über die Bestellung einer Drehbank durch *A* gesprochen. Allerdings ist zwischen *A* und *B* vor Absenden des Bestätigungsschreibens keine Vereinbarung getroffen worden. Den beiden Parteien war bewusst, dass sie sich nicht über den Kauf einer Drehbank einigen konnten. Vielmehr ist die Frage der Lieferbedingungen auch nach Erörterung offen geblieben. Damit liegt ein offener Dissens gem. § 154 Abs. 1 S. 1 BGB vor. Die Regeln über das Bestätigungsschreiben mit rechtserzeugender Wirkung sind deshalb nicht anwendbar; der fehlende Widerspruch des *A* auf das Schreiben führt nicht zum Vertragsschluss.

2. Vertragsschluss durch konkludente Annahme

Ein Lieferungskaufvertrag kann jedoch konkludent bei Lieferung und Entgegennahme der Maschine geschlossen worden sein. Als Vertragsangebot kann dabei die „Auftragsbestätigung" des *B* zu werten sein. Das Telefongespräch war ohne eine Einigung abgebrochen worden, so dass nach Beendigung dieses Telefonats kein wirksames Angebot des *A* mehr bestand, das durch das Schreiben des *B* hätte angenommen werden können (vgl. § 147 Abs. 1 S. 2 BGB). In dem Schreiben des *B* lag folglich ein neues Angebot zum Abschluss des Lieferungskaufvertrages zu den Allgemeinen Geschäftsbedingungen des *B*. Dieses Angebot kann *A* angenommen haben. *A* hat der Lieferung der Drehbank nicht widersprochen. Vielmehr hat er die Maschine bei sich im Betrieb aufstellen lassen und hat sie auch in Betrieb genommen. Dabei hat er zu keinem Zeitpunkt den AGB widersprochen. Folglich handelt es sich bei der Entgegennahme und Inbetriebnahme der Maschine um eine konkludente Annahme des Vertragsangebots des *B*. Damit ist ein Vertrag zwischen *A* und *B* zustande gekommen.

A kann aber wiederum ein Zurückbehaltungsrecht gem. § 320 Abs. 1 S. 1 BGB zustehen. Dieses Recht hat er nicht schon wegen Verletzung der ihm obliegenden Rügepflicht gem. § 377 Abs. 1 HGB verloren (s. o.). *A* kann sich aber dann nicht auf § 320 BGB berufen, wenn die Anwendbarkeit dieser Vorschrift durch die Klausel Nr. III 3 der VDW ausgeschlossen wurde. Das Vertragsangebot des *B* durch das Schreiben enthält auch den Hinweis auf die Vertragsgeltung der VDW. Mit der konkludenten Annahme durch *A* wird damit auch der Ausschluss des Zurückbehaltungsrechts Vertragsbestandteil. Demnach kann *A* gegenüber *B* kein Zurückbehaltungsrecht aus § 320 Abs. 1 S. 1 BGB geltend machen.

3. Ergebnis

B kann damit von *A* die Zahlung des Kaufpreises gem. §§ 433 Abs. 2, 651 Abs. 1 S. 1 BGB verlangen.

---

[28] Baumbach/Hopt/*Hopt*, § 346 Rn. 20.

Fall 9. Die komplizierte Kommission

Schwerpunkt im Handelsrecht:

Annahmeverzug beim Handelskauf gem. § 373 HGB – Selbsthilfeverkauf – Aufrechnung mit und gegen Forderungen aus einem Kommissionsgeschäft – Schutz des guten Glaubens an Verfügungsbefugnis gem. § 366 HGB – Anwendung von § 15 Abs. 1 HGB zu Lasten Dritter

Sachverhalt

Günther Glückspilz (G) hat bei einer Verlosung ein riesiges LCD-Rückprojektions-Fernsehgerät sowie einen DVD-Rekorder gewonnen. Da G aber aufgrund vorheriger Gewinne schon gut ausgestattet ist, möchte er die Geräte verkaufen. Ein eigenständiger Verkauf ist ihm allerdings zu mühsam. Daher beauftragt er den ihm bekannten, im Handelsregister eingetragenen Großhändler *Kurt Kicher (K)* mit dem Verkauf der Geräte gegen eine Provision von 5 %. K nimmt zwar eigentlich keine Verkäufe für andere Personen vor, doch macht er für G eine Ausnahme. K und G einigen sich jedoch darauf, dass K die Geschäfte im eigenen Namen tätigen wird.

K verkauft das Fernsehgerät zum Preis von 2.000 € an *Bernd Bäcker (B)*, der das Gerät bis zum Ende des Monats abholen soll. Da B dieser Absprache nicht nachkommt, lässt K das Fernsehgerät zwei Wochen später zunächst bei einem Geschäftsfreund einlagern, wovon er B auch in Kenntnis setzt. Einige Zeit später droht K dem B die Durchführung eines Selbsthilfeverkaufs an. Als B sich immer noch nicht zur Abnahme bereit erklärt, lässt K den Fernseher öffentlich versteigern, wobei ein Erlös von 1.500 € erzielt wird. Für die Versteigerung fallen Kosten von 300 € an. K fordert nunmehr von B Zahlung von 800 €. B erwidert, K sei noch zur Lieferung des Fernsehgeräts verpflichtet; K hätte ihn von dem Versteigerungstermin in Kenntnis setzen müssen. Überdies könne K von ihm kein Geld verlangen, da ihm – was zutrifft – gegen K noch eine fällige und durchsetzbare Darlehensforderung in Höhe von 3.000 € zustehe.

In der Folgezeit gibt K sein Gewerbe auf, bleibt aber weiterhin im Handelsregister eingetragen. Als G von der Einstellung der Geschäftstätigkeit erfährt, verlangt er von K den DVD-Rekorder zurück. Gleichwohl verkauft und übergibt K den Rekorder an die Reibach-GmbH (R-GmbH); dabei gibt K an, dass er von G zum Verkauf ermächtigt sei.

1. Welche Ansprüche bestehen zwischen B und K hinsichtlich des Verkaufs des Fernsehgeräts?
2. Kann G den DVD-Rekorder von der R-GmbH nach § 985 BGB herausverlangen?

Lösung

Frage 1: Ansprüche zwischen B und K

A. Anspruch von B gegen K auf Lieferung

B kann gegen *K* einen Anspruch auf Lieferung des Fernsehgeräts aus einem Kaufvertrag gem. § 433 Abs. 1 S. 1 BGB haben. *K* als Verkäufer und *B* als Käufer haben einen Kaufvertrag über das Fernsehgerät wirksam abgeschlossen. Der Anspruch von *B* gegen *K* auf Lieferung des Fernsehgeräts (Übergabe und Übereignung gem. § 929 BGB) ist damit entstanden.

Der Lieferungsanspruch von *B* kann jedoch nachträglich untergegangen sein.

I. Erfüllung

In Betracht kommt zunächst Erfüllung gem. § 362 Abs. 1 BGB. Danach erlischt das Schuldverhältnis, wenn die geschuldete Leistung an den Gläubiger bewirkt wird. *K* hat das Fernsehgerät aber nicht an *B* übereignet. Mangels Bewirkung der Leistung an den Gläubiger scheidet ein Anspruchsuntergang wegen Erfüllung gem. § 362 Abs. 1 BGB folglich aus.

II. Hinterlegung

K kann nach § 378 BGB von seiner Verbindlichkeit befreit worden sein, indem er das Fernsehgerät bei einem Geschäftsfreund hat einlagern lassen. Eine Hinterlegung i. S. d. der §§ 372 ff. BGB hat nach § 378 BGB Erfüllungswirkung, sofern die Rücknahme der Sache ausgeschlossen ist. Unabhängig davon, ob das Einlagern im vorliegenden Fall eine Hinterlegung i. S. d. §§ 372 ff. BGB darstellt, ist jedenfalls die Rücknahme der Sache nicht ausgeschlossen worden. Ein Anspruchsuntergang nach § 378 BGB ist daher nicht gegeben.

Möglicherweise kommt aber eine Hinterlegung im Rahmen eines Handelskaufs gem. § 373 Abs. 1 HGB in Betracht. Eine Hinterlegung nach Maßgabe des § 373 Abs. 1 HGB bewirkt allerdings im Gegensatz zur Hinterlegung nach § 378 BGB keine Erfüllung.[1] Ein Anspruchsuntergang wegen Hinterlegung liegt mithin nicht vor.

III. Selbsthilfeverkauf

Der Lieferungsanspruch von *B* kann aber aufgrund der öffentlichen Versteigerung gem. § 373 Abs. 3 HGB erloschen sein. Danach erfolgt ein Selbsthilfeverkauf i. S. d. § 373 Abs. 2 i. V. m. Abs. 1 HGB für Rechnung des Käufers. Ein ordnungsgemäßer Selbsthilfeverkauf hat Erfüllungswirkung; mit seiner Vornahme erlischt also die Lieferpflicht des Verkäufers.[2] Für das Erlöschen der Lieferpflicht des *K* müssen demnach die Voraussetzungen eines ordnungsgemäßen Selbsthilfeverkaufs vorliegen.

1. Handelskauf

Ein ordnungsgemäßer Selbsthilfeverkauf gem. § 373 HGB erfordert zunächst – wie sich systematisch aus der Überschrift des zweiten Abschnitts des vierten Buchs des

---

[1] Baumbach/Hopt/*Hopt*, § 374 Rn. 10; *Koller/Roth/Morck*, §§ 373, 374 Rn. 7; Münch-Komm-HGB/*Grunewald*, §§ 373, 374 Rn. 19; Röhricht/Graf v. Westphalen/*Wagner*, §§ 373, 374 Rn. 12.

[2] Baumbach/Hopt/*Hopt*, § 374 Rn. 24; *Koller/Roth/Morck*, §§ 373, 374 Rn. 14; Münch-Komm-HGB/*Grunewald*, §§ 373, 374 Rn. 28; Röhricht/Graf v. Westphalen/*Wagner*, §§ 373, 374 Rn. 22; *Canaris*, HandelsR, § 29 Rn. 11.

HGB ergibt – einen Handelskauf. Der Kaufvertrag zwischen *K* und *B* muss demnach ein Handelsgeschäft gem. § 343 HGB darstellen, also zum Betrieb des Handelsgewerbes eines Kaufmanns gehören. Dabei reicht für die Anwendung des § 373 HGB ein einseitiger Handelskauf aus (vgl. § 345 HGB), d. h. es ist nicht erforderlich, dass sowohl Verkäufer als auch Käufer Kaufmannseigenschaft besitzen.[3] Maßgeblicher Zeitpunkt für die Kaufmannseigenschaft ist der Vertragsschluss.[4] Bei *K* handelte es sich zumindest zum Zeitpunkt des Vertragsschlusses um einen im Handelsregister eingetragenen Großhändler und damit jedenfalls um einen Kannkaufmann i. S. v. §§ 2, 1 Abs. 1 HGB. Der Kaufvertrag gehörte mangels anderer Anhaltspunkte auch zum Betrieb seines Handelsgewerbes (Vermutung gem. § 344 Abs. 1 HGB) und stellte damit ein Handelsgeschäft dar. Ein Handelskauf liegt mithin vor.

2. Annahmeverzug des B

B als Käufer muss nach § 373 Abs. 1 HGB mit der Annahme der Ware im Verzug gewesen sein. Hierfür müssen die Voraussetzungen der §§ 293 ff. BGB erfüllt sein. Nach § 293 BGB kommt der Gläubiger in Verzug, wenn er die ihm angebotene Leistung nicht annimmt. Dabei reicht gem. § 295 S. 1 BGB ein wörtliches Angebot, wenn der Gläubiger die geschuldete Sache abzuholen hat, bzw. die Aufforderung zur Abholung gem. § 295 S. 2 BGB. Vorliegend sollte *B* das Fernsehgerät abholen und hat dies trotz Aufforderung des *K* (spätestens im Rahmen der Androhung der Versteigerung) nicht getan. Daher befand sich *B* im Annahmeverzug gem. §§ 373 Abs. 1 HGB, 293 ff. BGB.

3. Rechtzeitige Androhung

K muss den Selbsthilfeverkauf gegenüber *B* gem. § 373 Abs. 2 S. 1, 1. Halbs. HGB rechtzeitig[5] angedroht haben. Im Rahmen der Androhung braucht der Verkäufer nicht anzugeben, ob er eine öffentliche Versteigerung oder einen Verkauf aus freier Hand erwägt; vielmehr reicht die pauschale Androhung eines Selbsthilfeverkaufs aus.[6] Vorliegend hat *K* einen Selbsthilfeverkauf angedroht. *B* hätte den Selbsthilfeverkauf auch noch durch Abnahme des Fernsehgeräts abwenden können. Eine rechtzeitige Androhung des Selbsthilfeverkaufs ist damit gegeben.

4. Benachrichtigung vom Versteigerungstermin

Ein Erlöschen der Lieferpflicht wegen ordnungsgemäßen Selbsthilfeverkaufs kann daran scheitern, dass *K* den *B* nicht vom Versteigerungstermin in Kenntnis gesetzt hat. Nach § 373 Abs. 5 S. 1, 1. Halbs. HGB hat der Verkäufer den Käufer von Zeit und Ort der Versteigerung vorher zu benachrichtigen. Dies ist vorliegend nicht erfolgt. Ein Erlöschen der Lieferpflicht scheidet aber nur aus, wenn die Benachrichtigung Wirksamkeitsvoraussetzung des Selbsthilfeverkaufs ist. Das Unterlassen der Benachrichtigung kann jedoch lediglich einen Schadensersatzanspruch nach § 373 Abs. 5 S. 2 HGB begründen, die Wirkung des Selbsthilfeverkaufs beeinträchtigt es

---

[3] Zur rechtspolitischen Kritik siehe MünchKomm-HGB/*Grunewald*, §§ 373, 374 Rn. 3 m. w. N. sowie *K. Schmidt*, HandelsR, § 29 I 2 b (S. 783 f.).

[4] MünchKomm-HGB/*Grunewald*, vor § 373 Rn. 2; *Canaris*, HandelsR, § 29 Rn. 1 i. V. m. § 20 Rn. 3, 12.

[5] Zur Rechtzeitigkeit der Androhung i. S. v. § 373 Abs. 2 S. 1 HGB vgl. GroßKomm-HGB/*Koller*, 4. Aufl., § 374 Rn. 35; MünchKomm-HGB/*Grunewald*, §§ 373, 374 Rn. 21.

[6] RGZ 109, 134, 135; GroßKomm-HGB/*Koller*, 4. Aufl., § 374 Rn. 34; *Koller/Roth/Morck*, §§ 373, 374 Rn. 9; Röhricht/Graf v. Westphalen/*Wagner*, §§ 373,374 Rn. 16; *Lettl*, § 12 Rn. 19; a. A. MünchKomm-HGB/*Grunewald*, §§ 373, 374 Rn. 21.

hingegen nicht.[7] Ein Erlöschen der Lieferpflicht ist mithin nicht wegen unterlassener Benachrichtigung vom Versteigerungstermin ausgeschlossen.

Die Voraussetzungen des Selbsthilfeverkaufs nach § 373 HGB sind damit gegeben. Der Anspruch des *B* gegen *K* auf Lieferung des Fernsehgeräts ist folglich gem. § 373 Abs. 3 HGB erloschen.

IV. Ergebnis

B hat gegen *K* keinen Anspruch auf Lieferung des Fernsehgeräts.

B. Anspruch von K gegen B auf Zahlung des Kaufpreises i. H. v. 2.000 € gem. § 433 Abs. 2 BGB

K kann gegen *B* einen Anspruch auf Zahlung des Kaufpreises aus einem Kaufvertrag gem. § 433 Abs. 2 BGB haben. Den hierfür erforderlichen Kaufvertrag in Form des Kaufs eines Fernsehgeräts zum Preis von 2.000 € haben *K* und *B* vorliegend geschlossen. In dieser Höhe ist daher ein entsprechender Zahlungsanspruch des *K* gegen *B* gem. § 433 Abs. 2 BGB entstanden.

Der Zahlungsanspruch kann aber erloschen sein. Mangels Zahlung von *B* an *K* ist ein Erlöschen wegen Erfüllung gem. § 362 Abs. 1 BGB nicht gegeben. Möglich sind jedoch weitere Erlöschensgründe.

I. Selbsthilfeverkauf

In Betracht kommt ein Erlöschen des Kaufpreiszahlungsanspruchs aufgrund des Selbsthilfeverkaufs gem. § 373 Abs. 3 HGB. Dafür muss die von *K* eingeleitete Versteigerung Erfüllungswirkung haben. Nach § 373 Abs. 3 HGB erfolgt der Verkauf für Rechnung des Käufers. Dies bedeutet, dass der Verkäufer kraft Gesetzes die Stellung eines Beauftragten hat.[8] Der Selbsthilfeverkauf hat jedoch bezüglich der Kaufpreisforderung (im Gegensatz zum Anspruch des Käufers auf Lieferung)[9] keine Erfüllungswirkung; der Verkäufer kann lediglich mit seiner Kaufpreisforderung gegen den Anspruch des Käufers auf Herausgabe des beim Selbsthilfeverkauf erzielten Erlöses gem. § 667 BGB aufrechnen.[10] Der Kaufpreisanspruch ist somit nicht unmittelbar aufgrund der Versteigerung erloschen.

II. Aufrechnung von K

Die Forderung ist jedoch gem. § 389 BGB erloschen, soweit *K* wirksam gegenüber *B* aufgerechnet hat.

1. Gegenseitigkeit der Forderungen

Voraussetzung dafür ist zunächst, dass zwei Personen „einander" Leistungen schulden (Gegenseitigkeit):[11] Der Gläubiger der Hauptforderung muss mit dem Schuldner der Gegenforderung übereinstimmen und umgekehrt.[12]

---

[7] Baumbach/Hopt/*Hopt*, § 374 Rn. 27; GroßKomm-HGB/*Koller*, 4. Aufl., § 374 Rn. 46.

[8] GroßKomm-HGB/*Koller*, 4. Aufl., § 374 Rn. 54; MünchKomm-HGB/*Grunewald*, §§ 373, 374 Rn. 29; *Canaris*, HandelsR, § 29 Rn. 10; *Oetker*, § 8 Rn. 15.

[9] S. o. A. III.

[10] Baumbach/Hopt/*Hopt*, § 374 Rn. 24; GroßKomm-HGB/*Koller*, 4. Aufl., § 374 Rn. 54 Röhricht/Graf v. Westphalen/*Wagner*, §§ 373, 374 Rn. 22.

[11] Bamberger/Roth/*Dennhardt*, § 387 Rn. 17; Erman/*Wagner*, § 387 Rn. 2.

[12] Bamberger/Roth/*Dennhardt*, § 387 Rn. 17; *Jauernig/Stürner*, § 387 Rn. 4 f.; Palandt/*Grüneberg*, § 387 Rn. 4.

K, der den Selbsthilfeverkauf wie ein Beauftragter durchgeführt hat, ist gem. § 667 BGB gegenüber *B* zur Herausgabe des Erlangten, nämlich des Versteigerungserlöses i. H. v. 1.500 €, verpflichtet. *B* schuldet *K* die Zahlung des Kaufpreises für den Fernseher aus § 433 Abs. 2 BGB. Damit liegen gegenseitige Ansprüche vor.

Dieses Ergebnis wird auch nicht durch § 392 Abs. 2 HGB in Frage gestellt. Die Aufrechnungsmöglichkeit des Kommissionärs richtet sich allein nach § 392 Abs. 1 HGB.[13] Eine pflichtwidrig vom Kommissionär vorgenommene Verrechnung ist im Außenverhältnis wirksam und löst allenfalls Schadensersatzpflichten gegenüber dem Kommittenten aus.[14]

2. Sonstige Aufrechnungsvoraussetzungen

Die Leistungspflichten von *K* und *B* haben beide die Zahlung von Geld zum Gegenstand und sind damit gleichartig i. S. v. § 387 BGB.

An der Durchsetzbarkeit der Kaufpreisforderung des *K* (§ 390 BGB) bestehen ebenso wenig Zweifel wie an der Erfüllbarkeit des Anspruchs auf Herausgabe des Versteigerungserlöses.

Die gem. § 388 S. 1 BGB erforderliche Erklärung kann auch konkludent erfolgen.[15] Ausreichend hierfür ist, dass der Aufrechnungswille deutlich zu erkennen ist.[16] Indem *K* nur noch die Versteigerungskosten (300 €) und den Restkaufpreis (500 €) einfordert, macht er deutlich, dass der andere Teil des Kaufpreises (1.500 €) mit dem Herausgabeanspruch des *B* verrechnet werden soll. Sein Verhalten lässt also eindeutig auf einen Willen zur Aufrechnung schließen. *K* hat somit konkludent die Aufrechnung i. H. v. 1.500 € erklärt.

Gründe, die eine Aufrechnung von *K* ausschließen (§§ 392 ff. BGB), sind nicht ersichtlich.

Die Kaufpreisforderung ist somit i. H. v. 1.500 € erloschen.

III. Aufrechnung von B

Möglicherweise kann der Anspruch von *K* auf Zahlung des restlichen Kaufpreises von 500 € dadurch erloschen sein, dass *B* die Aufrechnung mit einer gegen *K* gerichteten Darlehensrückzahlungsforderung erklärt hat.

Die Kaufpreisforderung und die Darlehensrückzahlungsforderung sind beide Geldschulden und daher gleichartig. Die Darlehensrückzahlungsforderung von *B* ist durchsetzbar (§ 390 BGB), seine Pflicht zur Zahlung des (Rest-)Kaufpreises ist erfüllbar. Indem *B* dem Forderungsverlangen des *K* den eigenen Anspruch entgegenhält, erklärt er schlüssig die Aufrechnung. Ein Aufrechnungsverbot der §§ 392 ff. BGB greift nicht ein.

Die Wirksamkeit der Aufrechnung von *B* hängt somit allein davon ab, ob es sich um wechselseitige Forderungen handelt.

---

[13] MünchKomm-HGB/*Häuser*, § 392 Rn. 27; kritisch dazu im Hinblick auf inkonnexe Forderungen *K. Schmidt*, HandelsR, § 31 V 4 b (S. 902 f.). Zu den Wirkungen des § 392 Abs. 2 HGB bei Aufrechung durch den Vertragspartner des Kommissionärs s. u. B III 2.

[14] *v. Gierke/Sandrock*, § 27 VI 1 b (S. 472).

[15] BGHZ 26, 241, 244; *BGH* WM 1994, 2215, 2216; Bamberger/Roth/*Dennhardt*, § 388 Rn. 2.

[16] Bamberger/Roth/*Dennhardt*, § 388 Rn. 2; Erman/*Wagner*, § 388 Rn. 2.

1. Gegenseitigkeit grundsätzlich gegeben

Die Gegenseitigkeit von Forderungen ist anzunehmen, wenn der Gläubiger der Hauptforderung identisch mit dem Schuldner der Gegenforderung ist und gleichzeitig der Gläubiger der Gegenforderung mit dem Schuldner der Hauptforderung übereinstimmt.[17] *K* verlangt von *B* Kaufpreiszahlung, *B* im Gegenzug von *K* Rückzahlung eines Darlehens. Die Gegenseitigkeit ist danach grundsätzlich gegeben.

2. Fehlende Gegenseitigkeit gem. § 392 Abs. 2 HGB

Die Gegenseitigkeit der Forderungen kann jedoch gem. § 392 Abs. 2 HGB ausgeschlossen sein. Danach gelten Forderungen aus einem Kommissionsgeschäft (hier: Kaufpreisanspruch) im Verhältnis zwischen dem Kommittenten (hier: *G*) und dem Kommissionär (hier: *K*) sowie dessen Gläubigern (hier: *B*) bereits vor der Abtretung als Forderungen des Kommittenten. Die Aufrechnung eines Kommissionärsgläubigers gegen eine derartige Forderung des Kommissionärs scheitert dann daran, dass ihm gegenüber der Kommittent und nicht der Kommissionär Gläubiger des Anspruchs ist.

Eine solche fehlende Gegenseitigkeit setzt gem. § 392 Abs. 2 i. V. m. Abs. 1 HGB voraus, dass es sich bei dem Kaufpreisanspruch von *K* um eine Forderung handelt, die aus einem von einem Kommissionär abgeschlossenen Geschäft stammt.

a) Kommissionärseigenschaft des K

Für die Kommissionärseigenschaft erforderlich ist der gewerbsmäßige An- oder Verkauf von Waren oder Wertpapieren im eigenen Namen und für fremde Rechnung (§ 383 Abs. 1 HGB). Für die Gewerbsmäßigkeit ist die dauerhafte Vornahme derartiger Geschäfte erforderlich.[18]

K hat den Verkauf des Fernsehgeräts und des DVD-Rekorders und damit von Waren übernommen. Er handelte im eigenen Namen und für Rechnung des *G*. Allerdings wurde *K* nur ausnahmsweise als Verkäufer für eine andere Person tätig. Eine dauerhafte und damit gewerbsmäßige Tätigkeit liegt nicht vor. *K* ist folglich kein Kommissionär i. S. v. § 383 Abs. 1 HGB.

Die §§ 383 ff. HGB finden allerdings gem. § 406 Abs. 1 S. 2 HGB auch Anwendung, wenn ein Kaufmann nur gelegentlich den An- oder Verkauf von Waren im eigenen Namen und für fremde Rechnung im Betrieb seines Handelsgewerbes übernimmt (Gelegenheitskommissionär). *K* besaß jedenfalls zum maßgeblichen Zeitpunkt des Vertragsschlusses die Kaufmannseigenschaft; der Verkauf gehörte auch zum Betrieb seines Handelsgewerbes.[19] Folglich sind die §§ 383 ff. HGB und damit auch § 392 Abs. 2 HGB anwendbar.[20]

b) Forderung aus einem vom Kommissionär abgeschlossenen Geschäft

Unter Forderungen aus einem vom Kommissionär abgeschlossenen Geschäft fallen sämtliche Ansprüche, die aus dem für Rechnung des Kommittenten geschlossenen

---

[17] S. o. B. II. 1.
[18] MünchKomm-HGB/*Häuser*, § 383 Rn. 14; allgemein zum handelsrechtlichen Gewerbebegriff vgl. die Nachweise in Fall 1 Fn. 1 und Fall 5 Fn. 3 bis 6.
[19] S. o. A. III. 1.
[20] Vgl. *BGH* NJW 1960, 1852, 1853; MünchKomm-HGB/*Häuser*, § 406 Rn. 10; einschränkend u. a. GroßKomm-HGB/*Koller*, 4. Aufl., § 406 Rn. 3 und *Hüffer*, JuS 1991, 195, 198, die die Anwendbarkeit des § 392 Abs. 2 HGB im Fall der Gelegenheitskommission davon abhängig machen, dass das Handeln für fremde Rechnung offenkundig ist.

Vertrag (Ausführungsgeschäft) entstehen.[21] Der Kaufpreisanspruch resultiert aus dem zur Ausführung der Kommission geschlossenen Kaufvertrag zwischen *K* und *B*. Eine Forderung i. S. v. § 392 Abs. 2 i. V. m. Abs. 1 HGB liegt demnach vor.

c) Teleologische Reduktion des § 392 Abs. 2 HGB für Aufrechnung des Vertragspartners

Nach § 392 Abs. 2 HGB gilt der Kommittent den Gläubigern des Kommissionärs gegenüber bereits vor Abtretung dieser Ansprüche als Forderungsinhaber. Das bedeutet: Für den Gläubiger der Darlehensforderung *B* ist nicht der Kommissionär *K*, sondern der Kommittent *G* Inhaber der Kaufpreisforderung. Eine Aufrechnung von *B* scheidet mangels Gegenseitigkeit damit im Grundsatz aus.

Die vorliegende Konstellation weist allerdings die Besonderheit auf, dass Vertragspartner des Ausführungsgeschäfts und Gläubiger des Kommissionärs identisch sind. *B* ist Schuldner der Kaufpreisforderung und gleichzeitig Gläubiger des Darlehensrückzahlungsanspruchs gegen *K*. Möglicherweise kann § 392 Abs. 2 HGB in diesem Fall unanwendbar sein.

Hinsichtlich der Anwendbarkeit des § 392 Abs. 2 HGB bei Personenidentität von Kommissionsgläubiger und Schuldner des Ausführungsgeschäfts kann danach zu differenzieren sein, ob die zur Aufrechnung gestellte Forderung ihren Ursprung im Ausführungsgeschäft hat (konnexe Forderung) oder nicht (inkonnexe Forderung).[22] Die Aufrechenbarkeit mit konnexen Forderungen wird dabei einhellig bejaht.[23] Die Gegenforderung des *B* ist jedoch eine Darlehensforderung, die in keinerlei Zusammenhang zum Ausführungsgeschäft (Kaufvertrag) steht. Somit handelt es sich um eine inkonnexe Forderung.

Die Anwendung des § 392 Abs. 2 HGB bei nicht aus dem Ausführungsgeschäft resultierenden Gegenforderungen ist jedoch umstritten.

aa) Keine Anwendung des § 392 Abs. 2 HGB

Auf nicht aus dem Ausführungsgeschäft resultierende Gegenforderungen kann die Anwendung des § 392 Abs. 2 HGB abzulehnen sein.[24] Der Vertragspartner des Ausführungsgeschäfts sei auch im Hinblick auf inkonnexe Forderungen kein „Gläubiger" im Sinne dieser Vorschrift.[25] Eine Ausnahme hiervon könne nur bei treuwidrigem Verhalten des Drittkontrahenten angenommen werden.[26]

Es sind keine Anzeichen für ein gegen § 242 BGB verstoßendes Verhalten des *B* ersichtlich. Daher gilt ihm gegenüber noch immer *K* als Gläubiger der Gegenforderung. Das Merkmal der Gegenseitigkeit wäre erfüllt, eine Aufrechnung mithin wirksam.

---

[21] Baumbach/Hopt/*Hopt*, § 392 Rn. 3; GroßKomm-HGB/*Koller*, 4. Aufl., § 392 Rn. 6; MünchKomm-HGB/*Häuser*, § 392 Rn. 6; *Brox/Henssler*, Rn. 439.

[22] So ausdrücklich *K. Schmidt*, HandelsR, § 31 V 4 b (S. 901).

[23] *BGH* NJW 1969, 276; Baumbach/Hopt/*Hopt*, § 392 Rn. 12; *K. Schmidt*, HandelsR, § 31 V 4 b (S. 901).

[24] RGZ 121, 177, 178; *BGH* NJW 1969, 276; Baumbach/Hopt/*Hopt*, § 392 Rn. 12; GroßKomm-HGB/*Koller*, 4. Aufl., § 392 Rn. 20; *Canaris*, HandelsR, § 30 Rn. 77.

[25] So ausdrücklich *Brox/Henssler*, Rn. 445.

[26] *BGH* NJW 1969, 276, 277; GroßKomm-HGB/*Koller*, 4. Aufl., § 392 Rn. 20.

bb) Anwendung des § 392 Abs. 2 HGB

Demgegenüber kann die Regelung des § 392 Abs. 2 HGB auch bei inkonnexen Forderungen eingreifen[27] mit der Folge, dass eine Aufrechnung mit inkonnexen Forderungen unabhängig vom Vorwurf der Treuwidrigkeit generell ausscheidet. Danach würde es an der Gegenseitigkeit fehlen mit der Konsequenz, dass *B* nicht wirksam aufgerechnet hätte.

cc) Anwendung des § 392 Abs. 2 HGB nur bei Kenntnis der Kommissionärsstellung

Ferner kann – zwischen den beiden vorgenannten Ansichten vermittelnd – argumentiert werden, dass die Gläubigereigenschaft des Vertragspartners bei inkonnexen Ansprüchen davon abhängig sei, dass ihm beim Abschluss des Ausführungsvertrages bzw. bei Entstehen der Aufrechnungslage die Kommissionärseigenschaft seines Gegenübers bekannt war.[28] Nur im Falle der diesbezüglichen „Gutgläubigkeit" sei eine Aufrechnung mit nicht aus dem Ausführungsgeschäft stammenden Ansprüchen gerechtfertigt.[29]

Es ist nicht ersichtlich, dass *B* Kenntnis davon besaß, den Fernseher von einem Kommissionär zu erwerben; er war insoweit „gutgläubig". Folglich wäre § 392 Abs. 2 HGB unanwendbar, und die von *B* erklärte Aufrechnung wäre somit wirksam.

dd) Streitentscheidung

Die Unwirksamkeit der von *B* erklärten Aufrechnung lässt sich nur auf die Auffassung stützen, wonach § 392 Abs. 2 HGB bei inkonnexen Forderungen generell eingreift. Hierfür spricht zunächst der Wortlaut des § 392 Abs. 2 HGB, denn dieser stellt allgemein auf „Gläubiger" des Kommissionärs ab und erfasst damit an sich auch die Personen, die zugleich Schuldner des Ausführungsvertrages sind.[30] Des Weiteren spricht die Ratio dieser Vorschrift gegen eine Aufrechnungsmöglichkeit für den Vertragspartner: Die Forderung aus dem Ausführungsgeschäft steht bei wirtschaftlicher Betrachtung nicht dem Kommissionär, sondern dem Kommittenten zu. Daher soll dieser im Verhältnis zum Kommissionär sowie zu dessen Gläubigern dadurch geschützt werden, dass die Forderung auch in rechtlicher Hinsicht ihm zugeordnet wird.[31] Diesem Schutz liefe es zuwider, wenn der Vertragspartner mit einer inkonnexen Forderung gegen den Kommissionär aufrechnen könnte.[32]

Allerdings darf nicht verkannt werden, dass die Identität von Gläubiger und Vertragspartner eine atypische Konstellation ist, die vom Gesetzgeber bei der Fassung des § 392 Abs. 2 HGB nicht bedacht wurde.[33] Insoweit kann dem Ergebnis der vorstehenden Analyse keine entscheidende Bedeutung beigemessen werden.

---

[27] Schlegelberger/*Hefermehl*, § 392 Rn. 24; *v. Gierke/Sandrock*, § 27 VI 1 b (S. 471); *K. Schmidt*, HandelsR, § 31 V 4 b (S. 901).

[28] *Capelle*, FS Raape (1948), S. 333; *Schwark*, JuS 1980, 777, 781; *T. Schwarz*, NJW 1969, 1942, 1943.

[29] *Capelle*, FS Raape (1948), S. 333.

[30] Insoweit zweifelnd *T. Schwarz*, NJW 1969, 1942, 1943.

[31] Baumbach/Hopt/*Hopt*, § 392 Rn. 6; MünchKomm-HGB/*Häuser*, § 392 Rn. 1.

[32] *v. Gierke/Sandrock*, § 27 VI 1 b (S. 472).

[33] *Canaris*, HandelsR, § 30 Rn. 77 sowie *K. Schmidt*, HandelsR, § 31 V 4 b (S. 902), die beide davon ausgehen, dass § 392 Abs. 2 HGB auf derartige Konstellationen „nicht zugeschnitten" sei.

Für die Anwendbarkeit des § 392 Abs. 2 HGB bei inkonnexen Forderungen ist vielmehr das aus dem Vertretungsrecht abzuleitende „Offenkundigkeitsprinzip" zu berücksichtigten.[34] Für den Vertragspartner muss Klarheit über die andere Partei und damit auch über die aus dem Vertragsschluss resultierenden Rechte bestehen.[35] Nur unter dieser Voraussetzung kann es dem Vertragspartner zugemutet werden, das Insolvenzrisiko seines Gegenübers zu tragen. Wird dem Vertragspartner die Möglichkeit der Aufrechnung mit inkonnexen Forderungen gegen seinen Gegenüber (den Kommissionär) verwehrt, ist dies schwerlich mit dem Offenkundigkeitsprinzip zu vereinbaren. Dies wird besonders deutlich, wenn sich der Vertragspartner zum Vertragsschluss mit dem Kommissionär – allein oder maßgeblich – wegen der späteren Aufrechnungsmöglichkeit entschieden hat.[36]

Berücksichtigt man weiterhin, dass der Kommittent das Risiko einer Aufrechnung des Vertragspartners mit inkonnexen Forderungen durch eine Weisung an den Kommissionär auf Vereinbarung eines generellen Aufrechnungsverzichts im Rahmen des Ausführungsvertrages verhindern kann,[37] erscheint es nicht unbillig, diesem auch das Risiko einer Aufrechnung des Vertragspartners aufzubürden.

§ 392 Abs. 2 HGB ist daher bei Personenidentität von Kommissionsgläubiger und Schuldner des Ausführungsgeschäfts auch bei inkonnexen Forderungen nicht anwendbar. Folglich ist *B* kein Gläubiger i. S. v. § 392 Abs. 2 HGB. Gegenüber *B* gilt damit noch immer *K* als Gläubiger der Kaufpreisforderung. Das Merkmal der Gegenseitigkeit ist somit erfüllt. Die Aufrechnung von *B* ist somit wirksam mit der Folge, dass die Kaufpreisforderung von *K* auch in Höhe der restlichen 500 € erloschen ist.

IV. Ergebnis

K hat keinen Anspruch mehr gegen *B* auf Zahlung des Kaufpreises gem. § 433 Abs. 2 BGB.

C. Anspruch von K gegen B aus § 670 BGB i. H. v. 300 €

K hat gegen *B* grundsätzlich gem. § 670 BGB einen Anspruch auf Ersatz der Aufwendungen, also der Versteigerungskosten i. H. v. 300 €; er hatte im Rahmen der Versteigerung kraft Gesetzes die Stellung eines Beauftragten inne.[38] *B* hat aber auch gegen diese konnexe Forderung wirksam die Aufrechnung erklärt.

Ein Aufwendungsersatzanspruch von *K* gegen *B* gem. § 670 BGB besteht somit nicht mehr.

D. Anspruch von B gegen K auf Schadensersatz

Ein Schadensersatzanspruch von *B* gegen *K* kann sich aus § 373 Abs. 5 S. 2 HGB wegen nicht erfolgter Benachrichtigung vom Versteigerungstermin ergeben. Erforderlich hierfür ist ein kausaler Schaden. Anhaltspunkte dafür, dass eine Benachrichtigung des *B* vom Versteigerungstermin zu einem höheren Versteigerungserlös geführt hätte,

---

[34] *Canaris*, HandelsR, § 30 Rn. 77; *BGH* NJW 1969, 276 geht im Kern ebenfalls vom Offenkundigkeitsprinzip aus, indem er Innenverhältnis (Kommittent – Kommissionär) und Außenverhältnis (Kommissionär – Dritte) strikt trennt und in § 392 Abs. 2 HGB eine möglichst eng zu begrenzende Ausnahme erblickt.

[35] GroßKomm-HGB/*Koller*, 4. Aufl., § 392 Rn. 20; *Canaris*, HandelsR, § 30 Rn. 77.

[36] GroßKomm-HGB/*Koller*, 4. Aufl., § 392 Rn. 20.

[37] GroßKomm-HGB/*Koller*, 4. Aufl., § 392 Rn. 20.

[38] S. o. B. I.

liegen indes nicht vor. Auch im Übrigen ist ein kausaler Schaden des *B* nicht ersichtlich.

Ein Schadensersatzanspruch von *B* gegen *K* gem. § 373 Abs. 5 HGB scheidet aus.

Frage 2: Herausgabeanspruch von G gegen die R-GmbH gem. § 985 BGB

G kann den DVD-Rekorder von der R-GmbH nach § 985 BGB herausverlangen, wenn *G* Eigentümer des DVD-Rekorders ist. Aufgrund des Gewinns in der Verlosung ist *G* Eigentümer des DVD-Rekorders geworden.

G hat sein Eigentum jedoch verloren, wenn *K* den DVD-Rekorder wirksam an die R-GmbH übereignet hat. *K* und die R-GmbH haben sich über den Eigentumsübergang des DVD-Rekorders auf die R-GmbH geeinigt, und das Gerät wurde der R-GmbH auch übergeben (§ 929 S. 1 BGB).

Eine Übereignung nach § 929 S. 1 BGB setzt aber voraus, dass sie seitens des Eigentümers erfolgt. *K* war indes nicht Eigentümer des DVD-Rekorders. Gleichwohl kann die Übereignung gem. § 185 BGB oder aufgrund gutgläubigen Erwerbs wirksam sein.

A. Zustimmung gem. § 185 Abs. 1, 2 BGB

Die Berechtigung von *K* zur Übereignung des DVD-Recorders kann sich gem. § 185 BGB aus einer Zustimmung des Eigentümers *G* zur Veräußerung ergeben. *G* hat aber die zunächst im Rahmen der Verkaufskommission erteilte Einwilligung (§ 185 Abs. 1 BGB) konkludent gem. § 183 S. 1 BGB widerrufen, als er den DVD-Rekorder von *K* zurückforderte. *G* hat die Übereignung von *K* an die R-GmbH auch nicht gem. § 185 Abs. 2 S. 1, 1. Fall BGB genehmigt.

K war demnach zur Verfügung über den DVD-Rekorder nicht berechtigt.

B. Gutgläubiger Erwerb gem. §§ 929 S. 1, 932 Abs. 1 S. 1 BGB

Die R-GmbH kann aber gem. §§ 929 S. 1, 932 Abs. 1 S. 1 BGB von *K* Eigentum erworben haben, wenn sie als Erwerber gutgläubig im Sinne des § 932 Abs. 2 BGB war.

Die R-GmbH als juristische Person kann selbst nicht gutgläubig sein. Insoweit kommt es auf den guten Glauben ihres Geschäftsführungsorgans an, der der R-GmbH gem. § 166 Abs. 1 BGB zugerechnet wird.

Gegenstand des guten Glaubens ist im Rahmen des § 932 BGB allein das Eigentum des Veräußerers an der übereigneten Sache. *K* hatte aber anlässlich des Verkaufs und der Übereignung des Rekorders an die R-GmbH erklärt, der Rekorder gehöre *G* und er – *K* – sei von *G* zum Verkauf ermächtigt. Die R-GmbH war daher nicht gutgläubig in Hinsicht auf eine Eigentümerstellung des *K*.

Ein gutgläubiger Eigentumserwerb der R-GmbH gem. §§ 929 S. 1, 932 Abs. 1 S. 1 BGB an dem DVD-Rekorder scheidet somit aus.

C. Gutgläubiger Erwerb gem. § 366 Abs. 1 HGB i. V. m. §§ 929 S. 1, 932 Abs. 1 S. 1 BGB

Die R-GmbH kann aber gem. § 366 Abs. 1 S. 1 HGB i. V. m. §§ 929 S. 1, 932 Abs. 1 S. 1 BGB gutgläubig Eigentum an dem Rekorder erworben haben.

I. Kaufmannseigenschaft

§ 366 Abs. 1 S. 1 HGB setzt zunächst voraus, dass *K* zum Zeitpunkt der Veräußerung Kaufmann war. Ursprünglich war *K* als eingetragener Großhändler zumindest Kannkaufmann gem. §§ 2 S. 1, 1 Abs. 1 HGB.[39] § 1 Abs. 1 HGB fordert aber das Betreiben eines Handelsgewerbes. Seit der Aufgabe seines Geschäfts betreibt *K* aber kein Gewerbe mehr und ist folglich seitdem – auch zum Zeitpunkt der erst nach der Aufgabe erfolgten Veräußerung – kein Kaufmann gem. §§ 2 S. 1, 1 Abs. 1 HGB mehr.

K kann jedoch „Kaufmann kraft Eintragung" im Sinne des § 5 HGB sein. Nach dieser Norm gelten im Handelsregister eingetragene Gewerbetreibende unwiderlegbar als Kaufleute im Sinne des § 1 HGB. Der Inhaber eines Gewerbebetriebs, dessen Firma im Handelsregister eingetragen ist, muss sich also als Kaufmann behandeln lassen, selbst wenn er in Wirklichkeit Nichtkaufmann ist. § 5 HGB setzt aber zwingend voraus, dass unter der eingetragenen Firma ein Gewerbe betrieben wird. Die Einwendung, es werde kein Gewerbe (mehr) betrieben, wird durch § 5 HGB nicht ausgeschlossen.[40] *K* hat sein Geschäft endgültig aufgegeben und betreibt somit kein Gewerbe mehr. Er ist also nicht „Kaufmann kraft Eintragung" gem. § 5 HGB.

K kann aber Kaufmann gem. § 1 i. V. m. § 15 Abs. 1 HGB sein. Das setzt zunächst voraus, dass eine eintragungspflichtige Tatsache vorliegt, die nicht eingetragen und bekannt gemacht wurde und der R-GmbH auch nicht bekannt war. Gem. § 31 Abs. 2 S. 1 HGB ist das Erlöschen der Firma zur Eintragung in das Handelsregister anzumelden. Die einem kaufmännischen Unternehmen zugehörige Firma erlischt von selbst, wenn die gewerbliche Tätigkeit endgültig beendet wird.[41] *K* hat sein Geschäft eingestellt. Dadurch ist seine Firma erloschen, was gem. § 31 Abs. 2 S. 1 HGB eine eintragungspflichtige Tatsache im Sinne des § 15 Abs. 1 HGB darstellt. Diese Tatsache wurde weder eingetragen noch bekannt gemacht. Die R-GmbH als außen stehender Dritter hatte von der wahren Rechtslage auch keine positive Kenntnis. Der Abschluss des Kaufvertrags zwischen *K* und der R-GmbH stellt ferner ein rechtsgeschäftliches Verhalten der R-GmbH dar und ist somit von der Reichweite der negativen Publizität gem. § 15 Abs. 1 HGB erfasst.[42] Die Voraussetzungen des § 15 Abs. 1 HGB liegen damit vor.

Vorliegend steht ein Eigentumsverlust von *G* in Frage; *G* hatte aber das Erlöschen der Firma des *K* nicht einzutragen. Fraglich ist, ob § 15 Abs. 1 HGB auch zu Lasten von unbeteiligten Dritten gilt.

1. Keine Anwendung des § 15 Abs. 1 HGB zu Lasten Dritter

Nach § 15 Abs. 1 HGB kann allein derjenige, in dessen Angelegenheiten die entsprechende Tatsache einzutragen war, diese Tatsache einem Dritten nicht entgegensetzen; ein unbeteiligter Dritter dagegen schon.[43] Das Erlöschen der Firma ist eine Tatsache, die allein den *K* entlastet. Die Eintragung ist somit allein seine Angelegenheit. Im Fall

---

[39] S. o. Frage 1 unter A. III. 1.

[40] BGHZ 32, 307, 313; Baumbach/Hopt/*Hopt*, § 5 Rn. 5; E/B/J/S/*Kindler*, § 5 Rn. 20; *Koller/Roth/Morck*, § 5 Rn. 3; Röhricht/Graf v. Westphalen/*Röhricht*, § 5 Rn. 35; *Brox/Henssler*, Rn. 56; *Canaris*, HandelsR, § 3 Rn. 55; *Hübner*, Rn. 64; *Lettl*, § 2 Rn. 58; *Oetker*, § 2 Rn. 55; *Steinbeck*, § 9 Rn. 32; a. A. MünchKomm-HGB/*K. Schmidt*, § 5 Rn. 22 ff.

[41] BayObLG WM 1984, 52, 53; Baumbach/Hopt/*Hopt*, § 31 Rn. 8 i. V. m. § 17 Rn. 23.

[42] Zur Anwendbarkeit von § 15 Abs. 1 HGB bei Handlungen außerhalb des Geschäftsverkehrs siehe Fall 2 unter II. 2. b).

[43] E/B/J/S/*Lettl*, § 366 Rn. 5; *Brox/Henssler*, Rn. 310 und 85; So auch schon *A. Hueck*, Archiv für Bürgerliches Recht 43 (1919), 415, 451.

des § 366 HGB ist der Eintragungspflichtige immer der nichtberechtigte Veräußerer (bzw. Verpfänder), nicht aber der wahre Eigentümer der Sache. Auf diesen bezieht sich die eingetragene Tatsache nicht und er hat somit mit der (fehlenden) Eintragung nichts zu tun. Es ist demnach nicht die Angelegenheit des G, die Löschung der Firma eintragen zu lassen.

Danach wirkt die von § 15 Abs. 1 HGB angeordnete Rechtsfolge nur zu Lasten des K, nicht aber zu Lasten des G. Die R-GmbH kann sich folglich gegenüber G nicht auf die Kaufmannseigenschaft des K gem. §§ 1, 15 Abs. 1 HGB berufen, während G der R-GmbH die Tatsache der Geschäftsaufgabe des K entgegensetzen kann.

2. Anwendung des § 15 Abs. 1 HGB auch zu Lasten Dritter

Demgegenüber kann argumentiert werden, das Vertrauen in das Schweigen des Handelsregisters (negative Publizität) sei umfassend zu schützen.[44] Solange das Handelsregister eine einzutragende Tatsache nicht aufweise und eine Bekanntmachung nicht erfolgt sei, dürfe ein gutgläubiger Dritter davon ausgehen, dass eine Veränderung nicht eingetreten ist.

Demzufolge ist das Vertrauen der R-GmbH beachtlich, weshalb K auch zu Lasten des G im Rahmen von § 366 HGB als Kaufmann behandelt wird.

3. Streitentscheidung

Der Wortlaut des § 15 Abs. 1 HGB spricht gegen die Anwendung dieser Norm zu Lasten Dritter. Danach kann die Tatsache allein von demjenigen, in dessen Angelegenheiten sie einzutragen war, einem Dritten nicht entgegengesetzt werden. Die Vorschrift ist also aus der Sicht des Eintragungspflichtigen formuliert.

Die Entstehungsgeschichte der Norm kann indes für die Anwendung des § 15 Abs. 1 HGB zu Lasten Dritter sprechen. § 15 Abs. 1 HGB soll die vom ADHGB aufgestellten Einzeltatbestände zusammenfassen und so die Rechtslage vereinheitlichen. Die im ADHGB ursprünglich geregelten Einzeltatbestände bezogen sich allein auf solche Rechtstatsachen, die geeignet sind, Verpflichtungen des Betroffenen auszuschließen, die ohne den Eintritt der Tatsache begründet sein könnten (enthaftende Tatsachen).[45] Bei der Einführung des § 15 Abs. 1 HGB hatte der Gesetzgeber damals lediglich diese Konstellationen im Blick. Der Fall, dass es zu einer Interessenkollision zwischen vertrauendem Dritten und jemandem kommt, in dessen Angelegenheit die Tatsache nicht einzutragen war, wie eben im Fall des § 366 HGB, wurde hingegen nicht bedacht. Unter dem Aspekt des Vertrauensschutzes muss § 15 Abs. 1 HGB demnach den gutgläubigen Dritten umfassend schützen.[46]

Auch aus der Systematik scheint sich ein Argument für die Erstreckung der Wirkung des § 15 Abs. 1 HGB auf einen Dritten wie G zu ergeben. Der 1969 zusätzlich eingefügte § 15 Abs. 3 HGB stellt explizit nicht mehr auf den Kaufmann als Unternehmensträger ab, sondern auf den vertrauenden Dritten.[47] Die sprachliche Fassung des

---

[44] H. M., vgl. dazu nur MünchKomm-HGB/*Krebs,* § 15 Rn. 6 m. w. N.; a. A. insbesondere *Canaris,* Vertrauenshaftung, S. 526 ff., der diese Norm als Rechtsscheintatbestand betrachtet.
[45] GroßKomm-HGB/*Koch,* § 15 Rn. 4 f.
[46] GroßKomm-HGB/*Canaris,* 4. Aufl., § 366 Rn. 12 f.; GroßKomm-HGB/Koch, § 15 Rn. 29; MünchKomm-HGB/*Krebs,* § 15 Rn. 49; MünchKomm-HGB/*Welter,* § 366 Rn. 28 f.; *K. Schmidt,* HandelsR, § 23 II 1 a (S. 675); Heymann/*Horn,* § 366 Rn. 4; *Glaser,* DB 1957, 301, 302.
[47] Eingefügt durch Gesetz vom 15. 8. 1969 (BGBl. I S. 1146), zurückgehend auf Art. 3 Abs. 6 der ersten Gesellschaftsrechtsrichtlinie (Publizitätsrichtlinie) vom 9. 3. 1968 (BT-Drs. 4/2014; ABl. EG vom 14. 3. 1968 Nr. L 65, 8).

§ 15 Abs. 1 HGB kann insoweit als historische Zufälligkeit angesehen werden. Andererseits kann aber für diesen Unterschied auch ein sachlicher Grund darin bestehen, dass Abs. 3 ausschließlich das typisierte Vertrauen auf einen bestimmten Tatbestand – nämlich die falsche Eintragung und Bekanntmachung – schützt, während Abs. 1 auch bei Abweichungen von der gesetzlichen Regel und auch bei fehlender Voreintragung Anwendung findet.[48] Das systematische Argument führt also zu keinem eindeutigen Ergebnis.

Sinn und Zweck des § 15 Abs. 1 HGB liegen darin, dass ein Dritter auf den Schein des Handelsregisters vertrauen darf. Die R-GmbH durfte also davon ausgehen, dass *K* ein Kaufmann ist und sie somit in den Genuss des § 366 HGB kommen kann. Im Rahmen der Interessenabwägung muss geklärt werden, ob dieses Vertrauen der R-GmbH schutzwürdig ist, denn der Rechtsnachteil trifft hier nicht den Eintragungspflichtigen, sondern den wahren Eigentümer, der sich die fehlende Eintragung nicht zurechnen zu lassen braucht. Andererseits hätte der wahre Berechtigte sein Eigentum über § 932 BGB ohne weiteres verloren, wenn sich der Veräußerer (hier: *K*) als Eigentümer ausgegeben hätte. Behauptet dieser stattdessen lediglich seine Verfügungsmacht, ändert das im Verhältnis zum wahren Berechtigten (hier: *G*) nichts; dieser hat schon durch seine freiwillige Weggabe der Sache das Risiko der Veruntreuung geschaffen. Ob sich dieses Risiko nun dadurch verwirklicht, dass sich der besitzende Veräußerer als Eigentümer geriert oder dadurch, dass er sich als Verfügungsberechtigter ausgibt und zugleich aus dem Handelsregister als Kaufmann hervorgeht, ist von dem wahren Berechtigten nicht zu beeinflussen und daher für die Bewertung seiner Interessen belanglos. Relevant ist lediglich das Verhältnis zwischen Veräußerer und gutgläubigem Erwerber.[49] Für dessen Schutzwürdigkeit ist es aber gleichgültig, ob der Veräußerer wirklich Kaufmann ist oder sich dessen Kaufmannseigenschaft nur für den Erwerber ersichtlich aus dem Handelsregister ergibt.[50]

Der Erwerber hat keine (zumutbare) Möglichkeit, die Umstände des Verkaufs zu ermitteln. Sein Vertrauen auf die negative Publizität des Handelsregisters ist also auch in dieser Fallkonstellation schutzbedürftig und schutzwürdig. Der Schutz des wahren Eigentümers entscheidet sich somit hauptsächlich nach Maßgabe des § 935 BGB. Es kommt also darauf an, ob er den unmittelbaren Besitz freiwillig aus der Hand gegeben hat oder nicht. Alle sonstigen Voraussetzungen des gutgläubigen Erwerbs treten ohne sein Zutun ein. Daher besteht kein maßgeblicher Unterschied, ob sich der durch den Besitz ausgewiesene nichtberechtigte Veräußerer als Eigentümer oder als Verfügungsberechtigter geriert.[51] § 15 Abs. 1 HGB muss somit das Vertrauen des Erwerbers umfassend schützen. Die Rechtsfolge des § 15 Abs. 1 HGB muss sich im Rahmen des § 366 HGB demzufolge auch auf den wahren Eigentümer (hier: *G*) erstrecken.

K ist somit gem. § 1 i. V. m. § 15 Abs. 1 HGB als Kaufmann zu behandeln.

II. Veräußerung im Betrieb des Kaufmanns

Die Veräußerung des DVD-Rekorders – einer *K* nicht gehörigen beweglichen Sache – muss im Betrieb des *K* vorgenommen worden sein. Betriebszugehörig sind alle Geschäfte, die für den Kaufmann ein Handelsgeschäft i. S. d. § 343 HGB darstellen,

---

[48] Ebenso zweifelnd an der Tragfähigkeit einer systematischen Begründung MünchKomm-HGB/*Krebs*, § 15 Rn. 35.
[49] GroßKomm-HGB/*Canaris*, 4. Aufl., § 366 Rn. 12 f.; a. A. *Brox/Henssler*, Rn. 310.
[50] GroßKomm-HGB/*Canaris*, 4. Aufl., § 366 Rn. 12 f.
[51] MünchKomm-HGB/*Welter*, § 366 Rn. 29.

also jedes nicht rein private Handeln.[52] *K* hat sein Geschäft aufgegeben und betreibt somit tatsächlich überhaupt keinen Kaufmannsbetrieb mehr. Allerdings muss er sich gem. § 1 i. V. m. § 15 Abs. 1 HGB als Kaufmann behandeln lassen. Gem. § 344 Abs. 1 HGB gelten alle Rechtsgeschäfte – also auch der Verkauf des DVD-Rekorders an die R-GmbH – im Zweifel als zum Betrieb seines Handelsgewerbes gehörend. Diese Vermutung wurde auch nicht widerlegt. Die Veräußerung des Rekorders gilt somit für *K* als Handelsgeschäft und ist mithin betriebszugehörig.

III. Gutgläubigkeit des Erwerbers

Dass die für die R-GmbH handelnde Person bösgläubig im Hinblick auf die Verfügungsbefugnis des *K* war, ist nicht ersichtlich. Die erwerbende R-GmbH war also gutgläubig.

IV. Kein Abhandenkommen gem. § 935 Abs. 1 S. 1 BGB

Ein gutgläubiger Eigentumserwerb der R-GmbH scheidet aber aus, wenn der DVD-Recorder dem *G* i. S. v. § 935 Abs. 1 S. 1 BGB abhanden gekommen ist. *G* gab den unmittelbaren Besitz am DVD-Rekorder willentlich auf, indem er *K* die tatsächliche Herrschaftsmacht mit der Maßgabe übertrug, den Rekorder zu verkaufen. Der DVD-Rekorder ist *G* demnach nicht abhanden gekommen. Ein gutgläubiger Erwerb der R-GmbH ist somit nicht gem. § 366 Abs. 1 HGB i. V. m. § 935 Abs. 1 S. 1 BGB ausgeschlossen.

Die R-GmbH hat gem. §§ 929 S. 1, 932 Abs. 1 S. 1 BGB i. V. m. § 366 Abs. 1 HGB gutgläubig Eigentum an dem DVD-Rekorder erworben. *G* ist somit nicht mehr Eigentümer des DVD-Rekorders.

D. Ergebnis

Mangels Eigentümerstellung des *G* an dem DVD-Rekorder scheidet ein entsprechendes Herausgabeverlangen gem. § 985 BGB von *G* gegen die R-GmbH aus.

---

[52] E/B/J/S/*Lettl*, § 366 Rn. 6; MünchKomm-HGB/*K. Schmidt*, § 343 Rn. 14.

Fall 10. Die haftenden Sozien

Schwerpunkt im „allgemeinen" Gesellschaftsrecht – Recht der GbR:
Berufssozietät – Akzessorietätstheorie – Handelndenhaftung nach § 8 Abs.
2 PartGG – Haftung des eintretenden Gesellschafters – vorformulierte Haftungsbeschränkung

Sachverhalt

Die Anwälte *Adi Advocat (A), Gustav Gnade (G)* und *Ulrich Unrecht (U)* betreiben gemeinsam eine nicht im Partnerschaftsregister eingetragene Anwaltssozietät unter dem Namen „A, G, U-Rechtsanwaltsgesellschaft" (RA-Gesellschaft). Im Gesellschaftsvertrag (GV) haben sie vereinbart, dass für Verbindlichkeiten aus beruflichen Fehlern die mit der Bearbeitung eines Mandats nicht befassten Anwälte dem Mandanten auch nicht haften. Eine ausdrückliche Regelung über die Geschäftsführungs- und Vertretungsbefugnis sieht der GV dagegen nicht vor.

Anfang 2010 betritt *Klaus Klient (K)* die Räume der RA-Gesellschaft und bittet *A* um die Übernahme eines Mandats im Zusammenhang mit der Geltendmachung von Schadensersatzansprüchen. *A* nimmt das Mandat an und rät *K* nach einer Prüfung des Falles zur Klage. *K* befolgt diesen Rat und *A* erhebt namens des *K* Klage. Da *A* den Fall aber wegen Arbeitsüberlastung nur oberflächlich geprüft hat, hat er die aktuelle Rechtsprechung des BGH übersehen, nach der der Anspruch von *K* nicht gegeben ist. Im Mai 2010 weist das zuständige Amtsgericht daher die Klage als unbegründet ab unter Auseinandersetzung mit der von *A* übersehenen BGH-Rechtsprechung. *K* ist äußerst erbost darüber, dass ihm *A* nicht nur nicht zu „seinem Recht" verholfen hat, sondern er – *K* – darüber hinaus jetzt auch noch die Prozesskosten zu tragen hat, zumal er nicht rechtsschutzversichert ist. *K* verlangt deshalb von der RA-Gesellschaft und von *A, G* und *U* persönlich die Erstattung der Prozesskosten. *G* und *U* berufen sich auf den gesellschaftsvertraglichen Haftungsausschluss, da sie das Mandat zu keiner Zeit bearbeitet hätten.

Im Juni 2010 tritt der junge und dynamische Jurist *Rainer Maker (M)* in die RA-Gesellschaft ein. Verwundert muss er zur Kenntnis nehmen, dass *K* auch ihn persönlich wegen des im Mai verlorenen Prozesses in Anspruch nimmt. *M* macht geltend, er habe mit den vor seinem Eintritt übernommenen Mandaten nichts zu tun.

Frage 1: Kann *K* die Erstattung der Prozesskosten verlangen von

a) der RA-Gesellschaft?
b) *A, G* und *U* persönlich?
c) *M* persönlich?

Frage 2: Wie im Ausgangsfall, jedoch tritt *M* dem Einzelanwalt *A* bei. Kann *K* die Erstattung der Prozesskosten von *M* persönlich verlangen?

Frage 3: Kann die RA-Gesellschaft eine Klausel des Inhalts, wonach die mit der Bearbeitung des Mandats befassten Anwälte für die Verbindlichkeiten aus beruflichen Fehlern gegenüber dem Mandanten nicht haften, als Allgemeine Geschäftsbedingungen (AGB) wirksam in den Vertrag mit einem Mandanten einführen?

Lösung

Frage 1: Schadensersatzansprüche von K

A. Schadensersatzanspruch gegenüber der RA-Gesellschaft

I. Vertraglicher Schadensersatzanspruch

K kann gegen die RA-Gesellschaft einen Schadensersatzanspruch wegen der von ihm zu tragenden Prozesskosten gemäß §§ 280 Abs. 1, 675, 611 BGB i. V. m. § 124 Abs. 1 HGB analog haben.

1. Bestehendes Schuldverhältnis

Zwischen *K* und der RA-Gesellschaft muss ein wirksames Schuldverhältnis gemäß §§ 280 Abs. 1 S. 1, 675, 611 BGB bestehen. Bei einem Mandatsvertrag, d. h. einem Vertrag, der eine einmalige Prozessführung oder die Besorgung einer sonstigen Rechtsangelegenheit zum Gegenstand hat, handelt es sich um einen Dienstvertrag, der eine Geschäftsbesorgung zum Gegenstand hat gemäß §§ 675, 611 BGB.[1] Ein solcher Mandatsvertrag muss zwischen *K* und der RA-Gesellschaft zustande gekommen sein.

a) Rechtsfähigkeit der RA-Gesellschaft

Dies setzt zunächst voraus, dass die RA-Gesellschaft „als solche" wirksam aus dem Vertrag verpflichtet werden kann. Die RA-Gesellschaft muss also rechtsfähig sein. Die Rechtsfähigkeit der RA-Gesellschaft hängt von ihrer Rechtsnatur ab. Die RA-Gesellschaft ist ein Zusammenschluss von Freiberuflern, eine sog. Berufssozietät. Sie kann eine Partnerschaftsgesellschaft (PartG) oder eine GbR sein.[2]

aa) Die RA-Gesellschaft als PartG

Unproblematisch ist die Rechtsfähigkeit der RA-Gesellschaft zu bejahen, wenn es sich bei ihr um eine PartG handelt. Gemäß § 7 Abs. 2 PartGG i. V. m. § 124 Abs. 1 HGB kann die PartG Rechte erwerben und Verbindlichkeiten eingehen; sie ist mithin rechtsfähig. Rechtsanwälte können sich in der Rechtsform der PartG organisieren (§ 1 Abs. 1 S. 1, Abs. 2 S. 2 PartGG).

Voraussetzung für eine wirksame PartG ist jedoch die Eintragung in das Partnerschaftsregister (§ 7 Abs. 1 PartGG). Die Eintragung im Partnerschaftsre-gister hat konstitutive Wirkung.[3] Hieran fehlt es bei der RA-Gesellschaft, so dass es sich bei ihr nicht um eine PartG handelt. Sie ist nicht rechtsfähig gemäß § 7 Abs. 2 PartGG i. V. m. § 124 HGB.

bb) Die RA-Gesellschaft als GbR

Die aus *A*, *G* und *U* bestehende Sozietät ist eine privatrechtliche Personenvereinigung, die zur Erreichung eines gemeinsamen Zwecks durch Rechtsgeschäft gegründet wurde. Der gemeinsame Zweck ist auf die gemeinsame Ausübung eines freien Berufes gerichtet, so dass der für eine OHG erforderliche Betrieb eines Handelsgewerbes (vgl. § 105 Abs. 1 HGB) ausscheidet. Die Sozietät ist daher als GbR gemäß §§ 705 ff.

---

[1] Vgl. AnwK-BGB/*Schwab*, § 675 Rn. 5; Palandt/*Weidenkaff,* vor § 611 Rn. 20.

[2] Eine grundsätzlich mögliche Rechtsanwaltsgesellschaft in der Rechtsform der GmbH (vgl. §§ 59 c ff. BRAO) scheidet hier offensichtlich aus.

[3] MünchKomm-BGB/*Ulmer/Schäfer,* § 7 PartGG Rn. 3; *Michalski/Römermann,* PartGG, § 7 Rn. 2 f.

einzuordnen. Es stellt sich somit die Frage, ob eine GbR Rechtsträgereigenschaft besitzt.

Kennzeichnend für die GbR ist, wie sich aus §§ 718, 719 BGB ergibt, dass es sich bei ihr um eine Gesamthandsgemeinschaft handelt. Es ist aber seit jeher umstritten, was im Einzelnen Gegenstand des Gesamthandsprinzips ist und ob bzw. in welchen Fällen aus diesem eine unmittelbare Rechtsträgereigenschaft auch der GbR als solcher, nicht also nur der Gesellschafter in ihrer gesamthänderischen Verbundenheit, herzuleiten ist. Bezogen auf die GbR war dies der Streit zwischen der die Rechtsfähigkeit der GbR „als solcher" ablehnenden sog. *„individualistischen Theorie"* und der die Rechtsfähigkeit der GbR bejahenden sog. *„Gruppenlehre"*.

Jedenfalls für die Frage der Rechtsfähigkeit der Außen-GbR ist dieser Streit mittlerweile jedoch durch die höchstrichterliche Rechtsprechung geklärt. Danach besitzt die Außen-GbR Rechtsfähigkeit, soweit sie durch Teilnahme am Rechtsverkehr eigene Rechte und Pflichten begründet.[4] Auch in der Lehre ist die Rechtsfähigkeit der Außen-GbR als Gesamthandsgemeinschaft nunmehr anerkannt.[5]

Nach dieser *„Theorie der kollektiven Einheit"* (Gruppenlehre) ist für das Verständnis des Gesamthandsprinzips nicht vom Gesamthandsvermögen als Objekt, sondern von der Gesamthand als Rechtssubjekt auszugehen. Die Gesamthandsgemeinschaft ist als Personengemeinschaft und Handlungseinheit zu verstehen. So ist die Rechtsfähigkeit der Gesamthandsgemeinschaften OHG (§ 124 Abs. 1 HGB), KG (§§ 161 Abs. 2, 124 Abs. 1 HGB), PartG (§ 7 Abs. 2 PartGG i. V. m. § 124 Abs. 1 HGB) und EWIV (Art. 1 Abs. 2 EWIV-VO, § 1, 2. Halbs EWIV-AG i. V. m. § 124 Abs. 1 HGB) gesetzlich anerkannt. Gleiches gilt analog § 124 Abs. 1 HGB für die Außen-GbR.[6] Dafür spricht nicht nur die Nähe der Außen-GbR zur OHG und der Möglichkeit der identitätswahrenden Umwandlung einer (kleingewerblichen) Außen-GbR in eine OHG und umgekehrt. Der Gesetzgeber hat die GbR in § 191 Abs. 2 Nr. 1 UmwG als Rechtsträger ausdrücklich anerkannt.[7] Ferner zeigt die Anerkennung der Insolvenzfähigkeit der GbR in § 11 Abs. 2 Nr. 1 InsO, dass die Gesellschaft als Trägerin der Insolvenzmasse und mithin als Rechtssubjekt angesehen wird.[8]

Die Außen-GbR, und damit auch eine nach außen am Rechtsverkehr teilnehmende Freiberufler-GbR, ist mithin analog § 124 Abs. 1 HGB rechtsfähig.[9] Die RA-Gesellschaft kann somit wirksam aus dem Mandatsvertrag mit *K* verpflichtet worden sein.

---

[4] BGHZ 146, 341.
[5] Bamberger/Roth/*Timm/Schöne*, § 705 Rn. 142; MünchKomm-BGB/*Ulmer*, § 705 Rn. 160, 289 ff.; MünchHdb. GesR I/*Gummert*, § 17 Rn. 10, 12; Soergel/*Hadding*, vor § 705 Rn. 21; Erman/*H. P. Westermann*, § 705 Rn. 64 ff.; *Flume*, BGB AT I/1, § 4 I (S. 50 ff.) und § 5 (S. 68 ff.); *Grunewald*, GesellR, 1 A Rn. 100 ff.; *Timm*, NJW 1995, 3209 ff. Zum Teil wurde früher nur unternehmenstragenden GbR die Rechtsfähigkeit zugesprochen (so *K. Schmidt*, GesellR, § 58 V 1 (S. 1716 ff.); kritisch *Ulmer*, ZIP 2001, 585, 593) oder als Voraussetzung für die Rechtsfähigkeit eine besondere „Identitätsausstattung" verlangt (so *Ulmer*, ZIP 2001, 585, 593 ff.; *Dauner-Lieb*, DStR 2001, 357, 359; kritisch *Grunewald*, GesellR, 1 A Rn. 101 ff.).
[6] Lediglich bei der reinen Innengesellschaft (zum Begriff siehe Bamberger/Roth/*Timm/ Schöne*, § 705 Rn. 14; MünchHdb. GesR I/*Gummert*, § 17 Rn. 13) dürfte es sachgerecht sein, dem traditionellen Gesamthandsverständnis folgend eine Rechtsträgerschaft der Gesellschaft abzulehnen, da diese auf die interne Vereinbarung einer gemeinsamen Zweckverfolgung beschränkt bleibt und nicht nach außen in Erscheinung tritt.
[7] Vgl. hierzu insbesondere *Timm*, NJW 1995, 3209.
[8] BGHZ 146, 341, 346.
[9] Damit ist die traditionelle Gesamthandslehre (individualistische Theorie; vgl. *Schulze-Osterloh*, passim; Staudinger/*Habermeier*, vor § 705 Rn. 8 ff.; *Reinhardt/Schultz*, Rn. 44; *Wiede-*

b) RA-Gesellschaft als Vertragspartner

Die RA-Gesellschaft selbst, nicht bloß *A* persönlich, muss aus dem Mandatsvertrag mit *K* wirksam verpflichtet worden sein. Dies setzt voraus, dass die RA-Gesellschaft wirksam von *A* vertreten worden ist (§ 164 Abs. 1 S. 1 BGB).

aa) Eigene Willenserklärung des A im Namen der RA-Gesellschaft

A muss gemäß § 164 Abs. 1 S. 1 BGB eine eigene Willenserklärung im Namen der RA-Gesellschaft abgegeben haben. Ausdrücklich hat *A* das Mandat nicht im Namen der RA-Gesellschaft angenommen. Ein Handeln namens der RA-Gesellschaft kann sich aber aus den Umständen ergeben (§ 164 Abs. 1 S. 2 BGB).

Der Vertretung der Sozietät durch einen Rechtsanwalt bei der Übernahme eines Mandats kann entgegenstehen, dass bei diesem Vertragsverhältnis die persönliche Beziehung von Anwalt und Mandanten im Vordergrund steht. Dem Mandanten kommt es regelmäßig darauf an, dass (nur) der von ihm betraute Anwalt das Mandat auch persönlich bearbeitet. Demnach kann angenommen werden, dass der das Mandat übernehmende Anwalt nur für sich handelt, und nicht die Sozietät selbst (bzw. auf Grundlage der individualistischen Theorie: die Sozien persönlich) vertritt.[10]

Diese Sichtweise ist jedoch nicht mehr zeitgemäß. Es entspricht vielmehr sowohl dem Interesse des sich an eine Sozietät – nicht bloß an einen Einzelanwalt – wendenden Mandanten als auch dem das Mandat übernehmenden Anwalts, dass das Mandatsverhältnis sich auf sämtliche Sozietätsmitglieder erstreckt.[11] So haben beide das Interesse, dass – etwa im Krankheitsfall des Anwalts – ein anderes Sozietätsmitglied das Mandat weiter bearbeiten kann. Darüber hinaus möchte der Mandant etwaige Schadensersatzansprüche nicht nur gegen einen Anwalt persönlich, sondern auch gegen die übrigen Sozietätsmitglieder geltend machen können.[12] Sowohl der Mandant als auch der Rechtsanwalt haben deshalb grundsätzlich den Willen, das Mandatsverhältnis mit der Sozietät zu begründen.[13] Die Begründung eines Einzelmandats kann mithin nur unter besonderen Umständen angenommen werden, wofür die Tatsache, dass sich der Mandant nur an einen Sozius gewandt hat, nicht ausreicht.[14] Nimmt ein Sozietätsmitglied ein ihm angetragenes Mandat an, so handelt er regelmäßig namens der Sozietät und der Vertrag kommt mit der Sozietät zustande.[15] In Ermangelung besonderer Umstände hat *A* das Mandat demnach im Namen der RA-Gesellschaft angenommen (§ 164 Abs. 1 S. 2 BGB).

bb) Vertretungsmacht von A

Die Willenserklärung von *A* wirkt nur für und gegen die RA-Gesellschaft, wenn *A* mit Vertretungsmacht gehandelt hat. Grundsätzlich besteht in der GbR gemäß

---

mann, GesellR I, § 5 IV 1 c (S. 248 ff.); *Lindacher*, JuS 1981, 431, 433 f.), nach der das Gesamthandsprinzip lediglich die Bedeutung hatte, dass das von diesem erfasste Vermögen zu einem Sondervermögen der Gesellschafter in ihrer gesamthänderischen Verbundenheit wird, für die Außen-GbR überholt.

[10] So die Rechtsprechung des RG sowie die BGH-Rechtsprechung vor dem Jahre 1971; vgl. *Wiedemann*, GesellR II, § 7 III 4 (S. 664).

[11] BGHZ 56, 355, 360 f.; 124, 47, 48 f.; *BGH* NJW 1995, 1841.

[12] Vgl. BGHZ 56, 355, 362.

[13] Vgl. BGHZ 124, 47, 49; *BGH* NJW 1995, 1841 (noch auf Grundlage der sog. Doppelverpflichtungslehre).

[14] Vgl. BGHZ 124, 47, 49; *BGH* NJW 1995, 1841.

[15] Grundlegend BGHZ 56, 355, 359; 124, 47, 48 f.; *BGH* NJW 1995, 1841; NJW 1996, 2859, 2860; *Wiedemann*, GesellR II, § 7 III 4 (S. 663).

§§ 714, 709 BGB Gesamtvertretungsmacht, sofern im Gesellschaftsvertrag keine anderweitige Regelung getroffen ist. Der GV der RA-Gesellschaft enthält keine ausdrückliche Regelung, wonach den einzelnen Sozien Einzelvertretungsmacht eingeräumt ist, so dass *A* aufgrund der §§ 714, 709 BGB die Sozietät nicht allein hätte wirksam vertreten können.

Die gesetzlich angeordnete Gesamtvertretungsmacht kann jedoch konkludent abbedungen sein. Die §§ 714, 709 BGB sind mit der von einem Freiberufler in einer Sozietät zu erbringenden persönlichen und unabhängigen Dienstleistung nicht zu vereinbaren.[16] Deshalb ist regelmäßig davon auszugehen, dass die §§ 709, 714 BGB in einer Anwaltssozietät in Bezug auf die Entgegennahme und Ausführung der berufstypischen Verträge konkludent abbedungen und durch die Einzelgeschäftsführungs- und Einzelvertretungsbefugnis eines jeden Sozietätsmitglieds ersetzt worden sind.[17]

Somit hatte auch *A* bei der Entgegennahme des Mandats Einzelvertretungsmacht für die Sozietät. Er hat die RA-Gesellschaft gegenüber *K* wirksam vertreten, so dass diese aus dem Geschäftsbesorgungsvertrag gemäß §§ 675, 611 BGB mit *K* wirksam verpflichtet worden ist.

2. Pflichtverletzung

Die RA-Gesellschaft muss eine sich aus dem Mandatsvertrag ergebende Pflicht verletzt haben (§ 280 Abs. 1 S. 1 BGB). In Betracht kommt eine Pflichtverletzung des *A*, da dieser *K* zur Klageerhebung geraten hat, obwohl dem Anspruch des *K* die aktuelle BGH-Rechtsprechung entgegenstand.

Ein Rechtsanwalt ist verpflichtet, im Interesse des Mandanten den sichersten und gefahrlosesten Weg zu wählen.[18] Deshalb muss er sich über den Stand der höchstrichterlichen Rechtsprechung informieren, etwa durch Lektüre von Spezialzeitschriften.[19] Darüber hinaus muss er seine Beratung grundsätzlich auch an den Ergebnissen der höchstrichterlichen Rechtsprechung ausrichten[20] und die Erfolgsaussichten einer Klage sorgfältig prüfen.[21]

Indem *A* sich nur oberflächlich mit dem Mandat des *K* beschäftigte und dem *K* zur Klage riet, obwohl die – von *A* übersehene – höchstrichterliche Rechtsprechung dem Anspruch von *K* entgegenstand, hat er seine Pflicht, den sichersten Weg zu wählen, verletzt.

Die Pflichtverletzung des *A* muss der RA-Gesellschaft zurechenbar sein. Eine Verletzungshandlung des organschaftlichen Vertreters ist der rechtsfähigen Personengesellschaft analog § 31 BGB zuzurechnen.[22] Damit ist die Pflichtverletzung des *A* der RA-Gesellschaft zurechenbar.

---

[16] *Wiedemann*, GesellR II, § 7 I 5 (S. 606).
[17] BGH NJW 1996, 2859; *Wiedemann*, GesellR II, § 7 I 5 (S. 606).
[18] BGH NJW 1988, 563, 566; NJW 1993, 3323, 3324; Palandt/*Grüneberg*, § 280 Rn. 69; AnwK-BGB/*Schwab*, § 675 Rn. 28.
[19] BGH NJW 2001, 675, 678; Palandt/*Grüneberg*, § 280 Rn. 68.
[20] BGH NJW 1993, 3323, 3324; Palandt/*Grüneberg*, § 280 Rn. 68; AnwK-BGB/*Schwab*, § 675 Rn. 23.
[21] BGHZ 89, 178, 182; Palandt/*Grüneberg*, § 280 Rn. 70.
[22] H. M.; vgl. BGHZ 154, 88 ff.; Bamberger/Roth/*Timm/Schöne*, § 714 Rn. 19; Münch-Komm-BGB/*Ulmer/Schäfer*, § 714 Rn. 38; vgl. zu dieser Frage ausführlich Fall 13.

3. Verschulden

Die RA-Gesellschaft muss die Pflichtverletzung gemäß § 280 Abs. 1 S. 2 BGB zu vertreten haben. Insofern muss die RA-Gesellschaft darlegen und beweisen, dass sie die Pflichtverletzung nicht zu vertreten hat. *A* hat die aktuelle höchstrichterliche Rechtsprechung jedoch aufgrund seiner oberflächlichen Arbeitsweise übersehen. Damit hat er die im Verkehr erforderliche Sorgfalt außer Acht gelassen, also fahrlässig gehandelt gemäß § 276 Abs. 2 BGB. Sein Verschulden ist der RA-Gesellschaft wiederum über § 31 BGB analog zuzurechnen. Die RA-Gesellschaft kann nicht darlegen, dass sie die Pflichtverletzung nicht zu vertreten hat, § 280 Abs. 1 S. 2 BGB.

4. Schaden

K ist durch die Auferlegung der Prozesskosten ein Schaden entstanden. Dieser ist auch adäquat kausal durch den fehlerhaften Rechtsrat des *A*, Klage zu erheben, verursacht worden. Folglich kann *K* diesen Schaden gemäß § 249 Abs. 1 BGB von der RA-Gesellschaft erstattet verlangen.

5. Zwischenergebnis

K hat gegen die RA-Gesellschaft einen Anspruch auf Erstattung der Prozesskosten gemäß §§ 280 Abs. 1, 675, 611 BGB i. V. m. § 124 Abs. 1 HGB analog.

II. Deliktischer Schadensersatzanspruch

Ein Anspruch von *K* gegen die RA-Gesellschaft gemäß § 823 Abs. 1 BGB besteht nicht. *K* ist nicht in einem der in § 823 Abs. 1 BGB genannten Rechte oder Rechtsgüter verletzt, sondern lediglich in seinem Vermögen geschädigt worden. Das Vermögen als solches ist aber nicht durch § 823 Abs. 1 BGB geschützt.

III. Ergebnis zu A

K hat gegen die RA-Gesellschaft einen Schadensersatzanspruch auf Erstattung seiner Prozesskosten gemäß §§ 280 Abs. 1, 675, 611 BGB i. V. m. § 124 Abs. 1 HGB analog.

B. Inanspruchnahme der Gesellschafter A, G und U persönlich

I. Berufsrechtlicher Anspruch

K kann einen Anspruch gegen *A*, *G* und *U* als Gesamtschuldner auf Erstattung der Prozesskosten gemäß §§ 280 Abs. 1, 675, 611 BGB i. V. m. § 51 a Abs. 2 S. 1 BRAO haben.

Für die Mitglieder einer Sozietät bestimmt § 51 a Abs. 2 S. 1 BRAO ausdrücklich, dass diese aus dem zwischen ihr und dem Auftraggeber bestehenden Vertragsverhältnis als Gesamtschuldner haften. Die Vorschrift des § 51 a Abs. 2 S. 1 BRAO bezieht sich auch auf Ansprüche aus der Verletzung vertraglicher Pflichten.[23]

Danach haften *A*, *G* und *U* gemäß § 51 a Abs. 2 S. 1 BRAO für die Verbindlichkeit der RA-Gesellschaft.[24] Die Gesellschafter haften folglich gegenüber *K* grundsätzlich auch mit ihrem Privatvermögen.[25]

---

[23] Henssler/Prütting/*Stobbe*, BRAO, § 51 a Rn. 4.

[24] Insofern bedarf es hier für die Rechtsanwaltssozietät keines Analogieschlusses zu § 128 HGB bzw. § 8 Abs. 1 PartGG.

[25] Zu dem gleichen Ergebnis gelangt man auf Grundlage der nunmehr überholten Doppelverpflichtungstheorie (früher st. Rspr., vgl. BGHZ 72, 267; 74, 240; 79, 374; 136, 254, 258 f.; *BGH* NJW 1992, 3037, 3038; Soergel/*Hadding*, § 714 Rn. 10 f.; vgl. *Kübler*, GesellR, 5. Aufl., § 6 III 4 b aa (S. 55 ff.); *Grunewald*, GesellR, 3. Aufl., 1 A Rn. 56, 109; gegen die Akzessorietätstheorie auch *Hommelhoff*, ZIP 1998, 8 ff.). Danach bedurfte die Begründung der persönli-

II. Gesellschaftsrechtlicher Anspruch

K kann einen Anspruch gegen *A*, *G* und *U* als Gesamtschuldner auf Erstattung der Prozesskosten gemäß §§ 280 Abs. 1, 675, 611 BGB i. V. m. §§ 128 S. 1, 124 Abs. 1 HGB analog haben.

Nach der nunmehr anerkannten sog. *„Akzessorietätstheorie"*[26] haften die Gesellschafter einer GbR kraft Gesetzes analog §§ 128 S. 1, 124 Abs. 1 HGB jeweils als Gesamtschuldner persönlich für die Verbindlichkeiten der GbR.[27] Das Verhältnis zwischen der Verbindlichkeit der GbR und der Haftung des Gesellschafters entspricht demjenigen der OHG.[28] Ausgangspunkt für eine derartige gesetzliche Gesellschafterhaftung ist der allgemeine Rechtsgrundsatz, wonach Personen, die im Rechtsverkehr mit anderen Geschäfte betreiben, für die daraus entstehenden Verbindlichkeiten mit ihrem gesamten Vermögen unbeschränkt haften, solange sich aus dem Gesetz nichts anderes ergibt oder mit dem Vertragspartner keine Haftungsbeschränkung vereinbart wird.[29] Dabei richtet sich der Bestand der persönlichen Verbindlichkeit hinsichtlich Art und Umfang analog § 129 Abs. 1 HGB nach dem Bestand der Verbindlichkeit der Gesellschaft.

Die Sozien *A*, *G* und *U* der RA-Gesellschaft haften somit analog §§ 128 S. 1, 124 Abs. 1 HGB für die Verbindlichkeiten der Gesellschaft.

III. Haftungsausschluss

1. Gesellschaftsvertraglich vereinbarter Haftungsausschluss

Die Haftung von *G* und *U* für die Gesellschaftsverbindlichkeit der RA-Gesellschaft gegenüber *K* kann aber aufgrund der gesellschaftsvertraglichen Regelung ausgeschlossen sein, wonach für Verbindlichkeiten aus beruflichen Fehlern die mit der Bearbeitung eines Mandats nicht befassten Anwälte dem Mandanten nicht haften sollen.

Indes bestimmt § 128 S. 2 HGB, dass eine der gesamtschuldnerischen Haftung der Gesellschafter aus § 128 S. 1 HGB entgegenstehende Vereinbarung Dritten gegenüber unwirksam ist. Es ergibt sich bereits aus „der Natur der Sache",[30] dass die Gesellschafter ihre kraft Gesetzes eintretende Haftung nicht ohne Mitwirkung des Gläubi-

---

chen Haftung der Gesellschafter eines besonderen Verpflichtungstatbestandes. Ein solcher ergab sich für rechtsgeschäftliche Verbindlichkeiten im Regelfall dadurch, dass nach § 714 BGB dem Gesellschaftsvertrag für die geschäftsführungsbefugten Gesellschafter im Zweifel auch eine Bevollmächtigung zu entnehmen ist, die Mitgesellschafter im Rahmen der Geschäftsführungsbefugnis persönlich und neben der Gesellschaft zu verpflichten (BGHZ 74, 240, 241; *BGH* NJW 1992, 3037, 3038; *Grunewald*, GesellR, 3. Aufl., 1 A Rn. 54). Entgegen § 425 BGB sollten die gesamtschuldnerisch haftenden Rechtsanwälte auch für das Verschulden eines Sozius einstehen; vgl. BGHZ 56, 355, 361 f.

[26] Bamberger/Roth/*Timm/Schöne*, § 714 Rn. 16; *Flume*, BGB AT I/1, § 16 IV 3 (S. 325 ff.); *Grunewald*, GesellR, 1 A Rn. 107 ff.; *K. Schmidt*, GesellR, § 60 III 2 (S. 1790 ff.); *Timm*, NJW 1995, 3209, 3215 f.; mittlerweile auch *Ulmer*, ZIP 1999, 554, 555 ff.; *ders.*, ZIP 2003, 1113, 1114.

[27] Die Haftung analog §§ 128 S. 1, 124 Abs. 1 HGB kann hier nicht mit dem Argument abgelehnt werden, wegen § 51 a BRAO liege keine planwidrige Regelungslücke vor. Zwischen der Haftung aus berufsrechtlichen Vorschriften und derjenigen aus gesellschaftsrechtlichen Vorschriften besteht Anspruchskonkurrenz.

[28] Vgl. grundlegend BGHZ 142, 315, 318 ff.; 146, 341, 358 f.

[29] BGHZ 142, 315, 319.

[30] So *K. Schmidt*, GesellR, § 64 IV 4 (S. 1888), zu § 8 PartGG, der – wie das Recht der GbR – ebenfalls keine dem § 128 S. 2 HGB entsprechende Vorschrift enthält.

gers ausschließen können. Die Vorschrift ist deshalb als konsequenter Bestandteil der Akzessorietätstheorie ebenfalls analog auf die Außen-GbR anwendbar.[31]

Die gesamtschuldnerische Haftung von G und U ist damit nicht wirksam durch die gesellschaftsvertragliche Regelung ausgeschlossen worden.

2. Ausschluss der Haftung analog § 8 Abs. 2 PartGG

Die Haftung von G und U kann jedoch gemäß § 8 Abs. 2, 1. Halbs. PartGG analog ausgeschlossen sein. Nach dieser sog. *„Handelndenhaftung"* haften, sofern nur einzelne Partner mit der Bearbeitung eines Auftrags befasst waren, nur diese gemäß § 8 Abs. 1 PartGG für berufliche Fehler neben der Partnerschaft, nicht auch die übrigen Partner. Die nicht an der Bearbeitung des Auftrags selbst mitwirkenden Partner sind demnach von der gesamtschuldnerischen Gesellschafterhaftung ausgeschlossen.[32]

Möglicherweise kann diese Vorschrift analog auf eine Berufssozietät in der Rechtsform der GbR übertragen werden. Das setzt das Bestehen einer planwidrigen Regelungslücke sowie eine Vergleichbarkeit der Interessenlagen voraus. Der BGH hat insoweit offen gelassen, ob für Verbindlichkeiten aus beruflichen Haftungsfällen wegen § 8 Abs. 2 PartGG eine Ausnahme von der streng akzessorischen Gesellschafterhaftung bei der GbR zu machen ist.[33]

Gegen die Annahme einer planwidrigen Regelungslücke spricht jedoch, dass die Vorschriften des PartGG gerade dazu dienen sollten, für Freiberufler die PartG gegenüber der Rechtsform der GbR attraktiver zu machen. Hierzu dient auch das Haftungsprivileg des § 8 Abs. 2 PartGG.[34] Wollen Freiberufler in den Genuss der Haftungsprivilegierung gem. § 8 Abs. 2 PartGG gelangen, müssen sie eine PartG gründen.[35] Weiterhin spricht gegen eine planwidrige Regelungslücke, dass der Gesetzgeber eine dem § 8 Abs. 2 PartGG entsprechende Regelung in § 51 a Abs. 2 BRAO hätte aufnehmen können, wenn er dieses Haftungsprivileg generell auf Sozietäten hätte erstrecken wollen. Dies hat er aber gerade nicht getan. Eine planwidrige Regelungslücke liegt somit nicht vor.[36] Daher lässt sich das Haftungsprivileg des § 8 Abs. 2 PartGG nicht im Wege der Analogie auf eine Freiberufler-GbR übertragen.[37]

Die nicht mit dem Auftrag befassten Sozien G und U können sich somit gegenüber K nicht auf das Haftungsprivileg gem. § 8 Abs. 2 PartGG berufen.

IV. Ergebnis zu B

K hat einen Schadensersatzanspruch auf Erstattung der Prozesskosten gegen A, G und U gemäß §§ 280 Abs. 1, 675, 611 BGB i. V. m. § 51 a Abs. 2 S. 1 BRAO bzw. gem. §§ 280 Abs. 1, 675, 611 BGB i. V. m. §§ 128 S. 1, 124 Abs. 1 HGB analog.

---

[31] Bamberger/Roth/*Timm/Schöne*, § 714 Rn. 38.

[32] MünchKomm-BGB/*Ulmer/Schäfer*, § 8 PartGG Rn. 14.

[33] BGHZ 154, 370, 377, allerdings speziell im Zusammenhang mit der Haftung für Altverbindlichkeiten, vgl. dazu sogleich unter C. Allerdings lässt sich diese Überlegung generell auf die Frage der akzessorischen Haftung analog § 128 HGB beziehen, vgl. *Ulmer*, ZIP 2003, 1113, 1118; *Armbrüster*, ZGR 2005, 34, 55.

[34] Vgl. MünchKomm-BGB/*Ulmer/Schäfer*, § 8 PartGG Rn. 14; *Ulmer*, ZIP 2003, 1113, 1119.

[35] *LG Frankenthal* NJW 2004, 3190; *Armbrüster*, ZGR 2005, 34, 55.

[36] *LG Hamburg* ZIP 2005, 355, 356 (§ 8 Abs. 2 PartGG als „Ausnahmeregelung nur für die Rechtsform der PartG"); *Ulmer*, ZIP 2003, 1113, 1119.

[37] *LG Frankenthal* NJW 2004, 3190; *Ulmer*, ZIP 2003, 1113, 1118; *Armbrüster*, ZGR 2005, 34, 55; vgl. auch *Wiedemann*, GesellR II, § 7 III 4 (S. 665).

C. Inanspruchnahme des Gesellschafters M

I. Berufsrechtliche Haftung

Ein Anspruch von *K* gegen *M* gemäß §§ 280 Abs. 1, 675, 611 BGB i. V. m. § 51 a Abs. 2 S. 1 BRAO scheidet aus; *M* ist erst nach Entstehen der Schadensersatzpflicht (Mai 2010) in die RA-Gesellschaft eingetreten (Juni 2010).

II. Gesellschaftsrechtliche Haftung

K kann gegen *M* aber einen Anspruch auf Erstattung der Prozesskosten gemäß §§ 280 Abs. 1, 675, 611 BGB i. V. m. §§ 130, 128, 124 Abs. 1 HGB analog haben.[38]

1. Akzessorietätstheorie

Das setzt voraus, dass die Gesellschafter einer Freiberufler-GbR für die Verbindlichkeiten der Sozietät unmittelbar, persönlich und gesamtschuldnerisch haften. Dies ist aufgrund der nunmehr für die Außen-GbR anerkannten Akzessorietätstheorie der Fall.[39]

2. Analoge Anwendung des § 130 HGB auf die Freiberufler-GbR

Ferner muss der in eine Sozietät eintretende Sozius *M* auch gegenüber *K* für die bereits bei seinem Eintritt bestehenden Verbindlichkeiten der RA-Gesellschaft haften. Diese Haftung des *M* kann sich aus § 130 HGB analog ergeben. Dies ist jedoch auch auf der Grundlage der Akzessorietätstheorie umstritten.

So wird teilweise eine persönliche Haftung des eintretenden Gesellschafters analog § 130 HGB abgelehnt.[40] Gegen eine analoge Anwendung von § 130 HGB auf die GbR spreche, dass sich diese Norm als Sondervorschrift des Handelsgesellschaftsrechts nicht auf die GbR übertragen lasse.[41] Dafür sei die GbR in ihren Erscheinungsformen im Gegensatz zur OHG zu vielgestaltig, vor allem im Hinblick auf klein- und nichtkaufmännische Erwerbsgesellschaften oder einfache Gelegenheitsgesellschaften.[42] Die unterschiedslose Strenge der handelsrechtlichen Haftungsvorschriften passe nicht zu diesen BGB-Gesellschaftstypen.[43] Der Gesetzgeber habe daher aus wohlerwogenen Gründen bewusst auf eine Haftung des Neugesellschafters für Altschulden der GbR verzichtet, weshalb für eine entsprechende Korrektur im Wege der Rechtsfortbildung kein Raum sei.[44] Vielmehr sei es ausreichend, wenn die Einlage des Neugesellschafters zukünftig als Teil des Gesellschaftsvermögens dem Zugriff der (bisherigen) Gesellschaftsgläubiger unterliege.[45] Ein Anspruch von *K* gegen *M* persönlich scheidet nach dieser Ansicht aus.

Die besseren Argumente können aber dafür sprechen, die Akzessorietätstheorie konsequent mit dem gesamten Haftungsmodell der §§ 128 ff. HGB analog auf die

---

[38] Aufgrund der größeren Nähe der freiberuflichen GbR zur PartG als zur OHG kann die akzessorische Haftung hier auch mit einer Analogie zu § 8 Abs. 1 S. 1 PartGG begründet werden.

[39] Vgl. oben B. II.

[40] *OLG Düsseldorf* ZIP 2002, 616 ff.; *Wiedemann*, JZ 2001, 661, 664; *Armbrüster*, ZGR 2005, 34, 47 ff.; vgl. noch auf Grundlage der Doppelverpflichtungslehre BGHZ 74, 240, 243.

[41] *OLG Düsseldorf* ZIP 2002, 616, 619.

[42] *OLG Düsseldorf* ZIP 2002, 616, 619.

[43] *OLG Düsseldorf* ZIP 2002, 616, 619.

[44] *OLG Düsseldorf* ZIP 2002, 616, 619; *Wiedemann*, JZ 2001, 661, 664.

[45] *Wiedemann*, JZ 2001, 661, 664.

Außen-GbR anzuwenden, mithin auch § 130 HGB.[46] Dafür ist insbesondere das Interesse des Verkehrsschutzes und der Rechtssicherheit anzuführen. Nur durch eine analoge Anwendung des § 130 HGB sind angemessene und verlässliche Haftungsstrukturen zu schaffen.[47] Im Rechtsverkehr lässt sich nicht immer mit der erforderlichen Klarheit zwischen einer GbR und einer OHG unterscheiden. Gerade für die GbR sind mangels Eintragung in das Handelsregister daher eindeutige Haftungsverhältnisse erforderlich.[48] Ansonsten müssten die Gläubiger angesichts des fehlenden Publizitätstatbestandes hinsichtlich der gesellschaftlichen Mitgliedschaftsverhältnisse in jedem Einzelfall den Nachweis führen, dass der in Anspruch genommene Gesellschafter im Zeitpunkt der Anspruchsbegründung bereits Mitglied der GbR war.[49] Dass eine derartige akzessorische Haftung dem gesetzgeberischen Haftungsmodell nach nicht auf Handelsgesellschaften beschränkt ist, zeigt auch § 8 Abs. 1 S. 2 PartGG, der § 130 HGB für entsprechend anwendbar erklärt.[50] Daher ist das Haftungsregime der §§ 128–130 HGB einheitlich entsprechend auf die GbR – und zwar auch auf eine Freiberufler-GbR – anzuwenden.[51]

M haftet gegenüber *K* analog § 130 HGB akzessorisch auf Erstattung der Prozesskosten.

III. Haftungsausschluss

M kann sich gegenüber *K* nicht auf die gesellschaftsvertragliche Haftungsbeschränkungsvereinbarung berufen, weil diese nicht wirksam ist.[52]

Gleiches gilt für das Haftungsprivileg gem. § 8 Abs. 2 PartGG. Zwar schließt diese Vorschrift in ihrem direkten Anwendungsbereich die grundsätzlich für Altverbindlichkeiten gegebene Haftung des eintretenden Partners (vgl. § 8 Abs. 1 S. 2 PartGG i. V. m. § 130 HGB) für Altverbindlichkeiten aus beruflichen Fehlern aus,[53] so dass bei einer analogen Anwendung auf die Freiberufler-GbR auch die Haftung des *M* ausgeschlossen wäre. Aus den oben[54] genannten Gründen ist § 8 Abs. 2 PartGG auf die Freiberufler-GbR aber nicht analog anwendbar.

Die Haftung von *M* für die Altverbindlichkeit der RA-Gesellschaft gegenüber *K* ist somit nicht ausgeschlossen.

---

[46] Nunmehr h. M., vgl. *OLG Hamm* ZIP 2002, 527 ff.; Bamberger/Roth/*Timm/Schöne*, § 714 Rn. 47; *Grunewald*, GesellR, 1 A Rn. 133 f.; *Ulmer*, ZIP 2001, 585, 598; *ders.*, ZIP 2003, 1113, 1115 f.

[47] BGHZ 154, 370, 373; *OLG Hamm* ZIP 2002, 527, 529; *Grunewald*, GesellR, 1 A Rn. 133.

[48] BGHZ 154, 370, 375 f.; vgl. auch *Ulmer*, ZIP 2001, 585, 598.

[49] Vgl. *Ulmer*, ZIP 2001, 585, 598.

[50] BGHZ 154, 370, 376; *OLG Hamm* ZIP 2002, 527, 529; *K. Schmidt*, GesellR, § 60 III 2 d (S. 1798).

[51] Bamberger/Roth/*Timm/Schöne*, § 714 Rn. 47. Dieser Auffassung hat sich nun auch der BGH angeschlossen, vgl. BGHZ 154, 370, 377 f. Im Hinblick auf die bis dahin ablehnende gefestigte Rechtsprechung hat der BGH (a. a. O.) die Haftung aus § 130 HGB analog aber aus Vertrauensgesichtspunkten auf künftige Beitrittsfälle (ab 7. 4. 2003) beschränkt. *M* ist im Juni 2010 in die RA-Gesellschaft eingetreten, so dass er auf die frühere BGH-Rechtsprechung nicht mehr vertrauen konnte.

[52] Vgl. oben B. III. 1.

[53] Vgl. MünchKomm-BGB/*Ulmer/Schäfer*, § 8 PartGG Rn. 14, 32.

[54] S. o. B. III. 2.

IV. Ergebnis zu C

K kann von *M* die Erstattung der Prozesskosten gemäß §§ 280 Abs. 1, 675, 611 BGB i. V. m. §§ 130, 128, 124 Abs. 1 HGB analog verlangen.

D. Ergebnis zu Frage 1

K kann die Erstattung der Prozesskosten sowohl von der RA-Gesellschaft als auch von den Sozien *A, G, U* und *M* persönlich verlangen.

Frage 2: Erstattungsanspruch von K gegen M

A. Haftung analog § 130 HGB

Ein Anspruch von *K* gegen *M* persönlich auf Erstattung der Prozesskosten nach §§ 280 Abs. 1, 675, 611 BGB i. V. m. §§ 130, 128 HGB analog scheidet aus, da *M* nicht einer Sozietät beigetreten ist, sondern dem Einzelanwalt *A*.

B. Schuldbeitritt

K kann aber einen Anspruch gegen *M* auf Erstattung der Prozesskosten haben, wenn *M* der Schadensersatzverpflichtung des *A* aus §§ 280 Abs. 1, 675, 611 BGB wirksam beigetreten ist. Der Schuldbeitritt ist gesetzlich nicht geregelt, im Rahmen der Vertragsfreiheit aber zulässig gemäß § 311 Abs. 1 BGB.[55] Indes hat *M* einen Schuldbeitritt zu den Verbindlichkeiten des *A* ausdrücklich weder mit diesem noch mit *K* vereinbart. Auch sind keine besonderen Umstände – etwa ein Eintritt in Kenntnis der Schadensersatzpflicht – für die Annahme eines konkludent vereinbarten Schuldbeitritts ersichtlich.

K kann *M* daher auch nicht aus einem Schuldbeitritt zur Verbindlichkeit des *A* aus §§ 280 Abs. 1, 675, 611 BGB in Anspruch nehmen.

C. Haftung analog §§ 28, 128 HGB

K kann jedoch einen Anspruch gegen *M* auf Erstattung der Prozesskosten gemäß §§ 280 Abs. 1, 675, 611 BGB i. V. m. §§ 28 Abs. 1 S. 1, 128, 124 Abs. 1 HGB analog haben.

I. Akzessorische Gesellschafterhaftung als Rechtsfolge des § 28 Abs. 1 HGB

Die analoge Anwendung des § 28 Abs. 1 HGB muss auf Rechtsfolgenseite zunächst die persönliche Haftung des Eintretenden vorsehen. § 28 Abs. 1 S. 1 HGB spricht zwar ausdrücklich nur von der Haftung der (mit dem Beitritt entstehenden) Gesellschaft. Entsteht jedoch mit der Gründung der Gesellschaft die Haftung des § 28 Abs. 1 S. 1 HGB, so entsteht konsequenterweise mit dieser Gesellschaftsverbindlichkeit auch die akzessorische Gesellschafterhaftung gemäß § 128 HGB.[56]

Rechtsfolge einer analogen Anwendung des § 28 HGB wäre damit auch die persönliche Haftung des *M* analog § 128 HGB.

II. Eintritt i. S. v. § 28 HGB

Auf Tatbestandsseite setzt § 28 Abs. 1 S. 1 HGB voraus, dass *M* in das Geschäft eines Einzelkaufmanns eingetreten ist. Indes ist *M* dem Einzelanwalt *A* beigetreten, der als Freiberufler gerade kein Einzelkaufmann war, da er kein Gewerbe betreibt.[57] Umstritten ist deshalb, ob § 28 HGB auch auf eine entstehende (etwa kleingewerb-

---

[55] RGZ 59, 232, 233; Palandt/*Grüneberg*, vor § 414 Rn. 2.
[56] BGHZ 157, 361, 364 f.; *BGH* NJW 1966, 1917, 1918; NJW 1972, 1466, 1467; Baumbach/Hopt/*Hopt*, § 28 Rn. 5; a. A. *Canaris*, HandelsR, § 7 Rn. 92.
[57] Zum Gewerbebegriff s. o. Fall 5 mit den Nachweisen in Fn. 4.

liche oder freiberufliche) GbR analog angewendet werden kann.[58] Diese grundsätzliche Frage kann hier aber offen bleiben, wenn sie sich speziell für die Berufsgruppe
der Anwälte aufgrund der Besonderheiten der Rechtsverhältnisse eines Anwalts zu
seinen Mandanten beantworten lässt.

Insofern ist zu berücksichtigen, dass das Rechtsverhältnis eines Anwalts zu seinem
Mandanten vor allem durch die persönliche und eigenverantwortliche Dienstleistung
geprägt ist, auch wenn sich der Anwalt mit anderen zur gemeinsamen Berufsausübung zusammenschließt.[59] Entsprechend bringt auch der Mandant, der anstelle einer
Sozietät einen Einzelanwalt betraut, dem Anwalt ein besonderes Vertrauen in die
persönliche Erbringung der Dienstleistung entgegen.[60] Das Mandat ist damit so eng
mit der Person des (Einzel-)Anwalts verknüpft, dass in diesem Fall der für eine analoge Anwendung des § 28 HGB grundsätzlich tragfähige Gedanke der Unternehmenskontinuität nicht greift.[61] Die persönliche Leistungserbringung des Einzelan-
walts charakterisiert seine Berufsausübung umfassend, so dass sich die analoge
Anwendung des § 28 Abs. 1 S. 1 HGB insgesamt ablehnen lässt, nicht nur bezogen
auf einzelne Geschäfte.[62] Demnach ist zumindest für den speziellen Fall eines Beitritts zu einem Einzelanwalt die analoge Anwendung des § 28 Abs. 1 S. 1 HGB abzulehnen.

K kann *M* nicht persönlich auf Erstattung der Prozesskosten nach §§ 280 Abs. 1, 675,
611 BGB i. V. m. §§ 28 Abs. 1 S. 1, 128, 124 Abs. 1 HGB analog in Anspruch nehmen.

D. Ergebnis zu Frage 2

K hat keinen Anspruch gegen *M* persönlich auf Erstattung der Prozesskosten.

Frage 3: Wirksamkeit einer vorformulierten Haftungsbeschränkung

Ob die vorformulierte Haftungsbeschränkung bei der RA-Gesellschaft wirksam ist,
bemisst sich nach den §§ 305 ff. BGB, insbesondere nach der AGB-rechtlichen
Inhaltskontrolle gemäß §§ 307 ff. BGB.

I. Haftungsbeschränkung als Verstoß gegen § 307 BGB

Der Katalog der §§ 309, 308 BGB ist insofern nicht einschlägig. Maßgeblich ist deshalb die Generalklausel des § 307 BGB. Nach § 307 Abs. 1 i. V. m. Abs. 2 Nr. 1 BGB
ist eine zur Unwirksamkeit der Klausel führende unangemessene Benachteiligung im
Zweifel anzunehmen, wenn eine Bestimmung mit wesentlichen Grundgedanken der
gesetzlichen Regelung, von der abgewichen wird, nicht zu vereinbaren ist.

Der in AGB erfolgende generelle Ausschluss der Haftung der Gesellschafter für die
Gesellschaftsverbindlichkeiten lässt von der in § 128 HGB analog angeordneten
akzessorischen Haftung nichts mehr übrig. Deshalb ist eine solche AGB-Regelung
wegen Abweichens von wesentlichen Grundgedanken der gesetzlichen Regelung

---

[58] Vgl. zu dieser Frage ausführlich oben Fall 4.

[59] *BVerfG* NJW 2003, 2520; BGHZ 157, 361, 366 f.

[60] BGHZ 157, 361, 367.

[61] BGHZ 157, 361, 367; ähnlich insofern auch *K. Schmidt*, HandelsR, § 8 I 4 c bb (S. 232),
der die analoge Anwendung von § 28 HGB grundsätzlich befürwortet.

[62] BGHZ 157, 361, 367. Die vom BGH, a. a. O., ferner angestellte Erwägung, auch § 28
Abs. 2 HGB spreche gegen eine analoge Anwendung des § 28 HGB auf entstehende GbR, da
diese eine entsprechende Haftungsbeschränkung nicht herbeiführen können, betrifft dagegen
nicht die Besonderheiten der Anwaltshaftung, sondern die grundsätzliche Frage einer analogen
Anwendung des § 28 Abs. 1 S. 1 HGB.

(§ 128 HGB) als unangemessene Benachteiligung gemäß § 307 Abs. 2 Nr. 1 BGB unwirksam.[63] Eine Haftungsbeschränkung in den AGB einer GbR, wonach die Gesellschafter für die Gesellschaftsverbindlichkeiten nicht persönlich haften, ist daher unwirksam gemäß § 307 BGB.[64]

II. Wirksamkeit in Ausnahmefällen

Die von der RA-Gesellschaft verwandte AGB-Regelung schließt indes nicht die Haftung der Gesellschafter für die Gesellschaftsverbindlichkeiten generell aus, sondern nur die Haftung derjenigen Sozien, die nicht mit der Bearbeitung des Mandats befasst waren. Für eine solche vorformulierten Haftungsbeschränkung kann ausnahmsweise (vgl. § 307 Abs. 2 BGB „im Zweifel") das Unangemessenheitsurteil unzutreffend sein.[65]

Die Beantwortung dieser Frage generell für alle GbR bedarf hier jedoch keiner Entscheidung. Für Rechtsanwaltssozietäten ist ein Haftungsausschluss in AGB in bestimmtem Umfang kraft Gesetzes zulässig. § 51 a Abs. 2 S. 2 BRAO bestimmt, dass die persönliche Haftung auf Schadensersatz auch durch vorformulierte Vertragsbedingungen beschränkt werden kann auf einzelne Mitglieder einer Sozietät, die das Mandat im Rahmen ihrer eigenen beruflichen Befugnisse bearbeiten und namentlich bezeichnet sind. Jedoch darf gemäß § 51 a Abs. 2 S. 3 BRAO die Zustimmungserklärung zu einer solchen Beschränkung keine anderen Erklärungen enthalten und muss vom Auftraggeber unterschrieben sein.

Sofern die RA-Gesellschaft diese Anforderungen berücksichtigt, kann die von ihr beabsichtigte vorformulierte Haftungsbeschränkung wirksam in einem Mandatsvertrag vereinbart werden.

---

[63] Bamberger/Roth/*Timm/Schöne*, § 714 Rn. 40; MünchKomm-BGB/*Ulmer/Schäfer*, § 714 Rn. 66; MünchHdb. GesR I/*Gummert*, § 18 Rn. 85; *Grunewald*, GesellR, 1 A Rn. 108; *Reiff*, ZIP 1999, 1329, 1336 f.; *Ulmer*, ZIP 2003, 1113, 1118.

[64] Vgl. aber auch BGHZ 150, 1 ff., wo der BGH eine Ausnahme für geschlossene Immobilienfonds in der Rechtsform der GbR zulässt.

[65] Vgl. zu dieser Überlegung *Reiff*, ZIP 1999, 1329, 1337 f.

Fall 11. Die eilige Vorgesellschaft

Schwerpunkte im „allgemeinen" Gesellschaftsrecht – Recht der Vorgesellschaft (Vor-GmbH):

Rechtsnatur der GmbH in Gründung – Einstandspflicht der GmbH für Verbindlichkeiten aus dem Gründungsstadium – Gründerhaftung in der GmbH – Handelndenhaftung – Persönliche Haftung des GmbH-Gesellschafters nach Rechtsscheingrundsätzen

Sachverhalt

Alexander Abt (A) betreibt als Frachtführer ein Fuhrunternehmen mit 25 Lastkraftwagen und 35 Angestellten; der Jahresumsatz liegt bei 35 Mio. €. Zusammen mit seinem finanzkräftigen Bekannten *Bernd Bolte (B)* beschließt er im Februar 2009 die Gründung der „Ferntransport-GmbH Münster" (F-GmbH), in die sein Unternehmen eingebracht werden soll. Dabei wird vereinbart, dass A alleiniger Geschäftsführer der ab 1. 3. 2009 gemeinschaftlich betriebenen Gesellschaft werden soll. Die Geschäfte des Fuhrunternehmens werden hierbei im Einvernehmen der Gesellschafter ohne Unterbrechung fortgeführt.

Nachdem der Gesellschaftsvertrag am 18. 3. 2009 notariell beurkundet worden ist, kauft A am 19. 4. 2009 namens der F-GmbH vom Händler *Hans Heinze (H)* einen Austauschmotor zum Kaufpreis von 10.000 €. Die Eintragung der F-GmbH erfolgt am 31. 5. 2009. Der Kaufpreis für den Austauschmotor ist bislang nicht beglichen worden.

1. Hat H einen Anspruch auf Zahlung des Kaufpreises i. H. v. 10.000 €
   a) gegen die F-GmbH?
   b) gegen A und B persönlich?
2. Wie im Ausgangsfall, jedoch kauft A einen Austauschmotor für 25.000 € bei dem Händler *Günter Gause (G)*, der seit langem geschäftliche Beziehungen zu dem Fuhrunternehmen unterhält und von den Vorgängen um die Gründung der GmbH keine Kenntnis hat. A bittet um ein Zahlungsziel. Wegen der bisher guten Zahlungsmoral des A trägt G in die Kaufvertragsurkunde vom 1. 4. 2009 – also nach der notariellen Beurkundung vom 18. 3. 2009 – als Fälligkeitstermin den 1. 7. 2009 ein sowie als Kaufvertragspartei die Firma „A-Ferntransport". Unter dieser Firma unterschreibt A den Kaufvertrag und gibt die Urkunde sodann dem G zurück, der diese bereits vorher unterschrieben hatte.

Kann G nach dem Eintritt der Fälligkeit – und damit auch nach Eintragung der GmbH am 31. 5. 2009 – A persönlich aus dem Kaufvertrag in Anspruch nehmen?

Lösung

Frage 1: Anspruch von H auf Zahlung von 10.000 €

A. Anspruch gegen die F-GmbH aus § 433 Abs. 2 BGB i. V. m. § 13 Abs. 1 GmbHG

Ein Anspruch von *H* gegen die F-GmbH auf Zahlung von 10.000 € kann aus § 433 Abs. 2 BGB i. V. m. § 13 Abs. 1 GmbHG folgen.

I. Kaufvertragliche Verpflichtung der F-GmbH

1. Die F-GmbH als ursprüngliche Kaufvertragspartei

Bei dem Kaufvertragsabschluss von *A* war die F-GmbH noch nicht im Handelsregister eingetragen, so dass sie gem. § 11 Abs. 1 GmbHG „als solche" nicht verpflichtet werden konnte.

2. Nachfolge in die Verbindlichkeit der Vorgesellschaft

Jedoch kann *A* durch den Kaufvertragsabschluss die vom Abschluss des notariellen Gesellschaftsvertrages bis zur Eintragung ins Handelsregister bestehende „Vorgesellschaft"[1] verpflichtet haben und die so begründete Kaufpreisschuld auf die F-GmbH übergegangen sein.

a) Kaufvertrag mit der Vorgesellschaft

aa) Entstehung der Vorgesellschaft

Mit der notariellen Beurkundung des Gesellschaftsvertrages nach § 2 Abs. 1 GmbHG ist am 18. 3. 2009 eine Vorgesellschaft (= Vor-GmbH) als Vorstufe zur späteren GmbH entstanden.

bb) Kaufvertrag mit der Vorgesellschaft

Der Kaufvertrag zwischen *H* und der Vorgesellschaft kann durch den Abschluss eines Kaufvertrages mit *A* namens der F-GmbH am 19. 4. 2009 entstanden sein.

(1) Rechtsfähigkeit der Vorgesellschaft

Die Vorgesellschaft muss wirksam Verbindlichkeiten eingehen können. Dies setzt die Rechtsfähigkeit der Vor-GmbH voraus. Die Rechtsfähigkeit der Vor-GmbH hängt von der Rechtsnatur der Vorgesellschaft ab. Möglicherweise ist die Vorgesellschaft abhängig von dem ausgeübten Betrieb entweder als OHG oder GbR zu werten.[2] Infolge der Fortführung des kaufmännischen Fuhrunternehmens durch die „F-GmbH i. Gr." auch nach notarieller Beurkundung des Gesellschaftsvertrages wäre sie somit, ebenso wie im Vorgründungsstadium,[3] als OHG einzustufen. Danach ergäbe sich ihre Rechtsfähigkeit ohne weiteres aus § 124 Abs. 1 HGB.

---

[1] Zur Vor-GmbH und zur Vorgesellschaft allgemein vgl. Baumbach/Hueck/*Hueck/Fastrich*, § 11 Rn. 6 ff.; Lutter/Hommelhoff/Bayer, § 11 Rn. 5 f.; Michalski/*Michalski*, GmbHG, § 11 Rn. 42 ff.; *Roth/Altmeppen*, § 11 Rn. 38 ff.; Scholz/*K. Schmidt*, § 11 Rn. 21 ff.; MünchHdb.GesR III/*Gummert*, § 16 Rn. 1 ff.; *K. Schmidt*, GesellR, § 11 II (S. 290 ff.); *ders.*, GmbHR 1987, 77 ff.; *Hirte*, Rn. 2.7 ff.; *Raiser/Veil*, § 26 Rn. 94 ff.; *Windbichler*, § 21 Rn. 14 ff.

[2] So die ältere Rechtsprechung und Literatur, vgl. RGZ 58, 55, 56; 105, 228, 229; *Möhring*, GmbHR 1951, 70 ff.

[3] Im Vorgründungsstadium, also vor notarieller Beurkundung des Gesellschaftsvertrages gem. § 2 Abs. 1 GmbHG, findet entweder das Recht der OHG oder der GbR Anwendung, je nachdem ob ein Handelsgewerbe betrieben wird oder nicht; vgl. Baumbach/Hueck/*Hueck/*

Bei der Vor-GmbH handelt es sich hingegen zutreffend um eine Personenvereinigung eigener Art, die einem Sonderrecht untersteht, das aus den gesetzlichen und gesellschaftsvertraglichen Gründungsvorschriften sowie dem Recht der rechtsfähigen GmbH besteht, soweit es nicht die Eintragung der Gesellschaft voraussetzt.[4] Es handelt sich mithin um eine selbstständige Gesellschaft, die – obwohl sie noch keine juristische Person ist – dennoch Trägerin von Rechten und Pflichten sein und bereits vor ihrer Eintragung Verbindlichkeiten eingehen kann.[5]

Die Vor-GmbH ist somit unabhängig davon, ob sie ein kaufmännisches Unternehmen betreibt, rechtsfähig. Die „F-GmbH i. Gr." war daher nach notarieller Beurkundung des Gesellschaftsvertrages rechtsfähig.

(2) Wirksame Vertretung der Vor-GmbH

H kann die „F-GmbH i. Gr." aus dem Kaufvertrag in Anspruch nehmen, wenn diese bei Abschluss des Kaufvertrages gem. § 164 Abs. 1 BGB durch *A* wirksam vertreten wurde.

(a) Willenserklärung namens der Vor-GmbH

A muss zunächst namens der „F-GmbH i. Gr." gehandelt haben. Dabei kommt es nach § 164 Abs. 1 S. 2 BGB nicht darauf an, ob er dies ausdrücklich tat oder ob sich sein Wille, für die Vor-GmbH aufzutreten, erst aus den Umständen ergab (vgl. auch § 164 Abs. 1 S. 2 BGB).

A hat den Kaufvertrag ausdrücklich für die F-GmbH abgeschlossen. Jedoch kann aus den weiteren Umständen folgen, dass er den Kaufvertrag in Wirklichkeit für die Vorgesellschaft abgeschlossen hat. Dabei ist hier von Bedeutung, dass der Kaufvertragsabschluss im Zusammenhang mit dem Betrieb des Fuhrunternehmens stand. Bei unternehmensbezogenen Geschäften geht der Wille der Beteiligten im Zweifel dahin, dass unabhängig von der Unternehmensbezeichnung der wahre Betriebsinhaber verpflichtet werden soll. Dies gilt auch, wenn der Geschäftspartner unrichtige Vorstellungen über die Person des Betriebsinhabers hat.[6] In diesen Fällen ist eine Vertretung der Vorgesellschaft deshalb selbst dann zu bejahen, wenn die Firma der GmbH ohne einen auf das Gründungsstadium hinweisenden Zusatz verwendet wird.[7] Aus dem Umstand, dass *A* den Kaufvertrag im Rahmen des Geschäftsbetriebs abschloss, ergibt sich daher, dass er (zumindest auch) für die „F-GmbH i. Gr." auftrat.

(b) Handeln im Rahmen der Vertretungsmacht

A muss darüber hinaus mit Vertretungsmacht gehandelt haben. Als alleiniger Geschäftsführer der „F-GmbH i. Gr." kann *A* gem. §§ 35 Abs. 1 S. 1, 37 Abs. 2 GmbHG im Verhältnis zu Dritten unbeschränkt vertretungsbefugt gewesen sein. Die Anwendung dieser GmbHG-Vorschriften auf die Vor-GmbH scheitert nicht

---

Fastrich, § 11 Rn. 36; Lutter/Hommelhoff/*Bayer,* § 11 Rn. 2; *Roth/Altmeppen,* § 11 Rn. 73; MünchHdb.GesR III/*Priester,* § 15 Rn. 29; *K. Schmidt,* GesellR, § 34 III 2 (S. 1011 ff.). Zur Haftung bei GbR und OHG siehe insbesondere die Fälle 1, 4 und 9.

[4] Ganz h. M.; vgl. die Grundsatzentscheidung BGHZ 80, 129 ff. sowie statt aller Baumbach/Hueck/*Hueck/Fastrich,* § 11 Rn. 6; Lutter/Hommelhoff/*Bayer,* § 11 Rn. 5 ff.; GroßKomm-GmbHG/*Ulmer,* § 11 Rn. 10; *Roth/Altmeppen,* § 11 Rn. 39; MünchHdb.GesR III/*Gummert,* § 16 Rn. 5; *K. Schmidt,* GesellR, § 34 III 3 a (S. 1016 f.); *Windbichler,* § 21 Rn. 18.

[5] Vgl. statt aller *K. Schmidt,* GesellR, § 34 III 3 a (S. 1016 f.).

[6] BGHZ 62, 216, 221; 64, 11, 15; 92, 259, 268; Bamberger/Roth/*Habermeier,* § 164 Rn. 25; Palandt/*Ellenberger,* § 164 Rn. 2.

[7] Baumbach/Hueck/*Hueck/Fastrich,* § 11 Rn. 18; Michalski/*Michalski,* GmbHG, § 11 Rn. 101 ff.; Scholz/*K. Schmidt,* § 11 Rn. 60; MünchHdb.GesR III/*Gummert,* § 16 Rn. 48.

schon an der fehlenden Eintragung der „F-GmbH" gem. § 11 Abs. 1 GmbHG. Die Vor-GmbH muss notwendigerweise einen Geschäftsführer haben, weil sie ansonsten nicht handlungsfähig wäre und die GmbH nicht gem. § 7 GmbHG zur Eintragung in das Handelsregister angemeldet werden könnte.[8] Die bloße Bestellung zum Geschäftsführer setzt keine Publizität und daher keine Eintragung der GmbH voraus.[9]

Indes weckt die daraus resultierende Befugnis, noch vor Eintragung der GmbH in das Handelsregister Verbindlichkeiten in unbegrenzter Höhe begründen zu können, im Hinblick auf den bloß vorbereitenden Charakter der Vor-GmbH Bedenken. Es besteht die Gefahr, dass die wirtschaftliche Grundlage der GmbH durch Schulden aus der Tätigkeit der Vor-GmbH ausgehöhlt wird und das im Handelsregister ausgewiesene Stammkapital bei der Eintragung weitgehend verbraucht ist. Dies legt den Gedanken nahe, die Vertretungsmacht entsprechend dem Zweck der Vorgesellschaft auf solche Geschäfte zu beschränken, die die Eintragung, d. h. die Entstehung der GmbH, fördern.[10]

Die Übernahme eines solchen aus dem Aktienrecht abgeleiteten Vorbelastungsverbotes ist indes abzulehnen. Sie bietet schon deshalb keinen wirksamen Schutz gegen eine vorzeitige Aufzehrung des Stammkapitals, weil es den Geschäftsführern nach der Eintragung der GmbH unbenommen bleibt, die für die Vorgesellschaft abgeschlossenen Geschäfte nach § 177 Abs. 1 BGB zu genehmigen.[11] Im Übrigen wird sie der Vielgestaltigkeit der Vorgesellschaften nicht gerecht. Bei einer Vor-GmbH, deren Gegenstand der Betrieb eines schon bestehenden Unternehmens ist, führt die strikte Anwendung des Vorbelastungsverbots zur Handlungsunfähigkeit des Unternehmens und damit zu Verlusten, deren Vermeidung es gerade bezweckt. Wird ein eingebrachtes Unternehmen fortgeführt, sind neben Rechtshandlungen, die die Eintragung der GmbH fördern, vielmehr auch solche Geschäfte „gründungsnotwendig", die die Fortsetzung des Unternehmens ermöglichen.[12] In Fällen dieser Art umfasst die Vertretungsmacht des Geschäftsführers deshalb auch den Abschluss von Geschäften, die der Erhaltung und Verwaltung des Unternehmens förderlich sind.

Die Reparatur des Lkw diente auch dazu, den Geschäftsbetrieb des Transportunternehmens in unbeeinträchtigtem Umfang zu erhalten, so dass *A* zum Kauf des Austauschmotors gem. §§ 35 Abs. 1 S. 1, 37 Abs. 2 GmbHG befugt war. *H* hat daher einen Anspruch auf Kaufpreiszahlung gemäß § 433 Abs. 2 BGB gegen die Vor-GmbH erworben.

---

[8] Baumbach/Hueck/*Hueck/Fastrich,* § 11 Rn. 18 i. V. m. § 6 Rn. 3.

[9] Lutter/Hommelhoff/*Bayer,* § 11 Rn. 12; Rowedder/Schmidt-Leithoff/*Schmidt-Leithoff,* § 11 Rn. 84; *K. Schmidt,* GesellR, § 34 III 3 b (S. 1018).

[10] So noch BGHZ 65, 378, 383; ebenso Baumbach/Hueck/*Hueck/Fastrich,* § 11 Rn. 19; Lutter/Hommelhoff/*Bayer,* § 11 Rn. 14; GroßKomm-GmbHG/*Ulmer,* § 11 Rn. 43; *Wiegand,* BB 1998, 1071 ff., jeweils für den Fall der Bargründung einer GmbH.

[11] BGHZ 80, 129, 138.

[12] Ganz h. M., vgl. BGHZ 80, 129, 139; 91, 148, 151; 134, 333, 338 f.; zustimmend Baumbach/Hueck/*Hueck/Fastrich,* § 11 Rn. 20; Lutter/Hommelhoff/*Bayer,* § 11 Rn. 14; Michalski/*Michalski,* GmbHG, § 11 Rn. 55; *Roth/Altmeppen,* § 11 Rn. 47; im Ergebnis ebenso Scholz/*K. Schmidt,* § 11 Rn. 64 und *K. Schmidt,* GesellR, § 34 III 3 b bb (S. 1019 ff.), der dies aber unter Hinweis auf die erforderliche strikte Trennung zwischen Geschäftsführung und Vertretung für jede Vor-GmbH annimmt, unabhängig davon, ob eine Sach- oder Bargründung vorliegt; zustimmend MünchHdb.GesR III/*Gummert,* § 16 Rn. 50.

b) Übergang der Kaufpreisverbindlichkeit auf die F-GmbH

In die so begründete Verbindlichkeit kann die F-GmbH mit der Eintragung am 31. 5. 2009 eingetreten sein.

Allerdings kann einer Nachfolge der GmbH in die von der Vor-GmbH begründeten Verbindlichkeiten das Kapitalerhaltungsinteresse der Gläubiger entgegenstehen. Das Eintreten der GmbH in die Verbindlichkeiten der Vor-GmbH erhöht – zusammen mit der erweiterten Vertretungsmacht des Vor-GmbH-Geschäftsführers – die Gefahr, dass die GmbH bei ihrer Eintragung nicht über den im Handelsregister verlautbarten Haftungsfonds verfügt.[13] Zur Wahrung des in den §§ 19, 21 ff. GmbHG zum Ausdruck kommenden Kapitalerhaltungsprinzips kann es somit erforderlich sein, den Übergang der Schulden der Vorgesellschaft auf die GmbH auszuschließen.[14]

Ein solcher Ausschluss hätte aber zur Folge, dass die Gläubiger der Vorgesellschaft mit der Eintragung der GmbH zum einen ihren Schuldner verlören. Zum anderen hätten sie keine Möglichkeit, sich nunmehr an die GmbH zu halten, obschon diese aufgrund der sog. Identität von Vorgesellschaft und späterer GmbH ohne irgendwelche Übertragungsakte in die Aktiva der Vorgesellschaft eintritt.[15] Es käme demnach zu einer deutlichen Benachteiligung der Gläubiger der Vor-GmbH gegenüber den Gläubigern der eingetragenen GmbH. Dies ist nicht nur mit den Geboten des Verkehrsschutzes unvereinbar, sondern verstößt zugleich gegen Wertungen des geltenden Rechts. Denn den §§ 20 Abs. 1 Nr. 1, 131 Abs. 1 Nr. 1 UmwG lässt sich der allgemeine Rechtsgedanke entnehmen, dass dem Gläubiger durch einen Vermögensübergang auf Seiten des Schuldners nicht die Haftungsgrundlage entzogen werden soll. Schließlich führt die von der Rechtsprechung entwickelte einheitliche Gründerhaftung, bestehend aus Verlustdeckungs- und Vorbelastungshaftung der GmbH-Gesellschafter, nach der die Gründer gegenüber der GmbH anteilig für die Differenz zwischen dem Stammkapital und dem Wert des Gesellschaftsvermögens im Zeitpunkt der Eintragung haften, zu einer ausreichenden Sicherung der Kapitalgrundlage.[16]

Im Ergebnis ist daher festzuhalten, dass die GmbH mit ihrer Eintragung ohne irgendwelche Übertragungsakte in die Verbindlichkeiten der erloschenen Vorgesellschaft eintritt. Die von der „F-GmbH i. Gr." begründete Kaufpreisverbindlichkeit ist folglich mit Eintragung am 31. 5. 2009 auf die F-GmbH übergegangen.

II. Ergebnis zu A

H hat gegen die F-GmbH einen Anspruch auf Zahlung des Kaufpreises i. H. v. 10.000 € gemäß § 433 Abs. 2 BGB i. V. m. § 13 Abs. 1 GmbHG.

---

[13] BGHZ 80, 129, 136.
[14] So die frühere Rspr., vgl. etwa BGHZ 17, 385 ff. (für die eG); 65, 378, 383.
[15] Ganz h. M.; vgl. BGHZ 80, 129, 137; Baumbach/Hueck/*Hueck/Fastrich*, § 11 Rn. 56 f.; Lutter/Hommelhoff/*Bayer*, § 11 Rn. 5; *Roth/Altmeppen*, § 11 Rn. 19; Scholz/*K. Schmidt*, § 11 Rn. 25; MünchHdb.GesR III/*Gummert*, § 16 Rn. 109; *K. Schmidt*, GesellR, § 11 IV 2 c (S. 302 f.) und § 34 III 4 a (S. 1028 f.); *Raiser/Veil*, § 26 Rn. 111; *Hirte*, Rn. 2.29; *Windbichler*, § 21 Rn. 29 f.
[16] Dazu grundlegend BGHZ 134, 333, 336; die Entscheidung wird in der Literatur insbesondere wegen des Innenhaftungskonzepts lebhaft diskutiert; vgl. Baumbach/Hueck/*Hueck/Fastrich*, § 11 Rn. 24 ff.; Lutter/Hommelhoff/*Bayer*, § 11 Rn. 17–19 u. 32–41; GroßKommGmbHG/*Ulmer*, § 11 Rn. 77 ff.; *Roth/Altmeppen*, § 11 Rn. 52 ff.; Scholz/*K. Schmidt*, § 11 Rn. 76 ff.; *Raiser/Veil*, § 26 Rn. 108 ff.

B. Ansprüche von H gegen A und B

I. Anspruch gegen A und B gem. § 433 Abs. 2 BGB i. V. m. § 128 S. 1 HGB analog

H kann auch *A* und *B* auf Zahlung von 10.000 € in Anspruch nehmen, wenn diese für die namens der F-GmbH i. Gr. begründete Kaufpreisverbindlichkeit einstehen müssen.

Ob und in welchem Umfang die Gesellschafter für die Verbindlichkeiten der Vor-GmbH haften müssen, ist umstritten. Die beiden Extrempositionen werden durch eine gleichsam im Vorgriff auf § 13 Abs. 2 GmbHG generell eintretende Haftungsfreistellung der Mitglieder der Vorgesellschaft[17] einerseits und eine auf § 128 HGB analog bzw. §§ 714, 427 BGB analog gestützte unbeschränkte Außenhaftung der Gesellschafter bis zur Eintragung der GmbH[18] andererseits markiert. Eine „mittlere" Lösung gelangt zu einer der Höhe nach auf die noch nicht geleisteten Einlagenteile begrenzen Außenhaftung und macht so den Gedanken des § 171 Abs. 1, 2. Halbs. HGB fruchtbar.[19] Ferner wird eine unbegrenzte Innenhaftung der Gründer vertreten, d. h. die Gesellschafter haften unbegrenzt ihrer Gesellschaft gegenüber, nicht aber unmittelbar gegenüber den Gläubigern.[20]

Jedoch bedarf es vorliegend angesichts des Erlöschens der Vor-GmbH keiner Entscheidung zwischen den vorstehend skizzierten Ansichten.[21] Selbst wenn man die persönliche Außenhaftung der Gründer befürworten sollte – und nur dann käme eine Haftung der Gesellschafter *A* und *B* gegenüber *H* in Betracht – besteht Einigkeit darüber, dass die Einstandspflicht spätestens mit der Eintragung der GmbH erlischt.[22] Aus dem Auftreten namens der Vor-GmbH werde nach außen erkennbar, dass ein Dritter nach Beendigung der Vorgesellschaft allein auf das Vermögen der GmbH zugreifen können solle, dessen Mindestbestand in Höhe des Stammkapitals durch die nach der Eintragung der GmbH ins Handelsregister eingreifenden Vorbelastungshaftung gesichert sei.[23]

Ein Anspruch von *H* gegen *A* und *B* gem. § 433 Abs. 2 BGB i. V. m. § 128 S. 1 HGB analog scheidet mithin aus.

---

[17] Vgl. *U. Huber*, FS Fischer (1979), 282, 288; *Priester*, ZIP 1982, 1151 ff.; *Weimar*, GmbHR 1988, 294 ff.

[18] *LAG Köln* ZIP 1997, 1921; *Altmeppen*, NJW 1997, 3272; *Flume*, BGB AT I/2, § 5 III 3 (S. 160 ff.); ders., FS Geßler (1970), 33 f.; *W. H. Roth*, ZGR 1984, 606 ff.; *K. Schmidt*, ZHR 156 (1992), 107 ff.; ders., ZIP 1996, 353 ff.; *Wilhelm*, DStR 1998, 457 ff.

[19] So die frühere Rechtsprechung, vgl. BGHZ 65, 378, 382; 72, 45, 49 f.; 91, 148, 152; ebenso *Meister*, FS Werner (1984), 521, 524; *Ulmer*, ZGR 1981, 608 ff.

[20] Vgl. die Grundsatzentscheidung BGHZ 134, 333 ff., nach der ein Gläubigerdurchgriff auf die Gesellschafter nur ausnahmsweise im Fall der Vermögenslosigkeit der Vor-GmbH sowie bei einer Ein-Personen-GmbH zulässig sein soll. Dieser Rechtsprechung haben sich andere Bundesgerichte angeschlossen; vgl. *BAG* NJW 1996, 3165; *BFH* DStR 1998, 1129, 1131, *BSG* KTS 1996, 599. zum Diskussionstand über diese Entscheidung vgl. die Nachweise in Fn. 16 Beifall hat die Entscheidung insbesondere gefunden durch *Dauner-Lieb*, (GmbHR 1996, 91 ff.), *Kort* (ZIP 1996, 114 ff.), *Ulmer* (ZIP 1996, 733 ff.) und *Wilken* (ZIP 1995, 1163 ff.).

[21] Zur Auseinandersetzung mit den verschiedenen „Haftungstheorien" bei der Vor-GmbH vgl. *K. Schmidt*, GesellR, § 34 III 3 c (S. 1021 ff.).

[22] BGHZ 80, 129, 144; Rowedder/Schmidt-Leithoff/*Schmidt-Leithoff*, § 11 Rn. 104; Scholz/*K. Schmidt*, § 11 Rn. 88; *K. Schmidt*, GesellR, § 34 III 4 b (S. 1029).

[23] Zur Vorbelastungshaftung vgl. BGHZ 80, 129 ff.; 105, 300, 303; 134, 333, 335; Baumbach/Hueck/*Hueck/Fastrich*, § 11 Rn. 61 ff.; Lutter/Hommelhoff/*Bayer*, § 11 Rn. 32 ff.; GroßKomm-GmbHG/*Ulmer*, § 11 Rn. 98 ff.; *Roth/Altmeppen*, § 11 Rn. 49 ff.; Scholz/*K. Schmidt*, § 11 Rn. 124; *Raiser/Veil*, § 26 Rn. 111 f.

II. Anspruch gegen A gem. § 11 Abs. 2 GmbHG

Ein Zahlungsanspruch von *H* gegen *A* i. H. v. 10.000 € kann sich aus § 11 Abs. 2 GmbHG ergeben.

1. Handelndeneigenschaft

Voraussetzung ist zunächst, dass *A* Handelnder i. S. d. § 11 Abs. 2 GmbHG ist. Unter diesen Begriff fällt nur derjenige, der als Geschäftsführer oder wie ein solcher tätig wird.[24]

A ist bei Abschluss des Kaufvertrages als Geschäftsführer tätig geworden und ist damit „Handelnder" i. S. v. § 11 Abs. 2 GmbHG.

2. Handeln im Namen der Gesellschaft

A muss auch namens der Gesellschaft gehandelt haben. Dem Begriff des Handelns i. S. d. § 11 Abs. 2 GmbHG unterliegt das rechtsgeschäftliche Auftreten für die Vorgesellschaft oder für die künftige GmbH.[25] *A* hat den Kaufvertrag für die spätere F-GmbH, nämlich ohne den Zusatz „in Gründung", abgeschlossen. Der Abschluss des Kaufvertrages ist auch eine rechtsgeschäftliche Handlung, so dass die Voraussetzungen des § 11 Abs. 2 GmbHG vorliegen.

3. Erlöschen der Handelndenhaftung

Die Handelndenhaftung erlischt jedoch mit der Entstehung der GmbH, weil die mit § 11 Abs. 2 GmbHG bezweckte Sicherung der Gläubiger, denen im Gründungsstadium noch keine juristische Person haftet, erreicht ist, wenn die Verbindlichkeiten der Vor-GmbH auf die GmbH übergehen.[26]

Ein Anspruch von *H* gegen *A* aus § 11 Abs. 2 GmbHG besteht daher nicht.

III. Anspruch gegen B auf Zahlung von 10.000 € gem. § 11 Abs. 2 GmbHG

Ein Anspruch gegen *B* aus § 11 Abs. 2 GmbHG entfällt schon deshalb, weil *B* kein „Handelnder" im Sinne dieser Vorschrift ist. *B* ist weder als Geschäftsführer noch wie ein solcher tätig geworden. Die bloße Zustimmung zur Fortführung des Geschäftsbetriebes reicht zur Begründung der Handelndeneigenschaft nicht aus.[27] Im Übrigen würde auch hier eine Inanspruchnahme des *B* nach § 11 Abs. 2 GmbHG wegen Entstehens der GmbH ausscheiden.

IV. Ergebnis zu B

H kann aus dem Kaufvertrag weder *A* noch *B* persönlich in Anspruch nehmen.

---

[24] St. Rspr. seit BGHZ 47, 25, 27; vgl. auch BGHZ 80, 129, 135 (obiter dictum). Zum Handelndenbegriff des § 11 Abs. 2 GmbHG vgl. Baumbach/Hueck/*Hueck/Fastrich*, § 11 Rn. 47; Lutter/Hommelhoff/*Bayer*, § 11 Rn. 26; Scholz/*K. Schmidt*, § 11 Rn. 101 ff.; MünchHdb.GesR III/*Gummert*, § 16 Rn. 94.

[25] BGHZ 76, 320, 325; Lutter/Hommelhoff/*Bayer*, § 11 Rn. 27; Scholz/*K. Schmidt*, § 11 Rn. 106; MünchHdb.GesR III/*Gummert*, § 16 Rn. 93. Nach h. M. begründet jedoch auch ein Handeln im Namen der Vor-GmbH eine Haftung; vgl. Lutter/Hommelhoff/*Bayer*, § 11 Rn. 27; Scholz/*K. Schmidt*, § 11 Rn. 107; MünchHdb.GesR III/*Gummert*, § 16 Rn. 95.

[26] Ganz h. A., vgl. BGHZ 76, 320, 323; 80, 129, 145, Baumbach/Hueck/*Hueck/Fastrich*, § 11 Rn. 53; Lutter/Hommelhoff/*Bayer*, § 11 Rn. 29; GroßKomm-GmbHG/*Ulmer*, § 11 Rn. 146; Michalski/*Michalski*, GmbHG, § 11 Rn. 158; *Roth/Altmeppen*, § 11 Rn. 33; Rowedder/Schmidt-Leithoff/*Schmidt-Leithoff*, § 11 Rn. 130; Scholz/*K. Schmidt*, § 11 Rn. 118; MünchHdb.GesR III/*Gummert* § 16 Rn. 129; *Raiser/Veil*, § 26 Rn. 116; *Hirte*, Rn. 2.33; *Windbichler*, § 21 Rn. 27.

[27] Vgl. statt aller Baumbach/Hueck/*Hueck/Fastrich*, § 11 Rn. 47.

Frage 2: Anspruch von G gegen A auf Zahlung von 25.000 €

A. Anspruch gem. § 433 Abs. 2 BGB i. V. m. § 128 S. 1 HGB analog

Es mag dahinstehen, ob *A* die Vor-GmbH durch die Unterschrift unter der Firma „A-Transport" auf der Kaufvertragsurkunde verpflichtet hat. Wie bereits ausgeführt, entfällt eine im Gründungsstadium der GmbH bestehende Einstandspflicht der Gesellschafter für Verbindlichkeiten der Vor-GmbH jedenfalls mit der Eintragung der GmbH.[28] *G* kann daher *A* nicht gemäß § 433 Abs. 2 BGB i. V. m. § 128 HGB analog in Anspruch nehmen.

B. Anspruch gem. § 11 Abs. 2 GmbHG

Auch ein Anspruch von *G* gegen *A* aus § 11 Abs. 2 GmbHG scheidet aus, da die Handelndenhaftung ebenso wie die Gesellschafterhaftung mit der Eintragung der GmbH erlischt.[29]

C. Anspruch gem. § 433 Abs. 2 BGB

G kann gegen *A* einen Anspruch auf Zahlung von 25.000 € gemäß § 433 Abs. 2 BGB haben, wenn *A* persönlich Partei des Kaufvertrages geworden ist, die Willenserklärung also in eigenem Namen abgegeben hat.

Es muss sich mithin um ein Eigengeschäft des *A* handeln. Indes hat *A* mit der Unterschrift unter der Firma „A-Ferntransport" zum Ausdruck gebracht, dass der tatsächliche Betriebsinhaber verpflichtet werden sollte; dieser war zum Zeitpunkt der Unterschrift bereits die Vor-GmbH. *A* hat damit eine Willenserklärung im fremden Namen abgegeben. Insofern greifen hier die Grundsätze des unternehmensbezogenen Geschäfts.

Dabei ist es unbeachtlich, dass aus Sicht von *G* (§§ 133, 157 BGB) der Wille von *A*, im fremden Namen zu handeln, nicht erkennbar geworden ist, weil *G* den *A* als Einzelkaufmann für den Betriebsinhaber hielt und damit von einem Eigengeschäft des *A* ausging (vgl. § 164 Abs. 2 BGB). Nach den Grundsätzen des unternehmensbezogenen Geschäfts wird der tatsächliche Betriebsinhaber (hier die Vor-GmbH) auch dann verpflichtet, wenn die andere Partei den Vertreter für den Betriebsinhaber hält.[30] Das Geschäft wirkt also auch dann für und gegen den tatsächlichen Betriebsinhaber, wenn der Vertreterwille nicht erkennbar gemacht worden ist; § 164 Abs. 2 BGB ist insoweit nicht anwendbar.[31]

G hat demnach gegen *A* keinen Anspruch auf Zahlung von 25.000 € gemäß § 433 Abs. 2 BGB.

D. Anspruch gem. § 433 Abs. 2 BGB i. V. m. Rechtsscheingrundsätzen

Jedoch kann *A* dem *G* unter Rechtsscheingesichtspunkten unmittelbar aus dem von ihm selbst unter der Firma „A-Ferntransport" unterschriebenen Kaufvertrag verpflichtet sein. Damit hat er die Firma des Unternehmens ohne Hinweis auf die geänderte Rechtsform und ohne einen auf die noch eintretende Haftungsbeschränkung hinweisenden Zusatz verwandt. Hierdurch musste für Außenstehende der Eindruck entstehen, dass er als einzelkaufmännischer Inhaber des Unternehmens jederzeit per-

---

[28] Vgl. die Nachweise in Fn. 22.
[29] Vgl. die Nachweise in Fn. 26.
[30] Bamberger/Roth/*Habermeier*, § 164 Rn. 25; Palandt/*Ellenberger*, § 164 Rn. 2.
[31] Palandt/*Ellenberger*, § 164 Rn. 16; MünchKomm-BGB/*Schramm*, § 164 Rn. 23.

sönlich, und zwar in unbeschränkter Höhe, für die Verpflichtungen aus dem Kaufvertrag einstehen wollte.

Eine dahingehende Rechtsscheinhaftung setzt voraus, dass den Rechtsscheinträger eine Aufklärungsobliegenheit trifft, weil der Rechtsverkehr andernfalls nicht auf die vorherige Offenlegung der betreffenden Umstände vertrauen darf. Eine solche Aufklärungsobliegenheit folgt aus dem Offenkundigkeitsgrundsatz gem. § 164 Abs. 1 S. 1 BGB. Der Geschäftsführer einer GmbH muss somit wie jeder Stellvertreter im Namen der GmbH auftreten, wenn er für diese die Vertretungswirkung auslösen will. Bei einer schriftlichen Erklärung muss er daher unter der Firma der Gesellschaft mit dem Firmenzusatz „Gesellschaft mit beschränkter Haftung" oder „GmbH" zeichnen (§ 4 GmbHG).

Diese Vorschrift kann auch für den Geschäftsführer einer Vor-GmbH entsprechend anzuwenden sein. Sinn des § 4 GmbHG ist es, den Geschäftspartnern Klarheit über das Fehlen einer unbeschränkten persönlichen Haftung und die hiermit verbundenen Risiken zu verschaffen.[32] Solchen Risiken ist indes auch der Geschäftspartner einer Vor-GmbH ausgesetzt. Mit der Eintragung der GmbH erlischt nicht nur die Haftung der Vorgesellschaft, sondern auch die Handelndenhaftung des § 11 Abs. 2 GmbHG[33] sowie die teilweise vertretene unbeschränkte Außenhaftung der Gründungsgesellschafter.[34] Es besteht mithin eine vergleichbare Interessenlage, die eine entsprechende Anwendung des § 4 GmbHG auf die Vor-GmbH bzw. ihre Geschäftsführer geboten erscheinen lässt.[35] Zur Vermeidung eines falschen Rechtsscheins obliegt es daher dem Geschäftsführer einer Vorgesellschaft, auf die zu erwartende Haftungsbeschränkung bei Eintragung, wenngleich mit einem das Gründungsstadium klarstellenden Zusatz („i. Gr."), hinzuweisen.[36] Diese Obliegenheit hat *A* verletzt, indem er den ohne einen entsprechenden Vermerk versehenen Kaufvertrag unterschrieb.

Der Zurechnung des so veranlassten Rechtsscheins einer persönlichen und unbeschränkten Haftung steht nicht entgegen, dass nicht *A*, sondern *G* selbst die Kaufvertragsurkunde mit der Firma „A-Ferntransport" ausgefüllt hat. Der die Zahlungsverpflichtung auslösende Kaufvertrag kam erst mit der Rückgabe der Kaufvertragsurkunde zustande. *A* besaß somit hinreichend Gelegenheit, den Kaufvertragstext vor Rückgabe an *G* zu prüfen und gegebenenfalls zu ändern, um auf diese Weise den Rechtsschein einer persönlichen Verpflichtung zu vermeiden.

Weiterhin muss *G* den Kaufvertrag im Vertrauen auf die persönliche Haftung des *A* geschlossen haben. *G* war die Existenz der Vor-GmbH nicht bekannt. Zur Einräumung eines Zahlungsziels und der darin liegenden Stundung der Kaufpreisforderung war er nur bereit, weil er *A* aus der langjährigen Geschäftsbeziehung als zuverlässigen Schuldner kannte. *G* hat daher den Kaufvertrag im Vertrauen darauf geschlossen,

---

[32] *OLG Celle* GmbHR 1990, 398; *BGH* NJW 1991, 2627 mit Anm. *Canaris.*
[33] Vgl. die Nachweise in Fn. 26.
[34] Vgl. die Nachweise in Fn. 22.
[35] *OLG Celle* GmbHR 1990, 398, 399; Baumbach/Hueck/*Hueck/Fastrich,* § 11 Rn. 13; Rowedder/Schmidt-Leithoff/*Schmidt-Leithoff,* § 4 Rn. 70.
[36] *OLG Celle* GmbHR 1990, 398, 399; *BGH* NJW 1985, 736, 737; Baumbach/Hueck/*Hueck/Fastrich,* § 4 Rn. 18; Lutter/Hommelhoff/*Bayer,* § 4 Rn. 42; *Roth/Altmeppen,* § 4 Rn. 51; Scholz/*Emmerich,* § 4 Rn. 62 i. V. m. Rn. 54; siehe zur gleich gelagerten Frage der Rechtsscheinhaftung wegen Fortlassung des Formzusatzes „GmbH" auch *BGH* NJW 1991, 2627f. mit Anm. *Canaris,* wo auf eine entsprechende Anwendung des § 179 BGB abgestellt wird.

A als persönlichen Schuldner in Anspruch nehmen zu können. *A* ist ihm somit nach Rechtsscheingrundsätzen aus dem Kaufvertrag verpflichtet.

E. Ergebnis zu Frage 2

G kann von *A* Zahlung von 25.000 € aus § 433 Abs. 2 BGB i. V. m. Rechtsscheingrundsätzen verlangen.

Fall 12. Nicht ganz vergeblicher Gesellschafteraufwand

Schwerpunkt im Personengesellschaftsrecht (OHG):
Actio pro socio – Haftung für Sozialverbindlichkeiten – Haftung für Gesellschafts-
schulden gegenüber Dritten – Gesamtschuldnerausgleich zwischen den Gesellschaftern

Sachverhalt

Armin (A), Egon (E) und *Leo (L)* sind Gesellschafter der L & Co. OHG, die ein Lagerunternehmen betreibt. Nach dem Gesellschaftsvertrag ist nur *L* zur Geschäftsführung und Vertretung befugt. Die von der Gesellschaft zur Aufbewahrung der eingelagerten Güter verwendete Lagerhalle befindet sich auf dem Grundstück des *E. E* hat sich nach dem Gesellschaftsvertrag verpflichtet, das Grundstück als Einlage an die Gesellschaft zu übereignen. Für *A* und *L* sind Bareinlagen von je 150.000 € vereinbart worden. Bis auf *E* haben die Gesellschafter ihre Einlagen erbracht. Die Gewinn- und Verlustbeteiligung soll sich nach einer Quote von 2/5 auf *L* und jeweils 3/10 für *A* und *E* errechnen, und zwar nach den festen Kapitalanteilen der Gesellschafter, die sich nach den verabredeten Einlageverpflichtungen richten.

Nach einigen Anfangserfolgen verschlechtert sich die Auftragslage der Gesellschaft zusehends. Dies ist nicht zuletzt darauf zurückzuführen, dass infolge knapper Kassenmittel dringend erforderliche Reparaturen am Dach und an den Fenstern der Lagerhalle ausbleiben und sich diese daher in einem schlechten baulichen Zustand befindet.

Als Folge der Undichte des Daches sind bereits mehrere wertvolle Polstergarnituren des Möbelhändlers *M*, die dieser bei der Gesellschaft eingelagert hatte, durch Feuchtigkeit beschädigt worden. *M* nimmt daraufhin *A* wegen Schadensersatzes i. H. v. 10.000 € in Anspruch.

Verhandlungen der L & Co. OHG mit der B-Bank über ein dringend für die Reparaturen benötigtes Darlehen scheitern, weil die Gesellschaft keine ausreichenden Sicherheiten bestellen kann. Daraufhin gewährt ihr *A* ein kurzfristiges Darlehen i. H. v. 50.000 € zur Vornahme der erforderlichen Ausbesserungsarbeiten. Gleichzeitig drängt *A* energisch darauf, *E* möge nun endlich das Grundstück an die Gesellschaft übereignen. *L* als geschäftsführender Gesellschafter weigert sich jedoch, die Einlage einzufordern, da er auf die Schwester des *E* „ein Auge geworfen hat" und es sich daher mit *E* nicht verscherzen will.

Inzwischen droht der L & Co. OHG die Insolvenzreife und sie ist kaum mehr in der Lage, ihren laufenden Verpflichtungen nachzukommen.

A möchte wissen, ob er
1. mit Aussicht auf Erfolg Klage gegen *E* auf Abgabe der Auflassungserklärung und Eintragungsbewilligung erheben kann;
2. Ausgleichsansprüche gegen *E* und *L* wegen der an *M* beglichenen Schadensersatzforderung i. H. v. 10.000 € besitzt;
3. von *E* und *L* Rückzahlung des der Gesellschaft gewährten und inzwischen fälligen Darlehens i. H. v. 50.000 € verlangen kann.

Lösung

A. Klage von A gegen E auf Leistung der Einlage

Eine Klage von *A* gegen *E* auf Abgabe der Auflassungserklärung und Eintragungsbewilligung hat Aussicht auf Erfolg, wenn sie trotz fehlender Geschäftsführungs- und Vertretungsbefugnis des *A* für die Gesellschaft zulässig und im Übrigen auch begründet ist.

I. Zulässigkeit

Zunächst muss eine von *A* erhobene Klage gemäß § 253 ZPO zulässig sein. Sachlich zuständig ist das Landgericht gem. §§ 23 Nr. 1, 71 Abs. 1 GVG. *A* ist auch gem. § 50 Abs. 1 ZPO i. V. m. § 1 BGB partei- und gem. §§ 51 f. ZPO prozessfähig. Entscheidend für die Zulässigkeit einer Klage von *A* in eigenem Namen gegen *E* ist jedoch, ob *A* auch prozessführungsbefugt ist.

Die Prozessführungsbefugnis ist regelmäßig gegeben, wenn der Kläger im eigenen Namen ein eigenes Recht geltend macht.[1] Ausnahmsweise liegt sie auch dann vor, wenn der Kläger im Wege der sog. Prozessstandschaft zulässigerweise ein fremdes Recht im eigenen Namen geltend macht.[2]

1. Sozialanspruch als Anspruch der Gesellschaft

Danach ist die Prozessführungsbefugnis von *A* ohne weiteres zu bejahen, wenn er selbst Inhaber des gegen *E* gerichteten Anspruchs auf Leistung der Einlage ist. Dem kann jedoch entgegenstehen, dass der Anspruch auf Leistung der Einlage ein Anspruch aus dem Gesellschaftsvertrag ist. Ein solcher Anspruch aus dem Gesellschaftsvertrag – ein sog. Sozialanspruch – steht der OHG zu, die diesen Anspruch selbständig geltend machen kann (§ 124 Abs. 1 HGB). Hierbei wird sie von den geschäftsführungs- und vertretungsberechtigten Gesellschaftern vertreten. Demnach kann nur *L* als allein geschäftsführungs- und vertretungsberechtigter Gesellschafter zur Geltendmachung des Anspruchs auf Leistung der Einlage an die Gesellschaft befugt sein.

2. Geltendmachung von Sozialansprüchen im Wege der actio pro socio

Der nicht zur Geschäftsführung und Vertretung berechtigte *A* kann aber nach den Grundsätzen der actio pro socio zur Geltendmachung des Sozialanspruchs der OHG gegen *E* auf Leistung der Einlage an die Gesellschaft berechtigt sein. Im Gesellschaftsrecht ist allgemein anerkannt, dass auch ein nicht geschäftsführungs- und vertretungsbefugter Gesellschafter im eigenen Namen auf Erfüllung von Sozialansprüchen an die Gesellschaft klagen kann (sog. Gesellschafterklage).[3] Allerdings sind die Voraussetzungen für diese Befugnis streitig.

a) Sozialanspruch auch Anspruch des einzelnen Gesellschafters

Die Befugnis zur Geltendmachung der Sozialansprüche kann jedem Gesellschafter als eigener materieller Anspruch zustehen, unabhängig davon, ob er geschäftsführungsbefugt und vertretungsberechtigt ist; der die Sozialansprüche einklagende Gesell-

---

[1] Zöller/*Vollkommer*, vor § 50 Rn. 18.
[2] Zöller/*Vollkommer*, vor § 50 Rn. 20.
[3] Ausführlich zur actio pro socio *K. Schmidt*, GesellR, § 21 IV (S. 629 ff.) mit zahlreichen w. N. sowie Bamberger/Roth/*Timm/Schöne*, § 705 Rn. 115 ff.

schafter wäre damit zugleich prozessführungsbefugt.[4] Die Gesellschafter haben sich schließlich im Gesellschaftsvertrag gegenseitig zur gemeinsamen Zweckerreichung und Leistungserbringung verpflichtet und die Leistungen aus dem Gesellschaftsverhältnis daher jedem ihrer Mitgesellschafter versprochen. *E* hat sich somit bei Abschluss des Gesellschaftsvertrages auch gegenüber *A* verpflichtet, das Eigentum an dem Grundstück auf die OHG zu übertragen. Daraus folgt ein eigener Anspruch von *A* gegen *E* auf Leistung der versprochenen Einlage an die Gesellschaft. *A* ist somit berechtigt, *E* im Wege der actio pro socio auf Abgabe der Auflassungserklärung und Eintragungsbewilligung gegenüber der OHG in Anspruch zu nehmen. Die Prozessführungsbefugnis von *A* liegt damit vor.[5]

b) Geltendmachen von Sozialansprüchen im Wege der Prozessstandschaft

Dagegen kann indes angeführt werden, dass einem nicht zur Geschäftsführung und Vertretung berechtigten Gesellschafter nur eine subsidiäre Hilfszuständigkeit in Form einer Prozessstandschaft bei der Geltendmachung von Sozialansprüchen zusteht.[6] Der einzelne Gesellschafter schuldet seine Beitragsverpflichtung allein gegenüber der Gesellschaft und es kann nicht im Wege der ergänzenden Vertragsauslegung der mutmaßliche Wille der Gesellschafter unterstellt werden, dass sich dieser Anspruch der Gesellschaft dergestalt multipliziert, dass jeder Gesellschafter berechtigt sein soll, ihn als eigenes Recht geltend machen zu können.[7] Danach dürfen grundsätzlich nur die geschäftsführungs- und vertretungsbefugten Gesellschafter die Sozialansprüche geltend machen. Etwas anderes gilt nur dann, wenn eine Geltendmachung durch die Vertretungsorgane pflichtwidrig nicht erfolgt.[8] In solchen Fällen ist die Klage im Wege der Prozessstandschaft zulässig.

L hat es unterlassen, die Einlage von *E* einzufordern, um sich im Hinblick auf seine Chancen bei der Schwester des *E* bei diesem nicht unbeliebt zu machen. Dieses Unterlassen erfolgt damit aus gesellschaftswidrigen Motiven. Somit ist *A* zur Geltendmachung des Anspruchs der Gesellschaft gegen *E* auf Leistung der Einlage im Wege der Prozessstandschaft berechtigt.

c) Streitentscheidung

A ist sowohl aus dem Argument eines eigenen materiellen Anspruchs als auch aus dem Argument der subsidiären Hilfszuständigkeit in Form einer Prozessstandschaft prozessführungsbefugt. Eine Entscheidung zwischen beiden Begründungsansätzen für die Prozessführungsbefugnis ist somit entbehrlich.

---

[4] St. Rspr., vgl. BGHZ 10, 91, 101; 25, 47, 49f. und h. L., vgl. Staudinger/*Keßler*, 12. Aufl., § 705 Rn. 63 ff.; Baumbach/Hopt/*Hopt*, § 109 Rn. 32; *Kübler/Assmann*, § 6 II 4 b (S. 51), § 6 III 4 b aa (S. 56); A. *Hueck*, § 18 II 3 (S. 261 ff.); *Windbichler*, § 7 Rn. 6.

[5] Dem steht nicht die Treuepflicht entgegen; dies ist nur dann denkbar, wenn ausnahmsweise durch die klageweise Geltendmachung des Anspruchs der Gesellschaft schuldhaft deren überwiegende Interessen verletzt werden, vgl. dazu BGHZ 25, 47, 50; A. *Hueck*, § 18 II 3 (S. 266 f.) a. E.

[6] Bamberger/Roth/*Timm/Schöne*, § 705 Rn. 117; Erman/*H. P. Westermann*, § 705 Rn. 57; MünchKomm-BGB/*Ulmer*, § 705 Rn. 208; Staudinger/*Habermeier*, § 705 Rn. 46; E/B/J/S/ *Werthenbruch*, § 105 Rn. 145; MünchKomm-HGB/K. Schmidt, § 105 Rn. 198; Oetker/*Weitemeyer*, § 105 Rn. 40; Röhricht/Graf v. Westphalen/*v. Gerkan/Haas*, § 105 Rn. 80; *Grunewald*, GesellR, 1 A Rn. 62 ff. u. 1 B Rn. 26; K. *Schmidt*, GesellR, § 21 IV 7b (S. 643 f.); H. P. *Westermann/Wertenbruch*, Band I Rn. 427.

[7] Vgl. *Grunewald*, GesellR, 1 A Rn. 62.

[8] K. *Schmidt*, GesellR, § 21 IV 4 b (S. 637 f.); H. P. *Westermann/Wertenbruch*, Band I Rn. 425 f.

Die Klage von A gegen E gerichtet auf Leistung an die Gesellschaft ist demnach zulässig.

II. Begründetheit

Die Klage von A gegen E auf Leistung der Einlage an die Gesellschaft ist auch begründet. Die Gesellschaft hat einen entsprechenden Anspruch gegen E gem. § 105 Abs. 3 HGB, § 705 BGB i. V. m. dem Gesellschaftsvertrag. Eine Klage von A gegen E hat daher Aussicht auf Erfolg.

B. Ausgleichsansprüche von A gegen L und E wegen der beglichenen Schadensersatzforderung

I. Anspruch aus §§ 128, 110 HGB

A kann Ausgleichsansprüche gegen L und E aus §§ 128 S. 1, 110 Abs. 1 HGB haben. Dann muss A ein Ersatzanspruch gegen die OHG zustehen, für den L und E als Gesellschafter auf Ausgleich haften.

1. Verpflichtung der OHG gegenüber A nach § 110 Abs. 1, 1. Fall HGB

Die L & Co. OHG kann gem. §§ 124 Abs. 1, 110 Abs. 1, 1. Fall HGB verpflichtet sein, A 10.000 € für dessen Zahlung an M zu erstatten. Das setzt zunächst voraus, dass A Aufwendungen i. H. v. 10.000 € i. S. d. § 110 HGB entstanden sind. Aufwendungen sind Auslagen, die ein Gesellschafter zur Ausführung seiner Tätigkeit in Gesellschaftsangelegenheiten freiwillig übernommen hat.[9] A hat 10.000 € an M gezahlt, weil M wegen der bei der Lagerung beschädigten Polstergarnitur nach §§ 475 S. 1, 467 HGB einen Schadensersatzanspruch gegen die OHG über 10.000 € hatte. Diesen Betrag musste A gem. § 128 S. 1 HGB zahlen; er war dem Gläubiger neben der Gesellschaft primär und unmittelbar verpflichtet. Es kann somit an der für § 110 HGB erforderlichen Freiwilligkeit der Zahlung durch A fehlen.

Eine Leistung ist indessen freiwillig erfolgt, wenn der Gesellschafter nach dem Gesellschaftsvertrag – im Verhältnis der Gesellschafter zueinander – nicht verpflichtet ist, sie zu erbringen.[10] A hat die 10.000 € gezahlt, weil er im Außenverhältnis kraft Gesetzes gem. § 128 S. 1 HGB in dieser Höhe haftete. Aus dem Gesellschaftsvertrag hingegen war A dazu nicht verpflichtet, insbesondere weil er seine Einlage bereits erbracht hatte (vgl. § 105 Abs. 3 HGB i. V. m. § 707 BGB). Mithin hat A freiwillig gezahlt.[11] Die Begleichung der Gesellschaftsschuld durch A stellt demnach für ihn eine Aufwendung i. S. d. § 110 HGB dar.

A durfte die Auslagen i. S. d. § 110 Abs. 1 HGB den Umständen nach für erforderlich halten. M hätte seinen wirksamen Anspruch auch zwangsweise gegen A durchsetzen können. A hat damit einen Erstattungsanspruch nach § 110 Abs. 1, 1. Fall HGB gegen die OHG i. H. v. 10.000 €.

---

[9] Baumbach/Hopt/*Hopt*, § 110 Rn. 7; *Koller/Roth/Morck*, § 110 Rn. 1; E/B/J/S/*Goette*, § 110 Rn. 9; MünchKomm-HGB/*Langhein*, § 110 Rn. 11; Oetker/*Weitemeyer*, § 110 Rn. 7; Röhricht/ Graf v. Westphalen/*v. Gerkan/Haas*, § 110 Rn. 7.

[10] H. A.; vgl. statt aller GroßKomm-HGB/*Schäfer*, § 110 Rn. 3 und 12; E/B/J/S/*Goette*, § 110 Rn. 10; Oetker/*Weitemeyer*, § 110 Rn. 7; Röhricht/Graf v. Westphalen/*v. Gerkan/Haas*, § 110 Rn. 7; *A. Hueck*, § 15 II 1 (S. 212).

[11] Wird im Fall der Bezahlung von Gesellschaftsschulden die Freiwilligkeit der Leistung – zu Unrecht – verneint, ist § 110 HGB analog anzuwenden, vgl. Baumbach/Hopt/*Hopt*, § 110 Rn. 10.

2. Haftung der Gesellschafter gem. § 128 HGB für die Verbindlichkeit der OHG gegenüber A nach § 110 Abs. 1, 1. Fall HGB

L und *E* können für die Verbindlichkeit der OHG gegenüber *A* aus § 110 HGB nach § 128 HGB haften.

Die Gesellschaftsverbindlichkeit aus § 110 Abs. 1 HGB gegenüber *A* findet ihre Grundlage in dem Gesellschaftsverhältnis. Es handelt sich somit um eine Sozialverbindlichkeit, die *A* im Rahmen von § 128 HGB gegen seine Mitgesellschafter geltend macht. Eine Haftung der Mitgesellschafter für Sozialverbindlichkeiten kann aber gegen das Verbot der Nachschusspflicht gem. §§ 105 Abs. 3 HGB, 707 BGB verstoßen. Danach ist der einzelne Gesellschafter zur Erhöhung des vereinbarten Beitrages oder zur Ergänzung der durch Verlust geminderten Einlage nicht verpflichtet. Würden die Mitgesellschafter aber für die Aufwendungsersatzverpflichtung der Gesellschaft aus § 110 HGB haften, würde der in Regress genommene Mitgesellschafter im Ergebnis einen Nachschuss leisten müssen. Daher scheidet eine Haftung gem. § 128 HGB bei der Geltendmachung von Sozialverbindlichkeiten der Gesellschaft gegenüber dem anspruchsberechtigten Gesellschafter grundsätzlich aus.[12]

Möglicherweise kann von diesem Grundsatz aber eine Ausnahme zu machen sein, wenn ein Gesellschafter eine Gesellschaftsschuld getilgt hat, denn bei der Bezahlung einer Gesellschaftsschuld gem. § 128 S. 1 HGB entscheidet oft nur der Zufall, welchen Gesellschafter der Gläubiger gerade in Anspruch nimmt. Ob eine solche Ausnahme anzuerkennen ist, wird unterschiedlich beurteilt.

a) Regressanspruch nach §§ 110, 128 HGB gegen Mitgesellschafter bei Illiquidität der Gesellschaft

Ein Regressanspruch des zahlenden Gesellschafters gegen die Mitgesellschafter gem. §§ 128, 110 HGB kann ausnahmsweise in Betracht kommen, wenn der zahlende Gesellschafter von der Gesellschaft keine Befriedigung mehr erlangen kann.[13] Schließlich hätte der Gläubiger auch jeden anderen Mitgesellschafter in Anspruch nehmen können mit der Folge, dass der Mitgesellschafter den Gesellschaftsgläubiger wie der zahlende Gesellschafter hätte befriedigen müssen. Der Zufall, welcher Gesellschafter auf Verlangen des Gesellschaftsgläubigers zahlen muss, rechtfertigte es nicht, dass der in Anspruch Genommene nunmehr keine Erstattung von seinen Mitgesellschaftern verlangen kann.[14] Wäre die Gesellschaft nicht liquide, erhielte der Gesellschafter, der gerade gezahlt hat, seine Aufwendungen nicht erstattet und hätte im Ergebnis die Forderung des Gläubigers allein getilgt, obwohl seine Mitgesellschafter gem. § 128 S. 1 HGB als Gesamtschuldner für diese Forderung mitgehaftet haben. Der vom Gläubiger in Anspruch genommene Gesellschafter müsste mithin das Haftungsrisiko bis zur Auflösung der Gesellschaft alleine tragen.[15] Daher ist es gerechtfertigt, dem in Anspruch genommenen Gesellschafter bereits während des Bestehens der Gesellschaft ausnahmsweise aus Gerechtigkeitsgründen einen Ausgleichsanspruch

---

[12] Ganz allgemeine Meinung; vgl. BGHZ 37, 299, 301 f. m. w. N.; *BGH* NJW 1980, 339, 339 f.; Baumbach/Hopt/*Hopt*, § 128 Rn. 22; Oetker/*Boesche*, § 128 Rn. 19; Röhricht/Graf v. Westphalen/*v. Gerkan/Haas*, § 128 Rn. 3; *A. Hueck*, § 18 III 2 (S. 267 f.); *Wiedemann*, GesellR II, § 8 III 3 b (S. 734).

[13] Vgl. BGHZ 37, 299, 301 f. m. w. N.; E/B/J/S/*Hillmann*, § 128 Rn. 32; E/B/J/S/*Goette*, § 110 Rn. 29; Heymann/*Emmerich*, § 110 Rn. 15; Staudinger/*Habermeier*, § 705 Rn. 45 (für GbR).

[14] Vgl. BGHZ 37, 299, 302.

[15] Vgl. *A. Hueck*, § 18 III 2 (S. 268 f.).

gegen seine Mitgesellschafter nach §§ 128, 110 HGB zuzubilligen, wenn er von der Gesellschaft selbst keine Befriedigung mehr erlangen kann.

Die L & Co. OHG musste bereits bei *A* ein Darlehen aufnehmen, weil sie wegen ihrer angespannten Finanzlage und der drohenden Insolvenz nicht einmal die dringend erforderlichen Reparaturen an der Lagerhalle bezahlen konnte. Deshalb wird *A* wohl kaum die beglichene Schadensersatzforderung von der OHG unter zumutbaren Bedingungen erstattet bekommen, zumal der Betrag von 10.000 € nicht ganz geringfügig ist. Wenn feststeht, dass die OHG dem Gesellschafter die Aufwendungen nicht erstatten kann, muss dieser nicht erst einen – vergeblichen – Vollstreckungsversuch bei der OHG unternehmen.[16]

Danach liegen die Voraussetzungen eines Rückgriffs von *A* gegen seine Mitgesellschafter *L* und *E* gem. §§ 128, 110 HGB grundsätzlich vor. Allerdings kann *A* seine Mitgesellschafter *L* und *E* nicht auf das Ganze, sondern lediglich pro rata in Höhe ihrer Verlustquote in Anspruch nehmen.[17] *A* kann daher von *L* 4.000 € (= 2/5 der Verlustquote), und von *E* 3.000 € (= 3/10 der Verlustquote) verlangen und muss 3.000 € (= 3/10 der Verlustquote) selbst tragen.

b) Kein Regressanspruch nach §§ 110, 128 HGB gegen Mitgesellschafter

Demgegenüber ist an dem Grundsatz festzuhalten, dass die Gesellschafter ausnahmslos nicht für Sozialverbindlichkeiten gem. § 128 HGB haften.[18]

Ein solcher Regressanspruch unterliefe das Verbot der Nachschusspflicht gem. §§ 105 Abs. 3 HGB, 707 BGB.[19] Es besteht auch keine Notwendigkeit, § 128 HGB ausnahmsweise auf aus der Befriedigung eines Gesellschaftsgläubigers resultierende Sozialverbindlichkeiten gem. § 110 HGB anzuwenden. Sofern ein Gesellschafter den Anspruch eines Gesellschaftsgläubigers befriedigt, ist nach der gesetzlichen Systematik gerade für diesen Fall ein gesamtschuldnerischer Ausgleich unter den Gesellschaftern nach § 426 BGB vorgesehen (vgl. § 128 HGB).[20] Darüber hinaus ist ein Rückgriff auf die §§ 110, 128 HGB auch nicht notwendig, um etwaigen gesellschaftsrechtlichen Besonderheiten Rechnung zu tragen. Diese Besonderheiten können wegen der offenen Formulierung des § 426 Abs. 1 S. 1 BGB („soweit nicht ein anderes bestimmt ist") auch im Rahmen des § 426 Abs. 1 S. 1 BGB berücksichtigt werden.[21] Gegenüber der Begründung zu §§ 110, 128 HGB hat dieser Weg über § 426 BGB die größere Systemkonformität für sich. Auch bei § 426 Abs. 1 S. 1 BGB haften die im Regresswege in Anspruch genommenen mithaftenden Gesellschafter untereinander nicht mehr als Gesamtschuldner, sondern nur anteilig für ihre jeweilige Verlustquote.[22] Bei konsequenter Anwendung der Gesetzessystematik besteht somit

---

[16] Vgl. dazu *BGH* NJW 1980, 339, 340.

[17] Vgl. BGHZ 37, 299, 301 f. m. w. N.; E/B/J/S/*Hillmann*, § 128 Rn. 32; Heymann/*Emmerich*, § 110 Rn. 15; Staudinger/*Habermeier*, § 705 Rn. 45 (für GbR).

[18] Röhricht/Graf v. Westphalen/*v. Gerkan/Haas*, § 128 Rn. 3.

[19] Vgl. *OLG Koblenz* NJW-RR 1995, 486, 486 f.; Baumbach/Hopt/*Hopt*, § 128 Rn. 22, Oetker/*Boesche*, § 128 Rn. 19; *K. Schmidt*, GesellR, § 49 V 2 (S. 1436 f.) m. w. N.

[20] Vgl. Baumbach/Hopt/*Hopt*, § 128 Rn. 27; Röhricht/Graf v. Westphalen/*v. Gerkan/Haas*, § 128 Rn. 3, 11; *K. Schmidt*, GesellR, § 49 V 2 (S. 1436 f.) m. w. N.

[21] *BGH* NJW 1980, 339 für eine GbR; *K. Schmidt*, GesellR, § 49 V 2 (S. 1436 f. m. w. N.); *ders.*, ZHR 137 (1973), 509, 518.

[22] So allgemein zu § 426 Abs. 1 BGB Palandt/*Grüneberg*, § 426 Rn. 6; speziell für die Gesellschafter einer Gesamthand BGHZ 37, 299; *BGH* NJW 1980, 339, 340; *Koller/Roth/Morck*, §§ 128, 129 Rn. 8; H. P. Westermann/*Wertenbruch*, Band I Rn. 739; *K. Schmidt*, GesellR, § 49 V 2 (S. 1436 f.); *ders.*, ZHR 137 (1973), 509, 519.

keine Gerechtigkeitslücke, die eine Anwendung des § 128 HGB auf die aus § 110 HGB resultierende Sozialverbindlichkeit rechtfertigen würde. Vielmehr wird der Grundsatz der Nichtanwendung von § 128 HGB auf Sozialverpflichtungen aufrechterhalten und der Fall der Inanspruchnahme eines Gesellschafters nach § 128 HGB dennoch zufrieden stellend unter Berücksichtigung gesellschaftsrechtlicher Besonderheiten gelöst.

A kann somit keine Regressansprüche nach §§ 110, 128 HGB gegen seine Mitgesellschafter L und E geltend machen, sondern ist auf einen Ausgleichsanspruch nach § 426 BGB angewiesen.

II. Anspruch von A aus § 426 Abs. 1 S. 1 BGB gegen L und E

A kann nach § 426 Abs. 1 S. 1 BGB einen Anspruch auf anteilige Erstattung der beglichenen Schadensersatzforderung gegen L und E haben. Die Gesellschafter haften gem. § 128 HGB für die Verbindlichkeiten der OHG gesamtschuldnerisch. Eine Gesamtschuld i. S. v. § 421 BGB liegt somit vor.

1. Subsidiarität der Haftung der Mitgesellschafter aus § 426 Abs. 1 S. 1 BGB

Grundsätzlich kann ein Gesamtschuldner gem. § 426 Abs. 1 S. 1 BGB unmittelbar auf Ausgleich in Anspruch genommen werden. Aufgrund der gesellschaftsrechtlichen Treuepflicht kann aber eine unmittelbare Haftung der Mitgesellschafter nach § 426 Abs. 1 S. 1 BGB ausgeschlossen sein. Die gesellschafterliche Treuepflicht gebietet es, dass sich ein Gesellschafter in erster Linie an die Gesellschaft halten und seinen Aufwendungsersatzanspruch gem. § 110 HGB geltend machen muss, und er seine Mitgesellschafter nur in Anspruch nehmen kann, wenn eine Befriedigung aus dem Gesellschaftsvermögen nicht oder nicht ohne besondere Schwierigkeiten möglich ist.[23] Die Mitgesellschafter haften also nur subsidiär.

Der L & Co. OHG droht die Insolvenz und sie ist kaum mehr in der Lage, ihren laufenden Verpflichtungen nachzukommen. Daher kann nicht davon ausgegangen werden, dass A seinen Aufwendungsersatzanspruch gem. § 110 HGB aus dem Gesellschaftsvermögen befriedigt erhält. Folglich kann A – unter Wahrung des Grundsatzes der Subsidiarität – L und E unmittelbar in Anspruch nehmen.

2. Umfang der Haftung nach § 426 Abs. 1 S. 1 BGB

Nach § 426 Abs. 1 S. 1 BGB sind die Gesamtschuldner im Verhältnis zueinander zu gleichen Anteilen verpflichtet, soweit nicht ein anderes bestimmt ist. Hier ergibt sich eine andere Bestimmung im Sinne des § 426 Abs. 1 S. 1 BGB aus der gesellschaftsvertraglichen Gewinn- und Verlustabrede. Danach hat A entsprechend seinem Anteil an der Gesellschaft 3/10 des Verlustes, also 3.000 € der verauslagten Schadensersatzleistung von 10.000 €, selbst zu tragen. Die Mitgesellschafter haften ihm für den restlichen Betrag nur pro rata ihrer jeweiligen Verlustbeteiligung.[24] A kann von L somit Zahlung von 2/5, also 4.000 €, und von E die restlichen 3/10, nämlich 3.000 €, verlangen.

---

[23] Vgl. *A. Hueck*, § 21 V 1 (S. 329 f.), *Koller/Roth/Morck*, §§ 128, 129 Rn. 8; *Röhricht/Graf v. Westphalen/v. Gerkan/Haas*, § 128 Rn. 8; *K. Schmidt*, GesellR, § 49 I 2 b (S. 1412); siehe auch unter B. I. 2. b).

[24] Vgl. *BGH* NJW-RR 2002, 456; *Koller/Roth/Morck*, §§ 128, 129 Rn. 8; *Wiedemann*, GesellR II, § 8 III 3 b (S. 734).

III. Anspruch aus § 426 Abs. 2 S. 1 BGB

A hat gegen *L* und *E* zudem einen Anspruch aus § 426 Abs. 2 S. 1 BGB auf Zahlung von 10.000 €, wenn in dieser Höhe die Schadensersatzforderung von *M* gegen die OHG gem. §§ 475 S. 1, 467 HGB auf ihn, *A*, übergegangen ist.

Für die Anwendbarkeit des § 426 Abs. 2 S. 1 BGB spricht Folgendes: Diese Norm greift nach der Systematik des § 426 BGB automatisch ein, wenn (wie hier) ein Anspruch aus § 426 Abs. 1 S. 1 BGB besteht,[25] denn sie soll diesen Anspruch durch Rückgriff auf für den Drittgläubiger bestellte Sicherheiten abstützen. Diesen Schutz benötigt auch ein Gesellschafter, der eine Verbindlichkeit gegen eine illiquide OHG erfüllt hat.

Gegen die Anwendbarkeit von § 426 Abs. 2 BGB auf das Verhältnis der Gesellschafter untereinander lässt sich aber anführen, dass zwischen der Gesellschaftsverbindlichkeit und der Haftung des Gesellschafters für diese Verbindlichkeit kein Gesamtschuldverhältnis besteht.[26] Leistet der Gesellschafter auf die Gesellschaftsverbindlichkeit und bringt diese damit zum Erlöschen, würde der Übergang des Anspruchs des Gläubigers gegen die Gesellschaft auf den leistenden Gesellschafter am Fehlen des von § 426 BGB geforderten Gesamtschuldverhältnisses scheitern.[27] Allerdings würde der Grundsatz der Akzessorietät zwischen der Schuld der Gesellschaft und der Haftung der Mitgesellschafter (vgl. § 129 HGB) durchbrochen, wenn nur der Anspruch des Gläubigers gegen die Mitgesellschafter und nicht der gegen die Gesellschaft auf den zahlenden Gesellschafter übergeht.[28] Schließlich haften die einzelnen Gesellschafter gegenüber *M* als Gesamtschuldner, so dass in ihrem Verhältnis zueinander an sich § 426 Abs. 2 S. 1 BGB anwendbar ist.

Mit Rücksicht auf das Fehlen des Gesamtschuldverhältnisses zwischen Gesellschaftsschuld und persönlicher Haftung der Gesellschafter kann dem zahlenden Gesellschafter über einen Analogieschluss zu § 774 BGB Schutz gewährt werden.[29] Danach geht der Anspruch des Drittgläubigers gegen die Gesellschaft auf den zahlenden Gesellschafter über, während die Ansprüche des befriedigten Gläubigers gegen die Mitgesellschafter nicht auf den leistenden Gesellschafter übergehen, weil sich die Mitgesellschafter untereinander analog § 774 Abs. 2 BGB nur als Gesamtschuldner ausgleichen.[30] Auf diese Weise wird sowohl dem fehlenden Gesamtschuldverhältnis zwischen der Gesellschaftsschuld und der akzessorischen Gesellschafterhaftung Rechnung getragen als auch systemgerecht ein Ausgleich zwischen den Gesellschaftern über § 426 Abs. 1 BGB (i. V. m. § 774 Abs. 2 BGB analog) herbeigeführt. Für die Anwendbarkeit von § 426 Abs. 2 BGB zur Begründung eines Regressanspruchs des auf die Gesellschaftsschuld leistenden Gesellschafters gegenüber seinen Mitgesellschaftern besteht daher keine Notwendigkeit.

A hat somit keinen Anspruch gegen *E* und *L* aus § 426 Abs. 2 BGB.

---

[25] *K. Schmidt*, ZHR 137 (1973), 509 ff., insb. 518.

[26] Ganz h. A.; vgl. BGHZ 39, 319, 323 f.; Baumbach/Hopt/*Hopt*, § 128 Rn. 19; Röhricht/ Graf v. Westphalen/*v. Gerkan/Haas*, § 128 Rn. 3; GroßKomm-HGB/*Habersack*, § 128 Rn. 20, 23; *K. Schmidt*, GesellR, § 49 II 4 b (S. 1421 f.); *Windbichler*, § 15 Rn. 20.

[27] Siehe nur BGHZ 39, 319, 323 ff.

[28] Vgl. die Darstellung bei *K. Schmidt*, ZHR 137 (1973), 509, 516 ff. m. w. N.

[29] GroßKomm-HGB/*Habersack*, § 128 Rn. 43; *Koller/Roth/Morck*, §§ 128, 129 Rn. 8; Oetker/*Boesche*, § 128 Rn. 35; *K. Schmidt*, GesellR § 49 V 1 (S. 1435 f.); *Wiedemann*, WM Beilage 7/1992, 36; *Kubis*, S. 107 ff., 120.

[30] *K. Schmidt*, GesellR, § 49 V 1 (S. 1436).

IV. Ergebnis zu B

A kann von *L* und *E* seine Aufwendungen nach § 426 Abs. 1 S. 1 BGB erstattet verlangen, weil er von der illiquiden OHG keinen Ersatz erhalten kann. Sein Anspruch ist aber beschränkt auf den Betrag, der seine eigene Verlustbeteiligungsquote übersteigt. *A* kann also nur i. H. v. 7.000 € Erstattung verlangen, und zwar von *L* 4.000 € und von *E* 3.000 €. *L* und *E* haften *A* dabei nicht als Gesamtschuldner.

C. Ansprüche des A auf Rückzahlung des Darlehens

A kann gegen *L* und *E* als Gesamtschuldner gem. § 488 Abs. 1 S. 2 BGB i. V. m. §§ 128 S. 1, 124 Abs. 1 HGB Ansprüche auf Zahlung von 50.000 € haben.

I. Verbindlichkeit der OHG

Ein Anspruch von *A* gegen die Gesellschaft auf Rückzahlung der 50.000 € besteht gem. § 488 Abs. 1 S. 2 BGB i. V. m. § 124 Abs. 1 HGB. Der Gesellschafter einer OHG kann eine nicht aus dem Gesellschaftsverhältnis herrührende Forderung gegen die Gesellschaft grundsätzlich wie ein Außenstehender geltend machen.[31]

II. Haftung gem. § 128 HGB

Für diesen Rückzahlungsanspruch können *L* und *E* nach § 128 S. 1 HGB haften.

1. Keine Sozialverbindlichkeit

Bei dem Darlehensrückzahlungsanspruch darf es sich nicht um eine Sozialverbindlichkeit der OHG handeln, für die eine Haftung nach § 128 HGB ausscheidet.[32] Indessen macht allein der Umstand, dass der Gläubiger zugleich Gesellschafter ist, die Gesellschaftsverbindlichkeit noch nicht zu einer Sozialverbindlichkeit. Letztere wird vielmehr dadurch charakterisiert, dass der Anspruch dem Gesellschafter aufgrund des Gesellschaftsvertrages aus den Innenbeziehungen zwischen ihm und der Gesellschaft erwächst. Gewährt der Gesellschafter der OHG ein Darlehen, handelt er nicht aufgrund des Gesellschaftsvertrages in seiner Eigenschaft als Gesellschafter sondern als Kreditgeber wie ein gewöhnlicher Dritter. Für diese rechtliche Einordnung der Verbindlichkeit ist die „zufällige" gleichzeitige Gesellschafterstellung unerheblich. Folglich ist der Darlehensrückzahlungsanspruch von *A* gegen die OHG keine Sozialverbindlichkeit der Gesellschaft.

2. Drittgläubigerbeziehung und Gesellschafterstellung

A ist bei seiner Kreditgewährung an die Gesellschaft wie ein außenstehender Dritter in Rechtsbeziehungen zu der Gesellschaft getreten. Solche Drittgläubigeransprüche kann der Gesellschafter deshalb auch gegenüber seinen Mitgesellschaftern geltend machen. *A* kann daher den Darlehensrückzahlungsanspruch mithin gem. § 128 S. 1 HGB gegenüber *L* und *E* geltend machen, falls dem nicht gesellschaftsrechtliche Besonderheiten entgegenstehen.

a) Subsidiarität

Auch wenn *A* bei der Kreditgewährung wie ein außenstehender Dritter in Rechtsbeziehungen zu der Gesellschaft getreten ist, unterliegt er als Gesellschafter weiterhin der gesellschafterlichen Treuepflicht.[33] Diese ist „unteilbar" mit seiner Person verbun-

---

[31] Baumbach/Hopt/*Hopt*, § 124 Rn. 54. Aus der Treuepflicht kann sich aber ergeben, dass der Gesellschafter bei der Inanspruchnahme der Gesellschaft Nachsicht üben muss; vgl. dazu *A. Hueck*, § 21 V Fn. 54 (S. 327).

[32] Vgl. B. I. 2. b).

[33] Siehe hierzu bereits B. II. 1.

den und bestimmt daher auch dessen Stellung als (Dritt-)Gläubiger. Der Gesellschafter ist somit aufgrund seiner gesellschafterlichen Treuepflicht gehalten, auch wegen der Befriedigung einer Drittgläubigerforderung zunächst gegen die Gesellschaft und erst subsidiär – wenn von der Gesellschaft keine Befriedigung zu erlangen ist – sich an die Mitgesellschafter zu halten.[34]

Weil A wegen der drohenden Insolvenz der OHG keine Befriedigung seiner Darlehensrückzahlungsforderung aus dem Gesellschaftsvermögen erhalten kann, ist er nicht an der Inanspruchnahme von L und E gehindert.[35]

b) Anrechnung des eigenen Verlustanteils

Der Anspruch von A gegen L und E in Höhe der (vollen) Darlehenssumme von 50.000 € kann indes um dessen eigenen Verlustanteil zu vermindern sein. A ist nicht nur Gläubiger der Forderung gegenüber der Gesellschaft, sondern trägt gleichzeitig als Gesellschafter selbst einen Verlustanteil. Jeder in Anspruch genommene Gesellschafter kann seinerseits von den Mitgesellschaftern Ersatz in Höhe des auf jeden entfallenden Verlustanteils fordern.[36] Würde A von L bzw. E die vollen 50.000 € erhalten, erhielte er mehr, als ihm letztlich zusteht; seine volle Befriedigung würde teilweise Regressansprüche von L oder E gegen ihn gem. § 426 Abs. 1, 2 BGB auslösen. Er müsste aufgrund dieser Regressansprüche den Betrag erstatten, den er wegen seines eigenen Verlustanteils selbst zu tragen verpflichtet ist. Der Gesellschafter-Gläubiger müsste also das von einem (Mit-)Gesellschafter Erhaltene teilweise wieder zurückgeben. Es widerspräche dem Grundsatz von Treu und Glauben, wenn er auch insoweit die Forderung geltend machen könnte (dolo agit, qui petit, quod statim redditurus est).[37] Demnach muss A sich bei der Inanspruchnahme von L und E seinen eigenen Verlustanteil abziehen lassen, um den sich deren Haftung gem. § 128 HGB vermindert.

Entsprechend der Verlustbeteiligungsquote von A i. H. v. 3/10 beläuft sich der von ihm zu tragende Verlustanteil auf 15.000 €. Die Haftung von L und E besteht mithin lediglich i. H. v. (insgesamt) 35.000 €.

c) Haftung als Gesamtschuldner oder pro rata

Fraglich ist, ob A den seinen eigenen Verlustanteil überschießenden Betrag i. H. v. 35.000 € von E und L gesamtschuldnerisch oder nur anteilig ihrer jeweiligen Verlustquote verlangen kann.

aa) Pro-rata-Haftung

Für eine Inanspruchnahme der Mitgesellschafter durch den Gesellschafter-Gläubiger nur pro rata kann angeführt werden, dass der eine Drittforderung gegen die OHG besitzende Gesellschafter im Falle einer gesamtschuldnerischen Haftung seiner Mitgesellschafter gegenüber einem Gesellschafter begünstigt wäre, der einen Gläubiger wegen einer Forderung gegen die OHG befriedigt und wegen dieser Sozialverbindlichkeit von seinen Mitgesellschaftern nur anteiligen Ausgleich verlangen kann.[38] Es würde sich dann für den von einem Dritten nach § 128 HGB in Anspruch genommenen Gesellschafter anbieten, diesem seine Forderung abzukaufen, um auf diese

---

[34] Röhricht/Graf v. Westphalen/*v. Gerkan/Haas*, § 128 Rn. 3.
[35] Vgl. B. II. 1.
[36] Vgl. B. I., II.
[37] *A. Hueck*, § 21 V 2 (S. 330); vgl. auch *BGH* NJW 1983, 749.
[38] *Wiedemann*, GesellR II, § 8 III 3 b (S. 734); *Walter*, JuS 1982, 81, 86; *Prediger*, BB 1971, 245, 248.

Weise selbst eine günstigere Drittgläubigerstellung zu erwerben. Schließlich entspreche es dem Ziel, dass der Ausgleich unter den Gesellschaftern in der Weise erfolge, dass jeder entsprechend seinem Verlustanteil hafte, was ohne Umweg bei einer Haftung pro rata erreicht werde.[39]

Danach kann *A* lediglich 20.000 € von *L* und 15.000 € von *E* verlangen.

bb) Gesamtschuldnerische Haftung

Andererseits kann es geboten sein, es bei der Inanspruchnahme der Mitgesellschafter durch einen Gesellschafter-Gläubiger wegen einer Drittforderung gegen die Gesellschaft bei der gesamtschuldnerischen Haftung gem. § 128 S. 1 HGB zu belassen.[40]

Gegen eine pro-rata-Haftung ist entscheidend einzuwenden, dass *A* dann das Risiko der Zahlungsunfähigkeit von *E* oder *L* tragen müsste, während er bei einer gesamtschuldnerischen Haftung von *E* und *L* besser stünde. Seine gleichzeitige Besserstellung gegenüber dem Gesellschafterregress wegen einer Sozialverbindlichkeit – hier seinem Ausgleichsanspruch wegen der gegenüber *M* beglichenen Schadensersatzforderung – erscheint nicht ungerechtfertigt. *A* war nämlich zur Gewährung des Darlehens an die Gesellschaft, anders als zur Befriedigung der Gesellschaftsverbindlichkeit, nicht verpflichtet; vielmehr ist er der Gesellschaft durch seine Darlehensgewährung freiwillig entgegen gekommen. Aber auch für *E* und *L* bedeutet die gesamtschuldnerische Haftung keine unbillige Härte. Wenn *A* der Gesellschaft kein Darlehen gewährt hätte, hätte diese es bei einem Dritten aufnehmen müssen. Auch in diesem Fall hätten die Gesellschafter als Gesamtschuldner nach § 128 S. 1 HGB für die Rückzahlung gehaftet. Darüber hinaus lässt sich dem für die pro-rata-Haftung angeführten Argument, wonach es sich für den von einem Dritten nach § 128 HGB in Anspruch genommenen Gesellschafter anbiete, diesem seine Forderung abzukaufen, entgegenhalten, dass einem solchen Verhalten wirksam mit der exceptio doli begegnet werden kann.[41]

E und *L* haften somit für die von *A* geltend gemachte Drittgläubigerforderung gesamtschuldnerisch gem. § 128 S. 1 HGB i. H. v. 35.000 €.

III. Ergebnis zu C

A hat einen Zahlungsanspruch i. H. v. 35.000 € gegen *L* und *E* als Gesamtschuldner gem. § 488 Abs. 1 S. 2 BGB i. V. m. §§ 128 S. 1, 124 Abs. 1 HGB.

---

[39] *Prediger,* BB 1971, 245, 248.
[40] H. A., vgl. *BGH* NJW 1983, 749 m. w. N. (für den Fall einer GbR); sowie aus der Literatur statt aller Baumbach/Hopt/*Hopt,* § 128 Rn. 24; MünchKomm-BGB/*Ulmer,* § 705 Rn. 220; MünchKomm-BGB/*Ulmer/Schäfer,* § 714 Rn. 39; *A. Hueck,* § 21 V (S. 329); H. P. Westermann/*Wertenbruch,* I Rn. 738, 839.
[41] Vgl. *A. Hueck,* § 21 V Fn. 59 (S. 329).

Fall 13. Die fehlgeschlagene Haftungsfreistellung

Schwerpunkt im Handels- und Personengesellschaftsrecht:
Vertretungsregelungen – § 31 BGB analog – Einwendungen gem. § 129 HGB – Handelsvertreterrecht – Erlassvertrag – Vertragsübernahme

Sachverhalt

Marx (M) ist Inhaber eines einzelkaufmännischen Unternehmens, dessen Zweck darauf gerichtet ist, für andere Unternehmen den Absatz ihrer Produkte zu vermitteln. Eine solche Tätigkeit übt er unter anderem für den Spirituosenhersteller *Bacchus (B)* aus, der in seiner Produktpalette einen Cognac führt.

Aufgrund einer allgemein günstigen Konjunkturlage entwickeln sich die Geschäfte von *M* so gut, dass er zwecks Vergrößerung des Unternehmens einen Geschäftspartner sucht. In dieser Hinsicht verhandelt er mit *Engels (E)*, der ebenfalls als Handelsvertreter tätig ist. Am 6. 8. 2009 wird privatschriftlich ein Gesellschaftsvertrag (GV) vereinbart, in dem es unter anderem heißt:

§ 1: *Marx* und *Engels* führen ihre Geschäfte vom 1. 10. 2009 ab gemeinsam unter der Firma Marx & Co. Zu diesem Zweck bringen beide Gesellschafter ihre bestehenden Unternehmen mit allen Aktiven und Passiven in die Gesellschaft ein.

§ 2: Die Gesellschafter sind nur gemeinsam zum Führen der Geschäfte befugt; das gilt insbesondere für den Neuabschluss und die Kündigung von Handelsvertreterverträgen.

Der Vertrag wird nicht zum Handelsregister angemeldet. *M* und *E* teilen ihren jeweiligen Unternehmern noch im August 2009 den Inhalt von § 1 der getroffenen Vereinbarung mit und bitten um Zustimmung. Diese erklären bis September 2009 ihr Einverständnis, da die von *M* und *E* jeweils vertriebenen Produkte nicht in Konkurrenz zueinander stehen. Daraufhin nehmen *M* und *E* ihre gemeinsame Geschäftstätigkeit auf.

Am 12. 10. 2009 schließt *E* namens der Marx & Co. mit dem Spirituosenhersteller *Dionysos (D)*, der ebenfalls einen Cognac herstellt, einen Handelsvertretervertrag ab. Als *M* hiervon erfährt, ist er empört und widerspricht heftig. Dennoch tätigt *E* am 17., 20. und 26. 10. 2009 namens der Marx & Co. mehrere Aufträge für *D*; insbesondere vermittelt er größere Mengen Cognac. Hierfür erhält Marx & Co. 1.000 € Provision. Am 27. 10. 2009 erfährt *B* von diesen Geschäften. Noch am selben Tag teilt er Marx & Co. mit, dass diese Konkurrenztätigkeit für ihn unzumutbar sei. *B* kündigt deshalb den Vertrag mit Marx & Co. fristlos und macht Schadensersatz wegen entgangenen Gewinns i. H. v. 6.000 € geltend.

M verhandelt daraufhin am 30. 10. 2009 mit *B* und will erreichen, dass dieser seine Entscheidung rückgängig macht. *B* hält an der Kündigung und seiner Geldforderung fest. Als Entgegenkommen erklärt er aber gegenüber *M*, er verzichte auf seine Schadensersatzforderung gegenüber Marx & Co. unter dem Vorbehalt, dass er *E* in Anspruch nehmen könne. *M* ist mit dieser Regelung einverstanden. Als *B* seinen Anspruch gegen *E* geltend macht, lehnt dieser die Zahlung mit der Begründung ab, er verweigere der zwischen *B* und Marx & Co. getroffenen Abrede die Anerkennung. *B* ist äußerst verärgert und verlangt daraufhin von Marx & Co. die Zahlung von 6.000 €. Diese verweist auf die mit *B* getroffene Vereinbarung und verweigert ebenfalls die Zahlung. Zu Recht?

Abwandlung: Kann *B* von Marx & Co. Schadensersatz fordern, wenn *E* den Handelsvertretervertrag mit *D* in seinem eigenen Namen abschließt und die Provision für die vermittelten Aufträge erhält? (Dabei ist davon auszugehen, dass zwischen *B* und Marx & Co. keine Abrede über die Geltendmachung der Forderung getroffen worden ist.)

Lösung

A. Ausgangsfall

I. Anspruch von B gegen Marx & Co. auf Zahlung von 6.000 €

Das Zahlungsbegehren des *B* ist begründet, wenn er eine Forderung in entsprechender Höhe gegenüber Marx & Co. besitzt. Ein entsprechender Anspruch auf Ersatz entgangenen Gewinns kann wegen Verletzung einer Nebenpflicht des Handelsvertretervertrages gem. §§ 280 Abs. 1, 241 Abs. 2 BGB i. V. m. § 124 HGB bestehen. Das setzt gem. § 124 Abs. 1 HGB zunächst voraus, dass die Gesellschaft wirksam als OHG entstanden ist.

1. Entstehen der Gesellschaft

a) Innenverhältnis

Zwischen *M* und *E* kann am 6. 8. 2009 die Gründung einer OHG gem. § 105 HGB i. V. m. § 705 BGB vereinbart worden sein. Beide haben sich verpflichtet, ihre Geschäfte künftig unter einer gemeinschaftlichen Firma zu führen. Der Gesellschaftszweck ist auf den Betrieb eines Handelsgewerbes, nämlich die Geschäfte der Handelsvertreter (§ 1 Abs. 1 i. V. m. §§ 84 ff. HGB), gerichtet. Ferner enthält der Gesellschaftsvertrag keine Bestimmung, wonach bei einem Gesellschafter die Haftung gegenüber den Gesellschaftsgläubigern beschränkt ist (Abgrenzung zur KG, vgl. § 105 Abs. 1 HGB). Durch den Gesellschaftsvertrag vom 6. 8. 2009 war folglich zwischen den Gesellschaftern *M* und *E* im Innenverhältnis eine OHG errichtet worden.

b) Außenverhältnis

Die OHG muss auch nach außen wirksam entstanden sein. Sie wurde zwar nicht zum Handelsregister angemeldet (vgl. § 123 Abs. 1 HGB). Die Gesellschaft betreibt aber entsprechend der Vermutung des § 1 Abs. 2, 2. Halbs. HGB[1] ein Handelsgewerbe,[2] so dass sie gem. § 123 Abs. 2 HGB gegenüber Dritten in dem Zeitpunkt wirksam entstanden sein kann, in dem sie ihre Geschäfte aufgenommen hat.[3]

---

[1] Zur Vermutungswirkung des § 1 Abs. 2, 2. Halbs. HGB vgl. E/B/J/S/*Kindler*, § 1 Rn. 42 ff.; Röhricht/Graf v. Westphalen/*Röhricht*, § 1 Rn. 119 ff.; *K. Schmidt*, ZIP 1997, 909, 912; ders., NJW 1998, 2161, 2162; *Schaefer*, ZNotP 1998, 170, 172 und kritisch *Kögel*, BB 1997, 793, 801; *Schöne*, ZAP, Fach 15, 267, 272.

[2] Zu den materiellen Anforderungen an die Kaufmannseigenschaft vgl. Röhricht/Graf v. Westphalen/*Röhricht*, § 1 Rn. 12 ff. und 98 ff.; *K. Schmidt*, HandelsR, § 10 IV (S. 306 ff.); ders., NJW 1998, 2161, 2162 f.; ders., ZHR 163 (1999), 87 ff.; *Bydlinski*, ZIP 1998, 1169, 1171 f.; *Schöne*, ZAP, Fach 15, 267, 269 f.

[3] Vgl. zu § 123 Abs. 2 HGB Baumbach/Hopt/*Hopt*, § 123 Rn. 13; E/B/J/S/*Hillmann*, § 123 Rn. 14 ff.; *Koller/Roth/Morck*, § 123 Rn. 4; *Oetker/Boesche*, § 123 Rn. 11 ff.; Röhricht/Graf v. Westphalen/*v Gerkan/Haas*, § 123 Rn. 9 ff.

M und *E* haben nach der Einverständniserklärung ihrer jeweiligen Unternehmer im September 2009 die Geschäfte aufgenommen. Die OHG ist damit ab diesem Zeitpunkt nach außen wirksam entstanden.

2. Verletzung einer vertraglichen Nebenpflicht durch die OHG

Die OHG haftet gem. §§ 280 Abs. 1, 241 Abs. 2 BGB i. V. m. § 124 Abs. 1 HGB wegen Verletzung einer vertraglichen Nebenpflicht des Handelsvertreterverhältnisses, wenn zwischen ihr und *B* ein Handelsvertretervertrag besteht und sie eine aus diesem Vertrag folgende Pflicht schuldhaft verletzt hat.

a) OHG als Handelsvertreter des B

Ursprünglich bestand das Handelsvertreterverhältnis zwischen *B* und *M*. Dieses Vertragsverhältnis kann jedoch im Wege der Vertragsübernahme von *M* auf die OHG übergegangen sein. Die Vertragsübernahme ist eine im Wege der Rechtsfortbildung entstandene, allgemein anerkannte Rechtsfigur.[4] Sie stellt eine rechtsgeschäftliche Übertragung eines Schuldverhältnisses dar und bewirkt den Eintritt einer Vertragspartei anstelle der bisherigen Vertragspartei.[5] Für das wirksame Zustandekommen der Vertragsübernahme ist ausreichend, dass sich eintretende und ausscheidende Vertragspartei über den Übergang des Schuldverhältnisses einig sind und der andere Teil dem zustimmt.[6] Wie sich aus § 1 S. 2 GV ergibt, waren sich *M* und *E* als die künftigen Gesellschafter der zu gründenden OHG einig, dass das Handelsvertreterverhältnis von *M* auf die OHG übergehen soll. Das von *B* noch im September 2009 erklärte Einverständnis zu dem ihm mitgeteilten Gesellschaftsvertrag enthält die Zustimmung zu diesem Parteiwechsel. Die OHG ist folglich spätestens mit Aufnahme ihres Geschäftsbetriebes, d. h. mit Wirksamwerden der Gesellschaft im Außenverhältnis (§ 123 Abs. 2 i. V. m. § 1 Abs. 1 HGB), Handelsvertreter des *B* geworden.

b) Verletzung der Interessenwahrungspflicht des Handelsvertreters

Die gem. §§ 280 Abs. 1, 241 Abs. 2 BGB erforderliche Verletzung einer Nebenpflicht des Handelsvertretervertrages kann aus einem Verstoß gegen die Pflicht zur Interessenwahrung gem. § 86 Abs. 1, 2. Halbs. HGB folgen. Für eine solche Vertragsverletzung finden die Vorschriften des allgemeinen Schuldrechts Anwendung; für das Handelsvertreterverhältnis bestehen keine speziellen Gewährleistungsvorschriften.

Die Verletzung der Interessenwahrungspflicht kann in dem Abschluss des Handelsvertretervertrages mit *D* und/oder in den für ihn getätigten Geschäften liegen. Die Verpflichtung des Handelsvertreters zur Wahrung der Interessen seines Geschäftsherrn bedeutet, dass er bei seinen Verrichtungen alles zu tun hat, was der ihm obliegenden Aufgabe dienlich ist. Der Handelsvertreter hat daher jede Tätigkeit zu unterlassen, die geeignet ist, die Interessen seines Geschäftsherrn zu beeinträchtigen. Er darf deshalb ohne ausdrückliche Erlaubnis seines Unternehmers keine Konkurrenzprodukte vertreiben.[7] Der Handelsvertretervertrag braucht ein ausdrückliches Kon-

---

[4] Vgl. BGHZ 96, 302, 307 f. m. w. N.

[5] Palandt/*Grüneberg*, § 398 Rn. 41; Bamberger/Roth/*Rohe*, §§ 414, 415 Rn. 26; *Larenz*, SchuldR I, § 35 III (S. 616 ff.); *Coester*, MDR 1974, 803 ff.

[6] Zu den verschiedenen Möglichkeiten der Vereinbarung einer Vertragsübernahme vgl. BGHZ 72, 394, 395 f.; 96, 302, 308; *BGH* WM 1985, 1172, 1174; Bamberger/Roth/*Rohe*, §§ 414, 415 Rn. 27; MünchKomm-BGB/*Möschel*, vor § 414 Rn. 8; *Dörner*, NJW 1986, 2916 ff.

[7] BGHZ 42, 49, 61; Baumbach/Hopt/*Hopt*, § 86 Rn. 26, 30; E/B/J/S/*Löwisch*, § 86 Rn. 19 f., GroßKomm-HGB/*Emde*, § 86 Rn. 88; *Koller/Roth/Morck*, § 86 Rn. 6; 26; *Oetker/Busche*, § 86 Rn. 24; Röhricht/Graf v. Westphalen/*Thume*, § 86 Rn. 29.

kurrenzverbot nicht zu enthalten.[8] Es kann hier dahinstehen, ob bereits der Abschluss des Handelsvertretervertrages mit D eine Verletzung der Interessenwahrungspflicht gegenüber S darstellte, denn eine solche liegt jedenfalls in dem Verkauf der Konkurrenzprodukte für D.

c) Verletzungshandlung der OHG

Die Verletzung dieser vertraglichen Nebenpflicht i. S. d. § 241 Abs. 2 BGB muss durch die OHG erfolgt sein. Dazu müssen die Konkurrenzgeschäfte mit Wirkung für die OHG getätigt worden sein. Die Konkurrenzgeschäfte für D sind von E namens der OHG vorgenommen worden. E muss auch mit Vertretungsmacht gehandelt haben.

aa) Gesetzliche Vertretungsbefugnis des E

Grundsätzlich ist E als OHG-Gesellschafter gem. § 125 Abs. 1 HGB zur Alleinvertretung der OHG berechtigt. Die Vertretungsmacht erstreckt sich gem. § 126 Abs. 1 HGB auf die Vornahme aller Rechtsgeschäfte mit Dritten und umfasst damit sowohl den Abschluss des neuen Handelsvertretervertrages als auch den Vertrieb der Produkte des D.

bb) Einschränkung der Vertretungsbefugnis durch den Gesellschaftsvertrag

Die Vertretungsmacht von E kann aber durch § 2 GV, wonach nur beide Gesellschafter gemeinsam zum Führen der Geschäfte befugt sind, wirksam beschränkt worden sein. Der GV kann den Grundsatz der Alleinvertretungsmacht gem. § 125 Abs. 1 HGB abändern und gemäß § 125 Abs. 2 S. 1 HGB Gesamtvertretung vorsehen. § 2 GV, der sich nach seinem Wortlaut nur auf die Geschäftsführung bezieht, kann nach seinem Sinn und Zweck auch als Anordnung der Gesamtvertretung ausgelegt werden.

Möglicherweise können sich nach § 15 Abs. 1 HGB aber weder M noch die OHG gegenüber D auf die fehlende Vertretungsmacht des E berufen. Dann muss es sich bei der gesellschaftsvertraglichen Abänderung der gesetzlichen Vertretungsmacht um eine eintragungspflichtige Tatsache handeln.

Gem. § 106 Abs. 1, 2 Nr. 4 HGB ist die Gesellschaft zur Eintragung in das Handelsregister anzumelden, wobei die Anmeldung auch die Vertretungsmacht der Gesellschafter zu enthalten hat. Gemäß § 107 HGB ist auch die Änderung der Vertretungsmacht eines Gesellschafters zur Eintragung in das Handelsregister anzumelden. Die gesellschaftsvertragliche Abänderung der gesetzlichen Vertretungsmacht ist somit eine zum Handelsregister anzumeldende eintragungspflichtige Tatsache. Eine Anmeldung des Gesellschaftsvertrages – und damit auch der Gesamtvertretungsregelung – zum Handelsregister ist jedoch unterblieben. Daher können sich weder M noch die OHG gegenüber D auf die fehlende Vertretungsmacht des E berufen, § 15 Abs. 1 HGB. Ohne diese Eintragung und Bekanntmachung kann die gesellschaftsvertragliche Anordnung der Gesamtvertretung nur dann gegen D wirken, wenn er von dieser Tatsache Kenntnis hatte. Dafür liegen jedoch keine Anhaltspunkte vor. Die Vertretungsbefugnis von E ist allein durch die Regelung in § 2 GV nicht wirksam beschränkt worden.

---

[8] *BGH* DB 1968, 211; E/B/J/S/*Löwisch*, § 86 Rn. 19; Röhricht/Graf v. Westphalen/*Thume*, § 86 Rn. 29. Zur Reichweite und zum Inhalt des aus der Interessewahrungspflicht folgenden Wettbewerbsverbots vgl. ausführlich statt aller Oetker/*Busche*, § 86 Rn. 25 ff.

cc) Widerspruch durch M

Die Wirksamkeit der Vereinbarung des Handelsvertretervertrags mit D und der auf dessen Grundlage vorgenommenen Vermittlungsgeschäfte wird durch den von M gegenüber dem Mitgesellschafter E geäußerten Widerspruch ebenfalls nicht berührt. Der Widerspruch kann nur intern gegenüber einer Geschäftsführungsmaßnahme gem. § 115 Abs. 1, 2. Halbs. HGB relevant werden, wegen § 126 Abs. 2 HGB aber nicht gegenüber außenstehenden Dritten. Somit hat E die OHG wirksam vertreten.

Durch das Verhalten ihres Gesellschafters E im Zusammenhang mit den Geschäften für D hat die OHG daher ihre Interessenwahrungspflicht gegenüber B verletzt.

d) Verschulden

Eine Haftung aus § 280 Abs. 1 BGB setzt schließlich voraus, dass die Verletzung der Interessenwahrungspflicht der OHG gegenüber B schuldhaft erfolgt ist (vgl. § 280 Abs. 1 S. 2 BGB). E hat die gegenüber B bestehende Interessenwahrungspflicht, nämlich keine Konkurrenzprodukte an Dritte zu verkaufen, in schuldhafter und damit von ihm zu vertretender Weise verletzt. Darüber hinaus hat es E auch schuldhaft unterlassen, bei B namens der OHG um Erlaubnis zu bitten, auch Konkurrenzgeschäfte durchführen zu dürfen. Er hat nichts unternommen, um eine Kollision mit den Interessen des B zu vermeiden.

Dieses Verschulden von E muss der OHG zurechenbar sein. Als Zurechnungsnorm bei Personenhandelsgesellschaften kommt die analoge Anwendung von § 31 BGB in Betracht.[9] § 31 BGB ist Ausdruck des allgemeinen Rechtsgedankens, wonach der Verband für die Schäden verantwortlich ist, die durch seine verfassungsmäßig berufenen Vertreter durch rechtswidrige schuldhafte Handlungen in Ausführung der ihnen zustehenden Verrichtungen gegenüber Dritten verursacht worden sind.[10] Somit ist in diesen Fällen eine analoge Anwendung des § 31 BGB auf Personengesellschaften zulässig.[11]

E ist sowohl bei Abschluss des Handelsvertretervertrages mit D als auch bei der Durchführung der Vermittlungsgeschäfte für diesen als Gesellschafter und somit als verfassungsmäßig berufener Vertreter der OHG aufgetreten. Damit sind auch die Voraussetzungen des § 31 BGB erfüllt.[12] Das Verschulden von E ist der OHG analog § 31 BGB zurechenbar. Aufgrund der schuldhaften Verletzung einer vertraglichen Nebenpflicht i. S. d. § 241 Abs. 2 BGB ist die OHG grundsätzlich gem. §§ 280 Abs. 1, 31 BGB analog zum Schadensersatz verpflichtet.

---

[9] So die h. M., die § 278 BGB auf Organverschulden nicht anwendet, z. B. *Bamberger/Roth/ Unberath*, § 278 Rn. 10; Palandt/*Grüneberg*, § 278 Rn. 6; Jauernig/*Stadler*, § 278 Rn. 17; E/B/J/ S/*Hillmann*, § 124 Rn. 4; Heymann/*Emmerich*, § 126 Rn. 26; *Wiedemann*, GesellR II, § 8 III 2 a bb (S. 721 f.); *K. Schmidt*, GesellR, § 10 IV 2 c (S. 275), der „in Zweifelsfällen" aber die alternative Begründung der Zurechnung gem. §§ 31, 278 BGB zulässt.

[10] *K. Schmidt*, GesellR, § 10 IV 1 (S. 273 f.). Zu § 31 BGB als Zuweisungsnorm siehe *BGH* NJW 1987, 1193.

[11] St. Rspr. und h. L.; vgl. *RG JW* 1931, 1689, 1690; BGHZ 45, 311, 312; *BGH* NJW 1952, 537, 538; VersR 1962, 664; WM 1974, 153; Baumbach/Hopt/*Hopt*, § 124 Rn. 25; E/B/J/S/*Hillmann*, § 124 Rn. 4; Heymann/*Emmerich*, § 126 Rn. 26 f.; *K. Schmidt*, GesellR, § 10 IV 2 c (S. 275); *Grunewald*, GesellR, 1 B Rn. 36; *Wiedemann*, GesellR II, § 2 IV 2 a aa (S. 138), § 8 III 2 a bb (S. 722).

[12] Zur Eigenschaft des OHG-Gesellschafters als verfassungsmäßig berufenen Vertreters vgl. *BGH* WM 1973, 165; 1974, 153.

3. Erlass der Schadensersatzpflicht

Die Gesellschaftsschuld kann durch die zwischen der OHG, vertreten durch M,[13] und B am 30. 10. 2009 getroffene Vereinbarung untergegangen sein. Die Einigung zwischen B und M, wonach B seine Schadensersatzforderung gegenüber der OHG nicht mehr geltend machen wird, hat das Erlöschen der Gesellschaftsschuld bewirkt, wenn dadurch ein Erlassvertrag gem. § 397 BGB geschlossen worden ist.

a) Abrede als Erlassvertrag

Der Einordnung der zwischen B und der OHG getroffenen Abrede als Erlassvertrag kann entgegenstehen, dass sie sich nicht einheitlich auf Gesellschaftsschuld und Gesellschafterschuld erstreckt. Die Schuld der Gesellschaft soll untergehen, während die des Gesellschafters fortbestehen soll. Der Inhalt des Erlassvertrages ist darauf gerichtet, die Forderung des Gläubigers zum Erlöschen zu bringen. Es kann daher erforderlich sein, eine einheitliche Regelung für die Gesellschafts- und Gesellschafterschuld zu treffen, wenn es sich dabei um identische Verpflichtungen handelt, für die lediglich unterschiedliche Haftungssubjekte einzustehen hätten, nämlich einmal das gesamthänderisch gebundene Gesellschaftsvermögen und andererseits das Privatvermögen des Gesellschafters.[14] Gegen diese Ansicht spricht jedoch der Wortlaut der §§ 124, 128 HGB. Beiden Normen ist zu entnehmen, dass Gesellschaftsschuld und Gesellschafterschuld voneinander zu unterscheiden sind.[15] Es bestehen voneinander verschiedene Verpflichtungen, wobei die Gesellschafterhaftung von dem Bestand der Gesellschaftsschuld in vergleichbarem Maße abhängig ist wie die Bürgschaft von der Hauptverbindlichkeit.[16]

Die Vereinbarung, B werde seine Schadensersatzforderung nicht gegenüber Marx & Co. geltend machen, kann daher als Erlassvertrag zugunsten der OHG qualifiziert werden.

b) Unwirksamkeit des Erlassvertrages

Die Gesellschaftsschuld der OHG ist folglich erloschen, es sei denn, der Erlassvertrag ist wegen des Vorbehalts der Inanspruchnahme des E unwirksam. Gegen die Wirksamkeit dieses Vorbehalts bestehen Bedenken, weil diese Abrede dazu führen kann, dass die Gesellschaft als Primärschuldner aus der Verantwortung entlassen und diese gänzlich auf den Gesellschafter verlagert wird, wodurch dieser u. U. erhebliche Nachteile in Kauf zu nehmen hat.

---

[13] M ist aus denselben Gründen alleinvertretungsbefugt wie E, denn auch B kannte die Gesamtvertretungsabsprache nach § 2 des Vertrages nicht und wird daher durch § 15 Abs. 1 HGB geschützt; siehe hierzu oben A. I. 2. c).

[14] So die früher h. M., vgl. statt vieler RGZ 139, 252, 254; Düringer/Hachenburg/*Flechtheim*, § 124 Anm. 4, § 128 Anm. 1 und 5; *Buchner*, JZ 1968, 622 f.

[15] *K. Schmidt*, GesellR, § 49 II 2 (S. 1414 f.). Das zeigt sich deutlich an den vollstreckungsrechtlichen Voraussetzungen. Zum Zugriff auf das Gesellschaftsvermögen ist ein gegen die OHG gerichteter Titel erforderlich (§ 124 Abs. 2 HGB), während die Zwangsvollstreckung in das Vermögen des Gesellschafters nur aufgrund eines gegen diesen gerichteten Titels erfolgt (Umkehrschluss aus § 129 Abs. 4 HGB).

[16] Ganz h. L., vgl. statt vieler E/B/J/S/*Hillmann*, § 128 Rn. 19; *Koller/Roth/Morck*, §§ 128, 129 Rn. 1; Heymann/*Emmerich*, § 128 Rn. 5; *Flume*, BGB AT I/1, § 16 II 2 a (S. 286 ff.); *Wiedemann*, GesellR I, § 5 IV 1 c (S. 283 ff.); *ders.*, GesellR II, § 8 III 3 a cc (S. 731 f.); *K. Schmidt*, GesellR, § 49 II 3 (S. 1415 ff.); *Hadding*, ZGR 1973, 137, 147 ff.; *Kühne*, ZHR 133 (1970), 149, 161 ff.

aa) Keine Unwirksamkeit bei vorbehaltener Inanspruchnahme des Gesellschafters

Gegen die Unwirksamkeit des Erlasses wegen des Vorbehalts der Inanspruchnahme des Gesellschafters wird angeführt, dass der Anspruch des Gesellschafters auf internen Ausgleich gem. §§ 110 HGB, 426 BGB[17] durch den Erlass der Gesellschaftsschuld nicht berührt werde. Eines weitergehenden Schutzes bedürfe der Gesellschafter nicht. Er müsse jederzeit damit rechnen, vom Gläubiger in Anspruch genommen zu werden. Dieser hätte sich auch dann an ihn halten können, wenn er der Gesellschaft die Gesellschaftsschuld nicht erlassen hätte.[18]

bb) Nichtigkeit des Erlassvertrages

Für die Nichtigkeit eines solchen Erlassvertrages können indessen mehrere Argumente angeführt werden:[19]

Die Unwirksamkeit des Erlassvertrages kann aus der Akzessorietät der Gesellschafterschuld folgen. Aus der Haftung des Gesellschafters „für die Verbindlichkeiten der Gesellschaft" folgt per definitionem, dass dessen Haftung von dem Bestehen der Verbindlichkeit der Gesellschaft abhängig ist.[20]

Ferner kann die Nichtigkeit des Erlassvertrages mit der Perplexität (innerer Widersprüchlichkeit) der Willenserklärungen begründet werden.[21] Es wird eine nicht mögliche Rechtsfolge – die Unanwendbarkeit des (zwingenden) § 129 Abs. 1 HGB – zum Vertragsinhalt gemacht, und dieser Widerspruch lässt sich durch Auslegung nicht auflösen.

Im Ergebnis ähnlich kann die Unwirksamkeit des Erlassvertrages auf den Rechtsgedanken des § 139 BGB gestützt werden; der Vorbehalt ist nichtig und dieser Umstand wirkt sich auf das gesamte Rechtsgeschäft aus.[22] Die Rechtsgültigkeit des Vorbehaltes kann nicht auf § 423 BGB, wonach zwischen dem Gläubiger und einem von mehreren Gesamtschuldnern ein allein diesem zugute kommender Schulderlass vereinbart werden kann, gestützt werden. Zwischen der Gesellschaft und dem Gesellschafter besteht kein echtes Gesamtschuldverhältnis, auf das die Vorschriften der §§ 422 ff. BGB unmittelbar anwendbar sind.[23] Eine sinngemäße Anwendung der in diesen Vorschriften enthaltenen Rechtsgedanken[24] auf das Verhältnis von Gesellschaft und Gesellschafter untereinander kommt nicht in Betracht.

---

[17] Vgl. hierzu Fall 12 unter B.
[18] Im Ergebnis ebenso *A. Hueck*, § 21 Fn. 36 (S. 321 f.); *Buchner*, JZ 1968, 622 ff.
[19] Vgl. Rspr. und h. L.; BGHZ 47, 376 ff.; *BGH* WM 1975, 974 ff.; MünchKomm-BGB/ *Schlüter*, § 397 Rn. 9; *K. Schmidt*, GesellR, § 49 II 3 (S. 1415 ff.); *Wiedemann*, GesellR I, § 5 IV 1 c (S. 283 ff.); *ders.*, GesellR II, § 8 III 3 a cc (S. 732); *Medicus*, Bürgerliches Recht, Rn. 155; *Flume*, BGB AT I/1, § 16 II 2 b (S. 289 ff.); *ders.*, FS Knur (1972), 125 ff.; *Reinicke*, NJW 1969, 2117 ff.; *ders.*, FS H. P. Westermann (1974), 487 ff.; *Kühne*, ZHR 133 (1970), 149 ff.
[20] GroßKomm-HGB/*Habersack*, § 128 Rn. 21; *Flume*, BGB AT I/1, § 16 II 2 b (S. 289 ff.); *ders.*, FS Knur (1972), 125, 137. Das anschließende Argument *Flumes*, dass dem Erlass der Verbindlichkeit der Gesellschaft unter Aufrechterhaltung der Haftung des Gesellschafters daher ein anfängliches, objektives Leistungshindernis entgegenstehen würde und deshalb der Erlassvertrag gem. § 306 BGB a. F. nichtig sei, lässt sich nach der nunmehr gem. § 311 a Abs. 1 BGB ausdrücklich angeordneten Wirksamkeit allerdings nicht mehr halten; kritisch gegenüber diesem Ansatz auch schon *K. Schmidt*, GesellR, § 49 II 3 a (S. 1417).
[21] *Medicus*, Bürgerliches Recht, Rn. 155.
[22] BGHZ 47, 376 ff.; *BGH* WM 1975, 974 ff.
[23] H. M., vgl. BGHZ 39, 319, 323; 44, 229, 233; 48, 203, 204; E/B/J/S/*Hillmann*, § 128 Rn. 21; *Koller/Roth/Morck*, §§ 128, 129 Rn. 3; *Wiedemann*, GesellR II, § 8 III 3 a cc (S. 732); H. P. Westermann/*Wertenbruch*, Band I Rn. 836.
[24] Vgl. hierzu BGHZ 44, 229, 233 m. w. N.

Den vorstehend gegen die Wirksamkeit des Erlassvertrages vorgebrachten Bedenken ist zuzustimmen, wobei ergänzend folgende Überlegungen zu berücksichtigen sind: Während dem Gesamtschuldner regelmäßig Einwendungen, die in der Person eines Mitschuldners entstanden sind, nicht zustehen, kann sich der Gesellschafter allgemein auf Einwendungen berufen, die die Gesellschaft geltend machen könnte (§ 129 Abs. 1 HGB). Mit dem Erlass der Gesellschaftsschuld würden deshalb auch die Einwendungen der Gesellschaft fortfallen. Durch einen nur zugunsten der Gesellschaft wirkenden Erlassvertrag verschaffte sich die Gesellschaft einen Vorteil, der dem Gesellschafter nicht zugute käme und ihm darüber hinaus etwaige Rechte aus § 129 HGB nehmen würde.[25] Das aber liefe auf eine zwischen dem Gläubiger und der Gesellschaft rechtsgeschäftlich vereinbarte Verschärfung der gesetzlichen Haftung des Gesellschafters hinaus,[26] die vom Haftungszweck der §§ 128 ff. HGB nicht gedeckt ist und die der Gesellschafter eben deshalb nicht hinzunehmen braucht.[27] Eine andere Beurteilung kommt nur dann in Betracht, wenn der Gesellschafter dem Vorbehalt zugestimmt hat.[28]

E hat dem Vorbehalt nicht zugestimmt. Daher ist die zwischen *B* und der Marx & Co. getroffene Vereinbarung unwirksam. Die Unwirksamkeit des Vorbehalts hat gem. § 139 BGB die Nichtigkeit des gesamten Erlassvertrages zur Folge.[29] Der Geschäftswille der Vertragspartner beruht auf der objektiv unrichtigen Erwartung, dass sich der Gläubiger wegen der Gesellschaftsschuld weiter an den Gesellschafter halten könne. Zu dem Erlass der Gesellschaftsschuld wäre es nicht gekommen, wäre ihnen klar gewesen, dass der Gläubiger auf diese Weise seine Forderung gänzlich verlieren würde.

Der Erlassvertrag ist folglich im Ganzen unwirksam, so dass die Gesellschaftsschuld nicht untergegangen ist.

II. Ergebnis

B kann die OHG auf Zahlung von 6.000 € in Anspruch nehmen.

B. Abwandlung

B kann von der OHG Schadensersatz gem. §§ 280 Abs. 1, 241 Abs. 2 BGB wegen Verletzung einer Nebenpflicht des Handelsvertretervertrages fordern, wenn ihr die Konkurrenzhandlungen des *E* zuzurechnen sind. Zum Entstehen der OHG, ihrer Handelsvertretereigenschaft für *B* und ihrer Pflicht zur Interessenwahrung kann auf

---

[25] Kritisch hierzu *Reinicke*, NJW 1969, 2187, 2188 und *ders.*, FS H. P. Westermann (1974), 487, 490 f.; die vom BGH für selbstverständlich gehaltene Folgerung, dass sich die Einwendungen der Gesellschaft nur gegen eine noch bestehende Forderung richten könnten, sei unzutreffend. So wie eine nichtige Willenserklärung noch angefochten werden könne (*Flume*, BGB AT II, § 31, 6 [S. 566 f.] m. w. N.), blieben die Einwendungen trotz Erlöschens der Forderung bestehen, ebenso *Tiedtke*, DB 1975, 1109, 1111.

[26] Die Schlechterstellung des Gesellschafters liegt vornehmlich im Verlust des Leistungsverweigerungsrechts gem. § 129 Abs. 3 HGB; vgl. hierzu *Reinicke*, FS H. Westermann (1974), 487, 491 f.; a. A. *Kühne*, ZHR 133 (1970), 149, 159.

[27] Dahinter steht offenbar der Gedanke, die Abrede sei als Vertrag zu Lasten Dritter (vgl. hierzu BGHZ 58, 216, 220; 78, 369, 374 f.; Palandt/*Grüneberg*, vor § 328 Rn. 10) zu werten und damit unwirksam.

[28] Nach Heymann/*Emmerich*, § 128 Rn. 7 a; *K. Schmidt*, GesellR, § 49 II 3 a (S. 1416 ff.) kann eine solche Willenserklärung entweder ein die Gesellschafterhaftung ersetzendes Garantieversprechen bedeuten oder Gesellschaftsschuld und Gesellschafterhaftung bleiben erhalten, wobei Gläubiger und Gesellschafter auf eine Inanspruchnahme oder Inregressnahme der Gesellschaft verzichten (pactum de non petendo).

[29] BGHZ 47, 376, 380 f.

die Ausführungen in A. I. 1. bis 2. b) verwiesen werden. Es bestehen aber Zweifel, ob die OHG ihre Vertragspflichten gegenüber B verletzt hat.

I. E als Erfüllungsgehilfe der OHG

Die von E getätigten Konkurrenzgeschäfte können der OHG gem. § 278 BGB dann zugerechnet werden, wenn E als Erfüllungsgehilfe der OHG aufgetreten ist. Die Erfüllungsgehilfeneigenschaft von E ist jedoch zu verneinen; er wollte bei Abschluss des Handelsvertretervertrages mit D und bei der Vermittlung der Geschäfte erkennbar selbst berechtigt und verpflichtet werden, so dass die Rechtsfolgen der Geschäfte eindeutig nur E und nicht die OHG treffen sollten.

II. Haftung gem. § 831 BGB

Eine Haftung der OHG gem. § 831 BGB scheidet aus. Diese Vorschrift setzt eine deliktische Handlung i. S. v. § 823 BGB voraus. Die Konkurrenzgeschäfte für D stellen keine Eigentumsverletzung von B i. S. d. § 823 Abs. 1 BGB dar. Sie sind auch nicht als Eingriff in den eingerichteten und ausgeübten Gewerbebetrieb[30] des B gem. § 823 Abs. 1 (sonstiges Recht) BGB anzusehen. Der Gewerbebetrieb des B wurde nicht unmittelbar beeinträchtigt,[31] sondern es wurde nur dessen deliktisch nicht geschütztes Vermögen geschädigt.

III. Organhaftung gem. § 31 BGB analog

Die Haftung der OHG für das vertragswidrige Verhalten ihres Gesellschafters E kann aber gem. § 31 BGB analog begründet sein.

1. Anwendbarkeit des § 31 BGB analog auf Personengesellschaften

Wie bereits festgestellt (A. I. 2. d), ist die analoge Anwendung des § 31 BGB auf Personenhandelsgesellschaften zulässig.

2. E als Organ der OHG

E ist als persönlich haftender, vertretungsberechtigter Gesellschafter verfassungsmäßig berufener Vertreter der OHG.[32]

3. „In Ausführung der zustehenden Verrichtungen"

Die Haftung der OHG kommt nur in Betracht, wenn E die Vertragsverletzungen gegenüber B in Ausführung der ihm zustehenden Verrichtungen, also in „amtlicher" Eigenschaft vorgenommen hat.[33] Es muss also ein innerer Zusammenhang zwischen der schadenstiftenden Handlung und der übertragenen Tätigkeit bestehen.[34] Daran fehlt es. Ein Gesellschafter handelt nicht in Ausführung der ihm von der Gesellschaft übertragenen Aufgaben, wenn er „auf eigene Faust", d. h. für sich selbst, Verträge mit Dritten abschließt und durchführt.

IV. Ergebnis

Ein Schadensersatzanspruch von B gegen Marx & Co. scheidet daher aus.

---

[30] Siehe hierzu näher Bamberger/Roth/*Spindler*, § 823 Rn. 104 ff.; Erman/*Schiemann*, § 823 Rn. 49 ff.; Palandt/*Sprau*, § 823 Rn. 126 ff.; *Medicus*, Bürgerliches Recht, Rn. 611 ff.

[31] Zum betriebsbezogenen Eingriff vgl. BGHZ 86, 152, 156 ff.

[32] Zum persönlichen Anwendungsbereich des § 31 BGB analog vgl. BGHZ 49, 19, 21 ff.; Bamberger/Roth/*Schwarz/Schöpflin*, § 31 Rn. 6 ff.

[33] Vgl. *BGH* NJW 1980, 115; Palandt/*Ellenberger*, § 31 Rn. 10; Heymann/*Emmerich*, § 126 Rn. 28.

[34] Vgl. näher BGHZ 98, 148, 151 f.; 99, 298, 300; *BGH* NJW 1980, 115.

Fall 14. Die unbezahlten Windeln

Schwerpunkt im Personengesellschaftsrecht (OHG):
Haftung der persönlich haftenden Gesellschafter für Forderungen von Drittgläubi-
gern und Erstattungsansprüche eines Mitgesellschafters, der wegen § 128 S. 1 HGB
an den Gläubiger gezahlt hat – Gründung einer OHG und Wirksamwerden nach
außen – Auflösung und Liquidation der OHG – Vertretung der OHG im Liquida-
tionsstadium – § 15 Abs. 1 HGB – § 426 BGB

Sachverhalt

Sigismund Schoen (Sch) hat sich in mehrjähriger Arbeit ein inzwischen sehr umsatzstarkes (jährlich ca. 2,2 Mio. €) Drogeriefachgeschäft mit insgesamt acht Angestellten aufgebaut. Er beabsichtigt, sich zur Ruhe zu setzen. Deshalb veräußert er sein Unternehmen zu gleichen Teilen an seine langjährigen Angestellten *Frech (F)*, *Gämlich (G)* und *Hohlfeld (H)*. *F*, *G* und *H* führen das Geschäft in den nunmehr von ihnen angemieteten Räumlichkeiten unter der bisherigen Bezeichnung „Sigismund Schoen" weiter. In das Handelsregister ist weder in früherer Zeit noch anlässlich der Geschäftsübernahme etwas eingetragen worden. Bei der Übernahme haben *F*, *G* und *H* lediglich ein von *F* mitgebrachtes, aus einem „Formularhandbuch" kopiertes Muster eines „Gesellschaftsvertrages" ausgefüllt und unterzeichnet. Hierin heißt es unter anderem:

„Die Gesellschaft kann jederzeit durch Mehrheitsbeschluss aufgelöst werden."

Einige Monate nach der Übernahme des Geschäfts wird in der Nähe eine Filiale eines bundesweit tätigen Drogeriemarktes eröffnet. Diese Kette zieht bekanntermaßen aufgrund ihrer weitaus günstigeren Preise die Kundschaft von den in der Umgebung gelegenen Einzelhandelsgeschäften drastisch ab. Schon nach kurzer Zeit zeichnet sich ab, dass auch „Sigismund Schoen" viele Kunden verliert. *F* ist deshalb der Ansicht, man müsse sich von dem eigenen Unternehmen möglichst schnell trennen. Nur so könnten auf Dauer größere Verluste vermieden werden. Auf einer Gesellschafterversammlung beschließen *F* und *G* gegen den Willen von *H* die Auflösung der Gesellschaft.

Trotz dieses Beschlusses kauft *H* am nächsten Tag für die Drogerie „Sigismund Schoen" bei *V* 100 Kartons Windeln zu dem ihm sehr günstig erscheinenden Preis von insgesamt 2.700 €. *F* und *G* sind strikt dagegen, dass die aufgelöste Gesellschaft die Kaufpreisforderung von *V* begleicht; *H* sei zu diesem Geschäft nach Fassung des Auflösungsbeschlusses nicht mehr befugt gewesen. Aus dem gleichen Grund lehnen sie es auch ab, diesen Betrag persönlich an *V* zu zahlen. *H* zahlt aus eigener Tasche 1.700 € an *V*, um die gute Kundenbeziehung zu ihm nicht „aufs Spiel zu setzen".

1. *V* möchte wissen, ob und was er von *F* und *G* jeweils verlangen kann.
2. *H* ist der Ansicht, er müsse von den 2.700 € nur eine Quote von 900 € selber tragen. Deshalb könne er von *F* und *G* als Gesamtschuldner den diese Quote übersteigenden Betrag von 800 € erstattet verlangen. Zu Recht?

Lösung

A. Frage 1: Ansprüche von V gegen F und G auf Kaufpreiszahlung

F und *G* können gem. § 433 Abs. 2 BGB i. V. m. § 128 S. 1 HGB als Gesellschafter einer OHG verpflichtet sein, an *V* 1.000 € als Gesamtschuldner für die von *H* für die Drogerie „Sigismund Schoen" bestellten Windeln zu zahlen.

I. Wirksame Verpflichtung einer OHG

§ 128 S. 1 HGB setzt zunächst voraus, dass *V* einen Anspruch auf Kaufpreiszahlung gegen eine Gesellschaft in der Rechtsform der OHG gem. § 433 Abs. 2 BGB i. V. m. § 124 Abs. 1 HGB hat.

1. Nach außen wirksames Entstehen der OHG

Gem. § 124 Abs. 1 HGB muss der Anspruchsgegner, das Drogeriefachgeschäft „Sigismund Schoen", eine OHG sein.

a) Entstehen der OHG

Aus dem zuvor von *Sch* persönlich betriebenen Drogeriefachgeschäft kann eine OHG geworden sein, als *F, G* und *H* unter Benutzung der von *F* mitgebrachten Kopie eines Gesellschaftsvertrages aus einem Formularhandbuch darin übereinkamen, gemeinsam das Drogeriefachgeschäft in den dann angemieteten Räumen unter der bisherigen Bezeichnung „Sigismund Schoen" fortzuführen. *Sch* hatte sein Geschäft an *F, G* und *H* zu gleichen Teilen veräußert. Somit waren die Parteien des Gesellschaftsvertrages sich zumindest stillschweigend darüber einig, dass sie jeweils einen Beitrag in der Form der Zahlung des anteiligen Kaufpreises zu erbringen hatten. Weil *F, G* und *H* das Geschäft wie bisher fortführen wollten, waren sie sich des Weiteren einig, dass jeder in der gewohnten Weise in dem Geschäft arbeiten sollte. Diese Einigung genügt den Voraussetzungen des § 705 BGB, der insoweit gem. § 105 Abs. 3 HGB auch für die Gründung einer OHG maßgeblich ist.

Abweichend von § 705 BGB kann eine OHG nur zu bestimmten Zwecken, und zwar gem. § 105 Abs. 1 HGB grundsätzlich nur zum Betrieb eines Handelsgewerbes i. S. d. § 1 HGB, betrieben werden.[1] Das Drogeriefachgeschäft ist kein Handelsgewerbe gem. § 1 Abs. 2, 1. Halbs. HGB, wenn das Unternehmen nach Art und Umfang einen in kaufmännischer Weise eingerichteten Geschäftsbetrieb nicht erfordert. *Sch* hatte einen jährlichen Umsatz von 2,2 Mio. € erreicht. Zudem hatte *Sch* zum An- und Verkauf bereits 8 Angestellte benötigt. Zur Erzielung eines so hohen Umsatzes und zur Verwaltung der 8 Angestellten ist eine kaufmännische Organisation des Unternehmens erforderlich.[2] Bei dem Geschäft handelt es sich also um ein Handelsgewerbe i. S. d. § 1 HGB. *F, G* und *H* wollten dieses Geschäft in derselben Form weiter betreiben. Deshalb war ihr Gesellschaftszweck auf den Betrieb eines Handelsgewerbes gerichtet.

---

[1] Vgl. statt aller *Koller/Roth/Morck*, § 105 Rn. 8.
[2] Vgl. zu den Kriterien bei der Bestimmung eines nach Art und Umfang eingerichteten Gewerbebetriebs Röhricht/Graf v. Westphalen/*Röhricht*, § 1 Rn. 98 ff.; *Kögel*, DB 1998, 1802 ff. Die Rspr. zur Anwendung dieser Kriterien ist durchaus uneinheitlich; vgl. hierzu die Beispiele bei Oetker/*Körber*, § 1 Rn. 58 f.

Darüber hinaus wollten sie die Geschäftsbezeichnung „Sigismund Schoen" fortführen. Damit beabsichtigten sie auch, unter einer gemeinschaftlichen Firma i. S. d. § 105 Abs. 1 HGB aufzutreten. Dass die Geschäftsbezeichnung „Sigismund Schoen" wegen Fehlens des Rechtsformzusatzes „OHG" den Anforderungen an die Firma einer OHG gem. § 19 Abs. 1 Nr. 2 HGB nicht entspricht, steht der Gründung einer OHG nicht entgegen.[3] Entgegen dem missverständlichen Wortlaut von § 105 Abs. 1 HGB ist die Firma nicht Voraussetzung zur Gründung einer OHG, sondern Rechtsfolge des von der Gesellschaft betriebenen Handelsgewerbes. *F*, *G* und *H* haben somit eine OHG gegründet.

b) Wirksamwerden der Gesellschaft im Außenverhältnis

Die OHG konnte, als *H* die Windeln bei *V* bestellte, nur verpflichtet werden, wenn sie auch im Außenverhältnis wirksam geworden war.

aa) Wirksamkeit gem. § 123 Abs. 2 HGB

Mangels Eintragung ist die OHG nicht bereits gem. § 123 Abs. 1 HGB im Außenverhältnis wirksam geworden. In Betracht kommt jedoch ein Wirksamwerden nach außen gem. § 123 Abs. 2 HGB. *F*, *G* und *H* haben ein Handelsgewerbe (siehe oben) – wenn auch nicht aufgenommen – so aber doch von einem anderen übernommen und den Geschäftsbetrieb fortgeführt. Das genügt im Rahmen des § 123 Abs. 2 HGB. Es kommt nur darauf an, dass an Dritte gerichtete Handlungen mit dem Einverständnis aller Gesellschafter vorgenommen worden sind.[4] Das ist geschehen, als der Betrieb einverständlich fortgeführt wurde. Die OHG ist damit bereits vor der Bestellung bei *V* mit Außenwirkung entstanden.

bb) Kein Erlöschen durch Auflösungsbeschluss

Die OHG darf auch nicht durch den Auflösungsbeschluss wieder beendet worden sein. Zwar haben *F* und *G* die Auflösung der OHG beschlossen. Wie die §§ 145 ff. HGB, insbesondere die §§ 149 und 156 HGB, zeigen, erlischt die Gesellschaft aber nicht alleine durch den Auflösungsbeschluss. Vielmehr ist sie erst nach vollständiger Abwicklung, der sog. Liquidation, beendet.[5] Diese ist (noch) nicht erfolgt. Unabhängig davon, ob der Auflösungsbeschluss von *F* und *G* wirksam war, konnte er damit jedenfalls nicht dazu führen, dass die OHG bei dem nach dem Beschluss vorgenommenen Geschäft nicht mehr bestand.

2. Abschluss eines Kaufvertrages zwischen V und der OHG

V und *H* haben sich darüber geeinigt, dass die OHG von *V* 100 Kartons Windeln zum Preis von 2.700 € erwerben sollte. Diese Einigung kann die OHG aber nur binden, wenn *H* sie wirksam gem. § 164 Abs. 1 S. 1 BGB vertreten hat. *H* hat eine eigene Willenserklärung im Namen der OHG abgegeben. Weiterhin muss er auch mit der erforderlichen Vertretungsmacht gehandelt haben.

a) Grundsatz der Alleinvertretungsmacht

H kann als persönlich haftender Gesellschafter organschaftliche Vertretungsmacht gehabt haben. Wie sich aus § 125 Abs. 1 und Abs. 2 S. 1 HGB ergibt, haben die

---

[3] Ganz h. A.; vgl. Baumbach/Hopt/*Hopt,* § 105 Rn. 5; *Koller/Roth/Morck,* § 105 Rn. 11; E/B/J/S/*Wertenbruch,* § 105 Rn. 29. MünchKomm-HGB/*K. Schmidt,* § 105 Rn. 43; Oetker/ *Weitemeyer,* § 105 Rn. 19; Röhricht/Graf v. Westphalen/*v. Gerkan/Haas,* § 105 Rn. 13.

[4] Baumbach/Hopt/*Hopt,* § 123 Rn. 12.

[5] BGH NJW 1979, 1987; Baumbach/Hopt/*Hopt,* § 145 Rn. 4; E/B/J/S/*Hillmann,* § 155 Rn. 21; Röhricht/Graf v. Westphalen/*v. Gerkan/Haas,* § 155 Rn. 12.

Gesellschafter einer OHG grundsätzlich Einzelvertretungsmacht. Damit hätte *H* den Kaufvertrag wirksam abschließen können.

b) Gesamtvertretungsmacht gem. §§ 146 Abs. 1 S. 1, 150 Abs. 1, 1. Halbs. HGB durch wirksamen Liquidationsbeschluss

Etwas anderes kann sich aber daraus ergeben, dass *F* und *G* zuvor beschlossen hatten, die OHG aufzulösen. Gem. §§ 146 Abs. 1 S. 1, 150 Abs. 1, 1. Halbs. HGB müssen nach einem Auflösungsbeschluss, sofern nicht etwas anderes vereinbart ist, alle Gesellschafter als Liquidatoren gemeinsam handeln. Es ist nicht ersichtlich, dass im Gesellschaftsvertrag der OHG Einzelvertretungsbefugnis der Liquidatoren bestimmt oder dass ein entsprechender Gesellschafterbeschluss gefasst worden ist. Daher fehlte es *H* an der erforderlichen Vertretungsmacht, wenn der Liquidationsbeschluss von *F* und *G* wirksam ist.

F und *G* haben den Auflösungsbeschluss gegen die Stimme des *H* herbeigeführt. Gem. § 119 Abs. 1 HGB i. V. m. § 131 Abs. 1 Nr. 2 HGB wäre für den Auflösungsbeschluss grds. Einstimmigkeit erforderlich gewesen. Gem. § 119 Abs. 2 HGB kann aber im Gesellschaftsvertrag vereinbart werden, dass die Auflösung der Gesellschaft auch durch mehrheitliche Beschlussfassung möglich ist. Das von *F, G* und *H* verwandte Vertragsmuster enthält eine solche Klausel. Dies ist im Rahmen der Vertragsfreiheit zulässig, weil es allein von innergesellschaftlicher Bedeutung ist, ob die Auflösung durch Einstimmigkeit oder eine Mehrheit herbeigeführt wird.[6]

Die Klausel verstößt auch nicht gegen den Bestimmtheitsgrundsatz.[7] Sie gibt konkret an, für welchen Beschlussgegenstand das Mehrheitserfordernis gelten soll. Anhaltspunkte für eine Sittenwidrigkeit dieser gesellschaftsvertraglichen Bestimmung sind nicht ersichtlich. Sie verstößt auch nicht gegen §§ 305 ff. BGB. Zwar haben *F, G* und *H* ihrem Vertragsschluss die Kopie eines einfachen Musters eines vorformulierten Vertrages zugrunde gelegt. Nach § 310 Abs. 4 S. 1 BGB sind die §§ 305 ff. BGB aber auf Gesellschaftsverträge nicht anwendbar.

Der Liquidationsbeschluss ist mithin wirksam, so dass *H* bei Abschluss des Kaufvertrages keine Einzelvertretungsmacht mehr hatte.

c) Rechtsscheinhaftung gem. § 15 Abs. 1 HGB

Das Fehlen der Vertretungsmacht von *H* kann *V* aber nicht entgegengehalten werden, wenn die Voraussetzungen des § 15 Abs. 1 HGB vorliegen.

aa) Voraussetzungen des § 15 Abs. 1 HGB

§ 15 Abs. 1 HGB setzt zunächst voraus, dass eine eintragungspflichtige Tatsache nicht eingetragen und bekannt gemacht worden ist. Gem. § 143 Abs. 1 S. 1 HGB ist die – wirksam beschlossene – Auflösung einer OHG eine ins Handelsregister einzutragende Tatsache. Außerdem sind gem. § 148 Abs. 1 S. 1 HGB die Liquidatoren der Gesellschaft und deren Vertretungsmacht einzutragen.[8] Diese eintragungspflichtigen Tatsachen sind weder eingetragen noch bekannt gemacht worden.

---

[6] Baumbach/Hopt/*Hopt*, § 131 Rn. 12 und § 119 Rn. 34 ff.; E/B/J/S/*Lorz*, § 131 Rn. 14; vgl. auch *BGH* WM 1973, 100, 101 für den Ausschluss eines Gesellschafters.

[7] Vgl. zum Bestimmtheitsgrundsatz Baumbach/Hopt/*Hopt*, § 119 Rn. 37 ff.; E/B/J/S/*Goette*, § 119 Rn. 49 f.; Röhricht/Graf v. Westphalen/*v. Gerkan/Haas*, § 119 Rn. 17 ff.; *K. Schmidt*, GesellR, § 16 II 2 (S. 453 ff.), jeweils m. w. N.

[8] § 148 Abs. 1 S. 1 HGB greift auch ein, wenn die Gesellschafter selbst zu Liquidatoren werden, vgl. Baumbach/Hopt/*Hopt*, § 148 Rn. 1.

Des Weiteren setzt § 15 Abs. 1 HGB voraus, dass die erforderlichen Eintragungen gerade im Interesse dessen, zu dessen Lasten § 15 Abs. 1 HGB wirken wird, vorzunehmen waren. Die nach §§ 143, 148 HGB erforderlichen Eintragungen können nicht nur in Angelegenheiten der OHG, sondern auch im Interesse von *F*, *G* und *H* erforderlich gewesen sein. Das wäre gem. § 15 Abs. 1 HGB der Fall, wenn *F*, *G* und *H* durch die Eintragung irgendwie begünstigt sind. Eine Begünstigung von *F*, *G* und *H* liegt bei erfolgter Eintragung darin, dass diese wegen der aufgrund des Auflösungsbeschlusses geltenden §§ 143, 148, 150 HGB nur noch zur gemeinschaftlichen Vertretung der OHG befugt sind und nicht mehr an die Vollmachtausübung eines Einzelnen gebunden sind. Verliert aber ein Gesellschafter seine Einzelvertretungsmacht, kann er mittelbar – über § 128 S. 1 HGB – die anderen Gesellschafter nur noch mit deren Zustimmung rechtsgeschäftlich binden.[9] Darin liegt eine Begünstigung i. S. d. § 15 Abs. 1 HGB. Der Liquidationsbeschluss war mithin auch im Interesse von *F* und *G* einzutragen.

Schließlich hatte *V* auch – wie von § 15 Abs. 1 HGB vorausgesetzt – keine Kenntnis von dem Liquidationsbeschluss. Dass *V* nicht zuvor in das Handelsregister gesehen hat, schadet ihm nicht. § 15 Abs. 1 HGB typisiert den Vertrauensschutz,[10] so dass ein konkretes Vertrauen des Vertragspartners mithin nicht erforderlich ist. Damit liegen sämtliche Voraussetzungen des § 15 Abs. 1 HGB vor.

bb) Keine teleologische Reduktion des § 15 Abs. 1 HGB bei fehlender Voreintragung

Möglicherweise kann aber die Wirkung des § 15 Abs. 1 HGB trotz Vorliegens seiner Voraussetzungen ausnahmsweise nicht eintreten, weil nicht nur die gebotene Eintragung der Änderung, sondern auch die gebotene Voreintragung unterblieben ist.[11] Nach § 106 Abs. 1 HGB war bereits die Gründung der Gesellschaft zum Handelsregister anzumelden. Auch das war nicht geschehen. Die fehlende Voreintragung hindert indessen die Wirkung des § 15 Abs. 1 HGB nicht.[12] Die OHG kann – wie hier – auch ohne Eintragung gem. § 123 Abs. 2 HGB entstehen. Daher kann der Rechtsverkehr auf ihr Fortbestehen vertrauen.

Wegen § 15 Abs. 1 HGB scheitert der Kaufvertrag zwischen *V* und der OHG mithin nicht an der fehlenden Einzelvertretungsmacht des *H*. Der Kaufvertrag ist wirksam.

3. Zahlung von 1.700 € durch H

Nachdem *H* bereits 1.700 € auf den Kaufpreis gezahlt hat, steht *V* nur noch ein Restkaufpreis i. H. v. 1.000 € zu. Dabei kann offen bleiben, ob der Kaufpreis i. H. v. 1.700 € gem. § 362 Abs. 1 BGB erloschen ist, oder die Forderung kraft Gesetzes gem. § 426 Abs. 2 S. 1 BGB auf *H* übergegangen ist.[13] Jedenfalls kann *V* in dieser Höhe keine Zahlung mehr verlangen. Damit besteht noch eine Kaufpreisschuld der OHG i. H. v. 1.000 €.

---

[9] Dazu, dass der Verlust der Vertretungsmacht eines Gesellschafters im Interesse der Mitgesellschafter einzutragen ist, vgl. auch Baumbach/Hopt/*Hopt*, § 15 Rn. 6.
[10] Vgl. allgemein dazu BGHZ 65, 309, 311; *K. Schmidt*, HandelsR, § 14 II 2 b (S. 391 f.) und oben die Fälle 1 und 3.
[11] Zum Streitstand siehe Baumbach/Hopt/*Hopt*, § 15 Rn. 11 sowie *K. Schmidt*, HandelsR, § 14 II 2 b (S. 391 f.); *Steinbeck*, § 11 Rn. 7 ff. Vgl. auch Fall 2 unter I. 2. b), bb).
[12] So auch die st. Rspr. in den Fällen der fehlenden Voreintragung, siehe nur *BGH* NJW 1983, 2258, 2259 unter 3 m. w. N. und die Literaturangaben in Fall 2 Fn. 6.
[13] Dazu vgl. noch unten Frage 2 III.

II. Haftung der Gesellschafter für die Verbindlichkeit der OHG

Gem. § 128 S. 1 HGB müssen *F* und *G* für diese Schuld haften, wenn sie zur Zeit ihrer Begründung Gesellschafter der OHG waren. Zwar hatten *F* und *G* vor dem Abschluss des Kaufvertrages durch *H* wirksam die Auflösung der OHG beschlossen. Dadurch war diese aber nicht sofort beendet, sondern nur von einer werbenden in eine in Auflösung begriffene Gesellschaft übergeleitet worden. An der Eigenschaft von *F* und *G* als Gesellschafter hat sich damit nichts geändert.[14]

Die Verbindlichkeit der OHG ist eine Geldschuld, so dass es auf den Theorienstreit um die Art der Haftung i. S. d. § 128 S. 1 HGB nicht ankommt.[15] *F* und *G* haften daher unmittelbar und primär[16] für die Gesellschaftsverbindlichkeit.

III. Ergebnis zu Frage 1

V kann von *F* und *G* als Gesamtschuldner Zahlung von 1.000 € gem. §§ 128 S. 1, 124 Abs. 1 HGB i. V. m. § 433 Abs. 2 BGB verlangen.

B. Frage 2: Ansprüche von H gegen F und G auf Erstattung von 800 €

I. Anspruch aus §§ 128 S. 1, 110 Abs. 1 HGB

H kann einen Anspruch auf Erstattung von 800 € gegen *F* und *G* als Gesamtschuldner aus §§ 128 S. 1, 110 Abs. 1 HGB haben. Dann muss *H* einen Anspruch auf Erstattung gegen die OHG haben, für den *F* und *G* als Gesellschafter gem. § 128 S. 1 HGB gesamtschuldnerisch haften.

1. Verpflichtung der OHG gegenüber H

Die OHG „Sigismund Schoen" kann gem. §§ 124 Abs. 1, 110 Abs. 1 HGB verpflichtet sein, *H* 800 € für Aufwendungen zu erstatten. Das setzt zunächst voraus, dass *H* i. H. v. 800 € Aufwendungen[17] i. S. d. § 110 Abs. 1 HGB entstanden sind. *H* hat, obwohl er nach dem Gesellschaftsvertrag dazu nicht verpflichtet war, d. h. freiwillig, an *V* 1.700 € gezahlt. Aufwendungen können grundsätzlich auch solche Ausgaben sein, die der Gesellschafter nach dem Auflösungsbeschluss, d. h. als Liquidator, getätigt hat.[18]

Ein Anspruch aus § 110 Abs. 1 HGB setzt weiter voraus, dass der Gesellschafter die Auslagen nach den Umständen für erforderlich halten durfte. Das ist der Fall, wenn ein sorgfältig prüfender Gesellschafter der Überzeugung sein konnte, die Auslagen seien erforderlich. Ob der Erwerb der Windeln in der Liquidationsphase diesen Voraussetzungen genügt, erscheint wegen § 149 S. 1 HGB zweifelhaft.[19] Darauf kommt es aber nicht an. Die Verbindlichkeit der OHG gegenüber *V* ist wirksam entstanden.[20] Die Tilgung dieser Kaufpreisforderung war erforderlich. Andernfalls hätte *V* sie zwangsweise gegen die Gesellschaft durchsetzen können.

H hat damit einen Erstattungsanspruch nach § 110 Abs. 1 HGB gegen die OHG i. H. v. 1.700 €.

---

[14] Vgl. allgemein Baumbach/Hopt/*Hopt*, § 145 Rn. 4; *Koller/Roth/Morck*, § 145 Rn. 2.

[15] Zum Streitstand und zum Folgenden vgl. Baumbach/Hopt/*Hopt*, § 128 Rn. 8 ff.

[16] Vgl. dazu Baumbach/Hopt/*Hopt*, § 128 Rn. 1; *K. Schmidt*, GesellR, § 49 II 1 (S. 1413 f.).

[17] Zu diesem Begriff und seinen Voraussetzungen, insbesondere der Freiwilligkeit, siehe schon oben Fall 12 unter B. I. 1.

[18] Vgl. nur die Konstellation in BGHZ 37, 299 ff.

[19] Werbende Geschäfte, die auf Vermögensmehrung gerichtet sind, sind i. d. R. nicht erfasst, siehe Baumbach/Hopt/*Hopt*, § 149 Rn. 6.

[20] S. o. Frage 1 unter I. 2.

2. Haftung der Gesellschafter für die Verbindlichkeit der OHG

F und *G* waren auch zu dem Zeitpunkt, als der Aufwendungsersatzanspruch von *H* gegen die OHG infolge der Zahlung an *V* entstand, Gesellschafter der OHG.

3. Sozialverbindlichkeit

Damit ist § 128 S. 1 HGB nach seinem Wortlaut erfüllt. Gleichwohl haften die Mitgesellschafter wegen des Verbots der Nachschusspflicht aus § 707 BGB grundsätzlich nicht für den Aufwendungsersatzanspruch des zahlenden Gesellschafters gegen die OHG.[21] Ausnahmsweise gilt etwas anderes, wenn die OHG so weit illiquide ist, dass der Gesellschafter, der den Gläubiger befriedigt hat, nicht die Erstattung seiner Auslagen erreichen kann.[22] Anhaltspunkte für die wirtschaftliche Situation der „Sigismund Schoen" OHG sind der drastische Kundenrückgang sowie die Tatsache, dass die OHG die Geschäftsräume nur angemietet hat. Andererseits dauert die harte Konkurrenzsituation mit dem drastischen Kundenrückgang noch nicht so lange an, dass zwingend auf eine wirtschaftliche Erschöpfung der Gesellschaft geschlossen werden kann. Zuvor war die OHG sehr umsatzstark. Das deutet auf eine gesicherte Finanzausstattung hin. Der Kaufpreis von 2.700 € ist relativ niedrig. Deshalb erscheint es eher unwahrscheinlich, dass die OHG die Aufwendungen i. H. v. gezahlten 1.700 € und den Restkaufpreis i. H. v. 1.000 € nicht aufbringen kann. Eine Illiquidität kann auch nicht aus dem Unterbleiben der Kaufpreiszahlung an *V* hergeleitet werden. Denn *F* und *G* haben die Zahlung lediglich mit der Begründung verweigert, *H* habe nach dem Auflösungsbeschluss kein Geschäft mehr alleine tätigen dürfen. Hinzu kommt Folgendes: Zur Begründung des Ausnahmetatbestandes, unter der eine Inanspruchnahme der Mitgesellschafter für die Aufwendungen gerechtfertigt ist, muss die Illiquidität der OHG feststehen.[23]

Damit kann *H* von *F* und *G* nicht aus §§ 128 S. 1, 110 Abs. 1 HGB die Erstattung von Aufwendungen i. H. v. 800 € verlangen.[24]

II. Anspruch aus § 426 Abs. 1 S. 1 BGB

F, *G* und *H* hafteten dem Drittgläubiger *V* gem. § 128 S. 1 HGB auf Erfüllung der Kaufpreisschuld i. H. v. 2.700 € als Gesamtschuldner. *H* kann deshalb gem. § 426 Abs. 1 S. 1 BGB gegen *F* und *G* einen Anspruch auf Ausgleich haben.

§ 426 Abs. 1 S. 1 BGB ist in dem Fall, dass ein Gesellschafter einen Drittgläubiger wegen § 128 HGB befriedigt hat, anwendbar. § 110 HGB ist keine die §§ 421 ff.

---

[21] Zu diesem Fragenkreis siehe im Einzelnen die Ausführungen oben Fall 12 unter B. I. 2.

[22] BGHZ 37, 299, 303; konkretisiert in *BGH* NJW 1980, 339, 340; klargestellt in *BGH* DB 2002, 268; Anm. hierzu *Schöne*, EWiR 2002, 627; *Goette*, DStR 2002, 320.

[23] Vgl. auch BGHZ 37, 299, 303 („sofern der Gesellschafter keine Befriedigung aus dem Geschäftsvermögen erlangen kann" bzw. die Befriedigung „nicht möglich" ist).

[24] Wer eine Illiquidität der OHG bejaht, muss sodann prüfen, ob ein Erstattungsanspruch gegen die Mitgesellschafter aus einem anderen Grund ausgeschlossen ist: Die OHG befindet sich in Liquidation. In der Liquidationsphase werden Einzelansprüche zu bloßen Rechnungsposten in der Ermittlung des Abschlusssaldos, siehe BGHZ 37, 299, 304 f. und Baumbach/Hopt/*Hopt*, § 145 Rn. 6. Eine Ausnahme wird nur dann zugelassen, wenn sicher feststeht, dass der Ausgleichsanspruch in mindestens der bereits jetzt geltend gemachten Höhe dem Anspruchsführer gegen den in Anspruch genommenen Mitgesellschafter zusteht, siehe BGHZ 37, 299, 305 sowie *BGH* BB 1975, 7. Aus den wenigen Angaben im Sachverhalt können diese Voraussetzungen nicht entnommen werden. Spätestens an diesem Punkt ist ein Anspruch des *H* gegen *F* und *G* zu verneinen.

BGB verdrängende Sondernorm.[25] Wie bei der gesellschaftsrechtlichen Regelung der §§ 128 S. 1, 124 Abs. 1, 110 Abs. 1 HGB muss der Gesellschafter die Erstattung von Aufwendungen aber vorrangig von der Gesellschaft verlangen und darf nur ausnahmsweise gegen seine Mitgesellschafter vorgehen.[26] Infolge des Nichtfeststehens der Illiquidität der OHG kann *H* entsprechend dem zu §§ 128 S. 1, 110 HGB entwickelten Grundsatz von *F* und *G* keine Erstattung seiner Aufwendungen verlangen.

III. Anspruch aus § 426 Abs. 2 S. 1 i. V. m. § 433 Abs. 2 BGB

Unabhängig von den Bedenken, ob § 426 Abs. 2 S. 1 BGB auf den Regress des zahlenden Gesellschafters gegen seine Mitgesellschafter Anwendung findet,[27] scheidet ein Anspruch aus §§ 426 Abs. 2 S. 1, 433 Abs. 2 BGB jedenfalls deshalb aus, weil auch insoweit die Beschränkungen und inhaltlichen Änderungen des Erstattungsanspruches gelten.[28] Weil nicht feststeht, dass die „Sigismund Schoen" OHG aufgrund Illiquidität nicht imstande ist, den Erstattungsanspruch von *H* zu begleichen, hat *H* keinen Ausgleichsanspruch gegen seine Mitgesellschafter *F* und *G*.

IV. Anspruch aus Bereicherungsrecht

Falls *H* ein Anspruch aus § 812 Abs. 1 S. 1 BGB gegen die OHG zustehen sollte, lässt sich daraus gleichwohl nicht „automatisch" ein Anspruch auf Bereicherungsausgleich gegen die Mitgesellschafter herleiten. Das wäre erst dann möglich, wenn sie selbst unmittelbar bereichert wären.[29]

V. Ergebnis zu Frage 2

H kann von *F* und *G* keine Erstattung seiner Aufwendungen verlangen.

---

[25] Vgl. insoweit die Diskussion m. w. N. oben Fall 12 unter B. I. 2. c).
[26] Siehe oben B. I. 3 und Fall 12 unter B. I. 2. a).
[27] Zum Streitstand siehe oben Fall 12 unter B. III.
[28] Dazu siehe schon oben Fall 12 unter B. III.
[29] Vgl. *BGH* NJW 1980, 339, 340.

Fall 15. Eine „glückliche" Musikproduktion

Schwerpunkt im „allgemeinen" Gesellschaftsrecht – Recht der GbR-Publikumsperso-nengesellschaft:
Fehlerhafte Gesellschaft – ordentliche und außerordentliche Kündigung – Haftung für bereits bestehende Verbindlichkeiten bei Eintritt – Haftungsbegrenzung auf die Einlageverpflichtung – Haftung nach Ausscheiden aus der Gesellschaft

Sachverhalt

Gerd Glücklich (G) ist ein großer Fan von aufwendigen Musikarrangements. Die Realisierungschance seines Jugendtraumes sieht G gekommen, als eine renommierte Musikproduktionsgesellschaft verkauft werden soll. G verfügt jedoch nicht über genügend Kapital, um die Gesellschaft allein zu erwerben. Da kommt ihm die Idee, eine „Glücklich-Musikproduktions-Gesellschaft des bürgerlichen Rechts Berlin" (G-GbR) zu gründen, die auf die Aufnahme einer Vielzahl von Gesellschafter angelegt ist. G inseriert daher in verschiedenen Zeitungen und kann durch seinen Hinweis auf Steuersparmöglichkeiten etwa 300 Personen als Gesellschafter gewinnen. Die G-GbR kann daraufhin im Januar 2008 die Musikproduktionsgesellschaft erwerben und beginnt mit der Produktion.

Im Gesellschaftsvertrag (GV) der G-GbR finden sich unter Anderem folgende Regelungen:

§ 3 Geschäftsführung und Vertretung

(1) Gesellschafter G ist allein zur Geschäftsführung und Vertretung der GbR ermächtigt. Er ist befugt, selbständig neue Gesellschafter aufzunehmen.
(2) Seine Befugnis, die Gesellschaft zu vertreten, ist nicht auf das Gesellschaftsvermögen beschränkt. Die Befugnis zur Vertretung der einzelnen Gesellschafter beschränkt sich auf die Höhe der jeweiligen Einlageverpflichtung (entspr. §§ 171, 172 HGB).

§ 4 Dauer, Kündigung und Fortbestehen der Gesellschaft

(1) Die Gesellschaft wird für 15 Jahre geschlossen.
(2) Die Gesellschaft ist mit halbjährlicher Kündigungsfrist zum Jahresende kündbar.
(3) Im Fall des Todes eines Gesellschafters, der Insolvenzeröffnung über das Vermögen eines Gesellschafters oder der Kündigung der Gesellschaft durch einen Gesellschafter besteht die Gesellschaft unter den übrigen Gesellschaftern fort.

Auch der vermögende *Stephan Sparsam (S)* interessiert sich für dieses Projekt und zeichnet gegenüber G mit Wirkung zum 1. 7. 2008 einen neuen „Anteil" i. H. v. 120.000 €; er zahlt 60.000 € auf seine Einlageverpflichtung ein. Bei den dem Eintritt vorausgehenden Verhandlungen zwischen S und dem von G in die Verhandlungen eingeschalteten Steuerberater *Arno Abschreibung (A)* legt A dem S verschiedene Unterlagen über die Vermögensverhältnisse der Gesellschaft mit der Zusicherung ihrer Richtigkeit und Vollständigkeit vor. Die Unterlagen sind jedoch „geschönt"; die Gesellschaft ist fast insolvent und es bestehen keineswegs die versprochenen „glänzenden Erfolgsaussichten".

Am 29. 12. 2008 wird S über die wirkliche Sachlage aufgeklärt. Er teilt G daraufhin sofort mit, er fechte den Beitrittsvertrag an, wolle mit der Sache nichts mehr zu tun haben und scheide daher mit sofortiger Wirkung aus der Gesellschaft aus. Zu diesem Zeitpunkt beträgt der auf S entfallende Anteil am Verlust der Gesellschaft 144.278,23 €. Die G-GbR vertritt den Standpunkt, S könne frühestens zum 30. 6. 2009 ausscheiden.

Die Umstände des Beitritts sowie des Ausscheidens von S aus der G-GbR sind Aufmacher des am 13. 1. 2009 überregional erscheinenden Wirtschaftsmagazins „Wirtschaftsfocus". Darin findet sich auch ein ausführliches Interview mit S, in dem er darauf hinweist, er sei zum 29. 12. 2008 aus der G-GbR ausgeschieden, was im Übrigen auch sein Rechtsanwalt bestätigt habe.

1. Die Hausbank der G-GbR, die HB-AG, hatte der G-GbR ungeachtet der schlechten wirtschaftlichen Lage noch am 31. 1. 2009 einen weiteren Kredit über 200.000 € eingeräumt. Sie fragt, ob sie den Anspruch auf Rückzahlung des zwischenzeitlich fälligen Darlehens auch gegen S geltend machen kann.
2. Die Jericho-Studio-GmbH (J-GmbH) hat der G-GbR seit dem 1. 6. 2008 und fest bis zum 31. 3. 2017 ein Aufnahmestudio für 10.000 € monatlich, fällig jeweils zum Monatsanfang, vermietet. Zu Beginn der Vertragsverhandlungen und noch vor Abschluss des Mietvertrages, hat sich die J-GmbH den Gesellschaftsvertrag der G-GbR vorlegen lassen. Obwohl der Geschäftsführer der J-GmbH das Interview mit S im „Wirtschaftsfocus" bereits am Erscheinungstag gelesen hatte, fordert die J-GmbH im September 2009 von S Zahlung der von der G-GbR bislang nicht beglichenen Miete vom 1. 2. 2009 bis zum 31. 8. 2009 und macht diese gleichzeitig gerichtlich geltend. S lehnt die Zahlung ab,
   a) weil er im Zeitpunkt des Vertragsschlusses nicht Gesellschafter der G-GbR gewesen sei;
   b) weil seine Haftung, wie der J-GmbH bekannt sei, begrenzt sei und
   c) weil er im Übrigen bereits lange aus der G-GbR ausgeschieden sei.

Mit Recht?

Bearbeitungsvermerk: Eine Auseinandersetzung der G-GbR mit S gem. § 738 BGB hat bislang nicht stattgefunden.[1]

Lösung

Frage 1: Anspruch der HB-AG auf Rückzahlung des Kredits

Die HB-AG kann gegen S einen Anspruch auf Rückzahlung des Kredits gem. § 488 Abs. 1 S. 2 BGB i. V. m. §§ 128 S. 1, 124 Abs. 1 HGB analog haben. Das setzt voraus, dass S im Zeitpunkt der Kreditvergabe, also am 31. 1. 2009, noch Gesellschafter der G-GbR war. Das ist der Fall, wenn er in die G-GbR wirksam eingetreten war und seine Gesellschafterstellung bis zu diesem Zeitpunkt nicht wieder verloren hatte.

A. Wirksamer Eintritt des S in die G-GbR zum 1. 7. 2008

S muss zunächst wirksam in die G-GbR eingetreten sein. Der Eintritt von S kann am 1. 7. 2008 durch die Zeichnung eines neuen „Anteils" i. H. v. 120.000 € gegenüber G erfolgt sein.

---

[1] Der Fall ist (in einer etwas abgewandelten Form) im August 1995 in NRW als zivilrechtliche Examensklausur gestellt worden. Insoweit wurde der Bearbeitungsvermerk ausdrücklich so erweitert: „Verneint der Bearbeiter bei Frage 2 mit der Begründung zu a) einen Anspruch der J-GmbH, ist hilfsweise auch zu den Begründungen zu b) und c) Stellung zu nehmen".

Der zum Eintritt in eine Personengesellschaft erforderliche Abschluss eines Aufnahmevertrags erfolgt grundsätzlich zwischen allen Altgesellschaftern und dem Aufzunehmenden.[2] Hier haben sich aber lediglich *G* und *S* über die Aufnahme des *S* in die G-GbR geeinigt. Für die Aufnahme von *S* als Gesellschafter in die G-GbR ist somit entscheidend, ob *G* die übrigen Gesellschafter wirksam vertreten hat (§ 164 Abs. 1 S. 1 BGB).

G hat eine eigene Willenserklärung, jedenfalls aus den Umständen erkennbar (§ 164 Abs. 1 S. 2 BGB), im Namen der Gesellschafter der G-GbR abgegeben. Er muss auch Vertretungsmacht zur Aufnahme des *S* gehabt haben. Hier kommt zunächst die organschaftliche Vertretungsmacht des *G* aus § 3 Abs. 1 S. 1 GV in Betracht.

Die *G* gem. § 3 Abs. 1 S. 1 GV zustehende organschaftliche Vertretungsmacht muss diesen auch zur Aufnahme von neuen Gesellschaftern in eine Personengesellschaft ermächtigen. Allerdings ist zu beachten, dass der Eintritt eines neuen Gesellschafters in eine existierende Personengesellschaft das bis zu diesem Zeitpunkt zwischen den Altgesellschaftern bestehende, in § 705 BGB umschriebene Rechte- und Pflichtengeflecht grundlegend verändert. In der Neuaufnahme eines Gesellschafters liegt daher im Verhältnis zu den Altgesellschaftern eine Vertragsänderung, welche die Grundlagen der Gesellschaft berührt (sog. Grundlagengeschäft). Verträge zu Lasten Dritter (hier: der Altgesellschafter) sind unserer Rechtsordnung aber fremd. Daraus folgt, dass *G* nicht allein aufgrund seiner organschaftlichen Vertretungsmacht den Aufnahmevertrag mit *S* mit Wirkung für die Altgesellschafter schließen kann. Dafür bedarf es vielmehr grundsätzlich des Einvernehmens aller Altgesellschafter.

Die Altgesellschafter haben der Aufnahme des *S* in die Gesellschaft nicht ausdrücklich zugestimmt. Nach § 3 Abs. 1 S. 2 GV darf *G* jedoch selbständig nach seiner Wahl neue Gesellschafter aufnehmen. Dadurch haben die Altgesellschafter *G* zur Vornahme des Grundlagengeschäfts „Aufnahme des *S*" mittels einer antizipierten Zustimmung ermächtigt.[3]

Durch die Einigung zwischen *G* und *S* über den Abschluss des Aufnahmevertrages ist *S* also am 1. 7. 2008 wirksam in die G-GbR eingetreten.

B. Rückwirkender Wegfall des Eintritts durch Anfechtung

Der Eintritt von *S* in die G-GbR kann aber durch die am 29. 12. 2008 erklärte Anfechtung des Beitrittsvertrages gem. § 142 Abs. 1 BGB rückwirkend entfallen sein.

I. Voraussetzungen der Anfechtung

Als Anfechtungsgrund kommt gemäß § 123 Abs. 1, 1. Fall BGB eine arglistige Täuschung in Betracht.

A hat *S* bei den dem Beitritt vorausgehenden Verhandlungen bewusst „geschönte" Unterlagen vorgelegt, die *S* über die tatsächliche finanzielle Lage der G-GbR täuschen sollten. *S*, der auf seinen eigenen finanziellen Vorteil bedacht war, wurde dadurch zur Abgabe seiner Beitrittserklärung bestimmt.

Die Anfechtung kann aber gem. § 123 Abs. 2 S. 1 BGB ausgeschlossen sein. Das setzt zunächst voraus, dass *A* Dritter ist. Dritter im Sinne dieser Vorschrift ist jedoch nur

---

[2] Bamberger/Roth/*Timm/Schöne*, § 719 Rn. 8; *K. Schmidt*, GesellR, § 45 II 3 a (S. 1317); *Grunewald*, GesellR, 1 A Rn. 131.

[3] Zur Ermächtigung eines Gesellschafters im Gesellschaftsvertrag einer Publikumsgesellschaft zur Aufnahme neuer Gesellschafter im eigenen Namen vgl. *BGH* NJW 1978, 1000 = JuS 1978, 635 mit Anm. *K. Schmidt; Grunewald*, GesellR, 1 A Rn. 131 Fn. 2.

der am Geschäft Unbeteiligte, nicht aber, wer auf der Seite des Erklärungsgegners steht und maßgeblich am Zustandekommen des Vertrages mitgewirkt hat.[4] G hat A in die Verhandlungen mit S eingeschaltet. A war durch die Vorlage von Unterlagen maßgeblich am Vertragsschluss beteiligt. Also ist A nicht Dritter i. S. d. § 123 Abs. 2 S. 1 BGB. Die Anfechtung der Beitrittserklärung ist daher nicht ausgeschlossen.

S hat die Anfechtung sofort nach Kenntnis der wahren Sachlage und damit fristgemäß gegenüber G, der über § 3 Abs. 1 S. 1 GV auch zum Empfang der Anfechtungserklärung für alle Gesellschafter befugt war, erklärt (§§ 124 Abs. 1 und 2, 143 Abs. 1 und 2 BGB).

II. Rechtsfolge

Gemäß § 142 Abs. 1 BGB wäre der Eintritt des S in die Gesellschaft von Anfang an nichtig.

1. Keine rückwirkende Nichtigkeit bei Anwendbarkeit der Grundsätze der fehlerhaften Gesellschaft

Diese Rechtsfolge setzt jedoch voraus, dass die Regeln der Anfechtung im Gesellschaftsrecht (hier: Recht der GbR) uneingeschränkt Anwendung finden. Dies ist jedoch durchgreifenden Bedenken ausgesetzt.

Ist eine Gesellschaft in Vollzug gesetzt, würde die Rückwirkung der Anfechtung des Gesellschaftsvertrages gem. § 142 Abs. 1 BGB zu erheblichen Rückabwicklungsschwierigkeiten führen: Die Gesellschaft müsste so angesehen werden, als habe sie niemals bestanden, obwohl sie als solche im Rechtsverkehr aufgetreten ist und auch Geschäfte abgeschlossen hat. Nach der Lehre von der fehlerhaften Gesellschaft sind daher auf fehlerhafter Grundlage entstandene Gesellschaften ungeachtet der Fehlerhaftigkeit des Gesellschaftsvertrages als wirksam anzusehen, sofern dem nicht überragende gegenläufige Individual- oder Allgemeininteressen entgegenstehen.[5] Das fehlerhafte Gesellschaftsverhältnis lässt sich mithin aus Verkehrsschutzinteressen nicht als rückwirkend unwirksam betrachten, kann allerdings jederzeit ex nunc durch Auflösung der Gesellschaft beendet werden. Diesen Regeln über die „fehlerhafte Gesellschaft" unterliegt auch der fehlerhafte Beitritt zu einer bestehenden, werbend tätig gewordenen Gesellschaft.[6]

S ist im Juli 2008 in die bereits bestehende und auch werbend tätig gewordene G-GbR eingetreten. Vorrangige Interessen der Allgemeinheit (z. B. Gesetz- oder Sittenwidrigkeit), die der Wirksamkeit dieses Beitritts entgegenstehen könnten, sind nicht ersichtlich. Die Anfechtungserklärung von S führt daher grds. nicht zur Nichtigkeit seines Beitritts zur G-GbR gem. § 142 Abs. 1 BGB.

2. Keine der Anwendbarkeit der Grundsätze der fehlerhaften Gesellschaft entgegenstehende Individualinteressen

Möglicherweise steht jedoch die Tatsache der arglistigen Täuschung des S als ein vorrangig zu berücksichtigtes Individualinteresse der Anwendung der Lehre von der

---

[4] Bamberger/Roth/*Wendtland,* § 123 Rn. 22; Palandt/*Ellenberger,* § 123 Rn. 13; Soergel/ *Hefermehl,* § 123 Rn. 32.
[5] BGHZ 55, 5, 8 f.; Bamberger/Roth/*Timm/Schöne,* § 705 Rn. 82 ff.; *K. Schmidt,* GesellR, § 6 I 1 a (S. 136 ff.), § 6 III 3 a (S. 149 ff.); *Windbichler,* § 13 Rn. 11 ff.; *Grunewald,* GesellR, 1 A Rn. 160 ff.; siehe hierzu auch Fall 4 unter C. I.
[6] BGHZ 44, 235, 236; 63, 338, 344; 69, 160 f.; Bamberger/Roth/*Timm/Schöne,* § 705 Rn. 94; *K. Schmidt,* GesellR, § 6 V 1 a (S. 160 ff.); *Grunewald,* GesellR, 1 A Rn. 168.

fehlerhaften Gesellschaft entgegen. Erlangt – insbesondere in einer Zweipersonen-Gesellschaft – der Täuschende durch die Täuschung einen besonderen Vorteil, der über den Vorteil des Zustandekommens des Gesellschaftsvertrages als solchen noch hinausgeht, bestehen Bedenken, zu Lasten des arglistig Getäuschten und zugleich zugunsten des Täuschenden die Regeln über die fehlerhafte Gesellschaft anzuwenden, da diesem damit letztlich noch eine „Prämie" für sein arglistiges Verhalten eingeräumt würde.[7] Liegt jedoch ein solcher Sonderfall nicht vor, steht der Individualschutz angesichts der überragenden gegenläufigen Verkehrsschutzinteressen, d. h. des Gedankens der Rechtssicherheit im Außenrecht der Gesellschaft, der Anwendbarkeit der Lehre von der fehlerhaften Gesellschaft nicht entgegen; der Getäuschte ist in diesen Fällen vielmehr auf einen Ausgleich im Innenverhältnis, z. B. durch Regress oder Schadensersatz, angewiesen.[8]

a) Auf Kosten des S rechtswidrig erlangter Vermögensvorteil als entgegenstehendes Individualinteresse

S ist von *A* getäuscht worden. Mit Zeichnung des Gesellschaftsanteils hat *S* sich verpflichtet, eine Einlage i. H. v. 120.000 € in das Gesellschaftsvermögen der G-GbR zu leisten; eine weitere Verpflichtung ging *S* nicht ein. *A* selbst als unmittelbar Handelnder erlangte durch den Beitritt des *S* keinen zusätzlichen oder besonderen Vorteil.

Jedoch erlangte die G-GbR durch das Verhalten des *A* einen unmittelbaren Vorteil in Form der gezahlten Einlage i. H. v. 60.000 € und einer weiteren Einlageforderung in gleicher Höhe. Das Verhalten von *A* kann der G-GbR auch in entsprechender Anwendung des § 278 BGB zugerechnet werden, da derjenige, der einen anderen zur Führung von Verhandlungen und zum Abschluss eines Vertrages ermächtigt, ein schuldhaftes Verhalten seines Vertreters bei den Vertragsverhandlungen grundsätzlich ebenso zu verantworten hat wie eigenes Verschulden.[9]

Dies spricht an sich dafür, zugunsten von *S* von den Grundsätzen der fehlerhaften Gesellschaft abzuweichen.

b) Abwägung des Individualinteresses des S gegen das Bestandsinteresse der Gesellschafter der G-GbR

Eine solche Auslegung trägt jedoch den Besonderheiten der Publikumsgesellschaft nicht ausreichend Rechnung. In der Publikumsgesellschaft sind die Interessen der einzelnen Gesellschafter rein finanzieller Art. Zwar hat *G* den *A* in die Beitrittsverhandlungen eingeschaltet. Die Ermächtigung des *G* zur Aufnahme neuer Gesellschafter soll aber lediglich dem Umstand Rechnung tragen, dass der Beitritt in eine Personengesellschaft im Normalfall einen Vertrag mit allen bisherigen Gesellschaftern voraussetzt. Dies ist bei einer Gesellschaft wie der G-GbR, die auf die Aufnahme einer Vielzahl von Gesellschaftern gerichtet ist, jedoch praktisch nicht möglich. Die gesellschaftsvertragliche Ermächtigung von *G* gem. § 3 Abs. 1 S. 2 GV zur Aufnahme neuer Gesellschafter ohne eine weitere Zustimmung oder sonstige Mitwirkung der übrigen Gesellschafter soll diesem Umstand aus Praktikabilitätsgründen Rechnung tragen. Damit wird zugleich deutlich, dass die übrigen ca. 300 Gesellschafter keinen

---

[7] BGHZ 13, 320, 323; 55, 5, 9 f.; *BGH* NJW-RR 1988, 1379.

[8] BGHZ 63, 338, 344; *BGH* NJW 1973, 1604 f.; WM 1981, 452; NJW-RR 1988, 1379; MünchKomm-HGB/*K. Schmidt*, § 105 Rn. 240.

[9] Zur Zurechnung nach § 278 BGB vgl. *BGH* NJW 1973, 1604, 1605; NJW 1974, 1505, 1506; Bamberger/Roth/*Timm/Schöne*, § 714 Rn. 17; Erman/*H. P. Westermann*, § 714 Rn. 12; Palandt/*Grüneberg*, § 278 Rn. 34; Soergel/*Wiedemann*, vor § 275 Rn. 177.

Einfluss auf die jeweilige Verhandlungsführung haben, die Beitrittsverhandlungen und der Vertragsschluss vielmehr ihrem Einfluss- und Verantwortungsbereich entzogen ist. Auch tritt gegenüber dem neu aufzunehmenden Gesellschafter allein *G* auf, während die übrigen Gesellschafter überhaupt nicht in Erscheinung treten. Für den einzelnen Beitrittsinteressenten besteht unter diesen Umständen kein Anlass, sein Verhandlungsvertrauen außer dem *G* noch den anderen Gesellschaftern der G-GbR entgegenzubringen. Spiegelbildlich ist ihnen daher auch die arglistige Täuschung durch *A* nicht zuzurechnen.

Das Individualinteresse des *S* überwiegt somit nicht das Verkehrsschutzinteresse der Allgemeinheit und das Bestandsinteresse der Gesellschafter der G-GbR an der Wirksamkeit seines Beitritts. Die arglistige Täuschung von *S* durch *A* steht daher der Anwendung der Grundsätze über die fehlerhafte Gesellschaft nicht entgegen.[10]

Der fehlerhafte Beitritt von *S* zur G-GbR ist demzufolge als wirksam anzusehen. *S* ist zum 1. 7. 2008 wirksam in die G-GbR als Gesellschafter eingetreten.

C. Ausscheiden des S am 29. 12. 2009

S kann aber durch seine Erklärung am 29. 12. 2009, er „wolle mit der Sache nichts mehr zu tun haben und trete aus der Gesellschaft aus", seine Gesellschafterstellung verloren haben, wenn es sich hierbei um eine Kündigung mit sofortiger Wirkung handelt.

I. Ordentliche Kündigung

Diese Erklärung des *S* kann als ordentliche Kündigung auszulegen sein (§§ 133, 157 BGB). Dann wäre *S* unter Berücksichtigung der gesellschaftsvertraglich vereinbarten halbjährlichen Kündigungsfrist zum Jahresende (§ 4 Abs. 2 GV), also erst zum 31. 12. 2009, aus der Gesellschaft ausgeschieden und damit zum fraglichen Zeitpunkt der Kreditgewährung durch die HB-AG (31. 1. 2009) noch Gesellschafter der G-GbR gewesen. Die Auslegung seiner Erklärung, „er scheide mit sofortiger Wirkung aus der Gesellschaft aus", als ordentliche Kündigung des Gesellschaftsverhältnisses auszulegen, ist damit nicht interessengerecht.

II. Außerordentliche fristlose Kündigung

S kann aber eine außerordentliche Kündigung ausgesprochen haben. Ein außerordentliches Kündigungsrecht kann sich aus § 723 Abs. 1 S. 2 BGB ergeben.

Die G-GbR ist auf 15 Jahre und damit auf Zeit geschlossen (§ 4 Abs. 1 GV). Die arglistige Täuschung bereits beim Zustandekommen des Beitrittsvertrages begründet auch ohne weiteres einen wichtigen Grund zur Kündigung.[11] Weiterhin weist der Gesellschaftsvertrag in § 4 Abs. 2 eine Kündigungsfristbestimmung auf. § 723 Abs. 1 S. 2 BGB würde dem *S* daher ein Recht auf fristlose Kündigung seiner Gesellschafterstellung geben.

Das Recht von *S* zur außerordentlichen Kündigung ohne Einhaltung einer Kündigungsfrist kann gleichwohl wirksam durch § 4 Abs. 2 GV ausgeschlossen worden sein. Diese Vorschrift beinhaltet nur die Möglichkeit einer ordentlichen Kündigung. Im Umkehrschluss kann daraus zu folgern sein, dass damit das Recht zur außeror-

---

[10] Vgl. hierzu auch Bamberger/Roth/*Timm/Schöne*, § 705 Rn. 90; Baumbach/Hopt/*Hopt*, § 105 Rn. 86; MünchKomm-HGB/*K. Schmidt*, § 105 Rn. 240; Oetker/*Weitemeyer*, § 105 Rn. 69; Röhricht/Graf v. Westphalen/*v. Gerkan/Haas*, § 105 Rn. 45.

[11] Vgl. BGHZ 47, 293, 300; 63, 338, 345; 69, 160, 161; *BGH* NJW 1973, 1604; Bamberger/ Roth/*Timm/Schöne*, § 705 Rn. 92.

dentlichen Kündigung ausgeschlossen sein soll. Sofern § 4 Abs. 2 GV diese Bedeutung beizumessen wäre, wäre diese Regelung aber wegen § 723 Abs. 3 BGB unwirksam. Das außerordentliche Kündigungsrecht von S ist mithin nicht ausgeschlossen.

S ist aufgrund seiner außerordentlichen Kündigung zum 29. 12. 2008 aus der G-GbR ausgeschieden. Er ist damit im Zeitpunkt der Kreditvergabe der HB-AG an die G-GbR am 31. 1. 2009 nicht mehr Gesellschafter der G-GbR gewesen.

D. Ergebnis zu Frage 1

Eine Haftung von S für den der G-GbR von der HB-AG Ende Januar 2009 gewährten Kredit scheidet damit aus.

Frage 2: Anspruch der J-GmbH gegen S auf Zahlung des Mietzinses für das Aufnahmestudio

Die J-GmbH kann gegen S einen Anspruch auf Zahlung der von der G-GbR bislang nicht beglichenen Miete für den Zeitraum vom 1. 2. bis zum 31. 8. 2009 i. H. v. 70.000 € aus § 535 Abs. 2 BGB i. V. m. §§ 128 S. 1, 130, 173 HGB analog haben.

A. Haftung des eintretenden GbR-Gesellschafters für bereits begründete Verbindlichkeiten

Einer Haftung des S kann aber bereits der Umstand entgegenstehen, dass die von der J-GmbH geltend gemachten Mietzinsansprüche bereits mit Abschluss des Mietvertrages am 1. 6. 2008 und damit vor dem Eintritt des S in die G-GbR zum 1. 7. 2008 entstanden sind. Der Mietvertrag als Dauerschuldverhältnis zeichnet sich dadurch aus, dass die gegenseitigen Ansprüche bereits im Zeitpunkt des Vertragsabschlusses entstehen (vgl. § 535 BGB), sie aber i. d. R. erst im Laufe der Vertragszeit fällig werden (vgl. § 556 b Abs. 1 BGB).

I. Analoge Anwendung von §§ 130, 173 HGB auf die GbR

S haftet nach der Akzessorietätstheorie als in eine (Außen-) GbR eintretender Gesellschafter grundsätzlich analog gemäß §§ 128 S. 1, 130 HGB für die bereits vor seinem Eintritt begründete Gesellschaftsverbindlichkeit aus § 535 Abs. 2 BGB.[12] Zwar ist auch unter Zugrundelegung der Akzessorietätstheorie die analoge Anwendbarkeit von § 130 HGB bei einer gewöhnlichen Außen-GbR nach wie vor umstritten.[13] Dieser Streit kann jedoch dahinstehen, wenn § 130 HGB jedenfalls auf die besondere Konstellation der Publikums-GbR entsprechend anwendbar ist und für diese Gesellschaftsform bei einer wirksam vereinbarten Haftungsbeschränkung zugunsten der Anlagegesellschafter eine Haftung analog § 173 HGB in Betracht kommt.

---

[12] Vgl. zur Akzessorietätstheorie Fall 9, Frage 1 unter C. Die früher herrschende Doppelverpflichtungstheorie ging für die *rechtsgeschäftlichen* Verbindlichkeiten der GbR davon aus, dass der für die (Außen-) GbR handelnde Geschäftsführer sowohl als Vertreter der GbR wie auch als Vertreter der Mitgesellschafter auftritt und damit sowohl die GbR als auch die Mitgesellschafter als Schuldner verpflichtet (vgl. BGHZ 74, 240, 242; 79, 374, 377; 117, 168, 176).

[13] Ablehnend: *OLG Düsseldorf* ZIP 2002, 616, 618f.; *Wiedemann*, JZ 2001, 661, 664; *H. Baumann/Rößler*, NZG 2002, 793ff.; *Dauner-Lieb*, FS P. Ulmer (2003), 73, 79ff.; vgl. noch auf Grundlage der Doppelverpflichtungstheorie BGHZ 74, 240, 243. Eine Analogie befürwortend: BGHZ 124, 47, 49f. (für einen Eintritt in eine Anwaltssozietät); *BGH* ZIP 2003, 899, 901ff.; *OLG Hamm* ZIP 2002, 527ff.; Bamberger/Roth/*Timm/Schöne*, § 714 Rn. 52; *Grunewald*, GesellR, 1 A Rn. 133; *Ulmer*, ZIP 2001, 585, 598; *ders.*, ZIP 2003, 1113, 1115f.

II. Analoge Anwendung der §§ 130, 173 HGB auf die Publikums-GbR

Die analoge Anwendung von § 130 HGB und von § 173 HGB auf den in eine Publikums-GbR eintretenden Gesellschafter hängt davon ab, ob insoweit eine planwidrige Regelungslücke des Gesetzes (im Hinblick auf die Besonderheiten der Publikumsgesellschaft) besteht und die in diesen Vorschriften geregelte Interessenlage derjenigen bei der Publikums-GbR entspricht.

1. Planwidrige Regelungslücke

Das Bestehen einer planwidrigen Regelungslücke erschließt sich aus dem Vergleich mit dem gesetzlichen Haftungssystem bei der dem gesetzlichen Leitbild entsprechenden GbR: Dem Grundgedanken des § 705 BGB entsprechend verpflichten sich die Gesellschafter gegenseitig, zur Erreichung eines gemeinsamen Zweckes zusammenzuwirken. Im Vordergrund stehen dabei die Persönlichkeit der einzelnen Gesellschafter und der gerade durch das Zusammenwirken dieser Gesellschafter zu erreichende Gesellschaftszweck. Die persönliche Beziehung der Gesellschafter und das darauf beruhende gegenseitige Vertrauen sind die Grundlage für die in den §§ 714, 709 Abs. 1 BGB vermutete, gegenseitig eingeräumte Vertretungsmacht. Die persönliche, grundsätzlich unbeschränkte Haftung soll den GbR-Gesellschafter nach der gesetzlichen Konzeption daher konsequenterweise nur für die Verbindlichkeiten treffen, die nach Abschluss des Gesellschaftsvertrages begründet werden.[14]

Allerdings war das Institut der Publikums-GbR dem Gesetzgeber bei der Normierung der Haftungsregeln der GbR noch nicht bekannt. Für die Publikumspersonengesellschaft ist kennzeichnend, dass sie auf die Aufnahme einer Vielzahl von Gesellschaftern angelegt ist, deren Beitrag zur Erreichung des Gesellschaftszwecks nicht in Form des persönlichen Zusammenwirkens, sondern ausschließlich in der Leistung eines Kapitalbeitrags erbracht wird. Regelmäßig kennen sich die Gesellschafter daher auch nicht persönlich; ein auf Kenntnis gestütztes Vertrauen in den anderen Gesellschafter kann nicht entstehen. Der einzelne Gesellschafter hat regelmäßig auch keine Vertretungsmacht für die anderen Gesellschafter. Die Publikums-GbR weicht somit deutlich vom gesetzlichen Leitbild der GbR ab. Die für letztere geltenden Überlegungen hinsichtlich der Haftung eines eintretenden Gesellschafters können daher nicht ohne weiteres und schlechthin für die Publikums-GbR gelten.

Für die Beantwortung der Frage, ob eine Haftung des in eine Publikums-GbR eintretenden Gesellschafters für bereits vor diesem Zeitpunkt begründete Verbindlichkeiten in Betracht kommt, ist das BGB somit planwidrig lückenhaft.

2. Vergleichbarkeit der Interessenlagen

Des Weiteren muss die in § 130 HGB oder § 173 HGB geregelte Interessenlage bei Eintritt eines Gesellschafters in eine Publikums-GbR vergleichbar sein.[15]

a) Aus Sicht des beitretenden Gesellschafters

Die Interessenlage von *S* kann wegen der in § 3 Abs. 2 S. 2 GV vereinbarten Verpflichtungsbeschränkung zugunsten der einzelnen Gesellschafter mit dem Eintritt eines Kommanditisten in eine KG vergleichbar sein. Letzterer haftet im Rahmen der §§ 171 ff. HGB – also summenmäßig beschränkt – für bereits vor seinem Eintritt

---

[14] BGHZ 74, 240, 241 f.; MünchKomm-BGB/*Ulmer*, § 714 Rn. 65.

[15] Vgl. zur nachfolgenden Argumentation auch *Flume*, BGB AT I/1, § 16 IV 7 (S. 334 f.), der aber im Ergebnis eine Haftung für Altschulden unabhängig von der vertraglichen Ausgestaltung der GbR im Einzelfall bejaht.

begründete Verbindlichkeiten (§ 173 HGB). Für sie ist daher das Haftungsrisiko abschätzbar. Im Fall der Haftung ist es deshalb für sie gleichgültig, wann die Verbindlichkeit begründet wurde.

Gleiches gilt für *S*. Die Haftung der Gesellschafter der G-GbR richtet sich gem. § 3 Abs. 2 S. 2 GV jedenfalls im Innenverhältnis und im Regelfall (bei Offenlegung gegenüber den Gläubigern) auch im Außenverhältnis[16] nach den §§ 171, 172 HGB. Infolge dieser summenmäßig begrenzten Haftung ist es für *S* unerheblich, ob er von einem Gesellschaftsgläubiger für eine vor oder nach seinem Beitritt begründete Gesellschaftsverbindlichkeit in Anspruch genommen wird.

b) Aus Sicht der Gesellschaftsgläubiger

Die Haftung des in eine dem gesetzlichen Leitbild entsprechenden KG eintretenden Gesellschafters für die vor seinem Beitritt begründeten Gesellschaftsverbindlichkeiten entspricht auch dem Interesse der Gesellschaftsgläubiger. Für diese muss klar sein, wer für ihre Forderungen haftet. Ein Gläubiger will sich im Fall der Haftungsaktualisierung nicht erst mit der Frage beschäftigen, ob der jeweilige Gesellschafter vor oder nach Begründung der Forderung in die Gesellschaft eingetreten ist.

Die gleichen Erwägungen gelten auch für den Beitritt eines Gesellschafters in eine Publikums-GbR. Für den Gläubiger der G-GbR wäre es praktisch unmöglich, den Haftungsumfang eines jeden Einzelnen der 300 Gesellschafter der G-GbR zu ermitteln. Auch haben die Gesellschafter der G-GbR kein schützenswertes Interesse daran, dass sich der Grund für ihre Inanspruchnahme auf Forderungen, die nach ihrem Beitritt begründet wurden, beschränkt.

III. Zwischenergebnis

Die rechtsmethodischen Voraussetzungen für eine Haftung von *S* für die vor seinem Beitritt zur G-GbR begründeten Gesellschaftsverbindlichkeiten analog § 173 HGB liegen somit vor.[17]

B. Anspruch gegenüber S

S haftet für die vor seinem Eintritt begründeten Mietzinsverpflichtungen der G-GbR analog § 173 HGB, wenn diese der G-GbR gegenüber entstanden und nicht untergegangen sind, für *S* keine wirksame Haftungsbegrenzung vereinbart wurde und durch den Austritt von *S* aus der G-GbR keine Enthaftung eingetreten ist.

I. Mietzinsverpflichtung der G-GbR

Zunächst muss die G-GbR die von der J-GmbH geforderten Mietzinsbeträge schulden.

Die G-GbR ist als (Außen-)GbR gem. § 124 Abs. 1 HGB analog rechtsfähig.[18] Zwischen der J-GmbH und der G-GbR ist über das Aufnahmestudio ein Mietvertrag gem. § 535 BGB geschlossen worden. Aus diesem Mietvertrag ist die G-GbR gegenüber der J-GmbH zur Zahlung eines monatlichen Mietzinses i. H. v. 10.000 € ver-

---

[16] Ausführlicher zur Problematik sogleich unter B. II. 2.

[17] Die Frage, ob die in § 3 Abs. 2 S. 2 GV vereinbarte Haftungsbeschränkung zugunsten der Gesellschafter der G-GbR wirksam ist oder nicht (dazu unten B. II.), kann hier offen bleiben. Die Haftung ergäbe sich im Falle der Unwirksamkeit aus den dargelegten Erwägungen aus der analogen Anwendung des § 130 HGB.

[18] Vgl. BGHZ 146, 341 ff.; Bamberger/Roth/*Timm/Schöne*, § 705 Rn. 142; MünchKomm-BGB/*Ulmer*, vor § 705 Rn. 9 f.; Staudinger/*Habermeier*, vor §§ 705–740 Rn. 9, jeweils m. w. N.

pflichtet. Die G-GbR schuldet daher die am Monatsanfang fällige Miete für die Monate Februar bis August 2009 und damit insgesamt 70.000 €.

Diese Verbindlichkeit ist bislang auch nicht erloschen.

II. Haftungsbegrenzung für S

Möglicherweise ist die Haftung von S für diesen Mietzinsrückstand aber der Höhe nach beschränkt. Gemäß § 3 Abs. 2 S. 2 GV ist die persönliche Haftung der Gesellschafter entsprechend §§ 171, 172 HGB auf die Höhe ihrer Einlageverpflichtung begrenzt. S hat seine Einlageverpflichtung i. H. v. insgesamt 120.000 € bereits i. H. v. 60.000 € erbracht. Eine persönliche Haftung von S kommt daher an sich entsprechend § 171 Abs. 1 HGB nur noch in Höhe der ausstehenden Einlageverpflichtung von 60.000 € in Betracht.

1. Wiederaufleben der Haftung

Jedoch kann die Haftung des S auch in Höhe der bereits geleisteten Einlage entsprechend § 172 Abs. 4 S. 1 HGB wieder aufgelebt sein. Dies setzt voraus, dass ihm seine Einlage insoweit zurückbezahlt worden ist. Eine Einlagenrückgewähr kommt dann in Betracht, wenn eine Auseinandersetzung der G-GbR mit S erfolgt und ein Auseinandersetzungsbetrag an S ausbezahlt worden ist.[19]

Eine Auseinandersetzung ist jedoch bislang nicht erfolgt. Ein Wiederaufleben der Haftung hinsichtlich der von ihm bereits geleisteten Einlage i. H. v. 60.000 € scheidet somit aus.

2. Haftungsbegrenzung im Außenverhältnis

Die im Gesellschaftsvertrag vereinbarte Beschränkung der persönlichen Haftung der Gesellschafter muss auch im Außenverhältnis zu dessen Haftungsbegrenzung führen. Insoweit kann entscheidend sein, worauf die persönliche Haftung der GbR-Gesellschafter gründet. In seinem Grundsatzurteil hat der BGH eine grundsätzlich unbeschränkte Haftung des Gesellschafters einer (Außen-)GbR im Sinne der Akzessorietätstheorie bejaht und sich hierbei auf die analoge Anwendung von § 128 HGB gestützt.[20] Damit hat der BGH der früher herrschenden Doppelverpflichtungstheorie[21] mit ihrem Ansatz, eine Haftungsbeschränkung im Vertretungsrecht zu suchen, den Boden entzogen.[22] Eine Haftungsbeschränkung durch bloß erkennbare Hinweise auf eine fehlende Vertretungsbefugnis lehnte der BGH auch bereits in einem zuvor ergangenen Urteil mit gleicher Tendenz ausdrücklich ab.[23] Eine individuelle Vereinbarung mit dem Vertragspartner sei erforderlich, um eine Haftung der Gesellschafter

---

[19] Vgl. zur Wertung der Ausbezahlung des Auseinandersetzungsguthabens als Einlagenrückgewähr Baumbach/Hopt/*Hopt*, § 172 Rn. 6; *Koller/Roth/Morck*, §§ 171, 172 Rn. 29; Röhricht/Graf v. Westphalen/*v. Gerkan/Haas*, § 172 Rn. 35; *K. Schmidt*, GesellR, § 54 III 2 a aa (S. 1582).

[20] *BGH* NJW 2001, 1056 ff.

[21] Nach der Doppelverpflichtungstheorie gründet die Haftung eines Gesellschafters auf seiner eigenen, neben der der Gesellschaft stehenden, rechtsgeschäftlichen Verpflichtung, so dass eine Haftungsbegrenzung durch eine entsprechende Beschränkung der rechtsgeschäftlichen Vertretungsmacht des Vertreters erreicht werden kann (vgl. die frühere Rspr. RGZ 155, 75, 87; BGHZ 61, 59, 67; *BGH* NJW-RR 1990, 701, 702). Für die Wirksamkeit der Haftungsbeschränkung im Außenverhältnis sei insoweit aber die Erkennbarkeit der Haftungsbeschränkung für den Geschäftsgegner erforderlich.

[22] Allgemein sind die Möglichkeiten der Haftungsbeschränkung nun sehr eingeschränkt und Gegenstand einer lebhaften Diskussion, vgl. z. B. *Dauner-Lieb*, DStR 1999, 1992, 1994 f., 1998; *Kindl*, WM 2000, 697, 703; *Timme/Hülk*, JuS 2001, 536, 539.

[23] *BGH* WM 1999, 2071, 2073 = ZIP 1999, 1755, 1757.

einer BGB-Gesellschaft auszuschließen. Gegen die bloße Erkennbarkeit der Beschränkung der Vertretungsmacht als ausreichenden Ausschlusstatbestand spreche die grundlegende Wertung des bürgerlichen Rechts und des Handelsrechts, dass ohne gesetzliche Anordnung oder individualvertragliche Vereinbarung derjenige, der alleine oder in Gemeinschaft mit anderen Geschäfte betreibt, für die daraus entstehenden Verpflichtungen mit seinem gesamten Vermögen hafte.[24]

Als Konsequenz der neuen Rechtsprechung können also Haftungsbeschränkungen außerhalb der bei bestimmten Gesellschaftstypen vorgegebenen gesetzlichen Möglichkeiten (vgl. z. B. §§ 171 ff. HGB) nicht mehr durch einseitige, wenn auch für Dritte erkennbare, Erklärungen herbeigeführt werden.[25] Zwar muss der ausdrücklichen Vereinbarung über einen Haftungsausschluss die konkludent getroffene Übereinkunft der Beteiligten gleich gestellt werden. Um eine solche Freistellung auf konkludent abgegebene Willenserklärungen zu stützen, kann es jedoch nicht bereits genügen, wenn dem Gläubiger der entsprechende Wille der Gesellschaft bei Vertragsschluss bekannt ist oder bekannt sein muss.[26] Die Anforderungen an eine konkludente Vereinbarung gehen über die bloße Erkennbarkeit hinaus.

Die G-GbR und die J-GmbH haben ausdrücklich keine Haftungsbegrenzung der Gesellschafter auf ihre Einlageverpflichtung vereinbart. Es kommt jedoch eine konkludente Haftungsminderungsvereinbarung in Betracht. So hat sich die J-GmbH zum Zeitpunkt der Aufnahme der Geschäftsbeziehungen zur G-GbR deren Gesellschaftsvertrag vorlegen lassen. Daraufhin wurde der Mietvertrag abgeschlossen. Dieses Verhalten der J-GmbH kann bei der gebotenen normativen Auslegung (§§ 133, 157 BGB) nur als Einverständnis mit der im Gesellschaftsvertrag geregelten Beschränkung der persönlichen Haftung der Gesellschafter der G-GbR angesehen werden.

Damit wäre auch die Haftung von *S* für die rückständige Miete i. H. v. 70.000 € auf die noch ausstehende Einlageleistung i. H. v. 60.000 € begrenzt.

Die Haftung von *S* für die rückständige Miete für Februar bis August 2009 i. H. v. 70.000 € ist damit auf seine noch ausstehende Einlage i. H. v. 60.000 € begrenzt.

3. Enthaftung nach § 736 Abs. 2 BGB i. V. m. § 160 HGB

Jedoch kann die auf 60.000 € begrenzte Haftung von *S* wegen seines Ausscheidens aus der Gesellschaft zum 29. 12. 2008 ganz oder teilweise erloschen sein. In Betracht kommt eine Enthaftung von *S* nach § 736 Abs. 2 BGB i. V. m. § 160 HGB.

---

[24] *BGH* WM 1999, 2071, 2072 = ZIP 1999, 1755, 1756.

[25] Nach *BGH* ZIP 2002, 851 ff. gelten jedoch Ausnahmen für die Gesellschafter geschlossener Immobilienfonds. So dürfen sich Anlagegesellschafter bereits existierender geschlossener Immobilienfonds, die als GbR ausgestaltet sind, aus Gründen des Vertrauensschutzes auch nach der Änderung der Rechtsprechung des BGH für die davor abgeschlossenen Verträge weiterhin auf eine im Gesellschaftsvertrag vorgesehene Haftungsbeschränkung unter der nach der früheren Rechtsprechung maßgebenden Voraussetzung berufen, dass die Haftungsbeschränkung dem Vertragspartner mindestens erkennbar war. Für nach Änderung der Rechtsprechung abgeschlossene Verträge von geschlossenen Immobilienfonds in der Form der GbR kann die persönliche Haftung der Anlagegesellschafter für rechtsgeschäftlich begründete Verbindlichkeiten des Immobilienfonds wegen der Eigenart derartiger Fonds als reine Kapitalanlagegesellschaften auch durch wirksam in den Vertrag einbezogene formularmäßige Vereinbarungen eingeschränkt oder ausgeschlossen werden, ohne dass darin grundsätzlich eine unangemessene Benachteiligung des Vertragspartners i. S. v. § 307 BGB n. F. gesehen werden kann; vgl. zu verbleibenden Möglichkeiten zur Beschränkung der Außenhaftung insb. *Ulmer*, ZIP 2003, 1113, 1116 ff.

[26] So aber: *Ulmer*, ZIP 1999, 554, 561; ablehnend: *Kindl*, WM 2000, 697, 702, 703; *Timme/ Hülk*, JuS 2001, 536, 539.

Dafür müssen die in § 160 Abs. 1 HGB geregelten Voraussetzungen für eine Enthaftung vorliegen.[27] *S* ist zum 29. 12. 2008 aus der G-GbR ausgeschieden. Die zu beurteilenden Mietzinsverpflichtungen der G-GbR waren bereits bei Abschluss des Mietvertrages mit der J-GmbH am 1. 6. 2008 begründet. *S* muss daher an sich gem. § 160 Abs. 1 S. 1 HGB für alle vor Ablauf von fünf Jahren nach seinem Ausscheiden fällig werdenden Mietzahlungsverpflichtungen haften, wenn diese gegen ihn in einer in § 197 Abs. 1 Nr. 3 bis 5 BGB bezeichneten Art festgestellt sind.

Mangels Registerfähigkeit der GbR ist für den Fristbeginn entsprechend § 160 Abs. 1 S. 2 HGB nicht auf die Registereintragung, sondern auf die Kenntnis des einzelnen Gläubigers vom Ausscheiden des Gesellschafters abzustellen.[28] Das Ausscheiden von *S* zum 29. 12. 2008 war der J-GmbH bekannt. Sie ist Abonnentin des „Wirtschaftsfocus" und ihr Geschäftsführer hat das Interview mit *S* am Erscheinungstag gelesen. Dieser hatte damit am 13. 1. 2009 vom Ausscheiden des *S* Kenntnis. Diese Kenntnis ist der J-GmbH als Gläubigerin entweder analog § 166 Abs. 1 BGB[29] oder analog § 31 BGB[30] zuzurechnen.

Die Enthaftungsfrist beginnt damit gem. § 187 Abs. 1 BGB mit dem 14. 1. 2009 und endet gem. § 188 Abs. 2 BGB mit Ablauf des 13. 1. 2012. Die geltend gemachten Ansprüche für Februar bis August 2009 sind damit innerhalb der Enthaftungsfrist fällig. Auch wurden sie bereits gegenüber *S* gerichtlich geltend gemacht. Damit sind die Ansprüche zwar noch nicht rechtskräftig festgestellt i. S. v. § 197 Abs. 1 Nr. 3 BGB. Die Klageerhebung durch die J-GmbH führt aber gem. § 736 Abs. 2 BGB i. V. m. § 160 Abs. 1 S. 3 HGB i. V. m. § 204 Abs. 1 Nr. 1 BGB zur Hemmung der Nachhaftungsbegrenzungsfrist. Sofern der Haftungsanspruch der J-GmbH gegen *S* gerichtlich festgestellt wird, tritt keine Enthaftung von *S* für die von der J-GmbH geltend gemachten Ansprüche ein.

C. Ergebnis zu Frage 2

Der J-GmbH steht damit gegen *S* ein Anspruch auf Zahlung von 60.000 € aus § 535 S. 2 BGB i. V. m. §§ 128 S. 1, 173 HGB analog zu.

---

[27] Eine Enthaftung nach der sog. Kündigungstheorie (vgl. BGHZ 70, 132, 135f.; 87, 286, 289ff.; *BGH* NJW 1985, 1899) scheidet aus, weil es sich vorliegend nicht um einen gem. Artt. 35ff. EGHGB zu behandelnden „Altfall" handelt. Mit der Neuregelung des § 160 HGB hat der Gesetzgeber ersichtlich eine Gleichbehandlung aller Altverbindlichkeiten angestrebt und der sof. Kündigungstheorie für die „Neufälle" die Grundlage entzogen (vgl. BGHZ 142, 324, 331; *K. Schmidt*, GesellR, § 51 III 1 (S. 1497), § 60 III 6 (S. 1806 Fn. 156; *Reichold*, NJW 1994, 1617, 1620; *Schöne*, ZAP Fach 15, 127, 132f.). Ausführlich zu dieser Problematik vgl. die Vorauflage, S. 209ff.
[28] Bamberger/Roth/*Timm/Schöne*, § 736 Rn. 15.
[29] Vgl. Bamberger/Roth/*Habermeier*, § 166 Rn. 15; Soergel/*Leptien*, § 166 Rn. 6; Palandt/*Ellenberger*, § 166 Rn. 2.
[30] *K. Schmidt*, GesellR, § 10 V 2 (S. 285ff.).

Fall 16. Der tödliche Gesellschafterunfall

Schwerpunkt im Personengesellschaftsrecht (OHG/KG):
Nachfolgeklausel – Sondernachfolge in Gesellschaftsanteile – Ansprüche der Miterben
gegen den Gesellschaftererben – Eintrittsklausel – Scheitern einer Nachfolgeklausel
infolge Enterbung des „Nachfolgers"

Sachverhalt

Lutz Lustig (L), *Martin Meyer (M)* und *Norbert Nötig (N)* sind gute Freunde. Sie betreiben unter der Firma L & Co. KG einen Handel für Pferdezubehör. *L* und *M* sind Komplementäre, *N* ist Kommanditist. Der von ihnen entworfene Gesellschaftsvertrag (GV) enthält unter Anderem folgende Klausel:

§ 9 Tod eines Gesellschafters

(1) Im Todesfall des Gesellschafters L sollen seine Frau Berta (B) und sein Sohn Franz (F)
in die Stellung des persönlich haftenden Gesellschafters eintreten.
(2) Im Todesfall des Gesellschafters M soll sein Sohn Peter (P) als Erbe in die Gesellschaft
eintreten.
(3) Im Todesfall des Gesellschafters N soll seine Tochter Kelly (K) als Erbin Kommanditistin
werden.

Im Frühjahr 2010 kommen *L* und *M* unter ungeklärten Umständen auf einer Urlaubsreise
durch die Karpaten ums Leben.
1. *L* hat seine Hinterbliebenen *B* und *F* zu gleichen Teilen als Erben eingesetzt. *F* möchte
nach dem Tode seines Vaters sofort ins Geschäft einsteigen. Er möchte wissen, welche
Rechte seiner Mutter und ihm bezüglich der Gesellschafterstellung seines Vaters zustehen.
2. *M*, der vor Jahren seine Frau bei einem Verkehrsunfall verloren hat, hinterlässt neben
seinem Sohn *P* noch seine Tochter *Theresa (T)*. *M* hat testamentarisch seine Kinder zu
gleichen Teilen als Erben eingesetzt und bestimmt, dass sein Sohn *P* seinen Gesellschaftsanteil unter Ausschluss von Abfindungsansprüchen erhalten soll. In dem Zeitpunkt des Todes von *M* hatte sein Gesellschaftsanteil einen Wert von 100.000 €.
Daneben hatte er noch weiteres Vermögen i. H. v. 50.000 €. Wie ist die Rechtslage
bezüglich der Nachfolge in den Gesellschaftsanteil des *M*?
3. **Abwandlung:** *N* stirbt auf einer Urlaubsreise nach Thailand. Er hinterlässt neben seiner
Tochter *Kelly (K)* seine Ehefrau *Dolly (D)*. *D* ist von ihm zur Alleinerbin eingesetzt worden. *K* wendet sich nach der Testamentseröffnung augenblicklich an den mit ihr
befreundeten Jurastudenten *Rudi (R)*. Sie klagt ihm ihr Leid und bittet ihn zu prüfen,
ob sie trotz Enterbung Kommanditistin geworden ist. *R* ist sich seiner juristischen
Kenntnisse sicher und erklärt, ohne sich genauer informiert zu haben, *K* sei aufgrund
von § 9 Abs. 3 des GV Kommanditistin geworden. Zumindest könne sie nach Treu und
Glauben Aufnahme in die L & Co. KG verlangen. Ist die Auskunft des *R* zutreffend?

Lösung

Frage 1: Rechte von F und B

F und *B* können im Hinblick auf die Nachfolgeregelung in § 9 Abs. 1 GV einen Anspruch auf Aufnahme in die Gesellschaft als Komplementäre haben oder aber kraft rechtsgeschäftlicher oder erbrechtlicher Verfügung in die Komplementärstellung des verstorbenen *L* bereits „eingetreten" sein.[1]

I. Erwerb des Komplementäranteils

1. Anspruch auf Aufnahme in die Gesellschaft

F und *B* können einen Anspruch auf Aufnahme in die Gesellschaft nach § 328 BGB i. V. m. § 9 Abs. 1 GV haben. Die Formulierung des GV „... sollen... eintreten" ist nicht eindeutig. Sie lässt offen, ob sich der „Eintritt" erst noch vollziehen „soll" oder ob die Nachfolge in den Anteil bereits mit dem Tode vollzogen sein soll. Der Wortlaut dieser Regelung kann insoweit zunächst für ein Eintrittsrecht (im Sinne eines Anspruchs auf Aufnahme in die Gesellschaft) sprechen.

Ein Anspruch von *F* und *B* auf Eintritt in die Gesellschaft kommt in Betracht, wenn es sich bei § 9 Abs. 1 GV um eine sog. Eintrittsklausel handelt. Eine solche Klausel stellt einen echten Vertrag zugunsten Dritter dar.[2] Dafür spricht, dass *F* und *B* namentlich in der Klausel genannt sind, ohne dass – anders als in Abs. 2 oder Abs. 3 der Klausel – auf eine mögliche Erbenstellung Bezug genommen wird. Für eine derartige Auslegung spricht ferner der Umstand, dass von einem „Eintreten" die Rede ist, womit durchaus ein rechtsgeschäftlicher Vorgang gemeint sein kann, der sich nicht unmittelbar mit dem Ableben des Gesellschafters vollzieht, bei dem der „Nachfolger" vielmehr selbst noch eine Erklärung abgeben muss.

Allein der Wortlaut von § 9 Abs. 1 GV kann allerdings nicht ausschlaggebend sein. Im allgemeinen Sprachgebrauch wird oftmals nicht präzise zwischen Nachfolge als unmittelbarem Einrücken in die Gesellschafterposition ohne weiteren rechtsgeschäftlichen Akt und dem Eintrittsrecht unterschieden. Der Wortlaut dieser gesellschaftsvertraglichen Regelung darf auch deshalb nicht überbewertet werden, weil der GV von den Gesellschaftern als „juristischen Laien" selbst verfasst wurde. Vielmehr ist entscheidend auf den von den Gesellschaftern mit dieser Regelung beabsichtigten Sinn und Zweck abzustellen. Eine Auslegung von § 9 Abs. 1 GV im Sinne einer Eintrittsklausel wäre für die verbliebenen Gesellschafter sehr problematisch, wenn die damit verbundenen Rechtsfolgen berücksichtigt werden. Der Eintrittsberechtigte wäre nicht zum Beitritt verpflichtet; ein Vertrag zu Lasten Dritter ist aber unzulässig. Macht der Eintrittsberechtigte des Weiteren von seinem Recht keinen Gebrauch, würde die Gesellschaft stattdessen mit Abfindungsansprüchen gem. §§ 161 Abs. 2, 105 Abs. 3 HGB, 738 Abs. 1 S. 2 BGB belastet, deren Erfüllung eine erhebliche Schmälerung des Gesellschaftskapitals zur Folge hätte.[3] Angesichts dieser Folgen werden die Gesellschafter daher eine Eintrittsvereinbarung jedenfalls dann nicht tref-

---

[1] Eine instruktive Zusammenfassung des Problemfeldes rund um die Vererbung von Anteilen an Personengesellschaften ist zu finden bei *Deckert*, NZG 1998, 43 ff.

[2] *Erman/H. P. Westermann*, § 727 Rn. 13; *K. Schmidt*, GesellR, § 45 V 6 a (S. 1346); zur Eintrittsklausel siehe ausführlich Bamberger/Roth/*Timm/Schöne*, § 727 Rn. 21 ff.; MünchKomm-BGB/*Ulmer/Schäfer*, § 727 Rn. 53 ff.; MünchHdb.GesR II/*Klein/Lindemeier*, § 41 Rn. 73 ff.

[3] BGHZ 68, 223, 233; *K. Schmidt*, GesellR, § 45 V 6 a (S. 1347).

fen wollen, wenn die vorgesehenen Nachfolger zum Kreise der möglichen Erben des betreffenden Gesellschafters gehören, deren automatische Nachfolge durch Verfügung von Todes wegen gesichert werden kann.[4] *F* und *B* zählten bei Abschluss des GV schon mit Rücksicht auf die §§ 1924, 1931 BGB zu den voraussichtlichen Erben des *L*. Folglich kann nicht angenommen werden, dass die Gesellschafter § 9 Abs. 1 GV als Eintrittsklausel verstanden haben. Dies widerspräche offensichtlich ihrer Interessenlage. Das muss bei der Auslegung von § 9 Abs. 1 GV angemessen berücksichtigt werden.

2. Eintritt durch Verfügung zugunsten Dritter

F und *B* können die Komplementärstellung vielmehr unmittelbar mit dem Tode des *L* durch Anteilsübertragung nach §§ 413, 398 BGB erlangt haben. Die Anteilsübertragung bei der Personengesellschaft ist ein Verfügungsgeschäft nach §§ 413, 398 BGB.[5] Infolge der namentlichen und ohne Bezug auf die Erbfolgefrage als Nachfolger von *L* vorgesehen Benennung von *F* und *B* in § 9 Abs. 1 GV lässt sich diese Bestimmung durchaus als eine rechtsgeschäftliche Anteilsübertragung deuten.

Jedoch ist zweifelhaft, ob sich eine gem. §§ 158 Abs. 1, 163 BGB auf den Tod des Gesellschafters befristete und das Überleben der als Nachfolger Benannten bedingte Anteilsübertragung auf Nichtgesellschafter wirksam im Gesellschaftsvertrag vereinbaren lässt. Gegen die Wirksamkeit der darin liegenden Verfügung kann sprechen, dass die unmittelbar von ihr betroffenen *F* und *B* an der Vereinbarung nicht beteiligt waren. Eine Verfügung mit Drittwirkung ist im BGB nicht geregelt. Dies deutet darauf hin, dass der Gesetzgeber die rechtsgeschäftliche Übertragung eines Rechts vom Willen des Erwerbers abhängig machen und gerade nicht in das Belieben Dritter stellen wollte. Andererseits sind dem geltenden Recht Verträge mit Drittwirkung nicht unbekannt. So regeln die §§ 328 ff. BGB den – freilich nur obligatorisch wirkenden – Vertrag zugunsten Dritter. Überdies ist für das Insichgeschäft anerkannt, dass das Verbot des Selbstkontrahierens über den Wortlaut des § 181 BGB hinaus keine Anwendung findet, wenn der in Aussicht genommene Vertrag dem Vertretenen lediglich einen rechtlichen Vorteil bringt.[6] Somit kann möglicherweise Verfügungen mit Drittwirkung zumindest dann Gültigkeit beigemessen werden, wenn sie den Betroffenen ausschließlich begünstigen.[7] In diesem Falle läge ein besonderes Schutzbedürfnis des Begünstigten nicht vor. Jedoch bedarf die Frage der Zulässigkeit ausschließlich begünstigender Verfügungen mit Drittwirkung keiner abschließenden Beantwortung. Der Erwerb eines Gesellschaftsanteils ist kein lediglich rechtlich vorteilhaftes Rechtsgeschäft. Den neu eintretenden Komplementär trifft nicht nur die Pflicht zur Geschäftsführung (vgl. § 114 HGB), sondern insbesondere auch eine unbeschränkte persönliche Haftung für die Verbindlichkeiten der KG (§§ 161 Abs. 2, 128 HGB), und zwar auch hinsichtlich solcher Verpflichtungen, die schon vor seinem Eintritt begründet worden sind (§ 130 HGB). Darüber hinaus hat er gem. §§ 161 Abs. 2, 105 Abs. 3 HGB, 705 BGB die nach dem GV vereinbarten Beiträge zu leisten. Die zwischen den Gesellschaftern vereinbarte, unmittelbar wirkende Anteilsübertragung von *L* auf *F* und *B* würde mithin einen Vertrag zu Lasten Dritter beinhalten. Dessen Unzulässigkeit entfällt auch dann nicht, wenn sich bei einer

---

[4] BGHZ 68, 225, 233; *K. Schmidt*, GesellR, § 45 V 6 a aa (S. 1347).

[5] *K. Schmidt*, GesellR, § 45 III 3 a (S. 1324).

[6] Vgl. *Medicus*, Bürgerliches Recht, Rn. 115; *BGH* NJW 1975, 1885 hat diese Einschränkung später auf das Vertretungsverbot nach § 1795 Abs. 1 Nr. 1 BGB übertragen.

[7] Str., ablehnend Bamberger/Roth/*Janoschek*, § 328 Rn. 4; Jauernig/*Stadler*, § 328 Rn. 6 m. w. N.; zustimmend *Brox/Walker*, ErbR, Rn. 772 m. w. N.

Gegenüberstellung der durch die Übertragung erworbenen Vorteile per saldo ein positives Resultat ergibt.[8]

F und *B* sind also nicht aufgrund einer lebzeitigen rechtsgeschäftlichen Verfügung in die Gesellschafterstellung des *L* eingerückt.

3. Eintritt in die Gesellschafterstellung des A gem. § 1922 BGB

F und *B* können die Gesellschafterstellung des *L* aber nach § 1922 BGB erlangt haben. Geht der Wille der Gesellschafter regelmäßig dahin, die als Miterben in Betracht kommenden Nachfolger des betreffenden Mitgliedes automatisch in die Gesellschafterstellung eintreten zu lassen, entspricht es dieser Absicht, die Bestimmung des § 9 Abs. 1 GV als sog. erbrechtliche Nachfolgeklausel auszulegen. Sie stellt den Anteil des Komplementärs vererblich und ermächtigt ihn gleichzeitig, seinen Nachfolger durch Testament frei zu bestimmen.[9]

B und *F* sind daher mit dem Tode des *L* in dessen Komplementärstellung eingerückt.

II. Ausgestaltung der Komplementärstellung

Zu entscheiden ist noch, ob die aus *F* und *B* bestehende Erbengemeinschaft oder *F* und *B* direkt Gesellschafter geworden sind.

1. Gesetzliche Regelung

L hat *F* und *B* zu gleichen Teilen als Erben eingesetzt. Nach erbrechtlichen Grundsätzen wäre somit der gesamte Nachlass des *L* der aus *B* und *F* bestehenden Erbengemeinschaft angefallen (vgl. §§ 1922, 2032 Abs. 1 BGB). Auch der Gesellschaftsanteil von *L* gehörte zum Nachlass. Folglich würde nach erbrechtlichen Grundsätzen die Erbengemeinschaft in die Komplementärstellung einrücken.[10]

2. Bedenken gegen die erbrechtliche Lösung – Sondernachfolge

Gegen eine solche erbrechtliche Lösung der Gesellschafternachfolge bestehen indes erhebliche Bedenken. Der Übergang des Komplementäranteils auf die Erbengemeinschaft ruft kaum auflösbare Widersprüche zwischen erb- und gesellschaftsrechtlichen Regelungen hervor.

So haften die Miterben vor der Auseinandersetzung gem. § 2059 S. 1 BGB beschränkt auf den Nachlass, während §§ 161 Abs. 2, 128 HGB eine unbeschränkte Einstandspflicht des Komplementärs anordnen. Während der Miterbe gem. § 2042 BGB jederzeit die Auseinandersetzung verlangen kann, soll die Personengesellschaft regelmäßig erst nach Ablauf der Zeit, für welche sie eingegangen ist (vgl. §§ 161 Abs. 2, 131 Abs. 1 Nr. 1 HGB), oder im Falle der Zweckerreichung (vgl. §§ 161 Abs. 2, 105 Abs. 3 HGB, 726, 1. Fall BGB) endigen. Schließlich lässt sich auch die

---

[8] BGHZ 68, 225, 331 ff. (Leitsatz b); *BGH* NJW 1977, 1341; Baumbach/Hopt/*Hopt*, § 139 Rn. 52; *Brox/Walker*, ErbR, Rn. 788; *Schlüter*, § 58 Rn. 1274; für die „erbrechtliche Lösung" (wenn auch mit etwas anderem Begründungsansatz) *K. Schmidt*, GesellR, § 45 V 4 b (S. 1341 f.); a. A. *Brox*, ErbR, 21. Aufl., Rn. 787. *Beachten Sie aber:* Eine lebzeitige rechtsgeschäftliche Übertragung einer Mitgliedschaft auf den Todesfall ist wirksam, wenn der Dritte an der Vereinbarung mitwirkt, also zustimmt – BGHZ 68, 225, 234; *K. Schmidt*, GesellR, § 45 V 6 c (S. 1348 f.); siehe auch den Fall „Bürgerliches Recht: Die geplante Pflichtteilsumgehung" von *Rüthers/Henssler*, JuS 1984, 953 ff.

[9] Vgl. BGHZ 68, 225 (Leitsatz a); 22, 186, 191. Zur gesamten Problematik des todesbedingten Ausscheidens eines Gesellschafters siehe die kurze und anschauliche Darstellung bei *Windbichler*, § 16 Rn. 2 ff. u. *H. P. Westermann*, JuS 1979, 761 ff.

[10] So *Köbler*, S. 95 ff. u. 122 ff.; *Grunewald*, GesellR, 1 C Rn. 59 u. 1 A Rn. 152.

gemeinschaftliche Verwaltungs- und Verfügungsbefugnis der Miterben gem. §§ 2038 Abs. 1, 2040 Abs. 1 BGB kaum mit der dem Komplementär gem. §§ 161 Abs. 2, 114, 125 HGB grundsätzlich eingeräumten Befugnis zur Einzelgeschäftsführung und -vertretung vereinbaren.

Diese Widersprüche lassen sich sinnvoll nur durch eine gesellschaftsrechtliche Modifizierung der erbrechtlichen Nachfolgeregelung auflösen. Danach geht zwar das Vermögen des Erblassers in das gesamthänderisch gebundene Vermögen der Miterben über. Für den Gesellschaftsanteil gilt jedoch, dass nicht die Erbengemeinschaft, sondern die Miterben im Wege der Sondernachfolge Gesellschafter werden, und zwar mit einem Anteil, der ihrer ideellen Nachlassquote entspricht.[11] Es kommt also zu einem „Splitting der Mitgliedschaft".[12] Für einen solchen Vorrang des Gesellschaftsrechts spricht auch das Gesetz selbst. So kann nach §§ 161 Abs. 2, 139 Abs. 1 HGB „jeder" als Komplementär in die KG eingerückte Erbe sein Verbleiben in der Gesellschaft davon abhängig machen, dass ihm die Stellung eines Kommanditisten eingeräumt wird. Damit bringen diese Vorschriften zugleich zum Ausdruck, dass „jeder" Erbe als Einzelner Mitglied der KG wird,[13] andernfalls das Umwandlungsrecht ansonsten den Miterben zur gesamten Hand zustehen würde und gem. § 2040 Abs. 1 BGB folglich nur gemeinschaftlich ausgeübt werden könnte.

III. Ergebnis zu Frage 1

F und *B* sind mit dem Tode von *L*, ohne dass es einer gegenständlichen Auseinandersetzung bedurfte, zu Komplementären der L & Co. KG geworden sind, wobei ihre Beteiligung entsprechend ihren Erbquoten jeweils in der Hälfte des durch *L* hinterlassenen Gesellschaftsanteils besteht.

Frage 2: Rechtsnachfolge in den Gesellschaftsanteil des M

P kann mit dem Tode des *M* in dessen Komplementärstellung eingetreten sein.

I. Das „Ob" der Nachfolge

P kann den Gesellschaftsanteil nach § 1922 BGB erlangt haben. Aus der ausdrücklichen Bezugnahme auf die Erbfolge nach *M* ergibt sich deutlich, dass es sich bei § 9 Abs. 2 GV um eine erbrechtliche Nachfolgeklausel handeln soll. Durch sie erwarb *M* jedoch lediglich das Recht, den im Vertrag ausdrücklich („qualifiziert") Benannten (hier also: *P*) als seinen Nachfolger zu bestimmen, so dass die Einsetzung einer anderen Person (etwa der Tochter *T*) einen Übergang der Komplementärstellung nicht hätte bewirken können (sog. qualifizierte Nachfolgeklausel).[14]

Das ihm eingeräumte Recht hat *M* in seinem Testament ausgeübt, indem er den unmittelbaren Erwerb des Gesellschaftsanteils durch *P* anordnete. Aus dem oben beschriebenen Prinzip des (partiellen) Vorrangs des Gesellschaftsrechts vor dem Erbrecht ergibt sich daher, dass *P* dem Grunde nach unmittelbar, d. h. ohne zwischengeschaltete (Gesamtrechts-)Nachfolge der mit *T* bestehenden Erbengemeinschaft und

---

[11] Siehe nur *Koller/Roth/Morck*, § 139 Rn. 5; MünchHdb.GesR II/*Klein/Lindemeier*, § 41 Rn. 33 m. w. N.

[12] BGHZ 22, 186, 192f.; Baumbach/Hopt/*Hopt*, § 139 Rn. 14; Röhricht/Graf v. Westphalen/ *v. Gerkan/Haas*, § 139 Rn. 6; vgl. auch *K. Schmidt*, GesellR, § 45 V 4 a (S. 1340f.).

[13] Vgl. *K. Schmidt*, GesellR, § 45 V 4 a (S. 1339f.).

[14] Näher zur qualifizierten Nachfolgeklausel Bamberger/Roth/*Timm/Schöne*, § 727 Rn. 17f.; MünchKomm-BGB/*Ulmer/Schäfer*, § 727 Rn. 41ff.; Oetker/*Kamanabrou*, § 139 Rn. 27ff.; MünchHdb.GesR II/*Klein/Lindemeier*, § 41 Rn. 22ff.; *Windbichler*, § 16 Rn. 4; *K. Schmidt*, GesellR, § 45 V 5 (S. 1343ff.).

ohne anschließende Auseinandersetzung in die Komplementärstellung des *M* einrücken konnte und eingerückt ist.

II. Umfang des Anteilserwerbs

Aufgrund der qualifizierten Nachfolgeklausel in § 9 Abs. 2 GV i. V. m. der testamentarischen Anordnung von *M* kann *P* auch den gesamten Komplementäranteil mit einem Wert i. H. v. 100.000 € ungeschmälert erworben haben. In diesem Falle erhielte er aber wertmäßig deutlich mehr als die Hälfte des Nachlassvermögens i. H. v. insgesamt 150.000 €, obwohl er und *T* jeweils zu gleichen Teilen als Erben eingesetzt sind.[15] Diesen Widerspruch gilt es aufzulösen.

1. Keine bloße Teilrechtsnachfolge

Durch die testamentarische Einsetzung von *P* und *T* zu gleichen Teilen als Erben des *M* kann der Erwerb des Gesellschaftsanteils auf die dem Gesellschaftererben zustehende Erbquote beschränkt sein. *P* hätte danach nur die eine Hälfte des Gesellschaftsanteils erhalten, während die andere Hälfte den verbliebenen Gesellschaftern gem. §§ 161 Abs. 2, 105 Abs. 3 HGB, 738 Abs. 1 S. 1 BGB anwachsen würde.[16]

Allerdings sprechen der aus einem gegenständlich begrenzten Erwerb resultierende Abfindungsanspruch der Erbengemeinschaft gegen die Gesellschaft und die damit verbundenen Nachteile für das Gesellschaftskapital gegen die Annahme einer gleichsam erbrechtlich modifizierten Teilnachfolge in den Gesellschaftsanteil. Die Gesellschafter haben mit der Vereinbarung der Nachfolgeklausel gerade die Vermeidung von Nachteilen für das Gesellschaftskapital bezweckt. Außerdem hat der verstorbene Gesellschafter mit der Bestimmung seines Nachfolgers gerade diesen Zweck sichern wollen. Eine Teilnachfolge in seinen Gesellschaftsanteil wurde daher typischerweise seinem Testierwillen widersprechen. Der Wille von *M*, die Gesellschaft vor Abfindungsansprüchen zu bewahren, lässt sich deutlich seinem Testament entnehmen. *M* hat testamentarisch den Erwerb des Gesellschaftsanteils durch *P* ausdrücklich „unter Ausschluss von Abfindungsansprüchen" angeordnet.

Demzufolge ist der Wille der Gesellschafter im Falle der qualifizierten Nachfolgeklausel ohne Rücksicht auf die erbrechtliche Quote des Bedachten auf einen Vollrechtserwerb des Gesellschaftererben gerichtet. Die Annahme einer bloßen Teilrechtsnachfolge ist mit diesem Willen hingegen nicht zu vereinbaren.

2. Kein Widerspruch der Vollrechtsnachfolge zum Erbrecht

Die Annahme einer Vollrechtsnachfolge ist allerdings unzulässig, wenn sie sich mit zwingenden Grundsätzen des Erbrechts nicht in Einklang bringen lässt. Insbesondere darf sie zu keiner Benachteiligung der übrigen Miterben führen. Ungeachtet des Vorrangs des Gesellschafts- vor dem Erbrecht besteht Einigkeit darüber, dass der Gesellschaftererbe durch die Nachfolge in die Komplementärstellung grundsätzlich nicht mehr erhalten darf, als ihm nach erbrechtlichen Grundsätzen zusteht.[17] Das Gesellschaftsrecht bestimmt nur das „Ob" und das „Wie" der Nachfolge in den Anteil, während im Verhältnis der Miterben untereinander weiter das Erbrecht maßgeblich bleibt. Mit anderen Worten: Die von der Nachfolge in den Gesellschaftsanteil ausgeschlossenen Erben müssen – vorbehaltlich abweichender testamentarischer

---

[15] Zu den erbrechtlichen Folgen der qualifizierten Nachfolgeklausel i. V. m. der letztwilligen Verfügung des *M* siehe im Einzelnen Fn. 18.

[16] So das Ergebnis der älteren Rechtsprechung; vgl. BGHZ 22, 186, 194 ff.

[17] BGHZ 68, 225, 238; Baumbach/Hopt/*Hopt*, § 139 Rn. 18; *K. Schmidt*, GesellR, § 45 V 5 c (S. 1345 f.).

Anordnungen[18] – vermögensmäßig so gestellt werden, wie es ihrer Erbquote entspricht.[19] Dem steht jedoch die Annahme einer Vollrechtsnachfolge nicht entgegen, und zwar selbst dann nicht, wenn der Gesellschaftsanteil – wie im Verhältnis von *P* und *T* – wertmäßig über den dem Gesellschaftererben zustehenden Erbteil hinausgeht. Die Erbquote bezeichnet nicht etwa einen gegenständlichen Anteil am Nachlass mit der Folge, dass dem Gesellschaftererben an jedem einzelnen Erbschaftsgegenstand nur ein seiner Erbquote entsprechender Anteil zusteht. Vielmehr bestimmt sie entsprechend dem Wesen der Erbengemeinschaft als Gesamthand lediglich den Wert des dem Miterben zustehenden Anteils am Gesamtnachlass. Dieser ideelle Anteil behält seine Bedeutung auch im Falle einer Sondernachfolge. Reicht das nach Abzug des Gesellschaftsanteils verbliebene Nachlassvermögen nicht aus, um die übrigen Miterben wertmäßig bis zur Höhe ihres Anteils zu befriedigen (§ 2047 Abs. 1 BGB), trifft den Gesellschaftererben die Pflicht, den Differenzbetrag an die Miterben zu leisten.[20] Umstritten ist allein, worin die Pflicht zum Ausgleich ihre gesetzliche Grundlage findet (§§ 2050 ff. BGB,[21] analoge Anwendung der §§ 2050 ff. BGB,[22] § 242 BGB[23] oder § 812 BGB[24]).[25] Die Erbquote bildet jedenfalls den alleinigen Maßstab für den Wertausgleichsanspruch des bei der Nachfolge nicht berücksichtigten Miterben.[26] Die Sondernachfolge lässt sich daher auch dann mit dem erbrechtlichen Benachteiligungsverbot in Einklang bringen, wenn der Komplementäranteil die Erbquote des Gesellschaftererben wertmäßig übersteigt.

III. Ergebnis zu Frage 2

P hat mit dem Tode des *M* dessen gesamten Komplementäranteil erworben.

Frage 3: Abwandlung

I. Erwerb des Kommanditanteils durch Verfügung von Todes wegen

Ein Erwerb des Kommanditanteils durch *K* aufgrund von § 177 HGB bzw. einer (qualifizierten) Nachfolgeklausel oder im Wege einer Verfügung von Todes wegen

---

[18] Der Gesellschaftsanteil kann dem *P* erbrechtlich betrachtet durch eine quasi „dinglich wirkende Teilungsanordnung" oder als gleichsam „dinglich wirkendes Vorausvermächtnis" zugewendet werden. Maßgeblich ist auch hier der Begünstigungswille des Erblassers. Bei einem „dinglich wirkenden Vorausvermächtnis" erhält *P* den Gesellschaftsanteil i. H. v. 100.000 € sowie die Hälfte des Nachlasses i. H. v. 25.000 €. Für *T* verbleiben danach die restlichen 25.000 €. Im Falle einer „dinglich wirkenden Teilungsanordnung" rückt *P* ebenfalls in den Gesellschaftsanteil i. H. v. 100.000 € ein. Ihn trifft allerdings dann die Pflicht zum Ausgleich der Differenz zwischen dem Wert des Gesellschaftsanteils und dem Wert seiner Erbquote i. H. v. 75.000 € (Ausgleichsanspruch: 25.000 €). Im vorliegenden Fall sind aber erbrechtliche Ausgleichsansprüche der *T* an *P* durch letztwillige Verfügung ausdrücklich ausgeschlossen worden, da *M* bestimmt hatte, dass *P* seinen Gesellschaftsanteil „unter Ausschluss von Abfindungsansprüchen" erhalten soll. Dies spricht für einen Begünstigungswillen zugunsten des *P*. Folglich handelt es sich um ein „dinglich wirkendes Vorausvermächtnis". Zum Ausschluss von erbrechtlichen Ausgleichsansprüchen im Falle des Eintretens in einen Gesellschaftsanteil kraft qualifizierter Nachfolgeklausel vgl. *BayObLG* DB 1980, 2028, 2029; MünchHdb.GesR II/*Klein/Lindemeier*, § 41 Rn. 12 m. w. N.; *Hopt/Hehl*, Rn. 640; *K. Schmidt*, GesellR, § 45 V 5 c (S. 1345 f.) u. 6 a aa (S. 1347) bei Fn. 121; *Ulmer*, BB 1977, 805, 807.

[19] Bamberger/Roth/*Timm/Schöne*, § 727 Rn. 18; *K. Schmidt*, GesellR, § 45 V 5 c (S. 1345 f.).

[20] BGHZ 68, 225, 238; Baumbach/Hopt/*Hopt*, § 139 Rn. 18; *K. Schmidt*, GesellR, § 45 V 5 c (S. 1345 f.).

[21] *Brox/Walker*, ErbR, Rn. 794.

[22] Röhricht/Graf v. Westphalen/*v. Gerkan/Haas*, § 139 Rn. 7.

[23] BGHZ 22, 186, 196 f.

[24] Staudinger/*Marotzke*, § 1922 Rn. 183.

[25] Zum Streitstand vgl. *K. Schmidt*, GesellR, § 45 V 5 c (S. 1345 f.).

[26] BGHZ 68, 225, 238.

scheidet aus. *N* hat nicht *K*, sondern seine Ehefrau *D* zur Alleinerbin berufen, ohne im Testament eine Bestimmung für die Nachfolge von *K* in seine Gesellschafterposition zu treffen. *K* ist – entgegen der Auffassung von *R* – aufgrund der Bestimmung in § 9 Abs. 3 GV jedenfalls bislang nicht Kommandititistin geworden. Die Grenze der Leistungsfähigkeit des Gesellschaftsrechts („Vorrang") ist dort erreicht, wo der „qualifiziert" benannte „Nachfolger" nicht Erbe wird.[27]

II. Eintrittsrecht

Jedoch kann *K* mit dem Tode des *N* das Recht erworben haben, als Kommandititistin in die L & Co. KG einzutreten.

1. § 9 Abs. 3 GV als Grundlage eines Eintrittsrechts

Ein solches Eintrittsrecht von *K* kann aus § 9 Abs. 3 GV folgen. Dagegen können allerdings Bedenken bestehen. Die Bezugnahme in § 9 Abs. 3 GV auf die Erbfolge nach *N* macht deutlich, dass die Gesellschafter offenbar wie im gleich lautenden § 9 Abs. 2 GV eine qualifizierte Nachfolgeklausel vereinbaren wollten. *K* sollte nach der Intention der Beteiligten also nicht lediglich einen Beitrittsanspruch erhalten, sondern unmittelbar, d. h. im Wege der Sondernachfolge, in die Kommandititistenstellung des *N* eintreten.

2. Annahme eines Eintrittsrechts im Wege ergänzender Vertragsauslegung

Aufgrund der Enterbung der *K* kann § 9 Abs. 3 GV, der die Erbenstellung von *K* voraussetzt, nicht angewandt werden. Möglicherweise kommt aber im Wege einer ergänzenden Vertragsauslegung ein Eintrittsrecht von *K* (als allein zulässige Variante zur erbrechtlichen Nachfolgeklausel)[28] in Betracht.[29]

a) Wirksamkeit von § 9 Abs. 3 GV

Eine ergänzende Vertragsauslegung scheidet allerdings aus, wenn § 9 Abs. 3 GV unwirksam ist. Eine unwirksame Vereinbarung ist schon sachlogisch keiner Ergänzung, sondern lediglich einer Umdeutung nach § 140 BGB zugänglich.[30]

§ 9 Abs. 3 GV kann unwirksam sein, wenn die Klausel gegenstandslos geworden ist. Ob die Gegenstandslosigkeit einer Klausel zugleich zu ihrer Unwirksamkeit führt, kann offen bleiben, wenn dies für § 9 Abs. 3 GV nicht zutrifft. Durch die Enterbung der *K* konnte zwar der von den Gesellschaftern beabsichtigte Übergang des Kommanditanteils nicht eintreten; die Nachfolgeklausel ging also „ins Leere". Gleichwohl ist die Klausel nur dann gegenstandslos geworden, wenn sich ihr kein über die bloße Nachfolgebestimmung auf *K* hinausgehender Sinn entnehmen lässt. Mit § 9 Abs. 3 GV haben die Gesellschafter aber nicht nur abstrakt die Nachfolge in den Kommanditanteil geregelt. Sie haben vielmehr durch die namentliche Nennung der *K* zugleich bestimmt, dass keine andere Person außer der Tochter des *N* an dessen Stelle rücken soll. Die in der namentlichen Bestimmung eines Erben liegende Übertragungssperre gegenüber Dritten behält daher ihren selbstständigen Sinn auch und gerade dann, wenn der potenzielle Nachfolger wider Erwarten nicht zum Erben berufen wird. In diesem Fall schließt sie einen Übergang des Kommanditanteils auf den oder die statt-

---

[27] Sog. Fall der „fehlgeschlagenen Nachfolgeklausel", vgl. Oetker/*Kamanabrou*, § 139 Rn. 25; MünchHdb.GesR II/*Klein/Lindemeier*, § 41 Rn. 25.

[28] Siehe oben Frage 1 I.

[29] So für den Regelfall MünchHdb.GesR II/*Klein/Lindemeier*, § 41 Rn. 23 mit Fn. 85 sowie Rn. 25 m. w. N.

[30] BGHZ 40, 218, 221.

dessen eingesetzten Erben aus (vgl. § 177 HGB). Eine qualifizierte Nachfolgeklausel wird daher nicht gegenstandslos, wenn ihr Regelungssubjekt aufgrund einer Enterbung entfällt.[31] § 9 Abs. 3 GV ist daher nach wie vor wirksam.

b) Planwidrige Vertragslücke

Eine ergänzende Vertragsauslegung setzt weiterhin das Bestehen einer planwidrigen Vertragslücke voraus. Eine Vertragslücke liegt vor, wenn die Parteien es unterlassen haben, eine Vereinbarung über eine Frage zu treffen, deren Regelung, und zwar in einem bestimmten Sinn, durch den Vertragszweck gefordert wird.[32] Dabei ist unerheblich, ob die Vertragslücke von vornherein, also schon bei Vertragsschluss, bestanden hat oder erst nachträglich infolge veränderter Umstände eingetreten ist.[33]

Die Gesellschafter *L*, *M* und *N* wollten durch die Vereinbarung einer erbrechtlichen Nachfolgeklausel erreichen, dass die Gesellschaft im Falle des Todes von *N* unter Übergang seines Kommanditanteils mit *K* als neuer Gesellschafterin fortgesetzt wird. Die Fortführung mit anderen möglichen Erben des *N* wollten sie verhindern. Jedoch haben sie nicht die Möglichkeit bedacht, dass *N* mit der Enterbung seiner Tochter ein Hindernis für die Sondernachfolge in die Kommanditistenstellung setzen könnte, so dass eine diesbezügliche Regelung fehlt.

Dabei handelt es sich um eine planwidrige Lücke, wenn nach dem Zweck des § 9 Abs. 3 GV eine Nachfolgeregelung auch im Falle der Enterbung der *K* erforderlich ist. Neben der Aufnahme von *K* war es weiteres Ziel der Nachfolgeklausel, mit dem automatischen Übergang des Kommanditanteils auf *K* das Gesellschaftskapital von Abfindungsansprüchen freizuhalten und auf diese Weise die reibungslose Fortsetzung der L & Co. KG zu ermöglichen.[34]

Die Erreichung dieses Vertragszweckes kann indes durch die Enterbung der *K* in Frage gestellt sein. Mit der namentlichen Benennung haben die Gesellschafter zugleich ausgeschlossen, dass ein anderer als *K* in die Kommanditistenstellung des *N* eintreten soll. Nach §§ 161 Abs. 2, 105 Abs. 3 HGB, 738 Abs. 1 S. 1 BGB käme es daher abweichend von § 177 HGB zu einer Anwachsung des Gesellschaftsanteils auf die übrigen Gesellschafter. In den Nachlass fiele dann jedoch zwangsläufig der an die Stelle des Kommanditanteils tretende Abfindungsanspruch aus § 738 Abs. 1 S. 2 BGB, so dass der mit der Nachfolgeklausel bezweckte Kapitalschutz nicht erreicht würde. Daraus ergibt sich, dass der mit § 9 Abs. 3 GV bezweckte Schutz der Gesellschaft auch und gerade für den Fall eines Scheiterns der Sondernachfolge einer ergänzenden Regelung bedarf. Es besteht daher eine planwidrige Vertragslücke, die durch Ermittlung des hypothetischen Willens der Gesellschafter zu ergänzen ist.

c) Eintrittsklausel als sinnvolle Ergänzung des § 9 Abs. 3 GV

Bei der Ermittlung des hypothetischen Parteiwillens ist darauf abzustellen, wie die Parteien unter Berücksichtigung von Treu und Glauben (vgl. § 157 BGB) den offen

---

[31] Anders *K. Schmidt*, GesellR, § 45 V 6 d (S. 1349 f.), der von der Unwirksamkeit der Nachfolgeklausel mit der Möglichkeit einer Umdeutung in eine Eintrittsklausel ausgeht; für eine ergänzende Vertragsauslegung *BGH* NJW 1978, 264; MünchHdb.GesR II/*Klein/Lindemeier*, § 41 Rn. 25.
[32] *Larenz*, NJW 1963, 738, 739.
[33] *BGH* NJW 1981, 219, 220.
[34] Siehe oben Frage 3 unter II. 2. a).

gebliebenen Punkt geregelt hätten.[35] Maßgeblich für die Vertragsergänzung ist das Erreichen des mit der ursprünglichen Vereinbarung angestrebten Ziels. Es stellt sich mithin die Frage, ob die Annahme einer Eintrittsklausel zugunsten von K eine sachgerechte Ergänzung des Gesellschafterwillens beinhaltet.

aa) Kapitalschutz durch Eintrittsrecht

Dies ist anzunehmen, wenn sich der mit § 9 Abs. 3 GV gewollte Zweck am besten mit Hilfe eines Eintrittsrechtes gewährleisten lässt.

Bei Annahme einer Eintrittsklausel muss K auf ihren Wunsch als Nachfolgekommanditistin in die L & Co. KG aufgenommen werden. Allerdings erwürbe sie damit noch nicht automatisch den Kapitalanteil des N. Die Einräumung des Eintrittsrechts hat nur dann einen praktischen Sinn, wenn dem Berechtigten gleichzeitig der Vermögenswert der Beteiligung des ausgeschiedenen Gesellschafters zur Verfügung steht.[36] Müsste der Berechtigte die Einlage aus eigenen Mitteln erbringen, wird er kaum bereit sein, das ihm eingeräumte Eintrittsrecht auszuüben.

Außerdem muss sichergestellt sein, dass die Gesellschaft dem Erben keine Abfindung zahlen muss.[37] Für den Fall, dass K Erbin von N geworben wäre, hätte sie gem. § 9 Abs. 3 GV dessen Kapitalanteil erworben, ohne dass D einen Abfindungsanspruch gegen die L & Co. KG erworben hätte. Im Gesamtkontext aller drei Absätze von § 9 GV wird deutlich, dass es den Gesellschaftern in jedem Fall und für jeden Gesellschafter darum ging, die Nachfolge verbindlich zu regeln und Abfindungsansprüche zu vermeiden.[38] Die ergänzende Vertragsauslegung von § 9 Abs. 3 GV muss diesen Willen der Gesellschafter berücksichtigen. Dies lässt sich dadurch erreichen, dass der Gesellschaftsanteil des verstorbenen Gesellschafters zunächst den übrigen Gesellschaftern zufällt, und diese ihn anschließend treuhänderisch für den Eintrittsberechtigten halten und ihn bei dessen Eintritt auf den Eintretenden übertragen.[39]

Hätten die Gesellschafter das Leerlaufen der Nachfolgeklausel gem. § 9 Abs. 3 GV in ihre Überlegungen einbezogen, hätten sie somit ergänzend eine Regelung getroffen, wonach K das Recht zum Eintritt in die Gesellschaft als Kommanditistin zugebilligt worden wäre unter gleichzeitigem Abfindungsausschluss des oder der Erben.

bb) Wirksamkeit der Eintrittsklausel

Der lückenhafte Vertrag darf allerdings nicht durch Bestimmungen ergänzt werden, die ihrerseits selbst an einem Nichtigkeitsmangel leiden.[40] Eine Eintrittsklausel mit dem vorbezeichneten Inhalt kann jedoch gegen das Formerfordernis des § 2301 Abs. 1 BGB verstoßen und deshalb gem. § 125 BGB nichtig sein. Dann muss es sich bei der Eintrittsklausel um eine Schenkung auf den Todesfall handeln. Durch eine Schenkung auf den Todesfall verspricht der künftige Erblasser die unentgeltliche Zuwendung eines Vermögensvorteils unter der aufschiebenden Bedingung, dass der Beschenkte den Schenker überlebt. Unabhängig davon, ob N seiner Tochter ein sol-

---

[35] BGHZ 84, 1, 7; Bamberger/Roth/*Wendtland*, § 157 Rn. 40 f.; Palandt/*Ellenberger*, § 157 Rn. 7; Erman/*Armbrüster*, § 157 Rn. 21.

[36] *BGH* NJW 1978, 264, 265.

[37] Dass der Abfindungsanspruch im Todesfall eines Gesellschafters ausgeschlossen werden kann, ist allgemein anerkannt, vgl. nur MünchKomm-BGB/*Ulmer/Schäfer*, § 738 Rn. 61; Bamberger/Roth/*Timm/Schöne*, § 738 Rn. 31, jeweils m. w. N.

[38] Anders etwa die Fallgestaltung bei *BGH* NJW 1978, 264, 265.

[39] Zu den Möglichkeiten der Übertragung des Kapitalanteils bei der Eintrittsklausel vgl. Oetker/*Kamanabrou*, § 139 Rn. 34 ff.; *Hopt/Hehl*, Rn. 662 ff.

[40] Bamberger/Roth/*Wendtland*, § 157 Rn. 42; Staudinger/*Dilcher*, § 133 Rn. 44.

ches Versprechen erteilt hat, betrifft jedoch die Eintrittsklausel mit dem oben skizzierten Inhalt nicht das Verhältnis zwischen N und K. Vielmehr versprechen darin L und M dem N, nach seinem Tode K in die Gesellschaft aufzunehmen und ihr den treuhänderisch angewachsenen Gesellschaftsanteil zu übertragen. Es handelt sich mithin um einen Vertrag zugunsten Dritter auf den Todesfall i. S. d. §§ 328, 331 BGB, dessen Wirksamkeit sich allein nach der zwischen Versprechensempfänger und Versprechendem gewählten Vertragsform richtet. Die Eintrittsklausel als Bestandteil eines Personengesellschaftsvertrages bedurfte keiner besonderen Form; ein Verstoß gegen § 2301 Abs. 1 BGB scheidet mithin aus.[41] Die Eintrittsklausel leidet also unter keinem Nichtigkeitsmangel, so dass sie eine zulässige Ergänzung des § 9 Abs. 3 GV darstellt.

III. Ergebnis zu Frage 3 – Abwandlung

K hat mit dem Tode von N das Recht erworben, als Kommanditistin in die L & Co. KG aufgenommen zu werden; sie kann deshalb die Übertragung des von L und M treuhänderisch gehaltenen Kommanditanteils des verstorbenen N verlangen.

---

[41] Ebenso *Flume*, BGB AT I/1, § 18 I (S. 375 ff.).

Fall 17. Der fehlende Rechtsnachfolgevermerk

Schwerpunkt im Personengesellschaftsrecht (KG):
Haftung der Kommanditisten bei Übertragung eines Kommanditanteils und bei Eintragung eines Rechtsnachfolgevermerks bzw. ohne dessen Eintragung

Sachverhalt

Fred Feuerfels (F), Gustav Gerngroß (G) und Hugo Hastig (H) betreiben seit dem 1. 2. 2005 unter der Firma F-GmbH & Co. KG eine Großhandlung für Textilien. Komplementär ist die F-GmbH, deren Geschäftsführer ihr Alleingesellschafter F ist. G und H sind Kommanditisten. Beide haben eine Einlage von je 200.000 € vereinbarungsgemäß bei Geschäftsaufnahme der KG nach Eintragung gezahlt. Die Satzung der Gesellschaft enthält unter anderem eine Klausel, nach der „den Kommanditisten die Übertragung ihres Gesellschaftsanteils gestattet ist".

Als es zwischen F und G zu unüberbrückbaren Differenzen über die künf-tige Geschäftspolitik der Gesellschaft kommt, sucht G einen Interessenten für seine Beteiligung an der Gesellschaft. Diesen findet er in *Rudolf Reich (R)*, dem er am 1. 7. 2009 gegen eine Zahlung von 200.000 € seinen Gesellschaftsanteil überträgt. Das Ausscheiden von G und der Eintritt von R werden im Handelsregister eingetragen und bekannt gemacht. Gleichfalls wird als Nachfolgevermerk eingetragen: „Der Kommanditanteil des Kommanditisten G ist im Wege der Sonderrechtsnachfolge auf den Kommanditisten R übergegangen." Der Kapitalanteil des G wird auf R umgebucht.

Im März 2010 gerät die F-GmbH & Co. KG zunehmend in wirtschaftliche Schwierigkeiten. Zahlungstermine können bei Fälligkeit nicht mehr eingehalten werden. *Karl Knauser (K)* hat gegen die KG eine Forderung über 50.000 € aus einem im April 2008 abgeschlossenen Kaufvertrag. K möchte wissen, ob er R oder G, die beide wohlhabend sind, persönlich in Anspruch nehmen kann.

Abwandlung: Wie ist die Rechtslage, wenn der Nachfolgevermerk nicht eingetragen wurde und K weder von der Abtretung wusste noch das Handelsregister eingesehen hat?

Lösung

A. Ausgangsfall
I. Anspruch von K gegen R

K kann gegen R einen Anspruch auf Zahlung von 50.000 € gem. § 433 Abs. 2 BGB i. V. m. §§ 173 Abs. 1, 171 Abs. 1 HGB haben.

1. Forderung gegen die KG

Die seit dem 1. 2. 2005 im Außenverhältnis wirksam entstandene F-GmbH & Co. KG kann Träger von Rechten und Pflichten – mithin auch Schuldner eines Kaufvertrages – sein (vgl. §§ 161 Abs. 2, 123 Abs. 2, 124 Abs. 1 HGB). Eine Kaufpreisforderung von *K* gegen die KG i. H. v. 50.000 € besteht.

2. Eintritt von R in die KG

Für die im April 2008 begründete Gesellschaftsverbindlichkeit kann *R* gem. § 173 HGB haften, wenn er am 1. 7. 2009 in die KG eingetreten im Sinne dieser Vorschrift ist. Bedenken gegen einen „Eintritt" von *R* i. S. v. § 173 HGB können deshalb bestehen, weil *G* (lediglich) seinen Kommanditanteil an *R* übertragen hat, mithin ein Gesellschafterwechsel stattgefunden hat, und der Gesellschafterkreis nicht um den neuen Gesellschafter erweitert worden ist.

Die Übertragung der Mitgliedschaft von einem Gesellschafter auf einen Dritten muss folglich für den Dritten einen Eintritt i. S. d. § 173 HGB darstellen. Ein Kommanditistenwechsel ist grundsätzlich auf zwei rechtlich scharf voneinander zu trennenden Wegen[1] möglich: Zum einen kann ein Gesellschafter aus der Gesellschaft ausscheiden und unabhängig davon ein neuer Gesellschafter eintreten; zum anderen kann ein Gesellschafter seine Mitgliedschaft auf einen Nichtgesellschafter übertragen.

Der Übertragung eines Gesellschaftsanteils kann jedoch der über §§ 161 Abs. 2, 105 Abs. 3 HGB auch für die KG geltende § 719 BGB entgegenstehen.[2] Das gilt allerdings nicht, wenn die Anteilsübertragung im Gesellschaftsvertrag zugelassen ist oder die Gesellschafter ihr zustimmen.[3] Bei der Anteilsübertragung handelt es sich um ein Verfügungsgeschäft nach §§ 413, 398 BGB.[4] Erforderlich ist ein wirksamer Vertrag zwischen dem bisherigen und dem neuen Gesellschafter und ggf. die Zustimmung der übrigen Gesellschafter.[5] Einer besonderen Form bedarf das Geschäft nicht.[6] Zwischen *G* und *R* war offenbar eine derartige Anteilsübertragung gewollt, wofür insbesondere die Wortwahl der von ihnen veranlassten Handelsregistereintragung spricht. An der Wirksamkeit dieser Übertragung des Kommanditanteils von *G* auf *R* bestehen keine Zweifel; die Übertragbarkeit von Kommanditanteilen ist im Gesellschaftsvertrag ausdrücklich zugelassen worden.

Bei einer derartigen Übertragung handelt es sich nicht um einen „Eintritt" in dem von § 173 HGB zugrunde gelegten Sinne, dass ein neuer Gesellschafter den bisherigen Gesellschafterkreis erweitert. Allerdings erscheint es gerechtfertigt, § 173 HGB auch auf den vom Gesetzgeber nicht bedachten Fall der Anteilsübertragung entsprechend anzuwenden.[7] Der Normzweck des § 173 HGB, der wie bei § 130 HGB auf die Regelung der Gesellschafterhaftung eines neuen Gesellschafters für Altverbindlichkeiten gerichtet ist,[8] erfasst auch diesen Fall.[9] Es macht für die generelle Haf-

---

[1] Vgl. *K. Schmidt*, GesellR, § 45 III 1 (S. 1320 f.) m. w. N.

[2] RGZ 83, 312, 314 f.; KG JW 1934, 2699; Düringer/Hachenburg/*Flechtheim*, § 130 Anm. 5; siehe dazu auch *K. Schmidt*, GesellR, § 45 III 2 a (S. 1321 f.).

[3] BGHZ 13, 179, 186; 45, 221, 222; 81, 82, 84; MünchKomm-HGB/*K. Schmidt*, § 173 Rn. 24; MünchHdb.GesR II/*Piehler/Schulte*, § 35 Rn. 1 ff.; *A. Hueck*, § 27 II 2 (S. 395 f.); *K. Schmidt*, GesellR, § 45 III 2 b (S. 1322 f.).

[4] *K. Schmidt*, GesellR, § 45 III 3 (S. 1324 f.); a. A. Soergel/*Hadding*, § 719 Rn. 14: Vertragsübernahme nach § 305 BGB a. F. (= § 311 I BGB n. F.).

[5] Baumbach/Hopt/*Hopt*, § 105 Rn. 69 f.; GroßKomm-HGB/*Schäfer*, § 105 Rn. 302; MünchHdb.GesR II/*Piehler/Schulte*, § 35 Rn. 1 ff.

[6] MünchHdb.GesR II/*Piehler/Schulte*, § 35 Rn. 26 ff.

[7] Siehe nur MünchKomm-HGB/*K. Schmidt*, § 173 Rn. 7 und 24 m. w. N.; *Stock*, DStR 1991, 385, 386.

[8] MünchKomm-HGB/*K. Schmidt*, § 173 Rn. 1.

[9] MünchKomm-HGB/*K. Schmidt*, § 173 Rn. 24.

tungsfrage eines neuen Gesellschafters keinen Unterschied, wie der Gesellschafterwechsel konstruktiv ausgestaltet worden ist. Ansonsten könnte § 173 HGB ohne weiteres umgangen werden und würde in seiner Wirkung in der Rechtspraxis bedeutungslos. *R* ist somit – trotz Erlangung der Kommanditistenstellung im Wege der Sonderrechtsnachfolge – i. S. v. § 173 HGB in die KG eingetreten; seine Haftung richtet sich daher nach Maßgabe der §§ 171, 172 HGB.

3. Ausschluss der Haftung nach § 171 Abs. 1, 2. Halbs. HGB

Die Haftung eines Kommanditisten ist nach § 171 Abs. 1, 2. Halbs. HGB ausgeschlossen, soweit die Einlage geleistet ist. *R* selbst hat keine Einlage geleistet. Allerdings hatte bereits *G* seine Einlage in voller Höhe erbracht. Aufgrund der Anteilsübertragung ist *R* in vollem Umfang in die Rechtsstellung des *G* eingetreten. Dies gilt auch hinsichtlich der Einlageleistung.[10] Die von dem Rechtsvorgänger geleistete Einlage geht auf den Erwerber über. Dieser kann sich gegenüber den Gesellschaftsgläubigern auf die haftungsbefreiende Wirkung der Einlageleistung berufen.[11]

R haftet daher gegenüber *K* nicht.

II. Anspruch von K gegen G

K kann aber gegen *G* einen Anspruch aus § 433 Abs. 2 BGB i. V. m. §§ 171 Abs. 1, 172 Abs. 4 S. 1 HGB auf Zahlung von 50.000 € haben.

1. Haftung des G gem. §§ 171 Abs. 1, 172 Abs. 4 S. 1 HGB

Für die bestehende Kaufpreisforderung des *K* gegen die KG i. H. v. 50.000 € haftet *G*, der zum Zeitpunkt ihrer Begründung im April 2008 Gesellschafter der KG war, gem. §§ 171, 172 HGB. *G* hat seine Einlage auch in voller Höhe erbracht, so dass seine Haftung grundsätzlich gem. § 171 Abs. 1, 2. Halbs. HGB ausgeschlossen ist.

Allerdings kann seine Haftung gem. § 172 Abs. 4 S. 1 HGB wieder aufgelebt sein. Dann muss die ursprünglich von *G* voll geleistete Einlage an diesen zurückbezahlt worden sein. *G* hat jedoch keine Zahlung von der Gesellschaft erhalten, sondern nur von *R*. Zudem wurde lediglich der Kapitalanteil namentlich umgebucht, es erfolgte aber keine weitergehende Leistung aus dem Gesellschaftsvermögen.

Eine Einlagenrückgewähr kommt nur in Betracht, wenn die Umbuchung als Auszahlung des Auseinandersetzungsguthabens an *G* gewertet werden kann.[12] Das ist nur möglich, wenn die Anteilsübertragung in zwei getrennte Vorgänge, nämlich den Eintritt des neuen bei gleichzeitigem Austritt des alten Kommanditisten zerlegt werden kann.[13] Dann kann die Zahlung des neuen an den alten Kommanditisten einerseits nach § 362 Abs. 2 BGB als Tilgung der Einlageschuld des neuen Kommanditisten gegenüber der Gesellschaft durch Zahlung an einen Dritten sowie andererseits als Tilgung der Abfindungsschuld der Gesellschaft gegenüber dem alten Kommanditisten durch Zahlung seitens eines Dritten gem. § 267 BGB angesehen werden.[14] Damit

---

[10] So BGHZ 81, 82, 84 f.; MünchHdb.GesR II/*Piehler/Schulte*, § 35 Rn. 37; vgl. dazu auch *Stock*, DStR 1991, 385, 386.

[11] BGHZ 81, 82, 85; GroßKomm-HGB/*Schilling*, 3. Aufl., § 173 Rn. 6; E/B/J/S/*Strohn*, § 173 Rn. 13; MünchHdb.GesR II/*Piehler/Schulte*, § 35 Rn. 37.

[12] So die früher h. M., vgl. hierzu RGZ 162, 264; KG JW 1934, 2699, 2700; *Dietrich*, DR 1943, 1201, 1202.

[13] So z. B. noch RGZ 83, 312, 314 f.; 128, 172, 176; siehe hierzu auch *K. Schmidt*, GesellR, § 45 III 1 a (S. 1320 ff.).

[14] Siehe zu dieser Konstruktion *K. Schmidt*, GesellR, § 45 III 1 (S. 1320 f.), Beispiel 14 und § 54 IV 3 (S. 1590 ff.).

würden den Beteiligten aber völlig wirklichkeitsfremde Zahlungsmodalitäten „unterlegt", die sie in dieser Form gewiss nicht vornehmen wollten. Entsprechende konkludente Absprachen können dem Verhalten der Beteiligten nicht entnommen werden. Zudem ist diese Auffassung nach der grundsätzlichen Anerkennung der Anteilsübertragung als eigenständiger Weg zum Kommanditistenwechsel überholt. Vielmehr liegt der Mitgliedschaftsübertragung der entgeltliche Erwerb des Anteils samt voll eingezahlter Einlage zugrunde, so dass sich die Zahlung des neuen an den alten Kommanditisten als Zahlung auf die eigene Kaufpreisschuld darstellt.[15] Eine Auslegung der Umbuchung im Sinne einer Auszahlung des Auseinandersetzungsguthabens an den ausgeschiedenen Gesellschafter kommt daher nicht in Betracht.

Folglich kann in der Umbuchung des Kapitalanteils auf den neuen Kommanditisten *R* keine Rückzahlung der Einlage durch die Gesellschaft an den alten Kommanditisten *G* gesehen werden.

G haftet nicht für die Gesellschaftsverbindlichkeit gegenüber *K* nach §§ 171 Abs. 1, 172 Abs. 4 S. 1 HGB.

2. Rechtsscheinhaftung

K kann jedoch gegen *G* einen Anspruch auf Zahlung der 50.000 € aus § 433 Abs. 2 BGB i. V. m. §§ 171 Abs. 1, 172 Abs. 4 S. 1, 15 Abs. 1 HGB haben, falls durch den Eintritt von *R* in die KG zu Unrecht der Rechtsschein eines weiteren haftenden Gesellschafters, der neben die bisherigen Gesellschafter getreten ist, entstanden ist. In diesem Fall wird der Eindruck erweckt, dass eine Verdopplung der Haftsumme eingetreten ist, obwohl die Einlage tatsächlich identisch geblieben ist. Ergibt sich die Sonderrechtsnachfolge demnach nicht aus dem Handelsregister, lebt die Haftung des Altkommanditisten *G* entsprechend § 172 Abs. 4 S. 1 HGB wieder auf, weil seine Einlageleistung nach der Anteilsübertragung allein dem Erwerber zugute kommt. *G* kann sich dann nicht auf die dem *R* zugute kommende Einlageleistung berufen.[16]

Aufgrund der Regelung des § 162 Abs. 2, 2. Halbs. HGB ist streitig, ob § 15 HGB im Hinblick auf die Angaben zu den Kommanditisten noch anwendbar ist. Die Frage kann allerdings dahinstehen, wenn die Voraussetzungen für eine Rechtsscheinhaftung des *G* gem. § 15 Abs. 1 HGB nicht vorliegen.[17] § 15 Abs. 1 HGB setzt zunächst voraus, dass eine in das Handelsregister einzutragende Tatsache nicht eingetragen und bekannt gemacht worden ist. Einzutragende Tatsachen sind solche Umstände, die das Gesetz ihrer Art nach für offenlegungspflichtig erklärt hat, weil es sie als für den Dritten besonders wichtig ansieht.[18] Von diesen „eintragungspflichtigen" Tatsachen sind „bloß eintragungsfähige" Tatsachen zu unterscheiden. Deren Eintragung und Anmeldung stellt das Gesetz frei.[19] Die Anwendung des § 15 HGB beschränkt sich auf eintragungspflichtige Tatsachen.[20] Es kann aber offen bleiben, ob es sich bei der Eintragung eines Rechtsnachfolgevermerks um eine „eintragungspflichtige" oder um eine „bloß eintragungsfähige" Tatsache handelt, wenn die fragliche Tatsache eingetragen wurde. Die Beteiligten haben die Eintragung und Bekanntmachung des Kommanditistenwechsels von *G* und *R* sowie die Tatsache, dass er durch Rechtsnachfolge vonstatten ging,[21] veranlasst. § 15 Abs. 1 HGB kann somit nicht eingreifen.

---

[15] Vgl. *K. Schmidt,* GesellR § 45 III 1 (S. 1320 f.), Beispiel 15.
[16] BGHZ 81, 82, 89; vgl. hierzu auch die näheren Ausführungen unter B. II. 1.
[17] Vgl. hierzu B. II. 2.
[18] MünchKomm-HGB/*Krebs,* § 15 Rn. 25 f.; *Lettl,* § 3 Rn. 26.
[19] Vgl. MünchKomm-HGB/*Krafka,* § 8 Rn. 30.
[20] Unbestritten; vgl. nur MünchKomm-HGB/*Krebs,* § 15 Rn. 27; *Oetker,* § 3 Rn. 35.

Durch die Eintragung des Rechtsnachfolgevermerks im Handelsregister[22] ist weiterhin klargestellt worden, dass die Mitgliedschaft von *G* auf *R* ohne Veränderung des Gesellschaftsvermögens übergegangen ist. Der Eindruck einer zusätzlichen Haftsumme besteht somit nicht. Nach § 15 Abs. 2 HGB kann der Rechtsvorgänger dem Gesellschaftsgläubiger daher entgegenhalten, dass sich die Haftsumme gerade nicht verdoppelt hat.[23] Die Haftung des Altkommanditisten *G* lebt somit nicht entsprechend § 172 Abs. 4 S. 1 HGB wieder auf und *G* kann sich auf die dem *R* zugute kommende Einlageleistung berufen.

Auch nach Rechtsscheingrundsätzen haftet *G* nicht gegenüber *K* für dessen Kaufpreisforderung gegenüber der KG.

III. Ergebnis zum Ausgangsfall

K kann weder *R* noch *G* persönlich in Anspruch nehmen.

B. Abwandlung

I. Haftung von R bei Fehlen eines Rechtsnachfolgevermerkes

K kann einen Anspruch gegen *R* auf Zahlung von 50.000 € aus § 433 Abs. 2 BGB i. V. m. §§ 173, 171 Abs. 1, 15 Abs. 1 HGB haben.

Ein solcher Anspruch kann gegen den Neukommanditisten dann gegeben sein, wenn zwar der „Austritt" des Altkommanditisten und der „Eintritt" des Neukommanditisten eingetragen und bekannt gemacht wurde, der eintragungspflichtige Nachfolgevermerk aber fehlt. In diesem Fall kann für die Gläubiger der Gesellschaft der Rechtsschein bestehen, dass zwei voll eingezahlte Einlagen – nämlich des Neukommanditisten sowie des ausgeschiedenen Altkommanditisten – bestehen, obwohl tatsächlich nur eine Einlageleistung erbracht worden ist. Bei Fehlen eines Rechtsnachfolgevermerks kann dem Neukommanditisten daher die Berufung auf die „Umbuchung" des Anteils – und damit der bereits erbrachten Einlageleistung – versagt sein. Seine Haftung beruht darauf, dass er sich die unvollständige Eintragung zurechnen lassen muss, mithin den Rechtsschein erweckt hat, er sei unabhängig vom Ausscheiden eines anderen Gesellschafters Kommanditist mit einer neuen Hafteinlage geworden.[24]

Diese Argumentation überzeugt indes nicht. Auch bei Fehlen eines Nachfolgevermerks liegt objektiv eine Rechtsnachfolge vor.[25] Zudem ist dem Neukommanditisten die Berufung auf die Umbuchung des Anteils deshalb nicht gem. § 15 Abs. 1 HGB versagt, weil die tatsächliche Erbringung der Einlage keine eintragungsfähige Tatsache ist.[26] Mit der Übertragung der Rechtsposition auf den neuen Kommanditisten erwirbt er auch das Recht, sich auf die Einlageleistung des Rechtsvorgängers und die haftungsbefreiende Wirkung des § 171 Abs. 1, 2. Halbs. HGB zu berufen.[27]

---

[21] Zur Eintragungspflicht dieser Tatsachen siehe nur MünchKomm-HGB/*K. Schmidt*, § 173 Rn. 26 m. w. N., sowie Rn. 27 zur Bedeutung des Rechtsnachfolgevermerks für die Rechtsscheinhaftung.

[22] Voraussetzung für die Eintragung eines Rechtsnachfolgevermerks im Handelsregister ist die von dem ausscheidenden Gesellschafter und den persönlich haftenden Gesellschaftern formlos abzugebende „Abfindungsversicherung", wonach dem ausgeschiedenen Gesellschafter von Seiten der Gesellschaft keinerlei Abfindung aus dem Gesellschaftsvermögen gewährt oder versprochen wurde; vgl. *BGH* ZIP 2005, 2257 ff. mit zahlreichen weiteren Nachweisen.

[23] BGHZ 81, 82, 87; GroßKomm-HGB/*Schilling*, 3. Aufl., § 173 Rn. 8.

[24] So die früher h. M., vgl. z. B. GroßKomm-HGB/*Schilling*, 3. Aufl., § 173 Rn. 27; *Kornblum*, S. 241; *Weipert*, DR 1943, 270, 275 f.

[25] MünchKomm-HGB/*K. Schmidt*, § 173 Rn. 36.

[26] BGHZ 81, 82, 87; MünchKomm-HGB/*K. Schmidt*, § 173 Rn. 36 m. w. N.

Ein Anspruch von *K* gegen *R* auf Zahlung von 50.000 € aus § 433 Abs. 2 BGB i. V. m. §§ 173, 171 Abs. 1, 15 Abs. 1 HGB besteht folglich nicht.

II. Haftung von G bei Fehlen eines Rechtsnachfolgevermerks

K kann aber einen Anspruch auf Zahlung von 50.000 € gegen *G* aus § 433 Abs. 2 BGB i. V. m. §§ 171 Abs. 1, 172 Abs. 4 S. 1 HGB analog haben, wenn sich *G* als Altkommanditist nicht mehr auf die nunmehr dem Neukommanditisten *(R)* zugute kommende Einlageleistung berufen kann.

Hierfür sind rechtskonstruktiv zwei Wege denkbar, nämlich zum einen die entsprechende Anwendbarkeit von § 172 Abs. 4 S. 1 HGB und zum anderen eine Rechtsscheinhaftung.

1. Entsprechende Anwendung des § 172 Abs. 4 S. 1 HGB

Die entsprechende Anwendbarkeit von § 172 Abs. 4 S. 1 HGB setzt eine planwidrige Regelungslücke und vergleichbare Interessenlage voraus.

Das Gesetz hat den Wegfall der Haftungsfreiheit für den Fall der Anteilsübertragung ohne Eintragung des Rechtsnachfolgevermerks im Handelsregister nicht ausdrücklich bestimmt. Im Zeitpunkt der Entstehung des Gesetzes war die Übertragung eines Kommanditanteils im Wege der Sonderrechtsnachfolge als eigenständiges Institut noch nicht anerkannt. Eine planwidrige Regelungslücke liegt daher vor.

Ferner muss eine vergleichbare Interessenlage vorliegen. Geht man – wie hier – davon aus, dass mit der Übertragung der Rechtsposition auf den Neukommanditisten auch das Recht übergegangen ist, sich auf die Einlageleistung des Rechtsvorgängers und die Wirkung des § 171 Abs. 1 HGB zu berufen, ist die im Handelsregister weiter eingetragene Haftsumme des Altkommanditisten nicht mehr durch seine frühere Einlageleistung gedeckt.[28] Seine Einlage gilt in diesem Fall „den Gläubigern gegenüber als nicht mehr geleistet".[29]

Die Voraussetzungen für die analoge Anwendung von § 172 Abs. 4 S. 1 HGB im Falle der Mitgliedschaftsübertragung durch einfaches Verfügungsgeschäft liegen somit vor. *G* kann sich daher gegenüber *K* nicht mehr auf seine ursprünglich erbrachte Einlageleistung berufen, so dass seine Haftung wieder auflebt.

2. Rechtsscheinhaftung

Einschränkend kann eine Haftung des Altkommanditisten vom Vorliegen der weiteren Voraussetzungen einer Rechtsscheinhaftung abhängig zu machen sein. Dann muss durch den Austritt des Altkommanditisten und den Eintritt des Neukommanditisten in die KG zu Unrecht der Rechtsschein eines weiteren haftenden Gesellschafters, der neben die bisherigen Gesellschafter getreten ist, erweckt worden sein. Zunächst kommt eine Rechtsscheinhaftung gem. § 15 Abs. 1 HGB in Betracht.[30] Ob

---

[27] So BGHZ 81, 82, 89; MünchKomm-HGB/*K. Schmidt*, § 173 Rn. 36; GroßKomm-HGB/ *Schilling*, 3. Aufl., § 173 Rn. 6 und 9; MünchHdb.GesR II/*Piehler/Schulte*, § 35 Rn. 37; *Stock,* DStR 1991, 385, 386 und 418 f.

[28] BGHZ 81, 82, 89; zustimmend MünchHdb.GesR II/*Piehler/Schulte*, § 35 Rn. 38.

[29] BGHZ 81, 82, 89; siehe auch *U. Huber*, ZGR 1984, 146, 156, der der Entscheidung des *BGH* entnimmt, dass es auf Rechtsschein- und Vertrauensgesichtspunkte generell nicht ankomme. Dagegen – zu Recht – MünchKomm-HGB/*K. Schmidt*, § 173 Rn. 36 f., da der BGH in seiner Entscheidung selbst maßgeblich auf die weiter im Handelsregister eingetragene Haftsumme des Altkommanditisten und damit genau genommen auf Rechtsscheingesichtspunkte abstellt.

[30] Vgl. dazu nur MünchKomm-HGB/*K. Schmidt*, § 173 Rn. 36.

allerdings nach der Änderung des § 162 Abs. 2 HGB[31] die Vorschrift des § 15 Abs. 1 HGB noch anwendbar ist oder ob auf die allgemeinen Rechtsscheinsgrundsätze zurückgegriffen werden muss, ist umstritten. Gem. § 162 Abs. 2, 1. Halbs. HGB sind Angaben zu den Kommanditisten nicht mehr bekanntzumachen. Daran anknüpfend schließt § 162 Abs. 2, 2. Halbs. HGB die Anwendung der Vorschriften des § 15 HGB insoweit aus.

a) § 15 Abs. 1 HGB

Zum Teil wird § 15 HGB auch nach der Änderung des § 162 Abs. 2 HGB in begrenztem Umfang nach wie vor für anwendbar gehalten.[32] § 162 Abs. 2, 2. Halbs. HGB schließe die Vorschriften des § 15 HGB nur „insoweit" aus, als es auf die Bekanntmachung ankomme. Dies sei bei § 15 Abs. 1 HGB, der nur eine eintragungspflichtige und keine bekanntmachungspflichtige Tatsache voraussetze, nicht der Fall.[33] § 15 Abs. 1 HGB gelange damit dann zur Anwendung, wenn eintragungspflichtige Tatsachen nicht eingetragen werden.[34]

aa) Rechtsnachfolgevermerk als „eintragungspflichtige Tatsache"

Voraussetzung für § 15 Abs. 1 HGB ist somit zunächst, dass es sich beim Rechtsnachfolgevermerk um eine „eintragungspflichtige" Tatsache i. S. d. § 15 Abs. 1 HGB und nicht um eine „bloß eintragungsfähige" Tatsache handelt.[35] Der Kommanditistenwechsel ist gem. § 162 Abs. 3 HGB eintragungspflichtig. Dies gilt auch für einen Wechsel durch Rechtsnachfolge, wie z. B. die rechtsgeschäftliche Übertragung des Anteils an einen anderen Kommanditisten.[36] Der Rechtsnachfolgevermerk dient dazu, eine Verdopplung der Haftsumme kraft Rechtsscheinhaftung abzuwehren.[37] Fehlt ein solcher Vermerk, haftet der Rechtsnachfolger nicht, sofern der Rechtsvorgänger die Haftsumme eingezahlt hat. Vielmehr haftet der Rechtsvorgänger entsprechend § 172 Abs. 4 HGB.[38] Beim Rechtsnachfolgevermerk handelt es sich mithin um eine zum Geschäftsverkehr gehörige eintragungspflichtige Tatsache,[39] deren Eintragung in das Handelsregister hier nicht von G, in dessen Angelegenheiten die Eintragung des Rechtsnachfolgevermerks hätte erfolgen müssen,[40] veranlasst wurde.

bb) Keine positive Kenntnis von Rechtsnachfolge

K war diese nicht eingetragene Tatsache auch nicht positiv bekannt. Er war hinsichtlich des fehlenden Nachfolgevermerks vielmehr gutgläubig und konnte sich insoweit auf das Schweigen des Handelsregisters verlassen. Dabei kommt es nicht darauf an, ob der Dritte die konkrete Offenlegung im Handelsregister kannte oder sich gar von

---

[31] Artikel 4 des Gesetzes zur Namensaktie und zur Erleichterung der Stimmrechtsausübung (NaStraG) v. 18. 1. 2001 (BGBl. I S. 123).

[32] E/B/J/S/*Strohn*, § 173 Rn. 18; *Koller/Roth/Morck*, § 162 Rn. 2; *Burgard*, FS Hadding (2004), 325, 337; *Eckert*, ZHR 147 (1983), 565, 572; *Wilhelm*, DB 2002, 1979, 1983; *Paul*, MDR 2004, 849, 850 f.; *Grunewald*, ZGR 2003, 541, 546; *Saenger*, JA 2008, 771, 772.

[33] *Paul*, MDR 2004, 849, 850; *Wilhelm*, DB 2002, 1979, 1984.

[34] *Wilhelm*, DB 2002, 1979, 1983 f.

[35] Vgl. hierzu A. II. 4.

[36] Baumbach/Hopt/*Hopt*, § 162 Rn. 8; MünchKomm-HGB/*K. Schmidt*, § 173 Rn. 26; *Koller/Roth/Morck*, § 162 Rn. 2; Röhricht/Graf v. Westphalen/*v. Gerkan/Haas*, § 162 Rn. 14.

[37] Vgl. MünchKomm-HGB/*K. Schmidt*, § 173 Rn. 27.

[38] Baumbach/Hopt/*Hopt*, § 173 Rn. 13; vgl. auch B. II. 1.

[39] Siehe oben A. II. 4. Fn. 21. Die Eintragung eines Rechtsnachfolgevermerks ist mit der Änderung des § 162 Abs. 2 HGB durch das NaStraG auch nicht hinfällig geworden, vgl. dazu nur *OLG Köln* FGPrax 2004, 88, 90; *OLG Hamm* FGPrax 2005, 39, 40.

[40] *v. Olshausen*, GS Knobbe-Keuk (1997), 247, 258.

ihr in seinem Verhalten bestimmen ließ.[41] Er muss das Handelsregister gerade nicht einsehen,[42] so dass er nicht im konkreten Vertrauen auf das Fehlen der Eintragung und Bekanntmachung gehandelt haben muss.[43]

Die Voraussetzungen des § 15 Abs. 1 HGB sind damit an sich gegeben.

cc) Eventuelle Einschränkung des § 15 Abs. 1 HGB

Der Tatbestand des § 15 Abs. 1 HGB kann allerdings in Extremfällen einzuschränken sein,[44] etwa in Situationen wie der vorliegenden. Es erscheint nicht unbedenklich, dass der vom Handelsregister ausgehende Rechtsschein auch solchen Gläubigern zugute kommen soll, zu deren Gunsten im Zeitpunkt der Forderungsbegründung gegen die Gesellschaft (hier: im April 2008) noch gar kein Rechtsschein des Hinzutretens einer weiteren Haftsumme (hier: nach dem 1. 7. 2009) bestand.[45] Bei einer derartigen Einschränkung des § 15 Abs. 1 HGB müsste die Haftung des Altkommanditisten daher von der weiteren – hier nicht erfüllten – Voraussetzung abhängig gemacht werden, dass der Gläubiger nach der Entstehung des Rechtsscheins noch über seine Forderung disponiert und damit sein Vertrauen in irgendeiner Weise objektiviert hat.[46]

Dem steht jedoch entgegen, dass § 15 Abs. 1 HGB als spezieller Rechtsscheintatbestand nicht generell einem allgemeinen Vertrauensgrundsatz unterworfen werden kann, bei dem es auf die Kausalität konkreten Vertrauens für das Verhalten des Dritten ankommt.[47] Ausreichend ist bei § 15 Abs. 1 HGB vielmehr, dass ein bestimmter Rechtsschein „in der Welt ist", und die abstrakte Möglichkeit besteht, dass der Dritte hierauf hätte vertrauen können.[48] Das aber ist im rechtsgeschäftlichen Bereich in aller Regel – und so auch hier – der Fall.

K kann *G* als Altkommanditisten unter Berücksichtigung von § 15 Abs. 1 HGB auf Zahlung in Anspruch nehmen.

b) Allgemeine Rechtsscheingrundsätze

Nach anderer Ansicht können die Vorschriften des § 15 HGB wegen der Änderung des § 162 Abs. 2 HGB nicht mehr zur Anwendung gelangen.[49] § 15 Abs. 1 HGB setze neben einer eintragungspflichtigen eine bekanntmachungspflichtige Tatsache voraus.[50] Danach komme eine Haftung des Altkommanditisten nur nach allgemeinen Rechtsscheingrundsätzen in Betracht.

---

[41] Ganz h. M., vgl. nur MünchKomm-HGB/*Krebs,* § 15 Rn. 10 ff.; *K. Schmidt,* HandelsR, § 14 II 2 d (S. 395) m. w. N.

[42] BGHZ 65, 311; Baumbach/Hopt/*Hopt,* § 15 Rn. 9; E/B/J/S/*Gehrlein,* § 15 Rn. 12.

[43] Vgl. *K. Schmidt,* HandelsR, § 14 II 2 b (S. 394); *Lettl,* § 3 Rn. 35 f.; *Jung,* § 10 Rn. 15; *Steinbeck,* § 11 Rn. 11.

[44] Vgl. dazu allgemein *K. Schmidt,* HandelsR, § 14 II 2 b (S. 391 ff.) m. w. N.

[45] Vgl. hierzu *Eckert,* ZHR 147 (1983), 565, 572 m. w. N., insb. unter Hinweis auf *Canaris,* Vertrauenshaftung, S. 471 ff. u. S. 510 ff.

[46] So *Eckert,* ZHR 147 (1983), 565, 572; *v. Olshausen,* GS Knobbe-Keuk (1997), 247, 259; siehe auch *Canaris,* Vertrauenshaftung, S. 510 ff.

[47] Ablehnend deshalb auch MünchKomm-HGB/*Krebs,* § 15 Rn. 11; GK-HGB/*Nickel,* § 15 Rn. 14; GroßKomm-HGB/*Koch,* § 15 Rn. 60 f.; *K. Schmidt,* HandelsR, § 14 II 2 b (S. 393 f.).

[48] Vgl. auch *K. Schmidt,* HandelsR, § 14 II 2 b (S. 394) m. w. N., der diese teleologische Reduktion des § 15 Abs. 1 HGB zur Lösung von Extremfällen vorschlägt.

[49] Baumbach/Hopt/*Hopt,* 173 Rn. 13; MünchHdb.GesR II/*Piehler/Schulte,* § 35 Rn. 39; MünchKomm-HGB/*K. Schmidt,* § 173 Rn. 36; *ders.,* ZIP 2002, 413, 414, 417 f.; *Terbrack,* RPfleger 2003, 105, 106.

[50] *K. Schmidt,* ZIP 2002, 413, 419.

Bei der allgemeinen Rechtsscheinhaftung kommt es aber im Gegensatz zu § 15 HGB gerade darauf an, dass der Gläubiger im Vertrauen auf den Rechtsschein handelt.[51] Erforderlich ist, dass der Dritte kausal durch den Rechtsschein zum Handeln beeinflusst wird. *K* hat hier das Handelsregister nicht eingesehen, so dass ein Handeln im konkreten Vertrauen auf den Rechtsschein ausscheidet. Die Voraussetzungen einer allgemeinen Rechtsscheinhaftung des *G* liegen daher nicht vor.

K kann *G* als Altkommanditisten nicht nach § 172 Abs. 4 S. 1 HGB analog i. V. m. mit allgemeinen Rechtsscheinsgrundsätzen auf Zahlung in Anspruch nehmen.

c) Entscheidung

Auch nach der Änderung des § 162 Abs. 2 HGB bleibt § 15 Abs. 1 HGB anwendbar. Die gegenteilige Auffassung vermag nicht überzeugen, da § 15 Abs. 1 HGB nur eine eintragungspflichtige Tatsache voraussetzt[52] und § 162 Abs. 2, 2. HS nach seinem Wortlaut („insoweit") nur die Anwendung des § 15 HGB im Hinblick auf die nicht mehr erfolgende Bekanntmachung ausschließt. Die Entstehungsgeschichte zu § 162 Abs. 2 HGB unterstützt dieses Ergebnis: § 162 Abs. 2 HGB wurde geändert, um eine umfangreiche und kostspielige Bekanntmachung zu vermeiden[53] und nicht, um die materielle Rechtslage in Bezug auf die Kommanditistenhaftung zu ändern.[54] Schließlich würde die Nichtanwendung des § 15 Abs. 1 HGB dazu führen, dass Altkommanditisten nur der schwächeren allgemeinen Rechtsscheinhaftung unterliegen und zudem würde ein Druckmittel zur Durchsetzung der Eintragung des Nachfolgevermerks im Handelsregister entfallen.[55]

Die Haftung von *G* für die Gesellschaftsverbindlichkeit gegenüber *K* ergibt sich damit auch aus § 172 Abs. 4 S. 1 HGB analog i. V. m. § 15 Abs. 1 HGB. Aus diesem Grund muss nicht entschieden werden, ob eine Haftung von *G* allein mit der entsprechenden Anwendung von § 172 Abs. 4 S. 1 HGB begründet werden kann.

III. Ergebnis zur Abwandlung

K kann *G* gem. §§ 433 Abs. 2 BGB, 171 HGB entweder i. V. m. § 172 Abs. 4 HGB analog oder aber i. V. m. § 15 Abs. 1 HGB auf Zahlung von 50.000 € in Anspruch nehmen.

---

[51] *Canaris,* HandelsR, § 6 Rn. 77; *K. Schmidt,* ZIP 2002, 413, 418.
[52] § 15 Abs. 1 HGB stellt seinem Wortlaut nur auf eine „einzutragende" Tatsache ab und damit nicht auf eine bekanntmachungspflichtige Tatsache. Aus § 10 Abs. 1 HGB ergibt sich auch, dass nur eine eingetragene Tatsache bekannt gemacht werden kann und muss.
[53] BT-Drs. 14/4051, 18 f.
[54] *Grunewald,* ZGR 2003, 541, 546; *Paul,* MDR 2004, 849, 851 f; *Saenger,* JA 2008, 771, 772.
[55] *Burgard,* FS Hadding (2004), 325, 333 f.

Fall 18. Kommanditistenschicksal

Schwerpunkt im Personengesellschaftsrecht (KG):
Haftung eines Kommanditisten nach § 176 HGB bei Auftreten einer GmbH & Co.
KG – Wirkung einer Einlagenrückzahlung für den Rechtsvorgänger eines Kommanditisten

Sachverhalt

An der ordnungsgemäß im Handelsregister eingetragenen Mediplan GmbH & Co. KG sind seit ihrer Gründung im Jahre 1998 die Mediplan GmbH als Komplementärin und Herr *Alfons Asbach-Altvogt (A)* als Kommanditist mit einer Haftsumme von umgerechnet 100.000 € beteiligt, die er bereits 1999 vollständig geleistet hat. Geschäftsgegenstand des Unternehmens der KG ist die Planung und Durchführung von Praxiseinrichtungen für Angehörige ärztlicher Berufe.

Anfang 2009 tritt A seinen wohlverdienten Ruhestand an. Für die lange geplante Australien-Reise benötigt er noch etwas Taschengeld und entschließt sich schweren Herzens, seinen Kommanditanteil an *Bert Bares (B)* zu veräußern. Der Wechsel der Kommanditisten wird im Februar 2009 in das Handelsregister eingetragen. Auch ein Rechtsnachfolgevermerk erfolgt. Der Kaufpreis reißt bei B allerdings ein erhebliches Loch in seine Liquiditätsreserven. Es wurde daher zwischen allen Beteiligten abgesprochen, dass B übergangsweise einen Betrag von 30.000 € aus seiner Einlage zurückgezahlt erhält. Dies geschieht im März 2009.

Auch die Mediplan GmbH & Co. KG bekommt die Einsparungen auf dem Gebiet des Gesundheitswesens zu spüren. Dringend benötigtes neues Kapital soll ihr durch die Aufnahme eines weiteren Kommanditisten zugeführt werden. Nach langem Suchen kann schließlich der Unternehmer *Carl Consum (C)* als Kommanditist mit einer Haftsumme von 100.000 € gewonnen werden.

Der Aufnahmevertrag wird im Juni 2009 geschlossen und ein Betrag von 80.000 € von C an die KG gezahlt. Die Eintragung von C als Kommanditist verzögert sich jedoch wegen Überlastung des Registergerichts.

Die Geschäfte gehen auch in der Folgezeit nicht besser. Um dem Konkurrenzdruck standhalten zu können, erscheint es unumgänglich, eine neue Computeranlage zur Präsentation der Einrichtungsvorschläge anzuschaffen. Man verspricht sich von dem Einsatz der neuen Multi-Media-Technologie einen verstärkten Kundenzulauf. Im August 2009 wird ein günstiges Angebot bei Viktors-PC-Versand *(V)*, der auch großzügig ein Zahlungsziel von drei Monaten einräumt, angenommen und eine Computeranlage nebst Programmen und umfangreichem Zubehör für 50.000 € erworben.

Im Oktober 2009 wird C als Kommanditist im Handelsregister eingetragen. Leider schlägt sich die Anschaffung der neuen Computeranlage nicht in einem messbar größeren Auftragsvolumen nieder, so dass die KG in Zahlungsschwierigkeiten gerät. Als zwei Monate nach Fälligkeit trotz wiederholter Mahnungen noch immer keine Überweisung durch die KG erfolgt ist, fragt V nach seinen Ansprüchen gegen A, B und C.

Auch die Tilgung eines Kredites, den die X'pert-Möbel-GmbH (X-GmbH) der KG 2005 für Büroeinrichtungen gewährt hatte, gerät im Januar 2010 ins Stocken. Die X-GmbH kündigt den Kredit und fordert von A, B und C Rückzahlung der noch ausstehenden 60.000 €.

Können V bzw. die X-GmbH von A, B und C Zahlung der offenen Forderungen verlangen?

Lösung

Teil 1: Ansprüche von V

A. Anspruch von V gegen A

V kann gegen A einen Anspruch auf Zahlung von 50.000 € gem. § 433 Abs. 2 BGB i. V. m. § 171 Abs. 1, 1. Halbs. HGB haben.

I. Gesellschaftsverbindlichkeit

Eine Kommanditgesellschaft sowie eine wirksame Verpflichtung dieser KG liegen vor.

II. Kommanditistenstellung von A

Bedenken gegen die Haftung von A für diese Verbindlichkeiten können sich daraus ergeben, dass A im Zeitpunkt der Entstehung des Anspruchs im August 2009 aufgrund der vorherigen Übertragung seines Kommanditanteils[1] auf B bereits nicht mehr Kommanditist der Mediplan GmbH & Co. KG war.

Die Haftung des Gesellschafters einer Personenhandelsgesellschaft erfasst grundsätzlich nur die während seiner Gesellschafterzugehörigkeit begründeten Gesellschaftsverbindlichkeiten. Dieser Grundsatz wird gem. §§ 130, 173 HGB ausgedehnt auf die vor dem Eintritt in die Gesellschaft begründeten Verbindlichkeiten. Aus § 160 HGB, der die Nachhaftung des aus der Gesellschaft ausgeschiedenen Gesellschafters für die während seiner Gesellschaftszugehörigkeit begründeten Gesellschaftsverbindlichkeiten regelt, lässt sich somit im Umkehrschluss ableiten, dass ein Gesellschafter für die nach seinem Ausscheiden begründeten Gesellschaftsverbindlichkeiten nicht haftet.

Eine Haftung von A für erst nach seinem Ausscheiden entstandene Verbindlichkeiten besteht daher nicht. V kann A somit nicht auf Zahlung von 50.000 € in Anspruch nehmen.

B. Anspruch von V gegen B

V kann gegen B einen Anspruch auf Zahlung von 50.000 € gem. § 433 Abs. 2 BGB i. V. m. § 171 Abs. 1, 1. Halbs. HGB haben.

I. Gesellschaftsverbindlichkeit

Durch den Abschluss des Kaufvertrages ist die Mediplan GmbH & Co. KG zu einer Zeit, als B schon Gesellschafter war, zur Zahlung des Kaufpreises verpflichtet worden. Für diese Gesellschaftsverbindlichkeit haftet B damit als Kommanditist.

---

[1] Zur grundsätzlichen Möglichkeit der Übertragung eines KG-Anteils siehe Fall 17.

II. Haftungsbefreiende Leistung der Einlage

Der Kommanditist haftet gem. § 171 Abs. 1, 1. Halbs. HGB den Gesellschaftsgläubigern aber nur bis zur Höhe seiner Einlage. Die Haftung entfällt jedoch gem. § 171 Abs. 1, 2. Halbs. HGB, soweit die Einlage geleistet ist.

B selbst hatte keine Einlage geleistet. Durch die Übertragung des Kommanditanteils von *A* auf *B* hat dieser jedoch die Rechtsposition des *A* übernommen. *A* hatte seine Einlageverpflichtung vollständig erfüllt. Wird die Übertragung des Kommanditistenanteils – wie geschehen – durch Eintragung eines Rechtsnachfolgevermerks kundgemacht, können sich sowohl der Alt- als auch der Neukommanditist auf die vom Altkommanditisten geleistete Einlage berufen.[2]

Gem. § 172 Abs. 4 S. 1 HGB gilt die Einlage eines Kommanditisten jedoch als nicht geleistet, soweit sie zurückbezahlt wird. *B* hatte nach Übernahme des Kommanditanteils von der Gesellschaft eine Einlagenrückzahlung i. H. v. 30.000 € erhalten. Insoweit gilt seine Einlage mithin als nicht geleistet.

V hat somit gegen *B* einen Anspruch auf Zahlung von 30.000 € gem. § 433 Abs. 2 BGB i. V. m. §§ 171 Abs. 1, 1. Halbs., 172 Abs. 4 S. 1 HGB.

C. Anspruch von V gegen C

I. Anspruch gem. § 433 Abs. 2 BGB i. V. m. § 176 Abs. 2, Abs. 1 S. 1 HGB

V kann einen Anspruch gegen *C* auf Zahlung von 50.000 € gem. § 433 Abs. 2 BGB i. V. m. § 176 Abs. 2, Abs. 1 S. 1 HGB haben.

1. Eintritt in eine bestehende Handelsgesellschaft

Voraussetzung ist gem. § 176 Abs. 2 HGB, dass *C* in eine bestehende Handelsgesellschaft als Kommanditist eingetreten ist.

C hat einen neu geschaffenen Kommanditanteil der bereits bestehenden KG übernommen und ist damit in eine bestehende Handelsgesellschaft eingetreten.

2. Entstehung der Verbindlichkeit zwischen Eintritt und Eintragung im Handelsregister

Weiterhin muss die Forderung, die *V* geltend macht, in der Zeit zwischen dem Eintritt des *C* in die Gesellschaft und dessen Eintragung in das Handelsregister entstanden sein.

C hatte mit der Gesellschaft den entsprechenden Beitrittsvertrag im Juni 2009 geschlossen; die Eintragung von *C* als Kommanditist in das Handelsregister erfolgte im Oktober 2009. Der Kaufvertrag zwischen *V* und der KG wurde zu einem dazwischen liegenden Zeitpunkt geschlossen, nämlich im August 2009. Die Gesellschaftsverbindlichkeit ist somit zwischen Eintritt von *C* und dessen Eintragung als Kommanditist entstanden.

3. Entsprechende Anwendung von § 176 Abs. 1 S. 1 HGB

Rechtsfolge des § 176 Abs. 2 HGB ist eine entsprechende Anwendung von § 176 Abs. 1 S. 1 HGB. Folglich greift die unbeschränkte Haftung des in eine KG eintretenden Kommanditisten nur unter den weiteren Voraussetzungen von § 176 Abs. 1 S. 1 HGB ein.

---

[2] Vgl. E/B/J/S/*Strohn*, § 173 Rn. 18; Röhricht/Graf v. Westphalen/*v. Gerkan/Haas*, § 173 Rn. 12; K. *Schmidt*, GesellR, § 54 IV 3 (S. 1590 f.). Im Einzelnen siehe auch oben Fall 17.

a) Erfordernis der Zustimmung

§ 176 Abs. 1 S. 1 HGB bestimmt, dass der Kommanditist für die Verbindlichkeiten der Gesellschaft, die vor der Eintragung der Gesellschaft entstanden sind, wie ein persönlich haftender Gesellschafter nur dann haftet, wenn er dem Geschäftsbeginn vor der Eintragung zugestimmt hat. Ob dieses Zustimmungserfordernis auch im Falle des § 176 Abs. 2 HGB gilt, wird unterschiedlich beurteilt.

aa) Zustimmung erforderlich

Aus der Verweisung des § 176 Abs. 2 HGB auf Abs. 1 S. 1 dieser Vorschrift kann zu folgern sein, dass nicht schon der Eintritt, sondern erst die Zustimmung des eintretenden Kommanditisten zur Fortführung der Geschäfte durch die Gesellschaft seine unbeschränkte Haftung auslöst.[3]

C hat eine solche Zustimmung nicht erteilt mit der Folge, dass seine unbeschränkte Haftung ausscheidet.

bb) Keine Zustimmung erforderlich

Dagegen ist jedoch einzuwenden, dass § 176 Abs. 2 HGB nicht uneingeschränkt auf die Voraussetzungen von § 176 Abs. 1 S. 1 HGB verweist, sondern lediglich eine entsprechende Anwendung dieser Vorschrift anordnet. Ob die entsprechende Anwendung von § 176 Abs. 1 S. 1 HGB im Falle des Eintritts eines Kommanditisten in eine KG auch dessen Zustimmung zur Fortführung der Geschäfte erforderlich macht, muss anhand einer Vergleichsbetrachtung mit der Situation bei Gründung einer Kommanditgesellschaft ermittelt werden.

Bei der Gründung einer Kommanditgesellschaft haben die Gesellschafter zunächst einmal die Wahl, ob sie die Geschäfte vor Eintragung der Gesellschaft aufnehmen oder den Geschäftsbeginn bis zur Eintragung der Gesellschaft zurückstellen wollen. Daher ist es sinnvoll, die dem Geschäftsbeginn zustimmenden Kommanditisten unbeschränkt haften zu lassen. Sie übernehmen durch ihre Zustimmung ein Haftungsrisiko, das durch den Aufschub des Geschäftsbeginns ohne weiteres vermeidbar ist. Der gesetzliche Eintragungszwang wird hier durch die unbeschränkte persönliche Haftung zivilrechtlich flankiert, um die Gesellschafter zur raschen Eintragung zu veranlassen bzw. einen Beginn der Geschäfte vor Eintragung zu verhindern.

Bei dem nachträglichen Eintritt eines Kommanditisten in eine bereits existierende und geschäftlich aktive Gesellschaft besteht eine solche Situation indes nicht. Der in eine bereits bestehende, aktiv am Wirtschaftsleben teilnehmende KG eintretende Kommanditist weiß, dass diese Gesellschaft ihre Geschäfte fortführen muss. Eine Einstellung der Geschäftätigkeit bis zur Eintragung seiner Kommanditistenstellung scheidet schon aus betriebswirtschaftlichen Gründen aus. Den Kommanditisten nur haften zu lassen, wenn er der Fortführung der Geschäfte „zustimmt", würde letztlich dazu führen, die unbeschränkte Haftung des eintretenden Kommanditisten faktisch zu beseitigen, weil die Gesellschaft die Geschäfte auch ohne seine Zustimmung fortführen muss und dies auch tut. Anders als der „Gründungskommanditist" würde er wegen der Fortführung der Geschäfte wirtschaftlich die Früchte der gesellschaftlichen Tätigkeit ernten, ohne das damit nach der gesetzlichen Wertung verbundene Risiko der persönlichen Haftung übernehmen zu müssen. Im Falle des Eintritts in

---

[3] Vgl. RGZ 128, 172, 180 f.; Düringer/Hachenburg/*Flechtheim*, § 176 Rn. 9; GroßKomm-HGB/*Schilling*, 3. Aufl., § 176 Rn. 21; anders in der 4. Aufl., § 176 Rn. 23; H. P. Westermann/*Wertenbruch*, Band I Rn. 3118.

eine bereits bestehende und am Wirtschaftsleben aktiv teilnehmende Kommanditgesellschaft macht das Erfordernis der Zustimmung zur Fortführung der Geschäfte
somit keinen Sinn.[4]

Der Vergleich zwischen der „Gründungssituation" und der „Beitrittssituation" zeigt
somit, dass es bei letzterer gerechtfertigt ist, die unbeschränkte Haftung des beitretenden Kommanditisten nicht vom Erfordernis der Zustimmung zur Fortführung
der Geschäfte abhängig zu machen. Vielmehr trägt allein der Beitritt zu einer bestehenden KG die Legitimation der unbeschränkten Haftung in sich.[5] Schließlich kann
der beitretende Kommanditist seine unbeschränkte Haftung nach § 176 HGB ohne
weiteres dadurch vermeiden, dass im Beitrittsvertrag bestimmt wird, dass sein Beitritt
erst aufschiebend bedingt (§ 158 Abs. 1 BGB) mit seiner Eintragung wirksam werden
soll.[6]

Die unbeschränkte Haftung des in die KG als Kommanditist eingetretenen C tritt
somit unabhängig von seiner Zustimmung zur Geschäftsfortführung ein.

**b) Ausschluss der unbeschränkten Haftung bei Kenntnis des Gläubigers von der
Kommanditistenstellung**

C haftet gem. § 176 Abs. 2 i. V. m. Abs. 1 S. 1 HGB aber nur dann unbeschränkt,
wenn V seine Beteiligung als Kommanditist nicht bekannt war.

aa) Keine teleologische Reduktion des § 176 HGB bei GmbH & Co. KG

Das in § 176 Abs. 1 S. 1, 2. Halbs. HGB genannte subjektive Erfordernis des Vertragspartners kann eine teleologische Reduktion des Anwendungsbereichs von § 176
HGB für solche Fälle erforderlich machen, in denen als Vertragspartner des Dritten
nicht eine „reguläre" KG, sondern eine GmbH & Co. KG auftritt.[7] Diese Auffassung kann jedoch nicht überzeugen. Der Schutz Dritter durch § 176 HGB kann
nicht grundsätzlich durch das Auftreten als „GmbH & Co. KG" ausgeschlossen
sein. Auch bei einer „GmbH & Co. KG" kann neben der GmbH ein weiterer Komplementär vorhanden sein. Bereits aus diesem Grund kann in den Fällen der „GmbH
& Co. KG" § 176 HGB nicht einfach schlechthin „außer Kraft gesetzt" werden.
Vielmehr ist auch bei dem Auftreten als „GmbH & Co. KG" die unbeschränkte
Haftung eines nicht eingetragenen Kommanditisten nach § 176 HGB möglich.[8]

**bb) Anforderungen an die Kenntnis i. S. v. § 176 Abs. 1 S. 1 HGB bei GmbH &
Co. KG**

Richtigerweise kann nur darauf abzustellen sein, ob bei Gläubigern einer GmbH &
Co. KG an die Annahme der Kenntnis um die Kommanditisteneigenschaft gegeben-
nenfalls geringere Anforderungen zu stellen sind, wenn es sich bei dem in Anspruch
genommenen Gesellschafter um eine natürliche Person handelt.

Ausgehend von dem Grundsatz, wonach die unbeschränkte Haftung des eintretenden Kommanditisten nur dann ausgeschlossen ist, wenn der Dritte die Umstände

---

[4] So auch BGHZ 82, 209, 211; ebenso *K. Schmidt,* ZHR 144 (1980), 192, 194 ff.
[5] H. A., vgl. BGHZ 82, 209, 211; Baumbach/Hopt/*Hopt,* § 176 Rn. 9; E/B/J/S/*Strohn,* § 176
Rn. 31; *Koller/Roth/Morck,* § 176 Rn. 9; MünchKomm-HGB/*K. Schmidt,* § 176 Rn. 28; Oetker/
Oetker, § 176 Rn. 49; Röhricht/Graf v. Westphalen/*v. Gerkan/Haas,* § 176 Rn. 49; *Wiedemann,*
GesellR II, § 9 III 6 a (S. 815); *K. Schmidt,* ZHR 144 (1980), 192, 194 f.
[6] Vgl. BGHZ 82, 209, 212; ebenso MünchKomm-HGB/*K. Schmidt,* § 176 Rn. 30; Oetker/
Oetker, § 176 Rn. 48; Röhricht/Graf v. Westphalen/*v. Gerkan/Haas,* § 176 Rn. 50.
[7] Baumbach/Hopt/*Hopt,* Anh. § 177 a Rn. 19; *Priester,* BB 1980, 911, 913.
[8] *BGH* NJW 1980, 54; WM 1983, 651, 652.

kennt, aus denen zwingend gefolgert werden muss, dass der betreffende Gesellschafter nicht unbeschränkt haftet,[9] ist zu entscheiden, ob diese Kenntnis allein aus dem Auftreten einer GmbH & Co. KG gefolgert werden kann.[10]

(1) Keine Gleichsetzung der Kenntnis von GmbH & Co. KG mit Kenntnis der Kommanditistenstellung

Aus dem Umstand, dass eine Gesellschaft als „GmbH & Co. KG" im Rechtsverkehr auftritt, kann nicht geschlossen werden, dass dem Gläubiger damit bekannt sei, der einzig unbeschränkt haftende Gesellschafter sei die GmbH.[11] Allein die Kenntnis des *V*, es mit einer „GmbH & Co. KG" zu tun zu haben, ist im Hinblick auf die Haftung des *C* danach unschädlich.

V besitzt danach keine Kenntnis von der Kommanditistenstellung des *C*, so dass dessen Haftung nicht beschränkt ist.

(2) Gleichsetzung der Kenntnis von GmbH & Co. KG mit Kenntnis der Kommanditistenstellung

Demgegenüber kann argumentiert werden, die Kenntnis des Gläubigers über das Auftreten der Gesellschaft als GmbH & Co. KG bedeute gleichzeitig, dass er davon ausgehen müsse, alle der Gesellschaft angehörenden natürlichen Personen seien Kommanditisten. Dafür kann angeführt werden, dass die Zahl der im Rechtsverkehr als GmbH & Co. KG auftretenden Gesellschaften, bei welcher auch eine natürliche Person Komplementär ist, so gering sei, dass der Gläubiger im Regelfall bei einer als GmbH & Co. KG auftretenden Gesellschaft vernünftigerweise nicht mit unbeschränkt haftenden natürlichen Personen rechnen könne.[12] Eine Vertrauenshaftung müsse immer an die Regel und nicht an die Ausnahme anknüpfen. Die Komplementärstellung einer natürlichen Person sei bei einer GmbH & Co. KG gerade die Ausnahme, auf die der Gläubiger nicht vertrauen dürfe.[13]

V war bekannt, dass es sich bei der Gesellschaft um eine GmbH & Co. KG handelt. Damit besaß er zugleich Kenntnis von der Kommanditistenstellung des *C*. Eine unbeschränkte Haftung des *C* scheidet danach aus.

(3) Stellungnahme

Allein aus dem Auftreten als GmbH & Co. KG die Kenntnis des Gläubigers ableiten zu wollen, ist aber durchgreifenden Bedenken ausgesetzt. Von einer Institutionalisierung der GmbH & Co. KG als Gesellschaft mit der GmbH als einziger Komplementärin kann nicht ausgegangen werden.[14] Die Beteiligung natürlicher Personen an einer GmbH & Co. KG als Komplementäre neben der GmbH ist nicht ausgeschlossen und kommt auch in der Rechtswirklichkeit nicht ganz selten vor.[15] Folglich kann

---

[9] Vgl. grundlegend RGZ 128, 172, 183.

[10] Siehe dazu *K. Schmidt*, GesellR, § 55 V 1 b (S. 1618 f.).

[11] *BGH* NJW 1980, 54. Der BGH (*BGH* WM 1983, 651, 652) gab zuletzt immerhin zu erkennen, dass aufgrund des § 19 Abs. 5 HGB a. F. (heute § 19 Abs. 2 HGB) sein bisher eingenommener Standpunkt neu zu überdenken sein könne.

[12] *OLG Frankfurt* NZG 2009, 625, 626; MünchKomm-HGB/*K. Schmidt*, § 176 Rn. 50; H. P. *Westermann/Wertenbruch*, Band I Rn. 3110; E/B/J/S/*Strohn*, § 176 Rn. 22; *Windbichler*, § 37 Rn. 19; *K. Schmidt*, ZHR 144 (1980), 192, 202 ff.; *U. Huber*, ZGR 1984, 146, 166.

[13] So etwa *OLG Frankfurt* NZG 2009, 625, 626; *Kroppen*, S. 127.

[14] Ebenso *BGH* NJW 1980, 54.

[15] Mit dem Inkrafttreten des Gesetzes über elektronische Handelsregister und Genossenschaftsregister sowie das Unternehmensregister (EHUG) vom 10. 11. 2006 (BGBl. I S. 2553) am 1. 1. 2009 sind die Offenlegungspflichten für Kapitalgesellschaften in § 325 HGB verschärft

es dem Gläubiger grundsätzlich nicht verwehrt sein, sich darauf zu berufen, dass er vom Vorhandensein natürlicher Personen als Komplementäre neben der Komplementär-GmbH ausgegangen sei. Ein anderes Ergebnis stünde im Widerspruch zu § 176 Abs. 1 HGB, der die positive Kenntnis des Gläubigers verlangt. Die allgemeine Erfahrung, dass die Haftung einer natürlichen Person bei Auftreten einer GmbH & Co. KG eine beschränkte sein soll, ist nicht so konkret, dass man sie der geforderten Kenntnis gleichstellen kann. Der Begriff der Kenntnis darf nicht in unzulässiger Weise in Richtung „kennen müssen" aufgeweicht werden.[16]

Als gewissermaßen vermittelnde Lösung bietet es sich vielmehr an, dem Gläubiger einer als GmbH & Co. KG im Rechtsverkehr auftretenden Gesellschaft zwar nicht von vornherein zu unterstellen, er sei von der ausschließlichen Komplementärstellung der GmbH ausgegangen, und ihm den Einwand abzuschneiden, er sei aufgrund bestimmter Umstände doch von einer weiteren natürlichen Person als Komplementär ausgegangen. Ihm sollte jedoch für einen solchen, von der Regel deutlich abweichenden Fall in Umkehrung der gesetzlichen Regel die Beweislast dafür auferlegt werden, dass er davon ausging, dass ihm eine solche „atypische" GmbH & Co. KG gegenübertrat. Der rechtstatsächliche Regelfall der GmbH & Co. KG mit einer GmbH als einziger Komplementärin muss sich mithin auch als gesetzlicher Regelfall für die Frage der Kenntnis des Gläubigers durchsetzen. Bei Auftreten einer Gesellschaft als GmbH & Co. KG im Rechtsverkehr würde somit die widerlegliche Vermutung eingreifen, dass der Gläubiger von einer „typischen" GmbH & Co. KG ausgegangen ist, mithin i. S. d. § 176 Abs. 1 S. 1 HGB gewusst hat, dass außer der GmbH kein Gesellschafter persönlich haftet. Das Gegenteil würde dann in Umkehr der gesetzlichen Beweislastverteilung der Gläubiger zu beweisen haben.

Es sind keine Anhaltspunkte dafür ersichtlich, dass *V* von einer „atypischen" GmbH & Co. KG ausgegangen ist. Daher ist davon auszugehen, dass er angenommen hat, dass außer der GmbH bei der Mediplan GmbH & Co. KG keine natürliche Person als Gesellschafter persönlich haftet. *C* haftet somit gegenüber *V* nicht gem. § 176 Abs. 2 i. V. m. Abs. 1 S. 1 HGB unbeschränkt.

II. Anspruch aus § 433 Abs. 2 BGB i. V. m. § 171 Abs. 1, 1. Halbs. HGB

V kann gegen *C* einen Anspruch aus § 433 Abs. 2 BGB i. V. m. § 171 Abs. 1, 1. Halbs. HGB auf Zahlung von 50.000 € haben. Eine solche Haftung ist ausgeschlossen, wenn *C* seine Einlage geleistet hat. Gem. § 171 Abs. 1 HGB haftet der Kommanditist nur bis zur Höhe seiner Haftsumme, soweit er seine Einlage nicht erbracht hat. *C* hat 80.000 € seiner Einlageverpflichtung erbracht. Nach Erbringung dieser Einlage ist seine Haftung somit auf die übrigen 20.000 € beschränkt.

V hat somit einen Anspruch i. H. v. 20.000 € gegen *C* gem. § 433 Abs. 2 BGB i. V. m. § 171 Abs. 1, 1. Halbs. HGB.

---

worden. Gem. § 264 a Abs. 1 HGB treffen diese Pflichten auch eine GmbH & Co. KG. Die Erfüllung dieser Pflichten kann eine GmbH & Co. KG allerdings dadurch vermeiden, dass sie neben der Komplementär-GmbH eine (von der Geschäftsführung und Vertretung ausgeschlossene) natürliche Person als persönlich haftenden Gesellschafter aufnimmt, vgl. § 264 a Abs. 1 Nr. 1 HGB. Damit kann nunmehr noch weniger von einer Verkehrserwartung dahingehend gesprochen werden, dass bei einer GmbH & Co. KG stets nur eine GmbH alleiniger Komplementär ist.

[16] So etwa *Flume*, BGB AT I/1, § 16 IV 5 (S. 330 ff.); *Spies*, S. 9; *Hofmann*, GmbHR 1970, 182, 186; *Crezelius*, BB 1983, 5, 12.

D. Ergebnis zu Teil 1

V hat keinen Anspruch gegen *A* gem. § 433 Abs. 2 BGB i. V. m. § 171 Abs. 1, 1. Halbs. HGB. Er kann jedoch von *B* Zahlung von 30.000 € gem. § 433 Abs. 2 BGB i. V. m. §§ 171 Abs. 1, 1. Halbs., 172 Abs. 4 S. 1 HGB und von *C* Zahlung von 20.000 € gem. § 433 Abs. 2 BGB i. V. m. § 171 Abs. 1, 1. Halbs. HGB verlangen. Eine unbeschränkte persönliche Haftung von *C* gegenüber *V* gem. § 433 Abs. 2 BGB i. V. m. § 176 Abs. 2, Abs. 1 HGB scheidet hingegen aus.

Teil 2: Ansprüche der X-GmbH

A. Anspruch der X-GmbH gegen A

Die X-GmbH kann gegen *A* einen Anspruch auf Zahlung von 60.000 € gem. § 488 Abs. 1 S. 2 BGB i. V. m. § 171 Abs. 1, 1. Halbs. HGB haben.

I. Gesellschaftsverbindlichkeit

Die Mediplan GmbH & Co. KG ist aus dem Kreditvertrag mit der X-GmbH gem. § 488 Abs. 1 S. 2 BGB zur Rückzahlung des noch offenen Betrages verpflichtet.

II. Kommanditistenstellung des A

Trotz seines Ausscheidens haftet *A* auch weiterhin für die bis zu seinem Ausscheiden entstandenen Gesellschaftsverbindlichkeiten. Bei Begründung der Rückzahlungsverpflichtung war *A* noch Kommanditist der GmbH & Co. KG. Eine Haftung für diese Verbindlichkeit besteht damit grundsätzlich gem. § 171 Abs. 1, 1. Halbs. HGB.

III. Kein Haftungsausschluss

Die Haftung kann aber gem. § 171 Abs. 1, 2. Halbs. HGB ausgeschlossen sein, soweit die Einlage geleistet ist. *A* hatte seine Einlageverpflichtung bei Eintritt in die Gesellschaft vollständig erfüllt. Die Haftung von *A* war damit zunächst ausgeschlossen.

Sie kann jedoch gem. § 172 Abs. 4 S. 1 HGB wieder aufgelebt sein. Danach gilt die Einlage eines Kommanditisten, soweit sie zurückgezahlt wird, als nicht geleistet. *A* selbst hat während seiner Zeit als Gesellschafter keine Einlagenrückzahlung erhalten. Eine Einlagenrückzahlung hat jedoch der Rechtsnachfolger des *A* (hier: *B*) erhalten.

1. Wiederaufleben der Haftung des Altkommanditisten bei Einlagenrückgewähr an den Neukommanditisten

Wird an den Neukommanditisten die Einlage ganz oder teilweise zurückgezahlt, kann die Haftung auch des Altkommanditisten wieder aufleben.[17]

Der Grund hierfür kann darin gesehen werden, dass die Übernahme eines Kommanditanteils nach der Interessenlage mit einem Schuldbeitritt zu einer gewöhnlichen Verbindlichkeit vergleichbar sei, bei der die geschuldete Leistung durch einen der beiden Schuldner hinterlegt werde. Auch in diesem Fall habe jeder Schuldner zwar das Recht, den Gläubiger auf das Hinterlegte zu verweisen; jedoch könne auch hier jeder Schuldner wieder in Anspruch genommen werden, wenn auch nur einer von ihnen das Hinterlegte zurückerhalte. Werde die Einlage an den Neukommanditisten zurückgezahlt und lebe nunmehr lediglich die Haftung des Neukommanditisten wieder auf, während sich der Altkommanditist weiterhin auf die von ihm geleistete Einlage berufen könne, bliebe es für den Gläubiger bei der Inanspruchnahme des Neu-

---

[17] So die Rechtsprechung; vgl. *RG* DNotZ 1944, 195, 199; *BGH* NJW 1976, 751, 752; zustimmend E/B/J/S/*Strohn*, § 173 Rn. 21; H. P. Westermann/*Scholz*, Band I Rn. 3055; *Flume*, BGB AT I/1, § 17 IV (S. 357); *Wiedemann*, Übertragung und Vererbung, S. 225.

kommanditisten, der gem. § 173 HGB auch für Altverbindlichkeiten haftet. Sei dieser jedoch vermögenslos, wäre zu Lasten des Gläubigers unter Umständen ein solventer gegen einen insolventen Schuldner eingetauscht worden. Vor einer solchen Schuldnerauswechselung müsse der Gläubiger geschützt werden.

Mit der Rückzahlung der Einlage i. H. v. 30.000 € an den Neukommanditisten *B* lebt damit zugleich insoweit die Haftung des Altkommanditisten *A* gegenüber der X-GmbH wieder auf.

2. Kein Wiederaufleben der Haftung des Altkommanditisten bei Einlagenrückgewähr an den Neukommanditisten

Diese Argumentation ist jedoch aus mehreren Gründen nicht tragfähig.[18]

Das Gesetz bietet keine ausreichenden Anhaltspunkte dafür, die Haftung des Altkommanditisten im Falle der Einlagenrückgewähr an den Neukommanditisten wieder aufleben zu lassen. § 172 Abs. 4 HGB stellt nur auf denjenigen Kommanditisten ab, der die Rückzahlung erhält;[19] der Altkommanditist wird hingegen vom Gesetz im Zusammenhang mit der Einlagenrückgewähr nicht erwähnt. Hätte der Gesetzgeber die Einlagerückgewähr an den Kommanditisten auch seinem Rechtsvorgänger zurechnen wollen, hätte er dies aber ausdrücklich anordnen müssen, wie vergleichbare gesetzliche Regelungen an anderer Stelle (vgl. z. B. § 22 Abs. 1 GmbHG; § 65 Abs. 1 AktG) dokumentieren.

Das Wiederaufleben der Haftung des Altkommanditisten im Falle der Einlagenrückgewähr an seinen Rechtsnachfolger ist des Weiteren mit § 425 BGB nicht vereinbar. Diese Vorschrift ist anwendbar. Die Alt- und Neukommanditist sind untereinander im Hinblick auf die Gesellschafterschulden Gesamtschuldner (auf die Einlageverpflichtung). Nach § 425 BGB wirken Tatsachen, die die Haftung verschärfen, aber nur gegen denjenigen Gesellschafter, in dessen Person sie eingetreten sind. Mit der Rechtsnachfolge ist es zwar vereinbar, dass der Rechtsnachfolger frühere Handlungen seines Rechtsvorgängers gegen sich gelten lassen muss, nicht aber umgekehrt, dass dies auch für den Rechtsvorgänger wegen späterer Handlungen seines Rechtsnachfolgers gilt. Die Haftung des Altkommanditisten für die Zahlung an seinen Rechtsnachfolger würde für ersteren zu einem unkalkulierbaren und unbeeinflussbaren Haftungsrisiko führen; gegebenenfalls müsste er seine Einlage zweimal zahlen, was die Haftungsbeschränkung doch gerade verhindern solle.

Schließlich passt der Vergleich mit dem Schuldbeitritt nicht auf die Kommanditistenhaftung im Falle der Einlagenrückgewähr. Primärer Schuldner gegenüber dem Gesellschaftsgläubiger ist die Kommanditgesellschaft. Die Gleichstellung des Kommanditistenwechsels mit einem Schuldnerwechsel hätte aber zur Folge, dass der Altkommanditist für die Solvenz des Neukommanditisten haften würde. Die dadurch entstehende „Gewährschaft" des Altkommanditisten für den Neukommanditisten findet jedoch im geltenden Recht keine Grundlage. Die Kommanditistenhaftung beruht nicht auf einem Personalkredit, der vom Vertrauen auf die Zahlungsfähigkeit gerade des vorhandenen Gesellschafters getragen ist. Genauso wie der Gläubiger bei einer einmal gezahlten Einlage im Fall der Insolvenz der Gesellschaft nicht auf den

---

[18] RGRK-HGB/*Weipert*, § 173 Rn. 25; *U. Huber*, S. 400; *K. Schmidt*, Einlage und Haftung, S. 112; *ders.*, GmbHR 1981, 253, 257; *Richert*, NJW 1958, 1472, 1474.
[19] Hierauf stellt z. B. *U. Huber*, S. 400, ab.

Kommanditisten zurückgreifen kann, kann er im Fall der Einlagenrückgewähr nicht darauf vertrauen, dass noch dieselbe Person Kommanditist ist.[20]

Die vollständige oder teilweise Rückzahlung der Einlage an den Neukommanditisten *B* gereicht folglich dem ausgeschiedenen früheren Kommanditisten *A* nicht zum Nachteil. Die Haftung des *A* bleibt trotz der Einlagenrückzahlung an *B* ausgeschlossen. Die X-GmbH kann daher *A* nicht in Anspruch nehmen.

B. Anspruch der X-GmbH gegen B

Die X-GmbH kann gegen *B* einen Anspruch aus § 488 Abs. 1 S. 2 BGB i. V. m. §§ 173 Abs. 1, 171 Abs. 1, 1. Halbs. HGB auf Zahlung von 60.000 € haben.

I. Gesellschaftsverbindlichkeit

Eine wirksame Verbindlichkeit der KG gegenüber der X-GmbH besteht.

II. Kommanditistenstellung des B

B war zwar bei Begründung der Verbindlichkeit noch nicht Kommanditist der Mediplan GmbH & Co. KG. Er haftet jedoch gem. § 173 HGB aufgrund seines späteren Beitritts nach Maßgabe der §§ 171, 172 HGB für vor seinem Beitritt eingegangene Verpflichtungen.

III. Anspruchshöhe

Nach § 171 Abs. 1, 2. Halbs. HGB haftet *B* aber nur, soweit er seine Einlage noch nicht geleistet hat. Aufgrund der von ihm erhaltenen Rückzahlung i. H. v. 30.000 € gilt seine Einlage gem. § 172 Abs. 4 S. 1 HGB als in dieser Höhe nicht geleistet.

Die X-GmbH hat gegen *B* somit einen Anspruch gem. § 488 Abs. 1 S. 2 BGB i. V. m. §§ 173, 171 Abs. 1, 1. Halbs., 172 Abs. 4 S. 1 HGB i. H. v. 30.000 €.

Dieser Anspruch besteht aber dann nicht mehr, wenn *B* bereits 30.000 € an *V* geleistet hat. Die Haftung eines Kommanditisten erlischt nämlich auch durch die Befriedigung eines Gesellschaftsgläubigers.[21] *B* wird mithin gegenüber allen Gläubigern von der Haftung frei, soweit er i. H. v. 30.000 € einen Gesellschaftsgläubiger befriedigt.

C. Anspruch der X-GmbH gegen C

I. Anspruch der X-GmbH gem. § 488 Abs. 1 S. 2 BGB i. V. m. § 176 Abs. 2, Abs. 1 HGB

Die X-GmbH kann einen Anspruch gegen *C* aus § 488 Abs. 1 S. 2 BGB i. V. m. § 176 Abs. 2, Abs. 1 HGB haben.

C war zwar zum Zeitpunkt des Vertragsschlusses zwischen der KG und der X-GmbH noch kein Kommanditist der KG. Nach dem Wortlaut von § 176 Abs. 2 HGB greift die unbeschränkte Haftung des in eine Kommanditgesellschaft eintretenden Kommanditisten aber nur für „die in der Zeit zwischen seinem Eintritt und dessen Eintragung in das Handelsregister begründeten Verbindlichkeiten der Gesellschaft" ein. Die unbeschränkte Haftung von *C* für die vor seinem Eintritt begründete

---

[20] So im Wesentlichen *K. Schmidt*, Einlage und Haftung, S. 112.
[21] BGHZ 95, 188, 195f.; 51, 391, 393; E/B/J/S/*Strohn*, § 171 Rn. 17; *Koller/Roth/Morck*, § 171 Rn. 16; Heymann/*Horn*, § 171 Rn. 21; MünchKomm-HGB/*K. Schmidt*, §§ 171, 172 Rn. 14; Oetker/*Oetker*, § 171 Rn. 39; Röhricht/Graf v. Westphalen/*v. Gerkan/Haas*, § 171 Rn. 15; *Grunewald*, GesellR, 1 C Rn. 37. Nach a. A. bewirkt erst die Aufrechnung des Gesellschafters mit dem Erstattungsanspruch aus § 110 HGB die Leistung der Einlage im Innenverhältnis, vgl. *BGH* NJW 1984, 2290, 2291; Baumbach/Hopt/*Hopt*, § 171 Rn. 8.

Gesellschaftsverbindlichkeit wäre somit vom Gesetzeswortlaut nicht gedeckt. Sie widerspräche auch dem Normzweck von § 176 HGB. Sinn und Zweck dieser Vorschrift ist der Verkehrsschutz zum Zeitpunkt der Vornahme des fraglichen Rechtsgeschäfts ist. Eine für die unbeschränkte Haftung des eintretenden Kommanditisten erfolgende Gleichbehandlung von Alt- und Neuverbindlichkeiten wäre daher ebenfalls vom Normzweck dieser Vorschrift nicht gedeckt.[22] Für Altverbindlichkeiten haftet der Kommanditist somit, selbst wenn er nicht in das Handelsregister eingetragen wird, nicht nach § 176 Abs. 2 HGB.

II. Anspruch der X-GmbH gegen C gem. § 488 Abs. 1 S. 2 BGB i. V. m. §§ 173, 171 Abs. 1, 1. Halbs. HGB

C haftet für Altverbindlichkeiten der Gesellschaft gegenüber der X-GmbH gem. § 173, 171 Abs. 1, 1. Halbs. HGB in Höhe seiner Haftsumme. Diese beträgt 100.000 €. Er ist jedoch gem. § 171 Abs. 1, 2. Halbs. HGB von der Haftung befreit, soweit er seine Einlageverpflichtung erfüllt hat. C hat 80.000 € auf seine Einlageverpflichtung geleistet. Er kann von der X-GmbH gem. § 488 Abs. 1 S. 2 BGB i. V. m. §§ 173, 171 Abs. 1, 1. Halbs. HGB deshalb nur noch in Höhe der von ihm nicht geleisteten 20.000 € in Anspruch genommen werden.

C haftet damit gem. § 488 Abs. 1 S. 2 BGB i. V. m. §§ 173, 171 Abs. 1, 1. Halbs. HGB i. H. v. 20.000 € gegenüber der X-GmbH. Wegen der enthaftenden Befriedigung eines Gesellschaftsgläubigers gilt das zur Haftung von *B* Ausgeführte entsprechend.

---

[22] Vgl. statt aller MünchKomm-HGB/*K. Schmidt*, § 176 Rn. 38; Oetker/*Oetker*, § 176 Rn. 51.

Fall 19. Schwieriger Computerhandel

Schwerpunkt im Personengesellschaftsrecht (KG):
Haftung des Kommanditisten gem. § 176 HGB – Haftungsübergang gem. § 28 HGB
– Haftung des Gesellschafters einer im Rechtsverkehr als KG auftretenden GbR

Sachverhalt

Computerfreak *Clever (C)* betreibt nach Feierabend einen florierenden Handel mit Computern. Die Rechnungen, Quittungen und Lieferscheine legt er wohl geordnet in einem Aktenordner ab. Im Juli 2007 nimmt *C* bei der A-Bank ein Darlehen i. H. v. 20.000 € auf, um einen größeren Posten Computer kaufen zu können. Die Geschäfte des *C* entwickeln sich in der Folgezeit so positiv, dass er weiter expandieren möchte, wofür er aber einen Lager- und Ausstellungsraum und vor allem zusätzliches Kapital benötigt.

Sein Freund *Dagobert (D)*, der über geeignete Räumlichkeiten und ausreichendes Kapital verfügt, ist am gemeinsamen Betrieb und der erheblichen Vergrößerung des Computerhandels, unter anderem auch durch Aufnahme weiterer Computerprodukte in das Verkaufssortiment, sehr interessiert. Er erklärt sich auch bereit, die anfallende umfangreiche Korrespondenz und die nunmehr erforderliche kaufmännische Buchhaltung zu erledigen. Dementsprechend vereinbaren *C* und *D* am 9. 8. 2007 die Gründung einer Gesellschaft. Während *C* das volle unternehmerische Risiko tragen soll, ist *D* nur bereit, bis zur Höhe seiner Einlage von 15.000 € für Verbindlichkeiten der Gesellschaft aufzukommen.

Unmittelbar nach der am 11. 8. 2007 erfolgenden Anmeldung der Gesellschaft mit der Firma „Clever & Co. KG" zum Handelsregister wird der Geschäftsbetrieb einvernehmlich aufgenommen. Der zunächst stark wachsende Geschäftsumfang macht alsbald die Anschaffung eines Transporters erforderlich. Zu diesem Zweck nimmt *C* Ende August 2007 mit dem Einverständnis von *D* im Namen der Clever & Co. KG ein Darlehen i. H. v. 25.000 € bei der B-Bank auf.

Im September 2007 wird die Gesellschaft ins Handelsregister eingetragen.

Nach den anfänglichen geschäftlichen Erfolgen der Gesellschaft zeigt sich jedoch bald, dass der Computermarkt heiß umkämpft ist. Besonders die Fachmärkte und Kaufhäuser sind für die Gesellschaft eine starke Konkurrenz. In der Folgezeit muss die Gesellschaft deutliche Umsatzeinbußen hinnehmen und gerät schließlich im Winter 2009 in Zahlungsschwierigkeiten. Als die Kredittilgung ins Stocken gerät, verlangen die A- und die B-Bank im Januar 2010 von *D* persönlich die Rückzahlung der im Juli bzw. August 2007 gewährten und inzwischen fälligen Darlehen. *D* weigert sich und beruft sich darauf, er habe seine Einlage i. H. v. 15.000 € bereits am 10. 8. 2007 an die Gesellschaft geleistet.

Wie ist die Rechtslage?

Abwandlung: Welche Ansprüche hätte die B-Bank gegen *D*, wenn *C* und *D* den Computerhandel nur in einem kleinen Rahmen nach Feierabend betrieben hätten und dies auch so vereinbart war?

Lösung

A. Ausgangsfall

I. Haftung von D für die Forderung der A-Bank

1. Unbeschränkte Kommanditistenhaftung vor Eintragung der Gesellschaft

Die A-Bank kann einen Anspruch gegen D auf Rückzahlung des dem C gewährten Darlehens vom Juli 2007 aus § 488 Abs. 1 S. 2 BGB i. V. m. §§ 176 Abs. 1 S. 1, 28 Abs. 1 S. 1 HGB haben. Die unbeschränkte Haftung von D gem. § 176 Abs. 1 S. 1 HGB setzt zunächst voraus, dass zwischen ihm und C eine Kommanditgesellschaft gegründet worden ist, an der er als Kommanditist an einer KG beteiligt ist.

a) Entstehen der KG im Innenverhältnis

C und D können sich auf die Gründung einer KG geeinigt haben.

Nach der gesetzlichen Definition in § 161 Abs. 1 HGB ist eine KG eine Gesellschaft, deren Zweck auf den Betrieb eines Handelsgewerbes unter gemeinschaftlicher Firma gerichtet ist, und bei der die Haftung eines oder mehrerer Gesellschafter gegenüber Dritten auf den Betrag einer bestimmten Vermögenseinlage beschränkt ist, während der bzw. die anderen Gesellschafter persönlich haften. Durch den Vertrag vom 9. 8. 2007 haben sich C und D auf den Betrieb eines Gewerbes, nämlich auf die Anschaffung und Weiterveräußerung von Computern unter der gemeinsamen Firma „Clever & Co. KG" geeinigt.[1] Aufgrund der gesellschaftsvertraglichen Abrede, wonach D für Verbindlichkeiten der Gesellschaft nur bis zur Höhe seiner Einlage aufkommen soll, hat er die Rechtsstellung eines Kommanditisten erworben. C hat nach dem Vertrag die unbeschränkte Haftung übernommen und ist demnach Komplementär.

Der zwischen C und D vereinbarte Gesellschaftsvertrag ist somit auf die Gründung einer KG gerichtet.

b) Entstehen der KG im Außenverhältnis

Weitere Voraussetzung für die Haftung von D nach § 176 Abs. 1 S. 1 HGB ist das wirksame Entstehen der Gesellschaft gegenüber Dritten bereits vor ihrer Eintragung im Handelsregister. Grundsätzlich entsteht eine KG im Außenverhältnis gem. §§ 161 Abs. 2, 123 Abs. 1 HGB erst mit ihrer Eintragung in das Handelsregister.

Jedoch wird die KG Dritten gegenüber vor der Handelsregistereintragung bereits zum Zeitpunkt ihres Geschäftsbeginns wirksam, soweit sich nicht aus § 2 oder § 105 Abs. 2 HGB ein anderes ergibt (§§ 161 Abs. 2, 123 Abs. 2 HGB). Eine KG entsteht daher im Außenverhältnis nur dann durch Aufnahme der Geschäfte, wenn die Gesellschaft einen in kaufmännischer Weise eingerichteten Geschäftsbetrieb i. S. d. § 1 Abs. 2 HGB erfordert, es sich also nicht um ein sog. kleingewerbliches Unternehmen handelt.

Der Gründung der KG im Außenverhältnis vor Eintragung in das Handelsregister kann somit entgegenstehen, dass das ursprünglich von C betriebene Geschäft keinen

---

[1] Die Frage, ob die Gesellschaft auf den Betrieb eines kaufmännischen Geschäftsbetriebs i. S. d. § 1 Abs. 2 HGB gerichtet ist, ist für die Entstehung einer KG im Innenverhältnis unbedeutend; der Umstand erlangt erst für die Frage der Entstehung der KG im Außenverhältnis Bedeutung, vgl. *Koller/Roth/Morck*, § 105 Rn. 10.

nach Art und Umfang in kaufmännischer Weise eingerichteten Geschäftsbetrieb erforderte. *C* hatte nämlich seinen Computerhandel zunächst nur während des Feierabends betrieben und konnte alle seine Belege in einem Aktenordner abheften; sein Geschäft hatte somit nur kleingewerblichen Umfang. Für das Entstehen der KG im Außenverhältnis entscheidend sind aber die Verhältnisse der neu gegründeten Gesellschaft. Deren Geschäft kann auf den Betrieb eines Handelsgewerbes ausgerichtet sein. Ein Unternehmen ist bereits von der ersten wirtschaftlichen Betätigung an nicht mehr kleingewerblich, wenn es auf einen ausreichend großen Betrieb angelegt ist.[2] Der Betrieb der Clever & Co. KG ist auf eine erheblich umfangreichere Geschäftstätigkeit als der alte Betrieb des *C* ausgerichtet und bedarf daher einer kaufmännischen Organisation. Dafür sprechen nicht nur die für die Geschäftstätigkeit erforderlichen Sach- und Finanzmittel, sondern vor allem auch die auf Expansion der Geschäftstätigkeit ausgerichteten Vorstellungen der Gesellschafter.

Die KG hat daher vor ihrer Eintragung ins Handelsregister eine auf kaufmännischen Umfang gerichteten Geschäftsbetrieb aufgenommen; sie ist deshalb gemäß §§ 161 Abs. 2, 123 Abs. 2 HGB bereits am 11. 8. 2007 nach außen wirksam entstanden.

c) Verbindlichkeit der KG

Die unbeschränkte Haftung von *D* gem. § 176 Abs. 1 HGB setzt ferner voraus, dass es sich bei der Forderung der A-Bank um eine Verbindlichkeit der Gesellschaft handelt. Der Darlehensvertrag ist jedoch nicht mit der KG, sondern mit *C* zu einem Zeitpunkt abgeschlossen worden, als dieser noch Einzelunternehmer war. Die Verbindlichkeit ist also im Betrieb des *C* entstanden. Die Haftung der KG kann sich aber aus § 28 Abs. 1 S. 1 HGB ergeben, weil sie das Unternehmen des *C* fortgeführt hat. *D* ist durch die Gesellschaftsgründung am 9. 8. 2007 als Kommanditist in das Geschäft des *C* eingetreten.

aa) Anwendbarkeit von § 28 HGB nur auf Einzelkaufleute

Nach dem Wortlaut von § 28 Abs. 1 S. 1 HGB ist haftungsbegründende Voraussetzung, dass jemand in das Geschäft eines „Einzelkaufmanns" als persönlich haftender Gesellschafter oder als Kommanditist eintritt. Mit dem Begriff des „Einzelkaufmanns" sind nur Kaufleute im Rechtssinne des § 1 Abs. 1 HGB gemeint.[3] Dafür spricht auch der systematische Standort der Norm im Abschnitt über die Handelsfirma.

C war nur Kleingewerbetreibender (siehe oben). Die Tatbestandsvoraussetzungen gem. § 28 HGB liegen somit nicht vor.

bb) Anwendbarkeit des § 28 HGB auf jeden Unternehmensträger

§ 28 HGB kann aber über seinen Wortlaut hinaus auf jeden Unternehmensträger, und damit auch Kleingewerbetreibende, anwendbar sein, wenn dies durch Auslegung unter Berücksichtigung der Systematik und des Normzwecks gerechtfertigt ist.

Der Standort des § 28 HGB im zweiten Abschnitt über die Handelsfirma lässt nicht zwingend die Schlussfolgerung zu, bei dieser Norm handele es sich eine firmenrechtliche Vorschrift. Wie die Formulierung „auch wenn sie die Firma nicht fortführt" zeigt, knüpft die Haftung nach § 28 HGB im Gegensatz zur Haftung nach § 25 HGB nicht an die Firmenfortführung, sondern nur an den Eintritt an. So gesehen ist § 28 HGB entgegen seinem Standort im Gesetz keine firmenrechtliche Vorschrift.

---

[2] BGHZ 10, 91, 96; Baumbach/Hopt/*Hopt*, § 105 Rn. 4.
[3] BGHZ 31, 397, 400; Baumbach/Hopt/*Hopt*, § 28 Rn. 2.

Mit gesetzessystematischen Gründen lässt sich daher die Beschränkung des Anwendungsbereichs von § 28 HGB auf den Eintritt in das Geschäft eines „Einzelkaufmanns" nicht rechtfertigen.

Entscheidend für die Bestimmung des Anwendungsbereichs von § 28 HGB ist der Sinn und Zweck dieser Vorschrift. § 28 HGB will den Gläubiger des Unternehmers davor schützen, dass ihm das haftende Vermögen durch Überführung in ein Gesamthandsvermögen entzogen wird.[4] Ohne § 28 HGB bliebe dem Gläubiger nur die Möglichkeit, in den Gesellschaftsanteil seines Schuldners zu vollstrecken, was mit erheblichen Schwierigkeiten verbunden ist (vgl. § 135 HGB, ggf. i. V. m. § 161 Abs. 2 HGB). Gläubiger von Kleingewerbetreibenden sind aber insoweit nicht weniger schutzwürdig als Gläubiger von Kaufleuten. Die Haftungskontinuität muss daher auch bei einem Eintritt in ein kleingewerbliches Unternehmen gewährleistet sein.[5] Der Kleingewerbetreibende wird durch die Anwendung des § 28 HGB auch nicht schlechter gestellt. § 28 HGB regelt nur die Haftung der entstehenden Gesellschaft und hat auf seine Haftung keinen Einfluss. Nach seinem Sinn und Zweck greift § 28 Abs. 1 HGB also auch ein, wenn jemand in das Geschäft eines Kleingewerbetreibenden eintritt.[6] Das Tatbestandsmerkmal „Einzelkaufmann" in § 28 Abs. 1 HGB ist demnach so zu verstehen, dass es jeden Unternehmensträger, also auch Kleingewerbetreibende, erfasst. Dies gilt jedenfalls dann, wenn mit Eintritt in das Geschäft des Einzelkaufmanns eine Personenhandelsgesellschaft entsteht.[7]

Mit dem Eintritt von D in das Geschäft von C entstand eine KG mit der Folge, dass die ursprünglich gegen C gerichtete Forderung der A-Bank gem. § 28 Abs. 1 HGB eine Verbindlichkeit der KG geworden ist.

d) Zeitpunkt des Entstehens der KG-Verbindlichkeit

Weitere Voraussetzung für die unbeschränkte Haftung von D gem. § 176 Abs. 1 S. 1 HGB ist, dass die Gesellschaftsverbindlichkeit zwischen dem Abschluss des Gesellschaftsvertrages am 9. 8. 2007 und der Eintragung der KG im September 2007 begründet worden ist. Die Darlehensforderung der A-Bank gegen C ist zwar schon im Juli 2007 rechtsgeschäftlich begründet worden. Sie wurde aber erst zum Zeitpunkt der Aufnahme der Geschäfte der KG am 11. 8. 2007 gem. § 28 Abs. 1 S. 1 HGB kraft Gesetzes zu einer Gesellschaftsverbindlichkeit. Die Haftung von D gem. § 176 Abs. 1 S. 1 HGB für die Darlehensforderung der A-Bank kommt somit nur in Betracht, wenn der letztgenannte Zeitpunkt für die Haftungsentstehung maßgebend ist.

Für die Haftung des Kommanditisten nach § 176 Abs. 1 HGB für Verbindlichkeiten, die mit seinem Eintritt gem. § 28 Abs. 1 S. 1 HGB zu Gesellschaftsschulden geworden sind, aber bereits zuvor entstanden waren, kann angeführt werden, dass anderenfalls der Gläubigerschutz gem. § 28 HGB verkürzt würde.[8] Dieses Argument ist aber weder mit dem Wortlaut noch mit dem Normzweck von § 176 Abs. 1 HGB vereinbar. Der Wortlaut von § 176 Abs. 1 S. 1 HGB setzt für die unbeschränkte Kommanditistenhaftung voraus, dass die Gesellschaftsverbindlichkeit zeitlich nach der Zustimmung des Kommanditisten mit der Geschäftsaufnahme und vor seiner Eintra-

---

[4] *BGH* NJW 1966, 1917, 1918 (bzgl. der Anwendung auf Minderkaufleute nach § 4 HGB a. F.); MünchKomm-HGB/*Lieb,* § 28 Rn. 9.

[5] *K. Schmidt,* HandelsR, § 8 III 1 a bb (S. 256 ff.).

[6] MünchKomm-HGB/*Lieb,* § 28 Rn. 9; a. A. *Steinbeck,* § 18 Rn. 6.

[7] Zu Fragen der Anwendbarkeit des § 28 HGB, wenn durch den Eintritt (zunächst) eine GbR entsteht, vgl. Fall 5 unter C. II. 2.

[8] *Hadding/Hennrichs,* S. 190 f. (m. w. N.).

gung ins Handelsregister begründet wird.[9] Dies entspricht auch dem Normzweck der Vorschrift. § 176 Abs. 1 HGB soll in erster Linie diejenigen Gläubiger schützen, die mit der Gesellschaft vor ihrer Eintragung Geschäfte abschließen, ohne zuvor die beschränkte Haftung des Kommanditisten aus dem Handelsregister ersehen zu können. Für Altverbindlichkeiten, die schon vor der Gesellschaftsgründung durch Rechtsgeschäft entstanden sind, haftet der Kommanditist somit nicht gemäß § 176 Abs. 1 HGB. Gleiches muss dann für solche Verbindlichkeiten gelten, die kraft Gesetzes für die KG entstehen.

Die Voraussetzungen für eine unbeschränkte Haftung von *D* gem. § 176 Abs. 1 S. 1 HGB für die gegen die KG gerichtete Darlehensforderung der A-Bank liegen somit nicht vor; die A-Bank hat daher keinen Anspruch gegen *D* gem. § 176 Abs. 1 S. 1 HGB.

2. Beschränkte Kommanditistenhaftung

Ein Anspruch der A-Bank gegen *D* kann sich aber aus § 488 Abs. 1 S. 2 BGB i. V. m. §§ 171 Abs. 1, 28 Abs. 1 S. 1 HGB ergeben.

D ist Kommanditist einer wirksam entstandenen KG. Die Forderung der A-Bank ist gem. § 28 Abs. 1 S. 1 HGB eine Gesellschaftsverbindlichkeit. *D* haftet also für die Darlehensforderung als Kommanditist nach Maßgabe des § 171 Abs. 1 HGB. Jedoch hat *D* seine Einlage i. H. v. 15.000 € bereits am 10. 8. 2007 geleistet. Gem. § 171 Abs. 1, 2. Halbs. HGB ist seine Haftung damit ausgeschlossen.

Die A-Bank hat somit keinen Anspruch gegen *D* aus § 488 Abs. 1 S. 2 BGB i. V. m. §§ 171 Abs. 1, 28 Abs. 1 S. 1 HGB.

3. Ergebnis

Die A-Bank hat keinen Anspruch gegen *D* auf Rückzahlung des dem *C* gewährten Darlehens.

II. Haftung von D für die Forderung der B-Bank

Die B-Bank kann einen Anspruch gegen *D* auf Rückzahlung des Darlehens vom August 2007 i. H. v. 25.000 € gem. § 488 Abs. 1 S. 2 BGB i. V. m. §§ 176 Abs. 1 S. 1 HGB haben.

D ist Kommanditist einer nach außen wirksam in Vollzug gesetzten KG geworden, die ihre Geschäfte schon vor der Eintragung in das Handelsregister begonnen hat. Die Darlehensforderung der B-Bank ist eine Verbindlichkeit der Clever & Co. KG, die in der Zeitspanne zwischen Gesellschaftsgründung und Eintragung entstanden ist. Der Kommanditist *D* hat weiterhin vor der Darlehensaufnahme der KG bei der B-Bank der Aufnahme der Geschäfte zugestimmt. Es liegen keine Anhaltspunkte dafür vor, dass die B-Bank davon Kenntnis gehabt hat, dass *D* nur beschränkt bis zur Höhe seiner Einlage haftet. Sämtliche Voraussetzungen von § 176 Abs. 1 HGB sind somit erfüllt.

Die B-Bank hat somit einen Anspruch gegen *D* gem. § 488 Abs. 1 S. 2 BGB i. V. m. § 176 Abs. 1 S. 1 HGB.

---

[9] Vgl. auch BGHZ 73, 217, 220; 82, 209, 215; E/B/J//S/*Strohn*, § 176 Rn. 15; Oetker/*Oetker*, § 176 Rn. 30; Röhricht/Graf v. Westphalen/*v. Gerkan*, § 176 Rn. 24.

III. Ergebnis

D muss somit nicht für die Forderung der A-Bank, wohl aber für die Forderung der B-Bank haften.

B. Abwandlung

I. Unbeschränkte Kommanditistenhaftung

Ein Anspruch der B-Bank gegen D auf Zahlung von 25.000 € kann sich aus § 488 Abs. 1 S. 2 BGB i. V. m. § 176 Abs. 1 S. 1 HGB ergeben.

Das setzt jedoch zunächst voraus, dass durch den Eintritt des D in das Geschäft des C im Außenverhältnis eine KG entstanden ist. Im Unterschied zum Ausgangsfall weist das nach dem Eintritt des D von der Gesellschaft fortgeführte Unternehmen aber nur einen kleingewerblichen Zuschnitt auf, erforderte mithin nicht einen i. S. d. § 1 Abs. 2 HGB vorausgesetzten Geschäftsbetrieb in einer nach Art und Umfang in kaufmännischen Weise. Bei kleingewerblichen Gesellschaften ist die Eintragung in das Handelsregister aber nach §§ 105 Abs. 2, 161 Abs. 2 HGB konstitutiv. Die zwischen C und D gegründete Gesellschaft konnte somit erst mit ihrer Eintragung in das Handelsregister als KG entstehen und Dritten gegenüber wirksam werden (§§ 161 Abs. 2, 123 Abs. 2, 2. Halbs. HGB). Bis zu ihrer Eintragung war sie folglich lediglich eine BGB-Gesellschaft. § 176 Abs. 1 HGB ist auf eine solche, nicht eingetragene „KG" nicht anwendbar (§ 176 Abs. 1 S. 2 HGB).

II. Haftung als Gesellschafter der GbR

Es kommt allerdings ein Anspruch der B-Bank gegenüber D als Gesellschafter der im Rechtsverkehr als KG aufgetretenen GbR in Betracht. D haftet als GbR-Gesellschafter grundsätzlich kraft Gesetzes analog § 128 S. 1 HGB akzessorisch für die Gesellschaftsverbindlichkeit aus § 488 Abs. 1 BGB.[10]

Möglicherweise ist die Haftung von D aber auf seine Einlage beschränkt. Das ist aber abzulehnen. Mit der Neuordnung der Haftungsstruktur bei der GbR durch die Grundsatzentscheidung des BGH vom 29. 1. 2001[11] ist dem Ansatz der früher herrschenden – und nunmehr aufgegebenen – Doppelverpflichtungstheorie, eine Haftungsbeschränkung im Vertretungsrecht zu suchen,[12] die Grundlage entzogen worden.[13] Eine Haftungsbeschränkung durch bloß erkennbare Hinweise auf eine feh-

---

[10] Zur Haftungsstruktur der BGB-Gesellschaft im Einzelnen vgl. Fall 10.

[11] Vgl. BGHZ 146, 341 ff.

[12] Auf der Grundlage der Doppelverpflichtungstheorie wurde vertreten, die Haftung eines GbR-Gesellschafters könne durch eine entsprechende, nach außen erkennbare Einschränkung der Vertretungsmacht für den geschäftsführenden Gesellschafter beschränkt werden (dazu MünchKomm-BGB/*Ulmer*, § 705 Rn. 296–302). Dies sei insbesondere in der Form möglich, dass das Gesellschaftsverhältnis entsprechend den Haftungs- und Vertretungsverhältnissen in einer KG gestaltet werde (*BGH* NJW 1991, 922, 923). Die Vertretungsmacht könne dann in einer GbR in der Weise beschränkt sein, dass die vertretenen Gesellschafter nur mit dem Gesellschaftsvermögen und dem Betrag ihrer Einlagen verpflichtet werden (scil. dürfen). Das müsse ein Dritter gegen sich gelten lassen, wenn ihm die Gesellschaft unter der Firma einer KG gegenübertrete; daraus könne er ersehen, dass ein Teil der Gesellschafter nur wie Kommanditisten haften wolle und demgemäß die Vertretungsbefugnis des Geschäftsführers begrenzt sei (BGHZ 61, 59, 67; *BGH* NJW 1991, 922, 923 m. w. N.; anders aber *BFH* NJW 1990, 3294, 3295 für gesetzliche Verbindlichkeiten wie Steuerschulden).

[13] Allgemein sind die Möglichkeiten der Haftungsbeschränkung nun sehr eingeschränkt und Gegenstand einer lebhaften Diskussion, vgl. z. B. *Dauner-Lieb*, DStR 1999, 1992, 1994 f., 1998; *Kindl*, WM 2000, 697, 703; *Timme/Hülk*, JuS 2001, 536, 539.

lende Vertretungsbefugnis lehnte der BGH auch bereits in einem zuvor ergangenen Urteil mit gleicher Tendenz ausdrücklich ab.[14] Es sei vielmehr eine individuelle Vereinbarung mit dem Vertragspartner erforderlich, um eine Haftung der Gesellschafter einer BGB-Gesellschaft auszuschließen oder summenmäßig zu begrenzen. Gegen die bloße Erkennbarkeit der Beschränkung der Vertretungsmacht als ausreichendem Haftungsausschluss- oder -begrenzungstatbestand spreche die grundlegende Wertung des bürgerlichen Rechts und des Handelsrechts, dass ohne gesetzliche Anordnung oder individualvertragliche Vereinbarung derjenige, der alleine oder in Gemeinschaft mit anderen Geschäfte betreibt, für die daraus entstehenden Verpflichtungen mit seinem gesamten Vermögen hafte.[15]

1. Keine Möglichkeit einseitiger Haftungsbeschränkung

Als Konsequenz der analogen Anwendbarkeit von § 128 S. 1 HGB auf die Haftung der Gesellschafter einer (Außen-) GbR können also Haftungsbeschränkungen außerhalb der bei bestimmten Gesellschaftstypen vorgegebenen gesetzlichen Möglichkeiten (vgl. z. B. §§ 171 ff. HGB) nicht mehr durch einseitige, wenn auch für Dritte erkennbare Erklärungen herbeigeführt werden. Zwar muss der ausdrücklichen Vereinbarung über einen Haftungsausschluss die konkludent getroffene Übereinkunft der Beteiligten gleich gestellt werden. Um eine solche Freistellung auf konkludent abgegebene Willenserklärungen zu stützen, kann es jedoch nicht bereits genügen, wenn dem Gläubiger der entsprechende Wille der Gesellschaft bei Vertragsschluss bekannt ist oder bekannt sein muss.[16] Die Anforderungen an eine konkludente Vereinbarung gehen über die bloße Erkennbarkeit hinaus[17] und sind im Verhältnis zwischen *D* und der B-Bank nicht gegeben.

2. Keine Haftungsprivilegierung durch § 176 HGB

Für die summenmäßig unbeschränkte Haftung des Gesellschafters einer im Rechtsverkehr als KG auftretenden GbR kann rechtssystematisch auch § 176 Abs. 1 HGB herangezogen werden. Im Anwendungsbereich dieser Vorschrift ist es für den Ausschluss der persönlichen Haftung der Kommanditisten nicht ausreichend, wenn dem Vertragspartner lediglich bekannt ist, dass er mit einer KG abschließt.[18] Selbst die konkrete Kenntnis der Kommanditistenstellung des *D* führt nach § 176 Abs. 1 S. 2 HGB bei der kleingewerblichen KG, die in Wirklichkeit eine GbR ist, nicht zur Haftungsbeschränkung. § 176 Abs. 1 S. 2 HGB kann nicht als Ausnahme von dem allgemeinen Grundsatz der unbeschränkten Haftung der Gesellschafter in der GbR gewertet und im Wege einer Analogie im GbR-Recht fruchtbar gemacht werden.[19] § 176 Abs. 1 S. 1 HGB verfolgt den Zweck, in der nach §§ 161 Abs. 2, 123 Abs. 2 HGB entstandenen KG die unbeschränkte Haftung der Kommanditisten bis zur Eintragung zu ermöglichen. Dasselbe Bedürfnis dafür besteht ebenfalls für die „kleingewerbliche KG" vor ihrer konstitutiv wirkenden Eintragung im Handelsregister, die erst die Haftungsbeschränkung der Kommanditisten herbeiführt. Es würde eine nicht gerechtfertigte Privilegierung der „kleingewerblichen KG" im Gründungs-

---

[14] BGHZ 142, 315, 320 ff. = ZIP 1999, 1755, 1757 („GbR mbH").
[15] BGHZ 142, 315, 319 = ZIP 1999, 1755, 1756 („GbR mbH").
[16] So aber *Ulmer*, ZIP 1999, 554, 561; ablehnend *Kindl*, WM 2000, 697, 702 f.; *Timme/Hülk*, JuS 2001, 536, 539.
[17] Allgemein dazu *Timme/Hülk*, JuS 2001, 536, 538.
[18] Röhricht/Graf v. Westphalen/*v. Gerkan*, § 176 Rn. 18.
[19] *Ulmer*, ZIP 1999, 554, 560 f.; *Kindl*, WM 2000, 697, 701; *Timme/Hülk*, JuS 2001, 536, 539; *Reiff*, ZIP 1999, 1329, 1332.

stadium bedeuten, wenn die summenmäßig unbeschränkte Haftung der Gesellschafter bereits vor der Eintragung der Gesellschaft durch § 176 Abs. 1 S. 2 HGB ausgeschlossen wäre.[20] § 176 Abs. 1 S. 2 HGB stellt demnach klar, dass die positive Kenntnis von der angestrebten Kommanditistenstellung in der kleingewerblichen KG während des Gründungsstadiums nicht zur Haftungsbeschränkung führt.[21] Dies muss erst recht für die Erkennbarkeit der Kommanditistenstellung für den Gläubiger gelten.

Ein Haftungsausschluss bzw. eine Haftungsbegrenzung ist daher nur durch (konkludente) Vereinbarung zwischen dem einzelnen GbR-Gesellschafter und dem jeweiligen Gläubiger möglich.[22] Eine solche Abrede ist nicht gemäß § 128 S. 2 HGB ausgeschlossen; diese Norm erfasst nur Vereinbarungen der Gesellschafter untereinander.[23]

D hat mit der B-Bank keine ausdrückliche oder konkludente Vereinbarung über eine summenmäßige Begrenzung seiner Haftung für die Gesellschaftsverbindlichkeiten auf die Höhe seiner Einlage getroffen. Er haftet somit für die Darlehensverbindlichkeit der GbR gegenüber der B-Bank unbeschränkt und akzessorisch mit seinem Privatvermögen analog § 128 S. 1 HGB.

III. Ergebnis

D haftet der B-Bank auf Rückzahlung des Darlehens vom August 2007 i. H. v. 25.000 € gemäß § 488 Abs. 1 S. 2 BGB i. V. m. § 128 S. 1 HGB analog.

---

[20] Eine solche Privilegierung des (Vor-)Gründungsstadiums wird auch bei der GmbH nicht anerkannt, vgl. BGHZ 134, 333, 335 = NJW 1997, 1507.
[21] Die damit verbundene Privilegierung des Kommanditisten einer Ist-KG wird allerdings ebenfalls als Wertungswiderspruch kritisiert und eine Lösung gegen den Wortlaut des § 176 Abs. 1 S. 2 HGB vorgeschlagen, vgl. *Grunewald*, GesellR, 1 C Rn. 3; *K. Schmidt*, GesellR, § 55 I 3 (S. 1607 f.), der § 176 HGB vor dem Hintergrund der neuen Haftungsstruktur der GbR nun allgemein als Privileg wertet.
[22] Vgl. *Timm*, NJW 1995, 3209, 3217; ausführlich *K. Schmidt*, GesellR, § 60 III 2 (S. 1790 ff.); *Reiff*, ZIP 1999, 1329 ff.
[23] *Reiff*, ZIP 1999, 1329, 1333.

Fall 20. Die „Zwei-Klassen-Gesellschaft"

Schwerpunkt im Personengesellschaftsrecht:

Ausschluss eines Gesellschafters – Hinauskündigungsklausel – Verhältnis Gesellschafts-recht/Schenkungsrecht

Sachverhalt

Alfons Adler (A) ist seit 1998 Alleininhaber einer Lederwarengroßhandlung. Seine Verlobte, die Studentin der Betriebswirtschaftslehre *Konstanze Kuckuck (K)*, hilft ihm seit 2002 gelegentlich als Verkäuferin im Geschäft. A und K sind sich einig, dass K später ständig im Geschäft des A mitarbeiten soll. Nachdem K ihr Diplom Anfang März 2003 erworben hat, einigen sich die Verlobten mit den finanzkräftigen Bekannten des A, *Eduard Elster (E), Gerold Geier (G)* und *Hubert Habicht (H)*, eine Gesellschaft zu gründen. Der Ende März 2003 vereinbarte Gesellschaftsvertrag (im Folgenden: GV) enthält u. a. folgende Regelungen:

§ 2 Gesellschafter, Geschäftsanteile

(1) Gesellschafter der A & Co. KG sind A, E, G, H und K.

(2) A ist persönlich haftender Gesellschafter. E, G, H und K sind Kommanditisten.

(3) A bringt seine Lederwarengroßhandlung mit allen Aktiven und Passiven in die Gesellschaft ein; sein Gesellschaftsanteil wird aufgrund der für sein Geschäft auf den 31. 12. 2002 erstellten Bilanz mit 750.000 € bewertet.

(4) Die Einlage der Kommanditisten E, G und H beträgt jeweils 200.000 €, die Einlage von K beträgt 50.000 €.

§ 7 Ausschließung, Abfindung

(1) Der persönlich haftende Gesellschafter hat bis zum Ablauf des 31. 12. 2012 das Recht, jederzeit das Ausscheiden der Kommanditisten zum Ablauf des jeweils laufenden Geschäftsjahres verlangen zu können.

(2) Der Abfindungsanspruch des ausscheidenden Gesellschafters wird nach § 738 BGB berechnet.

Die A & Co. KG wird im Mai 2003 im Handelsregister eingetragen und bekannt gemacht. Im Gegensatz zu E, G und H kann K ihre Einlage aus eigenen Mitteln nicht erbringen. A schenkt daraufhin K 50.000 € und zahlt diesen Betrag mit ihrem Einverständnis an die KG.

Die Geschäfte entwickeln sich bald außerordentlich gut. Am 10. 12. 2009 erklärt A jedoch gegenüber E, H und K, er verlange gem. § 7 Abs. 1 GV ihr Ausscheiden aus der KG zum Jahresende 2009. Außerdem verlangt er von K die Rückzahlung der geschenkten 50.000 €. E, H und K sind empört und bitten um eine Erklärung von A. A verweist darauf, dass er nach dem Gesellschaftsvertrag das Ausscheiden der Kommanditisten ohne Angabe von Gründen verlangen könne.

Am 3. 1. 2010 ersuchen *E*, *H* und *K* Rechtsanwalt *Rudi Rabe (R)* um Auskunft, ob das Begehren des *A* rechtmäßig ist. Bei dem Beratungsgespräch erklärt *H*, er könne sich das Verhalten des *A* nur damit erklären, dass es im Oktober 2009 zwischen ihm und *A* eine Meinungsverschiedenheit über den Umfang des Einsichtsrechts der Kommanditisten gegeben hat. *K* teilt mit, sie befürchte, Anlass für ihren Ausschluss sei die im November 2009 durch *A* erklärte Auflösung des Verlöbnisses. *E* weiß überhaupt keine Erklärung. *R* vertritt die Auffassung, *E*, *H* und *K* seien nach wie vor Gesellschafter der KG, da § 7 Abs. 1 GV unwirksam sei. Das Zahlungsbegehren von *A* gegenüber *K* sei ebenfalls unbegründet. Hat *R* Recht?

Lösung

Teil 1: Wirksamkeit des Ausschlusses von E, H und K aus der KG zum Jahresende 2009

A. Ausschluss aufgrund vertraglicher Ausschlussbestimmung

E, *H* und *K* sind gegen ihren Willen zum Jahresende 2009 aus der Gesellschaft ausgeschieden, wenn *A* sie unter Berufung auf eine entsprechende Vereinbarung im Gesellschaftsvertrag wirksam ausgeschlossen hat. Die Befugnis von *A* zum Ausschluss der Kommanditisten kann sich aus § 7 Abs. 1 GV ergeben.

I. § 7 Abs. 1 GV als Grundlage des Ausschlussrechts von A

Nach § 7 Abs. 1 GV steht die Ausübung der Befugnis zum Ausschluss der Kommanditisten allein *A* zu. Eine Mitwirkung der übrigen Kommanditisten, die in der KG verbleiben sollen (hier: *G*), ist nicht erforderlich. Die Vereinbarung hindert *A* auch nicht daran, mehrere Kommanditisten gleichzeitig auszuschließen. *A* hat die bis zum 31. 12. 2012 vorgesehene Befristung beachtet, als er gegenüber *E*, *H* und *K* am 10. 12. 2009 erklärte, er verlange ihr Ausscheiden aus der KG. Weitere Anforderungen werden gem. § 7 Abs. 1 GV an die Ausschlussbefugnis von *A* nicht gestellt. Er muss seine Entscheidung insbesondere nicht durch Angabe von Gründen rechtfertigen. Die Ausschlussbefugnis ist ihm bis zum Ablauf des 31. 12. 2012 „jederzeit" eingeräumt worden. Die Entscheidung über den Fortbestand der Mitgliedschaft der Kommanditisten in der KG ist somit bis zum Ablauf des 31. 12. 2012 in sein freies Belieben gestellt. Bei § 7 Abs. 1 GV handelt es sich folglich um eine so genannte Hinauskündigungsklausel.[1] Der berechtigte Gesellschafter soll nach der Intention dieser Klausel endgültig davon freigestellt sein, seine Ausschluss-Entscheidung zu rechtfertigen; dies gilt sowohl bei der Mitteilung des Beschlusses gegenüber dem betroffenen Gesellschafter als auch im Rechtsstreit zur Überprüfung der Ausschlussberechtigung.[2]

II. Wirksamkeit der Hinauskündigungsklausel

E, *H* und *K* sind aufgrund der Gestaltungserklärung des *A* mit Ablauf des Jahres 2009 aber nur dann aus der KG ausgeschieden, wenn die Hinauskündigungsklausel gem. § 7 GV rechtswirksam ist. Dagegen können Bedenken bestehen, weil die

---

[1] Für eine gesellschaftsvertragliche Vereinbarung, die die Befugnis zum Ausschluss in das freie Ermessen eines oder mehrerer Gesellschafter stellt, hat sich die Bezeichnung Hinauskündigungsklausel eingebürgert; vgl. hierzu nur BGHZ 81, 263, 265; 107, 351, 357; 112, 103, 107; *BGH* NJW 1979, 104.

[2] Vgl. zur Auslegung der Hinauskündigungsklausel eingehend *Schöne*, S. 48 ff.

Klausel *A* das Recht zum Ausschluss der Kommanditisten unter Voraussetzungen gewährt, die wesentlich geringer als die Anforderungen nach der gesetzlichen Regelung sind. Nach § 161 Abs. 2 i. V. m. §§ 140, 133 HGB bedarf der Ausschluss eines wichtigen Grundes in der Person des Gesellschafters; der Ausschluss erfolgt durch Ausschlussklage und Ausschlussurteil.[3] Die Ausschlussbestimmung in § 7 Abs. 1 GV kann deshalb nur wirksam sein, wenn die §§ 140, 133 HGB dispositiv sind.

1. Abdingbarkeit der gesetzlichen Ausschlussvorschriften

Die Dispositivität der handelsgesetzlichen Ausschlussvorschriften (§§ 140, 133 HGB) lässt sich zwar nicht unmittelbar aus § 109, 2. Halbs. HGB entnehmen, weil dieser nur die die Binnenbeziehungen der Gesellschafter untereinander regelnden Vorschriften der §§ 110–122 HGB für abdingbar erklärt. Das gesamte Personengesellschaftsrecht wird aber geradezu leitmotivisch von dem Gedanken „in dubio pro libertate" beherrscht.[4] Der zwingende Charakter einer personengesellschaftsrechtlichen Norm muss sich daher zweifelsfrei durch Auslegung ermitteln lassen.[5]

Die §§ 140, 133 HGB bieten hierfür keine Anhaltspunkte. Die Gesellschafter können somit sowohl die Ausschlussgründe als auch das Ausschlussverfahren abweichend von den gesetzlichen Bestimmungen regeln.[6]

2. Hinauskündigungsklausel: Vertragsfreiheit vs. Sittenwidrigkeit

Bedenken gegen die Wirksamkeit der in § 7 Abs. 1 GV vereinbarten Ausschlussklausel können sich aber daraus ergeben, dass sie die Ausschlussbefugnis in das freie Ermessen des persönlich haftenden Gesellschafters stellt. Ob dies wirksam gesellschaftsvertraglich vereinbart werden kann, wird unterschiedlich beurteilt. Einerseits wird die Hinauskündigungsklausel als vom Grundsatz der Vertragsfreiheit gedeckt angesehen, während sie andererseits als Verstoß gegen § 138 Abs. 1 BGB gewertet wird.[7]

a) Hinauskündigungsklausel als Ausdruck der Vertragsfreiheit

Die Vereinbarkeit der Hinauskündigungsklausel mit der Vertragsfreiheit kann auf den allgemein anerkannten Grundsatz gestützt werden, wonach in Personengesellschaften die Rechtsstellungen der einzelnen Gesellschafter durchaus unterschiedlich ausgestaltet werden können.[8]

---

[3] Zu den gesetzlichen Ausschlussvoraussetzungen nach § 140 HGB vgl. statt aller Baumbach/Hopt/*Hopt*, § 140 Rn. 5 ff.; E/B/J/S/*Lorz*, § 140 Rn. 5 ff.; Heymann/*Emmerich*, § 140 Rn. 5 ff.; MünchKomm-HGB/*K. Schmidt*, § 140 Rn. 16 ff.; Oetker/*Kamanabrou*, § 140 Rn. 6 ff.; *K. Schmidt*, GesellR, § 50 III 1 (S. 1461 ff.); zu den Ausschlussvoraussetzungen bei der GbR vgl. statt aller Bamberger/Roth/*Timm/Schöne*, § 737 Rn. 4 ff.; MünchKomm-BGB/*Ulmer/Schäfer*, § 737 Rn. 7 ff.

[4] *Behr*, ZGR 1985, 475, 488; *Flume*, NJW 1979, 902.

[5] Vgl. hierzu beispielsweise §§ 133 Abs. 3, 139 Abs. 5 HGB.

[6] Ganz h. M.; vgl. nur RG ZAkdR 1938, 818 mit zust. Anm. *Großmann-Doerth*; RG DR 1943, 809; BGHZ 31, 295, 298; *BGH* WM 1957, 1406, 1407; E/B/J/S/*Lorz*, § 140 Rn. 43; GroßKomm-HGB/*Schäfer*, § 140 Rn. 52 ff.; Heymann/*Emmerich*, § 140 Rn. 30; MünchKomm-HGB/*K. Schmidt*, § 140 Rn. 88 ff.; Oetker/*Kamanabrou* § 140 Rn. 40. Differenzierend aber *Behr*, ZGR 1985, 475, 501 ff., der das in § 140 HGB normierte Erfordernis der Ausschlussklage für zwingendes Recht hält.

[7] Zum Streitstand vgl. E/B/J/S/*Lorz*, § 140 Rn. 53 ff.; Heymann/*Emmerich*, § 140 Rn. 34 ff.; MünchKomm-HGB/*K. Schmidt*, § 140 Rn. 98 ff.; Oetker/*Kamanabrou*, § 140 Rn. 46 ff.; Bamberger/Roth/*Timm/Schöne*, § 737 Rn. 24 ff.; MünchKomm-BGB/*Ulmer/Schäfer*, § 737 Rn. 17 ff.; *K. Schmidt*, GesellR § 50 III 3 (S. 1470 ff.).

[8] *Flume*, BGB AT I/1, § 10 III S. (137 ff.); *ders.*, NJW 1979, 902; *ders.*, Anm. zu *BGH* JZ 1985, 1105, JZ 1985, 1106 ff.; *ders.*, DB 1986, 629; *Eiselt*, FS v. Lübtow (1980), S. 643 ff.; *Esch*,

aa) Theorie des „Gesellschafter minderen Rechts"

Nach der Theorie des „Gesellschafters minderen Rechts" kann der Gesellschaftsvertrag nicht nur gleichberechtigte, sondern auch mehr- und minderberechtigte Gesellschafterstellungen statuieren.[9] Die grundlose Ausschließbarkeit eines Gesellschafters sei in diesem Fall Ausdruck seiner minderberechtigten Stellung. Zwar sei ein Ausschluss gleichberechtigter Gesellschafter ohne Angabe von Gründen wegen Verstoßes gegen den zwingendes Recht darstellenden Gleichbehandlungsgrundsatz nicht zulässig; dies gelte aber nicht gegenüber minderberechtigten Gesellschaftern, die ihre Gesellschafterstellung aufgrund besonderer Umstände erworben hätten.[10] Solche besonderen Umstände seien beispielsweise der Erwerb der Kommanditistenstellung im Erbwege, die Aufnahme eines früheren leitenden Mitarbeiters als Geschäftsführer-Gesellschafter oder die Erlangung der Gesellschafterstellung durch Schenkung des hinauskündigungsberechtigten Gesellschafters.[11]

Es kann dahinstehen, ob die Theorie vom „Gesellschafter minderen Rechts" allgemein anzuerkennen ist.[12] Jedenfalls vermag sie die Vereinbarung der Hinauskündigungsklausel gegenüber *E, H* und *K* nicht zu rechtfertigen. Für die „Hinauskündbarkeit" von *E* und *H* ist nicht ersichtlich, dass der Erwerb ihrer jeweiligen Kommanditistenstellung auf besonders gelagerte Umstände zurückzuführen ist. Auch für die Hinauskündbarkeit von *K* kann sich keine andere Beurteilung ergeben. *K* hat ihren Kommanditanteil aufgrund des Gesellschaftsvertrages mit der Verpflichtung übernommen, ihre Einlage zu leisten. Gegenstand der Schenkung von *A* an *K* war somit nicht der Kommanditanteil,[13] sondern allein der Geldbetrag, den sie zur Erbringung ihrer Einlage benötigte.[14] Es ist nicht ersichtlich, dass zum Zeitpunkt der Gesellschaftsvertragsvereinbarung zwischen *A* und *K* das Einverständnis bestand, dass *K* ihren Anteil unentgeltlich von *A* erhalten sollte. *K* hat ihren Kommanditanteil somit nicht unter Umständen erworben, die nach der Theorie vom Gesellschafter minderen Rechts ihre Hinauskündbarkeit rechtfertigen können. *K* ist demzufolge ebenfalls keine hinauskündbare „minderberechtigte Gesellschafterin".

NJW 1979, 1390; *Loritz,* JZ 1986, 1073ff.; *Hirtz,* BB 1981, 761ff.; *U. Huber,* ZGR 1980, 177ff.; *Bunte,* ZIP 1983, 8ff.; *Müller-Laube/Büsching,* JA 1989, 1ff.; *Grunewald,* Ausschluß, S. 220ff.; *Sigle,* FS Semler (1993), 767ff.; *Weber/Hikel,* NJW 1986, 2752, 2753, insb. für den geschäftsführenden Gesellschafter ohne Kapitalanteil.

[9] *Flume,* BGB AT I/1, § 10 III (S. 137); ders., NJW 1979, 902, 903.

[10] *Flume,* BGB AT I/1, § 10 III (S. 139).

[11] *Flume,* NJW 1979, 902, 903f.; *Eiselt,* FS v. Lübtow (1980), S. 643, 645. Die Hinauskündigung des minderberechtigten Gesellschafters soll in diesen Fällen auch gegen Abfindung nach Buchwerten, also ohne Berücksichtigung der stillen Reserven und des Firmenwertes der Gesellschaft erfolgen können. Diese Abfindungsbeschränkung bedeutet keine unzumutbare Benachteiligung des minderberechtigten Gesellschafters; bei der unentgeltlich übertragenen Mitgliedschaft verbleibe ihm beispielsweise auch bei deren Verlust der Buchwert der geschenkten Beteiligung, *Eiselt,* a.a.O., S. 643, 656f. Zur Problematik der Buchwertklausel vgl. den nachfolgenden Fall 21.

[12] Ablehnend die überwiegende Ansicht in der Literatur, vgl. *Schöne,* S. 67ff.; *Behr,* ZGR 1985, 475, 492; *Bunte,* ZIP 1983, 8, 13f.; *Fischer,* ZGR 1979, 251, 263; *Hennerkes/Binz,* NJW 1983, 73, 76; *U. Huber,* ZGR 1980, 177, 199; *Schilling,* ZGR 1979, 419, 423; *Ulmer,* NJW 1979, 81, 83. Kritisch auch *K. Schmidt,* GesellR, § 50 III 3 c (S. 1473).

[13] Zur Zulässigkeit der Schenkung eines Kommanditanteils vgl. *BGH* DB 1990, 1656f. = BB 1990, 1507ff.

[14] Vgl. zur Unterscheidung zwischen dem Gesellschaftsanteil und den zu seinem Erwerb erforderlichen finanziellen Mitteln als dem Gegenstand der Schenkung sowie zum Verhältnis von Schenkungsrecht und Gesellschaftsrecht *Heinemann,* ZHR 155 (1991), 447ff.; *Mayer,* ZGR 1995, 93ff.; *Wiedemann/Heinemann,* DB 1990, 1649ff.; *K. Schmidt,* BB 1990, 1992ff.

bb) Theorie von der „Richtigkeitsgewähr der Ausschlussregelung"

Für die Vereinbarkeit der Hinauskündigungsklausel mit der Vertragsfreiheit wird aber angeführt, sie sei jedenfalls dann nicht zu beanstanden, wenn sie mit der Verpflichtung zur Zahlung einer vollwertigen Abfindung an die ausscheidenden Gesellschafter verbunden ist;[15] in diesem Falle führe sie nicht zu einer Willkürherrschaft des berechtigten Gesellschafters gegenüber den betroffenen Gesellschaftern i. S. v. § 138 BGB. Ausschlussgrund, Ausschlussverfahren und Abfindung bildeten ein bewegliches Gefüge, d. h. ein Defizit in einem Bereich könne dadurch kompensiert werden, dass in einem anderen Bereich von der gesetzlichen Regelung nicht oder nur unerheblich abgewichen werde.[16] Nach dieser Theorie der „Richtigkeitsgewähr der Ausschlussregelung" besteht bei einer Kombination von Hinauskündigungsklausel und vollwertiger Abfindung im Prinzip kein Anreiz zum Missbrauch der Ausschlussbefugnis. Der hinauskündigungsberechtigte Gesellschafter besitze nicht die Möglichkeit, sich zum Nachteil des ausscheidenden Gesellschafters zu bereichern.[17] Zum Schutze des betroffenen Gesellschafters reiche es aus zu überprüfen, ob der Hinauskündigungsberechtigte seine Befugnis im Einzelfall missbräuchlich ausgeübt habe.[18]

Danach wäre die gesellschaftsvertraglich vorgesehene Hinauskündigungsbefugnis von A gegenüber E, H und K als wirksam anzusehen. Die Abfindungsvereinbarung in § 7 Abs. 2 GV soll für alle Fälle des Ausscheidens eines Gesellschafters, mithin auch für den hinausgekündigten Kommanditisten, gelten. Durch die Bezugnahme auf die gesetzliche Regelung haben die Gesellschafter vereinbart, dass auch der hinausgekündigte Kommanditist für den Verlust seiner Gesellschafterstellung einen Abfindungsanspruch als Surrogat erhalten soll, der dem wahren Wert seiner Beteiligung entspricht.[19] Aufgrund der Verpflichtung zur Zahlung einer vollwertigen Abfindung bestünden somit gegen die Hinauskündigungsklausel keine Bedenken.

Danach wäre die Hinauskündigungsklausel in § 7 Abs. 1 GV vom Grundsatz der Vertragsfreiheit gedeckt und E, H und K wären aufgrund der Erklärung des A vom 10. 12. 2009 zum Ablauf des Geschäftsjahres 2009 wirksam aus der KG ausgeschieden.

b) Überprüfung am Maßstab der Sittenwidrigkeit

Demgegenüber kann die einem Gesellschafter durch die Hinauskündigungsklausel eingeräumte Ausschlussbefugnis gegen das Anstandsgefühl aller billig und gerecht

---

[15] *Grunewald*, Ausschluss, S. 220 ff.; *Hirtz*, BB 1981, 761 ff.; *U. Huber*, ZGR 1980, 177 ff.; *Bunte*, ZIP 1983, 8 ff.; *Koller*, DB 1984, 545 f.; *Müller-Laube/Büsching*, JA 1989, 1 ff.; siehe auch *Weber/Hikel*, NJW 1986, 2752 f.

[16] *Grunewald*, Ausschluss, S. 12; *dies.*, GesellR, 1 A Rn. 138.

[17] *Grunewald*, Ausschluss, S. 221; *U. Huber*, ZGR 1980, 177, 203 f.; *Bunte*, ZIP 1983, 8, 15; *Hirtz*, BB 1981, 761, 764; *Müller-Laube/Büsching*, JA 1989, 1, 9.

[18] Vgl. *Grunewald*, Ausschluss, S. 222 und 248 ff.; *Bunte*, ZIP 1983, 8, 15 ff.; *Müller-Laube/Büsching*, JA 1989, 1, 5. Die Missbrauchskontrolle ist gegenüber der Hinauskündigungsentscheidung jedoch kein taugliches Kontrollinstrument, da sie das Benennen von Gründen voraussetzt. Davon ist der Hinauskündigungsberechtigte aber gerade freigestellt, vgl. *Schöne*, S. 54 f.

[19] Zur Abfindungsermittlung nach der gesetzlichen Regelung vgl. Bamberger/Roth/*Timm/Schöne*, § 738 Rn. 13 ff.; MünchKomm-BGB/*Ulmer/Schäfer*, § 738 Rn. 14 ff.; *H. P. Westermann*, Band I Rn. 1139–1150; *K. Schmidt*, GesellR, § 50 IV 1 (S. 1474 ff.); *Wiedemann*, GesellR II, § 3 III 3 e (S. 239 ff.); *A. Hueck*, § 29 II (S. 446 ff.).

Denkenden,[20] mithin gegen § 138 Abs. 1 BGB, verstoßen. Das ist der Fall, wenn die Hinauskündigungsklausel dem Berechtigten – entgegen der Theorie von der „Richtigkeitsgewähr der Ausschlussregelung" – das Treffen von Willkürentscheidungen gestattet.

aa) Grundsätzlicher Verstoß gegen § 138 Abs. 1 BGB

Der Verstoß der Hinauskündigungsklausel gegen § 138 Abs. 1 BGB kann mit der Gefahr begründet werden, die von der Ausschlussregelung betroffenen Gesellschafter könnten es nicht wagen, von ihren Rechten Gebrauch zu machen und die ihnen obliegenden Pflichten ordnungsgemäß zu erfüllen; vielmehr müssten sie sich stets den Wünschen des hinauskündigungsberechtigten Gesellschafters beugen.[21] Jedem Gesellschafter stehe jedoch grundsätzlich das Recht zur Opposition zu, sofern er damit nicht die Belange der Gesellschaft schädige. Der unter dem „Damokles-Schwert der Hinauskündigung"[22] stehende Gesellschafter sei letztlich der Willkür des hinauskündigungsberechtigten Gesellschafters ausgeliefert und deshalb in seiner Entscheidungsfreiheit außerordentlich stark beeinträchtigt; bei geringstem Widerspruch müsse er mit seinem Ausschluss rechnen. Demnach sei die Hinauskündigungsklausel grundsätzlich als sittenwidrig gem. § 138 Abs. 1 BGB zu werten, es sei denn, die Abrede sei ausnahmsweise durch außergewöhnliche Umstände des Einzelfalls sachlich gerechtfertigt.[23]

Die durch die Hinauskündigungsklausel hervorgerufene Gefahr von Willkürentscheidungen durch *A* wird deutlich im Fall von *H,* der lediglich mit *A* Meinungsverschiedenheiten über den Umfang seines Einsichtsrechts hatte. Die Kündigungsentscheidung kann bei Wirksamkeit der Klausel auch gänzlich ohne gesellschaftlichen Bezug ausgesprochen werden, ohne dass eine rechtliche Überprüfung möglich wäre. Auch für die Hinauskündigung von *K* liegt die Wahrscheinlichkeit nahe, dass sie eine Folge der Auflösung ihres Verlöbnisses mit *A* ist. Für die Hinauskündigung des *E* schließlich lag weder ein gesellschaftsbezogener noch ein privater Anlass vor. Weil *A* seine Ausschlussentscheidung nach dem Inhalt der Hinauskündigungsklausel weder gegenüber den Betroffenen noch vor Gericht rechtfertigen muss, eröffnet ihm diese Vertragsbestimmung somit die Möglichkeit zu grundlosen, mithin willkürlichen Entscheidungen.

Die Hinauskündigungsklausel in § 7 Abs. 1 GV kann danach grundsätzlich sittenwidrig sein.

bb) Ausnahmsweise sachliche Rechtfertigung der Hinauskündigungsklausel

Das Sittenwidrigkeitsverdikt über die Hinauskündigungsklausel gegenüber *E, H* und *K* kann aber ausnahmsweise unzutreffend sein, wenn ihre Vereinbarung durch außergewöhnliche Umstände gerechtfertigt ist.[24] Eine derartige sachliche Rechtfertigung

---

[20] RGZ 80, 219, 221; BGHZ 10, 228, 232; 69, 295, 297.
[21] BGHZ 81, 263, 267.
[22] *Schilling,* ZGR 1979, 419, 426.
[23] BGHZ 68, 212, 215; 81, 263, 265 ff.; 104, 50, 57 ff.; 105, 213, 217; 107, 351, 353; 112, 103, 107; *BGH* NJW 1985, 2421 ff.; ZIP 2004, 903, 904 f.; 2005, 706, 707 f.; *OLG Frankfurt* ZIP 2004, 1801, 1802; *OLG Düsseldorf* ZIP 2004, 1804, 1805; zustimmend Baumbach/Hopt/ *Hopt,* § 140 Rn. 31; E/B/J/S/*Lorz,* § 140 Rn. 53 ff.; Oetker/*Kamanabrou,* § 140 Rn. 46, 48; Röhricht/Graf v. Westphalen/*v. Gerkan/Haas,* § 140 Rn. 24; MünchKomm-BGB/*Ulmer/Schäfer,* § 737 Rn. 19; AnwKom-BGB/*Heidel/Pade,* § 737 Rn. 13; ohne eigene Stellungnahme Staudinger/*Habermeier,* § 737 Rn. 7.
[24] Vgl. die Nachweise in Fn. 23.

der Hinauskündigungsklausel muss anhand der konkreten Umstände des Einzelfalls unter Abwägung der Interessen der betroffenen Gesellschafter festgestellt werden. Als sachlicher Rechtfertigungsgrund für die Hinauskündbarkeit eines Gesellschafters anerkannt ist die Erbenstellung eines Mitgesellschafters.[25] Gleiches gilt für die außergewöhnliche Konstellation, dass der Hinauskündigungsberechtigte zu seiner Mitgesellschafterin in engen persönlichen Beziehungen stand, aufgrund deren er die volle Finanzierung der Gesellschaft übernommen und ihr die Mehrheitsbeteiligung und Geschäftsführung eingeräumt hatte, und diese persönlichen Beziehungen beendet wurden.[26] Außerdem ist ein zeitlich begrenztes Hinauskündigungsrecht für eine Praxisgemeinschaft von Ärzten anzuerkennen, wenn es allein dazu dient, die Prüfung zu ermöglichen, ob zu dem neuen Partner das notwendige Vertrauen hergestellt werden kann, ob die Gesellschafter auf Dauer in der für die gemeinsame Berufsausübung erforderlichen Weise harmonieren können.[27] Ferner ist die Hinauskündigungsklausel nicht als sittenwidrig angesehen worden, wenn als Grund für die Ausschließung im GmbH-Gesellschaftsvertrag die ordentliche Beendigung eines Kooperationsvertrages bestimmt ist, dem gegenüber die gesellschaftsrechtliche Bindung von gänzlich untergeordneter Bedeutung ist, weil mit ihr keine Chancen verbunden sind, die nicht bereits aufgrund des Kooperationsvertrages bestehen.[28] Darüber hinaus kann die Hinauskündbarkeit des sog. Manager-Gesellschafters im Rahmen eines Geschäftsbeteiligungsmodells sachlich gerechtfertigt sein.[29]

Als die Hinauskündigungsklausel ausnahmsweise sachlich rechtfertigende Umstände kommen vorliegend einerseits die Befristung der Kündigungsklausel gegenüber allen Kommanditisten in Betracht sowie andererseits die Tatsache, dass *K* die finanziellen Mittel zur Leistung auf ihre Einlageverbindlichkeit von *A* unentgeltlich erhalten hat, der Erwerb ihrer Gesellschafterposition mithin im Zusammenhang mit einer Schenkung oder dem Verlöbnis steht.

---

[25] BGHZ 105, 213 ff.

[26] BGHZ 112, 103 ff.

[27] *BGH* ZIP 2004, 903 ff.; zustimmend *Grunewald*, DStR 2004, 1750 ff.

[28] *BGH* ZIP 2005, 706 ff. Ob diese „Kooperations-Entscheidung" des BGH allerdings rechtsdogmatisch zutreffend als Fall zur ausnahmsweise sachlichen Rechtfertigung der Hinauskündigungsklausel wegen Vorliegens besonders gelagerter Umstände einzuordnen ist, erscheint zweifelhaft. Vielmehr ist sie – stellt man allein auf die Ausschlussklausel ab – als Beispiel für einen Ausschluss bei Vorliegen eines gesellschaftsvertraglich vereinbarten Grundes einzuordnen. Schon früher ist die Hinauskündigungsklausel in der Literatur für rechtlich unbedenklich gehalten worden, sofern sie gesellschaftsvertraglich auf bestimmte Tatbestände beschränkt ist, vgl. *Grunewald*, Ausschluss, S. 223; *Kreutz*, ZGR 1983, 109, 121 ff.; *Hennerkes/Binz*, NJW 1983, 73, 79 f. Dies ist im Ergebnis richtig. Doch handelt es sich dabei um eine Hinauskündigungsklausel in dem Sinne, dass sie *jederzeitige und voraussetzungslose* Kompetenz zum Ausschluss gewährt. Vielmehr handelt es sich bei einer solchen Ausschlussklausel um einen Ausschluss bei tatbestandlich vorgegebenen Gründen; vgl. hierzu eingehend *Schöne*, S. 74 ff. Mit der Privatautonomie ist es aber vereinbar, dass im Gesellschaftsvertrag bestimmte Gründe für den Ausschluss festgelegt werden können, vgl. statt aller MünchKomm-HGB/ *K. Schmidt*, § 140 Rn. 94.

[29] Vgl. hierzu *BGH* ZIP 2005, 1917 ff. und 1920 ff. sowie die einander widersprechenden Entscheidungen der Vorinstanzen *OLG Düsseldorf* ZIP 2004, 1804 ff. (befürwortend) und *OLG Frankfurt* ZIP 2004, 1801 ff. (ablehnend). In der Literatur wird die einen Geschäftsführer treffende Hinauskündigungsklausel im Rahmen eines Manager-Beteiligungsmodells nahezu einhellig für sachlich gerechtfertigt gehalten; vgl. *Binz/Sorg*, GmbHR 2005, 893 ff.; *Bütter/Tonner*, BB 2005, 283 ff.; *Habersack/Verse*, ZGR 2005, 451 ff.; *Kästle/Heuterkes*, NZG 2005, 289 ff.; *Kowalski/Bormann*, GmbHR 2004, 1438 ff.; *Sosnitza*, DStR 2005, 72 ff.; *Schäfer/Hillesheim*, DStR 2003, 2122 ff.; *Schockenhoff*, ZIP 2005, 1009 ff.

(1) Befristung

Die Befristung der Hinauskündigungsbefugnis von *A* gegenüber allen Kommanditisten gem. § 7 Abs. 1 GV für die Zeit bis zum 31. 12. 2012 kann durch den Zweck, eine Erprobungsphase für die Zusammenarbeit zwischen den Gesellschaftern zu schaffen, gerechtfertigt sein.

Selbst wenn ein solcher „Erprobungszweck" als Rechtfertigung für die Vereinbarung der Hinauskündigungsklausel anzuerkennen wäre, hätte dieser Zweck aber im Gesellschaftsvertrag als Rechtfertigung für die Hinauskündigungsklausel aufgeführt sein müssen. Das ist jedoch nicht geschehen. Im Übrigen bestehen auch durchgreifende Bedenken dagegen, die „Probezeit" durch eine Befristung der Hinauskündigungsbefugnis auf einen Zeitraum von fast zehn Jahren festzulegen.[30] Es kann dahinstehen, ob eine Hinauskündigungsklausel dann nicht zu einer erheblichen Störung des gedeihlichen Zusammenwirkens der Gesellschafter zur Erreichung des gemeinsamen Zwecks führt, wenn dem Hinauskündigungsberechtigten diese Befugnis nur innerhalb einer sehr kurz bemessenen Zeitspanne zusteht.[31] Durch die dem *A* für fast zehn Jahre eingeräumte Hinauskündigungsbefugnis werden die Kommanditisten aber über einen mehrjährigen Zeitraum in der Ausübung ihrer Rechte beeinträchtigt. Dies widerspricht auch dem Zweck einer „Probezeit". Die „Probezeit zur Feststellung eines gedeihlichen Zusammenwirkens" macht nur Sinn, wenn die Kommanditisten ihre Rechte und Pflichten eigenverantwortlich ausüben können, ohne jederzeit ihre Zwangsentfernung aus der Gesellschaft befürchten zu müssen. Die Befristung der dem *A* eingeräumten Hinauskündigungsbefugnis bewirkt somit keine wesentliche Verringerung der beeinträchtigenden Wirkung der Hinauskündigungsklausel. Es ist nicht hinnehmbar, dass es die Kommanditisten für einen Zeitraum von fast zehn Jahren nicht wagen können, von ihren Rechten Gebrauch zu machen.[32]

Die Hinauskündigungsklausel in § 7 Abs. 1 GV ist somit jedenfalls gegenüber *E* und *H* nicht wegen Vereinbarung einer „Probezeit" von fast zehn Jahren ausnahmsweise sachlich gerechtfertigt.

(2) Schenkung

Allerdings kann der Umstand, dass *K* die finanziellen Mittel zur Leistung auf ihre Einlageverbindlichkeit von *A* unentgeltlich erhalten hat, eine sachliche Rechtfertigung der Hinauskündigungsklausel ihr gegenüber darstellen. Dem ist jedoch entgegen-

---

[30] Der *BGH* hat im Arztpraxis-Fall (*BGH* ZIP 2004, 903, 905) entschieden, dass eine angemessene Prüfungszeit den Zeitraum von zehn Jahren bei weitem nicht erreichen darf.

[31] Vgl. hierzu BGHZ 105, 213 ff. (zwei Monate); *Grunewald*, Ausschluss, S. 212 ff. und 223 (ein Jahr); *Schöne*, S. 77 (drei Monate analog § 139 Abs. 3 HGB).

[32] *Grunewald* (DStR 2004, 1750, 1751 f.) folgert aus der Arztpraxis-Entscheidung des BGH (vgl. Fn. 29), es könne auf gesellschaftsrechtlicher Basis davon ausgegangen werden, dass für alle Formen der freiberuflichen und mitunternehmerischen Zusammenarbeit eine Probezeit von zwei bis drei Jahren von der Rechtsprechung akzeptiert werde, zumal, wenn sie mit einer vollwertigen Abfindung verbunden sei. Ob dem in dieser Allgemeinheit zuzustimmen ist, kann hier dahingestellt bleiben. Die Arztpraxis-Entscheidung des BGH lässt sich jedenfalls nicht zwanglos auf Kommanditisten übertragen. Im Übrigen bestehen Bedenken dagegen, eine zeitlich befristete Hinauskündigungsklausel im nach hinein – nämlich im Hinauskündigungsfall – damit zu rechtfertigen, sie diene der Verwirklichung einer „Probezeit". Im Interesse der von dem Ausschluss betroffenen Gesellschafter ist vielmehr – im Sinne des Bestimmtheitsgrundsatzes – zu fordern, dass die Ausschlussbefugnis des berechtigten Gesellschafters binnen einer konkret bestimmten Zeitspanne bereits im Gesellschaftsvertrag mit der „Probezeit" gerechtfertigt wird. Dann aber würde es sich bei der Ausschlussklausel um eine solche aus einem gesellschaftsvertraglich bestimmten sachlichen Grund handeln (vgl. dazu Fn. 28).

zuhalten, dass die schenkungsrechtlichen Widerrufs- und Rückforderungsrechte unabhängig von der gesellschaftsrechtlich gewährten Ausschlussbefugnis bestehen.[33] Zwischen den Rechtsbeziehungen aus dem Schenkungsvertrag und dem Rechtsverhältnis der Gesellschafter untereinander ist deutlich zu unterscheiden.[34]

Die Hinauskündigungsklausel regelt die gesellschaftsrechtlichen Belange der Gesellschafter untereinander. Sie betrifft als Bestandteil des Gesellschaftsvertrages auch die nicht dem Zuwendungsverhältnis zuzurechnenden Gesellschafter *E* und *H*. Trotz der grundsätzlichen Trennung zwischen Schenkungs- und Gesellschaftsrecht kann sie aber für das Zuwendungsverhältnis zwischen *A* und *K* als Vereinbarung eines dem Zuwendenden zustehenden jederzeitigen Rechts zum Widerruf der Schenkung auszulegen sein. Ein unbefristetes und nicht an das Vorliegen von Gründen gebundenes Recht zum Widerruf der Schenkung kann nach ganz herrschender Lehre aufgrund der Privatautonomie zwischen den Parteien des Zuwendungsverhältnisses vereinbart werden.[35] Allerdings: Mit dem Widerrufsrecht kann nur die Herausgabe des zugewendeten Schenkungsgegenstandes verlangt werden. Gegenstand der Schenkung war aber nicht der Kommanditanteil, sondern der Geldbetrag zur vollständigen Erfüllung der Einlageverbindlichkeit.[36] Die Hinauskündigungsklausel kann daher im Verhältnis zwischen *A* und *K* nicht als vertragliches jederzeitiges Schenkungswiderrufsrecht ausgelegt werden.

(3) Zwischenergebnis

Die in § 7 Abs. 1 GV vereinbarte Hinauskündigungsbefugnis von *A* ist weder gegenüber *E* und *H* noch gegenüber *K* durch außergewöhnliche Umstände sachlich gerechtfertigt; es bliebe somit bei ihrer grundsätzlichen Nichtigkeit.[37]

cc) Stellungnahme

Entscheidend für die Beurteilung der Hinauskündigungsklausel als sittenwidrig ist letztlich, ob sie zu einer Willkürherrschaft des Hinauskündigungsberechtigten gegenüber den betroffenen Gesellschaftern führt.

Gegen die Wirksamkeit der Hinauskündigungsklausel bestehen auch dann Bedenken, wenn sie mit einer vollwertigen Abfindung des Ausscheidenden verbunden ist: Die Verpflichtung zur vollwertigen Abfindung stellt kein ausreichendes psychologisches Hemmnis für ein unsachliches, emotional bedingtes Hinausdrängen eines Mitgesellschafters dar.[38] Vor allem ist aber der methodische Ansatz der Theorie von der „Richtigkeitsgewähr der Ausschlussregelung" abzulehnen. Die Wirksamkeit einer Ausschlussklausel beurteilt sich ausschließlich nach den Bestimmungen über den Ausschlussgrund und das Ausschlussverfahren. Diese stellen die Tatbestandsvoraussetzungen des Ausschlusses dar, während die Abfindung eine der Rechtsfolgen des wirksamen Ausscheidens des Gesellschafters aus der Gesellschaft ist. Der Abfin-

---

[33] *BGH* BB 1990, 1507, 1508.

[34] *BGH* BB 1990, 1507, 1508; *A. Hueck*, DB 1966, 1043, 1047; ebenso *K. Schmidt*, BB 1990, 1992, 1995.

[35] MünchKomm-BGB/*J. Koch*, § 516 Rn. 13; Staudinger/*Wimmer-Leonhardt*, § 530 Rn. 41; *Friedhofen*, DB 1972, 458 ff.; *Westhoff*, DB 1972, 809 ff.; *K. Schmidt*, BB 1990, 1992, 1996; a. A. *Knobbe-Keuk*, FS Flume II (1978), 149, 161.

[36] Siehe oben A. I. 2. a), aa).

[37] Im Grundsatz zust. *Röttger*, S. 177 ff.; *Fastrich*, ZGR 1991, 306 ff.; *Hennerkes/Binz*, NJW 1981, 73 ff.; *Kreutz*, ZGR 1983, 109 ff.; *Wiedemann*, ZGR 1980, 147 ff.

[38] *BGH* NJW 1981, 2565, 2566; *Wiedemann*, ZGR 1980, 147, 153; *Hennerkes/Binz*, NJW 1983, 73, 77.

dungsregelung kommt deshalb allgemein keine Bedeutung für die Frage der Wirksamkeit der Ausschlussvoraussetzungen zu.[39] Es besteht kein Anlass, von diesem Grundsatz für die Fälle der „Hinauskündigung" Ausnahmen zu machen. Bei der Beurteilung der Rechtswirksamkeit einer gesellschaftsvertraglichen Ausschlussregelung ist stattdessen allein auf die vereinbarten Ausschlussvoraussetzungen, nämlich den Ausschlussgrund und das Ausschlussverfahren, abzustellen.[40]

Für die rechtliche Beurteilung der Hinauskündigungsklausel ist somit allein auf die Tatbestandsvoraussetzungen abzustellen, unter denen sie dem Berechtigten die Ausschlussbefugnis einräumt. Danach muss der Hinauskündigungsberechtigte seine jederzeit mögliche Entscheidung nicht durch Angabe von Gründen rechtfertigen. Der erklärte Ausschluss bleibt somit hinsichtlich seiner Berechtigung gänzlich unüberprüfbar. Die Hinauskündigungsklausel stellt mithin ein Instrument zur Ausübung unumschränkter Herrschaft innerhalb der Gesellschaft dar. § 7 Abs. 1 GV ist deshalb wegen Verstoßes gegen die guten Sitten nach § 138 BGB nichtig.

III. Ergebnis zu A.

Die in § 7 Abs. 1 GV enthaltene Hinauskündigungsklausel ist wegen Verstoßes gegen § 138 Abs. 1 BGB nichtig und kann daher keine Rechtsgrundlage für den Ausschluss von *E, H* und *K* darstellen.

B. Ausschluss aufgrund der gesetzlichen Vorschriften

Das Ausschlussbegehren des *A* kann gem. §§ 140, 133 i. V. m. 161 Abs. 2 HGB begründet sein. Dann muss jeweils in der Person von *E, H* und *K* ein wichtiger Grund vorliegen, der das Verbleiben dieser Gesellschafter in der Gesellschaft unzumutbar macht. Das ist bei keinem der Kommanditisten der Fall. Das Ausschlussrecht soll dem vertragstreuen Gesellschafter die Möglichkeit geben, sich von den Gesellschaftern trennen zu können, die die gemeinsame Zweckverfolgung stören.[41] Weder die Meinungsverschiedenheit über den Umfang des Einsichtsrechts noch die Auflösung des Verlöbnisses stellen eine nachhaltige Gefährdung des Gesellschaftszwecks dar.

---

[39] *BGH* WM 1973, 842, 843; 1977, 1276, 1278; 1989, 133, 134; 1990, 1457, 1459; NJW 1989, 2681; ebenso Baumbach/Hopt/*Hopt*, § 140 Rn. 31; Röhricht/Graf v. Westphalen/*v. Gerkan/Haas*, § 140 Rn. 24;.

[40] Sollte ein Bearbeiter der Theorie von der „Richtigkeitsgewähr der Ausschlussklausel" folgen und die Hinauskündigungsklausel als rechtswirksam ansehen, müsste nun eine Überprüfung des Hinauskündigungsbeschlusses durch eine Missbrauchskontrolle gem. § 242 BGB erfolgen, vgl. hierzu oben Fn. 18. In diesem Fall könnte eine Differenzierung angebracht sein. Für die Hinauskündigung von *K* und *E* sind gesellschaftsbezogene Gründe nicht ersichtlich, so dass sie rechtsmissbräuchlich sein dürfte. Dagegen bestand der Anlass für die Hinauskündigung des *H* in Meinungsverschiedenheiten mit *A* über den Umfang von Einsichtsrechten; es kann vertretbar sein, hier eine Hinauskündigungsbefugnis gegenüber dem „lästigen Gesellschafter" zu befürworten.

[41] Vgl. grundlegend *Grunewald*, Ausschluss, S. 19 ff. Nach Abwägung aller Umstände des Einzelfalls können als wichtige Ausschlussgründe in Betracht kommen: Erreichen einer bestimmten Altersgrenze, Krankheit von längerer Dauer, Verstoß gegen ein Wettbewerbsverbot, Unfähigkeit zur Geschäftsführung (GroßKomm-HGB/*Schäfer*, § 140 Rn. 55 f.; RGRK-HGB/*Weipert*, § 140 Anm. 30; *H. P. Westermann*, Band I Rn. 1102 ff.), Entmündigung (RGZ 24, 137); vgl. auch die Unterteilung in verhaltensbezogene und nicht verhaltensbezogene Ausschlussgründe bei MünchKomm-HGB/*K. Schmidt*, § 140 Rn. 9 ff. und Bamberger/Roth/*Timm/Schöne*, § 737 Rn. 14.

C. Ergebnis zu Teil 1

Der Ausschluss von *E, H* und *K* kann weder auf die nichtige Hinauskündigungs-klausel in § 7 Abs. 1 GV noch auf die gesetzlichen Vorschriften gem. §§ 140, 133 i. V. m. § 161 Abs. 2 HGB gestützt werden. *R* hat insoweit Recht.

Teil 2: Anspruch des A gegen K auf Rückzahlung von 50.000 €

A. Rückforderung aufgrund der Hinauskündigungsklausel

A kann gegen *K* einen vertraglichen Rückzahlungsanspruch besitzen, wenn die Hinauskündigungsklausel in Verbindung mit der unentgeltlichen Zuwendung des Geldbetrages ihr gegenüber als jederzeitiges und unbefristetes Recht zum Widerruf des Schenkungsgegenstandes auszulegen ist. Die Vereinbarung eines solchen Widerrufsrechts ist mit der Privatautonomie vereinbar.[42]

A hat *K* als Schenkungsgegenstand den Geldbetrag i. H. v. 50.000 € zugewendet.[43] Allerdings war die Hinauskündigungsklausel bereits vor dem Zuwendungsvorgang Bestandteil des Gesellschaftsvertrages. Das Schenkungswiderrufsrecht muss jedoch, soll es Bestandteil des Schenkungsvertrages werden, in zeitlichem und sachlichem Zusammenhang mit dem Zuwendungsvorgang vereinbart werden. Der Zuwendungs-empfänger muss zweifelsfrei feststellen können, unter welchen Voraussetzungen er zur Rückgabe des Schenkungsgegenstandes verpflichtet sein soll. Es ist nicht ersicht-lich, dass sich *A* und *K* darauf geeinigt haben, dass die Hinauskündigungsklausel den Rechtsgrund für die Rückforderung des zugewendeten Geldbetrages bilden soll.

A kann die Rückforderung des Geldbetrages von 50.000 € von *K* folglich nicht auf die Hinauskündigungsklausel stützen.

B. Rückforderung gem. § 1298 Abs. 1 BGB

Der Rückzahlungsanspruch von *A* kann aufgrund des Rücktritts vom Verlöbnis gem. § 1298 BGB begründet sein. Das setzt voraus, dass der in Anspruch genommene Verlobte das Verlöbnis aufgelöst hat. *A* hat jedoch selbst das Verlöbnis gelöst. Ein Rückforderungsanspruch von *A* gem. § 1298 BGB ist damit nicht gegeben.

C. Herausgabeanspruch gem. § 1301 BGB

A kann aber einen Herausgabeanspruch gem. § 1301 S. 1 BGB haben.

Dann muss ein gültiges Eheversprechen im Zeitpunkt der Schenkung vorgelegen haben.[44] Als *A* der *K* die 50.000 € schenkte, waren beide verlobt. Ein gültiges Eheversprechen i. S. d. § 1297 BGB bestand damit.

Weiter ist erforderlich, dass die Eheschließung aus irgendeinem Grund unterbleibt.[45] Dabei ist es unerheblich, wer die Auflösung erklärt hat und aus welchem Grund dies geschah. Die Eheschließung zwischen *A* und *K* unterbleibt aufgrund der Auflösung des Verlöbnisses.

Als Rechtsfolge des Unterbleibens der Eheschließung sind alle Geschenke, die der eine Verlobte dem anderen während des Verlöbnisses gemacht hat und die nicht lediglich Aufwendungen im gegenseitigen gesellschaftlichen Verkehr (z. B. Blumen, Theaterkarten) oder Anstandsgeschenke (z. B. Geburtstagsgeschenke) darstellen,[46]

---

[42] Vgl. die in Fn. 35 genannten Nachweise.
[43] Siehe oben Teil 1 unter A. II. 2 a), aa).
[44] Bamberger/Roth/*Lohmann*, § 1301 Rn. 4; Palandt/*Brudermüller*, § 1301 Rn. 2.
[45] Bamberger/Roth/*Lohmann*, § 1301 Rn. 6; Palandt/*Brudermüller*, § 1301 Rn. 3.
[46] Bamberger/Roth/*Lohmann*, § 1301 Rn. 5.

nach den Vorschriften der ungerechtfertigten Bereicherung (§§ 812 ff. BGB) zurückzugeben. Auf die Angemessenheit des Geschenkes kommt es nicht an, so dass auch außergewöhnliche Geschenke zurückzugeben sind.[47] *A* hat somit gegen *K* einen Anspruch auf Herausgabe des geschenkten Geldbetrages gem. § 1301 S. 1 BGB. Weil *K* diesen Geldbetrag zur Erfüllung ihrer Einlageverpflichtung verwandt hat, hat sie Wertersatz (§ 818 Abs. 2 BGB) zu leisten.

D. Ergebnis zu Teil 2

A kann von *K* Zahlung i. H. v. 50.000 € verlangen; die Ansicht von *R* ist insoweit unzutreffend.

---

[47] *OLG Köln* NJW 1961, 1726 – Erlass eines Schadensersatzanspruches.

Fall 21. Streit um die Abfindung

Schwerpunkt im Personengesellschaftsrecht:
Ausscheiden aus einer Personenhandelsgesellschaft durch Kündigung bzw. Tod –
Wirksamkeit und Anwendbarkeit einer abfindungsbeschränkenden Regelung – Wirk-
samkeit einer Abfindungsklausel zu Lasten des Gesellschaftererben

Sachverhalt

Nach dem plötzlichen Tod von *Alphons Arndt,* der als Alleininhaber ein Speditionsge-schäft unter der Firma „Alphons Arndt, Internationale Spedition und Lagerung" betrieben hat, vereinbart dessen Witwe *Adelheid (A)* mit dem bisherigen Prokuristen des Unterneh-mens, *Philipp Pfiffig (P),* am 1. 6. 1990 privatschriftlich einen Gesellschaftsvertrag (GV) über eine offene Handelsgesellschaft. Dabei sind sich A und P darüber einig, dass das Speditionsunternehmen für die beiden noch minderjährigen Kinder von A, den damals fünfjährigen *Sebastian (S)* und die damals dreijährige *Traudel (T),* erhalten und fortge-führt werden soll. Aufgrund seines langjährig erworbenen Sachverstandes soll die Leitung des Unternehmens in den Händen von P liegen, während A von ihren Geschäftsfüh-rungs- und Vertretungsbefugnissen nur Gebrauch machen will, wenn P verhindert ist. Der Gesellschaftsvertrag enthält demgemäß unter Anderem folgende Bestimmungen:

§ 10 Übernahme bei Kündigung

(1) Kündigt ein Gesellschafter das Gesellschaftsverhältnis, ist der andere Gesellschafter berechtigt, das Unternehmen mit Aktiven und Passiven ohne Liquidation zu überneh-men und unter der bisherigen Firma fortzuführen.

(2) Die Kündigungsfrist beträgt vier Monate zum Jahresende.

(3) Die Abfindung des ausscheidenden Gesellschafters erfolgt nach Buchwerten.

§ 14 Tod eines Gesellschafters

(1) Der Tod der Gesellschafterin A löst die Gesellschaft nicht auf. Das Gesellschaftsver-hältnis wird mit den Erben fortgesetzt, sofern es sich um die leiblichen Abkömmlinge handelt.

(2) Beim Tod des Gesellschafters P wird das Unternehmen mit allen Aktiven und Passiven ohne Liquidation von der Gesellschafterin A übernommen und unter der bisherigen Firma weitergeführt. Die Auszahlung des Anteils von P erfolgt nach Buchwerten.

Am 3. 12. 2008 verstirbt A und wird von ihren Kindern S und T beerbt.

Die Spedition hat seit der Gründung der OHG einen bemerkenswerten Aufstieg genom-men. Der Umsatz hat sich vervielfacht. Infolge der beträchtlichen jährlichen Gewinne konnte das Anlagevermögen (Lagergrundstücke und -gebäude, Fuhrpark) erheblich ver-größert werden.

S und T sind der Ansicht, das florierende Speditionsunternehmen werfe genügend Gewinne ab, um ihnen einen angenehmen Lebenswandel mit teuren Hobbys zu ermög-lichen. Daher kommt es zwischen S und T einerseits und P andererseits des Öfteren zu heftigen Diskussionen über die künftige Geschäftspolitik. Während P einen Großteil der Gewinne für dringend erforderliche Investitionen verwenden will, um die Wettbewerbsfähigkeit der Spedition langfristig zu sichern, bestehen S und T bei jeder sich bietenden Gelegenheit auf einer großzügigen Ausschüttung der Erträge.

Des ewigen Streitens Leid kündigt P die Gesellschaft im August 2009 mit sofortiger Wirkung, hilfsweise zum Jahresende. S und T, die daraufhin gegenüber P die Übernahme des Unternehmens erklärt haben, stehen auf dem Standpunkt, für eine Kündigung mit sofortiger Wirkung bestehe kein Anlass. Entsprechend der auf den 31. 12. 2009 aufgestellten Bilanz zahlen sie dem P eine nach Buchwerten berechnete Abfindung i. H. v. 335.000 €. P erklärt sich damit nicht einverstanden. Er verlangt vielmehr Zahlung von insgesamt 2,7 Mio. €; nach einem von ihm in Auftrag gegebenen Sachverständigengutachten entspreche dies dem wirklichen Wert seiner Beteiligung. S und T bestreiten zwar nicht die Richtigkeit dieses Gutachtens. Sie meinen aber, P hätte sich die hierfür angefallenen Kosten sparen können, weil die von ihnen bei der Abfindungsberechnung zugrunde gelegte Buchwertklausel wirksam sei.

Kann P eine Zahlung von weiteren 2,365 Mio. € als Abfindung verlangen, und wenn ja, von wem?

Abwandlung: P verstirbt am 31. 12. 2009, ohne zuvor gekündigt zu haben. Alleinerbin des verwitweten P ist dessen Tochter *Xanthippe (X)*. S und T wollen X den Anteil des P nach Buchwerten auszahlen; X verlangt jedoch Zahlung einer vollwertigen Abfindung. Zu Recht?

Bearbeitervermerk:

1. Etwaige Pflichtteilsergänzungsansprüche sind nicht zu prüfen.

2. § 131 HGB hatte bis zum 30. 6. 1998 folgende Fassung:
   „Die offene Handelsgesellschaft wird aufgelöst:
   1. bis 3....
   4 durch den Tod eines Gesellschafters, sofern nicht aus dem Gesellschaftsvertrage sich ein anderes ergibt;
   5.....;
   6. durch Kündigung und durch gerichtliche Entscheidung.“

Lösung

A. Ausgangsfall

I. Anspruch von P gegen die OHG auf Zahlung einer vollwertigen Abfindung

P kann gegen die OHG einen Anspruch auf Zahlung der „Rest“-Abfindung i. H. v. 2,365 Mio. € nach §§ 738 Abs. 1 S. 2 BGB, 105 Abs. 3 HGB i. V. m. § 124 Abs. 1 HGB haben, wenn er aus der zwischen ihm, S und T bestehenden OHG ausgeschieden und sein Abfindungsanspruch nach §§ 738 Abs. 1 S. 2 BGB, 105 Abs. 3 HGB nicht wirksam auf den Buchwert seiner Beteiligung i. H. v. 335.000 € beschränkt ist.

1. Ausscheiden von P

P kann durch die im August 2009 erklärte Kündigung aus der OHG ausgeschieden sein. Ob P mit sofortiger Wirkung oder erst unter Einhaltung der ordentlichen Kündigungsfrist von vier Monaten gem. § 10 Abs. 2 GV zum 31. 12. 2009 ausgeschieden ist, kann hier noch offen bleiben. An der Wirksamkeit jedenfalls der ordentlichen Kündigung durch *P* bestehen keine Bedenken.[1]

Die Kündigung von *P* darf ferner nur dessen Ausscheiden aus der OHG, nicht jedoch die Auflösung der Gesellschaft zur Folge haben. Während nach § 131 Nr. 6 HGB a. F. die Kündigung eines Gesellschafters noch die Auflösung der Gesellschaft zur Folge hatte und diese Rechtsfolge durch eine Fortsetzungsklausel im Gesellschaftsvertrag abgewendet werden musste, sieht § 131 Abs. 3 S. 1 Nr. 3 HGB nunmehr vorbehaltlich abweichender Regelungen im Gesellschaftsvertrag vor, dass die Kündigung zum Ausscheiden des kündigenden Gesellschafters führt.[2] Mit dieser Änderung des § 131 HGB hat der Gesetzgeber dem Bestandsinteresse der Personenhandelsgesellschaften Rechnung getragen.

Die Folgen der Kündigung des *P* können sich nach § 131 Abs. 3 S. 1 Nr. 3 HGB bestimmen. Das setzt voraus, dass die im Zeitpunkt der Vereinbarung des Gesellschaftsvertrages geltende Regelung des § 131 Nr. 6 HGB a. F. nicht mehr anwendbar ist. Nach Art. 41 EGHGB ist § 131 Nr. 6 HGB a. F. auf Gesellschaftsverträge, die vor Inkrafttreten des HRefG am 1. 7. 1998 geschlossen worden sind, weiter anwendbar, wenn ein Gesellschafter bis zum Ablauf der Übergangszeit bis zum 31. 12. 2001 die Weitergeltung dieser Regelung schriftlich verlangt hat, bevor ein zur Auflösung führender Grund eintritt. Es ist nicht ersichtlich, dass *A* oder *P* ein entsprechendes Verlangen geäußert haben, und das Ausscheiden von *P* erfolgte nach Ablauf der Übergangszeit. Auf den Gesellschaftsvertrag der OHG ist daher seit dem 31. 12. 2001 die Regelung des § 131 Abs. 3 S. 1 Nr. 3 HGB in seiner jetzigen Fassung anwendbar.

Das Ausscheiden von *P* aus der OHG kann sich aus § 131 Abs. 3 S. 1 Nr. 3 HGB ergeben. Diese Vorschrift gilt jedoch nur vorbehaltlich einer abweichenden gesellschaftsvertraglichen Vereinbarung. § 10 Abs. 1 GV kann eine solche Abrede sein. Der Wortlaut von § 10 Abs. 1 GV erstreckt sich zwar auf die ursprünglich zwischen *A* und *P* bestehende zweigliedrige Gesellschaft. Der Zweck dieser gesellschaftsvertraglichen Regelung besteht darin, dem nicht kündigenden Gesellschafter das Wahlrecht einzuräumen, entweder die Gesellschaft aufzulösen oder das Unternehmen allein fortzuführen und damit zu verhindern, dass das Gesellschaftsvermögen liquidiert und damit zerschlagen wird. Diesen Zweck kann § 10 Abs. 1 GV aber auch nach dem Tod von *A* und dem Eintritt von *S* und *T* in die OHG erfüllen, denn nach dem gemeinsamen Willen von *A* und *P* sollte das Unternehmen für die Kinder der *A* erhalten werden. Während die gesetzliche Rechtsfolge in § 131 Abs. 3 S. 1 Nr. 3 HGB einer automatisch wirkenden Fortsetzungsklausel[3] gleich steht, gewährt § 10 Abs. 1 GV ein Fortsetzungsrecht des verbleibenden Gesellschafters. § 10 Abs. 1 GV stellt somit eine von § 131 Abs. 3 S. 1 Nr. 3 HGB (partiell) abweichende Regelung dar.

Die Rechtsfolgen der Kündigung von *P* bestimmen sich somit ausschließlich nach § 10 Abs. 1 GV. Weil *S* und *T* auf die Kündigung von *P* hin gemeinschaftlich die Übernahme des Unternehmens i. S. v. § 10 Abs. 1 GV erklärt haben, ist *P* aus der OHG, die zwischen *S* und *T* fortgesetzt wird, ausgeschieden.

---

[1] Die Vereinbarung einer kürzeren Kündigungsfrist als der in § 132 HGB vorgesehenen ist ohne weiteres möglich, vgl. Baumbach/Hopt/*Hopt*, § 132 Rn. 8.
[2] Bei den Personenhandelsgesellschaften ist seit Inkrafttreten des HRefG vom 22. 6. 1998 (BGBl. I S. 1474) am 1. 7. 1998 – anders als bei GbR gem. § 736 Abs. 1 BGB – daher eine Fortsetzungsklausel für den Fall der Kündigung eines Gesellschafters nicht mehr erforderlich; vgl. *Sethe*, JZ 1997, 989, 993; *Lamprecht*, ZIP 1997, 919, 920 f.; *K. Schmidt*, DB 1998, 61, 63 f.
[3] Vgl. hierzu Bamberger/Roth/*Timm/Schöne*, § 736 Rn. 3; MünchKomm-BGB/*Ulmer/Schäfer*, § 736 Rn. 8.

2. Höhe des Abfindungsanspruchs

Als Folge seines Ausscheidens aus der Gesellschaft hat *P* einen Anspruch auf vollwertige[4] Abfindung[5] i. H. v. 2,7 Mio. € nach § 738 Abs. 1 S. 2 BGB i. V. m. § 105 Abs. 3 HGB, wenn dieser nicht wirksam beschränkt ist. Eine solche Abfindungsbeschränkung kann sich aus § 10 Abs. 3 GV ergeben. Danach soll die Abfindung des kündigenden Gesellschafters nach Buchwerten erfolgen. Bei der Buchwertklausel wird die Höhe des Abfindungsanspruchs anhand einer auf den Stichtag des Ausscheidens erstellten Handelsbilanz ermittelt, wobei die Höhe der noch nicht verbrauchten Einlagen, der stehen gebliebenen Gewinne und der anteiligen offenen Reserven, nicht aber die stillen Reserven und der Firmenwert berücksichtigt werden.[6] Infolge der Nichtberücksichtigung der stillen Reserven und des Firmenwertes führt die Buchwertklausel in der Regel[7] zu einer nicht vollwertigen Abfindung, entfaltet mithin abfindungsbeschränkende Wirkung.[8] Der Vergleich zwischen der vollwertigen und der buchmäßigen Abfindung zeigt, dass die Buchwertklausel zu einer Abfindungsbeschränkung zu Lasten von *P* von 2,7 Mio. € auf 335.000 €, mithin auf etwa 1/8 des wahren Wertes der Beteiligung von *P*, führt. Die Buchwertklausel in § 10 Abs. 3 GV führt damit zu einer vertraglichen Beschränkung der Abfindung von *P*.

Gegen die Zulässigkeit der Vereinbarung von abfindungsbeschränkenden Regelungen im Gesellschaftsvertrag bestehen grundsätzlich keine Bedenken. Die Vorschrift des § 738 Abs. 1 S. 2 BGB ist nicht zwingend;[9] die Gesellschafter können demnach im Rahmen ihrer privatautonomen Gestaltungsfreiheit abweichende Vereinbarungen treffen. Durch die Aufnahme einer abfindungsbeschränkenden Klausel in den Gesellschaftsvertrag dokumentieren die Vertragsparteien ihren Willen, dem Gesellschaftsinteresse im Falle des Ausscheidens eines Gesellschafters den Vorrang vor dem Interesse des Ausscheidenden einzuräumen.[10] In diesem Sinne vereinigt die Buchwert-

---

[4] Nach dem Wortlaut des § 738 Abs. 1 S. 2 HGB haben die verbleibenden Gesellschafter dem Ausscheidenden „dasjenige zu zahlen, was er bei der Auseinandersetzung erhalten würde, wenn die Gesellschaft zur Zeit seines Ausscheidens aufgelöst worden wäre". Obwohl das Gesetz die Auseinandersetzung mit dem Ausgeschiedenen als Teilliquidation wertet, ist doch allgemein anerkannt, dass die Wertermittlung nicht nach Liquidations- sondern nach Fortführungswerten zu erfolgen hat; vgl. statt aller Bamberger/Roth/*Timm/Schöne*, § 738 Rn. 22; MünchKomm-BGB/*Ulmer/Schäfer*, § 738 Rn. 32; Baumbach/Hopt/*Hopt*, § 131 Rn. 49; E/B/J/S/*Lorz*, § 131 Rn. 64.

[5] Zur Ermittlung des Abfindungsanspruchs nach den verschiedenen Bewertungsmethoden vgl. Bamberger/Roth/*Timm/Schöne*, § 738 Rn. 23; MünchKomm-BGB/*Ulmer/Schäfer*, § 738 Rn. 23 ff.; E/B/J/S/*Lorz*, § 131 Rn. 69 ff.; *K. Schmidt*, GesellR, § 50 IV 1 d (S. 1477 f.), jeweils mit zahlreichen weiteren Nachweisen.

[6] Vgl. *BGH* WM 1978, 1044; Bamberger/Roth/*Timm/Schöne*, § 738 Rn. 28; Baumbach/Hopt/*Hopt*, § 131 Rn. 64; E/B/J/S/*Lorz*, § 131 Rn. 116; Oetker/*Kamanabrou*, § 131 Rn. 71; Röhricht/Graf v. Westphalen/*v. Gerkan/Haas*, § 131 Rn. 64; MünchKomm-BGB/*Ulmer/Schäfer*, § 738 Rn. 63; *Hennerkes/Binz*, DB 1983, 2669; *Rasner*, NJW 1983, 2905, 2906; *Ulmer*, FS Quack (1991), 477, 481.

[7] Allerdings wäre es unrichtig, die Buchwertklausel als Synonym für eine abfindungsbeschränkende Klausel zu verwenden. Bei anhaltenden Verlusten der Gesellschaft kann die Buchwertklausel zu einer höheren Abfindung als zum wahren Wert der Beteiligung führen, vgl. *Hennerkes/Binz*, DB 1983, 2669f.

[8] Vgl. hierzu eingehend *Hennerkes/Binz*, DB 1983, 2669; *Rasner*, NJW 1983, 2905, 2906 ff.

[9] Vgl. statt aller Bamberger/Roth/*Timm/Schöne*, § 738 Rn. 26; MünchKomm-BGB/*Ulmer/Schäfer*, § 738 Rn. 12; Palandt/*Sprau*, § 738 Rn. 7; Soergel/*Hadding*, § 738 Rn. 12; Baumbach/Hopt/*Hopt*, § 131 Rn. 38; Heymann/*Emmerich*, § 138 Rn. 35.

[10] Zu den mit abfindungsbeschränkenden Klauseln beabsichtigten Zielen vgl. Baumbach/Hopt/*Hopt*, § 131 Rn. 58; E/B/J/S/*Lorz*, § 131 Rn. 115; MünchKomm-HGB/*K. Schmidt*, § 140

klausel zwei – legitime – Ziele in sich: Im Interesse der möglichst ungestörten Fortführung des von der Gesellschaft betriebenen Unternehmens führt sie erstens zu einer Beschränkung des nachteiligen Liquiditätsabflusses (Kapital- und Liquiditätssicherung) und schafft zweitens klare und leicht zu handhabende Bewertungsmaßstäbe für die Berechnung des Abfindungsguthabens.[11] Die Buchwertklausel ist demnach als eine grundsätzlich zulässige Abfindungsvereinbarung anzusehen.[12]

Ausnahmsweise bestehen gegen die Wirksamkeit der Buchwertklausel jedoch Bedenken, wenn die auf ihrer Grundlage ermittelte Abfindung auch nicht annähernd dem wirklichen Wert der Beteiligung des ausgeschiedenen Gesellschafters entspricht. Die vertragliche Abfindung von *P* beträgt nur etwa ein Achtel des wahren Wertes seiner Beteiligung. Es bestehen somit Zweifel, ob die Buchwertabfindung ein angemessenes Surrogat[13] für den Verlust seiner Mitgliedschaft darstellt.

a) Nichtigkeit nach § 138 Abs. 1 BGB

Die Buchwertklausel des § 10 Abs. 3 GV kann wegen sittenwidriger Knebelung nach § 138 Abs. 1 BGB nichtig sein.

Eine sittenwidrige Knebelung wird angenommen, wenn durch Vertragsschluss die wirtschaftliche Bewegungsfreiheit einer Partei so sehr beschränkt wird, dass diese ihre freie Selbstbestimmung verliert.[14] Maßgebend für die Beurteilung der Sittenwidrigkeit ist der Zeitpunkt des Abschlusses der Vereinbarung.[15]

Es ist davon auszugehen, dass den Gesellschaftern *A* und *P* im Zeitpunkt der Vereinbarung der Buchwertklausel bekannt war, dass diese Abrede grds. geeignet ist, im Laufe der Zeit abfindungsbeschränkende Wirkungen zu zeitigen. Dies wird von den Gesellschaftern auch billigend in Kauf genommen, da sie im Vereinbarungszeitpunkt unterstellen, dass sich die Geschäfte der Gesellschaft positiv entwickeln werden. Das Ziel der Vermeidung eines für die Gesellschaft nachteiligen Liquiditätsabflusses sowie der Festlegung vereinfachter Berechnungsgrundlagen ist jedoch legitim. Die Buchwertklausel führt zudem nicht per se zu einer so weitgehenden Beeinträchtigung

---

Rn. 150; Oetker/*Kamanabrou*, § 131 Rn. 69; Bamberger/Roth/*Timm/Schöne*, § 738 Rn. 26; MünchKomm-BGB/*Ulmer/Schäfer*, § 738 Rn. 39; Schlegelberger/*K. Schmidt*, § 138 Rn. 61; *ders.*, GesellR, § 50 IV 2 b (S. 1483); *Ulmer*, FS Quack (1991), 477, 478; *Dauner-Lieb*, ZHR 158 (1994), 271, 273; *Hennerkes/Binz*, DB 1983, 2669.

[11] *Schöne*, Jb Junger ZivWiss., 1995, 117, 124. Zu den Schwierigkeiten der Unternehmensbewertung, die sich auch unmittelbar auf die Berechnung des Abfindungsguthabens nach der gesetzlichen Regelung gem. § 738 Abs. 1 S. 2 BGB auswirken, vgl. eingehend *K. Schmidt*, HandelsR, § 4 II 2 (S. 70 ff.) m. w. N.

[12] St. Rspr. (vgl. *BGH* NJW 1973, 651; WM 1993, 1412, 1413) und h. L. (vgl. Erman/*H. P. Westermann*, § 738 Rn. 16; MünchKomm-BGB/*Ulmer/Schäfer*, § 738 Rn. 64; Palandt/*Sprau*, § 738 Rn. 7; *K. Schmidt*, GesellR, § 50 IV 2 c [S. 1484]; *Rasner*, NJW 1983, 2905, 2907 ff.).

[13] Wann eine vertragliche Reduzierung des Abfindungsanspruchs so weit hinter einer vollwertigen Abfindung zurückbleibt, dass sie als nicht mehr angemessen angesehen werden kann, lässt sich nicht allgemeingültig beantworten. Während eine Beschränkung des Abfindungsanspruchs auf die Hälfte des wirklichen Wertes der Beteiligung noch nicht als unzumutbare Erschwerung des Eigenkündigungsrechts angesehen wird (vgl. *Kellermann*, Steuerberater-Jahrbuch 1986/87, 403, 411), wird eine Buchwertabfindung, die lediglich $1/5$ des wahren Wertes der Beteiligung ausmacht, von der Rspr. als inakzeptabel angesehen (*BGH* NJW 1973, 651, 652).

[14] Vgl. statt aller Palandt/*Ellenberger*, § 138 Rn. 39.

[15] Ganz h. A., vgl. Erman/*Palm*, § 138 Rn. 49; Bamberger/Roth/*Wendtland*, § 138 Rn. 26; Palandt/*Ellenberger*, § 138 Rn. 9; Soergel/*Hefermehl*, § 138 Rn. 40.

der Abfindungsinteressen des Ausgeschiedenen, dass sie generell zu beanstanden wäre.[16]

Die Buchwertklausel kann somit nur dann sittenwidrig sein, wenn Anhaltspunkte vorliegen, wonach bereits im Zeitpunkt der Vereinbarung der Buchwertklausel eine erhebliche Differenz zwischen Buchwert und wirklichem Wert der Beteiligung des *P* bestand. Solche Anhaltspunkte liegen nicht vor. Die Spedition hat den wirtschaftlichen Aufschwung erst nach der Einbringung des einzelkaufmännischen Geschäfts in die von *A* und *P* gegründete OHG genommen. Es ist daher davon auszugehen, dass erst seit diesem Zeitpunkt erhebliche stille Reserven gebildet worden sind und sich der Unternehmenswert deutlich erhöht hat. Für eine Nichtigkeit der Buchwertklausel nach § 138 Abs. 1 BGB liegen demnach keine Anhaltspunkte vor.

b) Unwirksamkeit der Buchwertklausel wegen unzulässiger Kündigungsbeschränkung

Die Buchwertklausel kann aber unter Umgehungsgrundsätzen unwirksam sein, wenn sie eine unzulässige Kündigungsbeschränkung gem. § 723 Abs. 3 BGB darstellt. Die zwingende Vorschrift des § 723 Abs. 3 BGB[17] ist über § 105 Abs. 3 HGB auch auf die Kündigung einer OHG anwendbar.

§ 723 Abs. 3 BGB will den einzelnen Gesellschafter nach Wortlaut und Ratio vor Vereinbarungen schützen, die sein Kündigungsrecht rechtlich einschränken. Die Buchwertklausel bewirkt jedenfalls keine direkte Beschränkung des dem Gesellschafter zustehenden Kündigungsrechts; sie regelt lediglich die Bemessungsgrundlagen für den Abfindungsanspruch im Falle des Ausscheidens. Eine unmittelbare Anwendung des § 723 Abs. 3 BGB auf die Buchwertklausel scheidet mithin aus.

Allerdings kann die Buchwertklausel analog § 723 Abs. 3 BGB unwirksam sein, wenn sie eine faktische Beeinträchtigung des in § 10 Abs. 1 GV vorgesehenen Kündigungsrechts darstellt. Die mit der Abfindungsklausel verbundenen wirtschaftlich nachteiligen Folgen können die Freiheit des Gesellschafters, sich zur Kündigung zu entschließen, in unvertretbarer Weise einengen. Weil dem Gesellschafter auch im Falle der Eigenkündigung jedenfalls eine angemessene Abfindung verbleiben muss,[18] kann § 723 Abs. 3 BGB (analog) die Rechtsgrundlage sein, die den einzelnen Gesellschafter auch vor solchen faktischen Beeinträchtigungen des Rechts auf ordentliche Kündigung schützen will.[19]

Diese Auffassung überzeugt jedoch nicht. Gegen die Beurteilung einer Abfindungsklausel am Maßstab des § 723 Abs. 3 BGB spricht, dass nach dem ausdrücklichen Wortlaut dieser Vorschrift für die Frage der Kündigungsbeschränkung auf den Zeitpunkt ihrer Vereinbarung abzustellen ist. Nur wenn in diesem Zeitpunkt bereits eine erhebliche Differenz zwischen Buchwert und wirklichem Wert der Beteiligung besteht, stellt sich die Buchwertklausel als unzulässige Kündigungsbeschränkung dar.[20] Eine nach der Vereinbarung der Buchwertklausel entstehende erhebliche Diffe-

---

[16] Vgl. *Schöne*, Jb Junger ZivWiss., 1995, 117, 124.

[17] Ganz h. M., vgl. statt aller Palandt/*Sprau*, § 723 Rn. 7.

[18] Vgl. Schlegelberger/*K. Schmidt*, § 138 Rn. 71.

[19] *BGH* WM 1984, 1506 = NJW 1985, 192, 193; *LG Konstanz* NJW-RR 1988, 1184, 1186; Baumbach/Hopt/*Hopt*, § 131 Rn. 64; *Grunewald*, GesellR, 1 A Rn. 142; *Engel*, NJW 1986, 345, 347; *Ulmer*, NJW 1979, 81, 82 f.

[20] Bamberger/Roth/*Timm/Schöne*, § 738 Rn. 35; E/B/J/S/*Lorz*, § 131 Rn. 131; *Rasner*, NJW 1983, 2905, 2908; a. A. *Brückner*, S. 99 ff., der in diesem Fall maßgeblich auf § 138 BGB abstellt und § 723 Abs. 3 BGB für nicht anwendbar hält.

renz zwischen vertraglicher und vollwertiger Abfindung wird dagegen nicht von § 723 Abs. 3 BGB erfasst. § 723 Abs. 3 BGB will dem einzelnen Gesellschafter nicht das wirtschaftliche Risiko abnehmen, das mit dem Eingehen einer Gesellschaft und der zukünftigen Entwicklung derselben zusammenhängt. Sinn und Zweck des § 723 Abs. 3 BGB ist es lediglich zu verhindern, dass das Gesellschaftsverhältnis unauflöslich vereinbart wird.[21] Eine Wirksamkeitskontrolle der Buchwertklausel am Maßstab des § 723 Abs. 3 BGB führt zu einer erheblichen Rechtsunsicherheit. Weil die wirtschaftliche Entwicklung der Gesellschaft nicht stetig ist, sondern Schwankungen unterliegt und sich auch der in der Bilanz ausgewiesene Kapitalanteil des Gesellschafters ständig ändern kann, unterliegt die Wertrelation zwischen vollwertiger und vertraglicher Abfindung großen Zufälligkeiten. Es ist nicht hinnehmbar, dass die Buchwertklausel heute wirksam, morgen nichtig und übermorgen wieder wirksam sein soll.[22]

Eine nachträglich entstehende erhebliche Diskrepanz zwischen Buchwert- und vollwertiger Abfindung kann somit nicht dazu führen, dass die Buchwertklausel im Falle der Eigenkündigung des Gesellschafters als unzulässige Kündigungserschwerung analog § 723 Abs. 3 BGB gewertet wird.[23] Bedenken gegen die Wirksamkeit der Buchwertklausel bestehen demzufolge nicht.

c) Unanwendbarkeit der Buchwertklausel wegen Rechtsmissbrauchs

Obwohl die Buchwertklausel wirksam ist, kann es den verbleibenden Gesellschaftern jedoch im Einzelfall verwehrt sein, sich zur Berechnung des Abfindungsguthabens auf diese Abrede zu berufen. Die Buchwertklausel kann unanwendbar[24] sein, wenn sich die auf ihrer Grundlage erfolgende Berechnung der Abfindung als rechtsmissbräuchlich darstellt. Eine unzulässige Rechtsausübung liegt insbesondere vor, wenn der Berechtigte seine Rechtsstellung unzulässig erworben hat oder seiner Rechtsausübung ein nicht schutzwürdiges bzw. verhältnismäßig geringfügig zu bewertendes eigenes Interesse zugrunde liegt.[25]

---

[21] BGHZ 50, 316, 322; 126, 226, 230f.; MünchKomm-BGB/*Ulmer/Schäfer*, § 723 Rn. 61.

[22] *Rasner*, NJW 1983, 2905, 2908. Zur Kritik an § 723 III BGB als Wirksamkeitsmaßstab für Abfindungsklauseln vgl. umfassend *Brückner*, S. 94ff. Der BGH hat diese Kritik inzwischen als berechtigt anerkannt und ist ausdrücklich von seiner bisherigen Rechtsprechung abgerückt; vgl. BGHZ 123, 281 = NJW 1993, 3193.

[23] Vgl. BGHZ 123, 281, 283f.; 126, 226, 230ff.; Bamberger/Roth/*Timm/Schöne*, § 738 Rn. 35; *Dauner-Lieb*, GmbHR 1994, 836, 840f.; *Noack*, JR 1994, 240ff.; *Schöne*, ZAP Fach 15, 117, 121f.; *Ulmer/Schäfer*, ZGR 1995, 134, 136ff.; a. A. Oetker/*Kamanabrou*, § 131 Rn. 79.

[24] Der BGH hat bislang keine befriedigende dogmatische Begründung für die Angemessenheitskontrolle von Buchwertklauseln herausgearbeitet. In *BGH* WM 1993, 1412, 1413 wird die Angemessenheitskontrolle ohne nähere Festlegung auf die „allgemeinen Grundsätze von Treu und Glauben" gestützt; weder das Rechtsinstitut des Wegfalls der Geschäftsgrundlage noch des Rechtsmissbrauchs waren jedoch geeignet, das Ergebnis dieser Entscheidung zu stützen (vgl. hierzu *Schöne*, WuB II E § 738 BGB 1/93); gegen die Angemessenheitskontrolle anhand des Wegfalls der Geschäftsgrundlage vgl. Bamberger/Roth/*Timm/Schöne*, § 738 Rn. 38 m. w. N.). In der als Fortführung der bisherigen Rechtsprechung bezeichneten Folgeentscheidung (BGHZ 123, 281 ff.) arbeitet der BGH mit dem Rechtsinstitut der ergänzenden Vertragsauslegung. Dieser dogmatische Ansatz ist verfehlt und in der Literatur auf deutliche Kritik gestoßen; vgl. *Brückner*, S. 181 ff.; *Ulmer/Schäfer*, ZGR 1995, 134, 140ff.; *Dauner-Lieb*, GmbHR 1994, 836, 840; *Schöne*, Jb. Junger ZivWiss., 1995, 117, 133 Fn. 76; Bamberger/Roth/*Timm/Schöne*, § 738 Rn. 37; kritisch auch *Kort*, DStR 1995, 1961, 1966.

[25] Bamberger/Roth/*Grüneberg*, § 242 Rn. 58 ff.; 80 ff.; Palandt/*Grüneberg*, § 242 Rn. 43 ff., 50 ff.; Soergel/*Teichmann*, § 242 Rn. 281 ff., 291 ff.

aa) Kündigung aus wichtigem Grund

Das Beharren von S und T, wonach der Abfindungsanspruch von P auf der Grundlage der Buchwertklausel zu berechnen sei, kann sich als unzulässige Rechtsausübung darstellen, wenn S und T ihre Rechtsstellung unzulässig erworben haben. Ein missbräuchliches Verhalten liegt auch dann vor, wenn die tatbestandlichen Voraussetzungen für die Wahrnehmung des Rechts missbräuchlich geschaffen wurden.[26] Das Berufen von S und T auf die Buchwertklausel als Berechnungsgrundlage für den Abfindungsanspruch des P kann somit rechtsmissbräuchlich sein, wenn P die Gesellschaft aus wichtigem Grund gem. § 133 Abs. 2 HGB gekündigt hat. Bei einer Eigenkündigung aus wichtigem Grund hat der Gesellschafter einen Anspruch auf vollwertige Abfindung, wenn der wichtige Grund durch die übrigen Gesellschafter gesetzt worden ist. In diesem Falle tritt das Bestandsinteresse der verbleibenden Gesellschafter hinter das Auflösungsinteresse des Kündigenden zurück.[27]

P kann das Gesellschaftsverhältnis aus wichtigem Grund gekündigt haben. Mit seiner Kündigungserklärung im August 2009 wollte P erreichen, dass er seine Mitgliedschaft in der OHG mit sofortiger Wirkung beendet. Dazu muss er sich aber auf einen wichtigen Grund i. S. v. § 133 Abs. 2 HGB berufen können. Ein wichtiger Grund i. S. d. Vorschrift wird entweder in einem Fehlverhalten der übrigen Gesellschafter oder in sonstigen Umständen gesehen; er setzt eine so starke Störung des Vertrauensverhältnisses der Gesellschafter untereinander voraus, dass ein gedeihliches Zusammenwirken nicht mehr zu erwarten ist.[28] Es muss dem Kündigenden unzumutbar sein, bis zum Ablauf der ordentlichen Kündigungsfrist in der Gesellschaft zu verbleiben. Vertragsverletzungen durch S und T sind nicht erkennbar. Die Diskrepanzen zwischen P und seinen Mitgesellschaftern über die künftige Unternehmenspolitik geben ihm zudem keinen begründeten Anlass zum sofortigen Ausscheiden aus der Gesellschaft. Es sind keine Anhaltspunkte dafür ersichtlich, dass diese Meinungsverschiedenheiten den Umgang der Gesellschafter miteinander in einem solchen Ausmaß „vergiften", dass die tägliche Zusammenarbeit nicht mehr möglich ist. P war es damit durchaus zuzumuten, bis zum Ablauf der ordentlichen Kündigungsfrist in der Gesellschaft zu verbleiben.

Da P sich bei seiner Kündigung nicht auf das Vorliegen eines wichtigen Grundes berufen kann, stellt sich das Festhalten von S und T an der Buchwertklausel insoweit nicht als Rechtsmissbrauch dar.

bb) Kein schutzwürdiges Eigeninteresse

Das Festhalten von S und T an der Buchwertklausel kann sich weiterhin als rechtsmissbräuchlich darstellen, wenn mit der Anwendung dieser Abfindungsklausel keine schutzwürdigen Interessen mehr verfolgt werden, während gleichzeitig die Interessen des Betroffenen (hier P) in sachlich nicht zu vertretender Weise beeinträchtigt werden.

Das mit der Abfindungsklausel zum Zeitpunkt ihrer Vereinbarung verfolgte sachliche Interesse der Gesellschaft bzw. aller Gesellschafter besteht in der Absicht einer Begrenzung des Liquiditätsabflusses und der Vereinfachung der Abfindungsberech-

---

[26] Soergel/*Teichmann*, § 242 Rn. 281.
[27] Zutreffend *Flume*, BGB AT I/1, § 12 IV (S. 186).
[28] Vgl. die Übersicht über die wichtigen Kündigungsgründe bei Bamberger/Roth/*Timm/ Schöne*, § 723 Rn. 17 ff.; MünchKomm-BGB/*Ulmer/Schäfer*, § 723 Rn. 30 ff.; Erman/*H. P. Westermann*, § 723 Rn. 11 f.; MünchKomm-HGB/*K. Schmidt*, § 133 Rn. 11 ff., jeweils m. w. N.

nung. Das Interesse des ausscheidenden Gesellschafters im Zeitpunkt seines Ausscheidens konzentriert sich demgegenüber auf die Realisierung des wirtschaftlichen Wertes seiner Mitgliedschaft. Dieses Realisierungsinteresse ist aber durch die Vereinbarung der Buchwertklausel einvernehmlich hinter das Liquiditätssicherungsinteresse zurückgestellt worden. Daran muss sich auch der durch eigene Kündigung aus der Gesellschaft ausscheidende Gesellschafter grds. festhalten lassen. Allein das nachträgliche Entstehen eines erheblichen Missverhältnisses zwischen Buchwertabfindung und vollwertiger Abfindung kann somit die Annahme eines Rechtsmissbrauchs nicht rechtfertigen.[29]

Die als Ergebnis einer Angemessenheitskontrolle gem. § 242 BGB folgende Unanwendbarkeit der Buchwertklausel im Falle der Eigenkündigung des Gesellschafters kann somit nur in eng begrenzten Ausnahmefällen in Betracht kommen. Hierzu sind alle Umstände des konkreten Einzelfalls heranzuziehen. Als Kriterien für die Einzelfallentscheidung können außer der quotenmäßigen bzw. absoluten Größe des Auseinanderklaffens zwischen vertraglicher und gesetzlicher Abfindungshöhe unter anderem[30] auch die Dauer der Mitgliedschaft des Ausgeschiedenen[31] in der Gesellschaft und sein Anteil am Aufbau und Erfolg des Unternehmens[32] sowie der Anlass für das Ausscheiden herangezogen werden.[33]

Allerdings rechtfertigt *allein* die langjährige und besonders erfolgreiche Arbeit des *P,* die es erst ermöglicht hatte, erhebliche stille Reserven und einen beachtlichen Firmenwert zu bilden, nicht die Berufung auf einen Rechtsmissbrauch. Im Gegenteil: Dass *P* die mit der Buchwertklausel regelmäßig verbundene Beschränkung seines Abfindungsanspruchs im Interesse des Erhalts des Familienunternehmens in Kauf genommen hat, spricht gerade für die Anwendbarkeit dieser Abrede. Es war für ihn zudem aufgrund der Abrede mit *A* über die Geschäftsverteilung auch vorhersehbar, dass er weitgehend allein für die Erfolge (und Misserfolge) des Unternehmens verantwortlich sein würde, das Ausmaß des Auseinanderklaffens von vertraglicher und vollwertiger Abfindung mithin Ergebnis seiner Geschäfts- und Unternehmenspolitik sein würde.

Aufgrund der Interessenabwägung unter Berücksichtigung aller Umstände wäre es gleichwohl unbillig, *P* nur die geringe Buchwertabfindung zuzubilligen. *P* sollte

---

[29] *BGH* NJW 1993, 2101, 2102.

[30] Ausgehend von dem Liquiditätssicherungszweck der Buchwertklausel ist auch die Vermögens- und Ertragsstruktur der Gesellschaft einerseits und die Höhe des Abfindungsanspruchs andererseits zu berücksichtigen. Dass der ausgeschiedene Gesellschafter der Vereinbarung der Abfindungsbeschränkung im Interesse der Sicherung der Liquidität der Gesellschaft zugestimmt hat, ist dann unerheblich, wenn der durch die vollwertige Abfindung entstehende Mittelabfluss für die Gesellschaft verkraftbar ist; vgl. Bamberger/Roth/*Timm/Schöne,* § 738 Rn. 41; *Lange,* NZG 2001, 635, 642. Dieses Kriterium ist mangels konkreter Angaben im Sachverhalt indes vorliegend nicht justitiabel.

[31] Befürwortend BGHZ 123, 281, 286; zustimmend Palandt/*Sprau,* § 738 Rn. 8; Erman/ *H. P. Westermann,* § 738 Rn. 15; E/B/J/S/*Lorz,* § 131 Rn. 134; Baumbach/Hopt/*Hopt,* § 131 Rn. 70; *Brückner,* S. 195; ebenso offenbar *Lange,* NZG 2001, 635, 642; zweifelnd *Rasner,* ZHR 158 (1994), 292, 304 ff.; ablehnend *Schöne,* Jb. Junger ZivWiss., 1995, 117, 141 f.; *Mecklenbrauck,* BB 2000, 2001, 2004; Bamberger/Roth/*Timm/Schöne,* § 738 Rn. 42.

[32] Vgl. die Nachweise in der vorherigen Fußnote.

[33] Zu den für die Interessenabwägung maßgeblichen Kriterien vgl. *BGH* NJW 1993, 2101, 2102; WM 1993, 2008, 2009; Schlegelberger/*K. Schmidt,* § 138 Rn. 70 ff.; *Ebenroth/Müller,* BB 1993, 1153, 1157 und ausführlich *Brückner,* S. 191 ff. sowie *Schöne,* Jb Junger ZivWiss. 1995, 117, 136 ff.

zwar, ähnlich einem „familienfremden Manager",[34] das Speditionsunternehmen für die Kinder von *A* erhalten und fortführen. Da er aber nicht mit dem Eintritt der Erben von *A* aus der Gesellschaft ausscheiden sollte, diente ihm die Gesellschafterstellung auch als Grundlage *seiner* Berufsausübung. Der Wille von *A* und *P* als Gründer der OHG ging dahin, nicht nur den Kindern von *A* eine Grundlage für ihre berufliche Tätigkeit zu schaffen bzw. zu erhalten. Auch *P* sollte in der Gesellschaft seine „berufliche Lebensaufgabe" finden. Mit diesen Zielvorstellungen wäre es unvereinbar, die von dem gemeinsam betriebenen Unternehmen erwirtschafteten Erträge fortdauernd in großem Umfang „herauszuziehen" und dadurch dessen Wettbewerbsfähigkeit nachhaltig zu schwächen und auf lange Sicht gesehen in Frage zu stellen. Da die Buchwertklausel zur Vermeidung eines schädlichen Liquidationsabflusses mit Blick auf das Gesellschaftsinteresse vereinbart worden ist, die Gesellschafter *S* und *T* hierauf jedoch ersichtlich keine Rücksicht nehmen, können sie sich auch nicht zur Berechnung des Abfindungsguthabens von *P* auf die Buchwertklausel berufen. Für die Berechnung des Abfindungsanspruchs von *P* ist die in § 10 Abs. 3 GV niedergelegte Buchwertklausel mithin nicht anwendbar.

d) Rechtsfolge der Unanwendbarkeit der Buchwertklausel

Obwohl die Buchwertklausel zur Berechnung des Abfindungsanspruchs von *P* unanwendbar ist, begründet dies gleichwohl keinen Anspruch des *P* auf Zahlung einer vollwertigen Abfindung i. H. v. 2,7 Mio. €. Die Unanwendbarkeit der Buchwertklausel infolge einer Ausübungskontrolle gem. § 242 BGB führt nicht automatisch dazu, dass die vertragliche Regelung durch die gesetzliche Vorschrift des § 738 Abs. 1 S. 2 BGB ersetzt wird. Die vertraglich vereinbarte Abfindungsbeschränkung ist vielmehr so an die veränderten Verhältnisse anzupassen, dass ein dem wirklichen oder mutmaßlichen Willen der Vertragsparteien – maßgeblich sind die Regelungen des Gesellschaftsvertrages und die sonstigen Umstände – entsprechender, beiden Teilen zumutbarer Interessenausgleich herbeigeführt wird (angemessene Abfindung).[35] Die mit Blick auf die Liquiditätssicherung des Familienunternehmens vereinbarte Buchwertklausel verliert weitgehend ihre Berechtigung, wenn die nach der Ratio der Vereinbarung Begünstigten an dem Erhalt und der Fortführung des Unternehmens kein Interesse zeigen. Aus diesem Grunde erscheint es gerechtfertigt, *ausnahmsweise* das Liquiditätssicherungsinteresse der Gesellschaft hinter dem Abfindungsinteresse des ausgeschiedenen *P*, der maßgeblich für den unternehmerischen Erfolg der Spedition verantwortlich war, zurücktreten zu lassen und ihm eine nahezu vollwertige Abfindung zuzusprechen. Eine Abfindung zugunsten von *P* i. H. v. 2 Mio. €, dies entspricht etwa 3/4 des wahren Wertes, erscheint demnach angemessen.

Da *P* bereits 335.000 € von der OHG als Abfindungszahlung erhalten hat, steht ihm noch ein Anspruch auf Zahlung weiterer 1,665 Mio. € zu.

II. Anspruch von P gegen S und T auf Zahlung der Abfindung

Des Weiteren kommt ein Anspruch von *P* auf Zahlung einer angemessenen Abfindung jeweils gegen *S* und *T* nach §§ 738 Abs. 1 S. 2 BGB, 105 Abs. 3 HGB i. V. m. §§ 128 S. 1, 124 Abs. 1 HGB in Betracht.

---

[34] Vgl. hierzu *Schöne*, S. 93 ff.; *U. Huber*, ZGR 1980, 177, 194 ff.; *Weber/Hikel*, NJW 1986, 2752, 2753; *Behr*, ZGR 1990, 370, 378.
[35] *BGH* WM 1993, 1412, 1414; WM 1993, 2008, 2009; NJW 1979, 104; 1985, 192, 193; MünchKomm-BGB/*Ulmer/Schäfer*, § 738 Rn. 74; Bamberger/Roth/*Timm/Schöne*, § 738 Rn. 44.

Der Abfindungsanspruch des ausgeschiedenen Gesellschafters stellt eine Gesellschaftsverbindlichkeit dar.[36] Die verbleibenden Gesellschafter S und T können nach den allgemeinen Regeln gem. §§ 124 Abs. 1, 128 HGB mit ihrem Privatvermögen für diese Gesellschaftsverbindlichkeit haften. Gestützt auf den Gesetzeswortlaut von § 738 Abs. 1 S. 2 BGB („Diese sind verpflichtet,... ihm dasjenige zu zahlen...") wird daher vielfach eine Haftung der Gesellschafter für die Abfindungsverpflichtung der Gesellschaft befürwortet.[37]

Diese Ansicht vermag nicht zu überzeugen. Es ist anerkannt, dass die Haftung der Mitgesellschafter für eine Gesellschaftsverbindlichkeit gegenüber einem Gesellschafter nur subsidiär ist, d. h. der Gesellschafter ist gehalten, sich wegen seines Anspruchs zunächst an die Gesellschaft zu halten und die anderen Gesellschafter nur dann in Anspruch zu nehmen, wenn er von der Gesellschaft keine Befriedigung erlangt. Die dogmatische Begründung der Subsidiarität der Gesellschafterhaftung ist umstritten. Zum einen wird auf die Treuepflicht des die Forderung geltend machenden Gesellschafters abgestellt.[38] Zum anderen wird argumentiert, der gegen die Gesellschaft gerichtete Anspruch des Gesellschafters stelle eine Sozialverbindlichkeit[39] der Gesellschaft dar, für den gem. § 707 BGB gelte, dass der Gesellschafter wegen dieser Gesellschaftsverbindlichkeit seine Mitgesellschafter während der Dauer der Gesellschaft nicht in Anspruch nehmen könne, es sei denn, die Gesellschaft könne seinen Anspruch nicht befriedigen.[40] Beide dogmatischen Ansätze gelangen zu demselben Ergebnis, so dass eine Entscheidung zwischen ihnen entbehrlich ist.

Diese Argumentation lässt sich auf den Abfindungsanspruch des ausgeschiedenen Gesellschafters übertragen. Der Abfindungsanspruch hat seine Grundlage im Gesellschaftsverhältnis.[41] Mit dem Ausscheiden des Forderungsinhabers aus der Gesellschaft werden Sozialverbindlichkeiten zwar zu Verbindlichkeiten der Gesellschaft gegenüber einem Dritten.[42] Nach h. A. gilt die Subsidiarität der Mitgesellschafterhaftung aber sogar für Drittgläubigerforderungen eines einzelnen Gesellschafters gegen die Gesellschaft.[43] Dann ist der ausgeschiedene Gesellschafter aufgrund der ihn treffenden nachvertraglichen Treuepflicht erst recht gehalten, seinen aus dem Gesellschaftsverhältnis resultierenden Abfindungsanspruch zunächst gegen die Gesellschaft

---

[36] Grundlage ROHGE 10, 57, 61 ff.; ebenso z. B. *BGH* WM 1971, 1451 f.; 1972, 1399 f.

[37] *BGH* BB 1971, 1530; der Rspr. zustimmend *A. Hueck*, § 29 II 5 a (S. 458); RGRK-BGB/ *v. Gamm*, § 738 Rn. 3; Staudinger/*Keßler*, 12. Aufl., § 738 Rn. 7; Baumbach/Hopt/*Hopt*, § 131 Rn. 48; GroßKomm-HGB/*Habersack*, § 128 Rn. 12; *Koller/Roth/Morck*, § 131 Rn. 10; E/B/J/ S/*Lorz*, § 131 Rn. 65. Ebenso BGHZ 148, 201, 206 = ZIP 2001, 1364, 1365 für den nach § 3 HWiG (jetzt: §§ 312 Abs. 1 S. 1, 355 Abs. 1, 357 Abs. 1 S. 1, 346 Abs. 1 S. 1 BGB) entstehenden Rückgewähranspruch des seinen Beitritt zu einer Publikums-BGB-Gesellschaft Widerrufenden (vgl. hierzu auch *Allmendinger*, EWiR 2001, § 3 HWiG 1/01); kritisch hierzu *Ulmer*, ZIP 2003, 1113, 1121.

[38] Heymann/*Emmerich*, § 138 Rn. 9; Schlegelberger/*K. Schmidt*, § 138 Rn. 43; Röhricht/Graf v. Westphalen/*v. Gerkan/Haas*, § 131 Rn. 41; E/B/J/S/*Lorz*, § 131, Rn. 65.

[39] Vgl. hierzu Erman/*H. P. Westermann*, § 705 Rn. 54; MünchKomm-BGB/*Ulmer*, § 705 Rn. 197 f.; Bamberger/Roth/*Timm/Schöne*, § 705 Rn. 124; Staudinger/*Habermeier*, § 705 Rn. 37 ff.

[40] Bamberger/Roth/*Timm/Schöne*, § 707 Rn. 6 f.

[41] Zutreffend *Ulmer*, ZIP 2003, 1113, 1121.

[42] *Ulmer*, ZIP 2003, 1113, 1121.

[43] *BGH* NJW 1983, 749 = ZIP 1983, 51; MünchKomm-HGB/*K. Schmidt*, § 128 Rn. 62; GroßKomm-HGB/*Habersack*, § 128 Rn. 13, 25; *Ulmer*, ZIP 2003, 1113, 1120.

geltend zu machen und sich erst dann an die verbliebenen Gesellschafter zu halten, wenn er von der Gesellschaft keine Befriedigung erlangen kann.[44]

Es liegen keine Anhaltspunkte dafür vor, dass die OHG nicht in der Lage ist, den Abfindungsanspruch von P zu erfüllen. Solange dies nicht feststeht, kann P von S und T nicht die Zahlung der „Rest-Abfindung" verlangen.

Ein Anspruch von P gegen S und T auf angemessene Abfindung gem. §§ 738 Abs. 1 S. 2 BGB, 105 Abs. 3 HGB i. V. m. §§ 128 S. 1, 124 Abs. 1 HGB scheidet (derzeit) aus.

III. Ergebnis

P hat gegen die OHG einen Anspruch auf Zahlung einer „Rest"-Abfindung i. H. v. 1,665 Mio. € gem. §§ 738 Abs. 1 S. 2 BGB, 105 Abs. 3 HGB i. V. m. § 124 Abs. 1 HGB.

B. Abwandlung

I. Anspruch von X gegen die OHG auf Zahlung einer vollwertigen Abfindung

X kann gegen die OHG einen Anspruch auf Auszahlung eines Abfindungsguthabens i. H. d. wahren Wertes des Gesellschaftsanteils von P gem. § 738 Abs. 1 S. 2 BGB, § 105 Abs. 3 HGB i. V. m. § 124 Abs. 1 HGB i. V. m. § 1922 Abs. 1 BGB haben.

Voraussetzung hierfür ist zunächst, dass der Tod von P nur dessen Ausscheiden aus der OHG zur Folge hatte und ein Abfindungsanspruch in Höhe des wirklichen Wertes seiner Beteiligung in seinen Nachlass gefallen ist.

1. Ausscheiden von P

Nach der im Zeitpunkt des Vertragsschlusses im Jahr 1988 geltenden gesetzlichen Regelung des § 131 Nr. 4 HGB a. F. führte der Tod eines Gesellschafters nicht zu dessen Ausscheiden, sondern zur Auflösung der Gesellschaft. Diese Vorschrift ist indes seit Ablauf der Übergangsfrist zum 31. 12. 2001 (vgl. Art. 41 EGHGB) nicht mehr anwendbar (vgl. oben A. I. 1.).

Das Ausscheiden von P aus der OHG mit seinem Tod kann sich aus § 131 Abs. 3 S. 1 Nr. 1 HGB ergeben. Diese Regelung gilt jedoch nur, wenn im Gesellschaftsvertrag nichts Abweichendes bestimmt ist. Eine solche abweichende gesellschaftsvertragliche Bestimmung kann § 14 Abs. 2 S. 1 GV darstellen. § 14 Abs. 2 S. 1 GV regelt für den Fall des Todes von P die Übernahme seines Geschäftsanteils durch A. Nicht ausdrücklich geregelt ist der Fall, ob auch den in die Gesellschaft eintretenden Erben von A im Falle des Todes von P das Recht zur Übernahme des von P geerbten Anteils zusteht. Diese Regelungslücke ist durch ergänzende Vertragsauslegung zu schließen: Wird ein Gesellschafter durch mehrere Personen beerbt, so tritt jeder von ihnen im Wege der Sonderrechtsnachfolge an die Stelle des verstorbenen Gesellschafters.[45] Die Erben erlangen grundsätzlich alle Rechte des Erblassers; die – unteilbaren – Verwaltungsrechte vervielfältigen sich entsprechend der Zahl der Erben.[46] Das in § 14 Abs. 2 S. 1 GV bestimmte Übernahmerecht der A folgt unmittelbar im Anschluss an die Regelung, dass die Gesellschaft im Falle des Todes von A mit ihren Erben, sofern sie leibliche Abkömmlinge sind, fortgeführt wird. Mit der Regelung

---

[44] Ebenso MünchKomm-HGB/*K. Schmidt*, § 128 Rn. 62; GroßKomm-HGB/*Habersack*, § 128 Rn. 50; Bamberger/Roth/*Timm/Schöne*, § 738 Rn. 18; *Ulmer*, ZIP 2003, 1113, 1121.

[45] BGHZ 55, 267, 269; 68, 225, 237; Bamberger/Roth/*Timm/Schöne*, § 727 Rn. 16; Erman/*H. P. Westermann*, § 727 Rn. 8; MünchKomm-BGB/*Ulmer/Schäfer*, § 727 Rn. 33; *A. Hueck*, § 28 II 2 a (S. 410 f.); *Schlüter*, § 58 Rn. 1275.

[46] Vgl. statt aller MünchKomm-BGB/*Ulmer/Schäfer*, § 727 Rn. 33.

des § 14 Abs. 2 S. 1 GV soll mithin die Fortführung des Unternehmens durch die Familienangehörigen des Unternehmensgründers sichergestellt werden. Dieses Ergebnis soll durch die Gesellschaftsgründung mit dem familienfremden *P* nicht in Frage gestellt werden. In diesem Zusammenhang ist auch § 14 Abs. 2 S. 1 GV zu sehen. Das der *A* zugebilligte Übernahmerecht soll den Erhalt des Unternehmens für ihre Familienmitglieder gewährleisten. Nach alledem soll das Übernahmerecht nicht an die Person von *A* gebunden sein. Im Gegenteil: Der in dem Übernahmerecht zum Ausdruck kommende familienrechtliche Kontinuitätsgedanke fordert den Übergang dieses Rechts auch und gerade auf die Erben von *A*.

Die in § 14 Abs. 2 S. 1 GV geregelte Rechtsfolge entspricht derjenigen des § 131 Abs. 3 S. 1 Nr. 1 HGB. Es handelt sich mithin bei § 14 Abs. 2 S. 1 GV nicht um eine von § 131 Abs. 3 S. 1 Nr. 1 HGB abweichende Regelung. Mit seinem Tod ist *P* somit gem. § 131 Abs. 3 S. 1 Nr. 1 HGB i. V. m. § 14 Abs. 2 S. 1 GV aus der Gesellschaft, die von *S* und *T* fortgeführt wird, ausgeschieden.

2. Der in den Nachlass gefallene Abfindungsanspruch

Ein Anspruch von *X* auf vollwertige Abfindung setzt weiterhin voraus, dass in den Nachlass von *P* ein Abfindungsanspruch in Höhe des wirklichen Wertes seiner Beteiligung gefallen ist. Dann muss die in § 14 Abs. 2 S. 2 GV vorgesehene Buchwertklausel unwirksam sein.

a) Nichtigkeit nach § 138 Abs. 1 BGB

Die einseitige zu Lasten der Erben von *P* getroffene Abfindungsklausel kann wegen Verstoßes gegen die guten Sitten nach § 138 Abs. 1 BGB nichtig sein.

Besondere Umstände, die auf eine sittenwidrige Benachteiligung der Erben des *P* hindeuten, liegen nicht vor. Der Erblasser kann zu Lebzeiten frei über sein Vermögen disponieren. Er ist nicht verpflichtet, Erben überhaupt etwas zu hinterlassen. Es ist anerkanntermaßen zulässig, die Gesellschaft aufgrund einer Fortsetzungsklausel ohne die Gesellschafter-Erben fortzusetzen und ihnen dabei einen Anspruch auf Abfindung vollständig zu versagen.[47] Dann ist es erst recht zulässig, den Abfindungsanspruch des ausscheidenden Gesellschafter-Erben zu begrenzen. Die Beschränkung des Abfindungsanspruchs ist deshalb nicht sittenwidrig i. S. d. § 138 Abs. 1 BGB.

b) Nichtigkeit nach §§ 2301 Abs. 1 S. 1, 125 S. 1 BGB

Die Abfindungsbeschränkung kann aber nach §§ 2301 Abs. 1 S. 1, 125 S. 1 BGB wegen Nichteinhaltung dieser erbrechtlichen Formvorschrift nichtig sein. Dann muss die Buchwertklausel in § 14 Abs. 2 S. 2 GV eine lebzeitige Schenkung auf den Todesfall sein. Die Wertdifferenz zwischen der Buchwertabfindung und der vollwertigen Abfindung kann eine unentgeltliche Zuwendung darstellen.

Die Anwendung des § 2301 Abs. 1 S. 1 BGB setzt aber voraus, dass der Erwerb des Beschenkten unter der Bedingung steht, dass der Beschenkte den Schenker überlebt.[48] Eine solche Überlebensbedingung wurde zwischen *A* und *P* aber nicht vereinbart. Wie oben gezeigt, soll das Übernahmerecht nach § 14 Abs. 2 S. 1 GV nicht nur zugunsten der *A*, sondern auch zugunsten ihrer Rechtsnachfolger gelten. Für die in

---

[47] H. A., vgl. BGHZ 22, 186, 194; Bamberger/Roth/*Timm/Schöne*, § 738 Rn. 31; Münch-Komm-BGB/*Ulmer/Schäfer*, § 738 Rn. 61; Erman/*H. P. Westermann*, § 738 Rn. 13; E/B/J/S/ *Lorz*, § 131 Rn. 123, jeweils m. w. N.; kritisch hierzu *Kohl*, MDR 1995, 865 ff.

[48] Zur Überlebensbedingung vgl. Palandt/*Edenhofer*, § 2301 Rn. 3 f.; Bamberger/Roth/*Litzenburger*, § 2301 Rn. 4 ff.; *Schlüter*, § 57 Rn. 1247.

diesem Zusammenhang getroffene Abfindungsregelung gilt dasselbe. § 2301 BGB ist somit auf die vorliegende Abfindungsklausel nicht anwendbar.[49]

c) Nichtigkeit nach §§ 518 Abs. 1 S. 1, 125 S. 1 BGB

Die Buchwertklausel kann wegen fehlender notarieller Beurkundung unwirksam sein, wenn es sich bei dem vertraglichen „Verzicht" auf die Wertdifferenz gegenüber der vollwertigen Abfindung um ein Schenkungsversprechen handelt (§§ 518 Abs. 1 S. 1, 125 S. 1 BGB).

Der Wertung der vertraglichen Abfindungsbeschränkung als Schenkungsversprechen kann jedoch entgegenstehen, dass es hierbei am Tatbestandsmerkmal der Zuwendung eines bereits vorhandenen Vermögenswertes fehlt. In diesem Zusammenhang wurde im älteren Schrifttum vertreten, die Abfindung sei ein integrierter Bestandteil des Gesellschaftsvertrages. Es liege deshalb nahe, die abfindungsbeschränkende Klausel als einen Erlassvertrag gem. § 397 Abs. 1 BGB über den künftigen, erst mit dem Ausscheiden des Gesellschafters gem. § 738 Abs. 1 BGB entstehenden Abfindungsanspruch zu werten; die Beurteilung dieser Abrede erfolge nach den spezifischen Sonderregeln des Gesellschaftsrechts, die den schenkungsrechtlichen Vorschriften i. d. R. vorgingen.[50] Die Buchwertklausel stelle demnach kein Schenkungsversprechen i. S. v. § 516 BGB dar, das zu seiner Wirksamkeit der notariellen Beurkundung gem. § 518 Abs. 1 S. 1 BGB bedürfe.

Dagegen wird die nicht alle Gesellschafter gleich treffende abfindungsbeschränkende Vereinbarung nach ganz überwiegender Ansicht als unentgeltliche Zuwendung des betroffenen Gesellschafters an dessen Mitgesellschafter gewertet.[51] Das Wirksamkeitserfordernis der notariellen Beurkundung wird gleichwohl für entbehrlich gehalten, weil die Zuwendung bereits im Gesellschaftsvertrag vollzogen sei.[52] Demnach wäre der Mangel der fehlenden notariellen Beurkundung der Buchwertklausel in § 14 Abs. 2 S. 2 GV gem. § 518 Abs. 2 BGB geheilt.

Gegen diese Argumentation wird eingewandt, bei einer Abfindungsbeschränkung im Falle des Todes eines Gesellschafters fehle es an einem Vollzug der unentgeltlichen Zuwendung.[53] Der Gesellschafter habe zu Lebzeiten keinerlei Vermögensopfer erbracht. Er könne sein Gesellschaftsverhältnis weiterhin jederzeit kündigen und sich sein (vollwertiges) Abfindungsguthaben auszahlen lassen. Ein Vollzug der Zuwendung bereits im Gesellschaftsvertrag könne demnach aber angenommen werden, wenn die Abfindungsklausel nicht nur für das Ausscheiden des Gesellschafters durch dessen Tod, sondern auch für die übrigen Fälle des Ausscheidens, z. B. aufgrund eigener Kündigung, gelte. In diesem Fall könne der betroffene Gesellschafter

---

[49] Vgl. *K. Schmidt*, GesellR, § 45 V 3 b (S. 1337) m. w. N.; a. A. für den einseitigen Abfindungsausschluss Staudinger/*Ferid/Cieslar*, 12. Aufl., vor § 2303 Rn. 134; *Wiedemann*, Übertragung und Vererbung, S. 188; *Reuter/Kunath*, JuS 1977, 376, 381 f.

[50] Vgl. MünchKomm-BGB/*Kollhosser*, 3. Aufl., § 516 Rn. 75 f.

[51] Baumbach/Hopt/*Hopt*, § 131 Rn. 62 m. w. N. Die Unentgeltlichkeit der Zuwendung wird verneint, wenn die Klausel für alle Gesellschafter gleich vereinbart ist; in diesem Falle riskiere jeder Gesellschafter den Verlust seines Gesellschaftsanteils wegen der Chance, die Gesellschaftsanteile der Mitgesellschafter für den Fall ihres Ausscheidens erwerben zu können; vgl. GroßKomm-HGB/*Ulmer*, 3. Aufl., § 138 Rn. 120 m. w. N.

[52] Vgl. die für die Abfindungsbeschränkung entsprechend geltenden Überlegungen zum Abfindungsausschluss bei *KG* JR 1959, 101 f.; *BGH* WM 1971, 1338, 1339; Schlegelberger/*K. Schmidt*, § 138 Rn. 67; Soergel/*Hadding*, § 738 Rn. 12.

[53] Vgl. Staudinger/*Ferid/Cieslar*, 12. Aufl., vor § 2303 Rn. 134; *Wiedemann*, Übertragung und Vererbung, S. 188; *Reuter/Kunath*, JuS 1977, 376, 381.

den endgültigen Eintritt der Zuwendung nicht mehr einseitig verhindern. Da der Abfindungsanspruch von *P* im Gesellschaftsvertrag nicht nur für den Fall seines Todes, sondern ganz allgemein auch für sein Ausscheiden infolge Eigenkündigung auf den Buchwert beschränkt ist, kann auch nach dieser Ansicht in der Abfindungsklausel eine bereits im Gesellschaftsvertrag vollzogene unentgeltliche Zuwendung an die übrigen Gesellschafter gesehen werden.

Da nach sämtlichen Auffassungen die Buchwertklausel nicht nach §§ 518 Abs. 1 S. 1, 125 S. 1 BGB formnichtig ist, kann eine Entscheidung zwischen den Ansichten unterbleiben. Der Abfindungsanspruch von *X* ist demnach wirksam auf eine Abfindung nach Buchwerten beschränkt.

II. Abfindungsanspruch von X jeweils gegen S und T

Für den *X* gegenüber der OHG zustehenden Abfindungsanspruch nach Buchwerten haften die Gesellschafter *S* und *T* (derzeit) nicht; vgl. Frage 2 B.

III. Ergebnis

X hat gegenüber der OHG einen Abfindungsanspruch i. H. d. Buchwertes des in den Nachlass gefallenen Geschäftsanteils von *P.*

Fall 22. Das unzufriedene Publikum

Schwerpunkt im Recht der Publikumspersonengesellschaft – Kapitalgesellschaftsrecht: Begriff und Merkmale der Publikumspersonengesellschaft – Abberufung des Geschäftsführers aus wichtigem Grund – Einberufung einer Gesellschafterversammlung durch nicht geschäftsführenden Gesellschafter – Inhaltskontrolle des Gesellschaftsvertrages – unangemessene Benachteiligung der Anlegergesellschafter – Bestimmtheitsgrundsatz

Sachverhalt

Finanzkaufmann *Rührig (R)* las eine Anzeige in der „Financial Times", in der eine amerikanische Großbank die Emission von Anlagezertifikaten einer New Yorker Grundstücksgesellschaft ankündigte, deren Apartmenthäuser in Kürze in Eigentumswohnungen umgewandelt und mit Gewinn verkauft werden sollten. Daraufhin entschloss sich *R*, ebenfalls im „großen Stil" in das Grundstücksgeschäft einzusteigen. Hierzu und um das nötige Kapital zu beschaffen, gründete er gemeinsam mit dem Steuerberater *Dr. Zögerlich (Z)* unter der Bezeichnung „Immobiliengesellschaft Rührig" eine Gesellschaft bürgerlichen Rechts (Rührig-GbR), die von Anfang an auf den Beitritt weiterer finanzkräftiger Gesellschafter angelegt war.

Der im Januar 2007 vereinbarte Gesellschaftsvertrag (im Folgenden: GV) enthielt unter anderem folgende Bestimmungen:

§ 1 Gegenstand der Gesellschaft

Gegenstand der Gesellschaft ist der Erwerb, die Verwaltung und die Verwertung von Grundstücken sowie alle damit im Zusammenhang stehenden Geschäfte.

§ 2 Geschäftsführung und VertretungR

ist zur alleinigen Geschäftsführung und Vertretung für alle Gesellschafter berechtigt und verpflichtet. Er ist jederzeit zur Aufnahme weiterer Gesellschafter befugt.

§ 3 Austritt, Haftung

Bei Austritt eines Gesellschafters wird die Gesellschaft unter den übrigen Gesellschaftern fortgesetzt. Die Gesellschafter haften nur bis zur Höhe ihrer Einlage.

§ 4 Gesellschafterversammlung

(1) Die Gesellschafter nehmen ihre Rechte in der Gesellschafterversammlung wahr. Die ordentliche Gesellschafterversammlung findet jährlich einmal am Sitz der Gesellschaft statt. Die Einberufung erfolgt durch den Geschäftsführer. Die Beschlüsse der Gesellschafterversammlung werden mit einfacher Mehrheit gefasst. Das Stimmrecht jedes Gesellschafters richtet sich nach der Höhe des Nennbetrages seiner Anteile.

(2) Der Geschäftsführer hat eine außerordentliche Gesellschafterversammlung einzuberufen, wenn Gesellschafter, die mindestens 25 % des Gesamtnennbetrages aller Anteile vertreten, dies schriftlich unter Angabe des Zwecks und der Gründe beantragen.

(3) Die Gesellschafterversammlung ist nur bei Anwesenheit des Geschäftsführers beschlussfähig.

§ 6 Abberufung des Geschäftsführers

Der Geschäftsführer kann von der Gesellschafterversammlung nur aus wichtigem Grund abberufen werden. Der Beschluss bedarf einer Mehrheit von 2/3 der abgegebenen Stimmen.

§ 9 Änderung des Gesellschaftsvertrages

Änderungen dieses Gesellschaftsvertrages werden durch die Gesellschafterversammlung mit 3/4-Mehrheit beschlossen.

R übernahm einen Anteil i. H. v. 1.000.000 € und *Z* einen Anteil i. H. v. 2.000.000 €. Aufgrund des bei der X-Bank ausgelegten Prospekts über die Rührig-GbR beteiligten sich Zahnarzt *Dr. Blent (B)* mit 6.000.000 €, Immobilienmakler *Courtage (C)* mit 5.000.000 € sowie drei weitere Gesellschafter – *D*, *E* und *F* – mit jeweils 2.000.000 € an der Gesellschaft.

In der ordentlichen Gesellschafterversammlung im Februar 2010 berichtete *R*, das kurz nach Aufnahme der Gesellschaftstätigkeit in Bochum erworbene Objekt müsse mit erheblichem finanziellen Aufwand saniert werden. Da jedoch nicht abzusehen sei, ob trotz dieser Investition mittelfristig eine marktgerechte Rendite erzielt werden könne, empfehle er den baldigen Verkauf des Objekts, um auf diese Weise eventuell entstehende Verluste zu vermeiden. Im Verlaufe der Diskussion konnte über das künftige Vorgehen keine Einigkeit erzielt werden. Die Gesellschafterversammlung sprach schließlich an *R* die Empfehlung aus, vor einer Verkaufsentscheidung eine Wirtschaftlichkeitsberechnung des Objektes durch eine Centermanagementgesellschaft erstellen zu lassen. Entgegen dieser Empfehlung verhandelte *R* schon Anfang März 2010 mit *Y* über den Verkauf des Objektes.

B erfuhr zufällig hiervon und war über das Verhalten des *R* empört. Er forderte *R* Mitte März 2010 schriftlich auf, unverzüglich eine außerordentliche Gesellschafterversammlung mit den Tagesordnungspunkten „Abberufung des Geschäftsführers" und „Bestellung eines Geschäftsführers" einzuberufen. Sein Verlangen begründete er damit, dass *R* entgegen der Empfehlung der Gesellschafterversammlung Verkaufsverhandlungen geführt habe. Als *R* dieser Aufforderung bis Anfang Mai 2010 nicht nachkam, lud *B* alle Gesellschafter form- und fristgerecht zu einer außerordentlichen Gesellschafterversammlung für den 11. Juni. 2010 mit den genannten Tagesordnungspunkten unter Mitteilung des Sachverhalts ein. Im Verlaufe dieser Versammlung stimmten *B* und *C* gegen die Stimmen von *D*, *E*, *F* und *Z* für die Abberufung des *R* mit sofortiger Wirkung und die Bestellung von *B* zum neuen Geschäftsführer. *R* blieb der Gesellschafterversammlung absichtlich fern. *B* teilte *R* kurze Zeit später die in der Gesellschafterversammlung gefassten Beschlüsse mit. Als Grund für die Abberufung des *R* als Geschäftsführer führt er dessen Verhalten bezüglich der Verwaltung des Bochumer Objektes an sowie die Weigerung, die beantragte Gesellschafterversammlung einzuberufen. *R* hält die Beschlüsse der außerordentlichen Gesellschafterversammlung für unwirksam.

Im Hinblick auf das Verhalten von *R* wollen *D*, *E* und *F* den Gesellschaftsvertrag in mehreren Punkten abändern; *R* meint demgegenüber, ohne seine Mitwirkung sei dies nicht möglich: § 9 GV sei unwirksam, wie er nunmehr von seinem Sohn erfahren habe; dieser studiere schließlich Rechtswissenschaft an einer bekannten Universität.[1]

1. Ist *R* wirksam als Geschäftsführer abberufen worden?

2. Bestehen Bedenken gegen die Wirksamkeit von § 9 GV?

Hinweis für die Bearbeiter: Es ist davon auszugehen, dass das Unternehmen der Rührig-GbR kein Handelsgewerbe i. S. d. § 1 HGB darstellt.

Lösung

Frage 1: Wirksamkeit der Abberufung von R als Geschäftsführer

Die Abberufung von *R* als Geschäftsführer setzt voraus, dass die Gesellschafterversammlung vom 11. Juni. 2010 durch *B* wirksam einberufen worden ist, der Beschluss wirksam gefasst wurde und dass in der Person des *R* ein wichtiger Grund zur Abberufung vorlag.

I. Wirksame Einberufung der Gesellschafterversammlung durch B

Die Gesellschafterversammlung der Rührig-GbR vom 11. Juni. 2010, auf der die Abberufung des *R* als Geschäftsführer Beschlussgegenstand war, muss zunächst wirksam durch *B* einberufen worden sein, da ansonsten die auf dieser Gesellschafterversammlung gefassten Beschlüsse wegen Einberufungsmangels nichtig wären.[2]

Zweifel an der Berechtigung des *B*, eine Gesellschafterversammlung einzuberufen, können sich aus § 4 Abs. 1 S. 3 GV ergeben, wonach die Einberufung einer Gesellschafterversammlung nur durch den Geschäftsführer – zum fraglichen Zeitpunkt also *R* – zulässig ist. *R* ist der Aufforderung von *B*, eine außerordentliche Gesellschafterversammlung einzuberufen, allerdings nicht nachgekommen. In dem Gesellschaftsvertrag findet sich keine Regelung darüber, was gelten soll, wenn der Geschäftsführer eine solche Aufforderung übergeht und die beantragte Gesellschafterversammlung nicht einberuft. Auch den für die Rührig-GbR – bei der es sich mangels Betriebes eines Handelsgewerbes i. S. v. § 1 HGB und mangels Eintragung (vgl. § 105 Abs. 2 HGB) um eine GbR handelt – unmittelbar geltenden §§ 705 ff. BGB kann hierzu nichts entnommen werden. Damit stellt sich die Frage, ob den übrigen Gesellschaftern in Anlehnung an gesetzliche Vorschriften bei den Kapitalgesellschaften ein Selbsthilferecht zusteht oder ob sie in diesem Fall rechtlos gestellt sind.

1. Einberufungsrecht analog § 122 AktG

Ein „Noteinberufungsrecht" kann sich aus einer entsprechenden Anwendung des § 122 AktG herleiten lassen. Nach dieser Vorschrift kann eine Minderheit unter bestimmten Voraussetzungen die Einberufung einer Hauptversammlung verlangen und so erzwingen, dass einzelne Gegenstände zur Beschlussfassung in einer Hauptversammlung gestellt werden. Eine analoge Anwendung dieser Norm auf eine Personengesellschaft erscheint indes schon – unabhängig von allen anderen Voraussetzun-

---

[1] Es kann ohne Weiteres davon ausgegangen werden, dass der Sohn des *R* weder Rechtswissenschaft in Münster noch Deutsches und Europäisches Wirtschaftsrecht in Siegen studiert!.

[2] Vgl. BGHZ 87, 1, 3 = BB 1983, 995; BGHZ 102, 172, 174 f. = NJW 1988, 969, 970 = ZIP 1988, 22, 23. Zur grds. Nichtigkeit fehlerhafter Gesellschafterbeschlüsse von Personengesellschaften vgl. Bamberger/Roth/*Timm/Schöne*, § 709 Rn. 61 ff.; MünchKomm-BGB/*Ulmer/Schäfer*, § 709 Rn. 105 ff.; Baumbach/Hopt/*Hopt*, § 119 Rn. 31; Röhricht/Graf v. Westphalen/ *v. Gerkan/Haas*, § 119 Rn. 8 ff.; Oetker/*Weitemeyer*, § 119 Rn. 53 f.; kritisch hierzu *K. Schmidt*, GesellR, § 15 II 3 (S. 447 f.). Für das GmbH-Recht ergibt sich die Nichtigkeit des Gesellschafterbeschlusses wegen Einberufungsmangels aus § 241 Nr. 1 AktG analog; vgl. Baumbach/ Hueck/*Zöllner*, Anh. § 47 Rn. 45; Lutter/Hommelhoff/*Bayer*, § 49 Rn. 10.

gen einer Analogie[3] – von der in § 122 Abs. 3 AktG vorgesehenen Rechtsfolge her fraglich. Nach dieser Vorschrift kann das Gericht die Aktionäre ermächtigen, die Hauptversammlung einzuberufen; ein Recht zur eigenmächtigen Einberufung durch einzelne Aktionäre ist indes nicht vorgesehen.

Des Weiteren bestehen Bedenken, ob das in § 122 Abs. 3 AktG vorgesehene FGG-Verfahren, das eine gerichtliche Ermächtigung der qualifizierten Aktionärsminderheit zur Einberufung der Hauptversammlung vorsieht, überhaupt auf andere Gesellschaftsformen übertragbar ist. Das Einberufungserzwingungsverfahren nach § 122 AktG ist zugeschnitten auf die Aktiengesellschaft als eine Rechtsform, bei der der Aktionärsschutz durch ein ausdifferenziertes System zwingender[4] Schutzkautelen gewährleistet ist. Das vergleichsweise umständliche Verfahren des § 122 AktG ist daher ungeeignet für andere Gesellschaftsformen, bei denen es darum geht, einen Anlegerschutz durch ausreichende Mitwirkungsrechte unter Beseitigung unangemessener und Ergänzung lückenhafter Vertragsbestimmungen überhaupt erst zu schaffen.[5]

Die Befugnis von *B* zur Einladung zu einer außerordentlichen Gesellschafterversammlung der Rührig-GbR kann somit nicht auf § 122 AktG analog gestützt werden.

2. Einberufungsrecht analog § 50 Abs. 3 GmbHG

Möglicherweise war *B* aber analog § 50 Abs. 3 GmbHG berechtigt, die Gesellschafterversammlung einzuberufen. Die analoge Anwendung setzt voraus, dass die Interessenlage bei der Rührig-GbR vom Normzweck des § 50 Abs. 3 GmbHG mit erfasst wird. Dazu muss diese mit einer Kapitalgesellschaft wie der GmbH vergleichbar sein. Dies ist dann der Fall, wenn es sich bei der Rührig-GbR um eine kapitalistisch strukturierte Publikumspersonengesellschaft handelt. Diese Form der Personengesellschaft ist eine auf Kapitalsammlung angelegte Gesellschaft, die aufgrund der Vielzahl rein kapitalistisch beteiligter Gesellschafter der Kapitalgesellschaft – und damit auch der GmbH – in ihrer inneren Struktur recht nahe kommt.[6]

Dabei steht nicht schon die Rechtsform als GbR der Einordnung als Publikumsgesellschaft entgegen. Zwar treten letztere meist in der Form der KG auf; zwingend ist dies aber nicht.[7] Entscheidend für die Annahme einer Publikumsgesellschaft ist

---

[3] Ist die Nichtanwendbarkeit einer Norm im Hinblick auf das Fehlen eines bestimmten Tatbestandsmerkmales oder im Hinblick auf die unpassende Rechtsfolge offensichtlich, genügt es, bei der Prüfung auf dieses Merkmal abzustellen. Es brauchen in diesen Fällen nicht unbedingt streng logisch die an sich vorrangigen übrigen Tatbestandsmerkmale (also die einzelnen Analogievoraussetzungen: Regelungslücke, Planwidrigkeit der Regelungslücke, vergleichbare Interessenlage) erörtert zu werden. „Klassisch schulmäßig" – insoweit hier aber nicht unbedingt geboten – wäre demgegenüber ein anderer Aufbau, als er im Folgenden im Text entwickelt wird: Danach müssten die Überlegungen im Text sogleich unter 2. a) vorab im Rahmen von § 122 AktG geprüft werden, nicht aber – wie hier – erst zu § 50 Abs. 3 GmbHG.

[4] Vgl. § 23 Abs. 5 AktG.

[5] Im Ergebnis ebenso *Reichert/Winter*, BB 1988, 981, 985.

[6] Vgl. ausführlich zur Publikumsgesellschaft: E/B/J/S/*Henze*, § 177 a Anh. B Rn. 1 ff.; Heymann/*Horn*, § 161 Rn. 152 ff.; MünchKomm-HGB/*Grunewald*, § 161 Rn. 103 ff.; Oetker/*Oetker*, § 161 Rn. 110 ff.; Röhricht/Graf v. Westphalen/*v. Gerkan/Haas*, § 161 Rn. 87 ff.; *K. Schmidt*, GesellR, § 57 (S. 1665 ff.) sowie die Kurzdarstellungen bei Baumbach/Hopt/*Hopt*, Anh. § 177 a Rn. 52 ff.; *Kübler/Assmann*, § 21 III (S. 342 ff.); *Windbichler*, § 19 Rn. 1 ff.

[7] Vgl. *K. Schmidt*, GesellR, § 57 I 2 b (S. 1668 f.). Zu den verschiedenen rechtlichen Erscheinungsformen von Publikumspersonengesellschaften vgl. E/B/J/S/*Henze*, § 177 a Anh. B Rn. 7 ff.; MünchKomm-HGB/*Grunewald*, § 161 Rn. 105. Auch im Fall von BGHZ 102,

letztlich, ob sich die Gesellschaft, obschon nominell Personengesellschaft, von Zweck und Ausgestaltung her der Kapitalgesellschaft stark angenähert hat.[8]

a) Publikumscharakter der Rührig-GbR

Bei der Rührig-GbR kann es sich um eine Publikumspersonengesellschaft handeln.

aa) Beabsichtigte Gesellschaftervielzahl

Charakteristisch für Publikumspersonengesellschaften ist, dass sie auf den Beitritt möglichst zahlreicher Gesellschafter angelegt sind, ohne dass es auf die später tatsächlich erreichte Gesellschafterzahl ankommt.[9] Entscheidend ist mithin, dass die Gesellschaft – im Gegensatz zum gesetzlichen Leitbild der GbR – nicht auf einen zahlenmäßig beschränkten Mitgliederkreis festgelegt ist, also die erst noch zu werbenden Gesellschafter mehr oder weniger zufällig zusammengeführt werden.[10] Dafür spricht, dass nach § 2 S. 2 GV der Geschäftsführer jederzeit zur Aufnahme weiterer Gesellschafter in die Rührig-GbR berufen war.[11]

Auch warb die Rührig-GbR mittels eines bei der X-Bank ausgelegten Prospekts, was verdeutlicht, dass ein breites Anlegerpublikum angesprochen werden sollte. Derartige Prospektwerbung ist typisch für Publikumspersonengesellschaften.[12]

bb) Fortsetzungsklausel

Kennzeichnend für eine Publikumspersonengesellschaft ist weiter, dass sie vom konkreten Mitgliederbestand unabhängig ist.[13] Nach § 3 S. 1 GV soll die Gesellschaft nach dem Austritt eines Gesellschafters unter den übrigen Gesellschaftern fortgesetzt werden. Dies belegt, dass der Bestand der Gesellschaft von einer Veränderung der Mitgliederzahl unberührt bleiben sollte. Die Rührig-GbR ist daher vom konkreten Mitgliederbestand unabhängig.

cc) „Kapitalistische" Gesellschafterstellung

Weiteres Merkmal einer Publikumspersonengesellschaft ist, dass die Mitgliedschaft kapitalistisch ausgestaltet ist.[14] Dies ist insbesondere dann der Fall, wenn der Umfang der Rechte der Gesellschafter von ihrer Kapitalbeteiligung abhängig ist.

Für eine derartige kapitalistische Ausgestaltung der Mitgliedschaft in der Rührig-GbR spricht zunächst, dass sich das Stimmrecht der einzelnen Gesellschafter nicht „nach Köpfen" (vgl. § 709 Abs. 2 BGB für die dem gesetzlichen Leitbild entsprechende GbR), sondern gem. § 4 Abs. 1 S. 5 GV nach der Höhe des Nennbetrages der jeweiligen Einlage richtet. Zudem bestimmt § 4 Abs. 2 GV, dass das Recht, die

---

172 ff. = NJW 1988, 969 ff. = ZIP 1988, 22 ff. handelt es sich um Publikumsgesellschaften in der Rechtsform der GbR.

[8] Vgl. *K. Schmidt*, GesellR, § 57 I 2 a (S. 1667 f.).

[9] Vgl. BGHZ 102, 172, 177 f.; zustimmend *Reichert/Winter*, BB 1988, 981, 983.

[10] So BGHZ 102, 172, 177 f.

[11] Zur Zulässigkeit einer derartigen Ermächtigung des Geschäftsführers vgl. *K. Schmidt*, GesellR, § 57 II 1 a (S. 1671 f.) und zur entsprechenden Ermächtigung der Komplementär-GmbH einer Publikums-GmbH & Co. KG vgl. E/B/J/S/*Henze*, § 177 a Anh. B Rn. 11; *Oetker/Oetker*, § 161 Rn. 115.

[12] Zu Fragen der damit verbundenen sog. Prospekthaftung siehe Baumbach/Hopt/*Hopt*, Anh. § 177 a Rn. 59 ff.; E/B/J/S/*Henze*, § 177 a Anh. B Rn. 44 ff.; MünchKomm-HGB/*Grunewald*, § 161 Rn. 178 ff.; Röhricht/Graf v. Westphalen/v. Gerkan/Haas, § 161 Rn. 151 ff.; *K. Schmidt*, GesellR, § 57 IV 3 (S. 1684 ff.).

[13] Vgl. BGHZ 64, 238, 241.

[14] Vgl. BGHZ 84, 11, 13.

Einberufung einer außerordentlichen Gesellschafterversammlung zu beantragen, eine bestimmte Kapitalbeteiligung voraussetzt. Darüber hinaus zeigt sich auch in der in § 3 S. 3 GV festgelegten Haftungsbegrenzung auf die Höhe der jeweiligen Einlage die kapitalistische Ausrichtung der Gesellschaftszugehörigkeit.

Danach kann die kapitalistische Ausgestaltung der Rührig-GbR bejaht werden.

dd) Körperschaftliche Struktur

Ein Wesensmerkmal der Publikumspersonengesellschaft ist schließlich ihre körperschaftliche Struktur.[15] Von einer derartigen Struktur kann gesprochen werden, wenn die Organe der Gesellschaft unterschiedliche Entscheidungsbefugnisse haben. Die Einstufung einer GbR als Publikumspersonengesellschaft verlangt keine trennscharfe Abschichtung von Entscheidungsbefugnissen. Maßgeblich ist vielmehr, dass die Bündelung körperschaftlicher Wesensmerkmale den Publikumscharakter der Gesellschaft deutlich werden lässt. Dem entspricht die hier durchgeführte Kompetenzverteilung: Nach § 2 S. 1 GV ist die Geschäftsführung alleinige Angelegenheit von R, der mithin einem Vorstand vergleichbare Aufgaben wahrnimmt. Andererseits aber unterliegen grundlegende Entscheidungen wie die Abberufung des Geschäftsführers nach § 6 GV oder die Änderung des Gesellschaftsvertrages gem. § 9 GV der Beschlussfassung der Gesellschafter.

Nimmt man hinzu, dass die Gesellschafter ihre Rechte nach § 4 Abs. 1 S. 1 GV nur in den Gesellschafterversammlungen wahrnehmen, erscheint es gerechtfertigt, die körperschaftliche Struktur der Rührig-GbR zu bejahen.

ee) Ergebnis zur analogen Anwendbarkeit von § 50 Abs. 3 GmbHG

Nach alledem handelt es sich somit bei der Rührig-GbR um eine Publikumsgesellschaft bürgerlichen Rechts, auf die wegen der vergleichbaren Interessenlage bei vertraglich verfasster „kapitalistischer Personengesellschaft" und gesetzes(normal)typisch verfasster GmbH § 50 Abs. 3 GmbHG analog angewandt werden kann.[16]

b) Voraussetzungen des § 50 Abs. 3 GmbHG analog

Weiterhin müssen die tatsächlichen Voraussetzungen für ein Einberufungsrecht analog § 50 Abs. 3 i. V. m. Abs. 1 GmbHG vorliegen.

aa) Erfolgloses Einberufungsverlangen

Dies erfordert zunächst, dass dem unter Angabe des Zweckes und der Gründe mitgeteilten Verlangen auf Einberufung einer Gesellschafterversammlung nicht entsprochen wurde.

B forderte den R Mitte März 2010 schriftlich auf, unverzüglich eine außerordentliche Gesellschafterversammlung mit den Tagesordnungspunkten „Abberufung des Geschäftsführers" und „Bestellung eines Geschäftsführers" einzuberufen. Zur Begründung führte er an, dass R sich nicht entsprechend der Empfehlung der Gesellschafterversammlung vom Februar 2010 verhalten habe. Damit hat B dem Schriftform- und Begründungserfordernis des § 4 Abs. 2 GV genügt. Der nach § 4 Abs. 2 GV zur Einberufung der außerordentlichen Gesellschafterversammlung verpflichtete R kam dem Antrag bis Anfang Mai 2010 nicht nach. Da B um unverzüg-

---

[15] Zur Organisationsstruktur der Publikumspersonengesellschaft vgl. statt aller *K. Schmidt,* GesellR, § 57 II 2 (S. 1674 ff.).
[16] Vgl. *BGH* NJW 1998, 1946, 1947.

liche Einberufung nachgesucht hatte, darf nach Ablauf von sechs Wochen die Untätigkeit des *R* als Nichteinberufung angesehen werden.

bb) Ausreichende Kapitalbeteiligung

B muss schließlich, um selbst wirksam eine Gesellschafterversammlung einberufen zu können, über eine ausreichende Kapitalbeteiligung verfügen. Als für die Noteinberufung erforderliche Beteiligungsquote ist die nach dem Gesellschaftsvertrag für ein bindendes Einberufungsverlangen vorausgesetzte Kapitalbeteiligung ausreichend.[17] *B* hält mit seinem Kapitalanteil von 6.000.000 € weit mehr als 25 % des Gesamtnennbetrages,[18] so dass die in § 4 Abs. 2 GV geforderte Beteiligungshöhe vorliegt.

Die Gesellschafterversammlung ist mithin durch *B* analog § 50 Abs. 3 GmbHG wirksam einberufen worden.

II. Wirksame Beschlussfassung

Um *R* als Geschäftsführer abzuberufen, muss des Weiteren der entsprechende Beschluss in der Gesellschafterversammlung vom 11. Juni. 2010 wirksam gefasst worden sein.

1. Beschlussfähigkeit

Das setzt zunächst die Beschlussfähigkeit der Gesellschafterversammlung voraus. Zweifel daran können sich gem. § 4 Abs. 3 GV ergeben, wonach für die Beschlussfähigkeit die Anwesenheit des Geschäftsführers erforderlich ist. *R* hatte aber an der Gesellschafterversammlung vom 11. Juni. 2010 nicht teilgenommen, so dass die gesellschaftsvertraglichen Anforderungen an die Beschlussfähigkeit der Gesellschafterversammlung an sich nicht erfüllt sind.

Allerdings ist die Absicht von *R* treuwidrig, die Beschlussfähigkeit der Gesellschafterversammlung durch ein bewusstes Fernbleiben zu verhindern. Dasselbe gilt für das damit einhergehende Ziel von *R,* auf diese Weise einen Gesellschafterbeschluss zu torpedieren. *R* besaß daher nicht die Rechtsmacht, den Beschluss durch absichtliches Fernbleiben zu unterlaufen. Der Beschlussfähigkeit der Gesellschafterversammlung steht somit die Nichtanwesenheit von *R* nicht entgegen. *R* wird hierdurch auch nicht rechtlich benachteiligt. Er kann den während seiner Abwesenheit gefassten Abberufungsbeschluss gerichtlich überprüfen lassen.[19]

Das vorstehend entwickelte Ergebnis wird durch folgende ergänzende Argumentation gestützt. *R* hätte selbst bei Anwesenheit in der Gesellschafterversammlung bei der Beschlussfassung über seine Abberufung als Geschäftsführer kein Stimmrecht gehabt. Das Stimmverbot für *R* bei dieser Beschlussfassung folgt aus §§ 712 Abs. 1, 715 BGB, wonach die „übrigen" Gesellschafter über die Abberufung des Geschäftsführers entscheiden. Das Stimmverbot des von der Abberufung als Geschäftsführer betroffenen Gesellschafters lässt sich zudem aus dem allgemeinen Grundsatz herleiten, wonach es verboten ist, als Richter in eigener Sache mit zu stimmen.[20] Dasselbe Ergebnis ließe sich auf die analoge Anwendung von § 47 Abs. 4 GmbHG stützen,

---

[17] Vgl. BGHZ 102, 172, 175.
[18] Angesichts der Beteiligungsquote des *B* von über 30 % kann es unentschieden bleiben, ob das in § 4 Abs. 2 GV normierte Quorum für die Einberufung der Gesellschafterversammlung wirksam ist oder ob eine 10 %igen Beteiligungsquote analog § 50 Abs. 3 S. 1 i. V. m. Abs. 1 GmbHG ausreichend wäre; dafür: *Reichert/Winter,* BB 1988, 981, 985.
[19] Zu diesem Gesichtspunkt siehe auch BGHZ 102, 172, 179.
[20] *K. Schmidt,* GesellR, § 21 II 2 a (S. 608 f.) m. w. N.; vgl. allgemein zum Stimmrechtsverbot wegen Interessenkollision Bamberger/Roth/*Timm/Schöne,* § 709 Rn. 49; MünchKomm-BGB/

falls für solche Interessenkollisionsfälle in einer Publikums-GbR auf die entsprechende Anwendung von Vorschriften für rechtsfähige Körperschaften abgestellt wird.[21] Der betroffene Gesellschafter ist somit jedenfalls bei Maßnahmen, die sich aus wichtigem Grund gegen ihn richten, vom Stimmrecht ausgeschlossen.[22]

Das Fehlen von *R* in der außerordentlichen Gesellschafterversammlung der Rührig-GbR stand mithin der Beschlussfähigkeit dieser Gesellschafterversammlung nicht entgegen.

2. Mehrheitserfordernis

Der Abberufungsbeschluss muss weiterhin mit hinreichender Mehrheit ergangen sein.

a) Qualifizierte Mehrheit

Nach § 6 S. 2 GV bedarf der Abberufungsbeschluss einer Mehrheit von 2/3 der abgegebenen Stimmen. *B* und *C* hatten für die Abberufung des Geschäftsführers gestimmt, *D*, *E*, *F* und *Z* jedoch dagegen.

B und *C* halten eine Beteiligung i. H. v. insgesamt 11.000.000 €. Der Gesamtnennbetrag belief sich zwar auf 20.000.000 €, andererseits war der mit 1.000.000 € beteiligte *R* aber nicht anwesend und sein Anteil wegen fehlenden Stimmrechts nicht mit einzubeziehen.[23] Gemessen am stimmberechtigten Nennbetrag von 19.000.000 € verfügten *B* und *C* also nur über 57% des Gesamtnennkapitals. Mithin wurde die in § 6 S. 2 GV geforderte qualifizierte Mehrheit von 2/3 der abgegebenen Stimmen verfehlt.

b) Einfache Mehrheit

Allerdings kann die Abberufung von *R* als Geschäftsführer der Rührig-GbR mit einfacher Mehrheit zulässig gewesen sein, wenn § 6 S. 2 GV aufgrund des für die Geschäftsführerabberufung vorgesehenen qualifizierten Mehrheitserfordernisses als eine die Gesellschafter unangemessen benachteiligende Klausel nach § 242 BGB unwirksam ist.

aa) Zulässigkeit einer Inhaltskontrolle des Gesellschaftsvertrages

Das setzt zunächst voraus, dass § 6 GV einer Inhaltskontrolle überhaupt zugänglich ist.

Gesellschaftsverträge von Personengesellschaften, die dem gesetzlichen Leitbild entsprechen, unterliegen keiner Inhaltskontrolle. Die Gesellschafter haben die Möglichkeit des freien Aushandelns des Gesellschaftsvertrages zwischen gleichberechtigten Partnern, weshalb eine Kontrolle des Gesellschaftsvertrages nicht zulässig ist, soweit sie über eine Überprüfung anhand der §§ 134, 138 Abs. 1 BGB hinausgeht.[24]

Für die Anlegergesellschafter einer Publikumsgesellschaft stellt sich die Situation bei ihrem Beitritt zur Gesellschaft anders dar als bei den Gesellschaftern, die einer dem gesetzlichen Leitbild entsprechenden Personengesellschaft beitreten. Der Gesellschaftsvertrag der Publikumspersonengesellschaft ist typischerweise von den Grün-

---

Ulmer/Schäfer, § 709 Rn. 65 ff.; Staudinger/*Habermeier,* § 709 Rn. 24; Baumbach/Hopt/*Hopt,* § 119 Rn. 8; E/B/J/S/*Goette,* § 119 Rn. 11; Oetker/*Weitemeyer,* § 119 Rn. 16 f.

[21] So z. B. RGZ 162, 370, 373; Palandt/*Sprau,* vor § 709 Rn. 15; Zöllner, S. 190 ff.

[22] *BGH* WM 1983, 750.

[23] Vgl. zur Problematik *K. Schmidt,* GesellR, § 21 II 2 (S. 608 ff.).

[24] So im Falle einer GmbH *BayObLG* BB 1983, 83; vgl. zu der sog. „Lehre von der Richtigkeitsgewähr" *K. Schmidt,* GesellR, § 5 III 4 a (S. 121 f.) m. w. N.

dern vorformuliert und wird von den beitretenden Anlegergesellschaftern lediglich unterzeichnet. Sie haben somit mangels Mitgestaltungsmöglichkeit keinen ihre Interessen wahrenden Einfluss auf den Inhalt des Vertrages. Die sich daraus ergebende Rechtslage ähnelt der bei Allgemeinen Geschäftsbedingungen und Formularverträgen. Das rechtfertigt es, Gesellschaftsverträge von Publikumsgesellschaften einer Inhaltskontrolle zu unterwerfen.[25]

§ 6 GV der Rührig-GbR kann somit auf seine Angemessenheit überprüft werden. Diese Inhaltskontrolle richtet sich infolge der Nichtanwendbarkeit der §§ 305 ff. BGB auf Gesellschaftsverträge (vgl. § 310 Abs. 4 S. 1 BGB) nach dem allgemeinen Maßstab des § 242 BGB.[26]

bb) Maßstab der Inhaltskontrolle

Gemessen an den nach § 242 BGB anzuwendenden Maßstäben von Treu und Glauben ist das Erfordernis einer 2/3-Mehrheit für die Abberufung des Geschäftsführers unwirksam, wenn dadurch ohne sachlichen Grund die Belange des Geschäftsführers verfolgt und die berechtigten Interessen der Anlegergesellschafter unangemessen und unbillig beeinträchtigt werden.

Das Vorliegen eines solchen Treueverstoßes kann sich in Anlehnung an den im Bereich des GmbH-Rechts durch den BGH[27] aufgestellten Grundsatz ergeben, nach dem für die Abberufung des Geschäftsführers bei Vorliegen eines wichtigen Grundes stets die einfache Mehrheit genügen muss, und zwar auch dann, wenn der Gesellschaftsvertrag für diesen Gesellschafterbeschluss eine qualifizierte Mehrheit verlangt.

Eine Übertragung dieses Grundsatzes auf den vorliegenden Fall setzt allerdings voraus, dass sich die Interessenlage der Gesellschafter in der Publikums-GbR mit der Situation der GmbH-Gesellschafter vergleichen lässt. Gegen eine Vergleichbarkeit kann zunächst sprechen, dass bei der Publikums-GbR der abzuberufende Geschäftsführer fast immer zugleich Gesellschafter ist. Deshalb stellt hier die Entziehung der Geschäftsführungs- und Vertretungsbefugnis des Gesellschafters, anders als die Abberufung des Geschäftsführers einer GmbH, eine Vertragsänderung dar.[28] Dies kann es rechtfertigen, bei der Publikums-GbR die für Vertragsänderungen erforderliche Mehrheit auch bei Maßnahmen aus wichtigem Grund zu verlangen.

Das aber kann letztendlich nicht überzeugen: Ein wichtiger Grund zur Abberufung des Geschäftsführers liegt nur vor, wenn der Verbleib des Geschäftsführers in der Gesellschaft hinsichtlich des Gesellschaftsinteresses und der beteiligten Anleger unzumutbar ist. Ist diese materielle Wirksamkeitsvoraussetzung für die Maßnahme gegeben, so muss jedenfalls bei der Publikumspersonengesellschaft, bei der – wie hier – die Anleger keinen Einfluss auf die Auswahl des geschäftsführenden Gesell-

---

[25] BGHZ 64, 238, 241 = *Timm*, ES, Fall Nr. 36; BGHZ 84, 11, 13; 102, 172, 177; Baumbach/Hopt/*Hopt*, Anh § 177a Rn. 68; E/B/J/S/*Henze*, § 177 a Anh. B Rn. 24 ff.; MünchKomm-HGB/*Grunewald*, § 161 Rn. 118 ff.; Oetker/*Oetker*, § 161 Rn. 128 f.; Röhricht/Graf v. Westphalen/*v. Gerkan/Haas*, § 161 Rn. 95 ff.; *Kübler/Assmann*, § 21 III 3 (S. 346). Im Grundsatz zustimmend, hinsichtlich der Reichweite der Inhaltskontrolle aber kritisch *K. Schmidt*, GesellR, § 5 III 4 c (S. 125 f.); vgl. zur Herleitung der Inhaltskontrolle *Kellermann*, FS Stimpel (1985), 295 ff.

[26] Baumbach/Hopt/*Hopt*, Anh. § 177 a Rn. 68.

[27] Vgl. BGHZ 86, 177, 179 = BB 1983, 210; kritisch dazu: Baumbach/Hueck/*Zöllner/Noack*, § 38 Rn. 30.

[28] Vgl. MünchKomm-BGB/*Ulmer/Schäfer*, § 712 Rn. 3, 11.

schafters haben, die Entziehung der Geschäftsführungs- und Vertretungsbefugnis
ebenso wie die Ausschließung mit einfacher Mehrheit möglich sein. Anderenfalls
würde eine Neuordnung der Geschäftsführung unangemessen erschwert und die
Anleger wären gezwungen, das von ihnen eingezahlte Kapital durch eine Person ver-
walten zu lassen, obwohl diese ihr Vertrauen nicht mehr genießt.[29] Andererseits werden die berechtigten Interessen des Geschäftsführers durch die mit einfacher Mehrheit mögliche Abberufungsentscheidung nicht unangemessen beeinträchtigt. Der von
der Abberufung betroffene Gesellschafter hat die Möglichkeit, den mit einfacher
Gesellschaftermehrheit gefassten Abberufungsbeschluss gerichtlich daraufhin überprüfen zu lassen, ob ein wichtiger Grund für seine Abberufung vorgelegen hat.
Somit ergibt die Interessenabwägung, dass die für die Abberufungsmöglichkeit
gesellschaftsvertraglich geforderte qualifizierte Mehrheit eine unangemessene Benachteiligung der übrigen Anleger-Gesellschafter darstellt.[30] § 6 S. 2 GV hält daher einer
Inhaltskontrolle nach § 242 BGB nicht stand.[31]

Die Abberufung des Geschäftsführers R war somit mit einfacher Mehrheit möglich.
Diese einfache Mehrheit wurde aufgrund der Stimmen von B und C erreicht.

III. Wichtiger Grund

Nach § 6 S. 1 GV bedarf die Abberufung des Geschäftsführers ferner eines wichtigen
Grundes in der Person des R.

Als wichtiger Grund für die Abberufung des geschäftsführenden Gesellschafters ist
ein Verhalten anzusehen, das dem Willen der übrigen Gesellschafter deutlich widerspricht und die bestehende Vertrauensgrundlage zerstört oder zumindest erheblich
beeinträchtigt.[32] Dementsprechend ist das einem Gesellschafterbeschluss zuwiderlau-
fende Handeln des Geschäftsführers als wichtiger Grund zur Abberufung des
Geschäftsführers zu werten.[33]

Die Gesellschafter der Rührig-GbR haben in der Gesellschafterversammlung im Februar 2010 an R die „Empfehlung" ausgesprochen, vor einer Verkaufsentscheidung
über das Projekt in Bochum eine Wirtschaftlichkeitsberechnung erstellen zu lassen.
Dessen ungeachtet hat R kurz darauf über den Verkauf verhandelt. Allerdings hat
sich der Wille der Gesellschafter nicht in einem bindenden Beschluss, sondern in
einer Empfehlung niedergeschlagen. Ob auch ohne das Vorliegen einer formal bindenden Entscheidung der Gesellschafter die Voraussetzungen eines wichtigen Abberu-
fungsgrundes vorliegen, kann indes offen bleiben, wenn das weitere Verhalten des R
hinreichend Anlass zur Abberufung gab. Schon die Weigerung von R, als Geschäftsführer eine ordnungsgemäß beantragte Gesellschafterversammlung einzuberufen,
stellt eine grobe Verletzung seiner Pflicht aus § 4 Abs. 2 GV dar und ist ein wichtiger
Grund für seine Abberufung. Hinzu kommt der treuwidrige Versuch, die Gesellschafterversammlung durch absichtliches Fernbleiben zu boykottieren und dadurch
einen Abberufungsbeschluss zu verhindern.[34] Ein wichtiger Grund zur Abberufung
von R liegt bei einer Gesamtabwägung aller Umstände daher vor.

---

[29] BGHZ 102, 172, 178; E/B/J/S/*Henze*, § 177 a Anh. B Rn. 75.

[30] Vgl. BGHZ 102, 172, 178 f.

[31] Vgl. im Ergebnis ebenso E/B/J/S/*Henze*, § 177 a Anh. B Rn. 28; Röhricht/Graf v. West-
phalen/*v. Gerkan/Haas*, § 161 Rn. 99; MünchKomm-HGB/*Grunewald*, § 161 Rn. 120.

[32] Vgl. Bamberger/Roth/*Timm/Schöne*, § 712 Rn. 11; MünchKomm-BGB/*Ulmer/Schäfer*,
§ 712 Rn. 9; E/B/J/S/*Mayen*, § 117 Rn. 7; Röhricht/Graf v. Westphalen/*v. Gerkan/Haas*, § 117
Rn. 2; *Reichert/Winter*, BB 1988, 981, 988.

[33] *Reichert/Winter*, BB 1988, 981, 988.

[34] *Reichert/Winter*, BB 1988, 981, 988.

IV. Ergebnis zu Frage 1

R ist als Geschäftsführer der Rührig-GbR auf der Gesellschafterversammlung vom 11. Juni. 2010 wirksam abberufen worden.

Frage 2: Bedenken gegen die Wirksamkeit von § 9 GV

Nach § 9 GV reicht zur Änderung des Gesellschaftsvertrages eine 3/4-Mehrheit aus. Auch § 9 GV unterliegt – ungeachtet der Regelung in § 310 Abs. 4 BGB – der Inhaltskontrolle nach § 242 BGB und muss an den Grundsätzen von Treu und Glauben gemessen werden.

I. Mangelnde Bestimmtheit

Bedenken gegen die Wirksamkeit von § 9 GV bestehen zunächst aufgrund seiner unklaren Formulierung.

1. Bestimmtheitsgrundsatz im Personengesellschaftsrecht

§ 9 GV führt für alle Änderungen des Gesellschaftsvertrages in Abkehr vom sonst im Personengesellschaftsrecht für Gesellschafterbeschlüsse gem. § 709 Abs. 1 BGB, § 119 Abs. 1 HGB grundsätzlich geltenden Einstimmigkeitsprinzip[35] die Möglichkeit von (qualifizierten) Mehrheitsentscheidungen ein, ohne näher anzugeben, welche Beschlussgegenstände hierunter fallen. Zwar ist es grundsätzlich möglich, auch Änderungen des Gesellschaftsvertrages von einer Mehrheitsentscheidung abhängig zu machen.[36] Denkbar ist aber ein Verstoß der Regelung in § 9 GV gegen den im Personengesellschaftsrecht zum Zwecke des Minderheitenschutzes geltenden sog. Bestimmtheitsgrundsatz.[37] Hiernach müssen Gesellschaftsverträge so bestimmt gefasst sein, dass die Gesellschafter im Voraus wissen, inwieweit sie bei wichtigen Beschlüssen überstimmt werden können.[38] Es muss sich aus dem Gesellschaftsvertrag zumindest im Wege der Auslegung unmissverständlich ergeben, welche Änderungen lediglich einer Mehrheit bedürfen.[39] Auch nach der Auslegung des § 9 GV bleibt jedoch unklar, ob selbst der Gesellschaftszweck und damit die Grundlage der Gesellschaft mit einer 3/4-Mehrheit geändert werden kann oder ob es insoweit weiterhin der Zustimmung aller Gesellschafter bedarf.[40] Der Bestimmtheitsgrundsatz ist deshalb grundsätzlich nicht gewahrt.

2. Keine Geltung des Bestimmtheitsgrundsatzes bei Publikumsgesellschaften

Der Bestimmtheitsgrundsatz ist aber möglicherweise auf Publikumspersonengesellschaften wie die Rührig-GbR nicht übertragbar. Publikumspersonengesellschaften weisen eine strukturelle Verwandtschaft mit der Aktiengesellschaft auf,[41] was beide

---

[35] Vgl. hierzu Bamberger/Roth/*Timm/Schöne*, § 709 Rn. 20; *K. Schmidt*, GesellR, § 16 II 2 a (S. 453 f.).

[36] Vgl. BGHZ 8, 35 = NJW 1953, 102; *BGH* NJW 1988, 411, 412.

[37] Vgl. hierzu zusammenfassend Bamberger/Roth/*Timm/Schöne*, § 709 Rn. 32 f.; Baumbach/Hopt/*Hopt*, § 119 Rn. 37 ff.; E/B/J/S/*Goette*, § 119 Rn. 48 ff.; *Koller/Roth/Morck*, § 119 Rn. 9; Oetker/*Weitemeyer*, § 119 Rn. 31 ff.; Röhricht/Graf v. Westphalen/v. *Gerkan/Haas*, § 119 Rn. 17 ff.; *Grunewald*, GesellR, 1 A Rn. 83; *K. Schmidt*, GesellR, § 16 II 2 a (S. 453 ff.); *Michalski*, WiB 1997, 1 ff.

[38] Vgl. *BGH* BB 1976, 948; siehe auch zur Kritik *BGH* NJW 1995, 194 und *Marburger*, NJW 1984, 2252 ff.

[39] BGHZ 8, 35, 42; *K. Schmidt*, GesellR, § 16 II 2 b (S. 454 f.) m. w. N.

[40] A. A. *Grunewald*, GesellR, 1 A Rn. 83.

[41] Zwar wurde unter Frage 1, I. 1. die analoge Anwendung des § 122 AktG abgelehnt. Entscheidend hierfür war aber nicht der Strukturvergleich zwischen der Publikums-GbR und der

Gesellschaftsformen konzeptionell vergleichbar macht. Hier wie dort bedarf es eines Verfahrens, das ein schnelles Handeln in Krisenzeiten ermöglicht. Damit verträgt es sich angesichts der großen Zahl von Gesellschaftern nicht, wenn wichtige Entscheidungen dem schwerfälligen und zeitraubenden Einstimmigkeitsprinzip unterliegen. Dieser Stimmmodus eignet sich für die auf wenige Mitglieder angelegte typische Personengesellschaft. Hingegen wird im Bereich der Publikumspersonengesellschaft – ebenso wie bei den Kapitalgesellschaften – allein das Mehrheitsprinzip dem Bedürfnis nach einer effektiven und beweglichen Geschäftsführung gerecht.

Demnach findet der Bestimmtheitsgrundsatz auf die Publikumsgesellschaft keine Anwendung,[42] so dass deren Mitglieder jede Änderung des Gesellschaftsvertrages im Grundsatz mit Mehrheit beschließen können.

3. Ergebnis zu I.

Die Unbestimmtheit des § 9 GV steht der Wirksamkeit dieser Klausel somit nicht entgegen.

II. Erfordernis der ³/₄-Mehrheit

§ 9 GV kann wegen der geforderten 3/4-Mehrheit die Interessen der Anlegergesellschafter unangemessen beeinträchtigen. Angesichts der strukturellen Annäherung der Rührig-GbR an eine AG bestehen aber keine Bedenken, das in § 179 Abs. 2 S. 1 AktG normierte qualifizierte Mehrheitserfordernis für satzungsändernde Hauptversammlungsbeschlüsse auf gesellschaftsvertragsändernde Gesellschafterbeschlüsse in einer Publikums-GbR zu übertragen.

III. Ergebnis zu Frage 2

§ 9 GV ist demnach wirksam.

AG. Die dort getroffene Entscheidung steht somit der Annahme einer vergleichbaren Struktur der Publikums-GbR mit der AG nicht entgegen.

[42] St. Rspr. des *BGH*, vgl. BGHZ 69, 160, 166 = NJW 1977, 2160; BGHZ 71, 53, 58 = NJW 1978, 1382; BGHZ 85, 350, 357 f.; *BGH* BB 1985, 423, 424; vgl. auch Bamberger/Roth/*Timm/ Schöne*, § 709 Rn. 39; Baumbach/Hopt/*Hopt*, § 119 Rn. 40 und Anh. § 177 a Rn. 69 a; E/B/J/S/ *Henze*, § 177 a Anh. B Rn. 34; MünchKomm-HGB/*Grunewald*, § 161 Rn. 12; Oetker/*Oetker*, § 161 Rn. 143; Röhricht/Graf v. Westphalen/v. Gerkan/*Haas*, § 161 Rn. 116; *K. Schmidt*, GesellR, § 16 II 2 d bb (S. 457 f.); *Kübler/Assmann*, § 21 III 4 (S. 347); *Kellermann*, FS Stimpel (1985), 295, 301.

Fall 23. GmbH-Gründung mit Tücken – I

Schwerpunkt im Kapitalgesellschaftsrecht:
Prüfung der Wirksamkeit gesellschaftsvertraglicher Regelungen (insb. der Firma, des Stammkapitals und der Geschäftsanteile, Geschäftsführung und Vertretung, Gesellschafterbeschlüsse, Veräußerung und Belastung von Gesellschaftsanteilen, Einziehung von Geschäftsanteilen, Vererblichkeit der Gesellschafterstellung) – Entwurf einer Kündigungsklausel

Sachverhalt

Die im Handelsregister eingetragene „Marks & Doller International Car Import OHG", deren alleinige Gesellschafter Michael Marks *(M)* und Detlef Doller *(D)* zu gleichen Teilen sind, betreibt seit einigen Jahren Handel mit aus den USA importierten Sportwagen. Die letzte Jahresbilanz zum 31. 12. 2009 weist ein Gesellschaftsvermögen i. H. v. 80.000 € aus. Durch geschäftliche Verluste Anfang Januar 2010 hat sich das Gesellschaftsvermögen aber auf 60.000 € verringert. Die beiden Gesellschafter beschließen nunmehr, den Autohandel durch Umwandlung oder im Wege der Einbringung des Unternehmens in Form einer GmbH fortzuführen. Neben ihnen soll auch Johannes Jung *(J)*, welcher in der Vergangenheit sämtliche anfallenden Büroarbeiten zuverlässig erledigt hat, Gesellschafter der GmbH werden. Da *J* noch unentschlossen ist, ob er sich gänzlich dem Autohandel widmen will, soll ihm, ebenso wie den anderen Gesellschaftern, die Möglichkeit eingeräumt werden, unter Einhaltung einer bestimmten Frist aus der Gesellschaft auszuscheiden. In diesem Fall sollen die übrigen Gesellschafter die Möglichkeit haben zu bestimmen, was mit dem Gesellschaftsanteil des ausscheidenden Gesellschafters geschieht.

Der von den Beteiligten hiermit beauftragte Steuerberater, der auch ein zweisemestriges Jurastudium vorweisen kann, legt am 9. 2. 2010 den folgenden Entwurf vor, den er weitgehend aus einem „Formularbuch" abgeschrieben und lediglich noch vervollständigt hat:

Gesellschaftsvertrag

§ 1 Firma, Sitz

(1) Michael Marks, Detlef Doller und Johannes Jung errichten eine Gesellschaft mit beschränkter Haftung. Die Firma der Gesellschaft lautet „Marks & Doller International Car Import GmbH".

(2) Sitz der Gesellschaft ist Münster.

§ 2 Gegenstand

Gegenstand des Unternehmens sind der Import von PKW aus den USA und deren Verkauf in Deutschland sowie sämtliche damit zusammenhängende und den Gesellschaftszweck fördernde Geschäfte.

§ 3 Stammkapital, Geschäftsanteile, Geschäftsanteile

(1) Das Stammkapital der Gesellschaft beträgt 150.000 € (i. W. Euro Einhundertfünfzigtausend).

(2) Auf das Stammkapital übernimmt

a) Michael Marks einen Geschäftsanteil zu einem Nennbetrag von 100.000 €.
b) Detlef Doller einen Geschäftsanteil zu einem Nennbetrag von 40.000 €.
c) Johannes Jung einen Geschäftsanteil zu einem Nennbetrag von 10.000 €.

(3) Detlef Doller und Michael Marks leisten ihre Einlage, indem sie das unter der Firma „Marks & Doller International Car Import" betriebene Handelsgeschäft, eingetragen im Handelsregister des Amtsgerichts Münster (HRA Nr. 42), mit allen Aktiven und Passiven einbringen. Hierfür wird jedem der Gesellschafter ein Betrag von 40.000 € auf seine Einlageverpflichtung angerechnet. Den darüber hinausgehenden Betrag seiner Einlageverpflichtung hat der Gesellschafter Michael Marks vor Eintragung der Gesellschaft in bar zu erbringen.

(4) a) Die Einbringung erfolgt aufgrund der diesem Vertrag als Anlage beigefügten Bilanz der Marks & Doller International Car Import OHG zum 31. 12. 2009 als Einbringungsbilanz mit der Maßgabe, dass die OHG von diesem Tag an als für Rechnung der Gesellschaft geführt gilt.

b) Der Vollzug der Einbringung erfolgt aufgrund des zwischen der Marks & Doller International Car Import OHG und der Gesellschaft am Gründungstag abzuschließenden Einbringungsvertrages, der dem Gesellschaftsvertrag als Anlage beigefügt ist.

(5) Johannes Jung hat 25 % seiner Einlage vor Anmeldung der Gesellschaft zum Handelsregister zu leisten. Der Rest wird aufgrund eines entsprechenden Gesellschafterbeschlusses fällig.

§ 4 Geschäftsführung, Vertretung

(1) Die Gesellschaft hat einen oder mehrere Geschäftsführer. Sind mehrere Geschäftsführer bestellt, wird die Gesellschaft durch jeweils zwei von ihnen vertreten.

(2) Durch Gesellschafterbeschluss kann allen oder einzelnen Geschäftsführern Alleinvertretungsbefugnis und Befreiung von den Beschränkungen des § 181 BGB erteilt werden.

(3) Die Vertretungsbefugnis der Geschäftsführer ist unbeschränkt. Die Aufnahme von Krediten und die Belastung oder der Verkauf von Grundstücken bedürfen grundsätzlich der vorherigen Zustimmung aller Gesellschafter. Weiterhin erforderlich ist deren vorherige Zustimmung bei An- oder Verkauf einzelner PKW zu einem höheren Preis als 20.000 €.

§ 5 Geschäftsführer

Der Gesellschafter Michael Marks wird zum Geschäftsführer bestellt. Er ist allein zur Vertretung der Gesellschaft berechtigt. Sollten andere Geschäftsführer bestellt werden, ändert dies nichts an der Alleinvertretungsberechtigung von Michael Marks. Der Geschäftsführer Michael Marks ist von der Beschränkung des § 181 BGB befreit.

§ 6 Ergebnisverwendung

(1) Die Gesellschafterversammlung beschließt über die Verwendung des Jahresergebnisses.

(2) Der ausgeschüttete Gewinn steht den Gesellschaftern entsprechend ihren Geschäftsanteilen zu.

§ 7 Gesellschafterbeschlüsse

(1) Gesellschafterbeschlüsse werden mit einfacher Mehrheit der abgegebenen Stimmen gefasst, soweit nicht das Gesetz oder dieser Vertrag zwingend eine andere Mehrheit vorsehen.

(2) Abgestimmt wird nach Geschäftsanteilen. Je 1.000 € des Geschäftsanteils gewähren eine Stimme.

§ 8 Veräußerung und Belastung von Gesellschaftsanteilen

(1) Zur Veräußerung oder Belastung von Geschäftsanteilen ist die schriftliche Zustimmung aller Gesellschafter erforderlich.

(2) Die Zustimmung ist nicht erforderlich, wenn an andere Gesellschafter abgetreten wird.

(3) Im Falle der Veräußerung eines Geschäftsanteils steht den übrigen Gesellschaftern ein Vorkaufsrecht im Verhältnis ihrer Beteiligung zu. Wird dieses Recht nicht ausgeübt, geht es anteilig auf die übrigen Gesellschafter über.

§ 9 Einziehung von Geschäftsanteilen

(1) Die Einziehung von Geschäftsanteilen ist mit Zustimmung des betroffenen Gesellschafters zulässig.

(2) Die Einziehung findet ohne die Zustimmung des betroffenen Gesellschafters nur statt, wenn ein wichtiger Grund in der Person des Gesellschafters eintritt, z. B. sein Geschäftsanteil gepfändet bzw. das Insolvenzverfahren über sein Vermögen eröffnet wird.

(3) Die Einziehung erfolgt grundsätzlich gegen Entgelt, das dem tatsäch-lichen Wert des Geschäftsanteils entspricht. Bei einer Einziehung wegen Anteilspfändung oder Insolvenzeröffnung über das Privatvermögen eines Gesellschafters steht dem betroffenen Gesellschafter dagegen kein Anspruch auf Entgelt zu.

§ 10 Übergang im Todesfall

(1) Im Falle des Todes eines Gesellschafters geht der Geschäftsanteil des Verstorbenen anteilig auf die übrigen Gesellschafter über.

(2) Die verbleibenden Gesellschafter sind verpflichtet, den Erben des Verstorbenen eine dem tatsächlichen Anteil entsprechende Abfindung zu zahlen.

§ 11 Salvatorische Klausel

Sollte eine Bestimmung dieses Vertrages sich teilweise oder vollständig als unwirksam erweisen, so bleibt die Wirksamkeit des gesamten Vertrages hiervon unberührt. Die Gesellschafter sind verpflichtet, die unwirksame Bestimmung durch eine solche zu ersetzen, die den wirtschaftlichen und rechtlichen Zweck der unwirksamen Bestimmung soweit wie möglich erreicht.

1. Die Beteiligten sind sich nicht sicher, ob bei allen Vertragsbestimmungen die gesetzlichen Vorschriften hinreichend beachtet wurden. Sie bitten daher um eine erläuternde Kommentierung des Vertrages, wobei der Vertragsentwurf ggf. so zu verändern oder zu ergänzen ist, dass keine rechtlichen Bedenken mehr zu erheben sind. Außerdem bitten sie ggf. um Hinweise, ob einzelne Klauseln aus wirtschaftlicher oder praktischer Hinsicht Bedenken ausgesetzt sind.

2. Schließlich mussten die Gesellschaftsgründer feststellen, dass der Vertragsentwurf keine Bestimmungen über eine Kündigungsmöglichkeit enthält. Sie wünschen daher einen begründeten Formulierungsvorschlag für eine zweckmäßige Kündigungsklausel.

Lösung

A. Zu Aufgabe 1 – Rechtliche Würdigung des Vertragsentwurfs
I. Zulässigkeit der Firma

Bei der in § 1 Abs. 1 GV festgelegten Firma „Marks & Doller International Car Import GmbH" handelt es sich um eine sog. gemischte Firma. Sie enthält sowohl den Namen zweier Gesellschafter als auch den Gegenstand des Unternehmens. Die Firma ist gem. § 3 Abs. 1 Nr. 1 GmbHG notwendiger Bestandteil des Gesellschaftsvertrages. Wie die Firma zu bilden ist, d. h. welche Möglichkeiten der Firmenbildung offen stehen, richtet sich nach § 4 GmbHG sowie nach den §§ 17 bis 37 HGB,[1] soweit sich nicht aus dem Gesetz etwas anderes ergibt.[2] § 4 GmbHG schreibt für die Firmenbildung einer GmbH nur vor, dass die Firma die Bezeichnung Gesellschaft mit beschränkter Haftung oder eine allgemein verständliche Abkürzung dieser Bezeichnung enthalten muss. Die neu gebildete Firma einer GmbH kann daher entweder als Sachfirma, als Personenfirma, als gemischte Firma oder als Phantasiefirma ausgestaltet werden.[3] Bei der Sachfirma geht aus der Firma der Gegenstand des Unternehmens hervor, während bei der Personenfirma der Name mindestens eines Gesellschafters in die Firma aufzunehmen ist. Da das GmbHG keine anders lautende Aussage enthält, folgt die Zulässigkeit der Bildung einer gemischten Firma schon aus § 18 Abs. 1 HGB.

Die Verwendung des Zusatzes „International" kann jedoch eine gem. § 18 Abs. 2 HGB unzulässige Täuschung über die Art oder den Umfang des Geschäfts darstellen.[4] Die GmbH soll zwar die Geschäftstätigkeit des eingebrachten Unternehmens fortführen und einen Handel mit aus den USA importierten Sportwagen betreiben. Die Importtätigkeit allein rechtfertigt indessen nicht die Verwendung des Firmenzusatzes „International". Der Firmenzusatz „International" deutet auf ausgedehnte Auslandstätigkeit sowie eine entsprechende Größe und internationale Bedeutung hin.[5] Ein solcher Geschäftsumfang ist von *D* und *M* weder geplant noch mit dem zur Verfügung stehenden Stammkapital zunächst zu erreichen. Da somit der durch den Zusatz „International" erzeugte Anschein einer entsprechenden Größe und die tatsächliche wirtschaftliche Bedeutung der Gesellschaft auseinander fallen, ist der Zusatz „International" mit den Grundsätzen der Firmenwahrheit gem. § 18 Abs. 2 HGB nicht vereinbar.[6]

Gleichwohl kann erwogen werden, die GmbH mit der beabsichtigten Firma „Marks & Doller International Car Import GmbH" zum Handelsregister anzumelden, denn gem. § 18 Abs. 2 S. 2 HGB wird die Eintragung der angemeldeten Firma vom Regis-

---

[1] Zur Liberalisierung des Firmenrechts durch das HRefG vgl. ausführlich *Bokelmann,* GmbHR 1998, 57 ff.; *Jung,* ZIP 1998, 677 ff.; *Kögel,* BB 1998, 1645 ff.; vgl. auch die Darstellungen zum neuen Firmenrecht bei Lutter/Hommelhoff/*Bayer,* § 4 Rn. 1 ff.; Scholz/*Emmerich,* § 4 Rn. 7 ff.; *Roth/Altmeppen,* § 4 Rn. 6 ff.
[2] Scholz/*Emmerich,* § 4 Rn. 2.
[3] Vgl. Gesetzesmaterialien zum HRefG, BT-Drs. 13/8444, S. 36 f. und 52.
[4] Zur Bedeutung des Irreführungsverbots bei der Firmenbildung vgl. *K. Schmidt,* HandelsR, § 12 III 1 b bb (S. 363 f.); *Oetker,* § 4 Rn. 44 ff.; *Lettl,* § 4 Rn. 35 ff.; *Jung,* ZIP 1998, 677, 678 f.; *Kögel,* BB 1998, 1645, 1647 f.; vgl. auch Lutter/Hommelhoff/*Bayer,* § 4 Rn. 28 ff.; *Roth/Altmeppen,* § 4 Rn. 10 ff.; MünchHdb.GesR III/*Heinrich/Heidinger,* § 19 Rn. 28 ff.
[5] BayObLG BB 1966, 1246; 1973, 305.
[6] *Bokelmann* (GmbHR 1998, 57, 63) und *Müther* (GmbHR 1998, 1058, 1060) wollen hingegen bei Größentäuschungen großzügig sein und sie nur ausnahmsweise als Verstoß gegen das Irreführungsverbot gem. § 18 Abs. 2 HGB einstufen.

tergericht wegen Verstoßes gegen das Irreführungsverbot nur abgewiesen, wenn die Irreführung ersichtlich ist. Ersichtlich ist die Irreführung, wenn das Registergericht die Täuschung aus den Anmeldeakten und den üblichen Informationsquellen ohne weiteres erkennen kann.[7] Möglicherweise kann das Registergericht die Irreführungs-gefahr bereits deshalb ablehnen, weil das eingebrachte Unternehmen seine Geschäfts-tätigkeit bereits unter der Firma „Marks & Doller International Car Import OHG" betrieben hat. Trotz der bisherigen Eintragung der OHG im Handelsregister lassen sich aber verlässliche Aussagen über das Ergebnis der registerrechtlichen Prüfung der Zulässigkeit des Firmenzusatzes nicht treffen. In Anbetracht des geringen Gesell-schaftsvermögens i. H. v. 60.000 € steht zu erwarten, dass das Registergericht Amts-ermittlungen über die Zulässigkeit des Firmenzusatzes „International" aufnimmt. Hierdurch kann sich die Eintragung der GmbH erheblich verzögern. Mit Rücksicht auf die Verlustdeckungs- und Vorbelastungshaftung der Gesellschafter der Vor-GmbH[8] sollten bei der Anmeldung aber keine Angaben gemacht werden, die einer zügigen Eintragung der GmbH entgegenstehen.

Es empfiehlt sich deshalb, den Firmenzusatz „International" zu streichen. Zu einem späteren Zeitpunkt kann erwogen werden, diesen Zusatz (wieder) in die Firma auf-zunehmen.

II. Sitz der Gesellschaft

Den Gesellschaftern steht grundsätzlich die Wahl des Sitzes der Gesellschaft frei. § 4 a GmbHG setzt lediglich einen Sitz im Inland voraus. Es bestehen daher keine Bedenken gegen die in § 1 Abs. 2 GV erfolgte Festsetzung von Münster als Gesell-schaftssitz.

III. Unternehmensgegenstand

Gegenstand des Unternehmens ist gem. § 2 GV der Handel mit importierten PKW. Der Unternehmensgegenstand gehört nach § 3 Abs. 1 Nr. 2 GmbHG zu den notwen-digen Gesellschaftsvertragsbestandteilen. Gem. § 1 GmbHG kann die GmbH zu jedem gesetzlich zulässigen Zweck errichtet werden. Bei dem Verkauf von PKW handelt es sich um eine wirtschaftlich erlaubte Tätigkeit. Gegen die Zulässigkeit des Autohandels als Unternehmensgegenstand bestehen somit keine Bedenken.

Der Zusatz zur Gegenstandsbestimmung, wonach die Gesellschaft auch „sämtliche damit zusammenhängende und den Gesellschaftszweck fördernde Geschäfte" betrei-ben kann, ist ebenfalls zulässig. Zwar darf eine inhaltsleere, nicht individualisierte und individualisierbare Floskel in das Handelsregister nicht eingetragen werden.[9] Durch die Verbindung weiterer „den Gesellschaftszweck fördernder Geschäfte" mit dem Wort „zusammenhängender" zum Gegenstand „Import und Verkauf von PKW" ist jedoch sichergestellt, dass die gewählte Bezeichnung nicht so abstrakt, von konkreten Beziehungen losgelöst und sachlich unbestimmt ist, dass ein Dritter sich kein Bild davon machen kann, welche Arten von Geschäften die Gesellschaft eigentlich betreiben soll. Dem Gebot der Individualisierung des Unternehmensgegen-standes ist mithin hinreichend Rechnung getragen worden.

IV. Stammkapital, Geschäftsanteile

Gem. § 3 Abs. 1 Nr. 3 GmbHG ist die Festsetzung des Stammkapitals notwendiger Bestandteil des GV. Das Stammkapital ist der gesellschaftsvertraglich bestimmte

---

[7] Vgl. *Kögel*, BB 1998, 1645, 1649; *Jung*, ZIP 1998, 677, 678.
[8] Vgl. die Nachweise in Fall 24 Fn. 5 und 7.
[9] Vgl. *OLG Köln* WM 1981, 805; Michalski/*Michalski*, GmbHG, § 2 Rn. 8 und 13.

Betrag über die Gesamthöhe der mindestens aufzubringenden Gesellschaftereinlagen.[10] In § 3 Abs. 1 GV ist die Festsetzung des Stammkapitals als zwingender Bestandteil des GV geregelt.

1. Höhe des Stammkapitals und der Geschäftsanteile

Gem. § 5 Abs. 1 GmbHG muss das Stammkapital mindestens 25.000 € betragen.[11] Das im Gesellschaftsvertrag festgesetzte Stammkapital überschreitet den in § 5 Abs. 1 GmbHG geforderten Mindestbetrag deutlich.

Die Geschäftsanteile, also die Zahl und die Nennbeträge der Geschäftsanteile, mit denen sich die einzelnen Gesellschafter an der Aufbringung des Stammkapitals beteiligen,[12] werden in § 3 Abs. 2 GV bestimmt. Diese Regelung ist gem. § 3 Abs. 1 Nr. 4 GmbHG ebenfalls notwendiger Inhalt des Gesellschaftsvertrages. Die in § 3 Abs. 2 GV vorgenommene Festsetzung der Geschäftsanteile erfüllt die gesetzlichen Anforderungen gem. § 5 Abs. 2 und Abs. 3 GmbHG.

Allerdings orientiert sich der Wortlaut von § 5 Abs. 2 GV noch an der alten Fassung des GmbHG, wonach jeder Gesellschafter nur einen Geschäftsanteil übernehmen konnte. Nach § 5 Abs. 2 S. 2 GmbHG kann jeder Gesellschafter nunmehr mehrere Geschäftsanteile übernehmen, die gem. § 40 Abs. 1 S. 1 GmbHG mit einer fortlaufenden Nummer in der Gesellschafterliste zu versehen sind. Gleichwohl ist den Gesellschaftern anzuraten, es bei den vorgeschlagenen Nennbeträgen für die Geschäftsanteile der einzelnen Gesellschafter zu belassen. Dadurch bleibt insbesondere die vom Geschäftsführer zu erstellende und grds. von ihm[13] stets auf dem aktuellen Stand zu haltende Gesellschafterliste gem. § 40 Abs. 1 GmbHG übersichtlich. Sollte ein Gesellschafter zu einem späteren Zeitpunkt seinen Geschäftsanteil teilweise an einen Dritten veräußern wollen, kann der Geschäftsanteil durch Beschluss der Gesellschafterversammlung – bei dem der betreffende Gesellschafter stimmberechtigt ist[14] – mit einfacher Mehrheit geteilt werden (§ 46 Nr. 4 GmbHG).

2. Leistung der Einlagen

a) Durch Einbringung der OHG

§ 3 Abs. 3 S. 1 GV eröffnet den Gesellschaftern *M* und *D* die Möglichkeit, ihre Einlagen durch Übertragung der Vermögenswerte der bisher von ihnen betriebenen OHG auf die GmbH zu erbringen. Dagegen ist nichts einzuwenden. Das Gesetz sieht zwar grundsätzlich die Leistung in Geld vor. Unter den Voraussetzungen des § 5 Abs. 4 GmbHG ist jedoch auch die Erfüllung der Einlageverpflichtung durch Übertragung von Sachen oder sonstigen Vermögensgegenständen auf die Gesellschaft möglich.[15]

---

[10] Scholz/*H. Winter/H. P. Westermann*, § 5 Rn. 9; Michalski/*Zeidler*, GmbHG, § 5 Rn. 19; *Roth/Altmeppen*, § 5 Rn. 6.

[11] Zu den Auswirkungen der Einführung des Euro für die GmbH vgl. *Seibert*, ZIP 1997, 1259 ff.; *Schick/Trapp*, GmbHR 1998, 209 ff.; *Kallmeyer*, GmbHR 1998, 963 ff.; *Geyrhalter*, BB 1998, 905 ff.; *Schürmann*, DB 1997, 1381, 1386 f.; *Steffan/Schmidt*, DB 1998, 709 ff.

[12] *Roth/Altmeppen*, § 5 Rn. 19; MünchHdb.GesR III/*Heinrich/Heidinger*, § 19 Rn. 94; vgl. zur Abgrenzung der Begriffe Stammkapital, Geschäftsanteil und Stammeinlage Lutter/Hommelhoff/*Bayer*, § 5 Rn. 2 ff.

[13] Zu den Fällen, in denen ein Notar anstelle des Geschäftsführers zur Führung der Gesellschafterliste verpflichtet ist, vgl. § 40 Abs. 2 GmbHG und die entsprechende Kommentierung zu dieser Vorschrift bei Lutter/Hommelhoff/*Bayer*, § 40 Rn. 23 ff.

[14] Lutter/Hommelhoff/*Bayer*, § 46 Rn. 18.

[15] Vgl. hierzu Lutter/Hommelhoff/*Bayer*, § 5 Rn. 12 ff.; Baumbach/Hueck/*Hueck/Fastrich*, § 5 Rn. 14 ff.; Scholz/*H. Winter/H. P. Westermann*, § 5 Rn. 39 ff.

Zwar regelt das Gesetz nicht umfassend, welche Vermögensgegenstände zur Sacheinlagenerbringung geeignet und zulässig sind.[16] Die Einlagefähigkeit des von einer OHG betriebenen Handelsgeschäfts ergibt sich aber aus § 5 Abs. 4 S. 2 GmbHG. Dort ist das Unternehmen als Sacheinlage ausdrücklich erwähnt. Grundsätzlich ist es *M* und *D* somit möglich, ihre Einlage durch Übertragung des Gesellschaftsvermögens der OHG zu erbringen.

Das von *M* und *D* einzubringende Unternehmen ist auch hinreichend genau bestimmt.[17] Hierzu genügt die Angabe der Firma und der Handelsregisternummer des einzubringenden Unternehmens.[18] Diese Angaben sind in § 3 Abs. 3 S. 1 GV enthalten. Soweit darüber hinaus auch die Formulierung „alle Aktiva und Passiva" und die Beifügung der letzten Bilanz gefordert wird,[19] wird der Gesellschaftsvertrag auch diesen Anforderungen gerecht: Die genannte Formulierung findet sich ebenfalls in § 3 Abs. 3 S. 1 GV, und gem. § 3 Abs. 4 Buchst. a) GV soll dem Gesellschaftsvertrag eine auf den 31. 12. 2009 datierte Einbringungsbilanz beigefügt werden. Damit ist der Gegenstand der Sachgründung zweifelsfrei hinreichend konkretisiert.

b) Verbot der Unterpari-Emission

Bei der GmbH-Gründung unter Einbringung des von der OHG betriebenen Unternehmens müssen die in § 3 Abs. 2 und Abs. 3 GV enthaltenen Bestimmungen über die Geschäftsanteile aber abgeändert werden. Die in § 3 Abs. 3 S. 2 GV vorgesehene Anrechnung von 40.000 € je Gesellschafter für die Übertragung der Vermögenswerte der OHG kann einen Verstoß gegen das Verbot der Unterpari-Emission darstellen und die in § 9 Abs. 1 GmbHG festgelegte Differenzhaftung[20] auslösen; außerdem kann der Registerrichter[21] die Eintragung der Gesellschaft gem. § 9c Abs. 1 S. 2 GmbHG wegen nicht unwesentlicher Überbewertung der Sacheinlage ablehnen.

Das Vermögen der OHG war zum Zeitpunkt des Vertragsentwurfs bereits auf 60.000 € herabgesunken und erreichte damit nicht die Höhe der gesellschaftsvertraglich festgelegten Bewertung des OHG-Gesellschaftsvermögens i. H. v. 80.000 €. Eine solche Überbewertung verstößt gegen die GmbH-rechtlichen Bewertungsgrundsätze für Sacheinlagen. Die Bewertung der Sacheinlagen im Gesellschaftsvertrag unterliegt einer Höchstwertbegrenzung. Der zu erbringenden Einlage darf danach höchstens der Wert zugemessen werden, der ihr zum Zeitpunkt der Einbringung zukommt. Der in § 3 Abs. 3 S. 2 GV festgesetzte Betrag i. H. v. 40.000 € je Gesellschafter führt demnach zu einer unzulässigen Überbewertung der Sacheinlage und kann in dieser Form nicht bestehen bleiben. Vielmehr ist der derzeitige Vermögenswert der Gesellschaft i. H. v. 60.000 € in Ansatz zu bringen. Jedem Gesellschafter können daher lediglich 30.000 € auf die Einlageverpflichtung angerechnet werden. Da *D* danach seine Einlageverpflichtung nicht allein durch die Einbringung seines OHG-Anteils

---

[16] Vgl. hierzu ausführlich Lutter/Hommelhoff/*Bayer*, § 5 Rn. 14 ff.; Scholz/*H. Winter/H. P. Westermann*, § 5 Rn. 42 ff.; Michalski/*Zeidler*, GmbHG, § 5 Rn. 88 ff.; MünchHdb.GesR III/*Freitag/Riemenschneider*, § 9 Rn. 13 ff.

[17] Zu diesem Erfordernis vgl. ausführlich Scholz/*H. Winter/H. P. Westermann*, § 5 Rn. 88; MünchHdb.GesR III/*Freitag/Riemenschneider*, § 9 Rn. 20 ff.; jeweils mit zahlreichen weiteren Nachweisen.

[18] H. A., vgl. nur Baumbach/Hueck/*Hueck/Fastrich*, § 5 Rn. 45; GroßKomm-GmbHG/*Ulmer*, § 5 Rn. 140; MünchHdb.GesR III/*Freitag/Riemenschneider*, § 9 Rn. 24.

[19] Lutter/Hommelhoff/*Bayer*, § 5 Rn. 31.

[20] Vgl. ausführlich GroßKomm-GmbHG/*Ulmer*, § 5 Rn. 80; Lutter/Hommelhoff/*Bayer*, § 9 Rn. 1 ff.; Scholz/*H. Winter/Veil*, § 9 Rn. 3 ff.; *Roth/Altmeppen*, § 9 Rn. 2 ff.

[21] Nach § 17 Nr. 1 RPflG ist dies nicht der Rechtspfleger, sondern der Richter.

erbringen kann, muss er – sofern die Höhe seiner Einlageverpflichtung in § 3 Abs. 2 Buchst. c) GV unverändert bleiben soll – den restlichen Betrag in bar leisten. Für diesen Fall sollte § 3 Abs. 3 S. 3 GV aus Gründen der Gleichbehandlung der Gesellschafter dahingehend geändert werden, dass beide Gesellschafter ihre Bareinlage vor Eintragung der Gesellschaft zu erbringen haben. Will *D* seine Beitragsleistung aber nur in der Form der Sacheinlage erfüllen, muss die Höhe seines Geschäftsanteils in § 3 Abs. 2 Buchst. c) GV auf 30.000 € und das Stammkapital in § 3 Abs. 1 GV auf 140.000 € reduziert werden; § 3 Abs. 3 S. 3 GV kann dann unverändert bleiben. Die Vorschrift beschränkt sich im Übrigen darauf, die vollständige Erbringung der Bareinlageleistung vor Eintragung zu verlangen. Damit kann es auch im Gesellschaftsvertrag sein Bewenden haben. Der Gesellschaftsvertrag muss insoweit nicht noch zusätzlich die gesetzliche Verpflichtung nach § 7 Abs. 2 S. 1 GmbHG wiederholen, dass 25 % der Bareinlage vor Anmeldung zu leisten sind. Die diesbezügliche Aufnahme der Verpflichtung von *J* in § 3 Abs. 5 S. 1 GV hat, soweit es die Höhe der Mindesteinlageleistung betrifft, nur deklaratorischen Charakter.

Die Möglichkeit der Einbringung eines Unternehmens als Sacheinlage wirft regelmäßig Probleme bei der Bewertung auf. In der Praxis wird deshalb entweder eine sog. Einbringungsbilanz (bezogen auf den Tag der Einbringung) erstellt oder es wird die letzte Jahresbilanz zugrunde gelegt. Bei der zweiten Methode wird die Einbringung auf den letzten Bilanzstichtag vorgenommen mit der Maßgabe, dass das Geschäft zwischenzeitlich als für Rechnung der Vor-Gesellschaft geführt gilt. Der Entwurf legt in § 3 Abs. 4 GV diese zweite Möglichkeit zulässigerweise zugrunde.[22]

Bei der Einbringung einer Sacheinlage ist ferner zu unterscheiden, ob der Gesellschaftsvertrag sich auf die obligatorische Einbringungsverpflichtung beschränkt oder zusätzlich das dingliche Erfüllungsgeschäft regelt. Beides ist möglich.[23] Das Verpflichtungsgeschäft ist in § 3 Abs. 3 S. 1 GV zu sehen. Der neben dem Gesellschaftsvertrag erforderliche besondere Einbringungsvertrag ist gem. § 3 Abs. 4 Buchst. b) GV als Anlage beigefügt. Nach § 7 Abs. 3 GmbHG müssen die Sacheinlagen vor der Anmeldung geleistet werden.

§ 3 Abs. 5 S. 1 GV entspricht § 7 Abs. 2 S. 1 GmbHG und ist – wie bereits erwähnt – als lediglich deklaratorische Bestimmung unbedenklich, als „Erinnerungsposten" für die Gesellschafter jedoch durchaus sinnvoll.

V. Geschäftsführung und Vertretung

In § 4 Abs. 1 GV vereinbaren die Gesellschafter eine sog. unechte Gesamtvertretung durch zwei Geschäftsführer. Zusätzlich ist die Möglichkeit der Einräumung einer Alleinvertretungsbefugnis in § 4 Abs. 2 GV vorgesehen. Davon ist schon in § 5 GV durch die Bestellung des *M* zum alleinvertretungsberechtigten Geschäftsführer Gebrauch gemacht worden.

All das ist zulässig: Die Geschäftsführung und Vertretung findet ihre gesetzliche Grundlagen in §§ 35 bis 43 GmbHG. Gem. § 35 Abs. 1 S. 1 GmbHG wird die Gesellschaft durch die Geschäftsführer vertreten. Dabei handelt es sich nach § 35 Abs. 2 S. 1 GmbHG um eine Gesamtvertretung. Diese gesetzliche Anordnung ist

---

[22] Zu den Vor- und Nachteilen der jeweiligen Bewertungsmethoden siehe GroßKomm-GmbHG/*Ulmer*, § 5 Rn. 86.
[23] BGHZ 45, 338, 342.

jedoch dispositiv.[24] Die Einräumung von Alleinvertretungsmacht ist deshalb ebenso wie die einer unechten Gesamtvertretung unbedenklich.

§ 4 Abs. 2 GV räumt den Gesellschaftern die Möglichkeit ein, einzelne Gesellschafter von dem Verbot des Selbstkontrahierens gem. § 181 BGB zu befreien.[25] Dies ist durch Vereinbarung innerhalb des Gesellschaftsvertrages selbst zulässig.[26] Soll die generelle Befreiung vom Verbot des Selbstkontrahierens auch durch nachträglichen Gesellschafterbeschluss möglich sein, ist dies – wie in § 4 Abs. 2 GV vorgesehen – im Gesellschaftsvertrag festzuhalten.[27] Es erscheint auch sinnvoll, den Geschäftsführer *M* bereits im Gesellschaftsvertrag von den Beschränkungen des § 181 BGB zu befreien (§ 5 S. 3 GV).

Gegen § 4 Abs. 3 GV, der eine Beschränkung der Geschäftsführungsbefugnis im Innenverhältnis für bestimmte Geschäfte beinhaltet, sind ebenfalls keine Bedenken ersichtlich. Zwar gibt es Aufgabenbereiche, die den Geschäftsführern zwingend zugeordnet sind.[28] Darunter fallen z. B. folgende Pflichten: die Erhaltung der Kapitalgrundlage der Gesellschaft (§§ 30, 31 GmbHG), die Erstellung und fortlaufende Aktualisierung einer Gesellschafterliste und deren Einreichung zum Handelsregister (§ 40 Abs. 1 GmbHG), die ordnungsgemäße Buchführung der GmbH (§ 41 GmbHG); die Einberufung der Gesellschafterversammlung gem. § 49 Abs. 1 GmbHG, die Insolvenzantragspflicht gem. § 15a Abs. 1 InsO, die Aufstellung des Jahresabschlusses und des Lageberichts gem. § 264 Abs. 1 HGB und die Erfüllung der steuerlichen Pflichten gem. § 34 AO. Die Vertretung der Gesellschaft nach außen und die Möglichkeit zur Erfüllung der Handelsregisterpflichten muss den Geschäftsführern ebenfalls belassen werden.[29] Die durch den Gesellschaftsvertrag an den Vorbehalt der Zustimmung der Gesellschafter angebundenen Geschäfte gehören aber nicht zu den zwingend dem Geschäftsführer zugewiesenen Aufgaben.

Zweifel können allenfalls an der Zulässigkeit des Umfangs der Beschränkung bestehen; für den An- und Verkauf von PKW mit einem höheren Wert als 20.000 € sollen die Geschäftsführer die vorherige Zustimmung der übrigen Gesellschafter einzuholen verpflichtet sein. Eine solche Regelung kann unzulässig sein, wenn sie den Geschäftsführern im Ergebnis jegliche Kompetenz zu selbstständigen Geschäftsführungsentscheidungen versagt.[30] Bei dem verbleibenden Geschäftsvolumen von bis zu 20.000 € je Autokauf kann jedoch nicht von einem völligen Entzug der Möglichkeit, eigene

---

[24] Lutter/Hommelhoff/*Kleiniek*, § 35 Rn. 26 und 36 ff.; *Roth/Altmeppen*, § 35 Rn. 3; MünchHdb.GesR III/*Marsch-Barner/Diekmann*, § 44 Rn. 16 ff.

[25] Gem. § 35 Abs. 3 GmbHG findet § 181 BGB grundsätzlich auch im Falle des Gesellschafter-Geschäftsführers einer Ein-Personen-GmbH Anwendung.

[26] Lutter/Hommelhoff/*Kleindiek*, § 35 Rn. 52; Scholz/*U. H. Schneider*, § 35 Rn. 98; MünchHdb.GesR III/*Marsch-Barner/Diekmann*, § 44 Rn. 36.

[27] *BayObLG* DB 1980, 2029; *OLG Frankfurt* BB 1983, 275; Michalski/*Lenz*, GmbHG, § 35 Rn. 83; *Tiedtke*, GmbHR 1993, 385; Lutter/Hommelhoff/*Kleindiek*, § 35 Rn. 52; a. A. *Roth/Altmeppen*, § 35 Rn. 76 f.; Scholz/*U. H. Schneider*, § 35 Rn. 99 a: Gestattung auch allein durch Beschluss der Gesellschafterversammlung. Die Befreiung vom Verbot des Selbstkontrahierens im Einzelfall ist jedenfalls durch Beschluss des Organs möglich, das für die Bestellung und Abberufung des Geschäftsführers zuständig ist; vgl. BGHZ 33, 189, 192; 87, 59, 60; Scholz/*U. H. Schneider*, § 35 Rn. 99.

[28] Vgl. Lutter/Hommelhoff/*Kleindiek*, § 37 Rn. 12; Michalski/*Lenz*, GmbHG, § 37 Rn. 10; a. A. Scholz/*U. H. Schneider*, § 37 Rn. 38.

[29] Baumbach/Hueck/*Zöllner/Noack*, § 37 Rn. 18.

[30] Hachenburg/*Mertens*, § 37 Rn. 16; *Immenga*, S. 93; a. A. Rowedder/Schmidt-Leithoff/*Koppensteiner*, § 37 Rn. 22; GroßKomm-GmbHG/*Paefgen*, § 37 Rn. 14.

Geschäftsführungsentscheidungen zu treffen, ausgegangen werden. Auch die Beschränkung hinsichtlich des Geschäftsvolumens einzelner Autokäufe bzw. -verkäufe ist somit zulässig.

Eine andere Frage ist, ob eine derartige Beschränkung aus wirtschaftlichen Überlegungen sinnvoll ist. An- und Verkäufe von Neuwagen zu einem Preis von unter 20.000 € je PKW beschränken sich bei einem Autohändler typischerweise auf Produkte des sog. Kleinwagensegments und der „unteren Mittelklasse". Kein Geschäftsführer könnte somit im Ergebnis einen nicht unerheblichen Teil des Neuwagengeschäfts allein ohne Mitwirkung aller Gesellschafter abschließen. Diese Wertgrenze sollte deshalb von den Beteiligten noch einmal überdacht werden. Sie erscheint unzweckmäßig und sollte deutlich angehoben werden.

Gleiches gilt für die Regelung, dass die Aufnahme von Krediten gleich welcher Höhe der vorherigen Zustimmung aller Gesellschafter bedarf. Dann müsste der Geschäftsführer schon die Inanspruchnahme oder jede Erhöhung eines Überziehungskredits vorher durch alle Gesellschafter billigen lassen. Dies erscheint ebenfalls wenig zweckmäßig. Auch für die Inanspruchnahme von Krediten sollte daher eine Mindestsumme festgelegt werden, ab der die vorherige Zustimmung aller Gesellschafter einzuholen ist.

Andererseits erscheint der Katalog der zustimmungsbedürftigen Geschäfte gem. § 5 Abs. 3 S. 2 und 3 GV bei weitem nicht ausreichend, um die Gesellschaft vor Gefahren aus rechtsgeschäftlichem Verhalten des Geschäftsführers zu schützen. Nicht erfasst sind z. B. die Übernahme von Bürgschaften durch die GmbH, die Gründung oder der Erwerb von Tochtergesellschaften im In- und Ausland, die Einstellung von Personal mit einem Jahresgehalt von beispielsweise mehr als 100.000 €; die Zusage betrieblicher Altersversorgungsansprüche an die Mitarbeiter des Unternehmens, um nur einige Geschäfte mit weit reichenden wirtschaftlichen Konsequenzen für die Gesellschaft zu nennen. Den Gesellschaftern ist dringend anzuraten, den Katalog der zustimmungsbedürftigen Geschäfte in § 5 Abs. 3 gründlich zu überdenken und um weitere risikobehaftete Geschäfte zu ergänzen.

VI. Ergebnisverwendung

Die Kompetenzzuweisung in § 6 Abs. 1 GV, wonach die Gesellschafterversammlung über die Verwendung des Jahresergebnisses beschließt, entspricht der Regelung in § 46 Nr. 1 GmbHG.

§ 6 Abs. 2 GV wiederholt im Wesentlichen die dispositive Regelung des § 29 Abs. 3 GmbHG. Danach haben die Gesellschafter Anspruch auf den Jahresüberschuss zuzüglich eines Gewinnvortrages und abzüglich eines Verlustvortrages. Die Gesellschafter können jedoch durch Beschluss eine Thesaurierung des Jahresüberschusses nach § 29 Abs. 2 GmbHG vornehmen.[31]

VII. Gesellschafterbeschlüsse

Nach § 7 Abs. 1 GV erfolgt die Beschlussfassung grundsätzlich durch einfache Mehrheit. Dieses Mehrheitserfordernis entspricht dem in § 47 Abs. 1 GmbHG gesetzlich Vorgesehenen.

§ 7 Abs. 1, 2. Halbs. GV trägt dem Umstand Rechnung, dass das Gesetz bei bestimmten Beschlüssen eine qualifizierte Mehrheit oder gar Einstimmigkeit verlangt. Eine qualifizierte Mehrheit ist insbesondere im Fall der Satzungsänderung (§ 53 Abs. 2 GmbHG) beachtlich. Auch bei Verschmelzung und Spaltung der GmbH ist

---

[31] Lutter/Hommelhoff/*Kleindiek,* § 29 Rn. 1; vgl. zu den Grenzen des Beschlusses MünchHdb.GesR III/*Priester,* § 57 Rn. 32 ff.

eine 3/4-Mehrheit erforderlich (§§ 13 Abs. 1, 50 Abs. 1 S. 1 UmwG [Verschmelzung]; §§ 125 S. 1, 13 Abs. 1, 50 Abs. 1 S. 1 UmwG [Spaltung]). Gleiches gilt gem. §§ 193, 240 Abs. 1 S. 1 UmwG für den Formwechsel der GmbH in eine andere Kapitalgesellschaft (AG, KGaA). Schließlich wird für einige Beschlüsse Einstimmigkeit gefordert. Dies gilt insbesondere gem. §§ 193, 217 Abs. 1 S. 1 UmwG für den Formwechsel der GmbH in eine Personengesellschaft. Aber auch die Änderungen des Gesellschaftszwecks[32] und die nachträgliche Einführung von Beschränkungen der Übertragbarkeit des Geschäftsanteils[33] bedürfen der Einstimmigkeit. Ob dies auch für den Beschluss über den Abschluss eines Unternehmensvertrages als abhängige Gesellschaft gilt, ist streitig, dürfte aber mit den besseren Argumenten zugunsten einer ¾-Mehrheit zu verneinen sein.[34]

§ 7 Abs. 2 S. 2 GV, der die Gewährung von Stimmanteilen regelt, weicht von der in § 47 Abs. 2 GmbHG gesetzlich vorgesehenen Regelung ab. Die Vorschrift ist jedoch nicht zwingend (vgl. § 45 Abs. 2 GmbHG),[35] so dass diese Vereinbarung von Rechts wegen bestehen bleiben kann.

Allerdings stellt sich die Frage der Zweckmäßigkeit dieser Regelung. Sie schränkt faktisch die mögliche Teilbarkeit der Geschäftsanteile zwecks anschließender Veräußerung der dadurch neu entstehenden Geschäftsanteile unnötig ein. Ein Gesellschafter mit einem Geschäftsanteil mit einem niedrigeren Nennbetrag als 1.000 € hätte kein Stimmrecht. Des Weiteren würden bei Geschäftsanteilen, die nicht auf einen runden Tausenderbetrag enden, gemessen am Gesamtnennbetrag der von einem Gesellschafter gehaltenen Geschäftsanteile Stimmrechte „verloren gehen".[36] Das Entstehen von nicht auf einen Tausenderbetrag endenden Geschäftsanteilen kann geschehen, wenn ein verstorbener Gesellschafter mehrere Erben hinterlässt, und die Erbengemeinschaft den gem. § 18 GmbHG gemeinschaftlich gehaltenen Geschäftsanteil exakt nach den Erbquoten aufteilt. Da § 7 Abs. 2 S. 2 GV lediglich der Vereinfachung zur Ermittlung des Beschlussergebnisses in der Gesellschafterversammlung dient, sollte eine andere gleichermaßen einfache Berechnungsmethode gewählt werden. Die einfachste und flexibelste Berechnungsmethode sieht § 47 Abs. 2 GmbHG vor, wonach jeder Euro eines Geschäftsanteils eine Stimme gewährt.

Es wird daher angeraten, § 7 Abs. 2 S. 2 GV ersatzlos zu streichen.

---

[32] Baumbach/Hueck/*Zöllner*, § 53 Rn. 29; Lutter/Hommelhoff/*Bayer*, § 53 Rn. 23; Groß-Komm-GmbHG/*Ulmer*, § 53 Rn. 118; Scholz/*Priester*, § 53 Rn. 183; *Roth/Altmeppen*, § 53 Rn. 42; a. A. *Wiedemann*, GesellR I, § 3 I 1 (S. 156 f.).
[33] Baumbach/Hueck/*Hueck/Fastrich*, § 15 Rn. 40; Baumbach/Hueck/*Zöllner*, § 53 Rn. 34; Lutter/Hommelhoff/*Bayer*, § 15 Rn. 62; GroßKomm-GmbHG/*M. Winter/Löbbe*, § 15 Rn. 277; *Roth/Altmeppen*, § 15 Rn. 92; Scholz/*H. Winter/Seibt*, § 15 Rn. 108; Scholz/*Priester*, § 53 Rn. 161.
[34] Für Einstimmigkeit etwa Baumbach/Hueck/*Zöllner*, SchlAnhKonzernR Rn. 54; Groß-Komm-GmbHG/*Ulmer*, § 53 Rn. 158; Scholz/*Emmerich*, Anh. 13, Rn. 144, 146; Scholz/*Priester*, § 53 Rn. 171; Michalski/*Hoffmann*, GmbHG, § 53 Rn. 157; *Roth/Altmeppen*, Anh. § 13 Rn. 36 ff.; § 53 Rn. 43; MünchHdb.GesR III/*Decher*, § 70 Rn. 6 f.; für ¾-Mehrheit dagegen Lutter/Hommelhoff/*Lutter*, Anh. § 13 Rn. 49 f.; Rowedder/Schmidt-Leithoff/*Koppensteiner*, Anh. nach § 52 Rn. 43; *Timm*, GmbHR 1987, 8, 11; *ders.*, GmbHR 1989, 11 ff. sowie Fall 14 von Fallsammlung II (B. I. 2. b), aa)); offen gelassen in BGHZ 105, 324 ff.
[35] GroßKomm-GmbHG/*Hüffer*, § 47 Rn. 91; *Roth/Altmeppen*, § 47 Rn. 24.
[36] Beispiel: Ein Gesellschafter hält drei Geschäftsanteile mit einem Nennwert von 4.500 €, 5.200 € und 300 €. Obwohl er damit insgesamt Geschäftsanteile i. H. v. 10.000 € hält, hat er unter Anwendung von § 7 Abs. 2 S. 2 GV in der Gesellschafterversammlung nur 9 Stimmen.

VIII. Veräußerung und Belastung von Gesellschaftsanteilen

§ 8 Abs. 1 GV statuiert eine Vinkulierungsklausel, die die Verfügungsmöglichkeit[37] über die gem. § 15 Abs. 1 GmbHG grundsätzlich frei veräußerlichen Geschäftsanteile von der Zustimmung der übrigen Gesellschafter abhängig macht.

Mit § 8 Abs. 1 GV haben die Gesellschafter von der in § 15 Abs. 5 GmbHG verankerten Möglichkeit Gebrauch gemacht, die Veräußerung von Geschäftsanteilen von der Zustimmung der übrigen Gesellschafter abhängig zu machen. Mit dieser in der Rechtswirklichkeit sehr häufig anzutreffenden Vertragsbestimmung[38] wollen sich die Gesellschafter die Möglichkeit der Einflussnahme auf die Auswahl neuer Gesellschafter sichern.

Da bei Abtretung an einen Mitgesellschafter ein Eindringen unerwünschter Dritter in die Gesellschaft ausgeschlossen ist, hebt § 8 Abs. 2 GV das Zustimmungserfordernis bei Abtretung an bereits vorhandene Gesellschafter auf.

§ 8 Abs. 3 S. 1 GV räumt den übrigen Gesellschaftern im Falle der Veräußerung ein Vorkaufsrecht[39] im Verhältnis ihrer Beteiligung ein. Hierdurch wird den Gesellschaftern die Möglichkeit eingeräumt, das Eindringen unerwünschter Gesellschafter zu vermeiden, ohne ein Ausscheiden des Veräußerungswilligen zu verhindern. Da jeder der Gesellschafter das Vorkaufsrecht im Verhältnis seiner Beteiligung am Stammkapital ausüben kann, ist zugleich die Möglichkeit eröffnet, dass sich die Beteiligungsverhältnisse der verbleibenden Gesellschafter untereinander nach dem Ausscheiden des Veräußerungswilligen nicht verändern. Etwas anderes kann sich nur ergeben, wenn ein Gesellschafter von der Ausübung seines Vorkaufsrechts absieht; dann gilt § 8 Abs. 3 S. 2 GV. Der Vorkaufsverpflichtete muss den Abschluss des formgültigen Kaufvertrages mit dessen Inhalt unverzüglich allen vorkaufsberechtigten Gesellschaftern mitteilen (§ 469 Abs. 1 S. 1 BGB). Diese müssen ihr Vorkaufsrecht sodann gem. § 469 Abs. 2 S. 1 BGB binnen einer Woche ausüben; dazu ist gem. § 464 Abs. 1 S. 2 BGB die Beachtung notarieller Form nicht erforderlich. Es dürfte sich empfehlen, diese Ausübungsfrist im Gesellschaftsvertrag zu verlängern und auf vier Wochen festzusetzen. Eine solche Bestimmung wäre gem. § 469 Abs. 2 S. 2 BGB zulässig.

IX. Einziehung von Geschäftsanteilen

1. Freiwillige Einziehung

§ 9 Abs. 1 GV eröffnet den Gesellschaftern die Möglichkeit einer Einziehung. Mit dieser Klausel wird dem Erfordernis des § 34 Abs. 1 GmbHG entsprochen, wonach eine Einziehung nur erfolgen darf, wenn sie im Gesellschaftsvertrag zugelassen ist.[40]

---

[37] Sowohl Verpflichtung als auch Verfügung bedürfen der notariellen Form (§ 15 Abs. 3, Abs. 4 S. 1 GmbHG).

[38] Zu Vinkulierungsklauseln mit anderen Zustimmungserfordernissen vgl. GroßKomm-GmbHG/*M. Winter/Löbbe*, § 15 Rn. 235 ff.; Scholz/*H. Winter/Seibt*, § 15 Rn. 122 ff.; Lutter/Hommelhoff/*Bayer*, § 15 Rn. 67 ff.; Roth/*Altmeppen*, § 15 Rn. 101 ff.

[39] Vgl. hierzu ausführlich GroßKomm-GmbHG/*M. Winter/Löbbe*, § 15 Rn. 59 f., 286 ff.; Scholz/*H. Winter/Seibt*, § 15 Rn. 118 f.; MünchHdb.GesR III/*U. Jasper*, § 24 Rn. 213 ff.

[40] Lutter/Hommelhoff/*Lutter*, § 34 Rn. 13; Scholz/*H. P. Westermann*, § 34 Rn. 7; MünchHdb.GesR III/*Kort*, § 28 Rn. 5.

2. Zwangseinziehung

a) Bestimmtheitsgebot des § 34 Abs. 2 GmbHG

§ 9 Abs. 2 GV gibt den Gesellschaftern das Recht, in bestimmten Fällen die Einziehung auch ohne Zustimmung des Betroffenen vorzunehmen.[41] Die Zwangseinziehungsklausel muss dem Bestimmtheitsgebot des § 34 Abs. 2 GmbHG Rechnung tragen.

Die Vorschrift des § 34 Abs. 2 GmbHG dient dem besonderen Schutz des von der Zwangseinziehung betroffenen Gesellschafters. Er soll davor bewahrt werden, seine Beteiligung ungewollt auf eine Weise zu verlieren, mit der er vor seinem Eintritt nicht zu rechnen brauchte.[42] Als Mindestanforderung ist zu verlangen, dass eine etwaige gerichtliche Überprüfung des Vorliegens der Voraussetzung möglich ist.[43] Den Anforderungen an die Bestimmtheit des Einziehungsgrundes wird Genüge getan, wenn Generalklauseln[44] verwandt werden, die vom Gesetz auch an anderer Stelle gebraucht werden. Die als Einziehungsvoraussetzung genannte Generalklausel des wichtigen Grundes ist hinreichend bestimmt.[45] Der wichtige Grund findet sich z. B. auch in §§ 737, 723 Abs. 1 S. 2 BGB, §§ 140, 133 Abs. 1 HGB als Voraussetzung für den Ausschluss eines Gesellschafters.

b) Einziehung wegen Pfändung oder Insolvenzeröffnung

§ 9 Abs. 2 GV nennt beispielhaft als wichtige Einziehungsgründe die Anteilspfändung und die Insolvenz eines Gesellschafters. Gegen diese Bestimmung sind grds. keine Bedenken ersichtlich.[46] Die Verhinderung des Zugriffs des Privatgläubigers des Gesellschafters auf dessen Geschäftsanteil ist nicht als unzulässige Gläubigerbenachteiligung zu werten. Vollstreckungsgläubiger und Insolvenzverwalter können auf den Geschäftsanteil als Verwertungsobjekt nur in dem Umfang zugreifen, wie sie ihn im Zeitpunkt der Pfändung oder des Insolvenzbeschlags vorfinden.[47] Das Pfandrecht bzw. die Verwertungs- und Verteilungsbefugnis des Insolvenzverwalters setzt sich am Einziehungsentgelt fort, aus dem die Befriedigung erfolgen kann.[48] Der Einzie-

---

[41] Enthält der Gesellschaftsvertrag weder eine Regelung über die Zwangseinziehung noch über eine Abtretungsverpflichtung noch über eine Ermächtigung zur Abtretung des Gesellschaftsanteils, ist gleichwohl bei Vorliegen eines wichtigen Grundes in der Person des Gesellschafters dessen Ausschluss aus der Gesellschaft zulässig; vgl. BGHZ 9, 157 ff.; 16, 317 ff.; 80, 346 ff.; Lutter/Hommelhoff/*Lutter*, § 34 Rn. 52 ff.

[42] *BGH* NJW 1977, 2316; GroßKomm-GmbHG/*Ulmer*, § 34 Rn. 3; MünchHdb.GesR III/ *Kort*, § 28 Rn. 8 f.

[43] *BGH* NJW 1977, 2316; GroßKomm-GmbHG/*Ulmer*, § 34 Rn. 38; Lutter/Hommelhoff/ *Lutter*, § 34 Rn. 25; Scholz/*H. P. Westermann*, § 34 Rn. 13; *Roth/Altmeppen*, § 34 Rn. 33.

[44] Das Gleiche gilt für unbestimmte Rechtsbegriffe wie z. B. schwerwiegende Pflichtverletzung, Unzumutbarkeit weiterer Zusammenarbeit oder Vermögensverfall; vgl. Scholz/*H. P. Westermann*, § 34 Rn. 16; Lutter/Hommelhoff/*Lutter*, § 34 Rn. 25; Michalski/*Sosnitza*, GmbHG, § 34 Rn. 36; *Roth/Altmeppen*, § 34 Rn. 34; MünchHdb.GesR III/*Kort*, § 28 Rn. 9. Nicht ausreichend ist hingegen eine Klausel, nach der die Einziehung in das freie Belieben der – einfachen oder qualifizierten – Mehrheit oder eines einzelnen Gesellschafters gestellt ist; vgl. Lutter/ Hommelhoff/*Lutter*, § 34 Rn. 27 und ausführlich Michalski/*Sosnitza*, GmbHG, § 34 Rn. 40 ff.

[45] Siehe *K. Schmidt*, GesellR, § 35 III 1 c (S. 1056 f.).

[46] BGHZ 65, 22, 24; Lutter/Hommelhoff/*Lutter*, § 34 Rn. 25; Scholz/*H. P. Westermann*, § 34 Rn. 14. MünchHdb.GesR III/*Kort*, § 28 Rn. 9. Allerdings müssen die Pfändungsmaßnahmen noch im Zeitpunkt der Beschlussfassung über die Einziehung fortbestehen, andernfalls wäre die beschlossene Einziehung unangemessen; vgl. OLG Hamburg ZIP 1996, 962, 963; *Roth/ Altmeppen*, § 34 Rn. 37; *Lutter*, GmbHR 1997, 1134 f.

[47] BGHZ 65, 22, 24 f.; GroßKomm-GmbHG/*Ulmer*, § 34 Rn. 45.

[48] *Fischer*, GmbHR 1961, 21, 23.

hungstatbestand in § 9 Abs. 2 GV dient, isoliert ohne die Entgeltregelung in § 9 Abs. 3 GV betrachtet, somit legitimen Interessen der Gesellschaft.

Etwas anderes ergibt sich aber im Zusammenhang mit der Entgeltregelung in § 9 Abs. 3 S. 2 GmbHG. Dort ist der Abfindungsanspruch für die Fälle der Pfändung des Anteils oder der Insolvenzeröffnung über das Privatvermögen eines Gesellschafters ausgeschlossen. Grundsätzlich hat der ausscheidende Gesellschafter aber gem. § 738 BGB Anspruch auf eine (vollwertige) Abfindung in Höhe des Verkehrswertes;[49] diesem Prinzip trägt § 9 Abs. 3 S. 1 GV Rechnung. Von dem Grundsatz einer vollwertigen Abfindung kann allerdings im Gesellschaftsvertrag abgewichen werden.[50] Streitig ist aber, wie weit eine Abfindungsbeschränkung zulässig ist[51] und ob es möglich ist, eine Einziehung ausnahmsweise auch ohne Entgelt zuzulassen.[52] Diese Frage kann jedoch offen bleiben. Es besteht insoweit Einigkeit, dass es nicht möglich ist, einen Ausschluss der Abfindung *ausschließlich* für den Fall des Ausscheidens eines Gesellschafters infolge der Einziehung wegen Zwangsvollstreckung in den Geschäftsanteil oder der Eröffnung des Insolvenzverfahrens über das Privatvermögen des Gesellschafters vorzusehen.[53] Dies würde eine einseitige Gläubigerbenachteiligung darstellen, da der gepfändete Geschäftsanteil in der Hand des Gläubigers praktisch wertlos wäre, wenn die Gesellschafter die Einziehung beschließen. Eine derartige Gestaltung ist somit unzulässig. § 9 Abs. 3 S. 2 GV sollte daher gestrichen werden.

3. Verfahren und Wirkung der Einziehung

Enthält der Gesellschaftsvertrag – wie hier – keine Bestimmungen über das Einziehungsverfahren, gelten die gesetzlichen Regelungen. Danach ist sowohl bei der freiwilligen Einziehung als auch bei der Zwangseinziehung ein Beschluss der Gesellschafterversammlung erforderlich[54] (§ 46 Nr. 4 GmbHG), der mit einfacher Mehrheit gefasst werden kann (§ 47 Abs. 1 GmbHG i. V. m. § 7 Abs. 1 GV). Bei der Beschlussfassung hat der betroffene Gesellschafter kein Stimmrecht. Im Falle der freiwilligen Einziehung folgt das Stimmverbot aus § 47 Abs. 4 S. 2 GmbHG, da diese Maßnahme als Rechtsgeschäft zwischen Gesellschaft und Anteilsinhaber zu qualifizieren ist.[55] Der Stimmrechtsausschluss des betroffenen Gesellschafters im Falle der Zwangseinziehung ergibt sich aus dem aus § 47 Abs. 4 S. 1 GmbHG abgeleiteten

---

[49] Zur Abfindung des ausscheidenden Gesellschafters nach der gesetzlichen Regelung vgl. GroßKomm-GmbHG/*Ulmer*, § 34 Rn. 72 ff.; Michalski/*Sosnitza*, GmbHG, § 34 Rn. 43 ff.; *K. Schmidt*, GesellR, § 50 IV 1 (S. 1462 ff.) m. w. N.; zur Parallelsituation bei Personengesellschaften vgl. Bamberger/Roth/*Timm/Schöne*, § 738 Rn. 13 ff.

[50] § 738 BGB ist dispositives Recht, vgl. statt aller GroßKomm-HGB/*Ulmer*, § 138 Rn. 104; Heymann/*Emmerich*, § 138 Rn. 35, jeweils m. w. N.

[51] Vgl. hierzu eingehend Lutter/Hommelhoff/*Lutter*, § 34 Rn. 81 ff.; *Roth/Altmeppen*, § 34 Rn. 46 ff.; Scholz/*H. P. Westermann*, § 34 Rn. 29 ff.; Michalski/*Sosnitza*, GmbHG, § 34 Rn. 54 ff.; zur Parallelsituation bei Personengesellschaften vgl. Bamberger/Roth/*Timm/Schöne*, § 738 Rn. 29 ff.

[52] Dazu Rowedder/Schmidt-Leithoff/*Rowedder/Bergmann*, § 34 Rn. 109 ff. und ausführlich Michalski/*Sosnitza*, GmbHG, § 34 Rn. 62 ff.; in Ausnahmefällen befürwortend auch *Roth/Altmeppen*, § 34 Rn. 47.

[53] BGHZ 65, 22, 26; Lutter/Hommelhoff/*Lutter*, § 34 Rn. 94 m. w. N.; MünchHdb.GesR III/*Kort*, § 28 Rn. 25; zur Parallelsituation bei Personengesellschaften vgl. Bamberger/Roth/*Timm/Schöne*, § 738 Rn. 34.

[54] Eine vertraglich vorgesehene automatische Einziehung ist unwirksam, vgl. Baumbach/Hueck/*Hueck/Fastrich*, § 34 Rn. 17; *Roth/Altmeppen*, § 34 Rn. 57; Rowedder/Schmidt-Leithoff/*Rowedder/Bergmann*, § 34 Rn. 16; einschränkend MünchHdb.GesR III/*Kort*, § 28 Rn. 14.

[55] GroßKomm-GmbHG/*Ulmer*, § 34 Rn. 51; Michalski/*Sosnitza*, GmbHG, § 34 Rn. 99; *Niemeier*, S. 242 ff., 253 f.; a. A. Baumbach/Hueck/*Hueck/Fastrich*, § 34 Rn. 14; Rowedder/Schmidt-

Gesichtspunkt, dass er nicht Richter in eigener Sache sein kann.[56] Der Einziehungsbeschluss muss dem betroffenen Gesellschafter formlos – durch den Geschäftsführer[57] – mitgeteilt werden.[58]

Durch die Einziehung wird der eingezogene Gesellschaftsanteil vernichtet. Dies führt zum Erlöschen sämtlicher mit dem Gesellschaftsanteil verbundener Mitgliedschaftsrechte und -pflichten.[59]

Eine Aufnahme dieser Regeln in den Vertrag bedarf es allerdings nicht; sie gelten vielmehr auch ohne eine ausdrückliche Einbeziehung in die Einziehungsklausel des Vertrages.

X. Übergang im Todesfall

1. Wirksamkeit der Vertragsklausel

§ 10 Abs. 1 GV sieht einen automatischen Übergang des Geschäftsanteils des verstorbenen Gesellschafters auf die überlebenden Gesellschafter vor. Eine derartige Gestaltung ist nach ganz h.M. unzulässig,[60] da sie dem Ausschluss der Vererblichkeit gleichkommt. Nach § 15 Abs. 1 GmbHG ist der Geschäftsanteil vererblich. Eine Beschränkung ist in § 15 Abs. 5 GmbHG zwar für die Veräußerlichkeit, nicht aber für die Vererblichkeit vorgesehen. Eine automatische Übertragung des Anteils durch eine „Sondererbfolge", wie etwa im Recht der Personengesellschaften, ist nicht möglich. § 10 GV ist somit durch eine andere Regelung zu ersetzen.

2. Mögliche Gestaltung

Bei dem Entwurf einer zulässigen Alternativ-Bestimmung ist zu berücksichtigen, dass den Gesellschaftern daran gelegen ist, „unter sich" zu bleiben. Da ein Ausschluss der Vererblichkeit nicht statthaft ist, stellt sich die Frage, ob es möglich ist, das gleiche Ergebnis auf anderem Wege zu erreichen.

Um ein Eindringen gesellschaftsfremder Dritter zu verhindern, bietet es sich an, den Tod eines Gesellschafters als Voraussetzung zur Einziehung des Geschäftsanteils festzulegen. Streitig ist allerdings, ob die Einziehung als automatische Folge des Todes

Leithoff/*Rowedder/Bergmann*, § 34 Rn. 14; Scholz/*H. P. Westermann*, § 34 Rn. 40; *Roth/Altmeppen*, § 34 Rn. 59; MünchHdb.GesR III/*Kort*, § 28 Rn. 12.

[56] Vgl. Rowedder/Schmidt-Leithoff/*Rowedder/Bergmann*, § 34 Rn. 14 f.; Baumbach/Hueck/ *Zöllner*, § 47 Rn. 88; Lutter/Hommelhoff/*Bayer*, § 47 Rn. 40; GroßKomm-GmbHG/*Ulmer*, § 34 Rn. 52; Scholz/*H. P. Westermann*, § 34 Rn. 43; Michalski/*Sosnitza*, GmbHG, § 34 Rn. 100; für analoge Anwendung *Roth/Altmeppen*, § 34 Rn. 59; einschränkend MünchHdb.GesR III/*Kort*, § 28 Rn. 12.

[57] Vgl. Scholz/*H. P. Westermann*, § 34 Rn. 46; a. A. Michalski/*Sosnitza*, GmbHG, § 34 Rn. 109 – Kompetenz der Gesellschafterversammlung.

[58] Lutter/Hommelhoff/*Lutter*, § 34 Rn. 41 i. V. m. Rn. 18; GroßKomm-GmbHG/*Ulmer*, § 34 Rn. 54; Rowedder/Schmidt-Leithoff/*Rowedder/Bergmann*, § 34 Rn. 17 f.; Scholz/*H. P. Westermann*, § 34 Rn. 46; *Roth/Altmeppen*, § 34 Rn. 65; MünchHdb.GesR III/*Kort*, § 28 Rn. 16. War der betroffene Gesellschafter bei der Beschlussfassung anwesend, genügt die Bekanntgabe des Beschlusses; eine gesonderte Mitteilung ist dann entbehrlich; vgl. Scholz/*H. P. Westermann*, a. a. O. m. w. N.

[59] *BGH* GmbHR 1978, 131; Lutter/Hommelhoff/*Lutter*, § 34 Rn. 2; MünchHdb.GesR III/ *Kort*, § 28 Rn. 41; vgl. auch ausführlich Scholz/*H. P. Westermann*, § 34 Rn. 62 ff.

[60] Vgl. Lutter/Hommelhoff/*Bayer*, § 15 Rn. 11; Scholz/*H. Winter/Seibt*, § 15 Rn. 27; Rowedder/Schmidt-Leithoff/*Rowedder/Bergmann*, § 15 Rn. 114 f.; Michalski/*Ebbing*, GmbHG, § 15 Rn. 7; *Roth/Altmeppen*, § 15 Rn. 28; ausführlich zur Vererblichkeit von GmbH-Anteilen *Priester*, GmbHR 1991, 206 ff.

eines Gesellschafters vorgesehen werden kann.[61] Eine derartige Gestaltungsmöglichkeit wird jedoch überwiegend abgelehnt, weil nicht klar sei, ob zum Zeitpunkt des Bedingungseintritts die Einhaltung der gesetzlichen Einziehungsvoraussetzungen (Vollleistung der Einlage, Erhaltung des Stammkapitals) gewährleistet sei.[62] Für allgemein zulässig gehalten wird es dagegen, die bloße Möglichkeit der Einziehung vorzusehen.[63] Eine derartige Einziehungsklausel hat den Sinn, dass nur durch die überlebenden Gesellschafter entschieden werden kann, ob die Gesellschaft mit den Erben fortgesetzt wird oder nicht. Den weichenden Erben steht in diesem Fall ein Abfindungsanspruch zu; § 10 Abs. 2 GV kann daher bestehen bleiben.

Bei der Abänderung von § 10 Abs. 1 GV empfiehlt es sich schon aus Sicherheitsgründen (siehe oben), von der Vereinbarung einer „automatischen Einziehungsklausel" Abstand zu nehmen. Stattdessen sollte die Einziehungsklausel den verbleibenden Gesellschaftern ein *Gestaltungsrecht* gewähren. Die Klausel könnte etwa folgendermaßen lauten:

„Beim Tode eines Gesellschafters kann die Gesellschafterversammlung die Einziehung des Geschäftsanteils beschließen; der (bzw. die) infolge des Erbfalls eintretende(n) Gesellschafter ist (sind) bei der Beschlussfassung nicht stimmberechtigt."

XI. Salvatorische Klausel

Durch die salvatorische Klausel in § 11 GV wollen die Parteien eine Gesamtnichtigkeit nach § 139 BGB bei Nichtigkeit eines Vertragsteiles vermeiden.[64] Satz 2 von § 11 GV hat den Sinn, die Parteien zu einer geltungserhaltenden Reduktion zu verpflichten. Ohne diese Verpflichtung würde die unwirksame Bestimmung durch die gesetzliche Regelung ersetzt, was von den Parteien durch die unwirksame Bestimmung gerade vermieden werden sollte.

XII. Gründungskosten

Der Vertragsentwurf enthält keine Angaben über die Gründungskosten. Unter diesen Kosten sind die Ausgaben zu verstehen, die durch die Errichtung der Gesellschaft und die Erbringung der Einlagen anfallen, d. h. also Notar- und Gerichtsgebühren, Leistungen an Gründer oder Dritte für beratende Tätigkeiten aus Anlass der Gründung. Dazu gehört auch die bei der Gründung entstehende Kapitalverkehrsteuer. Nach h. M. ist bei der GmbH § 26 Abs. 2 AktG entsprechend anzuwenden.[65] Dies bedeutet, dass die Gründer die alleinigen Schuldner für den Gründungsaufwand sind, sofern die Satzung nichts Gegenteiliges anordnet. Hat die Gesellschaft in einem solchen Fall den Gründungsaufwand selbst aufgebracht, sind die Gesellschafter verpflichtet, ihr diesen zu erstatten.[66] Um eine Kostentragungspflicht der Gesellschafter für den Gründungsaufwand zu verhindern, muss dieser daher in der Satzung festgelegt werden, wobei der voraussichtliche Gesamtbetrag anzugeben ist. In den Gesellschaftsvertrag sollte deshalb noch folgende abschließende Bestimmung eingefügt werden:

---

[61] Dafür etwa *LG Frankfurt* GmbHR 1962, 118; vgl. auch die ausführliche Diskussion bei *Priester,* GmbHR 1981, 206, 208 f.
[62] Ablehnend Lutter/Hommelhoff/*Bayer,* § 15 Rn. 19; Scholz/*H. Winter/Seibt,* § 15 Rn. 27.
[63] Statt aller *BGH* BB 1977, 563; Lutter/Hommelhoff/*Bayer,* § 15 Rn. 19; Lutter/Hommelhoff/*Lutter,* § 34 Rn. 25 ff.; Scholz/*H. Winter/Seibt,* § 15 Rn. 30.
[64] Siehe *Sommer/Weitbrecht,* GmbHR 1991, 449.
[65] *BGH* ZIP 1989, 448; Lutter/Hommelhoff/*Bayer,* § 3 Rn. 64.
[66] *BGH* ZIP 1989, 448, 450; MünchHdb.GesR III/*Mayer,* § 20 Rn. 95.

„Die Gesellschaft übernimmt die Gründungskosten bis zum Betrag von ... Euro."

B. Zu Aufgabe 2. – Entwurf einer Regelung über das Ausscheiden der Gesellschafter

Der Gesellschaftsvertrag berücksichtigt bislang nicht den Wunsch der Gesellschafter nach Einräumung einer Möglichkeit, aufgrund einseitiger Erklärung binnen einer bestimmten Frist aus der Gesellschaft auszuscheiden. Eine entsprechende Vertragsbestimmung ist daher noch in den Gesellschaftsvertrag aufzunehmen.

Die Befugnis zur ordentlichen Kündigung kann sich gem. § 60 Abs. 2 GmbHG aus einer gesellschaftsvertraglichen Kündigungsklausel ergeben. Fraglich ist jedoch, welche Rechtsfolge mit einer gesellschaftsvertraglich vorgesehenen *ordentlichen* Kündigungsmöglichkeit durch einen Gesellschafter verbunden ist. Die Ausübung eines gem. § 60 Abs. 2 GmbHG eingeräumten Kündigungsrechts führt nach wohl überwiegender Auffassung zur Auflösung der Gesellschaft.[67] Zum Teil wird aber auch die Ansicht vertreten, die Kündigung führe nur zum Ausscheiden des kündigenden Gesellschafters.[68] Angesichts der Unsicherheit über die Rechtsfolgen eines derartigen Kündigungsrechts empfiehlt es sich daher in jedem Fall, die mit einer Kündigungserklärung verbundenen Rechtswirkungen im Gesellschaftsvertrag eindeutig zu regeln.[69]

Bei der Vereinbarung eines ordentlichen Kündigungsrechts sind nicht nur die Belange des ausscheidenswilligen Gesellschafters, sondern auch diejenigen der verbleibenden Gesellschafter zu berücksichtigen. Ein Kündigungsrecht des ausscheidenswilligen Gesellschafters in Form eines bloßen Austrittsrechtes dient den Interessen der übrigen Gesellschafter in jedem Fall besser als ein Recht zur Auflösung der Gesellschaft. Wird das ordentliche Kündigungsrecht als Austrittsrecht konzipiert, scheidet der betreffende Gesellschafter aus, während die Gesellschaft von den übrigen Gesellschaftern fortgesetzt wird.

Mit dem Ausscheiden eines Gesellschafters aus einer GmbH ist jedoch noch nicht bestimmt, welches Schicksal sein Geschäftsanteil erleidet. Der Geschäftsanteil geht durch einen Austritt nicht automatisch unter. Er bleibt bis zur Entscheidung der Gesellschaft über dessen Verwertung bestehen. Es ist daher wichtig, auch diese Frage zu regeln. Wahlweise ist entweder die Möglichkeit der Einziehung vorzusehen – hierzu sollte vorsorglich in § 9 Abs. 2 GV eine Ergänzung der beispielhaft aufgeführten Tatbestände der Zwangseinziehung um den Fall der ordentlichen Kündigung eines Gesellschafters vorgenommen werden – oder die Übernahme des Geschäftsanteils durch die übrigen Gesellschafter oder die Gesellschaft. Sollten letztlich im konkreten Kündigungsfall alle diese Möglichkeiten scheitern, etwa weil keine Einigung erzielt werden oder kein über den Betrag des Stammkapitals hinausgehendes Vermögen vorhanden ist, dürfte die Auflösung der Gesellschaft als ultima ratio sinnvoll sein.

---

[67] RGZ 93, 326, 327; 113, 147, 149; Baumbach/Hueck/*Haas*, § 60 Rn. 90; GroßKomm-GmbHG/*Casper*, § 60 Rn. 120; MünchHdb.GesR III/*Weitbrecht*, § 60 Rn. 22; *Meyer-Landrut*, FS Stimpel (1985) 431, 440.

[68] Lutter/Hommelhoff/*Kleindiek*, § 60 Rn. 27; Rowedder/Schmidt-Leithoff/*Rasner*, § 60 Rn. 45.

[69] Vgl. ausführlich Scholz/*K. Schmidt*, § 60 Rn. 77 f. sowie Lutter/Hommelhoff/*Kleindiek*, § 60 Rn. 27; Rowedder/Schmidt-Leithoff/*Rasner*, § 60 Rn. 45; Michalski/*Nerlich*, GmbHG, § 60 Rn. 319.

Die Kündigungsklausel selbst sollte auch eine Bestimmung darüber enthalten, dass der kündigende Gesellschafter zwischen Kündigung und endgültigem Ausscheiden seine Rechte weiterhin wahrnehmen kann. Dies ist zwar nach h. M.[70] ohnehin der Fall, dient aber der Klarstellung. Der Gesellschaftsvertrag kann deshalb durch Einfügung eines § 10 beispielsweise um folgende Kündigungsklausel ergänzt werden (die jetzigen §§ 10 und 11 würden dann §§ 11 und 12):

(1) *„Jeder Gesellschafter kann mit einer Frist von sechs Monaten zum Ende eines Geschäftsjahres die Gesellschaft kündigen. Die Kündigung bedarf der Schriftform.*

(2) *Die Kündigung bewirkt das Ausscheiden des Gesellschafters aus der Gesellschaft mit Ablauf des Kündigungstermins. Sie hat ausnahmsweise die Auflösung der Gesellschaft zur Folge, wenn nicht die Gesellschaft binnen einer Frist von sechs Monaten seit Empfang der Kündigung die Einziehung der Anteile des kündigenden Gesellschafters erklärt oder deren Abtretung an die Gesellschaft oder einen Dritten verlangt.*

(3) *Dem Gesellschafter stehen bis zu seinem Ausscheiden alle Gesellschafterrechte zu.“*

---

[70] BGHZ 88, 320, 325; Baumbach/Hueck/*Hueck/Fastrich*, Anh. § 34 Rn. 26; a. A. Groß-Komm-GmbHG/*Ulmer*, Anh. § 34 Rn. 60 f.

Fall 24. GmbH-Gründung mit Tücken – II

Schwerpunkt im Kapitalgesellschaftsrecht:
Gründung einer GmbH unter Beteiligung eines Minderjährigen – Einbringung einer
OHG in eine GmbH – Gründung einer Unternehmergesellschaft unter Verwendung
eines Musterprotokolls

Sachverhalt

Die im Handelsregister eingetragene „Marks & Doller International Car Import OHG",
deren alleinige Gesellschafter Michael Marks *(M)* und Detlef Doller *(D)* zu gleichen Teilen
sind, betreibt seit einigen Jahren Handel mit aus den USA importierten Sportwagen. Die
letzte Jahresbilanz zum 31. 12. 2009 weist ein Gesellschaftsvermögen i. H. v. 80.000 €
aus. Durch geschäftliche Verluste Anfang Januar 2010 hat sich das Gesellschaftsvermögen
aber auf 60.000 € verringert. Die beiden Gesellschafter beschließen nunmehr, den Autohandel durch Umwandlung oder im Wege der Einbringung des Unternehmens in Form
einer GmbH fortzuführen. Neben ihnen soll auch der 17-jährige Johannes Jung *(J)*, welcher in der Vergangenheit sämtliche anfallenden Büroarbeiten zuverlässig erledigt hat,
Gesellschafter der GmbH werden.

Der Steuerberater, der auch ein zweisemestriges Jurastudium vorweisen kann, legt am
9. 2. 2010 den Entwurf eines Gesellschaftsvertrags zur Neugründung einer GmbH vor,
der u. a. folgende Regelung enthält:

§ 3 *Stammkapital, Geschäftsanteile, Geschäftsanteile*

(1) Das Stammkapital der Gesellschaft beträgt 150.000 € (i. W. Euro Einhundertfünfzigtausend).

(2) Auf das Stammkapital übernimmt
   a) Michael Marks einen Geschäftsanteil zu einem Nennbetrag von 100.000 €.
   b) Detlef Doller einen Geschäftsanteil zu einem Nennbetrag von 40.000 €.
   c) Johannes Jung einen Geschäftsanteil zu einem Nennbetrag von 10.000 €.

(3) Detlef Doller und Michael Marks leisten ihre Einlage, indem sie das unter der Firma
   „Marks & Doller International Car Import" betriebene Handelsgeschäft, eingetragen
   im Handelsregister des Amtsgerichts Münster (HRA Nr. 42), mit allen Aktiven und
   Passiven einbringen. Hierfür wird jedem der Gesellschafter ein Betrag von 40.000 €
   auf seine Einlageverpflichtung angerechnet. Den darüber hinausgehenden Betrag seiner Einlageverpflichtung hat der Gesellschafter Michael Marks vor Eintragung der
   Gesellschaft in bar zu erbringen.

(4) a) Die Einbringung erfolgt aufgrund der diesem Vertrag als Anlage beigefügten Bilanz
   der Marks & Doller International Car Import OHG zum 31. 12. 2009 als Einbringungsbilanz mit der Maßgabe, dass die OHG von diesem Tag an als für Rechnung
   der Gesellschaft geführt gilt.
   b) Der Vollzug der Einbringung erfolgt aufgrund des zwischen der Marks & Doller
   International Car Import OHG und der Gesellschaft am Gründungstag abzuschließ-

enden Einbringungsvertrages, der dem Gesellschaftsvertrag als Anlage beigefügt ist.

(5) Johannes Jung hat 25 % seiner Einlage vor Anmeldung der Gesellschaft zum Handelsregister zu leisten. Der Rest wird aufgrund eines entsprechenden Gesellschafterbeschlusses fällig.

1. Die Eltern des J haben seiner Beteiligung an der Gründung der geplanten GmbH am 20. 1. 2010 in öffentlich beglaubigter Form zugestimmt. Unmittelbar im Anschluss an die für den 17. 2. 2010 vorgesehene Beurkundung des GmbH-Gesellschaftsvertrags plant die Gesellschaft in jedem Fall – ggf. auch ohne J – noch im Februar 2010 ein neues Firmengelände anzumieten. M und D bitten Sie um ein Rechtsgutachten zu folgenden Fragen:

a) Reicht die Zustimmung der Eltern von J für dessen Beteiligung an der Gründung der GmbH aus oder ist zusätzlich eine familiengerichtliche Genehmigung hierfür erforderlich?

b) Welche Konsequenzen treten ein, falls der Gesellschaftsvertrag notariell beurkundet werden sollte, ohne dass die – zumindest unterstellt erforderliche – familiengerichtliche Genehmigung vorliegt.

c) Wie kann die GmbH-Gründung auf rechtlich gesicherter Basis, also auch ohne die ggf. erforderliche familiengerichtliche Genehmigung, erreicht werden?

2. Die Gesellschaftsgründer haben vor einigen Monaten der Wirtschaftspresse entnommen, dass der deutsche Gesetzgeber eine billigere und schnellere Alternative gegenüber der Gründung einer GmbH geschaffen haben soll, bei der aber gleichwohl den Gesellschaftsgläubigern nur das Gesellschaftsvermögen haftet. Sie bitten um eine gutachterliche Stellungnahme, wie sich ihr Vorhaben unter Verwendung dieser neuen „Rechtsform" verwirklichen ließe; außerdem bitten sie um einen Entscheidungsvorschlag unter Abwägung der Vor- und Nachteile mit dem vom Steuerberater vorgelegten GmbH-Gründungskonzept.

Lösung

A. Zu Aufgabe 1 – Beteiligung von J an der GmbH
I. Erforderlichkeit einer familiengerichtlichen Genehmigung

Während an der Wirksamkeit der auf die Gründung einer GmbH gerichteten Willenserklärungen von M und D keine Zweifel bestehen, kann die hierauf gerichtete Willenserklärung des minderjährigen J schwebend unwirksam sein.

Für die Wirksamkeit der Erklärung von J kann die Einwilligung seines gesetzlichen Vertreters (§ 1629 Abs. 1 BGB) notwendig sein. Das ist gem. §§ 108 Abs. 1, 107 BGB der Fall, wenn die Willenserklärung für ihn nicht lediglich rechtlich vorteilhaft ist. J wird durch den Abschluss des GmbH-Gesellschaftsvertrages jedenfalls verpflichtet, seine Einlage zu erbringen (vgl. § 3 Abs. 2 Buchst. c) GV). Für die Wirksamkeit seiner Erklärung ist bereits deshalb die Einwilligung seines gesetzlichen Vertreters erforderlich. Diese Einwilligung der Eltern des J liegt vor.

Die Einwilligung der Eltern bedarf aber gem. § 1643 Abs. 1 BGB ihrerseits der Genehmigung durch das Familiengericht, wenn es sich bei der Beteiligung von J an der Gründung der „Marks & Doller GmbH" um ein Rechtsgeschäft handelt, für das ein Vormund nach §§ 1821 oder 1822 Nr. 1, 3, 5, 8–11 BGB eine derartige Genehmigung benötigen würde. Die Beteiligung von *J* an der Gründung der GmbH kann dem 3. Fall des § 1822 Nr. 3 BGB unterfallen. Dann muss *J* am Abschluss eines Gesellschaftsvertrags zum Betrieb eines Erwerbsgeschäfts beteiligt sein. Erwerbsgeschäft ist jede berufsmäßig ausgeübte und auf gewisse Dauer angelegte, auf selbständigen Erwerb gerichtete Tätigkeit mit Gewinnerzielungsabsicht.[1] Der Unternehmensgegenstand „Handel mit aus den USA importierten Sportwagen" stellt ein Erwerbsgeschäft i. S. v. § 1822 Nr. 3 BGB dar. Allerdings würde die GmbH als juristische Person (§ 13 Abs. 1 GmbHG), bei der gem. § 13 Abs. 2 GmbHG den Gläubigern nur das Gesellschaftsvermögen haftet, das Erwerbsgeschäft betreiben. Die Mitwirkung von *J* am Abschluss des Gesellschaftsvertrag zur Gründung einer GmbH kann sich daher als einmalige Kapitalanlage ohne Unternehmerrisiko darstellen, die nicht dem Genehmigungsvorbehalt des § 1822 Nr. 3, 2. Alt. BGB unterfällt.[2]

Eine solche Auslegung des § 1822 Nr. 3 BGB im Hinblick auf den Abschluss von GmbH-Gründungsgesellschaftsverträgen lässt sich indes nur schwerlich mit dem Sinn und Zweck dieser Vorschrift vereinbaren. Die §§ 1821, 1822 BGB beschränken die Vertretungsmacht des Vormunds und über § 1643 Abs. 1 BGB auch der Eltern bei besonders wichtigen Rechtsgeschäften zum Schutze des Mündels. Das Mündel soll davor geschützt werden, durch ein Rechtsgeschäft in unübersehbare Verpflichtungen gestürzt zu werden.

Vor dem Hintergrund dieses Zweckes des § 1822 Nr. 3 BGB ist die Genehmigungsbedürftigkeit nur dann zu verneinen, wenn das Mündel lediglich Gefahr läuft, den Wert seines Geschäftsanteils zu verlieren. Das wäre nur dann der Fall, wenn bei der Beteiligung des Minderjährigen an einer GmbH-Gründung ein Unterschied etwa zum Kauf von Aktien, für den das Gesetz ersichtlich keine Genehmigungsbedürftigkeit vorsieht,[3] nicht vorhanden wäre. Die Rechtslage ist jedoch anders zu beurteilen, wenn der Minderjährige durch den Abschluss eines (GmbH-)Gesellschaftsvertrages ein für ihn nicht überschaubares Haftungsrisiko eingeht. Das formale Argument, nur die juristische Person betreibe das Erwerbsgeschäft, greift jedenfalls in all den Fällen nicht ein, in denen die GmbH bereits vor Eintragung mit Zustimmung aller Gesellschafter den Geschäftsbetrieb aufnimmt.[4] Das kann nämlich dazu führen, dass die Gesellschafter auch mit ihrem Privatvermögen für die Verbindlichkeiten der Vor-GmbH haften. Die Gesellschafter der Vor-GmbH trifft bis zur Eintragung der Gesellschaft eine unbeschränkte Verlustdeckungshaftung gegenüber der Vor-GmbH für deren Verbindlichkeiten.[5] Eine derartige unbeschränkte Haftung kommt namentlich in Betracht, wenn

---

[1] Vgl. zum Begriff des Erwerbsgeschäfts Bamberger/Roth/*Bettin*, § 1822 Rn. 9; Erman/*Holzhauer*, § 1822 Rn. 7; Staudinger/*Engler*, § 1822 Rn. 33; Soergel/*Zimmermann*, § 1822 Rn. 12; MünchKomm-BGB/*Wagenitz*, § 1822 Rn. 11; Jauernig/*Chr. Berger*, § 1822 Rn. 4.

[2] *Winkler*, ZGR 1973, 177, 182.

[3] Eine Ausnahme wird insoweit nur gemacht, wenn der Minderjährige sämtliche Aktien einer AG erwirbt, weil dies wirtschaftlich dem Erwerb des von der AG betriebenen Erwerbsgeschäfts gleichkommt; vgl. *OLG Hamm* FamRZ 1984, 1036; Bamberger/Roth/*Bettin*, § 1822 Rn. 10; Staudinger/*Engler*, § 1822 Rn. 45; MünchKomm-BGB/*Wagenitz*, § 1822 Rn. 17; restriktiver Soergel/*Zimmermann*, § 1822 Rn. 17.

[4] BGHZ 107, 23, 29; *Winkler*, ZGR 1990, 131, 135; GroßKomm-GmbHG/*Ulmer*, § 2 Rn. 73.

[5] BGHZ 134, 333 ff.; zur Haftung der Gründer der Vor-GmbH vgl. ausführlich Baumbach/Hueck/*Hueck/Fastrich*, § 11 Rn. 24 ff.; Lutter/Hommelhoff/*Bayer*, § 11 R. 15 ff.; Roth/*Altmeppen*, § 11 Rn. 49 ff.; *Henze*, Rn. 221 ff.; MünchHdb.GesR III/*Gummert*, § 16 Rn. 56 ff.; *Hirte*, 2.24 ff.; *K. Schmidt*, GesellR, § 34 III 3 c (S. 1021 ff.), jeweils m. w. N.

die Eintragung der GmbH nicht mehr betrieben wird.[6] Zum anderen kann die Verlust-deckungshaftung bei späterer Eintragung durch die sog. Vorbelastungshaftung abge-löst werden, wenn das Stammkapital im Zeitpunkt der Eintragung nicht mehr vollstän-dig vorhanden ist oder die GmbH gar überschuldet ins Leben tritt.[7] Dieser Zustand kann deshalb eintreten, weil die Rechte und Pflichten der Vor-GmbH vollständig auf die GmbH übergehen.[8] Sind diese in der Summe negativ, beeinträchtigen sie das der Gesellschaft zur Verfügung stehende Stammkapital. Der von § 1822 Nr. 3 BGB gewollte Minderjährigenschutz muss daher auch die Fälle erfassen, in denen sich der Minderjährige einer unüberschaubaren Haftung aussetzen könnte. Im Interesse der Rechtssicherheit, die eine Einzelfallbetrachtung unter umfassender Würdigung aller jeweiligen Umstände des Einzelfalles verbietet, kann diese Möglichkeit, deren Vorlie-gen oftmals nur schwer zu prognostizieren ist, deshalb nur zur Folge haben, dass grundsätzlich *alle* zur Gründung einer GmbH geschlossenen Gesellschaftsverträge von § 1822 Nr. 3 BGB erfasst werden und somit genehmigungsbedürftig sind.[9]

Die Einwilligung der Eltern des *J* bedarf somit gem. §§ 1643 Abs. 1, 1822 Nr. 3 BGB der Genehmigung des Familiengerichts.[10] Die ohne diese Genehmigung abgegebene Willenserklärung des minderjährigen *J* ist daher gem. §§ 107, 108 Abs. 1, 1643 Abs. 3, 1829 Abs. 1 BGB schwebend unwirksam. Vor der nach § 2 Abs. 1 S. 1 GmbHG erforderlichen notariellen Beurkundung des Vertrages muss somit die Genehmigung des Familiengerichts eingeholt werden.

II. Konsequenzen der notariellen Beurkundung des Gesellschaftsvertrages ohne familiengerichtliche Genehmigung für die Beteiligung von J

Mit der Beurkundung des Gesellschaftsvertrages ist die Gesellschaft errichtet und es entsteht eine sog. Vor-GmbH als Vorstufe zur GmbH.[11] Diese ist bereits voll hand-lungsfähig und kann Träger von Rechten und Pflichten sein.[12]

Wird dagegen das neue Firmengelände von der Vor-GmbH noch im Februar 2010 angemietet, ohne dass bis zu diesem Zeitpunkt die erforderliche familiengerichtliche Genehmigung zur Beteiligung von *J* an der Gründung der GmbH vorliegt, ist frag-

---

[6] Vgl. ausführlich *Henze*, Rn. 221 ff.; *Roth/Altmeppen*, § 11 Rn. 58 will die unbeschränkte Haftung der Gründer in diesem Fall hingegen auf § 128 HGB stützen.

[7] BGHZ 80, 129, 136; ausführlich zur Vorbelastungshaftung GroßKomm-GmbHG/*Ulmer*, § 11 Rn. 98 ff.; *Roth/Altmeppen*, § 11 Rn. 52 ff.; *Scholz/K. Schmidt*, § 11 Rn. 124 ff.

[8] Zur Identität zwischen Vor-GmbH und GmbH vgl. *K. Schmidt*, GesellR, § 11 IV II 2 c (S. 310 f.) und § 34 III 4 a (S. 1027 f.).

[9] So im Ergebnis auch GroßKomm-GmbHG/*Ulmer*, § 2 Rn. 73; *K. Schmidt*, GesellR, § 34 II 1 (S. 999); Scholz/*Emmerich*, § 2 Rn. 43; Baumbach/Hueck/*Hueck/Fastrich*, § 2 Rn. 25 f.; Staudinger/*Engler*, § 1822 Rn. 67; Soergel/*Zimmermann*, § 1822 Rn. 24; MünchKomm-BGB/*Wagenitz*, § 1822 Rn. 25, alle m. w. N. Zur abweichenden Rechtslage beim unentgeltlichen nachträglichen Erwerb von GmbH-Anteilen siehe aber BGHZ 107, 23, 24, 28 ff. und *Winkler*, ZGR 1990, 131 ff.

[10] Eine familiengerichtliche Genehmigung gem. § 1822 Nr. 10 BGB kommt vorliegend nicht in Betracht. Nach dieser Bestimmung bedarf der Minderjährige für den Erwerb eines GmbH-Anteils der familiengerichtlichen Genehmigung, wenn er damit eine Verbindlichkeit übernimmt, für die im Innenverhältnis ein anderer (Rechtsvorgänger, Mitgesellschafter) einzustehen hat und dem Minderjährigen gegenüber regresspflichtig ist; vgl. hierzu näher BGHZ 107, 23 ff.; Groß-Komm-GmbHG/*M. Winter/Löbbe*, § 15 Rn. 277 m. w. N.

[11] Lutter/Hommelhoff/*Bayer*, GmbHG, § 11 Rn. 5; Michalski/*Michalski*, GmbHG, § 11 Rn. 42; MünchHdb.GesR III/*Gummert*, § 16 Rn. 1.

[12] Lutter/Hommelhoff/*Bayer*, § 11 Rn. 5; Michalski/*Michalski*, GmbHG, § 11 Rn. 58; MünchHdb.GesR III/*Gummert*, § 16 Rn. 6; Scholz/*K. Schmidt*, § 11 Rn. 27; *ders.*, GesellR, § 34 III 3 a (S. 1017).

lich, ob aufgrund der schwebend unwirksamen Gründungserklärung von *J* überhaupt und ggf. in welcher Form eine Gesellschaft besteht. Daran ändert sich auch
durch die Invollzugsetzung der Gesellschaft durch Abschluss des Mietvertrages
nichts. Zwar finden nach ganz h. M. die Grundsätze über die fehlerhafte Gesellschaft
auch auf eine in Vollzug gesetzte Vor-GmbH Anwendung.[13] Die Grundsätze über
die fehlerhafte Gesellschaft greifen aber nicht – auch nicht bei der Vor-GmbH – zu
Lasten eines Minderjährigen ein.[14]

Ob die Unwirksamkeit der Gründungserklärung eines Gesellschafters die Nichtigkeit
des gesamten Vertrages zur Folge hat, bestimmt sich nach § 139 BGB. Entgegen dieser Auslegungsregel kann hier nicht von einer im Zweifel eintretenden Gesamtnichtigkeit ausgegangen werden. Eine derartige Annahme scheidet schon deshalb aus,
weil die Gesellschaft nach dem Willen von *M* und *D* ggf. auch ohne *J* betrieben werden soll. Es würde jedoch an der nach § 3 Abs. 1 Nr. 4 GmbHG erforderlichen
Übernahme sämtlicher Geschäftsanteile fehlen.[15] Dieser Mangel kann indes nicht
mehr rückwirkend geltend gemacht werden, sobald die Gesellschaft in Vollzug
gesetzt ist.[16]

Die Rechtsfolgen der Beteiligung eines Minderjährigen an einer Gesellschaft ohne
familiengerichtliche Genehmigung sind im Übrigen streitig. Zum Teil wird die Auffassung vertreten, er sei an der Gesellschaft beteiligt; sein Schutz erfolge durch Modifizierung der Rechtsfolgen, insbesondere durch eine Haftungsbefreiung.[17] Nach der
Gegenauffassung ist der Minderjährige dagegen an der Gesellschaft nicht beteiligt;[18]
es stelle sich nur die Frage, ob zwischen den übrigen Gesellschaftern eine – fehlerhafte – Gesellschaft besteht.[19] Dieser Ansicht ist zu folgen. Eine Aufspaltung der
Gesellschafterstellung in der Weise, dass dem Minderjährigen nur die Vorteile zuflie-
ßen, er dagegen keinen Pflichten unterliegt, ist nicht möglich.[20] Eine „partielle"
Gesellschafterstellung des *J* ist somit nicht anzuerkennen.

Sofern der Notar wider Erwarten – unter Berücksichtigung der Rechtsprechung wird
der Notar seine eigene, möglicherweise abweichende Beurteilung wohl zurückstellen
– den Vertrag ohne familiengerichtliche Genehmigung des Beitritts des *J* beurkunden
sollte, wäre der Beitritt von *J* zunächst schwebend unwirksam; das Familiengericht
kann dessen Beitritt indes immer noch genehmigen.[21] Dessen ungeachtet ist mit der
Beurkundung des Gesellschaftsvertrages eine Vor-GmbH entstanden, an der (mindestens) *M* und *D* als Gesellschafter beteiligt sind. Diese Vor-GmbH wäre aus dem
Mietvertrag berechtigt und verpflichtet.

---

[13] BGHZ 13, 320, 324; Lutter/Hommelhoff/*Bayer*, § 2 Rn. 24; *Roth/Altmeppen*, § 2 Rn. 47;
Scholz/*Emmerich*, § 2 Rn. 64; Michalski/*Michalski*, GmbHG, § 2 Rn. 56; Rowedder/Schmidt-
Leithoff/*Schmidt-Leithoff*, § 2 Rn. 65 ff.; MünchHdb.GesR III/*Gummert*, § 16 Rn. 19; *Dörr*,
S. 65 ff., 99.
[14] Michalski/*Michalski*, GmbHG, § 2 Rn. 64; *Dörr*, S. 89 f.
[15] GroßKomm-GmbHG/*Ulmer*, § 2 Rn. 102.
[16] GroßKomm-GmbHG/*Ulmer*, § 2 Rn. 103.
[17] Staudinger/*Keßler*, 12. Aufl., § 705 Rn. 134; *K. Schmidt*, GesellR, § 6 III 3 c cc (S. 159 ff.).
[18] GroßKomm-HGB/*Ulmer*, § 105 Rn. 348; *Dörr*, S. 90; so wohl auch BGHZ 17, 160, 167 f.
[19] Diese Frage wird überwiegend bejaht: *BGH* NJW 1983, 748; MünchKomm-BGB/*Ulmer*,
§ 705 Rn. 339 für die Personengesellschaft.
[20] Ebenso MünchKomm-BGB/*Ulmer*, § 705 Rn. 337; GroßKomm-HGB/*Ulmer*, § 105 Rn. 348.
[21] Zur Genehmigung vgl. GroßKomm-HGB/*Schäfer*, § 105 Rn. 87 f.

III. Durchführung der GmbH-Gründung ohne familiengerichtliche Genehmigung

Verweigert das Familiengericht die Genehmigung zur Beteiligung von *J* an der Gründung der GmbH, haben *M* und *D* zunächst die Möglichkeit, bei entsprechend herabgesetztem Stammkapital die GmbH ohne *J* zu gründen. Beabsichtigen *M* und *D*, die GmbH bei gleich bleibendem Stammkapital ohne *J* zu gründen, sind ihre jeweiligen Geschäftsanteile entsprechend zu erhöhen.

Als Möglichkeit für die Beteiligten, die Gründung der GmbH auf rechtlich gesicherter Basis unter Beteiligung von *J* und ohne eine hierfür erforderliche familiengerichtliche Genehmigung zu erreichen, kommt ein Formwechsel der OHG in eine GmbH gem. §§ 190 ff., 214 ff. UmwG in Betracht.

Bei der Einbringung des Unternehmens ist der Vollzug der Einzelübertragung der Aktiva und Passiva oft mit erheblichem Aufwand verbunden. So müssen sämtliche bewegliche Gegenstände der OHG einzeln gem. §§ 929 ff. BGB auf die GmbH übertragen werden. Grundstücke müssen unter Beachtung der §§ 873, 925 BGB übertragen werden. Forderungen müssen gem. § 398 BGB abgetreten werden. Und ihre Verbindlichkeiten kann die OHG nur mit Zustimmung der Gläubiger gem. §§ 414, 415 BGB auf die GmbH übertragen. Außerdem ist die zutreffende Bewertung des Unternehmens i. d. R. mit großen Unsicherheiten verbunden.[22]

Daher kann es zweckmäßiger sein, statt einer Einbringung des Unternehmens in die GmbH den Weg des Formwechsels der OHG in eine GmbH nach den §§ 191 ff., 214 ff. UmwG zu wählen.[23] Das hierfür zu beachtende Verfahren würde sich grob skizziert wie folgt darstellen: Erforderlich wäre ein Umwandlungsbeschluss der Gesellschafter der OHG gem. §§ 193, 194, 217 UmwG. Der zur Vorbereitung dieser Beschlussfassung obligatorische Umwandlungsbericht kann hier gem. § 215 UmwG entbehrlich sein, wenn – wovon ausgegangen werden kann – *M* und *D* beide in der OHG geschäftsführungsbefugt sind; andernfalls kann auf die Erstattung des Umwandlungsberichts verzichtet werden, wenn alle Gesellschafter der OHG sich hiermit in notarieller Form einverstanden erklären (§ 192 S. 2 UmwG i. V. m. § 8 Abs. 3 S. 1, 1. Alt., S. 2 UmwG). Da dem Umwandlungsbeschluss sämtliche Gesellschafter der OHG zustimmen müssen, ist ferner ein Angebot auf Barabfindung gem. § 207 UmwG nicht erforderlich; konsequenterweise entfällt damit auch die Prüfung eines solchen Barabfindungsangebotes auf seine Angemessenheit hin (vgl. § 208 i. V. m. § 30 Abs. 2 S. 1 UmwG). Mit der Eintragung des Formwechsels im Handelsregister besteht die OHG in der Rechtsform der GmbH weiter (§ 202 Abs. 1 Nr. 1 UmwG). Irgendwelche das Aktiv- und Passivvermögen der OHG betreffende Übertragungsakte auf die GmbH als „Zielrechtsträger" des Formwechsels sind nicht erforderlich.

Allerdings kann die Möglichkeit des Formwechsels hier ausscheiden, weil *J* zusätzlich neben den bisherigen Altgesellschaftern *M* und *D* an der GmbH beteiligt sein soll. Nach § 202 Abs. 1 Nr. 2 UmwG kann eine Personenidentität zwischen den Gesellschaftern der formwechselnden Personenhandelsgesellschaft und den Gesell-

---

[22] Zu den verschiedenen Methoden der Unternehmensbewertung vgl. hierzu den Überblick bei *Großfeld*, AG 1988, 217, 221 ff.

[23] Zum Formwechsel einer Personenhandelsgesellschaft in eine Kapitalgesellschaft nach dem UmwG vgl. die ausführliche Kommentierungen von *Lutter/Decher*, §§ 190 bis 213 und *Lutter/Joost*, §§ 214 bis 225 sowie von *Schmitt/Hörtnagel/Stratz*, §§ 190 bis 225.

schaftern der GmbH als Zielrechtsträger zu verlangen sein.[24] Das Eintreten eines neuen Gesellschafters im Zuge der Umwandlung wäre somit nicht möglich mit der Konsequenz, dass zuerst die OHG in eine GmbH, bestehend nur aus *M* und *D*, umgewandelt werden müsste, in die erst anschließend *J* als Gesellschafter aufgenommen werden kann; dieser Beitritt bedürfte keiner familiengerichtlichen Genehmigung.[25]Von dem Grundsatz der Identität der Mitgliedschaften wird jedoch zutreffend eine Ausnahme gemacht, wenn ein Gesellschafter im Zuge des Formwechsels, d. h. nach Fassung des Umwandlungsbeschlusses und bis zur Eintragung des Formwechsels, im Einvernehmen mit allen übrigen Gesellschaftern in die Gesellschaft neuer Rechtsform eintritt.[26] Demnach können *M* und *D* den Formwechsel der OHG in eine GmbH beschließen, und *J* kann sogleich seinen Eintritt in die GmbH erklären, und zwar aufschiebend bedingt durch die Eintragung des Formwechsels im Handelsregister (§ 158 Abs. 1 BGB), um nicht mehr Gesellschafter der OHG zu werden, sondern nur Gesellschafter der (künftigen) GmbH. Für diesen Beitritt ist – ebenso wie für den Beitritt zu einer bestehenden GmbH – eine familiengerichtliche Genehmigung nicht erforderlich.

Den Beteiligten ist daher anzuraten, die OHG formwechselnd nach den §§ 191 ff., 214 ff. UmwG in eine GmbH umzuwandeln.

B. Zu Aufgabe 2 – Gründung einer Unternehmergesellschaft (UG) unter Verwendung des Musterprotokolls und Abwägung der Vor- und Nachteile gegenüber der Gründung einer „normalen" GmbH

Der Hinweis der Gesellschaftsgründer auf die Meldungen in der Wirtschaftspresse, wonach „der deutsche Gesetzgeber eine billigere und schnellere Alternative gegenüber der Gründung einer GmbH geschaffen haben soll, bei der aber gleichwohl den Gesellschaftsgläubigern nur das Gesellschaftsvermögen haftet", ist auslegungsbedürftig. Soweit sie eine „billigere Alternative" ansprechen, können sie sowohl den für die von ihnen beabsichtigte Haftungsbeschränkung erforderlichen Mindestkapitaleinsatz als auch die Gründungskosten für diese Gesellschaft meinen. Mit einer „schnelleren Alternative" können sie eine Verkürzung des für die Handelsregistereintragung erforderlichen Zeitraums im Blick haben. Außerdem suchen sie offenbar eine Möglichkeit, beide Ziele gleichzeitig zu erreichen.

Eine kostengünstigere Lösung gegenüber der Gründung einer GmbH kann die Gründung einer Unternehmergesellschaft[27] (im Folgenden: UG) gem. § 5a GmbHG darstellen, bei der das aufzubringende Mindestkapital weniger als 25.000 € beträgt. Eine Beschleunigung des Handelsregisterverfahrens kann durch die Verwendung eines Musterprotokolls gem. § 2 Abs. 1a GmbHG erfolgen, mit der wiederum eine

---

[24] Vgl. *Kallmeyer*, ZIP 1994, 1746, 1751; *Bärwald/Schabacker*, ZIP 1998, 1293, 1294 f.; im Grundsatz auch Semler/Stengel/*Kübler*, § 202 Rn. 19.

[25] MünchKomm-BGB/*Wagenitz*, § 1822 Rn. 17; GroßKomm-GmbHG/*M. Winter/Löbbe*, § 15 Rn. 275; ebenso offenbar Staudinger/*Engler*, § 1822 Rn. 41 ff.; restriktiver Soergel/*Zimmermann*, § 1822 Rn. 17.

[26] Vgl. zum Formwechsel in eine GmbH & Co. KG *BGH* NZG 2005, 722, 723; zustimmend Lutter/*Decher*, § 202 Rn. 12; Kallmeyer/*Meister/Klöcker*, § 202 Rn. 30 ff.; Kallmeyer/ *Dirksen*, § 218 Rn. 11 f.; Schmitt/Hörtnagel/Stratz, § 226 Rn. 3; weiterhin *K. Schmidt*, GmbHR 1995, 693, 694 ff.; *Priester*, DB 1997, 560 ff; *Bayer*, ZIP 1997, 1613, 1616 f.; noch offen gelassen *BayObLG* GmbHR 2000, 89, 90 f.

[27] Die Bezeichnung dieser Variante der GmbH lautet nach der amtlichen Überschrift zu § 5a GmbHG schlicht Unternehmergesellschaft; der Zusatz „haftungsbeschränkt" ist lediglich zwingender Bestandteil ihrer Firma (vgl. § 5a Abs. 1 GmbHG).

Privilegierung für die Gründungskosten einhergehen kann. Anstatt der Gründung einer GmbH mit einem den individuellen Belangen der Gesellschafter Rechnung tragenden Gesellschaftsvertrag kann sich somit auch die Gründung einer UG unter Verwendung eines Musterprotokolls empfehlen, wenn sich damit das Vorhaben der Gesellschafter verwirklichen lässt.

I. Gründung einer Unternehmergesellschaft

1. Gesetzliche Anforderungen

Die Anforderungen an die Gründung einer UG sind in § 5a GmbHG geregelt. Danach ist die UG keine eigenständige Rechtsform. Sie stellt lediglich eine Variante der GmbH dar, so dass die Regelungen des GmbHG anzuwenden sind, sofern § 5a GmbHG keine abweichende Regelung enthält.[28] Dies macht gegenüber dem vorgelegten Gesellschaftsvertrag einige Änderungen erforderlich.

Nach § 5a Abs. 1 GmbHG ist es zunächst Voraussetzung, dass die Höhe des Stammkapitals unter dem Mindestbetrag nach § 5 Abs. 1 GmbHG von 25.000 € liegt, wobei es im Extremfall – bei drei Gesellschaftern – auf den Betrag von 3 € (vgl. § 3 Abs. 1 Nr. 4 i. V. m. § 5 Abs. 2 S. 1 GmbHG) festgesetzt werden kann. Das in § 3 Abs. 1 GV festgesetzte Stammkapital und die Einlageverpflichtungen der Gesellschafter in § 3 Abs. 2 GV müssten entsprechend herabgesetzt werden. Außerdem ist nach § 5a Abs. 2 S. 2 GmbHG die Einlageleistung durch eine Sacheinlage ausgeschlossen. Die vorgesehene Leistung der Einlagen von *M* und *D* durch Einbringung der Aktiva und Passiva der von ihnen bisher betriebenen OHG ist somit nicht möglich.[29] *M* und *D* müssten ihre Einlage somit ebenso wie *J* in bar leisten. Des Weiteren ist zu beachten, dass nach § 5a Abs. 2 S. 1 GmbHG die Anmeldung der Gesellschaft zum Handelsregister erst erfolgen darf, wenn das Stammkapital in voller Höhe eingezahlt ist. Im Vergleich zu § 7 Abs. 2 S. 2 GmbHG, wonach für die „normale" Gründung einer GmbH vor der Anmeldung zum Handelsregister mindestens die Hälfte des gesetzlich vorgeschriebenen Mindestkapitals von 25.000 € aufzubringen ist, führt die Gründung einer UG nur dann zu einer Reduzierung der insgesamt aufzubringenden Einlageverpflichtungen der Gründer, wenn das Stammkapital der UG auf weniger als 12.500 € festgesetzt wird.[30] Sollen die Beteiligungsverhältnisse an der UG von *M*, *D* und *J* in gleicher Weise wie bei der vom Steuerberater vorgeschlagenen „normalen" GmbH beibehalten werden, müsste *J* bei einem Stammkapital von 12.500 € lediglich 833,33 € als Einlage in bar leisten. Die Bareinlage von *M* würde 8.333,33 € und diejenige von *D* 3.333,33 € betragen. Diese Beträge blieben deutlich unter denjenigen Beträgen, die sie nach § 3 Abs. 2 c) i. V. m. § 3 Abs. 5 GV vor der Anmeldung der „normalen" GmbH zum Handelsregister aufzubringen hätten. Die Gründung einer UG mit einem Stammkapital von 12.500 € wäre für *M*, *D* und *J* deutlich vorteilhafter, da sie sich dann mit einer wesentlichen niedrigeren Einlageverpflichtung an der Gesellschaft beteiligen könnten.

---

[28] Baumbach/Hueck/*Fastrich*, § 5a Rn. 3; *Roth/Altmeppen*, § 5a Rn. 3; Scholz/*H. P. Westermann*, Nachtrag MoMiG § 5a Rn. 7; MünchHdb.GesR III/*Riemenschneider/Freitag*, § 8a Rn. 2; *Joost*, ZIP 2007, 2242, 2243; *Veil*, GmbHR 2007, 1080, 1081; vgl. auch Begr. RegE MoMiG, BT-Drs. 16/6140, S. 31.

[29] Zu der streitigen Frage, ob die UG Zielrechtsträger eines Formwechsels gem. §§ 190 Abs. 1, 191 Abs. 2 Nr. 3 UmwG sein kann, vgl. u. a. Baumbach/Hueck/*Fastrich*, § 5a Rn. 17 f.; Ensthaler/Füller/Schmidt/*Füller*, § 5a Rn. 19; Lutter/Hommelhoff/*Lutter*, § 5a Rn. 33; Scholz/ *H. P. Westermann*, Nachtrag MoMiG § 5a Rn. 37; *Wicke*, § 5a Rn. 18; *Heckschen*, Rn. 235 f.; *Römermann/Passarge*, ZIP 2009, 1497, 1501; *Hennrichs*, NZG 2009, 1161, 1163 f.

[30] Zutreffend Ensthaler/Füller/Schmidt/*Füller*, § 5a Rn. 7.

2. Gründungsverfahren unter Verwendung eines Musterprotokolls

Die Gründung sowohl einer UG als auch einer „normalen" GmbH im vereinfachten Verfahren nach § 2 Abs. 1a GmbHG setzt zudem voraus, dass höchstens drei Gesellschafter an der Gesellschaft beteiligt sind und nur ein Geschäftsführer bestellt wird (§ 2 Abs. 1a S. 1 GmbHG). Bei der geplanten Gründung mit den drei Gesellschaftern *M*, *D* und *J* sowie mit *M* oder *D* als dem alleinigen Geschäftsführer, der von den Beschränkungen des § 181 BGB befreit ist,[31] bestehen insofern keine Bedenken.[32] Jedoch setzt § 2 Abs. 1a S. 2 GmbHG die Verwendung des in der Anlage zum GmbHG enthaltenen Musterprotokolls für Mehrpersonengesellschaften als Gesellschaftsvertrag voraus. Der Vertragsentwurf des Steuerberaters kann daher nicht verwendet werden (vgl. § 2 Abs. 1a S. 3 GmbHG).

Möglicherweise kann das Musterprotokoll aber durch einzelne Regelungen des vom Steuerberater entworfenen Gesellschaftsvertrags ergänzt werden. § 2 Abs. 1a S. 3 GmbHG bestimmt lediglich, dass keine darüber hinausgehenden und vom Gesetz abweichenden Bestimmungen im Vertrag geregelt werden können. Nach dem Wortlaut dieser Norm kann das Musterprotokoll daher um eine die gesetzliche Regelung *ergänzende* – aber nicht von ihr *abweichende* – Bestimmung erweitert werden. So erscheint nach dem Wortlaut von § 2 Abs. 1a S. 3 GmbHG z. B. eine detaillierte und die gesetzliche Regelung des § 15 Abs. 1 GmbH lediglich ergänzende Bestimmung zur Vererbung der Geschäftsanteile[33] möglich; gleiches würde für eine Vinkulierungsabrede[34], ein Vorkaufsrecht[35] und eine Kündigungsmöglichkeit für einzelne Gesellschafter[36] gelten. Eine derartige Auslegung des § 2 Abs. 1a S. 3 GmbHG ist mit dem Gesetzeszweck des vereinfachten Verfahrens indessen nicht vereinbar. Das vereinfachte Verfahren soll eine standardisierte und dadurch schnelle Gründung der Gesellschaft ermöglichen.[37] Dieser Zweck würde bei einer Erweiterung des Musterprotokolls um individuellen Belangen der Gesellschafter dienende Satzungsregelungen verfehlt. Eine standardisierte und rasche Prüfung durch das Registergericht wäre nicht möglich. Daher sind auch Ergänzungen nicht zulässig.[38] Bei Verwendung des Musterprotokolls ist es den Gesellschaftern daher verwehrt, Bestimmungen aus dem Gesellschaftsvertragsentwurf des Steuerberaters als zusätzlichen Inhalt zu verwenden.

3. Möglichkeiten zur Umsetzung des Vorhabens der Gesellschafter

Der Verzicht auf die individuelle Vertragsgestaltung ist weder von den Gesellschaftern gewollt noch für die Gesellschafter sinnvoll. Insbesondere Regelungen über die

---

[31] Vgl. Musterprotokoll für die Gründung einer Mehrpersonengesellschaft unter 4.

[32] Nach Eintragung der UG können weitere Geschäftsführer bestellt werden, deren Befreiung von § 181 BGB aber nur im Wege einer Satzungsänderung erfolgen kann; vgl. Baumbach/Hueck/*Hueck/Fastrich*, § 2 Rn. 18; Ensthaler/Füller/Schmidt/*Füller*, § 2 Rn. 18; Lutter/Hommelhoff/*Bayer*, § 2 Rn. 47; Scholz/*H. P. Westermann*, Nachtrag MoMiG § 2 Rn. 9.

[33] Vgl. § 10 Abs. 1 GV in Fall 23 in der unter A. X. 2. empfohlenen Fassung.

[34] Vgl. § 8 Abs. 1 und 2 GV von Fall 23.

[35] Vgl. § 8 Abs. 3 GV von Fall 23.

[36] Vgl. den neu eingefügten § 10 von Fall 23 unter B.

[37] Lutter/Hommelhoff/*Bayer*, § 2 Rn. 36.

[38] *Roth/Altmeppen*, § 2 Rn. 52; Ensthaler/Füller/Schmidt/*Füller*, § 2 Rn. 16 f.; Scholz/*H. P. Westermann*, Nachtrag MoMiG § 2 Rn. 12; ausführlich *Römermann*, GmbHR Sonderheft Oktober 2008, 16, 18; „Gestaltungen" sind nur zulässig, soweit das Musterprotokoll in den amtlichen Hinweisen ausdrücklich Alternativen zulässt; ebenso aber ohne Begründung Baumbach/Hueck/*Hueck/Fastrich* § 2 Rn. 17.

Vinkulierung oder Vererbung von Geschäftsanteilen sowie Kündigungs- und Abfindungsregelungen sind für Mehrpersonengesellschaften unverzichtbar, um mögliche spätere Streitigkeiten zwischen den Gesellschaftern vorausschauend lösen zu können.[39] Auch die von den Gesellschaftern beabsichtigte Fortführung des Unternehmens von M und D in der neuen Gesellschaft wird durch das Verbot der Einbringung von Sacheinlagen in eine UG (§ 5a Abs. 2 S. 2 GmbHG) erschwert. Sie könnten das Unternehmen erst dann in die UG einbringen, nachdem diese ins Handelsregister eingetragen worden ist.

Allerdings kann die „normale" GmbH in einem zweistufigen Gründungsverfahren unter Verwendung der UG als „erster Gründungsstufe" in Betracht kommen. Nach der Gründung der UG im vereinfachten Verfahren könnte diese anschließend unverzüglich in eine „normale" GmbH „umgewandelt" werden.[40] Nach der Eintragung der UG im Handelsregister könnten M und D im Wege einer Kapitalerhöhung mit Sacheinlagen nach § 56 Abs. 1 GmbHG die Aktiva und Passiva der OHG in die Gesellschaft einbringen.[41] Damit würde sich die Gesellschaft kraft Gesetztes in eine „normale" GmbH „umwandeln" (§ 5a Abs. 5 GmbHG). Des Weiteren wäre nach der Eintragung – und zugleich mit der Einbringung des Unternehmens im Wege der Kapitalerhöhung gegen Sacheinlagen – eine individuelle Gesellschaftsvertragsgestaltung entsprechend dem Vertragsentwurf des Steuerberaters durch eine Satzungsänderung gem. § 53 Abs. 1 GmbHG zu erreichen. Auf diese Weise könnten den Gründern die Vorteile einer beschleunigten UG-Gründung zugute kommen.

II. Abwägung

Für die Gründung einer UG spricht zunächst, dass bei Festsetzung eines Stammkapitals von weniger als 12.500 € von den Gründern ein niedriger Kapitalbetrag aufgebracht werden muss als bei einer GmbH, um die Anmeldung der Gesellschaft zur Eintragung ins Handelsregister betreiben zu können. Andererseits erhöht ein niedriges Stammkapital die Gefahr der Überschuldung der Gesellschaft.[42] Zwar bezweckt das Mindestkapital einer „normalen" GmbH von 25.000 € (§ 5 Abs. 1 GmbHG) weniger eine ausreichende Kapitalausstattung der Gesellschaft als vielmehr eine „Seriösitätsschwelle" für die Gesellschafter.[43] Ein Gesellschafter, der bereit ist, ein höheres Mindestkapital aufzubringen, gibt dem Rechtsverkehr damit zugleich zu verstehen, dass er von seinem unternehmerischen Vorhaben überzeugt ist und sich daher bereit erklärt, sich mit einer „hohen" Einlage an dem unternehmerischen Risiko zu beteiligen.[44] Das ggf. sehr niedrige Stammkapital einer UG kann aber dazu führen, dass die Gläubiger mit dem Unternehmen nicht zusammenarbeiten wollen, weil sie

---

[39] So auch MünchHdb.GesR III/*Riemenschneider/Freitag*, § 8b Rn. 32; *dies.*, ZIP 2007, 1485, 1487; *Heckschen*, DStR 2007, 1442, 1444; *Katschinski/Rawert*, ZIP 2008, 1993, 1994.
[40] Für diese Nutzungsmöglichkeit der UG vgl. *Römermann*, GmbHR Sonderheft Oktober 2008, 16, 25; wohl auch *Joost*, ZIP 2007, 2242, 2248.
[41] Es ist umstritten, ob wegen des Sacheinlagenverbots in § 5a Abs. 2 S. 2 GmbHG eine Kapitalerhöhung gegen Sacheinlagen zulässig ist, vgl. dazu nur Baumbach/Hueck/*Fastrich*, § 5a Rn. 13; Ensthaler/Füller/Schmidt/*Füller*, § 5a Rn. 10; Scholz/*H. P. Westermann*, Nachtrag MoMiG § 5a Rn. 18; *Heckschen*, Rn. 186 ff.; *Freitag/Riemenschneider*, ZIP 2007, 1485, 1491; *Klose*, GmbHR 2009, 294 ff.; *Hennrichs*, NZG 2009, 1161 ff. jeweils m. w. N.
[42] Baumbach/Hueck/*Fastrich*, § 5a Rn. 20, 30; Lutter/Hommelhoff/*Lutter*, § 5a Rn. 11; *Drygala*, NZG 2007, 561, 563.
[43] Vgl. *Hirte*, 5.23; *K. Schmidt*, GesellR, § 18 II 4 a (S. 523); ausführlich *Drygala*, ZGR 2006, 587, 595 ff.; im Grundsatz auch Begr. RegE MoMiG, BT-Drs. 16/6140, S. 29.
[44] *Drygala*, ZGR 2006, 587, 596.

das Unternehmen als risikoreich und unseriös einstufen.[45] Letztlich können die Vor- und Nachteile einer geringen Kapitalausstattung der UG aber dahinstehen. *M* und *D* wollen ihren in der Rechtsform der OHG betriebenen Autohandel in eine Gesellschaft „umwandeln", bei denen den Gläubigern nur das Gesellschaftsvermögen haftet. Dieser Weg ist ihnen aber über eine UG-Gründung mit Einbringung des Unternehmens als Sacheinlage versperrt. Sofern sie die UG nur als „zeitliche Vorstufe" für die spätere „normale" GmbH gründen und mit der UG nicht im rechtsgeschäftlichen Verkehr auftreten wollen, spielt die Kapitalausstattung der Gesellschaft aus Gründen der Reputation gegenüber den Gläubigern keine Rolle.

Für die Gründung der UG unter Verwendung des Musterprotokolls können zunächst niedrigere Gründungskosten angeführt werden. So findet für die Beurkundung des Gesellschaftsvertrages und die Handelsregisteranmeldung im vereinfachten Verfahren die Kostenprivilegierung des § 41d KostO Anwendung.[46] Diese Kostenersparnis ist aber nur ein vorläufiges Ergebnis. Wollen die Gesellschafter nach der Eintragung der UG und im Zuge ihrer „Umwandlung" in eine „normale" GmbH eine vom Musterprotokoll abweichende Satzungsänderung beurkunden und eintragen lassen, greift hierfür nicht das Kostenprivileg, sondern es fallen dann die nach dem Gegenstandswert der notariellen Beurkundung maßgeblichen Kosten an (vgl. § 41d, 2. Halbs. KostO).[47] Somit kann jedenfalls bei der beabsichtigen UG-Gründung mit anschließender „Umwandlung" in eine „normale" GmbH nicht mit den niedrigeren Gründungskosten für die UG argumentiert werden.

Für die – zeitlich vorgeschaltete – Gründung einer UG unter Verwendung des Musterprotokolls kann jedoch ein beschleunigtes Gründungsverfahren sprechen. Eine schnelle Beendigung des Gründungsverfahrens durch Eintragung der Gesellschaft im Handelsregister innerhalb weniger Tage[48] ist für die Gesellschafter von wesentlicher Bedeutung, da mit Eintragung der Gesellschaft die unbeschränkte Verlustdeckungshaftung der Gesellschafter endet.[49] Das Risiko einer Verlustdeckungshaftung oder der sich anschließenden Vorbelastungshaftung besteht für die Gesellschafter einer UG zwar im Prinzip gleichermaßen.[50] Allerdings scheidet das Risiko einer Verlustdeckungshaftung wegen Fortführung des von der OHG betriebenen Autohandels von vornherein aus, weil der Autohandel bei der Gründung der UG nicht im Wege einer Sacheinlage eingebracht werden kann. Das Risiko einer Verlustdeckungshaftung besteht ferner dann nicht, wenn die Gesellschafter vereinbaren, vor der Eintragung der UG keine Geschäfte im Namen der Vorgesellschaft vorzunehmen. Allerdings wäre auch eine solche Abrede als Bestandteil des Musterprotokolls mit § 2 Abs. 1a

---

[45] Ähnlich *Heckschen*, DStR 2007, 1442, 1445.
[46] Nach § 41d KostO wird bei der Gebührenberechnung nach § 32 KostO nicht der Mindestgeschäftswerte der §§ 39 Abs. 5, 41a Abs. 1 Nr. 1 und Abs. 4 Nr. 1 KostO zu Grunde gelegt, sondern der tatsächliche Wert des Stammkapitals; vgl. ausführlich zu den Gründungskosten mit vergleichenden Berechnungsbeispielen *Wachter*, GmbHR Sonderheft Oktober 2008, 25, 26 ff.
[47] *Katschinski/Rawert*, ZIP 2008, 1993, 2001; *Tebben*, RNotZ 2008, 441, 445.
[48] In den Gesetzesmaterialien findet sich keine konkrete Angabe zu der beabsichtigten Dauer des Gründungsverfahrens. Das Ziel einer Gründung innerhalb von wenigen Tagen wurde jedoch in der Reformdiskussion auch von legislativer Seite genannt; vgl. *Gehb/Drange/Heckelmann*, NZG 2006, 88, 92.
[49] Siehe oben A. I.
[50] Baumbach/Hueck/*Fastrich*, § 5a Rn. 20; MünchHdb.GesR III/*Gummert*, § 16 Rn. 148.

S. 3 GmbHG nicht vereinbar,[51] sondern könnte allenfalls als schuldrechtliche Nebenabrede vorgesehen werden.[52] Ob in diesem Falle auch die Genehmigung des Familiengerichts für die Beteiligung von *J* (§§ 1643 Abs. 1, 1822 Nr. 3 BGB) an der UG-Gründung entbehrlich wäre, dürfte schon aus Gründen der Rechtssicherheit zweifelhaft sein. Bei Eintragung der UG innerhalb von wenigen Tagen nach ihrer Anmeldung zum Handelsregister dürfte es aber keine Schwierigkeiten bereiten, die kurze Eintragungsdauer abzuwarten, bevor die UG das neue Firmengelände anmietet und damit Verbindlichkeiten eingeht. Die Anmietung des neuen Firmengeländes könnte unter diesen Umständen wie geplant noch im Februar 2010 erfolgen.

Allerdings ist zweifelhaft, ob das vereinfachte Verfahren nach § 2 Abs. 1a GmbHG auch entsprechend den Vorstellungen des Gesetzgebers in der Praxis zu einer beschleunigten Gründung der Gesellschaft führt.[53] Ein Rechtsanspruch auf eine Eintragung innerhalb von wenigen Tagen besteht nicht.[54] Auch zeigen erste Erfahrungen der Praxis bei UG-Gründungen mittels Musterprotokoll, dass das Eintragungsverfahren zum Teil sogar eine längere Dauer aufweist als bei einer Gründung ohne Musterprotokoll.[55] Die Vorstellung des Gesetzgebers, die UG könne im vereinfachten Verfahren innerhalb von wenigen Tagen gegründet werden, scheint in der Praxis jedenfalls zurzeit noch nicht gesichert umsetzbar zu sein. Ob unter diesen Umständen die UG rechtzeitig ins Handelsregister eingetragen sein wird, um das Grundstück noch im Februar 2010 anmieten zu können, lässt sich nicht mit hinreichender Sicherheit prognostizieren; ggf. wäre eine vorherige Kontaktaufnahme mit dem zuständigen Registerrichter anzuraten.

III. Entscheidungsvorschlag

Für den Vorschlag einer Handlungsempfehlung an *M*, *D* und *J* ist zunächst zu beachten, dass sich das gemeinsame Ziel, nämlich die Fortführung des in der Rechtsform der OHG betriebenen Autohandels künftig in der Rechtsform der GmbH, nur unter Einschaltung eines Notars verwirklichen lässt. Für den Entscheidungsvorschlag sind daher diejenigen Anforderungen maßgeblich, die an den beurkundenden Notar zu stellen sind. Der Notar ist gem. § 17 Abs. 1 und Abs. 2 BeurkG zur umfassenden Beratung der Gründungsgesellschafter verpflichtet. Er muss die Gründungsgesellschafter somit über alle mit dem beurkundungspflichtigen Rechtsgeschäft rechtlichen Folgen belehren. Dabei hat er auch die verschiedenen Möglichkeiten aufzuzeigen, auf welche Weise *M*, *D* und *J* ihr gemeinsames Ziel, nämlich die Gründung einer GmbH unter Einbeziehung des von der OHG betriebenen Unternehmens erreichen können. Dabei hat er von mehreren Gestaltungsmöglichkeiten die nach der Rechtslage im

---

[51] Zu den Rechtsfolgen einer UG- bzw. GmbH-Gründung unter Verwendung eines fehlerhaften Musterprotokolls vgl. Baumbach/Hueck/*Hueck/Fastrich*, § 2 Rn. 18; Ensthaler/Füller/Schmidt/*Füller*, § 2 Rn. 19; Lutter/Hommelhoff/*Bayer*, § 2 Rn. 55; *Roth/Altmeppen*, § 2 Rn. 52; Scholz/*H. P. Westermann*, Nachtrag MoMiG, § 2 Rn. 19; MünchHdb. GesR III/*Riemenschneider/Freitag*, § 8b Rn. 10.

[52] Vgl. hierzu allgemein Lutter/Hommelhoff/*Bayer*, § 2 Rn. 54; Scholz/*H. P. Westermann*, Nachtrag MoMiG, § 2 Rn. 12; *Heckschen*, DStR 2007, 1442, 1443.

[53] Zweifelnd auch MünchHdb.GesR III/*Riemenschneider/Freitag*, § 8b Rn. 28.

[54] Vgl. § 25 Abs. 1 S. 2 HRV; der Registerrichter ist lediglich verpflichtet, über die Eintragung „unverzüglich" zu entscheiden. Eine Pflicht zur Eintragung innerhalb von z. B. 48 Stunden besteht nicht.

[55] Vgl. hierzu die Untersuchung für Gründungen in Thüringen von *Bayer/Hoffmann*, GmbHR 2009, R 225 f.; die UG-Gründungen im vereinfachten Verfahren dauerten danach im Durchschnitt 48 Tage (Stand: 15. 5. 2009).

Zeitpunkt der Beurkundung sicherste aufzuzeigen, und zwar selbst dann, wenn sie höhere Kosten verursacht.[56]

Die Entscheidung beschränkt sich nicht nur auf die Alternativen entweder die Gründung der GmbH im Wege der Einbringung des von der OHG betriebenen Unternehmens unter Verwendung eines individuell ausgehandelten Gesellschaftsvertrags einerseits oder der Gründung einer UG mittels Musterprotokoll als „zeitliche Vorstufe" vor der anschließenden „Umwandlung" der UG in eine „normale" GmbH im Wege der Sachkapitalerhöhung. Vielmehr sind auch weitere Möglichkeiten wie der Formwechsel der OHG in eine GmbH nach den §§ 191 ff., 214 ff. UmwG[57] oder der Erwerb eines GmbH-Mantels mit anschließender wirtschaftlicher Neugründung der GmbH[58] zu bedenken.

Eine einzig richtige Handlungsempfehlung zwischen diesen vier Möglichkeiten kann auf der Grundlage der gegebenen Informationen nicht gegeben werden. Für die Handlungsempfehlung wird es maßgeblich auf die wirtschaftliche Situation des Unternehmens ankommen, um das Risiko der Verlustdeckungshaftung bzw. Vorbelastungshaftung der Gesellschafter abschätzen und damit verbunden die Eilbedürftig der Eintragung der GmbH einordnen zu können. Die Eilbedürftigkeit des Vollzugs der „Umwandlung" der OHG in die vorgesehene GmbH wird auch vor dem Hintergrund zu sehen sein, dass für *M* und *D* die Frist für die Nachhaftungsbegrenzung für die Verbindlichkeiten der OHG gem. § 159 HGB (im Falle der Gründung der GmbH unter Einbringung des Unternehmens) bzw. gem. § 224 Abs. 2 UmwG (im Falle des Formwechsels der OHG in eine GmbH) erst mit Eintragung der GmbH ins Handelsregister zu laufen beginnen wird; bei Gründung der UG mit anschließender Sachkapitalerhöhung oder bei Erwerb eines GmbH-Mantels mit anschließender Einbringung des Unternehmens im Wege der Sacheinlage wird für den Beginn der Frist gem. § 159 HGB auf den Zeitpunkt der Eintragung der Kapitalerhöhung ins Handelsregister abzustellen sein. Wie dringend dies ist, kann nicht beurteilt werden, weil keine Informationen über die bestehenden Haftungsrisiken von *M* und *D* für die Verbindlichkeiten der OHG vorliegen. Die ggf. erforderliche familiengerichtliche Genehmigung für die Beteiligung von *J* dürfte demgegenüber weniger entscheidend sein, da *J* immer noch in die eingetragene GmbH als Gesellschafter aufgenommen werden kann. Auch das Ziel der Beteiligten, ihre Belange durch einen individuell ausgehandelten Gesellschaftsvertrag zu regeln, hat im Vergleich dazu nur untergeordnete Bedeutung, weil es sich bei allen vorgenannten Möglichkeiten letztlich verwirklichen lässt.

---

[56] BeckOK/*Litzenburger*, § 17 BeurkG Rn. 1.
[57] Vgl. oben unter A. III.
[58] Vgl. hierzu Fall 25 unter B. II. 1. a) bb).

Fall 25. Böses Erwachen

Schwerpunkte im GmbH-Recht:
Gründung einer Unternehmergesellschaft und Erwerb eines GmbH-Mantels als Alternativen gegenüber der Sachgründung einer GmbH durch Einbringung eines Unternehmens – Haftung des Notars für Beratungsfehler bei der notariellen Beurkundung des GmbH-Gesellschaftsvertrages

Sachverhalt

Armin August (A) betrieb seit 1993 ein im Handelsregister eingetragenes Unternehmen zur Herstellung von Bremsbelägen für KFZ. Der Jahresumsatz des Unternehmens lag im Jahr 2008 bei 35 Mio. €. Zusammen mit seinem finanzkräftigen Bekannten *Berthold Bös (B)* vereinbarte er im Februar 2009 in notariell beurkundeter Form die Gründung der „A & B Bremsbeläge GmbH" (A-GmbH). In dem Gesellschaftsvertrag war u. a. bestimmt, dass von dem Stammkapital der GmbH i. H. v. 2 Mio. € *A* einen Geschäftsanteil i. H. v. 1,8 Mio. € und *B* einen Geschäftsanteil i. H. v. 200.000 € erhält. Während sich *B* zu einer Bareinlageleistung verpflichtete, brachte *A* sein Unternehmen, dessen Wert zutreffend mit 1,8 Mio. € bewertet worden war, in die GmbH ein. Außerdem wurde *A* zum alleinigen Geschäftsführer der Gesellschaft bestellt. Die Eintragung der GmbH ins Handelsregister erfolgte erst am 3. 3. 2009; die Geschäfte des eingebrachten Unternehmens wurden im Einvernehmen der Gesellschafter seit der notariellen Beurkundung des GmbH-Gesellschaftsvertrages ohne Unterbrechung fortgeführt.

Die globale Wirtschaftskrise traf auch die A-GmbH mit voller Wucht. In der Zeit zwischen der Anmeldung der Gesellschaft zur Eintragung in das Handelsregister und ihrer Eintragung traten infolge eines dramatischen Auftragseinbruchs und großen Forderungsausfällen gegenüber insolvent gewordenen früheren Geschäftspartnern nicht unerhebliche Verluste ein, die sich in der Folgezeit weiter vergrößerten. Da sich auch die Kreditinstitute weigerten, der A-GmbH weitere Kredite zur Überbrückung der finanziellen Notlage zu gewähren, musste *A* schließlich am 10. 11. 2009 wegen Zahlungsunfähigkeit Insolvenz anmelden. Der über das Vermögen der A-GmbH gerichtlich bestellte Insolvenzverwalter *V* verlangte im Februar 2010 von *B* zum Ausgleich einer auf den Stichtag der Handelsregistereintragung festgestellten Unterbilanz i. H. v. 500.000 € die Zahlung von 50.000 €.

Nachdem *B* von seinem Rechtsanwalt erfahren hat, dass er zur Zahlung dieses Betrages wegen der ihn treffenden sog. Vorbelastungshaftung verpflichtet ist, wendet er sich empört an *N*, der den Gesellschaftsvertrag der A-GmbH notariell beurkundet hat, und verlangt von ihm Schadensersatz i. H. v. 50.000 €. Hätte *N* ihnen seinerzeit zur Gründung einer Unternehmergesellschaft oder zum Erwerb eines GmbH-Mantels geraten, wäre die Eintragung schneller vollzogen worden. Außerdem habe er – was zutreffend ist – nicht gewusst, dass eine solche Vorbelastungshaftung auf ihn zukommen könne. Die schlechte Beratung durch *N* bei der Beurkundung des Gesellschaftsvertrages sei daher ursächlich dafür, dass er nochmals Geld in die GmbH stecken müsse. Unter diesen Voraussetzungen hätte er sich nie auf diese Sache eingelassen. *N* verweigert die Zahlung. Er verweist auf den Vermerk im Gründungsprotokoll. Darin heißt es: „Der Notar hat die Gesellschafter über alle Einzelheiten der im Gesellschaftsvertrag enthaltenen Regelungen aufgeklärt und beraten."

Ist das Zahlungsbegehren von B gegenüber N begründet?

Lösung

A. Anspruch aus § 839 Abs. 1 BGB

B kann gegen den Notar N einen Anspruch auf Schadensersatz i. H. v. 50.000 € gem. § 839 Abs. 1 BGB haben.

Die Anwendbarkeit des Amtshaftungsanspruchs aus § 839 Abs. 1 BGB ist indessen ausgeschlossen, wenn eine Spezialregelung vorrangig anzuwenden ist. § 19 Abs. 1 BNotO kann als Spezialregelung vorrangig vor § 839 Abs. 1 BGB anzuwenden sein.[1] Verletzt der Notar vorsätzlich oder fahrlässig die ihm einem anderen gegenüber obliegende Amtspflicht, so hat er diesem den daraus entstehenden Schaden zu ersetzen (§ 19 Abs. 1 S. 1 BNotO). N ist bei der Beratung und Beurkundung im Rahmen seiner Aufgabe als Notar tätig geworden. § 19 Abs. 1 BNotO kommt daher als Anspruchsgrundlage in Betracht und schließt folglich die Anwendbarkeit des § 839 Abs. 1 BGB aus.

Ein Schadensersatzanspruch von B gegen N aus § 839 Abs. 1 BGB besteht daher nicht.

B. Anspruch aus § 19 Abs. 1 BNotO

B kann gegenüber N aber einen Anspruch auf Schadensersatz i. H. v. 50.000 € gem. § 19 Abs. 1 S. 1 BNotO haben.

I. Notar

Der Anspruch des § 19 Abs. 1 S. 1 BNotO richtet sich gegen einen Notar. N war als Notar mit der gem. § 2 Abs. 1 GmbHG erforderlichen notariellen Beurkundung des Gesellschaftsvertrags der GmbH von A und B befasst.[2]

II. Amtspflichtverletzung

N muss bei der Beurkundung des GmbH-Gesellschaftsvertrags eine dem B gegenüber bestehende Amtspflicht verletzt haben.

---

[1] Für die Amtshaftung des Notars ist § 19 BNotO eine § 839 BGB verdrängende Spezialnorm; vgl. Bamberger/Roth/*Reinert*, § 839 Rn. 30; Erman/*J. Hecker*, § 839 Rn. 123; Jauernig/*Teichmann*, § 839 Rn. 30; Palandt/*Sprau*, § 839 Rn. 149 ff.; Staudinger/*Wurm*, § 839 Rn. 48. Zwar hatte das *BVerfG* durch Urteil vom 19. 10. 1982 (BVerfGE 61, 149) das Staatshaftungsgesetz – und damit zugleich auch § 19 BNotO – wegen fehlender Gesetzgebungskompetenz des Bundes für nichtig erklärt. Dieser Mangel wurde aber durch die Grundgesetznovellierung vom 27. 10. 1994 (BGBl. I 3146) behoben; vgl. hierzu Bamberger/Roth/*Reinert*, § 839 Rn. 129; Hk-BGB/*Staudinger*, § 839 Rn. 4; MünchKomm-BGB/*Papier*, § 839 Rn. 105 f.; Staudinger/*Wurm*, § 839 Rn. 12.

[2] Vgl. § 1 BNotO für den Aufgabenbereich und die Stellung des Notars.

1. Verletzung der Beratungspflicht über alternative Gründungsformen

N kann bei der Beurkundung des GmbH-Gesellschaftsvertrages eine gegenüber *B* bestehende Beratungspflicht verletzt haben, wenn er es unterlassen hat, die Gesellschafter – und damit auch *B* – über gleichwertig Alternativen gegenüber der Gründung einer GmbH aufzuklären. Eine solche Aufklärungs- und Beratungspflicht kann aus § 17 Abs. 1 BeurkG folgen, wenn im konkreten Fall gegenüber der Gründung einer GmbH alternative Möglichkeiten zur Verwirklichung des von *A* und *B* beabsichtigten Vorhabens bestanden haben, nämlich die Einbringung des Fuhrunternehmens in eine Gesellschaft, bei der den Gesellschaftern nur das Gesellschaftsvermögen haftet bei gleichzeitiger Minimierung der Haftungsrisiken der Gesellschafter während der Gründungsphase.

a) Alternative Gründungsmöglichkeiten

aa) Gründung einer Unternehmergesellschaft (UG)

Statt der Gründung einer GmbH wäre für *A* und *B* möglicherweise auch die Gründung einer UG gem. § 5a GmbHG in Betracht gekommen.[3] Die UG ist eine Variante der GmbH, für die § 13 Abs. 2 GmbHG ebenfalls gilt.[4]

Die Verringerung der Haftungsrisiken für die Gesellschaftsgründer aus der Vorbelastungshaftung[5] wäre eingetreten, wenn die UG in einer kürzeren Zeitspanne als eine „normale" GmbH ins Handelsregister eingetragen worden wäre. Die Richtigkeit der entsprechenden Behauptung von *B* ist jedoch zweifelhaft. Zwar wurde das Ziel der schnellen Eintragung der UG in der Reformdiskussion zum MoMiG genannt.[6] Erste Erfahrungen können die Erreichung dieses Ziels jedoch nicht bestätigen.[7] Eine schnellere Eintragung der UG im Vergleich zur „normalen" GmbH kann, wenn überhaupt, nur dann erreicht werden, wenn die UG im Wege des vereinfachten Verfahrens (vgl. § 2 Abs. 1a S. 2 GmbHG) errichtet wird, während die „normale" GmbH unter Verwendung eines individuell ausgehandelten Gesellschaftsvertrags gegründet wird. Bei der Verwendung des Musterprotokolls erstreckt sich die Prüfung des Registergerichts ausschließlich darauf, ob die zwingend vorgeschriebenen Inhalte des Musterprotokolls beachtet wurden. Diese Prüfung kann zwar in sehr kurzer Zeit erfolgen. Aber bei Gründung einer UG unter Verwendung des Musterprotokolls (§ 2 Abs. 1a S. 2 GmbHG) war für *A* und *B* das Ziel, das Unternehmen von *A* in eine GmbH einzubringen, jedenfalls auf direktem Wege aber nicht erreichbar. Die Einbringung eines Unternehmens in eine neu zu gründende GmbH ist gem. § 5 Abs. 4 S. 1 und 2 GmbHG nämlich als Sachgründung anzusehen. Gem. § 5a Abs. 2 S. 2 GmbHG ist für die Gründung einer UG eine Sacheinlage indessen ausgeschlossen.[8]

Allerdings ist die Gründung einer UG als sinnvolle Alternative zur „normalen" GmbH für *A* und *B* damit noch nicht ausgeschlossen. Ernsthaft erwägenswert ist die Gründung einer UG mit einem deutlich unter dem Betrag von 25.000 € liegenden

---

[3] Zur UG vgl. ausführlich auch Fall 24 Aufgabe 2 m. w. N.

[4] Die UG wird im Verhältnis zur GmbH auch als „GmbH-light" (so *Veil*, GmbHR 2007, 1080, 1081), deren „Brüderchen", „Schwesterchen", „Bastard" oder „Wechselbalg" (so *Windbichler*, § 20 Rn. 21 m. w. N.) bezeichnet.

[5] Vgl. hierzu die Nachweise in Fall 11 Fn. 23.

[6] BT-Drs. 16/6140, S. 31; siehe auch Lutter/Hommelhoff/*Bayer*, § 2 Rn. 36.

[7] *Bayer/Hoffmann*, GmbHR 2009, R225, R225; so auch MünchHdb.GesR III/*Riemenschneider/Freitag*, § 8b Rn. 28.

[8] Siehe hierzu auch Lutter/Hommelhoff/*Lutter*, § 5a Rn. 12 f.; *Roth/Altmeppen*, § 5a Rn. 13 ff.; MünchHdb.GesR III/*Freitag/Riemenschneider*, § 9 Rn. 5 f.; *Hirte*, 5.45c.

Stammkapital als „zeitliche Vorstufe" zur „normalen" GmbH.[9] Nach der Eintragung der UG ins Handelsregister kann das Stammkapital der Gesellschaft anschließend durch eine Kapitalerhöhung mit Sacheinlagen gem. § 56 Abs. 1 GmbH so weit erhöht werden, dass es den gesetzlichen Mindestbetrag von 25.000 € übersteigt und die UG damit zur „normalen" GmbH „heranwächst".[10] A kann auf diese Weise sein Unternehmen als Sacheinlage in die UG einbringen und B seine versprochene Einlageleistung erbringen, so dass auf diese Weise letztlich dasselbe Ergebnis erzielt würde, als wenn die Gesellschafter von vornherein eine „normale" GmbH gründen würden. Während bei dieser Gestaltung das Risiko der Verlustdeckungshaftung für B nur eher theoretischer Natur wäre, verbliebe das Risiko der geschäftlichen Verluste bis zum Wirksamwerden der Kapitalerhöhung in der UG allein bei A. Sollte nämlich der Wert des als Sacheinlage eingebrachten Unternehmens in der Zeitspanne zwischen der Beurkundung der Kapitalerhöhung und deren Eintragung ins Handelsregister (vgl. § 53 Abs. 1, 54 Abs. 3 GmbHG) unter den für das Unternehmen im Zeitpunkt der Anmeldung festgesetzten Nennbetrages des übernommenen Geschäftsanteils herabsinken, träfe A insoweit allein die Differenzhaftung gem. § 9 Abs. 1 S. 1 GmbHG.[11] Ob A mit dieser für ihn im Verhältnis zu B ungünstigeren Risikoverteilung im Vergleich zur konkret durchgeführten Gründung der F-GmbH einverstanden gewesen wäre, kann zwar mit guten Gründen bezweifelt werden. Solange A die Gründung einer UG als „zeitliche Vorstufe" zur „normalen" GmbH mit anschließender Einbringung seines Unternehmens als Sacheinlage auf eine entsprechende Belehrung durch N nicht definitiv ausgeschlossen hat, stellt diese Vorgehensweise objektiv eine erwägenswerte Alternative gegenüber der Sachgründung der GmbH unter Einbringung des Fuhrunternehmens von A dar.

bb) Erwerb einer Vorrats-GmbH

Möglicherweise wäre auch der Erwerb einer Vorrats-GmbH (sog. „GmbH-Mantelkauf") für A und B eine geeignete Gründungsalternative gewesen. Der Erwerb einer Vorrats-GmbH kann nicht nur das Gründungsverfahren und den Zeitraum bis zur Eintragung verkürzen,[12] sondern ebenfalls dem Risiko der Vorbelastungshaftung weitgehend entgegenwirken.

Der Erwerb einer Vorrats-GmbH hat eine fertig gegründete GmbH zum Gegenstand.[13] Der Erwerb einer Vorrats-GmbH ist zulässig,[14] soweit der vorläufige Unternehmensgegenstand der Vorrats-GmbH wahrheitsgemäß mit „Verwaltung eigenen Vermögens" angegeben wird.[15] Der Erwerb einer Vorrats-GmbH stellt letztlich eine wirtschaftliche Neugründung dar, so dass die Gründungsvorschriften entsprechend

---

[9] Vgl. hierzu näher Fall 24 unter B. I. 3. II.

[10] Zu den Anforderungen für diese Anmeldung der Kapitalerhöhung ins Handelsregister vgl. OLG München ZIP 2009, 2392.

[11] Vgl. hierzu Baumbach/Hueck/*Hueck/Fastrich*, § 9 Rn. 5 ff.; Lutter/Hommelhoff/*Bayer*, § 9 Rn. 1 ff.; *Roth/Altmeppen*, § 9 Rn. 2 ff.; Scholz/*H. Winter/Veil*, § 9 Rn. 3 ff.

[12] *K. Schmidt*, GesellR, § 4 III 1 b) (S. 68); nach vereinzelter Ansicht entfalle durch die UG das Bedürfnis nach Mantelkäufen; vgl. Ensthaler/Schmidt/Füller/*Füller*, § 3 Rn. 16.

[13] Zur Vorrats-AG siehe BGHZ 117, 323, 330; *Hirte*, 2.46 ff.

[14] BGHZ 117, 323, 330 f.; 153, 158, 160 f.; Baumbach/Hueck/*Hueck/Fastrich*, § 3 Rn. 12; GroßKomm-GmbH/*Ulmer*, § 3 Rn. 144; Scholz/*Emmerich*, § 3 Rn. 39 f.; MünchHdb.GesR III/*Heinrich/Heidinger*, § 19 Rn. 90; *Hirte*, 2.47.

[15] Baumbach/Hueck/*Hueck/Fastrich*, § 3 Rn. 11 f.; Ensthaler/Schmidt/Füller/*Füller*, § 3 Rn. 16; GroßKomm-GmbH/*Ulmer*, § 3 Rn. 144; Lutter/Hommelhoff/*Bayer*, § 3 Rn. 8 ff.; Scholz/*Emmerich*, § 3 Rn. 39 f.; MünchHdb.GesR III/*Heinrich/Heidinger*, § 19 Rn. 90; *Hirte*, 2.47.

anzuwenden sind.[16] Im Gesellschaftsvertrag sind nach dem Erwerb des „GmbH-Mantels" insbesondere der Unternehmensgegenstand, die Firma sowie der Sitz der Gesellschaft anzupassen.[17] Außerdem ist das gegebenenfalls angegriffene Stammkapital wieder aufzufüllen.[18] Bei der Änderung des Gesellschaftsvertrages des erworbenen „GmbH-Mantels" kann zugleich das Stammkapital durch Kapitalerhöhung heraufgesetzt und das Unternehmen im Wege der Sacheinlage gem. § 56 GmbHG eingebracht werden. Weil die GmbH bereits im Handelsregister eingetragen und damit als solche wirksam entstanden ist (vgl. § 11 Abs. 1 GmbHG), bestünde in diesem Fall für *B* die Gefahr der Vorbelastungshaftung allenfalls in Höhe der mit dem Erwerb des GmbH-Mantels zusammenhängenden Geschäftsführungs- und Beratungskosten sowie der Kosten für die Anmeldung und Eintragung der beschlossenen Gesellschaftsvertragsänderungen sowie der neuen Geschäftsführer,[19] während *A* wiederum das Risiko der Differenzhaftung gem. § 9 Abs. 1 GmbHG allein zu tragen hätte.[20]

Der Erwerb einer Vorrats-GmbH wäre somit objektiv in gleicher Weise wie die Gründung einer UG für *A* und *B* eine erwägenswerte Alternative zur Neugründung einer GmbH gewesen.[21]

b) Aufklärungspflicht des Notars über alternative Gründungsmöglichkeiten

N kann dazu verpflichtet gewesen sein, *A* und *B* über beide alternative Gründungsmöglichkeiten aufzuklären. Eine Aufklärungspflicht von *N* kann aber allenfalls angenommen werden, wenn er von der Dringlichkeit der Eintragung der Gesellschaft ins Handelsregister und einer möglichen Gefahr des Eintretens der Vorbelastungshaftung wusste oder wissen musste.

Anhaltspunkte dafür, dass *A* und *B* geäußert haben, dass sie eine schnelle Eintragung der GmbH benötigen, sind nicht erkennbar. Darauf kommt es indessen nicht an. Maßstab für die Prüfungs- und Belehrungspflichten des Notars ist § 17 BeurkG. Nach dessen Abs. 1 hat er „den Willen der Beteiligten zu erforschen". Nach § 17 Abs. 2 S. 1 BeurkG hat er bei Zweifeln, ob das Geschäft ... dem wahren Willen der Beteiligten entspricht, die Bedenken mit den Beteiligten zu erörtern. Aus der Pflicht zur Erforschung des wahren Willens der Beteiligten hat der Notar zur Vorbereitung der Beurkundung auch die verschiedenen Wege aufzuzeigen, die zur Erreichung des von den Beteiligten verfolgten Zwecks geeignet sind und den Beteiligten deren Vor- und Nachteile in verständlicher Sprache zu erklären.[22]

---

[16] BGHZ 117, 323, 333 f.; 153, 158, 161 f.; 155, 318, 321 ff.; Baumbach/Hueck/*Hueck*/*Fastrich*, § 3 Rn. 13; Ensthaler/Schmidt/Füller/*Füller*, § 3 Rn. 17; Lutter/Hommelhoff/*Bayer*, § 3 Rn. 10; Scholz/*Emmerich*, § 3 Rn. 27 ff. und Rn. 40 ff.; Münch.HdbGesR III/*Heinrich/Heidinger*, § 19 Rn. 90; *Hirte*, 2.47; *Windbichler*, GesellR, § 21 Rn. 11 und § 23 Rn. 9.

[17] BGHZ 153, 158, 163; *Hirte*, 2.47; GroßKomm-GmbH/*Ulmer*, § 3 Rn. 146 f.

[18] Vgl. Lutter/Hommelhoff/*Bayer*, § 3 Rn. 11.

[19] Vgl. Lutter/Hommelhoff/*Bayer*, § 3 Rn. 11 f.; GroßKomm-GmbH/*Ulmer*, § 3 Rn. 129; Scholz/*Emmerich*, § 3 Rn. 44 ff.; *Hirte*, 2.46.

[20] Vgl. oben unter B. II. 1. a) aa).

[21] Eine weitere Variante zur Vermeidung der Unterbilanz- und Vorbelastungshaftung von *B* wäre es z. B. gewesen, wenn *A* die Gründung der GmbH unter Einbringung seines Unternehmens zunächst alleine betrieben, und er in einem zweiten Schritt den *B* als Gesellschafter der eingetragenen GmbH aufgenommen hätte. In Betracht gekommen wäre ebenfalls die Ausgliederung des Unternehmens aus dem Vermögen des Einzelkaufmanns *A* zur Neugründung nach den §§ 152, 158 ff. UmwG mit anschließender Aufnahme von *B* als Gesellschafter der ins Handelsregister eingetragenen GmbH.

[22] Vgl. BeckOK/*Litzenburger*, § 17 BeurkG Rn. 1; Staudinger/*Hertel*, Vor §§ 127a, 128 (BeurkG) Rn. 468.

Es ist davon auszugehen, dass *N* im Gesellschaftsvertrag der A-GmbH die Einlage-leistung von *A* – nämlich die Einbringung seines Fuhrunternehmens – als Sacheinlage gem. § 5 Abs. 4 S. 1 GmbHG vorgesehen hat. Allein aus diesem Umstand war es für *N* aber erkennbar, dass mit der notwendigen Fortführung des Fuhrunternehmens durch die Vor-GmbH in der Zeitspanne zwischen der notariellen Beurkundung des Gesellschaftsvertrages und der Eintragung der Gesellschaft in das Handelsregister – und unter zusätzlicher Berücksichtigung der im Gründungszeitraum bestehenden all-gemeinen Wirtschaftskrise – das Risiko der Vorbelastungshaftung für beide Grün-dungsgesellschafter nicht auszuschließen war, während sich die Haftungsrisiken für *B* im Verhältnis zu *A* sowohl bei der Gründung einer UG als „zeitlicher Vorstufe" zur GmbH als auch beim Erwerb eines „GmbH-Mantels" mit anschließender Ein-bringung des Unternehmens als Sacheinlage günstiger dargestellt hätten. Für *N* hätte es daher nahe gelegen, beide Gründungsgesellschafter, insbesondere *B*, über diese alternativ zur Wahl stehenden Gründungsmodelle zu beraten.

c) Zwischenergebnis

N hat seine Beratungspflicht gegenüber *B* verletzt, als er ihn nicht auf die Gründung einer UG als „zeitliche Vorstufe" zur GmbH oder den Erwerb einer Vorrats-GmbH als alternative Möglichkeiten zur vorgesehenen Neugründung der F-GmbH hinge-wiesen hat.

2. Verletzung der Belehrungspflicht über die Vorbelastungshaftung

Eine Amtspflichtverletzung des *N* kann des Weiteren darin bestehen, dass er *A* und *B* nicht über das Risiko der möglichen Vorbelastungshaftung belehrt hat.

a) Bestehen einer entsprechenden Belehrungspflicht

Die Pflicht zum Hinweis auf die Möglichkeit der Vorbelastungshaftung der Gesell-schafter kann sich aus § 17 Abs. 1 BeurkG ergeben. Gem. § 17 Abs. 1 BeurkG soll der Notar nicht nur den Willen der Beteiligten erforschen und den Sachverhalt klä-ren, sondern die Beteiligten auch „... über die rechtliche Tragweite des Geschäfts belehren". Dabei soll er darauf achten, dass „... unerfahrene und ungewandte Betei-ligte nicht benachteiligt werden" (§ 17 Abs. 1 S. 2 BeurkG). Grundsätzlich erstreckt sich die Belehrungspflicht des Notars somit nur auf die „rechtlichen" Folgen des beurkundeten Rechtsgeschäfts und nicht auch auf dessen wirtschaftliche Auswirkun-gen.[23] Ausnahmsweise muss der Notar aber auch über die wirtschaftlichen Auswir-kungen des beurkundeten Rechtsgeschäfts belehren, wenn und soweit es nach den besonderen Umständen des Einzelfalls nahe liegt, dass einem Beteiligten ein abwend-barer Schaden droht, ohne dass er sich dessen bewusst ist. Sofern die wirtschaftlichen Risiken aus der Vorbelastungshaftung als wirtschaftliche Auswirkungen des zu beur-kundenden GmbH-Gesellschaftsvertrages zu werten sein sollten, bestünde die Pflicht von *N* zur Aufklärung von *A* und *B* über die Vorbelastungshaftung folglich nur dann, wenn ihm aufgrund besonderer Umstände hierzu Anlass gegeben wird.[24]

Es kann dahinstehen, ob die Pflicht des Notars zur Belehrung über die mit der Vor-belastungshaftung verbundenen Risiken eine rechtliche oder eine wirtschaftliche Folge des zu beurkundenden GmbH-Gesellschaftsvertrages darstellt. *N* wusste, dass die Gesellschafter vor der Eintragung der GmbH ins Handelsregister die Geschäfte des als Sacheinlage eingebrachten Unternehmens fortführen (mussten). Diese Kennt-

---

[23] *BGH* DNotZ 1992, 813, 815; BeckOK/*Litzenburger*, § 17 BeurkG Rn. 5; Staudinger/*Her-tel*, Vor §§ 127a, 128 (BeurkG) Rn. 510.
[24] So auch *OLG Hamm* DNotZ 1992, 189, 191.

nis ist Anhaltspunkt genug um zu wissen, dass beiden Gründungsgesellschaftern die Vorbelastungshaftung drohen kann.[25] Vor dieser Gefahr hätte er als Notar warnen müssen.[26] N war daher zur Aufklärung von A und B über die Vorbelastungshaftung verpflichtet.

b) Verletzung der Belehrungspflicht

Der Beurkundungsvermerk kann aber als Nachweis dafür dienen, dass N seiner Belehrungspflicht nachgekommen ist. Nach dem Beurkundungsvermerk hat N die Gesellschafter über alle gesellschaftsvertraglichen Regelungen aufgeklärt und beraten. Die Vorbelastungshaftung der Gesellschafter ist aber nicht im Gesellschaftsvertrag geregelt, sondern stellt vielmehr eine in der Rechtsprechung entwickelte Haftung dar.[27] Allein aus dem Umstand, dass N die Gesellschafter über die Bedeutung der Regelung des Gesellschaftsvertrages, wonach A sein Unternehmen als Sacheinlage in die GmbH einbringt, aufgeklärt und beraten hat, kann nicht zwingend gefolgert werden, dass er in diesem Zusammenhang auch die Rechtsprechung zur Vorbelastungshaftung erläutert hat. Dagegen spricht insbesondere die wahrheitsgemäße Behauptung von B, er habe nicht gewusst, dass eine solche Vorbelastungshaftung auf ihn zukommen könne. Im Umkehrschluss aus dem Beurkundungsvermerk und der Wahrheitsgemäßen Behauptung von B über seine Unkenntnis von der Vorbelastungshaftung ist daher zu folgern, dass N die Gesellschafter A und B nicht über die Vorbelastungshaftung aufgeklärt und belehrt hat.[28]

c) Zwischenergebnis

N hat A und B nicht über die mit der Vorbelastungshaftung verbundenen Gefahren aufgeklärt und ist somit seiner Belehrungspflicht über die rechtliche Tragweite der Gründung der GmbH (§ 17 Abs. 1 BeurkG) nicht pflichtgemäß nachgekommen.

III. Schaden

B muss ein nach § 19 Abs. 1 S. 1 BNotO zu ersetzender Schaden entstanden sein. Die A-GmbH, im Insolvenzverfahren vertreten durch V gem. § 80 I InsO als Vertreter kraft Amtes, konnte von B als Gesellschafter die Zahlung von 50.000 € verlangen, da das Stammkapital der GmbH im Zeitpunkt ihrer Eintragung ins Handelsregister nicht mehr gedeckt war. B musste daher an die GmbH 50.000 € zahlen. Ihm ist somit ein Schaden i. H. v. 50.000 € entstanden.

IV. Kausalität

Die Amtspflichtverletzung von N muss kausal für den dem B entstandenen Schaden sein. Bei Kenntnis von der Gefahr der privaten Haftung hätte B sich nicht auf die Gründung der GmbH eingelassen. Hätte N sich pflichtgemäß verhalten, wäre es nicht zu der Gründung der GmbH in der erfolgten Art gekommen. Folglich hätte B aus Vorbelastungshaftung keine 50.000 € an die GmbH zahlen müssen. Die

---

[25] *OLG Hamm* DNotZ 1992, 189, 191 f.

[26] Vgl. *OLG Hamm*, DNotZ 1992, 189, 191 f.

[27] Grundlegend BGHZ 80, 129, 140 ff.; 134, 333, 334 ff.; 155, 318, 321 ff.; GroßKomm-GmbH/*Ulmer*, § 11 Rn. 98 ff.; MünchHdb.GesR III/*Gummert*, § 16 Rn. 95 ff.; *Hirte*, 2.24 ff.; *K. Schmidt*, GesellR, § 34 III 4 c) (S. 1029 ff.); *Windbichler*, GesellR, § 21 Rn. 31.

[28] Im Übrigen träfe N nach dem Wortlaut des Belehrungsvermerks die Beweislast, dass er die Gründungsgesellschafter auch über die Verlustdeckungs- und Vorbelastungshaftung belehrt hat; zur Beweislast des Notars bei einem Belehrungsvermerk vgl. Staudinger/*Hertel*, Vor §§ 127a, 128 (BeurkG) Rn. 538.

Pflichtverletzung des *N* ist somit ursächlich für den dem *B* entstandenen Schaden i. H. v. 50.000 €.

V. Verschulden

N muss die Amtspflichtverletzung zu vertreten haben. *N* hat gem. § 19 Abs. 1 S. 1 BNotO Vorsatz und Fahrlässigkeit zu vertreten. *N* hat bei der Belehrung von *A* und *B* die im Verkehr erforderliche Sorgfalt außer Acht gelassen. Seine Verletzung der Belehrungspflicht zumindest gegenüber *B* war somit fahrlässig.

VI. Kein Ausschlusstatbestand i. S. v. § 19 Abs. 1 S. 2 BNotO

Hat der Amtsträger fahrlässig gehandelt, so entfällt der Anspruch, wenn der Anspruchsteller einen Ersatzanspruch gegenüber einem Dritten hat und dieser in zumutbarer Weise durchgesetzt werden kann (§ 19 Abs. 1 S. 2 BNotO).

B kann als Anspruchsteller einen Ersatzanspruch gegen seinen Mitgesellschafter *A* aus § 426 Abs. 1 S. 1 BGB i. V. m. Vorbelastungshaftung haben. Dann müssen *A* und *B* als Gesamtschuldner für die festgestellte Unterbilanz i. H. v. 500.000 € haften (vgl. § 421 BGB). Die Vorbelastungshaftung trifft zwar beide Gesellschafter der GmbH.[29] Im Gesellschaftsvertrag verpflichten sich die Gesellschafter aber lediglich dazu, ihre Anteile am Stammkapital zu übernehmen. Die Vorbelastungshaftung hat einen einlageähnlichen Charakter, so dass die Gesellschafter wegen einer entstandenen Unterbilanz konsequenterweise auch nur anteilig im Verhältnis ihrer übernommenen Stammeinlage haften.[30] *A* und *B* sind folglich keine Gesamtschuldner i. S. v. § 421 BGB.[31]

B hat keinen anderweitigen Ersatzanspruch i. S. v. § 19 Abs. 1 S. 2 BNotO. Sein Anspruch gegenüber *N* ist folglich nicht ausgeschlossen.

VII. Ergebnis zu B

B kann von *N* Schadensersatz i. H. v. 50.000 € gem. § 19 Abs. 1 S. 1 BNotO verlangen.

C. Ergebnis

B hat einen Schadensersatzanspruch gegen N i. H. v. 50.000 € aus § 19 Abs. 1 S. 1 BNotO.

---

[29] Siehe hierzu *Roth/Altmeppen*, § 11 Rn. 12 ff.; Lutter/Hommelhoff/*Bayer*, § 11 Rn. 17 f.; Münch.HdbGesR III/*Gummert*, § 16 Rn. 111; Baumbach/Hueck/*Hueck/Fastrich*, § 11 Rn. 24; *Windbichler*, GesellR, § 21 Rn. 31.

[30] GroßKomm-GmbH/*Ulmer*, § 11 Rn. 112; Scholz/*Emmerich*, § 11 Rn. 79; Baumbach/Hueck/*Hueck/Fastrich*, § 11 Rn. 24 f.; Ensthaler/Schmidt/Füller/*Füller*, § 11 Rn. 43 und Rn. 47; *Windbichler*, GesellR, § 21 Rn. 31.

[31] Vgl. BGHZ 80, 129, 141; Baumbach/Hueck/*Hueck/Fastrich*, § 11 Rn. 27; Lutter/Hommelhoff/*Bayer*, § 11 Rn. 33; GroßKomm-GmbHG/*Ulmer*, § 11 Rn. 112; Scholz/*K. Schmidt*, § 11 Rn. 128; *Raiser/Veil*, § 26 Rn. 111; offen gelassen in BGHZ 134, 333, 341.

Sachverzeichnis

(Die Zahlen verweisen auf die Seiten des Buches.)

2010 |595